中国妈妈成功教子必读书

好妈妈胜过好老师

夜语◎编著

北方妇女儿童出版社
·长春·

图书在版编目（CIP）数据

好妈妈胜过好老师/夜语编著．—长春：北方妇女儿童出版社，2014.11

ISBN978－7－5385－8778－4

Ⅰ.①好… Ⅱ.①夜… Ⅲ.①家庭教育 Ⅳ.①G78

中国版本图书馆 CIP 数据核字（2014）第 265131 号

好妈妈胜过好老师

HAOMAMA SHENGGUO HAO LAOSHI

出 版 人 刘 刚
策　　划 师晓晖
编　　著 夜 语
责任编辑 王天明
开　　本 787mm×1125mm 1/10
印　　张 60.8
字　　数 660 千字
印　　刷 北京一鑫印务有限责任公司
版　　次 2014 年 11 月第 1 版
印　　次 2014 年 11 月第 1 次印刷

出　　版 北方妇女儿童出版社
发　　行 北方妇女儿童出版社
地　　址 长春市人民大街 4646 号
邮　编：130021
电　　话 总编办：0431－85644803
发行科：0431－85640624

定　　价 78.00 元

中国妈妈成功教子必读书

好妈妈胜过好老师

夜语◎编著

北方妇女儿童出版社
·长春·

图书在版编目（CIP）数据

好妈妈胜过好老师/夜语编著．—长春：北方妇女儿童出版社，2014.11

ISBN978－7－5385－8778－4

Ⅰ.①好… Ⅱ.①夜… Ⅲ.①家庭教育 Ⅳ.①G78

中国版本图书馆 CIP 数据核字（2014）第 265131 号

好妈妈胜过好老师

HAOMAMA SHENGGUO HAO LAOSHI

出版人 刘 刚
策　　划 师晓晖
编　　著 夜 语
责任编辑 王天明
开　　本 787mm×1125mm 1/10
印　　张 60.8
字　　数 660 千字
印　　刷 北京一鑫印务有限责任公司
版　　次 2014 年 11 月第 1 版
印　　次 2014 年 11 月第 1 次印刷

出　　版 北方妇女儿童出版社
发　　行 北方妇女儿童出版社
地　　址 长春市人民大街 4646 号
邮　编：130021
电　　话 总编办：0431－85644803
发行科：0431－85640624

定　　价 78.00 元

前　言

俗话说："没有种不好的庄稼，只有不会种庄稼的农夫；没有教不好的孩子，只有不会教孩子的妈妈"。教育孩子，是需要技巧的。做一个合格的好妈妈，一个优秀的好妈妈，光有爱是不够的，兼有洞察力也不足以胜任，一个好妈妈还要能够透彻认识自己，并认真研读孩子这本无字书，不断完善自己的育儿知识和教养方式，为孩子提供一个适宜的成长环境。也许世界上所有的妈妈最盼望的只有一件事：使自己的孩子健康幸福地成长，并在人生道路上取得成功。那么，好妈妈应该是怎样的呢？妈妈在孩子的成长历程中能够发挥多大的作用呢？

好妈妈首先是孩子的好朋友。在孩子的成长过程中，好妈妈要像好朋友一样陪伴孩子成长。这种陪伴，对于良好亲子关系的建立和巩固具有非常重要的作用。在忙碌的工作中，妈妈特意腾出时间来与孩子一起打打篮球，出席他在学校的演讲比赛，又或者带他到郊外去探索大自然的奥秘。通过与孩子的这种近距离接触，孩子才能真真切切地感受到妈妈的爱，妈妈也才能和孩子有更多的共同语言，就像好朋友一样和妈妈分享自己心中的快乐与忧伤，与此同时，这种朋友关系还能够帮助孩子养成持之以恒的品质，掌握其他与学习、生活、工作相关的技能，用妈妈自己的兴趣、可依赖性及独特的指导，为孩子树立榜样。最好的妈妈不是端坐在书房里写字的妈妈，也不是忙碌在厨房里做菜的妈妈，而是那个像好朋友一样，与他一起游戏，一起解决问题，了解他需要怎样的爱，和他一起领略人生中美丽风景的妈妈。

好妈妈也是孩子的好老师。老师被誉为人类灵魂的工程师，也是人类智慧、能力、知识的传递者。好的家庭教育就像学校的小班授课，妈妈和孩子是一对一的教学关系。孩子作为一个独立存在的个体，能够得到妈妈全部的关注。著名的教育家杜威说过："教育就是生活，生活就是教育"。好妈妈要想办法使孩子的心灵进入一个更大的世界中，培养他出色的生活实践能力和良好的道德品性。孩子终究是要长大的，要离开妈妈走向社会。作为孩子称职的老师，妈妈不仅要积极配合孩子完成书面形式的作业，还要放手让孩子参与社会实践活动。当孩子在实践活动中遇到了挫折，妈妈应给予关怀和帮助。如果妈妈们把握好在生活中对孩子的教育，当好孩子的生活老师，这将是孩子的福分和幸运。

好妈妈是孩子成长道路上的引路人。中国的多数妈妈认为什么都管，让孩子完全按妈妈的思路去做，便是对孩子最完全的爱，其实这是妈妈在借助"爱"的名义来控制孩子。好妈妈应该克制自己的控制欲望，尊重孩子，给孩子自由，离孩子稍远一点观察，给孩子一些成长空间，培养孩子独立思考和判断的能力，在一点一滴的小事中对不同做法的选择加以引导，就可以逐步培养孩子乐观、向上的生活态度和良好的价值观，让孩子在不同的年龄阶段拥有自主选择权，做孩子成长道路上的引路人。

妈妈在教育方法上的差别，常常会影响孩子的一生。正确的教育方法是一把精美的刻刀；错误的教育方法是一柄锄头，妈妈掌握着孩子这块璞玉的命运。教育方法主要有 6 种类型，即溺爱型、否定型、民主型、过分保护型、放任型和干涉型。其中民主型教育方法和否定型教育方法对子女的影响最大。在民主型家庭中，妈妈们是孩子的朋友，她们经常和孩子商量事情，尊重孩子的想法和意见，经常给孩子表扬和鼓励，因此，孩子的自我接纳程度较高，相应地自信心、自尊感和成就欲望较强；而生活在否定型家庭中的孩子，妈妈经常打骂、批评孩子，对孩子的责罚多于赞扬，因此，孩子的自信心相对较差，他们往往不相信自己的能力，总是甘居下游，对未来担忧，对前途充满恐惧。可见，采用正确的教育方法才能为孩子积累成功的能力和品质，从而成就美好的未来。

好妈妈是孩子的好朋友、好老师和成长道路上的引路人，妈妈在教育方法上的差别，常常能够影响孩子的一生。

这本《好妈妈胜过好老师》分别从“爱子心经——孩子，妈妈会这样爱你”、“育子秘诀——如何雕刻孩子这块璞玉”、“实用宝典——妈妈解决育子难题的妙招集锦”三方面全面系统阐释了中国主流教育思想和教育方法，涉及如何开发孩子的智力、如何让孩子喜欢上学习、如何培养孩子的良好学习习惯、品格教育、生命教育、理财教育、情商教育、挫折教育、赏识教育等教育理念，将妈妈在孩子成长过程中的重要作用一一剖析并针对具体问题提出了具体的解决方法。文字通俗易懂，事例生动活泼，具有很强的实用性和可操作性，是一本理论与实践完美结合，方法与技巧兼顾的现代家庭教育百科全书。

好妈妈就是一所用爱筑就的学校，每一砖每一瓦都承载着一个母亲对孩子的至真至纯的、无私的、伟大的爱。好妈妈就是那个用彩笔为孩子描绘绚丽人生画卷的人，用声音为孩子讲述多彩世界的人。

目　录

中篇　育子秘诀——如何雕刻孩子这块璞玉

下篇　实用宝典——妈妈解决育子难题的妙招集锦

引子　当妈妈之前要上的预备课

不是每个女人天生都会做妈妈。一个小小的孩子喊你妈妈，那不是轻飘飘答应一句的事，需要你自己在时间、精力和心思上付出很多。既然决定要孩子，就要提前开始学习钻研，形成基本的价值观和方法论，而不是到时候“摸着石头过河”。

当妈妈从认识自己开始

著名的心理学家马斯洛认为，人都有一种爱与归属的需要，尤其是女性。到了一定的年龄的时候就会产生想爱一个人，想成家的感觉。当自己成家的需求得到满足之后，又自然就会产生要一个孩子的需求。但是这也提醒想要做母亲的女性，必须要认清楚自己，只有认清自己的母性情怀，心理才是健康的，才有做好母亲的资本。

妈妈们学会认识自己是很重要的。认识自己就好像多了一双睿智的眼睛，时时给自己添一点远见、一点清醒、一点对现实更为透彻的体察与认知。鉴于这份认知，在教育孩子的过程中，会少干很多日后追悔莫及的事情。做妈妈的现在把“自己”放在嘴里嚼一嚼，比日后捶胸顿足花费的力气少得多。

然而，妈妈要想认识自己，又谈何容易？一辈子不认识自己而做出了可悲之事的大有人在。在今天，还有一部分妈妈正是由于不认识自己，不了解自己的优点和缺点，不能把自身的教育方式和当下教育现状相结合。在教育实践中屡屡受挫，终日在悲观失望中叹息。所以，要做一个心理健康的妈妈首先要认识自己。

然而对于有些妈妈来说，由于平时没有一个好的参照标准来认识自己，自己也不知道自己是什么样的人。因为自己对自己的认识不够，她也不知道作为妈妈，哪些事情是做得好的，哪些事情是做得不好的，以至于在教育孩子的过程中，自己做了傻事，伤害了孩子，自己还悄然不知。

现在，本文就当代女性的精神特征及如今年轻妈妈的角色特征做一些总结，以帮助一些妈妈打开认识自己的窗口。

当代女性的精神特征

70 后、80 后妈妈成熟在社会转型的时代，身上始终充满现代气息，有很丰富的精神世界，有立业建功、奉献自我的事业心。“妈妈”不再是家庭主妇的代名词，而是更富内涵、同时也更有压力的群体。每一位女性无论职务高低，无论在什么岗位，都十分珍惜自己的工作。知不足而上进，是当代女性的特征。妈妈们有提高素质、完善自我的上进追求，有自尊、自信、自立、自强的境界，同时也有培养后代、带着孩子去学习文化知识、为了孩子去充实自己的愿望。

年轻妈妈的角色特征

年轻女性当了妈妈，不仅要继续扮演职业女性的角色，还要扮演好妻子、好妈妈的角色，这是对年轻妈妈的双重压力和双重挑战，但同时也能满足妈妈们实现自我价值的愿望。

事业、丈夫、孩子，构成了现代女性生活中的三个重要支点，缺少一点，对现代女性来说，都是不完整的。每一个正常的女子，都希望自己有美满的爱情生活，能有温馨的母子之情，同时也有实现自己价值的钟爱的工作，但是，一些年轻妈妈往往无力兼顾，导致片面发展，造成生活的缺憾。

当孩子出生以后，妈妈们的心理都会有新的变化，容易形成3种完全不同的思想认识：

第一种妈妈母性大发，只重视孩子，忽视了丈夫，甚至忽视了自己。生活的所有重心全放在孩子身上，甚至有些妈妈为了孩子放弃了自己的事业，不再追求思想的进步和事业的成功。

第二种妈妈只顾自己的事业，不顾孩子和家庭，最终取得了事业的成功，却没有产生良好的亲子关系。

第三种妈妈既精心扮演好妈妈、妻子的角色，又坚持自己的事业和自我的发展，调整好自己的心态，把握好分寸，让各个方面协调发展，全面开花。

对每一位年轻妈妈来讲，妈妈这个角色都是一个新的考验，在如今女性角色、地位、精神特征都发生变化的时代，年轻妈妈们是一切都需要重新学习的女性，而一切学习都要从认识自己开始。

作为一位心理健康的妈妈，请你先好好认识自己吧！也许你不善言谈，但是你能给孩子和家人及时的关爱；也许你不善绘画，不善歌也不善舞，不能亲自把这些才艺传授给你的孩子，但是你有很高的艺术欣赏能力，能给孩子艺术上的熏陶；也许你的自我控制力不是很强，面对孩子的过错，你总是会发脾气，但是你能及时向孩子道歉，把伤害降低到最小限度……认识自己，哪怕看到的是缺点也没有关系，至少你知道应该怎样去弥补和挽救。如果能扬长避短，你就能成为一个优秀的妈妈。

总之，认识自我的妈妈才是一个心理健康的妈妈，认识自我的妈妈才能在教育孩子的过程中扬长避短，才能给孩子一个较优越的成长环境，才会把优秀当做一种习惯，为培养孩子成为一个心理健全的孩子埋下伏笔。

你研究过孩子这本书吗

孩子是一本无字的书。随着成长的脚步，这本书上慢慢写上了字。妈妈们每天翻动着它，却发现自己越来越看不懂……这是因为妈妈们只顾着往前翻页，而没有用心研究这本书。于是，妈妈和孩子之间的代沟一天天加深，亲子关系也面临越来越多的问题。所以，要想当个孩子喜欢的好妈妈，一定要研究透孩子这本书。妈妈可以从认识孩子的基本诉求开始：

1. 孩子渴求关爱和保护。心理学家认为，孩子最需要的爱就是无条件的爱。孩子最害怕的就是被离弃与遗忘。对孩子来说，母亲的爱是无条件的包容，这种无条件的爱会使人感受到很深的“安全感”。人一旦有了安全感，自信、稳定、自在的感觉就会油然产生，这样，人才能勇敢地冒险，不怕艰苦。这种爱的需要是孩子的最基本的需要。

2. 孩子渴求尊重和平等。孩子最不能伤害的就是自尊，自尊是一个人的立足根本，无论多小的孩子，都需要自尊，需要妈妈的尊重。妈妈要把孩子当成个有感情、有羞耻心的活生生的人，而不是像宠物一样，想玩就玩，想逗就逗，不尊重孩子的独立人格。只有孩子从小受到尊重，孩子才会尊重妈妈，尊重别人。另外，对尊重的渴求也就是对平等的渴求，孩子希望受到妈妈平等的对待，成为和妈妈一样的人格健全受尊重的人。

3. 孩子渴求倾听和理解。孩子在小时候，通过妈妈的爱抚、拥抱、摇动等亲昵举动，很容易体会到被爱。但在长大的过程中，孩子开始有了自己的意见与看法，有了自己的朋友与世界，有了自己的喜好与语言。这时候嘘寒问暖，也能使他们知道妈妈爱他们。但是能让他们“体会”到妈妈无条件的爱，就需要聆听他们，使他们感受到被了解、被接纳。青少年尤其需要被聆听、被了解，因为他们受到许多压力，但却无处表达、申述；另一方面，由于内分泌的影响，孩子的情绪相当不稳定，若妈妈能了解他们，一定对他们很有帮助。

4. 孩子渴求朋友。没有朋友的孩子是不幸的，尤其是现在的独生子女。他们的孤独心理比任何一代人都强烈，所以，他们求友的欲望比任何一代人都迫切。妈妈要了解到孩子孤独的心灵，鼓励孩子多交一些朋友，另外，妈妈还应该成为孩子的朋友，让孩子时刻拥有朋友的陪伴，赶走他的孤独。

5. 孩子渴求独立自主。一个人的一生有两个性格独立发展期，一个是在两岁时，一个是在十二三岁时。这两个时期的发展如果受到阻碍，则会影响到一生。当然这两个时期对妈妈、对子女都是最困难的时期，孩子要开始走出妈妈的安全保证，向外独立去探索，绝不是一件容易的事。而妈妈开始体会到孩子渐渐远离自己，也会感到不适应。这个时候妈妈要有更大的耐心与雅量，要允许他们尝试走出家庭与依赖的小世界，并能随时给予他们关怀、支持与鼓励。

了解到孩子的基本诉求，妈妈就更能读懂孩子这本书，这就是做个好妈妈的开始，也是一段良好亲子关系的开端。当然，孩子还有很多诉求，妈妈要在与孩子共同成长的过程中，逐步加深对孩子的了解。孩子的成长变化永无止境，妈妈对孩子的认识也要不断更新，这是对好妈妈们的基本要求。

好妈妈是学出来的

好妈妈不是天生的，尽管女性都有母性情怀，但是在养育孩子这件事情上，没有哪位妈妈是天才，只有不断完善自己的育儿知识和教育方式，才能真正成为一个好妈妈，成为一个合格的妈妈。

斯托夫人就是一位学出来的好妈妈。她在教育孩子的过程中，不断学习和研究，形成了自己独具特色的自然教育。

斯托夫人有个女儿，名叫维尼夫雷特。在得到《卡尔·威特的教育》一书之后，她一边按照老威特的教育方法来培养自己的女儿，一边研究自己的育儿方法，取得了非凡的成功。在妈妈的训练下，女儿从 3 岁起就会写诗歌和散文，4 岁时便能用世界语写剧本。她的诗歌和散文，从 5 岁起被刊载在各种报刊上并汇集成书，博得了广泛的好评。

斯托夫人不满足于仅将自己的女儿培养成才，她也渴望让世人了解早期教育对孩子成长的重要性，她的“伟大始于家庭”的观念已深入美国的千家万户，并使越来越多的美国家庭从中获益。

斯托夫人明确指出，孩子能否成为杰出人物，完全取决于妈妈施行了什么样的教育。做妈妈的知道这一点是十分重要的，但是更重要的是要懂得怎样才能成为一个好妈妈。称职的好妈妈是学出来的，美国《女性生活月刊》曾经对读者做了一次问卷调查，问他们的妈妈是如何教育他们的，问怎样才能做个好妈妈。最后，他们选取了好妈妈有代表性的八大素养及当事人的相关叙述列举如下：

1. 读书是关键

在我童年时，我记得妈妈每天都读书给我听，并常常带我去图书馆。我清晰地记得我头一次读书给妈妈听时，她的眼里带着泪花。在我有了女儿爱米后我也一直读书给她听——从她出生的那一天起，因为婴儿也爱听读书时那有节奏的声音。我的女儿爱米是一个好动的孩子，一会儿也坐不下来。但是在她两岁半时，她每天夜里都要带上 2 本书放在自己的床边。当她能够复述我给她讲的《棕熊》时，我的眼里也涌出了泪水。

2. 使用神奇的身体接触

当妈妈同我聊天或是当我问她问题时，妈妈总是抚摸我的胳膊、手、肩和头，她时而将我额前的刘海梳梳，时而将我的头发拢在耳后。这些动作让我们这些孩子感到被珍视。现在我养育了两个孩子，当他们在我身边走过时，我都要去抚摸一下他们。

3. 不要抱怨

我知道我父母比任何人都努力地工作，以养育我们 4 个女儿和送我们上大学，但我从来没有听他们说过疲倦或是要我们给他们回报。妈妈现在身体不太健康，但她从不把她的健康问题归咎于其他人。

4. 坚持做你认为好的事

作为一个妈妈，她通常知道什么对她的孩子是最好的，就算它不合时宜她也坚持。比如说，我的妈妈用母乳喂养了她的 3 个孩子，这在当时并不时髦。人们说母乳的营养不够，但是她不为所动。我赞成她的态度，她坚持做了自己认为最好的。

5. 停止指手画脚的评论

我妈妈经常说：“不要急于评论其他妈妈是如何养育孩子的，免得在最后你发现也许你还没有她们做得好。”对于一个家庭正确的东西对另一个家庭也许是行不通的。因为孩子们有不同的需要和不同的个性，家长也有不同的要求与习惯。只要不存在虐待与冷淡孩子，我们就不要去絮絮叨叨地评价别人家的教养方式。

6. 不要老是坐在电视机旁

我妈妈限制我看电视的时间和电视节目的种类。她常常说童年时光很珍贵，很美好，不要只坐在那“方盒子”前。因此我的童年不仅有电视卡通，还有野外早餐、攀登翠绿的山岗、玩耍和交谈。

现在我也是一个妈妈了，我继承了这种很少看电视与录像的教养方式，结果是我和我的孩子们有更多的时间去阅读、唱歌、烹饪、交谈与去图书馆。我们家也更安静，没有电视吵吵闹闹的声音。我的孩子们被“强迫”通过看书读报去发展他们的想象力。

7. 充分享受二人品茶的欢乐

和孩子一起饮茶的作用是相当大的。以前当我神情忧伤地从学校回到家，我妈妈总是沏上一壶茶，然后我们边喝边聊。我们在一起的时间没有电视的打扰。在这安静的时刻，我乐于说出心里的任何想法，甚至小秘密。无论是她给我劝告还是只让我去诉说，这都能使我慢慢平静下来。我们现在还保持着这种方式：无论何时，当我看到妈妈有些神伤时，我都会沏上一壶热茶。现在每当我的两个孪生小女儿与我谈论她们的问题时，也都将有一壶好茶陪伴着我们。

8. 庆幸孩子们的差异

我的妈妈并不对我们强求一致，现在我试着对我的孩子做得更好一些。我妈妈认为：每一个孩子都有独特的能力与兴趣，绝不能统一要求孩子们，应该让他们成为他们自己，帮助他们去发展他们的潜能——无论他们选择了什么道路。最重要的是，要记住平等并不意味着给你的孩子们绝对相同的东西，而是给每一个孩子他所需要的东西。

看了上述人们心目中好妈妈的样子，现在你是不是不再迷茫，不再彷徨了呢？知道自己该朝哪方面努力了吧！我们一定要记住，好妈妈是学出来的。只有向优秀的妈妈学习，和优秀的妈妈接触，我们才能变得越来越优秀。

上篇

爱子心经

——孩子，妈妈会这样爱你

第一章　审视你给孩子的爱

越多的爱并不意味着对孩子越有益，通过牺牲自我来满足孩子的需要也不能说明母爱的伟大，给孩子爱之前，先洞察一下自己的心理真相，也许你会发现，自己并没有那么伟大，你的爱也没有真正滋养到孩子。

溺爱的心理真相不是牺牲自己，而是宠爱自己

一个已经在上高中的学生，还要他的妈妈为他去拉抽水马桶，不是不会拉，而是每次都懒得动手，后来，他去了美国。他从那里回信说：由于妈妈“多管闲事”，几乎毁了他的前程。

一位已经上了大学的女孩子，喜欢吃鱼，但不“喜欢”摘刺儿。据说她妈妈“喜欢”摘刺儿，而“不喜欢”吃鱼。于是母女多年来就成了理想的“搭档”。后来，她到了一个盛产鱼的国度。她从那里回信说，正是妈妈的“喜欢”帮助，几乎剥夺了她维生的“技术”。

一般人富贵了想到的是封妻荫子，给子孙留下一笔可观的财富，自己享受了一辈子，也让子孙享受一辈子或者半辈子。但是，我们从历史上看，很多人虽然留了很多财富，子孙都不会享受一辈子的。名门之后，还想高人一等，结果是连普通人都不如，享受少而受苦多，有出息的更少。在东南亚的华侨，有很多人发了大财，但是传到第二代，就破产了。

溺爱，对孩子和妈妈来说，不是幸福而是灾难。因为溺爱，不知多少青少年失去正常的生活能力和人格魅力；不知多少妈妈为宠爱出孽子而痛心疾首。溺爱是毁灭性的教育方式，相信大多数妈妈已经从无数的前车之鉴中认识到这一点，但是，还是有那么多妈妈控制不了自己的溺爱行为，甚至那些通情达理的高素质知识分子，一面对楚楚可怜的孩子也不禁变成疯狂给爱的妈妈。这是为什么呢？母爱真是如此伟大吗？

其实，溺爱不仅仅出于妈妈本能的母爱，还出于妈妈对自己的宠爱。

每个人内心中都藏着两个“我”。一个是“内在的父母”，即我们现实中的父母角色与理想中的父母角色的内化，当我们为人父母时，这个“我”也就是我们自己。另一个是“内在的小孩”，即我们对自己童年体验的记忆和自己理想童年的内化。

溺爱最重要的也是最不容易被人发现的原因，就是妈妈将“内在的小孩”投射到现实中的孩子身上。她把现在的孩子，当做自己，按照自己潜意识里的意愿给孩子爱，她根本看不到孩子的成长需求，而是将孩子当成自己的另一个“我”，给予过度满足。例如

那些从小生活贫困的妈妈，就会在物质上大量满足孩子，因为她潜意识里极端排斥贫苦的日子，她给孩子大量的物质，其实是在满足自己“内在的小孩”的物欲。所以，妈妈无节制地给予孩子爱，其实是在无节制地满足自己的欲望。溺爱表面上是牺牲自己满足孩子的需要，其心理真相却是宠爱自己。

每个妈妈都应该反思一下自己对孩子的爱，你是不是在按照自己的想法爱孩子，你是不是希望有一个和孩子一样的童年呢？如果是，请注意了，你也许正在有意无意中溺爱孩子。

在溺爱中成长的孩子会有很多缺陷，比如他喜欢追随别人、求助别人、人云亦云，在家中依赖父母，日后在外面宁愿依赖同事、依赖上司，也不愿自己创造，不敢表现自己，害怕独立，又或者他喜欢做一个“小霸王”，自私自利，不尊重父母兄弟姐妹，脾气暴躁，性格极端。这些都意味着他的人格还没有趋于成熟和健全。溺爱对孩子的负面影响可见一斑。

对孩子真正的爱其实是一种理智的爱。比如，当和孩子一起外出游玩时，孩子发现了很多精美的玩具、美味的糖果、漂亮的衣服……妈妈可以买，但一定要有个节制，让孩子明白，不是所有的东西，妈妈都必须要无条件去给予他。或者在某些特定的情况下，满足孩子某些特别的愿望。关键在于，在这种时候，你要让孩子知道，这是因为有特别的原因你才会这么做的。

理智的爱还表现在针对孩子不同的阶段，采取不同的爱的方式，比如在0～2岁，要给予孩子无条件的爱，让他在这种爱的环境中得到生命最初的安全感。到了2～4岁，孩子开始自主探索世界与自己，这时，最明智的爱是尊重孩子的自主探索，使他的自我意识得到强化，这样，当他步入青春期后，他会发现他已经能够独立地处理很多成长的问题，化解很多生活中的困惑。

小测试：看看你溺爱孩子的程度

这个测试针对6～12岁孩子的妈妈，请根据孩子的真实状况选择偏高、一般、偏低三个选项。偏高得2分，一般得1分，偏低得0分。答完24题之后，累计总得分。

1. 会自己整理书包，准备上学用具。
2. 受到挫折的时候，不会向父母发泄。
3. 看到某些想要的东西，如果父母不给买，就会放弃得到。
4. 在找人借东西之前，都会向物主说一声。
5. 遇到什么困难都不会抱怨别人，并且希望下次做得更好。
6. 会关心其他的家庭成员。
7. 愿意与客人分享自己的食品和玩具。
8. 无论是看电视的时间，还是上床睡觉的时间，都有规律可循。
9. 需要做决定时，知道自己要什么，不会不知所措。
10. 做家务劳动的时候尽职尽责。
11. 能够清楚地表达自己的想法。
12. 遇到问题首先会想到自己解决，不会马上让父母协助。

13. 见到别人会很自然地打招呼。
14. 善于反省自己的问题。
15. 不会乱发脾气，生气有原因。
16. 能够欣赏别人的优点，而不是嫉妒。
17. 对父母的付出懂得感谢。
18. 家里家外一个样。
19. 能合理地支配自己的零用钱。
20. 总是喜欢自己、欣赏自己，对自己很有信心。
21. 容易亲近，善于与人合作。
22. 喜欢动手帮忙做家事，不懒散。
23. 在环境及外部条件恶劣的情况下，依然做好自己该做的事。
24. 不会和人比较物质条件。

测试结果：

37 分以上：你不是特别宠爱孩子，你的孩子已具备很好的社会化能力，能应付这个繁杂的社会。

36～25 分：你有一点宠爱孩子，现在你要帮助他建立欠缺的与人交往的能力。

24～12 分：你很宠爱孩子，有时过度保护，有时又太放任，这样会阻碍他发展相关能力的意愿与标准。

11 分以下：你已经过度宠爱孩子，阻碍了他很多能力的培养，不可以再宠他了。

放纵型溺爱，最懒惰的爱

一对夫妇中年得子，对儿子是百般疼爱，从来什么都是依着他，他要什么就给什么。儿子是个比较内向的男孩，平时不爱和人交往，学习成绩也是普普通通。高中毕业之后，儿子没有考上大学，父母就将他送入一所私立大学读书。就在儿子读书期间，夫妻两个人每两个星期都要到儿子的学校去看望他，生怕他有什么不适应。

大学毕业之后，父母并不鼓励儿子主动去找工作，他们对儿子说：“你是大学毕业生，可以找一份好点的工作。”意思是不让儿子出去受苦受累。于是儿子也是很心安理得地在家里过了两年，但是什么工作都没有找到。后来父亲不得已帮儿子找了一份很普通的工作，儿子上班不到一个月就回来了，说是不适应，而这一回来，就在家里待了 4 年，这 4 年中不出家门一步。

看到儿子这样，做父母的十分担心，但还是一味地由着他，可是老两口一把年纪，这么下去，儿子以后怎么办呢？父亲为此渐渐变得不爱说话了，心中的压抑堆积了起来，最后得了忧郁症。父亲住院了，儿子也不去看望，而母亲不得不在照顾了丈夫之后又回家给儿子做饭。

这是一个真实的故事，可以说，儿子能走到今天，都是父母放纵溺爱的结果。这样的男孩，如此自闭、冷漠、寡情、无能，几乎等于一个废人，更谈不上是什么男子汉了。

这是孩子的悲剧，更是父母的悲哀。

溺爱看起来最富有牺牲精神，但其实也是最懒惰的爱。其中最最懒惰的就是放纵型的溺爱，因为这样做的妈妈放弃了思考，而让没有什么自控能力的孩子去发号施令。对孩子来说，他小的时候也许会觉得妈妈对他很好，但当他逐渐长大，有了自己独立的思想之后，他会觉得妈妈的干涉是对他的一种禁锢，他想冲破这道禁锢，于是矛盾就不可避免地产生了。而如果他的独立意识已被磨灭的话，这对孩子就是更致命的伤害。就像上文中的儿子一样，毫无独立意识的孩子会过度依赖妈妈，对困难畏首畏尾，对生活也缺少热情。于是，懒惰的溺爱造就了懒惰的孩子，懒惰的生命。

所以，教育孩子，最忌讳的就是溺爱。一个在溺爱环境中长大的孩子，别指望他将来会有出息。对孩子的爱，只能放在心里，表现出来的，该狠还是要狠一点。不要放纵孩子，对他的要求全部给予满足，而要舍得让孩子吃一点苦头。以孩子为中心，一味地放纵溺爱，是不利于孩子身心健康的，对他们的成长极为有害。

一般来说，在家庭当中，妈妈放纵地溺爱孩子，最典型的表现有以下几种：

其一，对孩子给予“特殊待遇”，使孩子滋生优越感。

有很多妈妈由于孩子是家里的独生子，让孩子在家里的地位高人一等，处处都会受到特殊照顾。这样的孩子必然是“恃宠而骄”，变得自私没有同情心，不会关心他人。

其二，对孩子的各种要求“无条件满足”。

有的妈妈对孩子的各种要求总是无原则地满足，儿子要什么就给什么。有的妈妈觉得“再穷不能穷孩子”，即便是自己省吃俭用，也要满足孩子的无理要求。这样长大的孩子必然养成不珍惜物品，讲究物质享受，浪费金钱和不体贴他人的坏性格，而且毫无忍耐和吃苦精神。

其三，对孩子过分保护。

有的妈妈为了孩子的“绝对安全”，不让孩子走出家门，也不许他和别的小朋友玩。更有甚者，变成了儿子的“小尾巴”，步步紧跟，含在嘴里怕化了，吐出来怕飞走。这样养大的孩子一定会变得胆小无能，丧失自信，养成依赖心理，或者是在家里横行霸道，到外面胆小如鼠，造成严重的性格缺陷。

其四，袒护孩子所犯的错误，成为“护犊子”。

当孩子犯了错误的时候，妈妈总是视而不见，反而说：“不要管太严，孩子还小呢。”有时候爷爷奶奶还会站出来说话：“不要教得太急，他长大之后自然会好了。”这样环境长大的孩子全无是非观念，长大之后很容易造成性格的扭曲。

为了孩子的健康成长，妈妈要给予他充分的爱，但是不可以一味地迁就儿子，这样培养出来的孩子将来会出现很多问题：缺少远大的理想，缺少是非观念，缺少良好的习惯，缺少挫折教育，等等，直接影响孩子的未来。

苏联著名教育学家马卡连柯警告说：“父母对自己的子女爱得不够，子女就会感到痛苦，但是过分溺爱虽然是一种伟大的感情，却会使子女遭到毁灭。”如果妈妈无视这种警告，一意孤行地认为只要尽力满足孩子的一切需要，就能保证孩子幸福健康地成长。那么，这种教育方式势必会影响孩子在各个方面的发展，让孩子失去竞争力，甚至使孩子养成各种不良性格。

疼爱孩子是妈妈的天性，但是如果疼爱得过了头，那就要变成溺爱了，溺爱只会害了孩子。作为妈妈，千万不要让你懒惰的放纵型溺爱害了孩子。

密不透风的“爱”源于自私

一个访谈节目中，台湾舞后比莉讲起在培养孩子的过程，自己总是处于希望孩子快点长大，但又害怕孩子长大的矛盾状态中。比莉回忆在儿子小时候，有一次送他上学，儿子在门口对她说：“妈，以后不要再送我上学了，我都上国中了，同学都没有爸妈送了！”她听了儿子的话才恍然大悟，意识到儿子已经长大了，比莉就跟主持人说：“我真舍不得让他长大！”

相信每一个妈妈都有和比莉一样的感受，想让孩子长大，但是又舍不得他们长大。多希望孩子永远都能天真无邪，单纯可爱，永远在我们的翼下保护，不要离开我们的视野，让我们永远拥有他。妈妈们心里深处或多或少都会有这样的恐惧：害怕孩子长大独立，害怕孩子与妈妈分离。

所以，妈妈即使认识到自己对孩子这种密不透风的“爱”，会令长大了的孩子有些受不了，也会使他们变得越来越糟糕，但是妈妈就是不自觉地要对孩子过多爱护和管教。

当孩子越来越大、越来越独立、越来越渴望自己为自己做主时，妈妈就会感到极大的分离焦虑。她在内心里害怕孩子长大，于是，有些妈妈会有意无意地在阻碍孩子长大。

小豪今年已经上初中二年级了，他从小由妈妈带大，任何事情都是由妈妈全权打点，无论是削铅笔、收拾文具、洗衣服、买零食，还是选择学习内容、填报志愿，大大小小的所有事情都是妈妈为他做。小豪对此很安然自得，妈妈也做得心满意足。

然而，小豪在学校里发现其他男孩都会做很多事情，例如自己把带来的饭盒洗干净、自己收拾自己的文具书本、自己绑鞋带，等等，而这些事他都不会做，他觉得有点不好意思，于是他想和其他同学一样，自己做自己的事。当他向妈妈提出这个要求时，妈妈当即回绝了他：“傻孩子，妈妈帮你做就好了，你就不用操心了，好好学习吧。”“可是其他同学都会笑话我什么都不会做啊，他们说我长不大，什么都要靠妈妈，不像个男生！”“才不是呢，他们是嫉妒你，其实他们自己也不想做，所以故意说你呢！”

小豪勉强相信了，可是，他渐渐地开始对妈妈的关心和帮忙产生了反感，他总觉得自己没有其他孩子自由，于是经常对妈妈发脾气。妈妈看到孩子这样的抵触情绪，觉得孩子长大了，翅膀开始硬了，就想离开妈妈了，心里特别失落，但是，她还是不让小豪碰任何家务事，甚至是小豪自己的事，她总觉得，只要自己帮孩子做这些，孩子就会一直依赖他，就不会离开他，她宁愿让孩子懒一些，也不愿意他很快独立起来离开自己。

很多妈妈就是这样，希望通过为孩子做事，了解孩子的想法，来感觉到孩子仍然依赖着自己，来消除自己害怕孩子长大的心理。这样的爱看似是对孩子的宠爱和负责，其实是出于妈妈的自私，为的是满足妈妈的安全感。如此自私的爱，不能算是真爱。孩子长大是必然，没有一个妈妈能够把孩子绑在自己的身边一辈子，即使你把他绑住了，那也是对他巨大的束缚。

孩子长大了，会渴望独立空间，渴望伸展自己的手脚，尝试自己的力量。这是一个生命成长的必然规律。妈妈们不要一厢情愿地认为孩子就是一个永远不懂事的小孩，永远不知道该怎么做事的小孩，你得时时为孩子的一切事情操心。不要像对待一个2岁的孩子一样去对待已经长大的孩子，这是对孩子无形的伤害。

妈妈必须要舍得孩子长大！要知道，妈妈的怀抱再温暖，也不如给他一双强健的翅膀，这样即使妈妈不在身边，他也能飞翔；妈妈的肩膀再结实，也不如给他站立的力量，这样即使妈妈老去，他也能独立行走；无论妈妈是多么智慧、多么有能力，都不如教给他智慧和能力，这样才能让他独立面对世界。

作为妈妈，必须舍得孩子长大，不能因为舍不得就牢牢地把他圈在自己爱的包围圈里，这对孩子是错误的爱，好妈妈会允许孩子心理上与自己分离。

“大人永远都是为了你好”是谬论

冬季的一天，寒风凛冽，气温骤降。一位母亲冒着刺骨的北风骑车数里来到一所大学校园的女生宿舍，找到正在这里上学的女儿。打开宿舍门，女儿见是母亲，感到十分惊讶，问她有什么事，母亲说给孩子送羽绒服。

女儿感到啼笑皆非，告诉妈妈自己不需要。“我这里有足够的保暖衣服。这么冷的天，我们都在宿舍里念书，不会出去的。再说，您顶着风给我送衣服，就不怕自己生病啊?”

母亲则十分恼怒，“我这不是怕你冷吗？怕你不知道多穿点儿。怎么了，我关心你不对吗？我这不是为了你好吗？你怎么这个态度?”

母亲扔下衣服忿忿然地走掉了。女儿追出来叫她进屋坐一会儿，她好像没听见。

母亲感到很委屈：她觉得自己很伟大，她是如此地心疼女儿，顶着寒风送去冬衣，简直是个英雄！一路上，她都在想象女儿看见自己时会是多么感激涕零。然而女儿却让她失望了，非但不领情，反而将她送到手边的温暖拒之门外。当着女儿同学的面，她真是下不来台，不禁恼羞成怒。

女儿也感到很委屈：我已经长大了，能够自己照顾自己了，妈妈却还拿我当小孩子。这么多同学的妈妈都没有来，偏偏她来了，小题大做。她总是命令我无条件地接受她的关怀，也不看我到底需要不需要。只要提一点意见，她就责怪我，让我对她感到负疚。

这位妈妈认为自己的爱是伟大的，无论何时女儿都应该谦恭地接受，否则就是没有良心；然而，从客观的角度看，她仅仅照顾到了自己的利益，却忽视了孩子的体验。她沉浸在自己的情绪之中，却毫不顾及女儿的感受。美国家庭心理咨询师茱迪丝·布朗将这种“爱”称作对孩子实施“慈祥的虐待”。实际上，这种以“爱”的名义所产生的心理伤害，绝对不亚于暴力行为留下的重创。

茱迪丝·布朗说，“妈妈自欺欺人的通病就是，他们为孩子做的一切，无论如何满足了他们自己，却说成是为了孩子。”这种说法表面有理，其实荒谬。在这个旗号下，妈妈不仅参与孩子的所有的行为，强迫孩子接受妈妈的选择，甚至指导孩子何时何地以什么样的方式表达自己：委屈了不许哭！失望了不许生气！高兴了不许叫唤！对妈妈之情要感激感动、感恩戴德……

茱迪丝·布朗还在《都是为了你好》一书中指出，在家庭中，妈妈有着强大的需求，但是这些需求往往被高尚的托词乔装遮掩，暗中扭曲孩子的生活。“都是为了你好”就是最常用来遮掩父母内心需求的高尚托词之一。

孩子不爱吃饭，妈妈端着碗在身后追着喂：“为了你的营养，为了你的身体好！”

孩子爱玩儿水，身上弄湿了，妈妈坚决制止：“怕你感冒，为了你的健康好！”

妈妈给孩子报了钢琴班、美术班、舞蹈班、英语班，每天陪着孩子东奔西跑上课练习考证：“为了你的将来着想，为了你的前途好！”

孩子有了自己的喜好，妈妈马上站出来制止：“别看那种书！不能跟那种人交朋友！你会学坏的！这可是为了你好！”

孩子喜欢文学，妈妈却禁止他看小说：“不许学文学艺，应该学理学商学医，这才是正道！都是为了你的将来好！”

孩子恋爱了，妈妈对其钟情的对象横挑鼻子竖挑眼：“这个对象不行，跟他/她吹了，我们给你介绍更好的。别伤心别生气，我们都是为了你好！”

无论孩子做什么，妈妈都会参与、指挥、压制、干涉：“听我的，这都是为了你好！”

每个妈妈都应该坐下来，扪心自问：我殚精竭虑呕心沥血，所做的一切，真的都是为了孩子好吗？

“都是为了你好！”凡是这样说话的妈妈，都持有一种自以为是的态度，摆出一副居高临下的架子，把自己当做孩子生活的总指挥：“听我的，我知道什么是对你最有益的选择！”

当孩子反抗时，“都是为你好”意思是“我为你好才这么要求你，所以你不论喜欢还是不喜欢，都必须照办”，这里隐含了一个假设，即出发点好结果就一定好，这个假设不符合事实。另外这里还包含了一个前提：你自己不知道什么对自己好，所以要听我的。对于很小的孩子，这一点或许是事实，对比较大的孩子，是不会认同的。

当孩子置疑时，“都是为了你好”意思是“我的动机是为你好，所以你无权置疑我行为的效果，即使事实表明我错了，我也不需要道歉，而且下次你仍然应该无条件地服从我”。这个潜台词十分蛮横，如此一来，哪个孩子还敢表达自己的意见？

当什么情况也没有发生，妈妈却高频率地说这话，意思是“我整天都在为你好，我的生活目的就是为你好，所以你应该记住我的恩情，你欠我的”。这是妈妈在扮演一种“债权人”和“施予者”角色，扮演的目的是要保持对孩子的控制。

这样一句“都是为你好”，对孩子的威胁却是十分可怕的。在这句话的威胁中成长的孩子往往既不会表达愤怒、也不怎么会表达爱。经常压抑自己的愤怒和感情，习惯于以别人的标准要求自己。他们不敢和妈妈做直接的交流，因为在交流之前就已经在脑海里出现了妈妈勃然大怒的形象。

就是这样轻而易举地，妈妈对孩子实施了精神控制，或者说是精神奴役。常说这句话的妈妈们请好好反思一下，“都是为你好”真的是为孩子好吗？

慈母让孩子无限扩张，严母让孩子无限萎缩

2009年，某富家公子飙车撞死一青年的事件，格外令人关注，这场车祸很快演变成一场公共社会事件。因为这起事件显示出当代家庭教育的重大问题——家长的溺爱放纵造成孩子的自私放肆，这个问题尤以富二代为甚。

富家公子在市区飙车，撞人后若无其事，竟没有一点负罪感。而出事后肇事者的妈妈居然不是报警救人，而是赶紧打电话找关系。在死者的追悼会上，肇事者的妈妈跪在灵前，连声说对不起。原本一直哭泣的死者妈妈，一反常态地平静，对着肇事者妈妈说：“我不会打你，我就是想跟你说我养大这个儿子有多么不容易，我摆过早饭摊……什么都干过，好不容易养大了，成才了……”

事件中的两位妈妈，一位摆饭摊养家糊口，培养出了懂事、上进、孝顺的青年才俊；一位一掷千金，给儿子买跑车如买玩具，结果是除了自我，视他人生命如草芥。

这个事件，印证了韩非的名言：“慈母有败子。”慈母之所以败子，就在于放任孩子，致使最后不可收拾。妈妈对孩子过分慈爱，子女就不会成器。诚然，疼爱子女是妈妈的天性，也是应尽的责任，但爱总得有个“度”。眼下，生活水平提高了，给孩子提供良好的生活学习条件，也在情理之中。但切不可好过了头，爱过了火，否则不仅实现不了盼子成龙、盼女成凤的美好愿望，反而有可能种下的是苦果，甚至恶果。

法国教育家卢梭说：“你知道运用什么方法，一定可以使你的孩子成为不幸的人吗？这个方法就是对他百依百顺。”所以，真正伟大的母爱，应是有尺度有方法的理性的爱，以孩子人格的健全发展为前提，以孩子独立能力的形成为目的。如果妈妈真正爱孩子，就不要对孩子无原则地慈爱，这样的慈爱就是溺爱，在溺爱的环境里，妈妈的娇惯和纵容使孩子滋生了唯我独尊的心理，包围孩子的是一片表扬、赞叹，孩子就会变得过分要强，就像温室里的花朵经不起一点风雨，一遇到挫折就变得精神委靡不振，消沉慵懒，做事没有劲头。

过度慈爱会败子，而过度严厉也会毁子。慈母败子的错处在于让孩子自我无限的扩张，而严母毁子的错处在于让孩子自我无限的萎缩。

有一个小学四年级学生，是班里的学习委员，酷爱学习，是老师心目中的“尖子生”。但妈妈对她的期望过高、要求过严，她要求女儿每门功课必须在98分以上，有时考了95分，虽然在班里名列前茅，但妈妈仍不满意，对她严厉批评。在妈妈的严厉管教下，孩子的心理压力很大，学习丝毫不敢怠慢。后来渐渐地，她便感到力不从心、疲惫不堪，学习成绩明显下降，对学习也产生了厌倦，开始喜欢上了逃课，当老师找到她时，她蜷缩在路边，十分恐惧，并且哀求老师不要把她送回家去，她害怕回家面对严厉的妈妈。

妈妈对孩子提出比较高的、比较严格的要求是必要的，但应当把握好“度”。如果期望过高，反而会适得其反，这时孩子会觉得自己无论怎样努力也达不到妈妈的要求，无论怎样努力都是失败，渐渐地就会失去信心，对自己的能力产生了怀疑，进而会把学习

当成一件可怕的、痛苦的事情，厌学情绪也会油然而生；有的极端的孩子干脆来个“死猪不怕开水烫”，反正达不到要求，索性放弃！

每位孩子的心理素质和学习能力是不同的，妈妈应当根据孩子的实际能力和水平，提出适当的要求。另外，妈妈应当认识到，考试分数充其量不过是关于孩子学习质量的一种不十分精确的信息，并不能反映孩子的学习全貌，没有必要把分数看得太重。还应该认识到，孩子的成功与否并不是最重要的，快快乐乐地成长、幸幸福福地生活才是生命的真谛。

妈妈过于严厉，不仅对孩子的身心发展有危害，还会腐蚀孩子的价值观。若妈妈对孩子管教过于严苛，对孩子没有耐心，容易暴怒、动辄体罚，就会适得其反。孩子在这样的环境长大就会潜意识中把暴力植入自己的大脑，以为这就是解决问题的方法，久而久之就养成了崇尚武力解决一切的习惯，严重阻碍孩子的健康发展。

总之，“慈母败子”，“严母毁子”，妈妈一定要慎重对待给孩子的爱，把握好爱的“度”，才能发挥好爱的作用。

自我“牺牲”换不来孩子辉煌的未来

我是一位63岁的农民，今天我给你们写信，是想说说我的家事。虽说家丑不可外扬，但这些事憋在心里好长时间了，最近总感到心口疼。

我儿子是一名大学生，也是我们家五代人唯一考出的大学生，这是我老两口的骄傲啊！但因为这个不争气的东西我们也伤透了心。

记得儿子刚考上大学时，我去学校送他。下了火车后，我扛着笨重的行李走在前，儿子跟在后。本来就因为坐了一夜的火车，再加上上了点年纪，刚到学校门口，就被大门前一根铁条绊倒了。我重重地摔倒在地上，行李扔出了老远，一只鞋也甩掉了。儿子向四周看了看，像怕什么似的拉住我的胳膊猛地用力拽了一下说：“干什么啊，丢不丢人！”尽管我的双腿摔得很疼，但还是得很快爬起来，捡起鞋穿上继续去背行李。把儿子安顿好后，我忙着又是挂蚊帐，又是买日用品，这一切似乎在儿子眼里都是天经地义的。

第一学期儿子一共来了3次电话，每次都是要钱。我和老伴种着3亩地，抽空我就到村里的砖厂去做工。开始人家说我老，不肯收，我几乎给人家跪下了，人家可怜我才让干的。小闺女16岁了，初中毕业后上不起学给人家当了保姆，挣的钱交给我后，我一分舍不得用，全寄给了儿子。甚至有一段时间老伴的眼睛肿得厉害，疼得一个劲儿流泪，都舍不得花钱买一瓶眼药水啊！

为了能多挣点钱，老伴又在村子里找了一份看孩子的差事。给人家抱一天孩子只挣5元钱，没日没夜的。去年冬天，儿子电话打得特别勤，每次都是要钱。我寄了4次有6000多元，我不知道现在上学就得这么多钱。后来才听村里去打工的一个小伙子回来说，他见到我儿子了，正谈着恋爱，很潇洒。说真的，我和老伴听了后不知是该气还是该高兴。然而最可气的是今年过年儿子回来时，那不争气的东西，居然偷改了学校的收费通知，虚报学费。这之前我只是在报上看到过这种事，没想到会发生在我身上。如今好几个月过去了，我一想起这事就心痛，整夜睡不着觉。我不明白，我们亲手抚养大的儿子好不容易考上大学，为什么会变成这样，不知他们在大学里除了学习文化外，还能否学到要有良心？

这是一篇刊登在《新华每日电讯》上面的文章。这对可怜的父母，几乎牺牲了自己的一切去讨好儿子，得到的却是这样的回报。相信看了这篇文章的妈妈们都感到痛心疾首，可怜天下父母心，怎么会养出这样一个不孝子！同时，我们也能猜到，这样一个毫无感恩之心，虚荣自私的孩子，是很难有光明的前途的。他将为自己的“小聪明”付出很大的代价。但反思一下，不难发现，恰恰是因为父母的完全“牺牲”，孩子才养成现今这种虚荣自私的品性，所以，自我“牺牲”不仅换不来孩子辉煌的未来，甚至会造成孩子品性的恶劣和前途的渺茫。

苏联教育家马卡连柯曾说，一切都让给孩子，为他牺牲一切，甚至牺牲自己的幸福，恰恰是送给儿童的最可怕的“礼物”。

但是，家庭对绝大部分女性来说，往往意味着“牺牲”，至少要牺牲很多的个人时间和空间，去处理家庭的琐事，例如孩子不肯睡觉了，老人生病了，亲戚串门了，等等，不得不推掉很多的同学聚会、健身课程和个人爱好。一个家的确需要一个凡事都操心的人，这样家里才有主心骨，才能团结在一起。但是这个主心骨就一定要什么事情都做好，抛开自己的一切吗？

有一位成功的职业女性，结婚生子后，毅然放弃自己的工作，安心在家相夫教子。但是很快问题就出来了，一方面是教育孩子没有她想的那么顺利，总是问题不断，小孩生病，读书不好，对人没有礼貌等，这一切在她的公婆看来，都是因为她教子无方；另一方面，她觉得自己离以前的那帮姐妹越来越远了，她很久不去做美容，也没有心情购物，整个人的情绪坏到了极点。

后来她去咨询心理医生，心理医生说：“你需要一份工作，或者是一个爱好来疗伤。”

的确，百分之百将自己牺牲在家务当中，不仅不能达到照顾家庭的理想效果，还会给自己制造伤口。如果家庭中产生不愉快，妈妈们很自然会把原因归结到自己的无能上，渐渐增加了负罪感和挫败感。而一个爱好，或者一份工作能让妈妈们重新找回自信和乐趣。

为什么说牺牲自我对家庭的好意未必见效？我们想一想，牺牲自我的妈妈们往往把孩子的事情都揽在自己身上，小到系鞋带，大到他交了怎样的朋友、将来读什么大学等，事事都要关心。这样做的结果，往往是孩子不知道妈妈为自己做了多少事情，或者就算是知道了，也觉得理所当然，少了感恩之心。长此以往，孩子不知不觉中学会了自私自利。

爱孩子并不意味着“牺牲”自己，给孩子越多爱不代表对他越好，为了孩子健康成长，为了家庭幸福美满，妈妈要学会适度从家庭孩子中抽身出来。对很多妈妈们来说，要从家庭抽身回到职业女性的角色稍嫌困难，但我们可以培养一个自己的爱好，或者养花种草，或者养养宠物等。将自己的精力和情感分散开来，这样我们的内心才能达到平衡的状态。孩子、家庭和自己，每一个都能好好兼顾过来。

不自觉地虐待——代代相传的心灵创伤

在德国，一个宫廷乐师娶了一个侍女，生了好几个孩子。他喜欢喝酒，常常会在酒后暴打自己的孩子。当时诞生了音乐神童莫扎特，很多人都希望把自己的孩子培养成莫扎特那种会挣钱又有面子的儿子，他也不例外。为了让孩子成为“神童”，他天天逼着比较有音乐才华的那个儿子练琴，常常动手打他。

这个被打的儿子在孤独和痛苦中磨砺成了我们都知道的音乐天才——路德维希·冯·贝多芬。贝多芬自己没有结婚，也没有继承人。但是，他把自己兄弟的儿子卡尔留在身边，给他提供最好的音乐教育，要让卡尔成为下一个音乐天才。据说，卡尔认为自己并没有音乐上的天分，伯父的固执成为他的负担，他常常找贝多芬要钱，然后去赌场消愁。后来，卡尔实在受不了伯父贝多芬在他身上寄予的厚望，于是，用枪射向了自己的脑袋。这一枪偏了，卡尔没有死，但是贝多芬因此大受打击，病倒了。

贝多芬当然也很爱他的侄儿，只是他忍不住要在卡尔的身上寄予太多希望。想一想贝多芬自己的童年，我们就能明白他的“不由自主”是为什么了。父亲对他的态度，影响了他对侄儿的态度。

这样的情况不仅仅会发生在贝多芬身上，其实任何一个妈妈在教育孩子的时候，都会受到以前自己所受的教育方式的影响。因为童年时候发生的事情，对一个人的影响是很大的。所以，我们教育孩子的经验一般都来自父母教育我们的方式，父母的教育态度或多或少会影响我们的教育态度。一个从小生活在严格要求下的人，必定会对自己的孩子也比较严格；一个从小生活得轻松快乐的人，自然会对孩子要求较少，认为孩子的快乐最重要；而一个从小生活在责骂暴力中的人，难免也会对孩子暴力相待。

童年的记忆，无论是快乐的，还是痛苦的；无论是清晰记得的，还是觉得已经忘记的，都会在你的潜意识中影响你的想法。这就解释了为什么有的时候，妈妈一见到孩子心里就很不耐烦，或者想动手打他，或者不想理他。尽管妈妈知道这对他是不公平的，但还是无法克制住自己的情绪。也许，她也是一个受害者，她也是因为受到了这样的对待而把气发泄到了孩子身上。

但是，不管出于什么原因，打骂孩子都是不对的，这是对孩子的巨大伤害。要知道，你现在对孩子的伤害，会长久地印记在他的潜意识里面，影响他今后对待他自己的后代的方式。伤害就这样一代一代地往下传下去，那多少个子孙后代都要受到这样的折磨啊？所以，为了你的后代能够免受这样的伤害，也为了你自己的内心得到解脱，你必须学会走出童年的阴影。

也许你一直对当年父母的打骂怀恨在心，觉得受到了巨大的伤害，于是无法原谅。那你现在不如平心静气地想一想自己的童年，是不是全是这样的伤害呢？想一想父母给你的爱和幸福，是不是让你倍感温暖呢？想一想父母那个时候的社会环境和生活上的压力，是不是可以体谅他们偶尔的情绪失控呢？多往积极方面想，也许你心中的很多不愉快会慢慢消失，这样，你再去教育孩子的时候，就没有这种莫名其妙的怒气了。

“非爱行为”是伤人的爱

上海的一项调查显示：上海有24.39%的中小学生曾有一闪而过的自杀想法，5.85%的孩子曾计划自杀。无独有偶，浙江健康教育所对浙江全省中小学生的调查显示：13.3%的学生曾认真考虑或计划自杀，4.9%的人尝试过自杀，34.2%的学生曾考虑离家出走。俗话说：“少年不知愁滋味”。然而，这些孩子的“愁”是从哪里来的呢？

我们常听见妈妈对孩子说：“我为了你的学习花了那么多钱，你怎么还有时间踢球，而不把学习搞好”“你不能一个人出去，外面很乱很危险”“你快去看书，衣服我来洗”，等等。这些听起来全都是“爱”的语言，实际上只是以爱的名义对孩子进行一种强制性的控制，让孩子按大人的意愿做，这给孩子带来了极大的心理压力和精神伤害，妈妈的“爱”也就成为了孩子“愁”的重要来源之一。

妈妈都是爱孩子的，但妈妈的行为并不都是爱孩子的，然而，在做出这些行为的时候，妈妈仍然认为自己这么做是为了爱孩子。这些行为就被称之为“非爱行为”。在心理学上，“非爱行为”是指以爱的名义，对最亲近的人进行一种非爱掠夺。“非爱行为”主要有以下几类：

一是带附加条件的爱。“听话！妈妈只喜欢听话的孩子！不听话我就不要你了！”“你学习成绩好才是好孩子，妈妈才会爱你！”“妈妈养大你这么不容易，你一定要好好争气，不然我就不再爱你了。”相信很多孩子从小就听过这些话，妈妈总是用这样的威胁来训导孩子，这些就是有条件的爱。当妈妈说出这句话时，或者心里有这种想法时，就证明妈妈对孩子的爱是有条件的了。这样的条件存在于如下的潜台词中：你必须服从我、遵照我的指令去做、按照我的设计去成长，否则我就不爱你。乖乖地听话、取得好成绩、考上好学校、给妈妈挣得脸面和荣耀……不满足这些条件，妈妈就不爱你，甚至将你逐出家门。

二是没有原则的爱。妈妈无原则地满足孩子的一切要求，孩子要什么给什么，想怎么着就怎么着。孩子闯了祸由妈妈担当着、挨了欺负由妈妈出面摆平、丢掉工作回家来让妈妈养着。表面上看，妈妈“爱”孩子爱过了头，舍不得孩子动手、怕孩子累着、担心孩子吃亏、不愿意孩子受委屈，宁肯自己受罪受累、吃苦牺牲，也不能“亏待”了孩子。很多人把这种感情当做一种富有牺牲精神的值得称赞的“爱”，其实这是一种非常严重的毒害。这种“爱”，远非无私，而是极端自私。深深隐藏在“爱”的旗号背后的，是施“爱”者对受“爱”者强烈的控制欲望。

三是依赖性的爱。孩子是妈妈的“精神寄托”甚或“支柱”，孩子万一有个闪失，妈妈就活不下去。妈妈甚至明确告诉孩子：“我就是为你活着！你可不能让我伤心、失望，那样会杀了我的！”人们通常将这样的依赖误认为爱，这不仅仅不是爱，而且是对孩子无言的束缚和伤害。

四是永远无法满足的爱。孩子考试得了98分，妈妈说怎么没得100分？孩子当上了三好生，妈妈说你为什么没有当班干部？孩子学会了弹钢琴，妈妈说什么时候才能考过八级？孩子参加学校体育比赛获奖，妈妈说四肢发达、头脑简单有什么用？孩子唱歌唱得很好，妈妈说你别想着能够成为歌手，赶紧好好学习，考试得第一实际点！总之，妈妈的期望像一个黑洞，无论孩子怎样奋斗，都无法满足。妈妈永远没有好脸色，孩子的努力永远不够。

五是牺牲者讨债的爱——“就是为了养你，我耽误了事业，没评上职称，你拖了我的后腿！可你还是这么不争气！”“你让我操碎了心！我身体这么不好，都是让你给气的！”这些妈妈把自己放在一个“烈士”的位置上，整天唠叨自己为了孩子“牺牲”了什么，抱怨孩子没有偿还这些“债务”，而且还动不动就被孩子“气”病了。其实，生育子女是妈妈自由的选择，养育子女是妈妈应尽的职责，为了子女而放弃一些事情也是妈妈自由的选择，妈妈应该为自己的选择负责，而不是把责任推到孩子身上。

这些“非爱行为”或多或少都会出现在每一个妈妈身上，很难完全避免，但是却可以通过妈妈的认识和反省来减少。如果妈妈不反省自己的“非爱行为”对孩子的伤害的话，那就是妈妈的失职，也是孩子的悲哀。

妈妈的爱，为孩子埋下温柔的陷阱

十月怀胎的辛苦和分娩的“切肤之痛”让妈妈们最能体会骨肉亲情，日常起居上的悉心照料更加深了母亲与孩子之间的感情，母亲对孩子的爱，已经不是“慈母手中线”缝出的衣裳能够代表的了。

也正因为如此，妈妈更容易溺爱孩子，在独生子女的家庭中尤其如此。

小敏的妈妈是一个全职太太，体会到丈夫在外面工作的不易，她也要求自己把家里的事情打理得事事顺心。

在对小敏的教育上，妈妈积极地给孩子报辅导班，按时接送孩子，一日三餐都按照营养书上推荐的搭配，保证孩子的身体健康。

平时孩子的任何事情，收拾书包、穿衣梳头、放水洗澡这些都由妈妈一手操办。在家庭内务上，妈妈尽心尽力，毫无怨言。

而小敏却没有感觉到妈妈的辛苦，在她看来，妈妈所做的一切都是理所当然的，如果哪一次她发现妈妈没有帮她把书包收好，或是给她准备的第二天上学时穿的衣服不如意，就会委屈得掉眼泪。

爸爸长期不在家，妈妈就成了小敏最亲密的伙伴，但凡遇到困难，妈妈总是第一时间帮她解决，但小敏还是常常和妈妈怄气。

不论是出于补偿心理，还是出于对孩子的爱，小敏的妈妈都绝对到了溺爱的地步。这样的做法虽然可以理解，却是很不明智的。

妈妈溺爱孩子，都是为了让孩子生活得幸福，但是孩子能让妈妈呵护多久呢？总有一天，她需要与别人一起应聘、一起工作、一起生活，到那时她的困难谁来解决？

有的妈妈正是知道自己不能保护孩子一生，越发有求必应、百般顺从了。这样的妈妈可以说是不负责任的，因为她没有为孩子的将来做任何打算，并且让孩子错失了很多学习成长的机会，她将一个低能儿抛给了社会，这样的行为不可饶恕！

孩子是需要经受挫折才能健康成长的，溺爱只会让孩子养成不好的生活习惯和性格。被溺爱的孩子很难遵守规矩，也不懂得自我约束，在他看来，规矩是为别人准备的。

由于凡事都有妈妈包办，这样孩子往往有太多优越感，做事情眼高手低，也不善于与人相处。当别人帮助了自己的时候，在溺爱中长大的孩子也不懂得感恩，反而觉得是理所当然；当他看到别人比自己优秀的时候，不仅不会向别人学习、替别人高兴，还会产生沮丧、嫉妒的消极情绪。

一位母亲为她的孩子伤透了心，她在心灰意冷的情况下去找心理医生。

医生问："当您的孩子第一次系鞋带时，打了个死结，从此之后，您是不是再也不给他买带鞋带的鞋子了？"母亲点点头。

医生又问："孩子第一次刷碗的时候，打碎了一只碗，从此以后你是不是再也没让他刷碗？"母亲称是。

医生接着说："孩子第一次整理自己的床铺，用了很长时间，您看不过去，从此代替他叠被子了，是吗？"这位母亲惊愕地看了医生一眼。

医生又说："孩子大学毕业去找工作，您怕孩子找不着工作，便动用了自己的关系和权力，为他谋得了一个令人羡慕不已的职位。现在您却为孩子的适应能力太差而感到恐慌了！您怕他不能胜任一份好工作，怕他娶不到媳妇，怕他以后过得很凄惨……"

这位母亲更惊愕了，从椅子上站了起来，凑近医生问："你怎么知道的？"

"从那根鞋带知道的。"医生说。

母亲问："我以后该怎么办才好？"

医生说："当他生病的时候，您最好带他去医院；他要结婚的时候，你最好给他买好房子；他没有钱时，你最好及时给他送钱。这是你今后最好的选择，别的，我也无能为力。"

……

这则故事中的母亲，就是用自己的爱，为孩子埋下了一个温柔的陷阱，由于被剥夺了犯错误和改正错误的机会，孩子也失去了独立成长的权利。

当他们在日后的生活中遇到一些不如意的事情，除了向妈妈求救，就只能"独自垂泪到天明"了。

妈妈要让孩子学会自立，首先就要从放开自己的双手开始，让孩子自己系鞋带，即使很慢，迟到了他会因此受到批评；即使系到一起，走路摔倒了他会感到疼痛，但所有这些付出的代价，都是让他学会改变方法、正确做事的动力。不然，他在将来就会错失很多机会，付出的代价将会更加沉重。

另外，孩子在开始做事情的时候，需要适当的鼓励和即时的指导，如果妈妈不在身边，孩子很容易感到孤独和被忽略，因此妈妈对孩子的爱要把握一个恰当的尺度。

妈妈们应该明白，溺爱孩子实际上剥夺了孩子生活中许多重要的东西。比如剥夺了孩子的自主权。溺爱的妈妈多为掌控型家长，喜欢一手包揽，诸如小到穿衣，大到前途，都要为孩子做打算和决断，孩子容易丧失自我，能力退化，胆怯，容易对妈妈产生既抱怨又依赖的矛盾心理。剥夺了孩子的自信心。溺爱孩子的妈妈给予孩子的负面信息要多于正面信息，常常喜欢限制孩子的活动，诸如：这是不能拿的，那是不能碰的，致使孩子运动游戏的能力差，和同伴玩不到一起，内心因此自卑孤独。甚至剥夺了孩子的感恩心。溺爱的妈妈倾心包揽，不给孩子任何成长的机会，也剥夺了孩子帮着做点力所能及的家务、参与家庭的活动的生活体验。

妈妈的爱，不是越多越好，小心你泛滥的爱，为孩子埋下温柔的陷阱，困住孩子的人生！

畸形的母爱，成为孩子自私的源泉

苏联当代著名教育家苏霍姆林斯基曾说，“在没有明智的家庭教育的地方，父母对孩子的爱只能使孩子畸形发展。这种变态的爱有许多种，其中主要的有：娇纵的爱，专横的爱，赎买式的爱。”

现在，很多妈妈“先孩子之忧而忧，后孩子之乐而乐”，她们节衣缩食，看着孩子吃好的穿好的玩得痛快，妈妈比自己享受还要陶醉。

可是这些妈妈没有意识到，她们在为孩子无条件付出的同时，也使孩子养成了自私、任性、骄横、懒惰、狭隘、霸道、缺乏责任心、缺乏爱心和同情心、不关心他人等不良品行。

一个偏远山村一个农民的宝贝女儿考上了某重点大学。这个喜讯让全村都轰动了。

贫穷老实的父母咬紧了牙关，才凑齐了近万元的学费。虽然老两口每日劳累，可是他们的内心却很欣慰，毕竟一切等女儿毕业就好了。

谁知不久就接到女儿的信：“要买学习资料，速筹 2000 元寄来。”

父亲为了给女儿凑学费，已经家徒四壁，负债累累，根本就拿不出这么多钱给宝贝女儿——他只能做一件事情，那就是到城里的血站去卖血。

当老汉把借来的和自己卖血换来的 2000 元寄走后，他的心放下了，终于能让女儿踏实地学习了。

可他哪里知道，这次要钱还仅仅是个开始。

女儿要钱都是有用处的，再苦再难父亲也得支持。家里是一分钱也拿不出了，只能靠卖血来供养女儿读书了。

忠厚的父亲用别人的身份证托人办下了七个献血证。每个星期都要卖两次血，才能供得上女儿的消费。

4 年里，老汉共卖血获得 75500 元，老汉为女儿所卖掉的血，用一个大汽油桶还装不完。

好不容易女儿毕业了，父亲心想，终于可以松口气了。不想，女儿在城里找到了工作，就再也没有和家里联系过。这让老汉十分牵挂。

一天，衣衫褴褛的老父亲千里迢迢来到了女儿的工作单位，探望许久没回家的女儿。

不想，老汉刚在女儿公司门口露面，女儿就把父亲推到了远处，还埋怨他怎么不穿好点，这么寒酸，太让自己没有面子了。

埋怨完父亲，女儿很不耐烦地从口袋里掏出200元钱递给了父亲，让他搭乘当天的火车回去，并告诫他没事别来找自己，对自己以后的发展不好。

老父亲接过钱的一刹那，几乎要昏过去……

看了这个故事，或许你也会为文中的“老父亲”心酸。然而，这位“女儿”的做法不是没有缘由的，父亲过度的爱、毫无原则与分寸的纵容，是造成“女儿”如此绝情地根源。

有的妈妈疼爱孩子，家里有什么好吃的东西都只给他一人吃。时间长了，在孩子的思想上形成了一个定式：好的东西只能由我享用。

有一个三口家庭吃饭时，孩子总是把自己喜欢的菜拉到自己面前，恨不得一个人全部吃掉。

妈妈随着孩子，也专门把孩子爱吃的菜放到他面前，自己干瞅着不吃。孩子吃独食看起来是小事情，但是小事情却会产生大问题，这可是这位妈妈没有想到的事情。

孩子吃惯了独食，有东西只想一个人吃，玩具也只能自己一个人玩，自私自利思想由此产生。

一位母亲平时总是把削去皮的苹果给女儿吃，自己却吃苹果皮。一次当她尝了一口苹果时，3岁的女儿竟声色俱厉地吼道：“你怎么吃苹果！吐出来！”这位妈妈声泪俱下：“她那么小，就这样对待我……”

孩子如此对待妈妈，确实可怕。但问题的起源在于妈妈的权利丧失，甘愿为子女当马牛，直接导致家庭教育失败，导致了孩子自私、任性而且霸道的性格。

由于许多妈妈没有认识到孩子吃独食的危害，觉得吃独食没什么大不了的，其实孩子吃独食的后果很严重。

一项调查表明，当今的中小学生明显表现为自私和责任心差，他们以自我为中心，而对父母缺乏应有的关心。调查发现，有27.8%的中小学生不知道父母的爱好，有100%的中小学生知道自己的生日，而有33.3%的中小学生不知道父母的生日。他们把父母为自己的付出看做是天经地义、理所当然的事情，进而体会不到父母养育他们的艰辛。

妈妈“有了孩子，没了自己”，到头来换来的却是孩子心中“只有自己，没有妈妈”。

抚养出这样的孩子，做妈妈的难道不痛心吗？然而这又是妈妈自身的过错造成的恶果。

我国老教育家刘绍禹曾经说过：“不要太关心儿童。……太关心了容易养成孩子的自我中心心理，结果变成自私自利的人。”

孩子的自私自利并不是天生的，很多是随着妈妈畸形的爱滋生出来的。妈妈们，请反思一下你的爱，不要让你畸形的爱，成为孩子自私的源泉。

第二章 如何给孩子高质量的爱

爱孩子是每一位母亲的本能，这种爱，有时能给孩子温暖，有时却严重地影响了孩子的发展。所以，母爱都深如大海，但质量有别。任何时候，爱都要讲究方法，都要为孩子量身定做，只有让孩子受益，妈妈的爱才真正是有意义的。

妈妈宠爱孩子有方法，要宠不能惯

今年一开学，某学校脑瘫班的乐乐，现在连路都不怎么会走了，而上个学期期末的时候，她走路非常的好，虽然时不时会摔倒，但是可以自己独立的行走。大家都夸她练习认真，成果明显。结果这个学期怎么突然就退缩了呢？

原来这个暑假，乐乐的保姆去照顾姐姐的孩子了，没有时间照顾她，因此乐乐的生活都是由妈妈负责的。而乐乐的妈妈由于孩子的缺陷，非常的自责，对孩子十分迁就，哪怕是乐乐说："无论我说什么，无论我说的是对的还是错的，你都不准反驳"，妈妈都没有任何的意见。在家里，乐乐称王称霸，家里人不敢说半个不字。因此寒假的一个月时间里，乐乐就整天坐在家里看电视，从来没有好好地锻炼自己的身体，更别说专门的练习走路了。一个月不练习的结果就是：现在连走路都有问题。

宠爱孩子，这是孩子的福分。所谓的宠，应该是满足孩子在成长过程中的感情需求，这样宠出来的孩子在日后的成长过程中会更加自信。天下的妈妈没有不宠爱自己孩子的，但是，并不是所有的妈妈都懂得宠爱孩子的尺度，这是孩子的不幸。对孩子的宠爱，应该有度，如果宠爱无度，就会变成溺爱。溺爱会给孩子带来一系列的不利影响：助长孩子的任性和娇气，弱化孩子与外界交流的能力，埋没孩子处理各种事情的潜能。

有一些妈妈，从来不让自己的孩子做任何的家务，对孩子的各种要求几乎是"有求必应"，当孩子遇到各种困难自己都先迎难而上。一句话概括就是，妈妈在极力创造一个让孩子感觉到没有任何委屈的环境。这样做的后果，孩子无疑是得到了安逸，万事不求人，但是这样做的同时，也把孩子应该具备的社会适应能力和免疫力舒舒服服地破坏掉了。

妈妈对孩子无度的宠爱还会使孩子在潜意识中形成"唯我独尊"的错误意识，他们成了家里的上帝，他们的喜怒哀乐左右了家庭的气氛。在学校中，有不少孩子是任性不羁的霸王，没有任何人能和他沟通，没有任何规则能够约束他。

妈妈对孩子的过度宠爱，原因大致有以下几个方面：

1. 妈妈小的时候自己受苦太多，曾经感受到过贫苦生活给自己带来的折磨，现在自己事业有成了，总觉得不能让孩子再像自己从前那样受苦，所以千方百计给孩子最大的满足。

2. 有的妈妈本身从小生活在富裕的生活环境里，并且现在的条件要比过去好很多，所以就觉得孩子一定要过得比自己舒服才算是跟上了时代进步的步伐，才算是不委屈孩子。

3. 有的妈妈由于经常不在家，长期在外拼搏，无暇照顾孩子平时的生活，总觉得自己对孩子有亏欠，所以就容易在物质方面尽量满足孩子，甚至可以容忍孩子挥霍金钱。

任何东西如果给的太多了，人的感觉就会钝化，爱也是如此。妈妈对孩子如果爱得太多，那就是糊涂了。因为无论是什么原因导致溺爱心理的产生，最终都会导致孩子心理发展的障碍。

1. 被过度宠爱的孩子容易变得无情，只喜欢一味地索取，不懂得付出。

2. 被过度宠爱的孩子容易变得无能。如果妈妈帮助他做了很多本该属于他做的事情，过度的照顾让孩子的品德、智力甚至是身体发育停滞不前。妈妈可以给予孩子生命，但却无法担负孩子的一生，孩子迟早要独自面对他自己的事情。

3. 被过度宠爱的孩子基本上缺乏自强的精神，缺乏自立的能力，承受不了任何风风雨雨，心理的抗挫能力极差。有些孩子会在日常的生活中有一些具体表现，比如缺乏自我控制能力，行为怪异；不能控制饮食；在活动中不守秩序，如果别人不按照自己希望的方式就会大吵大闹；很少为别人考虑；不能与别人一起分享成果。

4. 被过度宠爱的孩子会表现得很难适应社会，因为过分娇宠的孩子容易自私、任性、放肆、骄傲、易发脾气、不遵守规则、没有公德等。这样的孩子一旦走上社会，往往高不成低不就，大事做不来，小事不肯做，注定要失败。

在当今我国的独生子女身上，过度宠爱、娇生惯养的危害体现得淋漓尽致，而西方国家的孩子相对来说就独立很多，所以，我们的妈妈可以向外国先进的育子智慧学习。在美国，无论家长是高官还是富豪，从来都不给子女零花钱。而子女的零花钱大多是通过课余或假期的打工中“按劳取酬”获得的。不仅如此，当子女成长到了18岁的时候，他们就再也不会在经济方面依赖自己的父母，而是必须要自食其力。而这些美国孩子也把长大了还向父母伸手要钱视为是一种耻辱，自觉地凭劳动和智慧来挣钱料理自己的生活。总之，要想孩子独立，就要从小培养他的独立意识，不能娇生惯养、过度溺爱！

妈妈爱孩子，这是人之常情大家都理解，但是千万不要“过度”。爱孩子不能只用感情，爱孩子需要用智慧，教育孩子时坚持“要宠不要惯”的原则才是最好的方法。

被孩子接受的爱才是孩子幸福的源泉

漂亮机灵的梅子是妈妈的心肝宝贝，妈妈把家里所有的好吃的都留给她吃，给她穿最好看的公主裙，给她比同龄小朋友更多的零花钱，但是，渐渐长大的梅子越来越不喜欢妈妈给的东西，例如她不喜欢吃妈妈给她买的巧克力蛋糕，不喜欢妈妈经常要她穿的泡泡裙，不喜欢妈妈因为害怕她受伤而不让她和小朋友去玩游戏……梅子向妈妈抱怨了很多次，但是都没有效果，妈妈依然按照自己的意愿给梅子这些她不喜欢的东西，久而久之，梅子开始讨厌妈妈，她不再喜欢笑了，也不再对妈妈给的东西感兴趣，她甚至觉得妈妈不像以前那么爱她了。

梅子妈妈无疑是非常爱她的，爱孩子是每一个妈妈的本能反应，但是有爱不代表就能让孩子感到快乐，不代表孩子就能感受到生活的幸福。妈妈的爱，只有被孩子接受了才能让孩子感到幸福。

既然爱要以孩子的接受为标准，那平常就应该多思考：孩子想要的到底是什么？怎么表达爱，孩子才更容易接受和理解？生活中总是有些妈妈，宁可自己省吃俭用，也要让孩子在物质上应有尽有，但在精神上经常忽略孩子的需求，对孩子的情感和人格缺乏应有的尊重，这样也很难让孩子体会到妈妈无私的爱。所以作为孩子的妈妈应该尽可能多地和孩子在一起。每个孩子都需要从妈妈那里得到足够的重视。在每天工作之余，妈妈要腾出一些时间参加孩子的游戏，和孩子一起读书，为孩子提供接触外界的机会，学会倾听孩子的心声。与孩子谈话也为妈妈提供了一次了解和教导孩子的机会。这样，妈妈就能够在第一时间知道孩子到底需要什么，怎样的爱他们才能接受。

在生活中能感受到妈妈爱的孩子才能被幸福的阳光照耀。但是不接受妈妈的爱，拒绝去关爱她们的冷漠的孩子不会被幸福垂青。

冷漠的孩子内心总是寒冷的，也许他得不到妈妈的关心，也许是不接受妈妈的关爱，也许是接受不了妈妈关爱的方式。他们总是在寒冷中挣扎，感受不到温暖，也感受不到生活的幸福。那么，我们应该怎样才能让孩子冷漠的心感受到温暖，感受幸福呢？

这说难不难，说简单也不简单。面对生活中日渐冷漠的孩子，想让他们感觉到爱的幸福，要一步步融化孩子的冷漠。

第一点，改变冷漠就要让孩子从身边的小事开始，比如，每天多问候一声爸爸妈妈，多给朋友一个微笑，多为集体做一件好事，多看一眼今天明媚的阳光等。这样做，可使孩子得到爱与热情所带来的充实和快乐。

第二点，带领孩子到生活中去感受“热心”的暖流。书画家为拯救灾民的义卖书画活动；社会各界为“希望工程”的捐助活动；为美化校园，每人献上一束花的活动……应创造条件、提供机会，让孩子去感受这些活动。

第三点，就是强化孩子的“热心”行为。当孩子扶起倒在地上的自行车，当孩子给上坡的三轮车助上一把力，当孩子把自己的新书送给贫困地区的同学，当孩子为正在口渴的奶奶送上一杯茶……当孩子出现这些“热心”行为时，妈妈应及时地给予表扬、鼓励。这样，在强化孩子热心行为的同时，就抑制了“冷漠”心态的滋生。著名的女作家刘继荣在这方面做得很棒，她每个周末就会带着孩子去广场上帮助有困难的人，时间久了孩子就养成了一种习惯，每当别人遇到困难的时候，他就会主动去关心。在别人痛苦消失中孩子得到了幸福的微笑。

最后一点，是训练孩子的“同理心”。所谓同理心，是指能站在他人的立场，从他人的角度去思考问题，去体验情感。亦即能设身处地想他人之所想，急他人之所急，乐他人之所乐。例如，可以开展“假如我是……”的角色换位活动，使孩子理解、体验假想角色的内心感受，改变原来的冷漠态度。一位下岗职工的孩子正是通过“假如我是下岗的妈妈”的角色换位活动，体验到妈妈的烦恼，认识到妈妈的不容易，从此改变了原来的做法，与妈妈的心贴得更近了。

经过这样的训练，孩子逐渐能体谅妈妈的爱，同时还学会了去帮助别人。渐渐冷漠就会离他远去。不冷漠的孩子才能深切感受爱的含义，更容易沐浴爱的幸福的阳光。另外，妈妈要想孩子更多地去享受生活的幸福，还应该让他明白：人活着不只是为了享乐，人存在的最大价值在于被他人需要。当孩子感到被需要的时候，这种感情就会使他有旺盛的精力。这股力量会促使他不惧怕面前的困难和挫折，勇往直前。被别人需要，是人的一种天性，也能体现出一个人的价值。在某些特定情况下，一个人如果不被别人需要，生存也就失去了意义。

幸福并非是一颗美丽、难以寻觅的巨大宝石，无论孩子付出怎样的努力也无法找到它；只要妈妈的爱能让孩子接受，融化他那颗冷漠的心，同时还能感觉到他自己被人需要的价值，内心就会充盈，幸福就会不自觉溢出。

爱是合理的给和合理的不给

毛毛是家里的独子，自从出生下来就集万千宠爱于一身，爸爸妈妈、爷爷奶奶、外公外婆、叔叔姑姑、人人都对他疼爱有加，有求必应，只要他眼里流露出对某样东西的好奇或是喜欢，家长马上就把这个东西送到他手上，这就养成了毛毛要什么就必须得到什么的习惯。冬天的一个晚上，妈妈带着3岁的毛毛去朋友家串门。回家的路上毛毛突然发现一直攥在手里的一块糖果不见了。那块糖果是妈妈的朋友给的，他家没有这样的糖果。毛毛着急得哭了起来。爷爷奶奶、爸爸妈妈都来安慰他，并承诺第二天给他买他最喜欢的玩具。但毛毛没有妥协：我要！我要！我一定要!!

毛毛打着滚哭闹，爷爷奶奶、爸爸妈妈看着实在心疼，便带上照明工具倾巢而出，沿着回来的路拉网式的搜寻，眼看午夜12点了，糖果还没有找到，妈妈看着因绝望而死去活来的孩子，终于硬着头皮敲响了朋友家的门，把已经睡着的朋友一家人吵醒找那块糖果。

经历小小的失望就歇斯底里，预兆着未来灾难的来临。毛毛长大了，想找一个女朋友，但他喜欢的女孩根本看不上他。他不再打滚哭闹，而是拿起一把刀子割破了自己的手腕。医院里，毛毛被抢救过来，但是他又开始绝食。父母哭着对她说：“你想把我们急死？不就是一个女孩吗？人生的路还长着呢，好女孩多得是。”但他恨恨地说：“我就要她！要她！一定要她!!”

独生子女最大的问题，就是得到过多不合理的爱的问题。他们一切合理的不合理的要求都得到满足，并且没有兄弟姐妹来分享，这样的成长经历让他们养成无限制索要的习惯，并且觉得父母就应该也能够满足自己的需要，这是天经地义的事情，不用感恩也不用怀疑。也许在孩子小的时候，父母觉得满足小孩的要求不是件难事，只要孩子开心就好，但是，没有一个家长能满足孩子一生的所有需要，当你的孩子欲求未满时，当你没有能力给予他时，孩子会怎么样？上述事件中因为追不到女孩而割腕的毛毛是对所有不理智满足孩子需要的家长的警醒。

父母对孩子过度的爱容易造就出一批自私、不懂感恩、心智不成熟、人格不健全的儿女，真正伟大的爱不是无限制的给予，而是合理地给的同时也有合理地不给，它是合理地安慰、鼓励、督促、给予，也是合理地争执、对立与批评。它是一方面尊重孩子生活的独立性，另一方面又给予孩子积极的引导。

因此，妈妈在教育孩子的时候，不要给予孩子过度的爱，不能溺爱和娇惯，要让孩子明白不是所有想要的东西都能到手；爸爸妈妈不是能帮你实现所有愿望的超人；如果家长满足了你的需求，要感谢他们的辛勤付出；干净的衣服、可口的食物、舒服的环境，这一切都不是理所当然的；好东西是应该与别人分享的。当孩子了解了这些事实后，他会迅速长大，懂得感恩、懂得分享、懂得控制。孩子生来是一张白纸，关键在于妈妈在上面写上什么样的思想情感。不要在白纸上填满色彩，也不要给予孩子太满的爱，凡事留点空间，才有更多的美感。

给予孩子爱，是所有妈妈的本性，不是件难事。正如美国心理学家斯考特·派克所说的，对孩子的溺爱和对宠物的爱有一致性，可以说是一种父性或母性的本能。它不需要努力，不需要经过意志抉择，并且对心灵的成长毫无帮助，所以不能算是真爱。虽然溺爱也能帮助建立亲密的人际关系，但要养育健康而心智成熟的子女，还需要更多的东西。所以，真爱不是只会给予的爱，而是合理地给与合理地不给的理智的爱。

虽然，这样做的妈妈经常会处于一种两难的困境当中，一方面要尊重所爱的人在生活和人格上的独立，一方面又要适时提供爱的引导。这种真爱复杂而艰巨，需要认真思考，需要不断创新。但是，为了孩子健康成长，妈妈多花点心力又有什么关系呢。

封闭的爱也是对孩子的伤害

文文是家里的独生女，从小娇生惯养，不用做任何事情，而且受到的是“这样不行”、“那样危险”的过度保护。一次，文文下楼跟小朋友玩，发生了小小的争执，文文被小朋友打了一拳后，妈妈再也不让她出门玩耍。“不要去跟那些小孩玩，他们是坏孩子！”上学后，妈妈也不让文文和同学交往，慢慢地，文文变得越来越孤僻和高傲，她总是拿自己和别人对比，总是觉得别人不如她，而一旦发现有人比她好时，她心里就极其不安，常常为此感到痛苦和焦虑。

生活中，有很多独生子女像文文一样，从小就在一个比较封闭的空间中生活，而一旦离开妈妈营造的幸福温暖的空间后，他们就容易心神不宁，焦虑不安，不知所措。医学上认为，这样的人，精神上就像一个外形完整的蛋壳，外表上个性极强，但内心空虚、脆弱，只要轻轻一捏，就成了碎片。因而，他们只要一离开妈妈的保护，就难以适应，接受挫折的能力差。

这也就是如今独生子女心理问题的主要来源之一。独生子女本来接触别人的机会就少，妈妈却没有意识到要多给孩子提供接触社会的条件。有的妈妈在孩子上幼儿园之前，把孩子交给爷爷、奶奶或保姆照看，他们又经常把孩子限制在屋子里，或者经常抱着孩子。不让孩子自由行动，使不少孩子没有经过必需的爬行阶段。这也不让孩子摸，那也不让孩子动，孩子虽减少了一些危险因素，却大大影响了孩子的身心发育和智能的发展。有个妈妈忙于工作，把孩子放在姥姥家，姥姥怕孩子出去学坏，就把孩子关在家里看电视、看书。孩子长大后性格特别孤僻、胆小退缩、好幻想、神经质，最后得了强迫性思维症。

有些妈妈虽然自己带孩子，却很少带孩子去户外游玩，不让孩子到别人家串门儿，结果孩子的性格变得胆小、内向、孤僻，不会和别人交往，甚至孩子一到陌生环境或见到生人就哭，到公园也不敢玩游乐设施。还有的家庭，爸爸基本不参与到孩子的生活中，孩子完全由妈妈一个人带，儿子和妈妈在一张床睡，和妈妈总黏在一起，感情上完全依赖妈妈，结果造成男性性格女性化。

除了不让孩子和社会接触，妈妈们还经常包办孩子的一切事物。什么家务也不让孩子做，更不让参加社会活动。有个5年级的小学生，妈妈除了让他学习和练琴之外，什么也不让他做，包括看电视、游戏、运动、交往、家务，等等。孩子学习成绩很好，小提琴考到8级，但因压力过大、生活过于单调而患了精神分裂症。这就是因为过度封闭而单调的生活，致使孩子的动手能力、独立解决问题的能力、社会适应能力都很差，责任心、自信心都不强。

另外，妈妈都希望自己的孩子越单纯越好，所以从小给孩子提供的教育方式、教育内容、生活环境是纯而又纯，甚至在价值观念上对孩子的教育都过于单纯。她们总是习惯于对孩子说教，给孩子现成的是非观，经常说孩子“你不应该这样，应该那样，你这样不对”，很少启发孩子自己思考，自己面对困难及解决问题。孩子对事物没有自己的判断力和价值观，经常陷入偏执的思想中。

有个初中生，不愿意住校，不愿意和同学交往。原因是她嫌同宿舍的同学吃饭会发出声音，咳嗽不捂嘴，睡觉前爱说话，等等。她家条件很好，单独一个房间，没有人打搅她，所以她认为在哪儿都应该那样，有人打搅她就觉得厌烦，无法忍受。她在班上一个朋友也没有，问她为什么不交朋友，她说：“他们都不是好孩子，因为他们说话带脏字，妈妈说，讲脏话的孩子不是好孩子，所以我不能和他们玩。”

妈妈绝对没料想到自己对孩子的保护和教育，竟使得孩子变得如此孤僻和不合群，这个时候妈妈再来后悔，就迟了。

所以，不是越多的保护对孩子越好，不是越单纯的生活对孩子越有益，封闭的爱也是对孩子的伤害。

妈妈要知道，我们给孩子的教育、给孩子提供的生活环境过于单调的话，孩子就没有机会发展自己各方面的能力，就没有能力去应对将来复杂的生活。所以，该放手时就放手，该复杂时就复杂！

过度呵护会引发孩子的“母源病”

最近，嘉嘉成了医院急诊室里的常客，他总是在周末的时候无缘无故地发烧。医生给他做了全面的身体检查，也没查出有什么毛病。除了发烧，嘉嘉一切正常。刚开始的时候，嘉嘉的妈妈以为是医院的医疗水平不高，查不出来，但是，跑了好几家医院，结果都是一样的：除了发烧，嘉嘉其他的一切正常。

嘉嘉的妈妈很纳闷，这孩子是怎么了？经过反复的检查，医生认为，嘉嘉的毛病不是出在孩子身上，而是出在妈妈身上。因为小时候，嘉嘉身体不是很好，经常一生病就发烧。因此，妈妈对嘉嘉呵护有加，嘉嘉身体稍有一点不舒服，妈妈就如临大敌，时时都很紧张。嘉嘉长大后，妈妈还是这个样子。于是，妈妈的过分担忧，间接地影响了嘉嘉的身体状况。而且，一到周末，妈妈就特别紧张，常把嘉嘉关在家里，不让他出去和小朋友玩耍，她怕嘉嘉出去玩会突然发烧。即使偶尔带嘉嘉出去，她也总是问嘉嘉：“有没有哪里不舒服？”或者“有什么不舒服，马上告诉妈妈！”

孩子发烧，问题出在妈妈身上！听起来不可思议，但这种情况并不少见。如新生儿妈妈担心奶水不够而焦虑，新生儿就会受到妈妈的影响，出现烦躁、不安等不良反应。

日本的一位医生把由于妈妈或家人的原因造成孩子“生病”的异常现象称为“母源病”。事实上，孩子表面上看起来是生病了，但实际上并没有什么病理上的表现。例如，孩子很乖，但是总是莫名其妙地每个月都会患感冒，而且不容易治愈。实际上，发生这种症状的原因，却是双亲养育子女的方法造成的，这就是母源病。

有的妈妈，自孩子出生起便有了沉重的精神负担，她们时常惦念孩子，会因孩子的某些细微变化而惶恐不安。如上班时突然想到孩子会生病，会食物中毒，就会马上放下手头的工作去看孩子，只有这样才能心安；在孩子外出玩耍时，总会有一丝不祥之感，要求孩子一直留在自己身边；即使孩子睡熟之后，也会突然去看他是否感冒发烧；如果孩子伤风感冒，肚疼拉稀，她们更是心急如焚，会带着孩子四处求医，并为此寝食难安。妈妈的这种紧张和恐惧的情绪会强烈影响孩子，使他们也终日惶惶不安，一时见不到妈妈，便会六神无主，并会因此影响饮食和睡眠。这些孩子明显地比其他孩子胆怯、脆弱、易哭，在心理和生理发育上也明显地劣于其他同龄的孩子。

有的妈妈将孩子视为心肝宝贝，因此，不惜一切代价让孩子吃最好的，穿最好的，玩最新的，不让孩子做一点家务，生怕委屈了他们，若是遇上孩子与小朋友发生口角，无论有理还是无理，总会站在自己孩子这一边。过度的溺爱使孩子在生活上过度依赖妈妈，缺乏自立和吃苦精神，缺乏上进心，心理上也变得十分脆弱。当他遇到小挫折时，便会因缺乏应变能力和单独处理事物的能力而不知所措，如果遇到较大挫折，其中有些人会因不堪承受心理压力而产生自杀企图或自杀行为。

母源病会对孩子在心理、行为上产生极大伤害，因此，那些对孩子过度保护的妈妈们，请放开手，相信孩子自身的免疫力，让孩子自己去经历风雨吧！

妈妈担心孩子体弱多病，结果却不断地在行动和语言的强化中，让这种担心变成了现实。要改变这种情况，首先应该破除行为上的“疾病”强化。为防止孩子生病，妈妈将他包着、捂着，结果孩子的体质变得更为虚弱，形成一个恶性循环。因此，从孩子出生开始，妈妈就要打破这个循环。

其次，应该破除语言上的“疾病”强化。为了孩子的健康，需要增强他的心理免疫力。如果你在孩子的面前不断地强调“你体质弱，身体不好”，孩子就会真的以为自己弱不禁风，于是稍有不适，他就立即会倒下。如果孩子在生病时能得到特别的呵护，他还会逐渐地将生病看做是自己的特权，长此以往，他会变得特别在意自己的身体，时刻留意自己身体的不适之感，期待所有人的同情和怜悯。

此外，还要给孩子一个积极的心态，激励孩子与病魔作斗争，把孩子身上的免疫力充分调动起来。威廉·丹福斯从小就是一个有病的孩子，但是他的老师用“我相信你”“我相信你将成为学校中最健康的孩子”等话语鼓励他，他果真变成了学校里最健康的孩子！他在85岁逝世之前，帮助数以万计的青年获得健康的身体，还帮助他们立志高尚、做事刚勇、服务谦逊。人的身体与心理有着千丝万缕的联系，积极的心态对孩子的一生是至关重要的。

爱孩子就要让孩子感到自己“得宠”

美国向来是以推崇独立和冒险精神而出名的，我们印象中的美国孩子也都是很有主见，很独立，他们的妈妈应该不会宠爱孩子。但是，其实在美国的家庭中，特别是在很多中产阶级的家庭，妈妈往往对孩子宠爱得有点过头。妈妈的这种宠，在一定的程度上是以另一种方式与孩子互动，孩子可以从妈妈的点点付出中获得爱的回应。这样一直被宠大的孩子，在小的时候有助于感情和智力的成长，在稍稍长大之后有助于培养自信心。可以想象，如果一个孩子从小就生长在被妈妈置之不理的环境中，那很有可能将丧失掉对外界沟通的欲望，接受外来刺激的信心也不足。而当孩子从小就成为家庭的中心，被妈妈鼓励和外界沟通时，他就可以有更多的机会发出自己的声音和见解，所以比那些在家里管教过严的孩子要活泼得多，智力的发育也比较充分，快乐幸福指数也更高。

美国是强调独立精神的社会，但是也不妨碍孩子们明显地感受到妈妈的宠爱。妈妈们知道，让孩子“得宠”，不是对孩子的溺爱，而是对孩子的滋养。

在美国，女性无论身居任何社会高位，只要是结婚生子，照顾家庭就是第一职责。不仅传统观念如此，美国法律在对照顾儿童这一方面也有详细的规定，比如12岁以下的孩子不可以独自在家，所以母亲的责任就更为重大了。美国有不少的职业女性在结婚之后根本扛不住家庭与事业的双重压力，只好退回家中做起了专职主妇。

妈妈作为家庭中的强大后盾，在生活上对孩子的照顾无微不至。美国的中小学一般中午都会免费提供午餐，但是很多妈妈觉得学校里的饭也许不合孩子的口味，或者食品不够健康，还要额外准备一份午餐送到学校来。

在美国的家庭中，孩子们一般不会主动承担家务。如果要求孩子自己整理房间的，会被视为管教严格的家庭。为了培养孩子们一点点的劳动习惯，妈妈们就用零用钱来“悬赏”。

在美国大多数的城市，凡是住家离学校有1英里以上的中小学生，无论是上学放学都有学校的校车来接送。所以这些孩子在上中学以前，每天都要由母亲来“护卫”。在每天的放学时分，人高马大的美国孩子在学校门口张望着等待妈妈来接他们回家，可以算得上是美国学校最有趣的景象之一了。一般当孩子到了上高中的时候都开始热衷于学习驾驶汽车，这时妈妈无疑要担任教练，负责传授技艺。

美国的学校中有各种兴趣小组。如果学生对某个兴趣小组很热衷，妈妈一般都会介入帮忙，包括向小组提供赞助，帮忙联系活动，等等。不仅如此，美国的妈妈基本上每天都会帮助孩子辅导功课，特别是高中生，学习压力太大，妈妈总是希望可以帮助孩子分担一部分。

另外，美国的妈妈也比中国的妈妈更容易用言语和身体语言来表达对孩子的爱。“我爱你！”是她们对孩子最常说的一句话，而温暖的怀抱是她们无时无刻传递爱意的渠道。这对于受含蓄的东方文化影响的中国妈妈们来说，不是件容易的事。很多妈妈没有对孩子说过“我爱你”，以为孩子自然会懂妈妈的爱，但是，想让孩子感受到他对你有多重要，为什么不直接告诉孩子你有多爱他呢？

其实，孩子很需要妈妈的宠爱，一声“宝贝儿”，一句“我爱你”，一个含情脉脉的眼神，一个信任的微笑，一个温暖的拥抱，一份浓郁的安全感……都是妈妈爱的信号，孩子需要从这些信号中感受到自己是被爱的，感觉到自己是“得宠”的，所以，他对未来充满信心，他在成长中充满能量，他在一生中充满幸福快乐！所以，妈妈不要吝啬对孩子的爱，不要疏于对孩子爱的表达，让孩子感受到自己“受宠”，这是妈妈的责任和义务，也是孩子的福气和能量之源！

掌握向孩子表达爱的途径，不要忽视爱的表达

有关的研究表明，如果孩子在1岁的时候没有得到充足的爱，将来会或多或少表现出人格的缺陷。心理学家认为妈妈与孩子的关系具有绝对的依赖性，不仅在生理上需要得到妈妈的照料，同样在心理上渴求来自妈妈的爱。如果一个孩子在幼年的时期严重缺乏妈妈的关爱，在他成人之后就完全不知道如何给予他人关爱，甚至一生都会受其困扰。

有些妈妈感到疑惑，甚至并不认同这样的说法。天下的妈妈没有不是一心在为孩子着想的，哪有不爱孩子的妈妈？但是，很多妈妈不了解自己的孩子究竟需要的是什么样的爱。妈妈感到很头痛，孩子也感到很难受。

很多妈妈对孩子的关心可以说是到了无微不至的地步，甚至可以说是具有无私的奉献和牺牲精神。她们为了孩子能够更好地成长，省吃俭用，节衣缩食，把全部的财力和精力都奉献给了孩子，帮助孩子创造最好的物质条件和学习条件，只要是别的孩

子有的，我的孩子也一定要有。这样对待孩子，能说是不爱孩子吗？结果，孩子的心理出现了障碍，与妈妈的隔阂反而越来越大了。于是很多妈妈不禁感叹："教育孩子可真难啊，我费了那样大的心血，可是他却这样对我！"

妈妈对孩子的爱，如果仅仅是物质上的奉献是远远不够的。妈妈对孩子的爱，还应该包括对孩子的尊重，亲子之间亲密、平等的交流。有一个小学生在他的日记中就写道："我希望，妈妈能够经常对我笑，能在我睡觉之前和我说声晚安。"孩子是多么渴望与妈妈的感情交流啊。作为妈妈，不要总是觉得自己有多么的爱孩子，重要的是让孩子能更多地体验到妈妈对他的爱。很多妈妈都为了孩子付出了巨大的代价，但是她们的孩子却很难体验到妈妈的爱，使爱的质量大打折扣。

所以，妈妈不仅要会爱孩子，还要会向孩子表达爱。那么怎样正确地向孩子表达爱意呢？美国宾夕法尼亚大学莫尔学院一位博士认为：妈妈应该给自己准备一份自我检查表，经常对照检查。检查的内容有：

1. 告诉孩子"我爱你"。
2. 通过温和的触觉传达对孩子的爱意。
3. 关心孩子的行踪。
4. 让孩子明确什么是对，什么是错。
5. 对孩子每一个小小的进步表示认可。
6. 向孩子询问对父母是否有意见。
7. 耐心地回答孩子提出的各种问题。
8. 交给孩子一些工作，让他懂得承担责任。
9. 让孩子对自己有足够的信心。
10. 尊重孩子的人格。

这位博士在研究过程中，为妈妈总结出向孩子表达爱的3条途径：

第一，每天有固定的时间与孩子进行交流。可以是坐在地板上与孩子一起做游戏，可以是帮助孩子完成学习计划，可以是与孩子一起欣赏光盘。

第二，用和蔼的语言让孩子感觉到被认同。当孩子向妈妈表达一种感受的时候，妈妈应该是以同样的心情回应他。

第三，帮助孩子正确表达自己的情绪。妈妈可以限制孩子的行为，但是要让孩子充分地表达自己的情绪。交给他正确表达情绪的方法，并不是单纯靠哭闹就可以解决问题。

以上这些方法仅仅是表达爱意的几种方式，相信妈妈在与孩子的相处中，能够得知更多地向孩子表达爱意的途径。也许你某种方式的拥抱，让孩子笑得特别开心；也许你和孩子在一起玩的某个游戏，让孩子离你更近；也许你说的某一句话，让孩子可以乐上几天。这些都可以成为你今后向孩子表达爱的重要途径，其实，只要妈妈用点心，孩子就能更好地体会你的爱。

“逗”孩子以儿童的快乐为前提，而不是以你的快乐为目的

因为奶奶有急事回老家了，家里没人照顾，下午上班的时候，妈妈只好把闹闹带到了办公室。闹闹快3岁了，非常懂礼貌，进门后就跟办公室的每个叔叔阿姨问好，很有礼貌。

3点多的时候，妈妈因为要开会，就让他一个人在办公室看童话书，吃饼干，妈妈临走前还叮嘱他不要打扰其他叔叔阿姨工作。闹闹很听话，妈妈走后就在妈妈的座位上安静地看童话书，偶尔童话书上有看不懂的地方，他会向旁边的阿姨请教，每次他都会跟阿姨说谢谢。

下班了，妈妈还没回来，这时另外一个部门的叔叔路过妈妈的办公室，看到闹闹在，就进来了，开始逗闹闹玩，对闹闹说：“闹闹，你爸爸妈妈不要你了，今天带你来就是要把你送给办公室里的人，谁要是看上了，就可以把你带走。我家里有个女儿，正好没有儿子，走吧，你跟我回家吧。”说完就做出要拉闹闹走的样子。闹闹吓坏了，以为爸爸妈妈真的不要他了，号啕大哭起来。

这时，刚好妈妈开会结束回来了，闹闹看到妈妈回来了，满脸泪水，扑到妈妈怀里：“妈妈，你别不要我，别把我送人，我会乖乖地听话的。”妈妈被闹闹弄得一头雾水，急忙安慰他：“闹闹这么乖，妈妈怎么可能会不要你呢?”

“真的?”闹闹有些不太相信。

“当然是真的了，闹闹这么可爱，爸爸和妈妈都很爱闹闹。”

后来，在闹闹断断续续地述说中，妈妈终于弄明白了闹闹哭的原因。妈妈很生气，但是她也不好跟那同事说什么。从那之后，妈妈就很少带闹闹来办公室了。

但是，这次痛苦的经历给闹闹留下了很大的阴影，有好几次闹闹从睡梦中哭醒了，都是梦到幼儿园放学后爸爸妈妈没来接他，爸爸妈妈都不要他了。而且闹闹也变得比以前黏人了，只要爸爸妈妈一起外出，他就一定要跟着，生怕爸爸妈妈不要他了。

大人一个无聊的玩笑，竟然给孩子带来了如此深刻的恐惧和不安。很多大人以为捉弄孩子很好玩，不过是逗得孩子着急一下，哭一下鼻子，一笑就没事了，但是很多人恐怕没想过这些行为会给孩子幼小的心灵造成很大的伤害。这些玩笑对孩子来说毫无趣味，只会让孩子有不安和不被尊重的感觉，损伤孩子的自尊心，增加孩子的社交恐惧和对他人的不信任。在捉弄中长大的孩子，容易出现性格和品德方面的缺陷。

“逗”孩子应该是以儿童的快乐为前提，成人要把自己降低到儿童的情趣中，制造出让儿童快乐的事件。例如：妈妈用毛巾挡住自己的脸和孩子玩躲猫猫的游戏，或者妈妈和孩子比赛赛跑，时而假装跑不过孩子让孩子信心倍增，时而又跑到孩子前面，“勾引”孩子来捉住妈妈。“逗”孩子是因为孩子能给我们快乐，但首先，要先让孩子快乐。

“捉弄”和“逗”是两个不同的概念。捉弄孩子，是成人利用孩子的幼稚，故意让

孩子犯错误、哭泣和害怕。它的目的是让大人高兴，给孩子带来的常常是羞辱、担忧和失落。生活中，大人有时候会在不经意间捉弄孩子，例如，有的大人会拿出小饼干，告诉孩子只要他拍手、飞吻就给他吃，可当孩子真的做了的时候，他们会拿着饼干给孩子，却在马上要塞进孩子嘴里时转头塞到了自己的嘴里，然后哈哈大笑。还有的大人以吓唬孩子为乐，看到孩子很喜欢他的玩具，就偷偷把玩具藏起来，告诉孩子丢了或者被别人拿走了，急得孩子大哭才肯把玩具还给他。

和孩子玩也是德行教育，经常被捉弄的孩子会出现品德方面的缺陷。例如大人经常用欺骗孩子的方法，弄得孩子着急，博得成人哈哈一笑，孩子就会慢慢变得不信任他人和养成说谎的毛病。

因此，大人和孩子玩一定要掌握好尺度，不要有意无意地捉弄到孩子，给孩子造成长久的伤害，而是应该以孩子能理解和接受的方式，做一些让孩子快乐的事情，其中包含着童心、快乐，甚至幽默和智慧。妈妈作为孩子成长过程中最重要的人，首先不能捉弄孩子，其次，一旦遇到这类事情，妈妈一定要礼貌而坚决地制止。这不是小事，在大人眼里是小事，对于孩子来说却是大事，它有可能会影响到孩子今后性格的形成和发展。

别拿孩子的自尊当儿戏，爱孩子从尊重孩子开始

上小学二年级的西西经常说谎。他特别喜欢看动画片，以至于沉浸其中忘了写作业。他妈妈每次说："做完作业再看吧！"他都回答："我已经做完作业了！"当他妈妈晚上检查作业时，经常会发现他根本就没有写完作业。

但西西从来不承认自己说了谎，并且总是振振有词："我忘了，我马上去做！"妈妈很生气，有时很想教训他，但考虑到孩子的自尊心，这位善良的妈妈总是忍下去。

有一次，妈妈情绪很不好，对西西发火说："你这孩子总是说谎，好多次，你说谎，妈妈没有揭穿你，可是你想说谎到什么时候呢！"西西红着脸，一句话也说不出来，他觉得自己就是妈妈说的坏孩子。

聪明的妈妈看到儿子的样子，意识到伤害了孩子的自尊心，轻轻地说："西西，只要你以后不说谎，妈妈绝对不会怪你的。想一想，如何才能不说谎，又能做自己想做的事情呢？"

西西听妈妈这么说，知道妈妈没把他当坏孩子，他心里别提多高兴了。他告诉妈妈："以后我要先写完作业，再看动画片。"

"但是想遵守诺言也不是件容易的事吧！妈妈担心你不能遵守诺言。西西，每次做完作业后告诉妈妈好吗？"

"嗯，妈妈，我写完后告诉您，然后再去做别的事。"

妈妈欣慰地笑了，她为西西接受自己的建议感到很高兴。

其实这位聪明的妈妈只是在适当的时候，给足了孩子面子而已。简单的方法就能改变孩子说谎的习惯。但那些整日苦口婆心的父母却很难改变孩子的习惯。

每个人天生都是有自尊和羞耻感的，即便是婴儿，从6个月大的时候，就能识别“好脸”、“坏脸”。给他好脸，他会笑；对他横眉竖眼，他马上会哭。儿童有一种强烈的个人尊严感，而成人通常意识不到他们是受到伤害和遭到压抑的，更意识不到自己在蔑视孩子。在日常生活中，妈妈蔑视孩子的事例数不胜数。比如，当你看到你的孩子端了一杯水，你就会害怕孩子把这只杯子摔碎，这实际上就是蔑视孩子的一种表现。一只杯子难道比孩子的尝试和探索具有更大的价值吗？你是给孩子探索的机会呢？还是只心疼你的杯子？如果是前来拜访你的客人打碎了这只杯子，妈妈一定会立刻说，这只杯子并不值钱，完全不用把这件事放在心上。而为什么孩子打碎了就是难以避免的挨骂呢？

虽然孩子有时不能够做好某些事情，但妈妈要意识到：对孩子最重要的是一颗健康的心灵而不是多大的能力。要想让孩子真正长大成人，就应该让孩子从小就“站着”，而不是“趴着”去仰视那些大人物，这种自信心与健全的人格会为孩子的一生打下一个良好的基础。一个人的心灵世界，是要靠自尊来支撑的。尊严可以带给人自信，也可以改变一个人的命运。研究显示：与9个月到3岁的幼儿多交谈，会使这些孩子日后变得更聪明。在妈妈与子女之间关系平等，彼此尊重，且保持沟通交流的家庭里，孩子的智商会比别的孩子明显高出很多。

人人都有自尊。所谓“厚脸皮”的人，都是由于后天得不到别人的尊重，久而久之，羞耻感逐渐降低，而形成的。妈妈如果无视孩子的自尊，动辄就当众辱骂、训斥，伤害孩子的“面子”，日久天长，孩子的自尊感因为经常得不到尊重而降低，孩子就会“破罐子破摔”，他们不但不会改变，反而脸皮越来越厚，经常犯错，甚至屡教不改。他们的自信和积极向上的心态也会消失殆尽。在他们心里，会形成“啊，我是坏孩子”，“为什么我总是做不好事情呢”，“我简直是太笨了”这种不断的自我否定，最终使得他们对自己丧失信心。

在教育孩子的时候，妈妈可要小心“厚脸皮效应”，记住只有给足孩子面子，他才会自信，对孩子要以鼓励和夸奖为主，以批评为辅，同时要注意批评的火候和方法。

那些为孩子的错误而烦恼的妈妈们，在你指责错误之前，请考虑是否给孩子“面子”，与其教训批评孩子的错误和缺点，不妨和孩子一起商讨解决方案，这样才能从根本上给足孩子面子，他才会自信，进而自觉改变行为方式。

与孩子保持适当距离，也是对孩子的爱

英国有一个心理学女博士说：“世上所有的爱是以聚合为最终目的，只有一种爱是以分离为目的，那就是父母对子女的爱。所以父母真正成功的爱，就是越早让孩子作为一个独立的个体从你的生命中分离出去，你的教育就越成功。”

距离和独立是一种人格的尊重，这种尊重在最亲近的人中间也该保有。所以，妈妈与孩子之间，也需要距离来润滑和调节。

一位精力充沛的德国父亲，常常在孩子伯尔面前提到中国，后来，伯尔真的来到

中国，研究中国历史和文化。伯尔非常感谢父亲的教育，为了让孩子们充满好奇心，他每个月都会带着孩子们去爬山。

来到中国后，伯尔也经常爬山，常常能看到中国父母带着孩子爬山。但他的爬山方式和中国父母是完全不同的，中国父母大多是手牵手地领着孩子，要么抱着孩子，而和6岁的儿子、4岁的女儿去爬山时，他总是走在最前面，大步流星，就像和孩子比赛一样。

儿女自然没有他爬得快，被远远地落在后面。

也许你会担心：孩子摔下山去怎么办？孩子磕坏了怎么办？孩子走丢了怎么办？世界上所有的母亲都是一样的，伯尔的妻子也总是担心这些问题。

所以，最初爬山时，她走得很慢，为的是和孩子做伴。伯尔不同意她的做法，讨论几次之后，伯尔说，如果妻子要和孩子待在一起，就干脆留在家里，不要去了。

由于伯尔的坚持，最后，妻子同意了。之后爬山，她虽然仍频繁地往后看，但始终和伯尔走在前面。

其实，伯尔也在偷偷地回头观察孩子们的一举一动，只不过尽量不让他们发现而已。

伯尔这样做，就是要孩子独立、坚强，学会自己面对外面的世界。老鹰教孩子们飞翔，它不会等小鹰“翅膀硬了”才开始，而是叼着还很孱弱的孩子飞到高空，松口让孩子掉下山崖。如果孩子们自己不努力挥动翅膀，就会摔死。千百年来，鹰族一直保持着这样冷酷的训练方式，事实证明，这样的“教育”对小鹰们的成长是极为有利的。

伯尔在行动上与孩子保持距离，让孩子看到目标，找到前进的方向；而老鹰则在情感上也保持和孩子的距离，让他们身陷危境，必须努力寻求自保。这两种距离，都是在告诉妈妈，保持距离是让孩子成长的必需步骤。妈妈对孩子的爱没有尽头，如果把所有的爱都表现在为孩子做事情上，孩子确实得到了眼前的舒适，却失去了学习、进步的机会。

社会千变万化，只有强者才能适应各种环境，临危不乱、应对自如。要让孩子成为强者，就从大步流星地将孩子落在身后开始吧！要相信他可以长成一个落落大方的孩子；其次，放开手脚让孩子独立地成长，让他面对差距和困难，找到自己的努力方向。

妈妈要记住，距离和独立是一种对人格的尊重，这种尊重即使在最亲近的人中间，也应该保有。稍微留一点分寸，得到的往往是海阔天空！而一旦没有了这种距离，这种尊重，越过了这个尺度，就产生了隐患，离疏远甚至崩溃就不远了。因此妈妈要本着平等和理性的态度去尊重孩子，母子之间留一点分寸，有一点余地。这才是对孩子真正的高质量的爱。

给孩子合适的心理预期，帮助他们接受一些似乎很困难的事情

在孩子成长的过程中，总会遇到不少让他们觉得困难和惧怕的事，比如像打针，也许现在已经升级做妈妈的人也会对自己小时候那种恐惧打针的感觉记忆犹新，所以如何给孩子一个合适的心理预期，帮助孩子克服恐惧的心理，接受他们认为很可怕的事情是妈妈的职责。

当孩子觉得某件事有困难时，妈妈千万不能以自己的心态去衡量孩子的感受。而应该从孩子的角度出发，从培养孩子勇敢、忍耐和克服困难的角度出发，让他们平静地接受。

儿童乐园里有一种轨道小火车，一次一位 3 岁左右的小朋友看到围着轨道跑的小火车跃跃欲试，当小火车停到他面前时，他刚准备上车，他妈妈在旁边说："有安全带吗?"当得到否定的答复时，又说："这多不安全呀？能不能掉下来?"（小火车速度是很慢的）。孩子可能是第一次坐，看起来神情有些紧张，她妈妈一直跟着他问："怎么样，害怕吗?""火车快不快，怕不怕?"在她问了 N 次以后，小朋友终于忍不住了，"哇"的一声大哭起来，说："怕。"然后被妈妈抱下来。

这位妈妈是很爱她的孩子的，她很怕她的孩子受伤，但我觉得她忽视了给孩子合适的心理预期，帮助他接受一些似乎很困难的事情。在她一次又一次地问"怕不怕"时，其实是给孩子一个错误的心理预期——这件事很可怕。孩子本来是有点紧张的，家长虽然很焦虑，但一定要表现得平静自若，如果用别的话题尽快地转移注意力并暗中保护，孩子应该能很愉快地完成他的旅程，而且还可以在这个过程里锻炼孩子的勇气。

对于必须要让孩子承受的一些痛苦，妈妈们处理时应注意几个原则：

第一就是告诉孩子为什么要这样做的理由，要用孩子能懂的语言向他说明。比如许多妈妈可能比较头痛带小孩打针的事，妈妈可以告诉孩子打针能让他增强免疫力或让病快点好起来等。

第二是妈妈自己首先要平静，不能表现出太焦虑、太担心的神情。如果妈妈自己首先慌了手脚，那些孩子也会觉得害怕、觉得问题很严重，就不能以平静的心态去对待了。

第三是对于孩子所要承受的痛苦要如实地告诉孩子，不能夸大也不能低估。因为孩子上了一次当后，会不再信任妈妈的话，因此绝不会上第二次当。而且这样也不利于培养孩子直视困难、挑战困难的勇气，这样孩子就不能跨出接受困难事物的第一步了。

第四是妈妈绝不通过哄骗或以满足孩子某个要求的方式来达到目的。有的妈妈会说"不打针坏人就会把你抓走"，或"如果你吃了这个药我就给你买娃娃"等方式来让孩子去做某事。这样的方式其实并不好，虽然孩子前几次可能会听你的话，乖乖地做

某事，但从长久的角度来说，这并不是长久之计，并不能减少孩子心中的恐惧，而且也不利于他们性格的培养。

妈妈应该激发孩子的勇气，孩子的忍耐力其实并没有妈妈想象中的那么弱，他们能够承受事情的能力有时超乎了妈妈的想象。所以，如果妈妈能给孩子一个正确的指引，向他们说明情况，给出一个合适的心理预期，大多数孩子其实都是可以接受、可以克服的。

因此，妈妈们不能忽视儿童的忍耐力，要试着给他们合适的心理预期，让他们能够接受一些看似很困难的事情，从而锻炼他们。

精神贫困比物质贫困更值得妈妈担忧

天下妈妈无不期望孩子获得成功。孩子怎样才能获得成功呢？很多家庭没有很优越的条件，没有很多的资源，也没有高知的妈妈，即便这样就不能培养出精英了吗？每个孩子都有自己的理想，作为妈妈要帮助孩子实现他的理想，帮助孩子树立信心，告诉她一切都是暂时的，美好的未来是通过自己的创造才能获得的。要知道，比物质贫困更可怕的是“文化贫困”，如果一个家境普通的孩子失去了进取的意志，那就永远不可能再有成功的机会了。所以妈妈要注重培养孩子追求成功的意念。当孩子相信自己是有能力的，并感觉到他人的欣赏、肯定，他就会多一份自信，多一份责任，也就会具备追求成功的意念。妈妈的激励将有助于孩子获得这些。

那么，妈妈应该怎样让孩子在精神方面不再“贫困”呢：

1. 多鼓励自己的孩子

激励的教育方法主要是通过妈妈的谈话来实现的。妈妈期望的目标，有时会成为孩子追求的目标。妈妈要对孩子的发展充满信心、充满希望，要善于抓住孩子的优势以激励孩子主动发展，追求成功。妈妈可以针对孩子的具体特点，为其设定合适的追求目标。妈妈特定的动作、手势、表情、眼神在特定的环境中也都具有某种激励作用，以至于孩子具有更强的追求成功的意念。

2. 鼓励孩子自己实践

过分地包裹束缚孩子，会给予孩子更多的惰性和笨拙，并失去应有的斗志和雄心。妈妈都希望同孩子一起分享成功的喜悦，那么，就请妈妈放开双手，让孩子自己走。当你给孩子一个自由发展的空间时，会欣喜地看到你所希望看到的东西。

妈妈让孩子处于竞争的机制时，比如，带两个孩子一起走，这样，就容易激起孩子的求胜欲望。孩子在竞争的过程中，会更加强烈地认为成功其实就在身边，那么，也就更为进取、聪慧。

3. 帮助孩子树立责任心

孩子的责任心，从哪儿来？其实，妈妈只要让孩子充当一些有意义的角色，使他们感到自己的行为对家庭所产生的重要性，同时也培养他们战胜自己的弱点，增长各种能力的信心。

在家庭中，妈妈应有意识地分派给孩子一些力所能及与其年龄相当的劳动任务，例如打扫卫生、负责为花草浇水，等等。与孩子进行平等的交流，也是培养责任心的一种方式，不但要倾听他的心声、感受，也要同他谈些自己的喜怒哀乐，当然内容应该是孩子所能接受的。

4. 让孩子体验成功

自信心对一个人一生的发展所起的作用是无法估量的，无论在智力上还是体力上，或是做事的各种能力上，自信心都占据着基石性的支持地位。一个人如果缺乏自信心，就会缺乏探索事物的主动性、积极性，其能力自然要受到约束。每个妈妈都是能够让自己孩子体验成功的，只要伸出你的手去牵引，只要付出你的心去关爱，幼嫩将变得更为茁壮。

《一岁就上常青藤》的作者薛涌曾经将美国的穷人分成两类：一类是境遇贫困，这种是属于暂时的；而另一种是世代贫困，是由于其文化行为决定的，会持续下去。很多穷人的贫困和其文化行为有关，要战胜经济贫困，就要先战胜文化贫困，经济贫困和文化贫困是两个不同的概念。而物质条件、资源条件上稍稍落后都是暂时的。如果希望孩子能够克服一切困境走向成功，最重要的是摆脱孩子精神上的文化盲点。

真正爱孩子的妈妈，除了要尽力提高孩子物质生活的质量，更要注重孩子精神生活的质量。再穷不能穷教育，再贫不能贫精神！

第三章　爱从认真带孩子开始

那些把干事业和带孩子对立起来的妈妈，那些根本就不在乎和孩子相处时间及相处质量的妈妈，不是她们不爱孩子，而是骨子里不认为和孩子相处是件重要的事。这是完全错误的，因为孩子成长中每一天、每一种境遇对他的影响巨大，也决定了亲子关系的生疏。

孩子出生头三年没有产生母子依恋，以后三十年都难补回

母子依恋一般取决于生命的头几年，如果最初几年照看孩子的不是母亲，而是其他人，那么孩子将依恋照看他的人。而错过这头几年产生母子依恋的最佳时期，那么以后的三十年甚至更长时间里，母亲可能都很难补回这份亲密感情。

婴孩在出生的头几个月和他的同类，尤其是他的母亲发生了广泛而持久的联系，这等于经历了一个敏感的社会化阶段。这种联系的目的不完全在于从母亲那里获得物质报偿，如吃喝、洗涤等。婴孩虽然不能紧跟在母亲身旁，但他却可以通过微笑和母亲加强联系。婴孩的微笑能够吸引母亲，让她和孩子在一起，这样彼此就使对方形成了印刻，在他们之间产生了一种牢固的依恋。

而这种依恋对孩子以后的生活也十分重要。那些吃得好穿得好但没有早期“爱”的婴孩，一生都会遭受焦虑之苦。孤儿或住在慈善机构里的孩子，得不到多少爱抚，甚至和人的接触也极其有限，因此他们成年后常常非常焦虑。只有早期建立了这种牢固的依恋，成年后才有和他们建立良好人际关系的可能。

这种依恋在孩子身上是一步一步地得到精神强化的。一般是以身体的接近、接触为中心，向离开一段距离进行相互交往的方向发展；从用哭声和发声使大人接近时期开始，经过自己进行接近、接触的尝试时期，向利用视觉的相互作用或对话保持与依恋对象的关系发展。

在代表中国亲情的《二十四孝》中，其中对母孝的为 11 人，对双亲孝的 6 人，其他类的 3 人，对父孝的仅 4 人，而且这 4 人或者不能证明他们对父亲的感情，或者即使能证明也因为有其他原因。

宋代朱寿昌，7 岁的时候，生母刘氏为嫡母所妒被赶出家门，可就是这共同生活的 7 年，让他对母亲产生了不可抑制的感情。到他快 60 岁时，这份感情的折磨终于让他作出决定：弃官寻母！临行前他对满堂子孙说，找不到母亲就不回来！后来在陕西同

州终于找到了还活着的母亲，这时其母已70多岁，母子分离已有50年了。

恋母情结不仅仅只限于亲母的，这种情结是一种依恋的情结。如果这时母亲不在身边或拒绝爱子，那么孩子就会同曾抚养他的人产生这种情结。而几年之后，母亲如若想找回这种母子依恋，可就难上加难了。

而且，母子形成依恋情结不仅是孩子心理正常发育的必要条件，而且依恋情结还会使孩子有安全感，具有探寻世界的好奇心和创造力，长大以后的独立性更强。所以，母亲要充分抓住与孩子建立感情的好时机。

当孩子出生后母亲应精心地照顾他，亲自哺喂母乳，为孩子洗澡、换尿布，等等，以满足孩子的生理需求。同时母亲应多用充满爱的眼神和孩子交流，给孩子微笑、亲吻和爱抚，让孩子充分地体验到妈妈的爱，这就是建立母子依恋的过程。

孩子有了被爱的经历，他长大后才会爱别人，爱社会，友好地与他人相处。这种良好的与他人交往的能力是情商中的重要组成部分，也可以说是孩子未来事业能否成功的关键和基础。

缺乏母亲关爱的孩子无法建立母子依恋，常常造成孤僻的性格。这种孩子胆小，多疑，很难与人相处，妈妈又怎能期盼他有未来的成功呢?

所以为了孩子的未来，妈妈要注意以下几点：

1. 提高做母亲的敏感性，及时地应答孩子的需求。不要忽略婴儿，不要听任其哭闹。

2. 按照宝宝的需求去调整自己的行为，不要把自己的意识强加给孩子。千万不能自己心情好时和孩子玩耍，自己心情不好时迁怒于孩子。要知道孩子可不是你的出气筒，这种做法会对孩子形成心理伤害并影响他的一生。

3. 多和孩子做亲密的身体接触，婴儿抚触操就是一种很好的方法。

没有良好的母子依恋关系，孩子人格发展就有障碍

妈妈正在厨房烧菜，圆圆像条小尾巴似的在妈妈身边蹭来蹭去，妈妈担心不小心伤着她，于是对圆圆讲："圆圆，厨房里很危险的，你先出去玩，一会妈妈做好饭就陪你，好不好?""我不！我要跟妈妈在一起!"圆圆撅着小嘴。

"圆圆乖，你看厨房里这么小，万一妈妈不小心碰着圆圆了怎么办?"

"我就不!"无论好说歹说，圆圆就是不肯出去玩。

平时，圆圆就跟妈妈特别亲，无论是吃饭、玩耍还是睡觉都要妈妈陪着。一见妈妈不在，她就会到处找，甚至妈妈洗澡时，她也要守在门外。

刚上幼儿园时，圆圆根本就不愿意离开妈妈，无奈之下，妈妈在幼儿园陪了她整整1周，她才慢慢地肯去幼儿园了。现在，即使每天去幼儿园，圆圆也对妈妈依依不舍，从幼儿园回家后，她就会寸步不离地守着妈妈。

圆圆的爸爸因为工作忙，平时都是早出晚归，因此，圆圆的吃喝拉撒都是由妈妈操持的，这无意中养成了圆圆特别依恋妈妈的习惯。

依恋是婴儿寻求并企图保持与另一个人亲密的身体联系的一种倾向。这个人主要是妈妈，也可以是别的抚养者或与婴儿联系密切的人，如家庭的其他成员。依恋主要表现为啼哭、笑、吸吮、喊叫、咿呀学语、抓握、身体接近、偎依和跟随等行为。

依恋是婴儿与抚养者之间一种积极的、充满深情的感情连接。它对于激发妈妈和照顾者更精心地照料后代，对形成儿童最初信赖和不信赖的个性特点有着重要的影响。

孩子在出生后的第一年对他是至关重要的，妈妈的接纳、喜欢、拥抱、躯体抚慰和精神关注，将促进孩子与妈妈形成信任、安全、温暖的关系，这样的依恋关系能让孩子变得健康、活泼、开朗、自信和自尊。如果妈妈性格强硬，动作粗糙，情绪不好，对孩子疏于照料（让孩子处于饥、渴、冷、湿等不安状态），或不愿意亲自陪伴孩子，把孩子寄养在别处，甚至虐待孩子，那么孩子就可能很难与人形成良好的依恋，心理发展延缓甚至出现自闭倾向。有很多不能形成依恋的孩子，在成长中会慢慢出现边缘型人格障碍或自恋型人格障碍等。

而与妈妈形成良好依恋关系的孩子具有以下的特征：

人际关系中，开朗活泼，有自信和自尊，懂得爱别人，能与人“共情”，没有暴力倾向，善良，宽容，知道自我的边界，不对别人过度要求。

能正确解读父母教育自己的信息，打得也骂得，孩子不会记恨妈妈，一般也不会让妈妈太伤心。依恋不够的孩子打不得也骂不得，因为妈妈这样做会激发孩子内心深处对妈妈的不信任。

母子依恋关系有以下 3 种类型：

安全型依恋，这是最常见的依恋类型。孩子在妈妈离开时会哭闹，在妈妈回来时会高兴；如果妈妈在场，通常以妈妈作为认识世界的起点；如果在玩耍，会不断地回到妈妈身边寻求安慰；通常比较爱合作，较少生气，会友善地对陌生人。孩子容易形成积极的人格。

逃避型依恋，是较少见的类型。孩子在妈妈离开时很少哭泣，在妈妈返回时不会太高兴，并设法逃避妈妈；如果有什么需要，不寻求帮助，而会表现出愤怒的情绪；不在意陌生人。

矛盾型依恋，也是较少见的类型。孩子在妈妈离开前就开始焦虑，对妈妈的行为很紧张，担心妈妈离开；在妈妈离开后更加不安，而妈妈回来时，行为又很矛盾——既想亲近妈妈，又拒绝妈妈，较少关注周围的环境，很难安抚，对陌生人也不友好。孩子容易形成消极的人格。

依恋是孩子出生后最早形成的人际关系，是成人后形成的人际关系的缩影。因此，妈妈要与孩子建立良好的依恋关系。

当孩子回家，回到妈妈身旁需要和妈妈重建依恋的时候，妈妈最好不要做的事：

对孩子身上的某些行为、特征、习惯不满意，忙着纠正孩子，让孩子感觉很糟糕，没有安全感。

急于向孩子或让孩子表达亲密感，结果遭到孩子拒绝，这样易引发大人的挫败感和孩子的焦虑害怕。

拒绝原来曾与孩子形成依恋的人（如老人、阿姨），嫉妒孩子对那个人太好，让孩子在客体关系发展中产生混乱的感觉。

扔掉孩子随身携带的旧手帕、毛绒玩具、漫画书，给他买更好的东西，这些东西对孩子内心平静很重要，是一种对妈妈依恋的替代品，要暂时保留，耐心地等待孩子自己失去兴趣。

妈妈要用一种平和、坚定、温暖的方式去引导孩子，孩子会慢慢地完全投入妈妈的怀抱，完成儿童时期心理发展的重要任务——依恋。与妈妈们有着良好依恋关系的孩子，能够形成健全的人格，为幸福的一生打下了最基本最重要的基础。

不被照顾的新生儿，易形成人格分裂

人格分裂的人喜欢独自相处。费尽心思独立生活，尽可能自给自足。他不依赖任何人，不需要任何人，尤其重要的是，不需要为任何人负责。因此，他远离人群，他需要这种距离，不让别人有亲近的机会，只开放一点点缝隙。一旦距离被跨越，他的感受如同生存空间遭到侵犯，独立自主遭受危害，他不再完好如初，于是很粗暴地反抗。害怕别人亲近，这是他典型的恐惧。但事实上，他不可能把所有人都排拒在外，于是他只好四下搜寻保护措施，以便自己能躲在其中，避开一切。对他而言，绝对要避免人与人之间的接触，绝不容许与人有亲密的关系。不论与人邂逅，还是认识未来的配偶，都会让他左右为难，于是，他只好把人际关系通通公事化。不得不与人相处时，处于团体或小组之中最让他感到自在，因为他可以隐姓埋名，基于共同利益的名义归属于某个社团。

人格分裂的人喜欢猜疑。他们害怕与别人亲密接触和交往，也害怕交往中的磨合。于是只好靠着猜想臆测来调整人际关系的方针，总是处于惴惴不安中，不晓得自己给别人的印象和观感。以至于自己的举手投足，是否与事实相符，是幻想或投影，或者属实？他都没有把握。

“别人看我的眼光究竟充满嘲讽呢，还是我又乱想了？”

“今天老师对我特别冷淡，他不满意我什么，他平常不会这样的，还是我多心了？”

“我是否引人侧目，哪里不对劲儿，难道我搞错了，要不然别人干吗这样瞅着我？”

这种不安全感会使孩子猜疑、病态地对号入座。风马牛不相及地臆想以及知觉混淆，以至于内心与外在都是非不分。这类人若即若离、矜持、遥不可及，别人很难和他们攀谈。他们似乎没有个人色彩，甚至有些冷漠。

具有双重人格的孩子，在生活中是孤寂的，他们的世界是封闭的。好奇的妈妈们也许会问是什么样的原因造成了分裂的人格呢？医学上的解释有很多，但是最重要的是幼儿时缺乏关爱。

婴儿除了不可或缺的各种照顾之外，他还需要温暖、关爱、适当的刺激，例如安静稳定的成长环境，这样他才能够自信、活泼、有责任感。其中最重要的是要给婴儿足够的身体接触，让他感受温情。

若是婴儿初始的世界让他害怕不安、空洞、被侵扰，他就会畏缩、被吓退了。太早以及过于强大的不信任经验，使得他无法信心满满迎接世界。婴儿经常长时间独处，世界空茫一片，刺激太强或印象过于繁杂，都可能形成分裂人格，他与世界的关系已蒙受损害，只好退回自己的壳中。

小时候缺乏爱的孩子，不被爱或者不受欢迎的婴儿特别容易形成分裂人格。有的孩子长期生病住院，或者经历过妈妈离去的创伤也都容易形成分裂人格。妈妈不爱、不在乎小孩；妈妈太年轻，个性未臻成熟；妈妈没时间，把孩子交给冷漠的人照管的小孩子；妈妈生产后很快去上班，小孩长时间独处。这些妈妈没给孩子关爱的例子都一样，都会造成孩子爱的缺失，都可能引起孩子人格的分裂。

为了避免和改善这个问题，作为呵护孩子成长的妈妈，要给孩子安全感，当孩子感到孤独无助的时候，用温柔、鼓励的眼神关爱孩子。一个拥抱、一句话语，都能在默默之中告诉他们："宝贝，我爱你。"

此外，还要保证孩子人格的平等。妈妈不应该因子女年纪小，而漠视他在家中的地位。平等是营造良好的家庭氛围的前提，也是为孩子的成长提供了一个良好的平台，在家中不被漠视的孩子，才不会自我漠视而封闭自己。

总之，妈妈们谁也不想让自己的孩子成为一个人格分裂的人，谁也不想因自己的疏忽让孩子成为双重人格的人，所以，从孩子诞生的那一刻起，妈妈就不能疏忽了对孩子的照顾和爱。多关心孩子的情感需要，孩子内心深处对于爱和亲密关系的渴望就会得到满足，就可以避免分裂人格的形成，妈妈也可以在这个过程中充分体验到身为母亲的幸福感，何乐而不为呢？

不要轻易让老人或保姆帮带孩子，母亲的工作不能由别人代替

妈妈并不是一个简单的称谓，也不是喂孩子、洗衣服、打扫卫生，而是一种伟大而神圣的职业。妈妈的教育很重要，妈妈的工作不能由别人代替，孩子的教育必须由妈妈承担。很多妈妈无法全职在家里教育孩子，但只要采取正确的方式，对孩子的照料不一定样样都动手，也可以实现对孩子的日常教育和平时的管束，所以妈妈一定要承担起责任，不能把孩子完全推给保姆、爷爷奶奶、姥姥姥爷。

有这样一个说法：上帝之所以先造出男人，并不是因为男人比女人优越，而是因为男人比女人容易造。上帝先试着造出男人，成功以后才去造女人。当上帝把女人造出来以后，上帝创造人的任务也就完成了：上帝把这个任务交给了女人！

这样看来，妈妈的工作正是上帝的工作！

妈妈是世界上最无私的人，她的爱没有条件，妈妈几乎是世界上唯一可以对孩子毫无保留的人。母爱缺失的孩子也很容易多疑，不相信任何人，对生活也没有眷恋和感激。一个孩子若从小就没有得到被器重、被全心全意保护的感觉，将很难建立起对他人的信任。冷漠的人或许可以成就大事，但他能从生活中体会到多少快乐呢？母爱的缺失，影响了孩子的一生。

在孩子最需要母爱的时候，一旦妈妈缺席，就会造成孩子心灵的永久伤痛，这样的痛苦会给孩子的整个心灵蒙上阴影，永远也无法抹去！几乎每一个优秀的人在归结自己的成就时，都不忘将自己的荣誉分享给养育自己的妈妈，因为只有妈妈，才能够让他们怀着一颗感恩的心生活下去。

在一个电视节目中，主角是个小孩子，他 9 岁时离家出走，在外面流浪了 3 年。

主持人问他："你在外面流浪时最想谁？"

孩子说："最想我妈妈。"

"你怎么想的？"

"我想如果我有了钱，一定买辆汽车，把我妈接出来。"

孩子为什么那么想他妈妈呢？他无意中讲起小时候发生的一件事。

有一年，家里喂养的母猫难产。孩子的手小，于是妈妈让他帮助母猫把小猫拽出来。"当时那只母猫叫得很悲惨，"孩子说，"有一只小猫身子已经拽出来了，但头还留在身体里。就在母猫惨叫的时候，我妈说了一句话：'生你的时候也这么难！'我这才知道，我妈真不容易！"说到这儿，孩子大声地哭了，孩子的妈妈也哭了。

上帝选择女人来完成他的工作，不仅是因为女人能够繁衍子孙，更是因为女性的特质，即善良、勤劳、温柔的亲和力，填充了孩子在父亲影响下形成的思维世界，让他的精神在正义、勇敢等的筋骨下，充满情感的血肉。

一个从来不曾感受母爱的温暖的人，是可怜的人，他心灵上的那些美好的情感，还没有来得及被呵护，就被时间匆匆洗刷。不能责怪他的冷漠，因为属于他的那份温柔抛弃了他。就像上帝不仅仅创造出人类，还给人类以信仰和力量一样，妈妈也不仅仅是生养了孩子，他还是孩子精神的避风港，在孩子遇到挫折、失去信心的时候，给他鼓励和安慰，让他重新鼓起生活的勇气，勇往直前。

"亲生后母"比后母对孩子的伤害更大

世人对后母的印象通常是极为不好的，许多人都认同因为后母的恶劣对待让孩子幼小的心灵有了很大的创伤。但是，社会常常忽视了"亲生后母"其实比后母对孩子的伤害更大。

所谓"亲生后母"就是指母亲虽然把孩子生下来了，但却没有尽到母亲的责任，将孩子送给别人抚养或是对孩子动不动就大打出手、辱骂等。

这种"亲生后母"的现象，可以分为 3 种类型：第一种类型是由于母亲执迷于某种事情而置小孩不顾，让小孩感受不到太多的母爱。

中央台曾报道由于几个子女不愿意赡养老人，老人将子女们告上了法庭的事件。这几个子女都挺有文化的，自己的家庭也还算不错，但没有一个人愿意赡养老人。究其原因，是因为老人年轻时总出入各种交际场所，将家里的积蓄挥霍一空，而且对孩子们毫不关心，恨不得将他们赶出家门，稍有不顺心就会大打出手。到老了，老人便想着让子女们来抚养自己，可是几个子女宁愿出钱将她送到"敬老院"，也不愿意抚养她。

这个事例的确让人深思，正所谓这个世上没有无缘无故的爱，也不会有无缘无故的恨。老人以前不善待自己的孩子，没有尽到一位作为母亲的职责，又怎能让儿女心甘情愿意地尽孝心呢？

第二种类型是由于孩子出生时或出生后发生了某种变故，如难产、犯忌，等等，导致了母亲心理上的疏远。

妮基出生的那一天，她爸爸过世了，所以她妈妈认定正是因为她的出生带来了爸爸的死亡，于是从小就把她送到外婆家抚养，对她不闻不问。少年时期，她也曾想通过学坏来吸引母亲的注意，她旷课、上网、穿奇装异服，等等，由于母亲对她的继续漠视，她甚至学会了吸毒，最后终于断送了自己的生命。

妮基的妈妈认为孩子是祸害，才对她不闻不问，以至妮基最后断送了自己年轻的生命。这是多么残忍的妈妈！

最后一种类型是由于子女较多，母亲疏忽了某一个子女。

有一个年轻的妈妈，很幸运生了对双胞胎儿子，因为一个人带不过来，大儿子就送给了外婆带，小儿子自己带。过了两三年，孩子大了一些，外婆就把大儿子送回妈妈身边，让妈妈自己亲自带两个宝宝。可是两个宝宝受到了妈妈截然不同的待遇，妈妈晚上睡觉只抱着小儿子睡，大儿子就由着他自个儿去睡；两个孩子哭闹时或者是争抢什么玩具之类的，挨骂的一定是大儿子。最后造成了大儿子孤僻、不自信的性格。

孩子会和日夜照料他的母亲建立起强烈的母子感情，而母亲在付出爱的同时也一样与孩子建立了母子心灵感应，这种强烈的情感是维系母子亲情的纽带。而早年离家的孩子并没有和母亲建立起感情纽带，心理距离相隔远了，又加上生活习惯大不相同，母亲看着不习惯，孩子看着更不习惯。而且由于没有感情，母亲的教育通常不会手下留情，而孩子对这份苛责也不情愿接受。久而久之母子之间形成强烈的心理对抗，冷漠的种子就埋下了。

无论是哪种类型的“亲生后母”现象，对孩子来说都是巨大的伤害，来自最亲密的人的伤害是孩子生命中不能承受之重。所以，妈妈们，如果你给了孩子生命，也一样要给孩子爱！

孩子的成长需要妈妈的陪伴

一位母亲在给儿子的信中写道：“你是一个铁杆球迷，为了看球，甚至可以不吃饭、不睡觉。说实话，我原本无法理解，对我来说，足球只是一堆人争夺一个球的无聊游戏。你常常深更半夜悄悄起来看英超、意甲转播，虽然为了不吵醒我们，你总是把音量放到最低。但是，你那压抑的激动声响和偶尔克制不住而发出的大声喝彩，还是会惊醒我，那时，总免不了对你的一顿教训。可有一天，一个念头突然冒出来：能够让你如痴如醉的足球到底为何吸引你呢？我怎样才能够体会你在看足球时的快乐呢？有机会一定要尝试一下。”

对此，儿子在自己的日记中也有所记载：“奇迹果然出现了！不但是塞内加尔的奇迹，也是我妈妈的奇迹——她竟然从此迷上了足球，每天抢着看报纸，准时看球赛，关心贝克汉姆，询问罗纳尔多。当我们同时情不自禁地站起来，面红耳赤地给中国队加油的时候，我感到我们的心灵第一次如此相通。我心里只想说：‘能跟妈妈分享我的快乐，我真高兴！’”

养育孩子的过程也是陪伴孩子的过程，只有当孩子感受到你与他同在一起，他才能把你的爱放入心中。

与孩子共同参与活动，陪伴孩子成长，对于亲子关系非常重要。

孩子们通常有自己的社会活动，例如，学校组织的风筝大赛、校际篮球比赛、乒乓球比赛等。一些妈妈可能会认为，这只是毛孩子的游戏，关我什么事儿呀！其实，这种想法是完全错误的。教育学家建议妈妈们，要积极参与孩子的这类活动，因为你的参与就是对他们的肯定。

安吉莉从未忘记参加有孩子参与的每一项活动：市篮球联赛、运动会、学生音乐会、话剧表演——即使儿子只是演一棵树。安吉莉是一个牙科医生，对运动一窍不通，对音乐也不大感兴趣，但她还是努力抽出时间去为儿子加油。因为她说，希望自己在孩子成长过程中尽量陪着他。

最近一段时间，儿子迷上了制作遥控飞行器，为此，他甚至办了寄宿，专心地在学校里研究试验。每天，他都会给安吉莉打电话，报告自己的新进展：他的飞行器反应更灵活了、飞得更远了……一天，儿子打来电话：“妈妈，明天下午就开始比赛了，来替我加油吧！”

妈妈兴高采烈地回答：“太棒了！我明天一定准时去。”

第二天，安吉莉把诊所停业一天，上午跑到书店里找了很多遥控飞行器方面的书，又给儿子买了一组昂贵的飞机模型，下午准时赶到学校。遗憾的是，儿子那天并没有取得好名次，面对专程赶来的妈妈，孩子有点惭愧。安吉莉拿出自己准备好的礼物——书和模型递给了儿子，然后用玩笑式的威胁口吻说：“小子，看到了吗？这么贵的书和礼物都买了，你要是敢因为一次小小的失败就放弃，那我绝对饶不了你！”

儿子大笑着接过礼物：“什么放弃呀！等着吧，下次第一名就是我！”这时，他已经完全振作起来了。

腾出时间陪孩子一起做孩子所热衷的事情，是非常重要的。很多妈妈不明白这一点，一心一意“教育”，却拉开了孩子和自己的距离，到了孩子成年的时候，两个人竟然像陌生人一样，无法对话了。

如果你希望孩子养成持之以恒的品质，掌握其他与工作、生活相关的技能，你就要积极去参与孩子的活动，用你自己的兴趣、可依赖性及独特的指导，为孩子树立榜样。

最好的妈妈不是端坐在书房中写字的妈妈，也不是忙碌在厨房里做菜的妈妈，而是那个一直陪伴着孩子的妈妈。她不是一个符号，而是孩子生命中不可缺少的一部分，共同的回忆把他们紧紧连在一起。

多多陪伴孩子，参加他的集体活动，主动帮他解决问题，这样妈妈才能真正了解自己的孩子需要怎样的爱。孩子的成长需要妈妈的陪伴，你可以错过一份好的工作、一个好的人生机遇，可是，身为一位妈妈，如果你错过了孩子的成长，便也错过了孩子人生中许多美丽的风景。

“双生涯”妈妈的带孩子哲学

据《参考消息》转法新社5月26日的报道，中国的“上班族妈妈”数量超过3.2亿。许多“上班族妈妈”每天奔波于单位、学校和幼儿园，经常在工作与孩子之间顾此失彼，左右为难。“双生涯”（家庭生涯和职业生涯）的妈妈们，在忙碌的工作之余还要顾及孩子的身心需要，确实是件很辛苦的事。所以，在工作和孩子之间找到平衡点，对“双生涯”妈妈来说尤为重要。

“朝九晚六”是现在上班族的标准时刻表，这对于辛劳的妈妈来说，意味着早上在孩子起床之前出门，晚上在他已经玩了一天、感到疲惫的时候回家。现代生活的节奏，已经让妈妈错过了很多与孩子相处的时光，就不必说为加班、堵车等支付的时间了。如果妈妈完全被如此繁忙的工作驾驭后，就容易忽视了对孩子的关注，忽视与孩子的交流和沟通了。

《鬼妈妈》是一部以美国畅销小说为题材改编的动画片。卡罗琳是一个只有十几岁大的小女孩，对身边的一切充满了好奇，但是由于爸爸妈妈在平常的生活中要处理很多关于工作的事情因而无暇照顾她。闲的发狂的卡罗琳只好在家里到处转来转去，并发现了一个惊天的秘密，她通过一扇奇怪的门走入了另一个“家”，那里有和现实生活中一样的居住环境和待人周到的“妈妈”——只不过那个妈妈的眼睛被纽扣缝上了。正是由于那个“妈妈”熟谙儿童的心理，热情地陪伴她玩耍，卡罗琳觉得自己找到了真正想要的快乐。只是，后来她发现那个“妈妈”是个女巫并进行了一场斗争……

从这部影片中，妈妈可以从中学到一些道理：孩子虽然小，但是他们确实希望得到妈妈更多的爱和关注。当孩子发现妈妈好像并没有太多的注意力放在他们身上，心里的黯然失落是非常正常的。

对于孩子来说，他们内心中最需要的是一种爱的感觉，他们希望有更多的时间和妈妈在一起，感受到更多的来自妈妈的关注和爱护，这种良好的感觉，是孩子在日后乐观、积极、自信的主要动力源。

曾经还有一位教育研究者给妈妈提出一道多项选择题，以下4个选择你认为哪项最能够帮助孩子在学校里提高学习成绩？

A. 为学校做义工

B. 监督孩子功课

C. 与孩子讨论学校所发生的事

D. 与孩子的老师保持联系

当然，以上的任何一项都对孩子在学校里学习进步很有帮助，但是研究人员的统计结果表明：回答C的妈妈，他们的孩子在学校中的成绩是最好的。这并不意味着其他的选择不重要，而是更加深刻地说明了妈妈和子女共同参加一项活动是多么的重要。

研究表明：受到妈妈关注多的孩子，各方面的表现就都很好。

一个孩子在生活中受到妈妈的关注越多，在各方面就会表现得越好。当他感到自己是个备受关注的中心时，就有动力让自己变得更加的完美和优异。当一个孩子明显地感受到被关注，就越是希望表现自己，所有的才能都被调动起来。所以，妈妈再忙，也不要忘记关注孩子。关注孩子不是指天天和孩子在一起，而心不在焉地应付孩子，而是心情轻松、全神贯注地与孩子交流，即使只是每天晚上睡前的短短1小时。

或许，妈妈只是每天简单地问一句“今天在学校怎么样”，却传达出了对孩子的一个明确信号，那就是妈妈很在乎他在学校里的表现。有些家庭的妈妈可以从各方面关注子女的教育，而另一些只有时间去关注孩子一两个方面的问题。但不论何种层次的介入，相信对你孩子的一生都会有重要的作用。每天，我们可以在家中听孩子讲述他在学校中看到的有趣故事，和小孩子一起聊聊天，并不是什么难做到的事情，所能起到的作用却是最大的。

“双生涯”妈妈，孩子并不会妨碍你的工作，而你也不应该因为工作而忽视对孩子的关注。把握好在繁忙工作中关注孩子的尺度，找到两者的平衡点，也许就不会再顾此失彼，患得患失了。

不让孩子做精神上的“留守儿童”

英英是一个10岁的女孩，她性情很古怪，学习成绩不佳。她不喜欢和同学相处，也不喜欢和爸爸妈妈在一起，她只喜欢黏着家里的保姆小玲。英英的爸爸妈妈都非常能干，都是单位里的重要负责人，家里经济条件非常好，从孩子一出生就专门请了保姆小玲来家里照顾孩子。妈妈在生完她3个月后就上班了，把带孩子的事完全交给了保姆，英英相当于是小玲带大的。

从表面上看，英英一直和妈妈生活在一起，但由于妈妈工作忙，每天早出晚归，且经常出差，孩子从早到晚全是和保姆在一起，连晚上也是和保姆一起睡觉，孩子住在自己家，却如同一个“寄养儿童”一样缺少和妈妈相处的机会。所以，英英的内心十分孤独，性格也比较孤僻。

后来小玲要回农村结婚，离开了英英家，英英从此就更加孤独了，妈妈给她找了新的保姆，但是英英和新保姆都处不来，于是妈妈就一次又一次地更换保姆。

在更换保姆期间，英英每天孤零零一个人在家，她的性格越发孤僻，越来越不爱开口说话，身体也越来越差，学习成绩也越来越差。

很多妈妈以为只要给了孩子舒适的环境、良好的物质条件，孩子就会健康的成长，却往往忽视了孩子的健康成长同样需要妈妈付出爱和时间。

在现代社会，很多妈妈会顾虑了自己的事业，就忽视了对孩子的养育。她们往往把自己的大部分时间给了事业，留给孩子的只有那么一点点时间。有的人会认为她们不爱孩子，其实不然，她们会给孩子买最好的玩具、最好的衣服、让孩子上最好的学校，她们爱的方式不一样，因为她们认为和孩子相处不是一件那么重要的事，忽视了孩子也是有感受的，而这些感受会对孩子的成长产生重要的影响。

现在有太多的妈妈愿意在孩子身上花钱，但却不愿意花时间和精力。孩子不是一件玩具，孩子的健康成长和妈妈的关心密不可分。当你决定要孩子，就要担起对孩子的责任和义务，重视和孩子在一起相处的时间。有的妈妈由于客观原因，不得不和孩子分开时，妈妈可以在分开的日子里通过经常给孩子打电话或定期去看望孩子等来减少孩子在感情上的失落感，让孩子感受到妈妈是爱他的，是时刻在关心着他的。

妈妈们，试想一下，你现在努力工作的本质不就是为了给孩子一个更富裕、更好的生活环境，能够为孩子提供更美好的未来么？可是现在有许多妈妈舍本逐末，忽视了给孩子爱的关怀。妈妈要明白，孩子最需要的不是金钱，而是妈妈的爱和关怀，是妈妈的陪伴和呵护。

也许有的妈妈会说，我虽然工作，但是我也天天和孩子在一起啊！可是，你和孩子在一起都是做些什么呢？有没有问一问孩子在学校发生的好玩的事呢？有没有和孩子一起聊聊与学习无关的事情呢？有没有给孩子讲故事说笑话呢？有没有告诉他妈妈多爱他呢？如果没有，妈妈和孩子即使在一起孩子仍然还是孤独。就像英英一样，天天看到妈妈，但还是缺乏母爱，成为精神上的“留守儿童”。

农村“留守儿童”的问题已经暴露出来，并引起社会各界的关注。但是，那些与妈妈生活在一起的精神上的“留守儿童”却往往被人忽视，他们其实和农村“留守儿童”一样，急需妈妈的关注和爱护。

妈妈要明白，孩子在成长中的每一天、所遇到的每一种境遇都会对他们的成长产生巨大的影响，妈妈要认真对待和孩子相处这件事，不能对孩子爱的需求充耳不闻，不要把你的孩子变成孤独的“留守儿童”，也不要让你的孩子置身于精致的房间，却成为精神上的“留守儿童”。妈妈，给孩子多一些时间，多一点关爱，让孩子真真切切地感受到你对他的关爱，才能真正配得起孩子那一句“妈妈”。

将孩子委托给“高技术”产品，是最不负责的爱

欢欢的爸爸是外科医生，经常在医院加班，工作非常忙，所以，照看欢欢的重任就主要落在妈妈的肩上。妈妈是公务员，朝九晚五地工作，白天欢欢在幼儿园上学，下午放学后妈妈来把她接回家，可是，晚上回家吃完饭后，妈妈总是和几个阿姨约在一起打麻将，没有时间陪欢欢玩，所以，她总是让欢欢自己在家看电视。欢欢每天晚上都会坐在沙发上看电视，一直看到睡着，等妈妈回来再把她抱到床上脱衣服睡觉。慢慢地，欢欢与妈妈的接触越来越少，她也越来越自闭，经常一回家就坐在电视机前看电视，家里似乎只有电视机和她亲近，妈妈看孩子自己看电视也不阻碍她打麻将，就随她去了，可是，年仅 5 岁的欢欢，眼睛就近视了，而且还患上了自闭症，这些，其实主要归咎于妈妈的不负责任！

每一个孩子都需要一种被爱的感觉，总是希望和爸爸妈妈在一起。而许多事业很成功或者是不负责的妈妈总是因为太忙或者太贪玩而无法和孩子们在一起消磨时间，于是就让电视机、电子游戏来帮忙自己照看孩子，久而久之使孩子丧失了思考的能力，且情感脆弱。

如果让一个孩子长期看电视，必然会导致智力的下降；同样道理，经常玩电子游戏，智力也会下降。而最近的一些报道也证明：那些利用新技术开发出来的智力玩具，也会导致种种意想不到的后果，人们被“新技术开发”这些光环所迷惑，不晓得这些东西对儿童的成长究竟有着多么大的危害。

其实，对于孩子来说，他内心最需要的，是一种爱的感觉——和爸爸妈妈在一起，相互交流，在亲密地接触中感受到爱和温暖。这种被爱的感觉，是一个孩子日后乐观、自信、积极的动力，也是一个孩子安全感和归宿感的加强。即便在成年人中，也常常会有人希望听到一遍又一遍“我爱你”的表白来确定一种稳定的关系，孩子的心里更是渴望他们刚刚意识到的爱的关系被行动证明。而妈妈的陪伴，无疑是最好的证明方式。孩子对妈妈情感需求是有一个规律的，从寸步不离到不胜其烦，有自己的变化。一旦妈妈错过这个过程，希望将来弥补，就没有现在这样自然而然效果好了。

当孩子产生喜怒哀乐的情绪时，总想和人一起分享。我们成年人，有和人分享的心理需要，同样，孩子也需要人与她分享生活中的喜怒哀乐。所以他们需要妈妈来倾听他们的声音。倾听并分享孩子的喜怒哀乐，有利于协调亲子之间的关系，让孩子感到妈妈在关心、爱护他，从而取得孩子的信任。在家庭教育中，妈妈的关心、信任可使孩子感到他与妈妈处于平等的地位，从而对妈妈更加尊重、敬爱和亲近，并乐于向妈妈倾吐心声。

由电动玩具、电视电脑带大的孩子，在他们的生活中，“亲情”很可能是一个陌生的概念，“世人皆有我独无”，尤其是当他看到别的孩子可以在妈妈的怀中撒娇，可以坐着爸爸的车上学放学的时候，孤独感和失落感都会给孩子的心灵留下阴影。大量事实表明，没有感受到太多爱的孩子更容易多疑、自卑、缺少主见，或是走向另一个极端——自大、个人主义、不能听取别人的建议。这些都不利于孩子将来的社交和生活，这种影响是持续的，不会因为孩子长大就消失。当孩子自己成为父亲或是母亲时，缺失父爱或者母爱的经历会让他们期望将自己失去的爱补偿到孩子身上，慢慢就变成一种高压和束缚，让孩子不堪重负。并不是所有的孩子都会如此，但是这样的情况，应该引起妈妈的警觉！

妈妈们一定要记住，尤其是那些忙着事业、忙着玩的妈妈，孩子真正在乎的，是妈妈能花多少时间来照顾他，来和他玩。让孩子过多地接触那些智力开发的产品，永远也比不上妈妈和孩子之间哪怕是随意的玩耍，这对孩子智力和感情上的良性刺激要丰富得多。

第四章　孩子成长需要一个幸福温暖的摇篮

人若没有一个好的家庭环境，就很难孕育一个正常的生命。给孩子一个幸福的家，让孩子在生理和心理两方面都健康地成长，成为一个身心和谐发育的人，这才是妈妈所能给孩子最丰厚的、一生享用不完的财富。

家庭温暖来自家人的呵护，而不是金钱的温度

一位妈妈下班回家，很晚了，很累并有点烦，她发现5岁的儿子靠在门旁等她。

“妈妈，我可以问你一个问题吗?”

“当然可以。”妈妈回答。

“您1小时可以赚多少钱?”

“你为什么问这个问题?”妈妈生气地说道。

“我只是想知道，请告诉我吧!”儿子哀求着。

“假如你一定要知道的话，我1小时能赚20美元。”

“喔!”儿子低着头这样回答，接着说：“妈妈，可以借我10美元吗?”

妈妈发怒了：“如果你问这问题只是要借钱去买玩具的话，给我回到你的房间并上床好好想想，为什么你会那么自私。我每天长时间辛苦工作，没时间和你玩小孩子的游戏。”

儿子安静地回到自己的房间。约1小时后，妈妈平静下来了，她觉得对儿子太凶了。她走到儿子的房门并打开门，“你睡了吗，孩子?”她问道。

“妈妈，还没睡。”儿子回答。

“我想过了，我刚刚对你太凶了。”妈妈说着，“我将今天的闷气都爆发出来了。这是你要的10美元。”

儿子笑着坐了起来，“妈妈，谢谢你!”儿子叫着。接着儿子从枕头下拿出一些被弄皱了的钞票。

儿子慢慢地算着钱，最后看着妈妈，告诉她：“妈妈，我现在有20美元了，我可以向你买1小时的时间吗？请你明天早一点回家，我想和你一起吃晚餐。”

从这个故事中，你是否看到了自己的影子？的确，就像故事中的妈妈一样，现在的妈妈们总是很忙，忙着不停地工作、加班、赚钱……从来没有停下来，陪孩子一起玩。大多妈妈本能地认为，挣钱满足孩子的物质需要就可以了，孩子不愁吃不愁穿，

自然也就没有什么烦恼了。可是妈妈的这种想法错了！其实妈妈的爱才是孩子最需要的！家庭的温暖来自家人的爱，而不是来自家人的钱。

美国心理学家哈洛做了一个独特的婴猴实验：

哈洛把刚刚出生的婴猴从母猴所在的笼中取出，放到另一个装有两个人造母亲的笼子里。一个纯金属丝的人造母亲胸前安有一个奶瓶，另一个的表面包裹着柔软的布，但不安奶瓶。按理说，婴猴应该经常爬到安有奶瓶的金属丝妈妈的身上，然而结果却相反，婴猴只是在肚子饿要吃奶的时候才爬到金属丝妈妈身上，而大部分时间都爬到布妈妈身上。如果在布妈妈身上也安上奶瓶，那么婴猴就几乎不接触金属丝母亲了。如果在婴猴下地玩耍的时候，突然放入一个自动玩具，就会看到婴猴吓得马上逃到布妈妈身上。

这个实验推翻了人们传统思想中“有奶便是娘”的认知。从这个实验可以得知，婴猴对母猴的依恋主要不是食物，而是柔软、温暖的接触。推而广之，小孩子依恋母亲并不仅仅是为了喝奶，他更需要柔软而温暖的皮肤接触，小孩子只有在母亲温暖的怀抱里才能健康地成长。就像小猴子不喜欢只能提供食物的“金属妈妈”一样，孩子也不喜欢只能提供食物、金钱的“机械妈妈”，他更需要的是妈妈的爱。

“工作忙”、“加班”、“挣钱”、“为了以后更好生活”……这些都不能作为“不陪孩子”的借口。孩子需要的不是一台“赚钱机器”，而是妈妈的爱与理解。虽然说一个家庭的经济能力比较重要，但是只要爸爸、妈妈与孩子之间其乐融融，即使经济能力较差，大家也会共同努力来克服。而如果因为赚钱而影响到孩子的健康成长，那就太不值得了。妈妈们不要掉进繁忙的陷阱，也不要做赚钱的机器，钱是永远赚不完的，而孩子只能成长一次，错过了就后悔莫及了。千金难买陪孩子成长的过程，物质也换不来与孩子相处的天伦之乐，有些东西错过了，就是孩子和妈妈一辈子的遗憾。

富裕文明不是指标，适合孩子成长的家庭环境才是好环境

文明之家、小康之家、五好家庭，所有褒奖都只是一个称号，住在里面的人能和谐发展才是最有分量的奖赏。也许家长素质很高，但却把孩子管得太死；也许家长忙着赚钱而不负责任，放任孩子自由成长；也许家长在外面表现得彬彬有礼而在家凶神恶煞，对孩子性格造成消极影响。有这些家长的家庭环境，肯定不是适合孩子成长的好环境。那什么是适合孩子成长的家庭环境呢？首先要先了解一下家庭环境的类型，以便妈妈对号入座，进行反省。

根据对家庭教育现状的研究分析，把儿童成长的主要环境——家庭，划分为 4 种类型：力求完美型、圆梦补偿型、顺其自然型、绿色健康型。

顺其自然型的家庭：父母认为“小树长大自然直”，孩子的成长不用太操心，有幼儿园、有老师呢。对孩子比较放纵、迁就和娇惯。尽可能满足孩子的各种物质要求，与孩子沟通较少，对他们的成长比较放心。这类家长特别依赖老师对孩子的教育，认

为教育只是老师的事情，自己的责任仅仅是给孩子解决衣食住行的问题。

力求完美型的家庭：父母认为儿童的成长是人生第一阶段，不能有一丝一毫的闪失，任何不符合儿童成长的因素都要严格控制，希望自己的孩子在人群中永远是最优秀的。父母的情绪处在高度紧张状态，对孩子要求过高，苛求孩子各方面完美，容不得孩子犯错误。忽视儿童成长的阶段性和其特点。当孩子进步时会得到较高的奖励，但当孩子没达到父母的目标时，也会受到严厉的惩罚和指责。

圆梦补偿型的家庭：父母认为自己童年的理想没能实现是件遗憾的事。既然孩子是自己生命的延续，何不把自己的梦想寄托在孩子身上，无论如何，要帮助孩子把所走的路铺好。孩子的一切父母都要包办代替，把自己的意愿强加给孩子，让孩子时刻按照他们的理想去生活和学习，忽视孩子自身的天性和兴趣，用家长权威逼孩子去追求家长自己的梦想。

绿色健康型的家庭：父母认为儿童是人一生发展的关键阶段，他们的成长和发展有其自身的特点。父母要为孩子的成长打下坚实的基础，必须尊重孩子的天性，为孩子提供适宜的教育环境，为孩子终生可持续发展奠定基础。这类父母知道要教育好孩子必须从自己做起，深信“身教重于言教”，处处为孩子做榜样，并尊重孩子的发展特点、兴趣和需要。这类父母讲求科学的教育方法，经常与孩子沟通，善于发现孩子的进步，勇于向孩子学习。正确运用鼓励、欣赏、批评的方式，对孩子进行晓之以理、动之以情、持之以恒的教育。

显然，绿色健康型的家庭才是孩子成长的理想家庭环境，真正懂得爱孩子的妈妈，就应该为孩子构建这样的一种家庭环境。你可以从以下几个方面做起：

1. 给孩子童年的快乐

童年只有一次，童年的快乐是人一生中不可缺少的精神财富，要像珍惜孩子生命一样去珍惜孩子的快乐，这是儿童健康成长的基础。快乐的童年才能滋养出快乐有能量的孩子，请给孩子童年的快乐，这是儿童应有的权利。

2. 树立正确的孩子成长观

妈妈要了解自己孩子的成长与发展，给他们提供适宜的教育，不要盲目攀比，切忌用一把尺子衡量所有的孩子。因为每一个孩子都是唯一的，他们有鲜明的个性，有自身潜在的各种能力，在他们成长的过程中孩子表现出极为明显的个体差异，这些都是很正常的。任何虚荣攀比和不实事求是，都会影响孩子的健康成长。

3. 对待孩子的未来要理性

一味追求孩子“成龙成凤”，其结果可能恰恰相反——妈妈对儿童期望值越高，可能失望越大。正确的方式应该是理性地对待孩子，尊重他们的兴趣、尊重他们的选择、尊重他们的发展。人生之路十分漫长，孩子的成长是谁也代替不了的，妈妈应该相信孩子可以选择自己未来发展的道路。不要越俎代庖，更不能过高苛求孩子尽善尽美。

4. 实现孩子理想的发展

为了实现儿童理想的发展，每一个妈妈都要学会观察了解孩子的成长特点，掌握孩子的发展规律，为他们提供健康愉快的成长环境。妈妈是孩子最好的成长伙伴，要多给予他们亲情，多与他们沟通，常陪他们游戏，尽可能多地满足儿童精神上的需求，这些都是儿童理想发展的重要条件。相信孩子的能力，尊重他们的需要，引导他们发展是每个妈妈的责任。为了孩子更理想的发展，妈妈要学会与孩子共同成长。

幸福的家是送给孩子成长的最好礼物

有一对夫妻在接女儿放学回家途中，不知为什么就大吵起来，最后居然扬言要离婚。等争吵暂告一个段落，他们才意识到孩子还跟在后面。他们看到女儿拿着画板在画画，画面上有两个大人，他们表情愤怒，两个大人中间躺着一个小孩。

妈妈很好奇地问："地上怎么会有个小孩，他怎么了?"

"死了!"孩子说。

"他怎么会死了呢?"

女儿沉默了半晌，说："因为爸爸妈妈吵架、分手……"

女儿的话深深震撼了他们。原来，女儿看见班级中所谓的"单亲儿童"总是神情忧郁、落落寡合，她害怕像他们一样。看来，父母吵架、分手后，他们的孩子就好像被抛于旷野，会一点一点死亡。

小女孩在无意间用一幅画泄露她的心声，也让父母及早警觉：孩子在成长中最需要的就是安定、安心、安全的环境与父母完整的爱。当着孩子的面父母不要吵架，家庭成员之间关系不能紧张，要相互信任和体贴，以免给孩子带来精神上的苦闷。

几乎所有的孩子都渴望自己的爸爸、妈妈能够相亲相爱，希望自己的家充满和睦、友爱、温暖的气氛。而许多父母却时常忽略孩子的这点心理与要求。

良好的家庭气氛是孩子成长的重要依托，家庭气氛是两种环境关系的产物，它包括家庭物质环境和家庭心理环境。家庭的物质环境依每个家庭富有程度的不同而不同，每个父母都会尽最大的努力来满足孩子的物质需要。但是很多父母却会忽视为孩子营造一个良好的家庭心理环境。而实际上，家庭心理环境对孩子的影响远远大过家庭物质环境，一个贫穷的家庭里只要有家人间关切的爱和温馨的环境，孩子就会在幸福的笑声中快乐成长，而一个冷漠严肃的家庭即使富可敌国，也买不到孩子的开心快乐。

妈妈要想把孩子培养成为心地善良、感觉敏锐和能力强的人，家庭日常生活应该是和谐的、欢乐的、充满爱心的，这是首要的条件。要知道夫妻间的互相尊重与爱护是良好的家庭教育的基础，而幸福的家庭是送给孩子成长的最好礼物。

安徒生小时候是在丹麦一个叫奥塞登的小镇上度过的。他家境贫困，父亲只是个穷鞋匠，母亲是个洗衣妇，祖母有时还要去讨饭来补贴生活。他们的周围住着很多地主和贵族，因为富有，这些人便觉得自己高人一等，他们讨厌穷人，不允许自己家的孩子与安徒生一块儿玩耍。安徒生的童年孤独而落寞。

父亲担心这样的环境会对安徒生的成长不利，但是他从来没在孩子面前流露出自己的这种焦虑，反而轻松地跟安徒生说："孩子，爸爸来陪你玩吧!"父亲陪儿子做各种游戏，闲暇时还讲《一千零一夜》等古代阿拉伯故事给他听。虽然童年没有玩伴，但有了父亲的陪伴，安徒生的内心世界也充满了阳光和快乐。

所以，温馨的家庭环境是孩子健康成长的保证，童年时代的安徒生生活在良好的家庭氛围中，才培养出了自己的童话细胞，以及一颗善良、充满幻想的"童话"之心。

由此可见，父母之间的恩爱，和睦的家庭氛围能够为孩子的身心成长注入生机与活力，增加孩子对生活的信心与勇气。如果孩子在一个紧张压抑的家庭氛围中成长，会逐渐变得忧心忡忡、缺乏热情、性格内向，而在良好的家庭氛围的影响下，孩子一定可以健康、茁壮地成长。

对于孩子来说，与变形金刚、自行车、芭比娃娃比起来，一个幸福的家庭才是父母送给他的最好的礼物。世界上没有什么事情比爸爸妈妈相亲相爱更令孩子开心，所以，为了孩子能够健康成长，请拒绝争吵，为他们创造一个温馨的家庭环境。

房间的布置渗透妈妈的爱意

孩子成长的一个重要标志，就是有自己的房间，离开父母单独睡觉。让孩子拥有自己的空间，对他的心理健全和人格的发展都有着积极的意义。当孩子拥有自己的房间后，会对家更有一种归属感，建立自我意识，了解自己的重要性。

现在，摆在妈妈面前的一个问题是：怎样让孩子的房间常看常新，创意多多，并且让孩子住在里面感觉到快乐和幸福呢？

家庭装修毕竟属于大额消费，伴随着孩子从婴儿、幼儿、小学到少年的成长阶段，儿童间如果只靠装修很难随孩子成长而改变，在这个时候，家庭的装饰布置就成了重要课题。妈妈可以不改变孩子房间的大小，而从家具、装饰上来改变房间的格局。

首先要考虑到孩子的个性、喜好，除了实用性、安全性、启发性外，其他要素如色彩、款式等还应依据孩子的喜好，尽量符合孩子的需要。

1. 多彩与安全——婴儿、幼儿时期

牙牙学语、蹒跚学步的婴幼儿时期，为了培养孩子的视觉和触觉能力，妈妈们会在墙壁、天花板挂上深色浅色的花、水果之类的挂画，孩子的眼睛对色差较大的图案印象颇深，他们会选择自己喜爱的图案与颜色。而在屋中无规则地摆放一些轻便柔软的小玩具，更会激发他们的触摸欲望，锻炼他们的灵活性。

心理学家研究说，6 岁以前是孩子创造力发展的关键时期，如果这时孩子生活的空间过于呆板、一成不变，会扼杀孩子的创造力与想象力。因此这个时期儿童房基本是无规律的，随宝宝的兴趣爱好而改变。妈妈这时可以把屋里布置得五彩缤纷。一个多姿多彩的空间既可以加深孩子对外部世界的认识，又给予孩子自由、嬉戏的宽敞空间，

使他们在玩乐中锻炼自己的想象力和发挥自己的创意。

安全是这个阶段不可忽视的重要因素。小孩子天性好动，有棱有角的家具、饰品就会成为一种潜在的“危险”，而且孩子在这个阶段喜欢用嘴去了解外界，细菌很容易跑到宝宝的肚子里去。妈妈可以参考以下几个标准：

（1）无锐角。家具以及房间中的饰品防止尖锐的边角，以防磕碰。

（2）结构简单，坚固耐用，如五金部件不易拆卸或采用隐蔽式的螺丝等。

（3）无毒性，避免儿童误食或发生过敏现象。

（4）小零件的坚固程度，如抽屉的滑轨等。

2. 绅士淑女——学龄期

上学以后的孩子，渐渐养成性格，也渐渐有了自己的需求。书包、书本、文具怎么摆放，都需要妈妈的指导和帮助。给孩子设计一些分门别类的储物空间，不但可以节省房子的空间大小，还可以给孩子一个动手动脑的机会。尽管他们设计得没有专业设计师好看，或者和房子不搭配，但这是他们自己的创意，用着更有趣。

一张美术作业、一件手工折纸都成为经典装饰的注脚。由于这时孩子的房间多了一些电器，因此要在书架上、窗台上摆上一两簇花草，调节屋内空气。

灯在房间中的作用不可小觑。除顶灯外，床头灯是必不可少的，这样孩子夜里起来可随手打开，灯光不能太强，以免孩子不安。整体房间色调要有所统一，无论装饰材料还是配饰挂件，最好是亮色。现在的市场上适于儿童间的各种玩具造型的灯也多了起来，小男孩、小女孩把喜爱的造型灯摆在床头，让房间增添活力。

这时候可以慢慢强调孩子的性别意识，公主和王子的房间肯定是不一样的，想要培养绅士淑女，最好在他们进入学龄阶段后，就多多在他们的房间里面下工夫。男孩子可以有世界地图、地球仪、小科学设备等；女孩子有娃娃、人文书籍、漂亮的墙纸、名画复制品等，都是很好的选择。

此外，还要注意的是，在窗户设护栏，尽量采用圆弧收边；室内尽量不使用大面积的玻璃和镜子；选用带有插座罩的插座；以柔软、自然素材为主。尺寸比例缩小的家具，伸手可及的搁物架和茶几能给他们控制一切的感觉，满足他们模仿成人世界的欲望。

孩子的小小世界，体现了家人对他们的尊重和爱，妈妈们多花一点时间在上面，会带给孩子无穷的乐趣。

当孩子自己改造房间的布局时，只要不是很危险的行为，妈妈不要大声呵斥，因为这时你的孩子正在创作自己的作品，他的思维相当活跃，大声训斥只会阻止他继续创新。妈妈在设计孩子的房间时，多多听从孩子的想法也很重要。

幸福之家不能有“瘾君子”妈妈

凌宇的妈妈爱赌钱，以前是小玩小赌，现在不仅每天去赌，且赌额越来越大，凌宇和爸爸百般劝止，也不管用。她甚至变卖家产、向人借钱赌。其实凌宇的妈妈也知道自己错了，对不起家人，但不赌心里就难受，就像毒品上瘾那般不受控制，等输了钱，有些后悔，但每次她一想起下次可能会赢很多钱，便止不住陷了进去。

3 年前，36 岁的小吴因为应酬，约客户去酒吧玩。期间她喝了一瓶特殊的可乐，几分钟之后头发晕，过一会儿人又好像飘了起来，她立即兴奋无比。原来这瓶可乐掺了止咳药水，止咳药水里有一种成分和摇头丸一样，能起到兴奋、抗疲劳的作用。小吴本来认为这不是毒品，可是喝了几次之后，却怎么也戒不掉了。她整个人也变了，过去她是个好妻子，也是孩子的好妈妈，可现在她和家人之间的关系越来越淡漠了。

嘉强是两个孩子的妈妈，她的“酒龄”有 10 年了。由于她长年喝酒，不仅严重影响了事业，而且患上高血糖、脂肪肝，连脾气都变得暴躁和古怪了。她每次喝完酒都要和丈夫、两个孩子吵架，甚至有时候还发生肢体冲突。孩子一见到妈妈喝醉酒，就害怕得不得了。

赌博成瘾、毒瘾、酒瘾、网瘾……这形形色色的瘾既危害了当事人的身心健康，又严重影响了家庭和睦。“瘾君子”妈妈经常因为瘾发而脾气暴躁、难以自控而给家人和自己带来伤害，因此，使本来幸福的家变得四分五裂。

瘾已经成为医学、心理学、社会学等学科普遍关注的问题。所谓成瘾性，常常是人在心理和生理的某种尝试行为中产生了愉悦反应；这种反应的多次重复，就形成人对愉悦刺激补偿的渴求，渴求又带来刺激的不断强化，于是就形成了人对这种刺激的依赖。比如烟对人来说，是一种特定刺激物，人们发现抽烟可以使人产生欣快、愉悦和满足的感觉，于是一再抽它，从而形成了对烟的依赖。人不断重复这一行为，一定数量的香烟所带来的快感就降低了，这就需要增加抽烟的次数来获得相同的满足，于是就出现吸烟快感的强化。于是人的烟瘾就会越来越大，酒瘾、网瘾、毒瘾等，也是这个道理。

除了这些常见的瘾之外，生活中有一些在常人看来比较奇怪的瘾。比如那些工作狂，他们做起事情就无法停下来，除了必要的休息，几乎从不闲着。这是因为他们太过于追求完美，他们认为只有保证他们的地位和能力，才能获得心理的安全感。还有的人为了赢得赞许，就经常强迫自己做出一些行为以满足人们的期望。这种现象被称作“表演上瘾”。另外，还有饮食成瘾、性成瘾、购物成瘾等。

成瘾程度有高低之分，但是大多有危害之处。烟瘾伤害当事人的身体和家人的健康；酒瘾不仅伤身还伤和气；网瘾耽误了家人交流相处的时间；工作瘾带来家庭的冷漠；购物瘾大量伤害钱财；毒瘾则劳财害命，给予家庭和当事人自身摧毁性的伤害。

但是，凡事如同硬币的两面，往往都不是一概而论的。瘾也是如此，它除了这些消极的影响之外，还有一些积极的因素。比如发明成瘾、读书成瘾、爱诗成瘾，等等，这些瘾都是一些有益的瘾。

妈妈作为营造家庭氛围和养育孩子的核心人物，肩上负有重担，一旦成为“瘾君子”的话，幸福之家就岌岌可危了。而那些“瘾君子”妈妈，让家的温暖代替瘾营造的“世界”吧。

当家庭成员有瘾时，记住：一个温暖幸福的家庭环境，胜过万种良药。不妨来个家人总动员，相互帮助“瘾”君子从他的世界里走出来。平时多多关心“瘾”君子，多放一些与瘾有关的影视、广播、图片、实物，或者展开家庭讨论的方式，让成瘾者认识瘾的危害，纠正他的错误认知。

有时，虽然老习惯戒了，一段时间内情感需求并未告终，因此要用一种有益身心健康的新习惯来代替老习惯所产生的满足感，如当吸烟者想吸烟时，不妨让他吃些平时爱吃的零食，或者干脆拉着他去做运动、听音乐等。

事业型妈妈，不能把权力强迫心理带回家

一名老干部，曾经为新中国的建立立下不少功劳，抗美援朝时，他曾经是一个团长，他在战场上英勇作战，身先士卒，他的一只眼睛就是在战争中失去的。后来他退休了，回到了老家。他把家当成了战场。他将以前在军队的一些东西搬到家里，闲着的时候就和这些事物打交道，有事没事就对家人下命令，让他们按照自己的意愿去行事。他经常说：“这是组织的命令，我是军人，即使退休了也要按照军人的标准做事情。你们是军人的妻子和儿女，所以对于我的任何命令只能服从，不能说‘不’。”

他妻子性格比较懦弱，能够忍受他的倔脾气，但他的儿子和女儿则不同。儿子从小就很有主见，并且和父亲一样喜欢控制和影响别人。儿子大学毕业后，想自己创业。可老干部坚决不让，他坚持让儿子去军队当兵，并让人给他安排最低、最差、最没出息的岗位，他本来是想锻炼锻炼儿子，结果却使得儿子与他断绝了父子关系。他女儿本来想嫁给自己喜欢的人，可他为女儿“幸福”着想，坚决让他嫁给他曾经非常看中的一个属下，结果女儿嫁过去之后，生活一直不如意，整日以泪洗面。

本来好好的一个家，自从他回来之后，变得四分五裂了。

现如今，事业型的女人越来越多，她们都习惯于在职场上呼风唤雨，雷厉风行，往往也会像例文中的老干部一样，把这种权力强迫心理带回家中，对丈夫和孩子难免颐指气使，居高临下。妈妈不再是温柔善良的依托者；爸爸和妈妈之间不是互较高低，就是妈妈成为一家之主，独裁着所有家庭事务；孩子也没有机会向妈妈撒娇，要求妈妈的疼爱，因为妈妈并非慈眉善目，除了安排任务和视察工作，她没有多余的心思来疼爱孩子。长此以往，家庭里孕育不出温暖的气氛，如此冷漠的家庭自然不会有良好的亲子关系，当然，孩子的健康成长也会受到极大的影响。

其实，不仅仅孩子和家庭会受到妈妈权力强迫心理的危害，妈妈自己本身也会受到很大的影响。极端的权力强迫心理不但会扭曲人的健康心理，并且还会引起人生理上的一些疾病。这种现象在女性中比较常见。具有权力强迫心理的女性，大多经常感受到巨大的压迫感，身心疲惫，身体上出现一些症状，如肌肉酸痛、头痛、牙疼、皮肤敏感、月经失调、失眠、紧张、心情忧郁等。在人际交往这方面，她们经常遭遇冲突与不协调，但不得不以压抑或逃避来维持日常生活。所以，无论你是多么“伟大”的人，你在事业上多么成功，你还是一个妈妈，一个女人，不要把自己逼迫得太厉害，如此可怕的权力强迫心理，家庭和你自己都是经不起它的危害的。

事业型妈妈们要记住：工作中的规则是权力，其运作机制是竞争与合作、控制与征服。而家庭则完全不同。家应该以“珍惜”为主旋律，家庭成员之间相互理解、接纳、关爱。如果不明白工作与家的区别，将工作中惯用的权力心理带回家，必然会破坏家庭中的和谐关系。

家不是工作的延续，而是温暖的开始。当你忙完工作回到家中时，请卸掉工作中的装束和工作中的氛围，扮演好你的家庭角色。在家里，你是一个好妈妈，也许你在工作中有着“只处理事情，不理会感情”的磊落之风，可是，当你回到家中时，你所面对的事情已经不是工作，你不需要去处理事情，而需要去感受家的温暖，理解家人的付出，接受家人各自不同的性情。在家里，不谈工作，只谈琐事。不讲效率，只讲感情。不要冷漠，只要温暖。

父母不要当着孩子面吵架，如果吵了又怎么补救

一对小夫妻两人吵架了，声音都不大，但是家里的气氛很不好。这时，他们一岁半的小儿子慢慢地走了过来，抱抱爸爸的腿，又抱抱妈妈的腿，眼里含着眼泪，脸上全是恐惧的表情。这个时候夫妻二人意识到原来吵架对孩子的心灵产生如此大的影响，父母的心情和表情足以让一个孩子幼小的心灵感到不安和恐惧。

孩子心目当中唯一温暖的庇护所就是家庭，他们希望家庭中始终充满爱。当孩子一旦发现父母开始吵架的时候，就会觉得这个家庭不再温暖，这个庇护所要被毁灭掉，就会失去基本的安全感。虽然夫妻吵架拌嘴对大人不一定会带来多大的伤害，但是父母的表情就足以让孩子的心灵蒙受创伤。

一位儿童教育专家曾对小学和幼儿园的孩子做了“你最喜欢什么样的家”的调查。结果发现，孩子们对父母和家庭的要求放在首位的并非是经济、物质条件，他们对吃的、穿的、用的和玩的东西似乎都不大在意，相反，却很关注自己家庭的精神生活。最喜欢的家有5种，而排在第一位的是：和睦、团结、友爱的家。孩子们最喜欢爸爸妈妈和和气气，不吵架、不斗嘴，全家老小和睦相处，让家里始终充满爱。

还有一位英国学者曾经走访了20多个国家，对1万多名肤色不同、经济条件各异的学龄儿童进行调查，发现孩子们对家庭的精神生活及家庭气象十分重视。这位学者总结出各国儿童对父母和家庭最重要的10条要求，而“孩子在场，父母不要吵架”高居榜首。

根据调查显示，有85%的宝宝最怕的就是父母吵架。如果一个孩子长期在充满冲突的家庭中生活，容易变得退缩、自卑，与人交往时往往不自信、不主动，不能很好地与他人建立信任关系，容易陷入人际交往的障碍。

几乎所有的孩子都渴望自己的爸爸、妈妈能够相亲相爱，而许多妈妈却时常忽略孩子的这点心理与要求。检讨一下自己，是不是也有过这样的行为：

与伴侣意见分歧时，总是毫无顾忌地大吵大闹。

有时候，在孩子面前也忘记了父母的榜样作用，说脏话，不顾及家长的形象。

夫妻之间，可能没有不吵架的，无论是多么大的原则问题，还是鸡毛蒜皮的小事。不过，既然是夫妻吵架，大不了总是床头分、床尾合，进而更能增加夫妻双方的感情。不过，当夫妻成为父母之后，吵架就不只是两个人的事情了，因为在我们的身边多了一个“第三者”——孩子。我们当然不应该当着孩子吵架，这是在任何情况下都应该避免的。对孩子的这种感情和心理的安全需要，任何妈妈都不可以掉以轻心。

但如果父母真的在孩子的面前吵起来了，事后要怎样来弥补呢？

1. 首先要安抚受惊的孩子

鼓励孩子把当时的感受说出来，弄清楚孩子害怕的是什么，是父母吵架时的腔调和表情，还是怕父母分开之后不要自己了。作为妈妈可以适时使用肢体语言，比如拥抱或者亲吻来传达对孩子的关爱，同时向他保证父母不会不要他，让孩子安心。

2. 父母双方最好再当着孩子的面来和好

可以向孩子说明，吵架的事情已经过去了，爸爸妈妈以后不再吵了。然后要向孩子解释清楚，你们当时是因为一时冲动，没有控制住自己的情绪才吵架的。尽管孩子对这些解释并不完全懂，但是当他看到爸爸妈妈在一起和往常一样心平气和地讲话，自然就会平静很多。时间久了，只要你们不再吵架，孩子就会渐渐淡忘掉。

3. 让宝宝了解父母吵架和他无关

父母在吵架之后应该告诉孩子，大人吵架的事情和他无关，不要让孩子认为是自己不好才让父母吵架的，避免孩子产生自责心理。并且要让孩子知道，不论你们之间是否在争吵，都会是非常爱他的。

父母之间的恩爱，和睦的家庭氛围能够让孩子对生活持有乐观的心态，孩子有更大的生活热情和信心。如果孩子在一个紧张压抑的家庭氛围中成长，会逐渐变得抑郁不安、性格内向，严重的还会形成心理障碍。在良好的家庭氛围的影响下，你的孩子一定可以健康、茁壮地成长。

“一个向左，一个往右”是教不好孩子的

琳琳的爸爸是一家大型公司的部门经理，妈妈是医院的主任医师，家境富裕，条件优越。

但是，几乎每天，爸爸妈妈都要因为她的教育而发生争执。妈妈总是认为，琳琳只要好好学习就可以了，不用做家务。到现在，琳琳还没有自己洗过衣服。但是爸爸觉得，好好学习是应该的，但是也该有适当的放松。妈妈还总是向琳琳灌输做人要有心计的思想，而爸爸则教育孩子要善良、诚实。

于是，琳琳家中就常常发生类似下面的场景：

6 点半左右，琳琳吃过晚饭，问爸爸能不能看一会儿《猫和老鼠》再写作业。爸爸

觉得很正常，同意了。可琳琳遥控器刚拿到手，电视还没开，妈妈一把就抢了过去，说：“还不快写作业、看书！”

爸爸和妈妈对于琳琳的教育始终持不同的观点，时间长了，琳琳常感到无所适从。

有一次，爸爸和妈妈又因琳琳的教育问题吵了起来，爸爸说了妈妈几句，刚好妈妈手里拿着一个牙签盒，脾气火暴的她一听爸爸说自己不对，手上的盒子就朝爸爸砸了过去。牙签撒得到处都是，琳琳着实被妈妈的举动吓了一跳。

从那之后，琳琳越来越沉默，在家的时候半天不说一句话，而且经常把自己关在房间里。她的脸上很少有笑容，上课时常常注意力不集中，成绩也由名列前茅退到了中后的位置。

琳琳接受父母截然相反的教育方式，最终自己也不知道该听谁的。心里的疑惑总得不到解决，久而久之，心理上便处于一种混乱状态。这种现象正好印证了心理学上的“手表定律”，即当一个人只带一块手表时，他可以知道现在是几点，但当他带着两块或更多的表在身上时，却难以确定准确的时间，同时也失去了对准确时间把握的信心。

“手表定律”启示人们：在做一件事情的时候，只能有一个指导原则和价值取向。正如尼采所说：“兄弟，如果你是幸运的，你只需要有一种道德而不要贪多，这样，你过桥会容易些。”

同样，在教育孩子的时候，父母之间的教育方针不能经常出现矛盾，比如，总是给孩子设定两个截然相反的目标，提出两种完全不同的要求等。这样矛盾的教育会使孩子无所适从，无法形成自己独特的价值体系，甚至行为上陷入混乱。

对于任何一件事情，不能同时设置两个不同的目标，否则将使人无所适从；对于一个人不能同时选择两种不同的价值观，否则他的行为将陷于混乱。

父母双方教育出现矛盾的时候，最好“模糊处理”。父母双方应互相妥协，冷静克制自己，避免在孩子面前暴露出教育的不一致。事后，可以交换对教育孩子的不同想法，采取一定的“补救”措施，尽量使思想趋于统一。绝对不给孩子拥有两个价值观的机会。

父母教育观相悖的话，除了混淆孩子的价值观之外，有时会使孩子产生错觉和偏见。当妈妈的要求比较简单或者语言比较委婉时，他会将之与爸爸较严格的要求和直接的话语作对比，形成妈妈更爱自己一些的成见。这样的话，他就会倾向于按照妈妈的要求做，同时对爸爸形成抵触心理。这样的话，孩子和爸爸之间的隔阂加深，即不利于孩子的健康成长，也不利于亲子关系的发展。所以，在教育孩子问题上，父母双方要站在统一战线上，以共同将孩子教育好为目标，如果互争高低，结果只是爸爸妈妈以及孩子“三败俱伤”。

只有父亲与母亲合作，才能保证孩子最好的成长

说到影响孩子成长的话题，母亲总是被首先提及，因为似乎母亲对孩子成长的关注度更高，有的家庭甚至几乎是由母亲一人独自担负教养孩子的重任。爸爸这个称呼

在孩子的心里到底是什么？是漂亮的房子、汽车或高档的玩具，还是情感和对孩子的了解？实际上，父亲的影响力不容小觑，著名心理学家格尔迪说："父亲的出现是一种独特的存在，对培养孩子有一种特别的力量。"

弗洛姆曾这样评价父亲和母亲的不同作用："母亲是我们的家，我们来自那里；母亲是大自然、是土地、是海洋，但父亲却没有这些特征。在第一年他和孩子很少接触，这时他的重要性不能与母亲相提并论。然而，虽然父亲不代表自然界，却代表着人类存在的另一极，那就是思想的世界，科学技术的世界，法律和秩序的世界，风纪的世界，阅历和冒险的世界。父亲是孩子的导师之一，他指给孩子通向世界之路。"父亲不仅仅是家里的脊梁，是家里的经济支柱，还当之无愧是孩子成长中的重要人物。这从以下几个方面就可以体现出来：

1. 父亲是孩子游戏的重要伙伴，孩子需要在游戏中成长：家庭组织一次野餐，父亲常常会带着孩子上山采果、下河摸鱼。在孩子看来，唯有父亲能陪他完成这次冒险，并且在危难的时候帮助他。即使在家里，父亲也常常会用触觉、肢体运动的游戏把孩子举到肩上，来回旋转，或抛向天空。这些动作常有一定的危险性，但父亲的大手和力量可以让孩子感受到刺激与安全，孩子们总会快乐地"咯咯"笑。

在刚开始的 20 个月，父亲成为孩子的基本游戏伙伴，20 个月的婴儿对父亲的游戏明显地感兴趣，反应积极。30 个月以后，则成为主要的游戏伙伴。这时的婴儿能兴奋、激动、投入、亲近、合作而有兴致地和父亲一起游戏，他们会把父亲作为第一游戏伙伴来选择。

2. 父亲帮助孩子形成积极的个性品质，培养孩子的正面情绪：在现代社会，男性的独立、自主、坚强、果断、自信、与人合作、有进取心等更是富有创业精神的一代人积极学习的精神。父亲正是促进孩子形成积极个性的关键因素。理想的父亲通常具有独立、自信、自主、坚毅、勇敢、果断、坚强、敢于冒险、勇于克服困难、富有进取心、富有合作精神、热情、外向、开朗、大方、宽厚等个性特征。

孩子在与父亲的互动中，一方面接受影响，并且不知不觉地学习、模仿；另一方面，父亲也自觉、不自觉地要求孩子具有以上特征。如果孩子在 5 岁前失去父亲，对他的个性发展会非常不利。孩子年龄越小，影响越大。没有父亲的孩子缺少克服困难的勇气，具有较多的依赖性，缺乏自信、进取心，同时在控制冲动和道德品质发展上也有不利的影响。

3. 父亲能提高孩子的社交技能，让孩子今后成为乐于协作的人：父亲是保持家庭与外部社会联系的"外交官"，对孩子社交需要的满足、社交技能的提高具有极其重要的作用。随着孩子渐渐长大，与外界交往的需要日益增多，父亲成为孩子重要的游戏伙伴，扩大了孩子的社交范围，丰富了孩子的社交内容，满足了孩子的社交需要。

同时，父亲和孩子的交往使孩子掌握更多、更丰富的社交经验，掌握更多、更成熟的社交技能。当孩子在和父亲的游戏中反应积极、活跃时，在和同伴的交往中也较受欢迎。因为父亲影响了他的交往态度，使他喜欢交往，在交往中更加积极、主动、自信、活跃。

4. 父亲能使孩子性别角色正常发展，让男孩更坚强，让女孩更温柔：社会处处存在性别暗示，即使是给孩子的玩具，也会有“男孩的”与“女孩的”之分。在儿童性别角色发展中，不论是对男孩儿还是对女孩儿，父亲的作用似乎更大一些。这不得不归功于母亲与孩子的“亲密无间”。父亲与孩子的距离使孩子在与父亲的游戏中渐渐意识到自己的性别身份：父亲常常和男孩子打闹，称他为“男子汉”“哥们儿”，却对女孩子非常温柔，抚摸她的小脸蛋，称她为“小公主”。

5. 父亲能促进孩子认知发展，提高孩子的智商和情商：由于父亲在性格、能力等方面的独特性，特别是父亲与孩子在交往上的独特性，使孩子从母亲和父亲处得到的认知上的收获是不完全相同的。从母亲那儿，孩子可以更多学到语言、日常生活知识、物体用途、玩具的一般使用方法；从父亲那儿，则可以学到更丰富、广阔的知识，比如认识自然、社会的知识，并通过操作、探索、花样繁多的活动、玩法，逐步培养动手操作能力、探索精神。孩子的想象力因此受到刺激、变得丰富，并愿意动脑，有创造意识，他的求知欲和好奇心也同步发展。

可以看到，孩子将来在社会生活中需要的知识、沟通技巧都受到父亲的影响，而且这种影响力是持久的、牢固的。没有父亲的孩子，常常感到不安、自卑，也不愿意与他人交流，生活在压力之中。正是父亲，为孩子的成长支起了一片天空，在他还没有能力经受风雨的时候，给他时间成长筋骨、养精蓄锐。

所以，对任何一个家庭来说，父亲的作用绝非是可以忽视的，而且只有父亲与母亲合作，互相取长补短，才能保证孩子健康地成长。

远离俄狄浦斯情结——男孩归爸爸，女孩归妈妈

岚岚在老师眼里是个懂事、听话的孩子，她学习成绩好，还多次被评为三好学生。可是，岚岚的妈妈却满腹烦恼，因为岚岚在家里经常会做出一些叫人无法理解的行为。

岚岚从小就和爸爸感情特别好，爸爸也很宠她，一有空闲就带着她玩。很小的时候，岚岚就认真地对爸爸说：“爸爸，长大了我要嫁给你。”爸爸妈妈听了也没放在心上。每次岚岚总喜欢对爸爸撒娇，而很少理会妈妈。

开始的时候，妈妈也没有在意，认为岚岚是孩子气，长大了就懂事了。但是岚岚现在已经上初一了，仍然没有任何改变，并且对妈妈更加仇视了。

妈妈对岚岚的种种行为深感困惑，这孩子是怎么了？是幼稚、没长大，还是出了其他问题？长期这样下去，岚岚和自己的关系岂不是会越来越僵？

一位母亲去为儿子做心理咨询说：“我儿子乐乐今年已经上初三了，但还是跟我的关系亲密异常，十分依恋我。以前自己也没觉得有什么，可是最近听了一些关于心理学方面的广播节目后，心里开始恐慌，因为儿子对自己总是什么事情都说，晚上散步的时候也一定要跟我一起去，有的时候甚至班上哪个女孩子给他写了信，对他有好感，甚至对某个女孩子的评价，全部都会告诉我。我现在很担心：我儿子他是不是有俄狄浦斯情结，他现在这么大了对母亲还是这么依恋是不是不正常？我爱人有时候也很生

气，说儿子总是长不大。医生，你告诉我，我们究竟该怎么做，才能让他长大起来呢?”

岚岚有明显的亲近父亲、反对母亲的情绪和行为，而乐乐与她相反，他亲近母亲，反对父亲。他们两个的“恋父情结”和“恋母情结”统称为“俄狄浦斯情结”。

“俄狄浦斯情结”是一种性心理障碍，也称作性心理倒错。一般源于孩子在3～6岁的时候没有得到正确的关爱和适当的教育。这一时期被称为“俄狄浦斯期”，孩子开始注意性别差异，对性产生好奇心。这一时期男孩恋爱母亲，嫉妒父亲；女孩亲近父亲，嫉妒母亲。弗洛伊德认为，这是一种本能的异性爱的倾向。父母习惯上把这看做亲情问题，很多父母觉得孩子喜欢哪一方都无所谓，尤其那些感情较好的夫妻，常常觉得孩子亲谁都一样。其实，这是孩子在进行性别角色方面的认同。因此，在这一时期，男孩子就需要格外亲近具有男性心理特征的父亲，从他那里学习男性特有的性格气质和举止神态，将来才能成为一个被社会所承认的男人。同样，女孩也需要亲近母亲，以便学会如何做女人。

如果孩子的“俄狄浦斯情结”获得正确的解决，儿童认同父母的价值观念，导致自我的逐渐形成和发展，就会形成与年龄、性别相适应的许多人格特征。而相反如果孩子的“恋母情结”或者“恋父情结”日益加重的话，这对孩子的心理和生理健康都会造成消极的影响，甚至会导致孩子的性别角色认同产生问题，同时，这对和睦的家庭关系来说也是很大的打击。

在养育孩子的过程中，妈妈一定要善于观察孩子的心理状态，如果儿子过分依赖你而疏远爸爸，或者女儿和你不亲密的话，你应该想办法引导孩子回到合理的既爱爸爸又爱妈妈的状态中来。你可以让被疏远的一方增加与孩子单独相处的时间，多给孩子关爱，也可以让被喜爱的一方对孩子进行“洗脑”，告诉他爸爸（妈妈）其实更爱你。但是，使孩子顺利度过俄狄浦斯期的最好办法是——将夫妻关系放在最重要的地位，其次才考虑孩子。这是很难做到的，但是从心理学的角度看，这样做又是必需的。因为孩子天生有一种倾向：牺牲自己，来平衡父母的关系。如果父母关系不和谐，孩子会做出一些异常的举动来平衡这个关系。例如，妈妈常常被爸爸欺负或者是冷脸相对的话，儿子通常会更加疼爱妈妈，想要给妈妈更多保护。表面上，孩子是有“俄狄浦斯情结”，实际上，这是对父母关系发出的信号。

父母必须摆脱“爱孩子，轻老伴”的心理，要让孩子知道：“妈妈（爸爸）才是爸爸（妈妈）最爱的人，我不是。但即使如此，爸爸妈妈依然无条件地爱我。”当孩子不必承担那些过于沉重的负担时，他就可以安心地做一个快乐孩子了。

还有重要的一点，男孩跟父亲认同，女孩跟母亲认同。如果颠倒过来，就容易形成孩子的“性身份障碍”（个人对性别身份的内在信念与其生物学性别不一致），有可能发展为排斥甚至仇视异性，严重的可能是形成同性恋的潜在内因。所以，男孩归爸爸，女孩归妈妈，并让孩子在夫妻恩爱、家庭和睦的气氛中成长，是孩子健康成长的重要一步。

单亲家庭也可以没有怨恨

2008年11月4日，美国民主党总统候选人、伊利诺伊州国会参议员巴拉克·奥巴马在总统选举中获胜，当选美国第56届总统，成为美国历史上首位非洲裔总统。这位政治新星仿佛从世界的边缘走来：他生于夏威夷，长于印尼和美国本土，在梦想和种族漩涡的交缠中成熟。他没有万贯家财，更没有显赫的家族荫庇，却从社区底层崛起为主流白人政治圈中的黑人领袖。他被视为“肯尼迪第二”和实现马丁·路德·金“梦想”的最佳人选……

当奥巴马成为许多美国人心目中的政治偶像时，人们忍不住要追寻他的成长之路，奥巴马是如何从社会最底层一步步成长为一个政治领袖的呢？

奥巴马曾经说过：“她是一生中对自己影响最大的人”，“她是我所知道的最仁慈、拥有最高尚灵魂的人，我身上最好的东西都要归功于她”。这个人就是奥巴马的母亲——安·苏托洛。

在年幼时，奥巴马的父亲与母亲离了婚，但母亲并没有因此心存积怨，让奥巴马去仇恨这个父亲；相反，奥巴马的母亲竭尽所能，在儿子心中勾画出一个积极正面的好父亲形象。所有的男孩要成长，都要向他的父亲学习。身在单亲家庭的奥巴马，正因为心中存有对父亲的美好想象，在生活中才不“缺”父亲。

奥巴马的童年很复杂。他是在白人家庭长大的黑人孩子，和美国很多离婚家庭的孩子一样，奥巴马的童年经历了失去父亲、不断迁徙的动荡生活。应该说，这种童年生活对一个孩子的成长是非常不利的。是什么让奥巴马避免了家庭离异的负面影响，成功地走出童年的阴影？可以说，奥巴马之所以有今天的成功，不得不归功于他背后的伟大女人——他的母亲。

与老奥巴马离婚后，安有很多理由对老奥巴马愤怒，她一边带儿子一边求学，生活非常拮据，而且自他们离婚后一直到1982年老奥巴马遭遇车祸去世，奥巴马只见过父亲一次。此外，老奥巴马也没支付过赡养费，虽然安也没有提出要赡养费，但这个父亲毕竟没有尽过自己的责任。

然而，安没有表现过对老奥巴马的愤怒，也从来没有在儿子面前说过他的坏话。实际上，每当和儿子谈起他的父亲，安说的都是优点。她对奥巴马说，他的父亲聪明，幽默，擅长乐器，有一副好嗓子……

奥巴马童年的每一个进步，母亲都自豪地归结为奥巴马继承了父亲的智慧，是奥巴马沿着他父亲成功的道路在走。这种鼓励给了孩子极大的信心。在夏威夷普纳后私立学校念书的时候，奥巴马总是跟同学吹嘘“生父是一个非洲王子”。童年的奥巴马把父亲想象成非洲王子，他也要配得上这样的父亲。对于一个孩子来说，这就是一个美好的理想和信念，这个信念是母亲给奥巴马最好的人生礼物，他的外祖父母也很好地保护了这份“珍贵的礼物”。奥巴马的外祖父母反对女儿与奥巴马父亲的婚姻，但他们并没有因此在奥巴马的面前诋毁他的父亲，反而，他们会向对父亲没有太深记忆的奥巴马谈谈他父亲的逸事。例如，谈起老奥巴马曾在国际音乐节上唱非洲歌曲时，他们说："你老爸唱得非常好，每个人都被他迷倒了。"

是一个宽容而有智慧的母亲给了奥巴马一个"好父亲"的信念，是"好父亲"的信念让奥巴马避免了童年家庭离异的负面影响。不仅如此，更重要的是，母亲这样谈到父亲，在极大程度上减轻了父母离婚给奥巴马带来的心理冲击。他的内心不仅没有分裂，还学到了豁达，并且也学会了如何在糟糕的情形下看到积极的一面。这可能是奥巴马如今展现出乐观性格的重要缘由。

相信很多单亲妈妈都想孩子具有奥巴马一样乐观豁达的性格，但她们首先得做一个安一样宽容懂爱的妈妈。单亲家庭里成长的孩子性格容易有缺陷，因为他们缺失部分的爱，并且往往生活在抱怨仇恨之中。不完整的家庭本来对孩子来说就是最大的不利，而如果单亲妈妈以一种哀怨仇恨的情绪生活的话，孩子也会变得消极灰暗。也许妈妈抱怨爸爸的不负责任，孩子就会觉得他被抛弃而感到愤怒或是自卑；也许妈妈责骂爸爸的不良行为，孩子就会为父亲感到羞愧和难过；也许妈妈把对爸爸的愤怒迁移到孩子身上，孩子就会感到不安和忧郁……总之，生活在单亲家庭里的孩子更需要妈妈精心的照顾和无微不至的关爱，妈妈要以自己足够的爱驱散破碎家庭给孩子造成的不安全感以及忧伤情绪，同时，自己也要调整好情绪面对未来，积极乐观地生活，心胸宽广地从伤心的过往走出来，用自己的阳光心态和积极情绪感染孩子，让孩子远离怨恨、悲伤和不安。家庭虽然破裂了，但是孩子不能跟着垮掉。这需要单亲妈妈付出很大的努力。

第五章　“懒”妈妈未必不是好妈妈

一个真正疼爱孩子的妈妈应关注的是孩子将来是否能自己应付外面的世界。想使孩子成功地走入门外的世界，必须从小开始培养他的自立与自信。改变妈妈替孩子做所有的事的习惯，便能达到这一目的。

做个身懒心不懒的妈妈

有个上小学四年级的独生女，习惯于睡懒觉。每天早晨，她妈妈几次催她起床，她总是不情愿地说：“我再睡会儿。”如果真迟到了，她就会抱怨妈妈没把她叫起来，害得她受老师批评。妈妈觉得不能再这样下去了，于是她告诉女儿：“上学是你自己的事情。从明天早晨开始，该几点起床你上好闹钟。如果闹钟响了你还赖着不起，你就赖吧，肯定没人叫你，一切责任自己负！”女儿不以为然，结果，第二天早晨，闹钟响了，她还在床上赖着，父母都没有管她，那天女儿上学迟到了。妈妈知道：孩子跟父母撒娇，在老师、同学那里还是很在意自己形象的，岂敢总迟到？果然，第三天早晨，闹钟一响，女儿腾地跳下床来。从那时起至今，五六年过去了，女儿早晨起床上学再也不用大人叫了。有时候，父母还在睡觉，女儿早已经骑车上学去了。

每天早上如何让孩子起床，相信这是大多数妈妈的烦恼。大多数孩子都有赖床的毛病，妈妈总是一次次地催促孩子起床上学，她们或者温柔叫唤，或者直接掀开孩子的被子，逼迫他们起床刷牙。孩子总是满腹牢骚，他们讨厌妈妈打扰他们的睡眠、破坏他们的美梦，因此经常妈妈越催促，孩子越不愿意起床。妈妈也许会抱怨孩子怎么那么懒呢？其实不是孩子懒，而是妈妈太勤快，剥夺了孩子的体验。

孩子有闹钟以后，他自己决定起床的时间，自己为自己的迟到负责，有了属于自己的体验，他自然会自觉地遵守规则。所以，与其妈妈逼迫孩子起床，不如让闹钟自动提醒孩子，一旦给孩子一个宽松的环境，每个孩子都能从生活中获得体验，学会自己为自己的事情负责。

从上述事例中这个独生女的变化可以看出，孩子的潜力很大，可以做很多事情，只是妈妈的包办剥夺了他们自立的能力。譬如，孩子的学习也是他们自己的事，靠自己认真听讲、认真思考、认真复习和预习，独立完成学习任务，才能真正掌握学习本领。大人陪读、陪写甚至帮写、帮计算，都是在帮倒忙，是在辛辛苦苦培养懒孩子。

因为惰性是人天性的一部分，如果妈妈过于勤快，把孩子的事情都一并包揽，等于就是剥夺了孩子的锻炼机会，等于是助长了孩子惰性的发展，妈妈的好心反而做了坏事，这是极其不明智的。而很多妈妈都会被母爱冲昏了头，不知不觉中成为了勤快过头的妈妈，养出“懒”孩子。所以，妈妈要时刻提醒自己不要过界，要做一个称职的“懒”妈妈，最关键的一点就是要做到“身懒心不懒”。怎样才能做到“身懒心不懒”的称职“懒”妈妈呢？你可以从以下几个方面做起：

首先，要和孩子划清“界限”。妈妈要让孩子清楚知道什么是自己的事，什么是妈妈的事，同时通过谈话、讲故事、做表率等方式，使孩子知道“自己的事情自己做”的道理，让孩子懂得劳动是光荣的，依赖大人是没有出息的，从而培养孩子独立做事的自觉性和积极性。

其次，妈妈要创造让孩子独立做事的环境，在孩子力所能及的范围内，妈妈不要插手帮孩子做事，另外，妈妈还可以引导孩子从身边的小事做起，由易到难，循序渐进。如帮大人扫地，到邻居家借东西，下楼买日用品等，不让孩子因为负担过重而讨厌做事；当孩子做得好时，可以给予适当奖励，让孩子体会到做事情的满足感，以鼓励他再接再厉。

再次，妈妈一定要对孩子有信心和耐心。不要担心孩子做不好，或怕孩子添麻烦帮倒忙，就自作主张帮孩子做事；没有人是天生就会做事的，所以要给孩子进步的时间和空间，对孩子要多表扬、多鼓励，少埋怨、少指责，循循善诱，才能促进孩子的进步。

最后，妈妈要制定严格的要求，并持之以恒地严格遵守。只有先制定好规则，孩子才有做事情的方向和准则。而一旦有了要求，就一定得严格遵守，这样孩子才能养成良好的习惯和自觉性。孩子自理能力和自觉性的提高，不是一朝一夕就能奏效的，所以，妈妈应长期坚持对孩子的引导和要求。

为了孩子自立，藏起一半爱

一个孩子生下来，需要阳光、空气、食物、水——更需要妈妈的爱和关怀，而过多的爱往往会变成溺爱，给孩子造成伤害。正如花儿的生长离不开水的滋养，而如果水分过多，花儿的生长就会受到影响，严重的话花儿甚至会被淹死。所以，爱是一种养料，太少不行，太多也不行，恰到好处才能促进孩子的成长。为了孩子的健康成长，有的时候，妈妈需要藏起一半爱。

藏起一半爱，要求妈妈在孩子成长道路上，该放手时就放手，让孩子自己去尝试，自己去体验。适度放手让孩子去行动，他就能发挥自己的能量和创造力，这才是真正的爱。

作家毕淑敏曾经做过许多年医生，但是为了爱孩子，有一次，在儿子感冒发烧的时候，她狠了狠心，让儿子自己去医院看病。她在《教你生病》一文中，记述了当时的经过：

“你都这么大了，你得学会生病。”我说。

“生病还得学吗？我这不是已经病了吗？”他大吃一惊。

“我的意思是你必须学会生病以后怎么办。”我说。“我早就知道生病以后怎么办，找你。”他成竹在胸。“假如我不在呢?”“那我就打电话找你。”“假如……你最终找不到我呢?”“那我就……就找我爸。”

也许这样逼问一个生病的孩子是一种残忍，但我知道总有一天他必须独自面对疾病。既然我是母亲，就应该及早教会他生病。

“假如你最终也找不到爸爸呢?”“那我就忍着。反正你们早晚会回家。”儿子说。“有些病是不能忍的，早1分钟是1分钟。得了病以后，最应该做的事是上医院。”“妈妈，你的意思是让我今天独自到医院去看病?”虽然在病中，孩子依然聪明。“正是。”我咬咬牙，生怕自己会改变注意。“那好吧……”他扶着脑门说，不知是虚弱还是在思考。

“你到外面去‘打的’，然后到医院。先挂号，记住，买一个本……”我说。“什么本?”他不解。“就是病历本。然后到内科，先到分号台，护士让你到几号诊室你就到几号，坐在门口等。查体温的时候不要把人家的体温表打碎。叫你化验你就到化验室去，先划价，后交费。等化验结果的时候要竖起耳朵，不要叫到你的名字没听清……”我喋喋不休地指教着。“妈妈，你不要说了。”儿子沙哑着嗓子说。

儿子摇摇晃晃地走了。我内心里经历了一个艰难的过程，我后悔、责怪自己，忍耐着时间慢悠悠地向前滑动。

终于，走廊上响起了熟悉的脚步声，只是较平日有些拖沓。我立刻开了门，倚在门上。“我已经学会了看病。打了退烧针，现在我已经好多了。真是件麻烦的事。不过，也没有什么。”儿子骄傲地宣布，又补充说：“你让我记的那张纸，有的地方顺序不对。”看着他，勇气又渐渐回到心里。我知道自己将要不断磨炼他，在这个过程中，也磨炼自己。

爱分很多种，孩子们需要的无疑是心灵的共鸣和满足。文中的儿子并不会因为妈妈的“残忍”而认为妈妈不爱自己，相反，这种为了锻炼孩子而采取的特殊方法会让孩子变得更加坚强，孩子自然能理解妈妈的一番苦心，并能在妈妈伟大的爱中更健康地成长。

对于妈妈来说，藏起一半爱比给孩子尽量多的爱困难很多。其实妈妈给孩子爱，也是满足自我需求的一种方式，当妈妈能够爱孩子的时候，她是幸福的，而要她藏起一半爱，即是让她克制自我需求的满足，她是不愿意的，但为了孩子的未来，称职的妈妈都会选择有所收敛，因为孩子需要妈妈给他空间来磨炼自己的生存能力，自己的独立生活能力。

所以，为了孩子自立，妈妈请藏起一半爱。但是，藏起一半爱并不是减少一半爱，而是将爱融化在对孩子的培养中，融化在孩子一点点更自立更自觉更坚强的过程中。

不要为孩子安排好一切

莉莉的出生给爸爸妈妈带来了无限欢喜，爸爸妈妈都是高干子弟，而且晚婚晚育，接近40才生了莉莉，所以，他们对莉莉千般宠爱、万般呵护。妈妈四处向专家咨询，给莉莉精心制定了营养的3餐；对每一件给莉莉买的衣服或是玩具都细心检查，生怕质量不过关影响孩子的健康；莉莉上的是最好的双语幼儿园，从3岁就被送进画室学画画；为了莉莉有更多的时间来学习和学画，妈妈不让她做任何家务活，甚至连莉莉的鞋带都是妈妈帮忙系，书包也是妈妈帮忙背。总之，妈妈帮莉莉安排好了生活学习的一切，莉莉只要照着走就行，但是，娇生惯养的莉莉并没有比其他孩子出色很多，在学校时总是有些畏畏缩缩，体育课上要跳高，她被吓得大哭；老师让她起来回答问题，她总是害羞得说不出话；同学们下课打扫卫生，她总是支支吾吾不知所措，家里的娇小姐就这样在学校慢慢地逊色下来，也慢慢和同学们的距离越来越远！

这是目前中国家庭教育中极为平常的现象，妈妈为孩子安排好一切，忽视了孩子独立生活能力的培养。据某省的一份调查表明，孩子每周从事家务劳动的时间极少，18.72％的学生根本不参加任何家务劳动；47.78％的学生只参加1小时以下的家务劳动；60.12％的学生不会洗衣服、做饭；54.75％的学生上下学时需要家长接送；41.19％的家长是把洗脚水端到孩子面前的。

于是，生活能力低下，缺乏正常的与人交往、克服困难的能力，成为了时下许多孩子，尤其是独生子女的共性问题。而这一切，就归咎于妈妈长期包办了孩子的日常生活，不肯放手让孩子锻炼，不让孩子自己做决定，久而久之，孩子就养出了依赖妈妈的习惯，缺乏自立能力，也缺乏自我意识。

孩子一旦习惯了“饭来张口，衣来伸手”的生活，他们有大脑而不需要用，有手脚而不需要动，主观能动性就会丧失，养成懒惰、好逸恶劳的性格，并习惯了接受照顾，而不会照顾别人，不会为别人着想，缺乏同情心和社会责任感，这样的人，一旦进入社会，肯定不会受到欢迎。

因为当今社会，需要的不仅仅是有知识有文化的人，更需要德智体美劳全面发展的人，温室里成长的花朵即使再娇美，遇到社会的风浪终究会被摧残，而只有能屈能伸的坚毅杂草，才能“野火烧不尽，春风吹又生”。所以，培养孩子的才能重要，培养孩子的生活能力更为重要。而孩子的生活能力，就是在他一点一滴的生活中提炼出来的。因此，妈妈，让孩子自己感受生活吧！不要代劳孩子安排他的生活，他的人生终究要自己负责。

为了孩子的成长，对孩子照顾过头的妈妈们不妨做做“懒”妈妈，对待孩子时，记得以下几个“不要”：不要替孩子做一切家务活，剥夺他锻炼独立生活能力的机会；不要把自己的意志强加于孩子，剥夺孩子做自己的权利；不要对孩子监护过度，剥夺孩子的自由；不要给予孩子过度的保护，折断他应对挫折的翅膀；不要逼迫孩子追求成绩或是功名，把世俗功利的思想植在他的心上；不要满足孩子不合理的消费要求，让他远离自制和节俭的美好品格；不要过早地给孩子准备资产，剥夺他自我创造的动力；不要替孩子解决一切困难，阻碍孩子坚强意志的生长壮大……

总之，不要为孩子安排好一切，对妈妈来说，是一种解脱；对孩子来说，是一种恩赐！

成为孩子可有可无的人物

12 岁的如如今年考上了重点中学，但这所学校是寄宿制的，如如在学校的表现让老师非常头痛，因为如如的生活自理能力实在太差了，一点动手能力也没有，还很胆小。如如不会自己洗餐盘，当其他同学洗完餐盘出去玩以后，她总是一个人在那里发愣，最后随便用水一冲就完事了，由于餐盘洗不干净，她吃坏了肚子；如如不会自己洗衣服，所以，她总是一件衣服穿很多天，脏了也不知道洗，总是堆积起来等周末妈妈来看她的时候让妈妈洗；如如甚至不会自己系鞋带，她的布鞋从来都不系鞋带，或者直接穿没有鞋带的鞋，有一次她鞋带滑落后，她没有系上，被绊倒了。

看着其他比如如还小的同学都能基本自理生活，班主任王老师很困惑：为什么如如的独立性这么差？王老师的这些困惑，在一天放学后得到了答案。周末放学的时候，妈妈来接如如了，只见如如开心地扑进了妈妈的怀里，说："妈妈，要喝水。"妈妈赶紧拿出水杯，拧开盖子，如如伸过手准备拿杯子，妈妈忙说："妈妈拿着，水有点烫。怕待会洒出来烫着你。"于是妈妈一手拿水杯，一手扶着如如的头，小心翼翼地让如如喝完了水。妈妈帮如如拿着她的包、衣物等准备走时，发现如如鞋子的粘扣散开了，如如还没弯腰，妈妈已经抱着一堆东西蹲下去帮如如扣好了鞋子。王老师终于知道，如如动手能力差，完全是妈妈的过度照顾惹的祸，她觉得需要和如如的妈妈好好沟通沟通了。

很多妈妈和如如的妈妈一样，为孩子打点一切，不少人成了"全职保姆"，孩子一离开妈妈就什么都不会。在妈妈过度的关爱下，不少孩子表现出了很多问题：孩子自信心普遍较差，很多人明明有能力干好一件事，但往往在做事前先否定自己，认为这件事以前都是妈妈做的，自己做不好，这在一定程度上影响了他们的动手能力和主动性；有些孩子养成懒散的习惯，整天只想着过"饭来张口衣来伸手"的生活，这大大挫伤了孩子的上进心和积极性；由于整天围着妈妈转，不少男孩在言谈举止上女性化倾向非常明显，缺少男孩应该有的阳刚气概，这对孩子今后的性格、心理有很远的影响。

上述问题的根源，就是妈妈对孩子的过度呵护。这些妈妈已不单单是妈妈的角色，还扮演着保姆和教师的角色，也可以把她们看做孩子生活、教育等方面的"全职保姆"，她们在这些角色中的共同点就是呵护、包办，时间长了，孩子就成了一个被圈养的宠物，根本不知道自己该干什么、能干什么。

随着生活水平的提高，部分妈妈有条件成为"全职妈妈"。一些妈妈之所以选择自己带孩子，除担心老人或保姆对孩子照顾、教育不好外，还想通过和孩子的长期接触培养和孩子的感情，让孩子感受到妈妈的爱，这个出发点是对的。

但孩子 3 岁之后，需要有自己的生活和交际圈，需要跳出妈妈的陪同式呵护，否则不但易导致性格变异，而且会造成视野狭隘。此外，3 岁之后正是孩子独立意识迅速发展的时期，如果妈妈再包办一切，就会使孩子的自理意识和能力慢慢丧失。

如果孩子没有从小逐渐形成自理意识和能力，这对于孩子的终身发展来说，是极为不利的。因为妈妈不能无微不至地照顾孩子一辈子，孩子的人生需要孩子自己去面对，培养孩子的独立性和自理能力，才是妈妈对孩子最好的照顾。正如美国权威教育博士詹姆斯告诫母亲一样：“依赖本身就滋生懒惰、精神松懈、懒于独立思考、易为他人左右等弱点。所以说，处处对孩子包办代替，这不是帮助孩子，而是在坑害孩子。”

其实，孩子有很大潜力，就像植物一样能够自长，妈妈只需要给他们提供环境和条件。妈妈不要包办孩子的事情，不要让孩子完全依赖于你，而是引导他走独立的道路，那么，深藏在孩子内部的各种潜能就能充分发挥出来。所以，明智的妈妈，不是那些孩子完全依赖的妈妈，而是那些孩子可有可无的人物。

过度的保护妨害了孩子的自立

贝贝今年7岁，她喜欢到小区公园里和小朋友玩，但是妈妈不放心她一个人去，总是跟在贝贝身后，谨防她受伤。贝贝想和小诗一起玩荡秋千，两人商量好互相给对方推秋千，可是妈妈不同意：“不行，你帮小诗推的话，会推不动而且容易被秋千撞到，小诗帮你推的话，你容易掉下来，还是妈妈来给你们俩推吧!”贝贝和小诗安静地坐在秋千上，让妈妈大力点把秋千推高些，但是妈妈不同意，她害怕孩子掉下来。

每一次玩荡秋千，都是妈妈帮贝贝轻轻推，但有一次妈妈没在家，贝贝一人来跟小朋友玩，大家都猜拳来决定输家推秋千，贝贝输的时候，她根本不会推秋千，不仅力气太小而且经常自己被秋千打到，而她赢的时候，坐在小朋友推的秋千上的她紧张得要命，她不习惯秋千飞得那么快那么高，她哭着喊：“妈妈，我害怕啊!”小朋友们都取笑她，那么大了还这么胆小，那么胆小还玩什么秋千啊!

有些家长，对孩子处处不放心，不放手。本来是孩子可以自己做的事，妈妈也替他做了，这就剥夺了孩子自己的亲身体验，剥夺了孩子发展能力的机会，也剥夺了孩子的自立及自信心。

“关爱孩子”是每个妈妈的本能。不少妈妈对孩子百般呵护，她们都是“慈母”，为了孩子，自己可以牺牲一切，包括金钱、面子、时间和个人利益，然而，这样的“慈母”很可能是残忍的母亲。

两位妈妈，乘假日带孩子出外游玩。两个孩子争着去放风筝，女孩用力一扯，风筝破了，男孩很生气，一巴掌就扫过去，女孩立刻哭了。这时，男孩的妈妈脸色一变，就像触电一样从座位上弹起来，女孩的妈妈连忙把她拉住。男孩的妈妈急得脱口而出：“你真残忍!”女孩的妈妈却笑着说：“你才残忍!”

到底谁“残忍”呢？男孩的妈妈说：“你眼看着孩子被打，哭了，身为母亲，不去呵护，还阻止我去干预，这不是很残忍吗?”

女孩的妈妈却说：“孩子争吵算什么？被打一下，也没受伤，为什么不让他们去自己解决呢?”

两位妈妈这时望向孩子，只见他们一同跑过来，说：“妈妈，风筝破了，你能把它做好吗?”

女孩的妈妈对“爱孩子”的理解是：提供机会让孩子学习与人相处及解决问题的能力，使她以后能独立生活，所以要提供她面对困难、亲自解决难题的空间。相反，对孩子太多干预，替他安排一切，帮他解决一切难题，这样一来，孩子失去了学习的机会，将来怎能做事？怎能生活呢？所以对于孩子，过度表达慈爱并非真爱，而是“残忍”。

这是有心理学依据的。孩子们在一起，争争吵吵是家常便饭，但是他们很快就会自己解决。孩子们就在这种争争吵吵、哭哭笑笑的历练中不断成长，学会了处事和做人。

有些妈妈可能要质疑这个说法，认为：“这不是抛开孩子不管吗？在孩子有困难的时候，让他失去依靠，让他感到孤立无助，哪个妈妈忍心啊?”

这就是上面两位妈妈的争论：谁才是“真残忍”的问题了。为什么呢？让孩子在发生困难的时候，立刻感到“失去依靠”、“孤立无助”，不正是身为妈妈的你造成的吗？不培养孩子养成面对困难，独立思考解决困难的办法，他习惯了“依靠”，习惯了“被保护”，将来在现实生活中失去了妈妈这根“支柱”，立刻陷入“孤立无助”，没有了解决问题、自我保护的能力，你教他怎么办？这种不顾及孩子未来发展的“爱”，不就是“害”吗?

美国人给这类“真残忍”的妈妈取了个好听的名字，叫“直升机妈妈”。因为这类妈妈就像坐在一架直升机上，一直在孩子的头上盘旋，只要看到孩子发生什么事，就立刻空降在他面前，替他解决一切困难。这些直升机妈妈怕孩子受累受苦，怕孩子吃亏上当，所以总是抢在第一时间来替他排忧解难。这样做的结果，孩子当前是无忧无难了，以后长大了怎么办？台湾人给这类孩子也取了个很好听的名字，叫“草莓一族”。新鲜的草莓，嫣红可爱，但一磕碰就皮伤肉烂，惨不忍睹。

的确，对孩子过度的保护会成为一种伤害。孩子在成长的过程中，必须要经历一些磨难，这是一种规律。“酸甜苦辣都是营养，生活百味都要体验。”如果把磨难和体验全部省略了，一切都替他包办，看上去是顺利了，是舒适了，结果却使他软弱而闭塞，胆怯而无能。现在有一种现象，叫“30岁儿童”，都到了而立之年，凡事仍不能自立，没有长辈陪在身边就惶惶不可终日。相信所有的妈妈都不希望自己的孩子是这样一种成长状况，那您就切记：关爱不要太多，保护不能过度。

自觉自动既成就了孩子，又解脱了妈妈

菲菲已经是小学二年级的学生了，是一个可爱的小姑娘。但是，这个可爱的小姑娘却非常粗心，她做作业的时候从来不检查，总是把很简单的题目都做错。每次菲菲写完作业，就对着妈妈叫道：“妈妈，我写完了!”然后，把作业本、文具盒往桌子上一扔，就匆匆忙忙离开桌子，打开电视或者跑到外面去玩。接着，菲菲的妈妈就帮菲菲收拾书桌，把课本、文具等收拾到书包里，然后，再将菲菲的作业从头到尾检查一

遍，用铅笔把错误的题目勾出来，再叫菲菲来改正。对于妈妈指出的错误，菲菲从来不问为什么，想一下就拿起笔来改，因此，她改过的题目经常还会出现错误。这时，菲菲就会不耐烦地嚷道："妈妈，到底应该怎么做呀？"妈妈见菲菲不肯动脑筋，一边抱怨菲菲不自觉认真学习，一边只得把正确答案告诉她。

生活中有很多像菲菲一样的孩子，他们好像一个傀儡一样，不会独立检查作业，不会独立收拾自己的书包，也不会自己思考错题的改正方法，好像没有自己的思想一样。妈妈们会抱怨他们不自觉，但其实应该是孩子抱怨妈妈管太多。因为妈妈把检查作业、收拾书包的工作都代劳了，才养成孩子不自觉的习惯。

孩子刚出生的时候，生理心理的各项功能都还没有发育成熟，他无法独立生存，需要依靠他人的照顾。但随着孩子身心发育的健全，他学会了爬行、学会了走路、学会了说话，学会了自己出门、学会了与人交往……孩子学会的东西越来越多，他能学会的还有更多，但是，在许多妈妈心里，孩子再大也是自己的孩子，她们已经习惯了无微不至地照顾孩子：给孩子喂饭、帮孩子洗脸、帮孩子收拾书包、帮孩子做作业……基本上能帮的都帮了。在这种情况下，孩子能学会自觉吗？他从未尝试过自己做自己的事情的味道，怎么会平白无故地学会自觉呢？即使他一时兴起自觉做了某件事，但是习惯于依赖妈妈的他自然会觉得做事情很费劲，还不如让妈妈做好。久而久之，孩子越来越依赖妈妈，越来越懒散，而离自觉就越来越远。

实际上，不自觉对于孩子的成长是很不利的。对于孩子的终身素质来说，独立性是最重要的素质之一，而不自觉的孩子完全依赖于妈妈，四体不勤，无法独立生活。所以，明智的妈妈应该从孩子的长远发展来看，让孩子从小就做一些力所能及的事情，注意从生活的各方面来培养孩子的独立性，对孩子进行自觉主动的自主教育，逐渐养成孩子的自觉意识和习惯。

自觉主动的自主教育的内容是从孩子的实际情况出发，调动孩子的内在积极性，发掘其潜能。美国著名教育心理学家赫施密特指出："自觉主动的自主教育实现的是受教育者和教育者的合一，使教育的对象成为主体，由于自身掌握了主动权，个人将在发展的过程中拥有无穷的力量和智慧。如此，不仅使受教育者的潜能得以极大的开发，而且使教育者得以身心的解脱。而这里的关键在于，教育者必须掌握以一驭万，能够真正诱发受教育者主动性的策略。"

然而，自主教育中的教育与被教育的关系并非固定不变的。在自主教育的前期，妈妈是主要的教育者，到了后期，当孩子已经掌握了方法并将之应用到自己的生活中，孩子就发生了转变，从实质上变为了自主教育的自觉者，这时，他们会自觉主动地去求职学习，在某些时候，他们的独特见解和新的发现甚至会影响到妈妈，反过来使作为教育者的妈妈受到启发。

所以，激发和引导孩子自觉主动，妈妈不需要付出太多时间和精力，就可以培养出成功的孩子，就可以更轻松地成为成功的妈妈！

妈妈不帮忙，孩子才能学会自己照顾自己

有的妈妈抱怨说，我家孩子就是太懒了，什么事情都不愿意动手。说这种话的妈妈，往往是什么都已经替孩子做好的。正是因为这些太勤劳的妈妈，才有了“太懒惰”的孩子们，不知道照顾自己，上大学了才第一次洗袜子、叠衣服，把小时候该流的眼泪，全流完了。妈妈不松手，孩子怎么独立呢？几米说：“大人一边嘲笑别人的孩子是温室的花朵，一边又把自己的孩子培养成温室的花朵。”什么事情都帮着做完了，孩子还能做什么！

小蜗牛爬到妈妈身边问：“妈妈，为什么我们一生下来就要背负这个又硬又重的壳呢？”

它的妈妈答道：“傻孩子，因为我们的身体没有骨骼的支撑，只能爬，但又爬不快，所以需要用这个壳来保护！”

小蜗牛不解地问：“那毛毛虫哥哥也没有骨头，也爬不快，为什么它不用背这个又硬又重的壳呢？”

它的妈妈说：“因为毛毛虫哥哥能变成蝴蝶，到那时天空会保护它啊！”

小蜗牛还是忍不住问道：“可是蚯蚓弟弟也没有骨头，也爬不快，也不会变成蝴蝶，它为什么不背这个又硬又重的壳呢？”

它的妈妈耐心地答道：“这个啊，因为蚯蚓弟弟会钻土，大地会保护它啊！”

小蜗牛听到这里哭了起来：“妈妈，我们好可怜，天空不保护我们，大地也不保护我们！”

它的妈妈笑着安慰它：“孩子，所以我们有壳啊！我们不靠天，也不靠地，我们靠自己来保护自己。”

孩子必须知道，不依赖别人，自己保护自己才是生存之道。当孩子不愿意靠自己的时候，不妨把小蜗牛的故事讲给他听，让他开始思考自己要做一个怎样的人。

有个年轻人去微软公司应聘，而该公司并没有刊登过招聘广告。见总经理疑惑不解，年轻人用不太娴熟的英语解释说自己是碰巧路过这里，就贸然进来了。总经理感觉很新鲜，破例让他一试。面试的结果出人意料，年轻人表现糟糕。他对总经理的解释是他事先没有准备，总经理以为他不过是找个托词下台阶，就随口应道：“等你准备好了再来试吧。”

一周后，年轻人再次走进微软公司的大门，这次他依然没有成功。但比起第一次，他的表现要好得多。而总经理给他的回答仍然同上次一样：“等你准备好了再来试。”就这样，这个青年先后5次踏进微软公司的大门，最终被公司录用，成为公司的重点培养对象。

年轻人以自己的努力和机智争取到了就业机会，成为公司的重点培养对象，靠自己的拼搏走上了事业成功的道路。有多少孩子能够像这个年轻人一样，一直坚持到第五次呢？很多孩子都是受了一点气，就委屈地走了，在家里发一通脾气，弄得大人莫

名其妙，不知道孩子出了什么问题。妈妈平常让孩子养成凡事依靠自己的习惯，自己收拾、打扫房间，摆好自己的衣服，吃完饭收拾和洗碗；学习上遇到了困难要开动脑筋、多思考，不要动不动就去问别人；妈妈工作忙的时候要学会做饭等。生活中的点点滴滴，都可以当成锻炼自理能力的机会，不能再事事由妈妈出面解决。

让孩子独立做事情，并不会让孩子产生妈妈不爱他的想法。如果是力所能及的事，孩子其实是愿意尝试的。如果他表现出为难的情绪，妈妈先不要代替他，而是多多鼓励他，让他尽快尝试第一件事情，那样他就能很顺利地独自做下一件事情了。不要再事无巨细地给孩子做事情，让他们自己动手吧，那样他们才能成长。

偶尔让孩子当一次家

让孩子当一次家不仅可以锻炼孩子的面对问题的能力，而且还能让孩子获得一定的能力和技巧，这也不仅是一次道德教育，也是一个广阔无垠的、惊人的、丰富的思想世界。

根据不久前的一项抽样调查显示，某个城市的高中生近 6 成起床不叠被子；5 成从不倒垃圾，也不扫地；7 成不洗碗，不洗衣服；9 成从不洗菜做饭。还有部分高中生什么家务也不做，个别人连整理书包都还要妈妈代劳，更别说给她一次当家的机会。

针对孩子做不了家务，当不了家的情况。一些妈妈给出的理由是：他还只是个孩子，他现在的任务就是学习，这些事等他长大了再学做也不迟。

这些妈妈的一片“苦心”，使孩子们不仅不会做家务，养成了衣来伸手、饭来张口的习惯，以为别人为自己做什么都是应该的，却不知道自己也有关心与帮助别人的一份责任。

独立生活能力差，是当前我国儿童普遍存在的问题。究其原因，大多归之于“独生子女”。其实在西方发达国家，许多家庭也是独生子女，但他们对待孩子的态度则与我国的妈妈很不相同。

孩子小时，正是孩子品性形成与发展的重要时期，极具可塑性。孩子虽小，却也具有独立的人格，也是家庭中的一员，妈妈应该适时教育，加以指导，让孩子在家里承担一定的责任。

有一个懂事善良的小孩子，名叫曼丽。在她 5 岁的时候父亲已经过世，陪伴着她的，只有穷困的母亲和一个 2 岁大的妹妹。

她很想能帮上母亲的忙，因为母亲挣的钱总是难以养家糊口。

一天，曼丽帮着一位先生找到了他丢失的笔记本，于是这位先生给了她 10 美元。

曼丽把钱放到一个谁也找不到的地方。她母亲一直教育她要诚实，绝不能拿任何不属于自己的东西。

她把这 10 美元用来买了 1 个盒子、3 把鞋刷和 1 盒鞋油，接着她来到街角，对每位鞋不太干净的人说：“先生，能让我给您的鞋擦擦油吗！”

她是那样的彬彬有礼，因此人们很快便都注意到了她，并且也十分乐意让她替鞋擦油。第一天她就挣了 50 美分。

当曼丽把钱交给母亲的时候，母亲情不自禁地流下了热泪，喃喃地说："你真是一个懂事的好孩子，曼丽。我以前不知道怎样才能赚更多的钱来买面包，但是现在我相信我们能够过得更好了。"

从此以后，曼丽白天擦鞋，晚上到学校上课。她挣的钱已足以负担母亲和妹妹的生活了。

俗话说："穷人的孩子早当家。"穷人家的孩子，由于家境贫困，从小就经历了痛苦和磨难，因而较早地体味到生活的艰辛，从而更加珍惜现在，努力创造未来。

从这个意义上说，孩子能否早日"当家"，其实并非只取决于家境，而是看他有没有经受过艰辛的经历。我国古人也指出："妈妈之爱子，则为之计深远。"因此，对妈妈而言，只有立足于现在，适时地让孩子吃点苦，才能帮助孩子将来早当家。

在此，妈妈为了孩子将来能更好地适应社会，让孩子了解妈妈的辛苦与不易，在孩子上小学高年级或初中时，周期性地让孩子当一天（或两三天）家，是一个行之有效的办法。

妈妈可以找一个周末，让孩子为第二天的生活与活动安排做一个预算与计划，然后从第二天早上起床开始，就由孩子上岗指挥与组织一天的家务与游玩。妈妈则在孩子指挥下加以配合，需要多少钱，买什么菜，到哪里玩，坐什么车，走哪条路线，均由孩子来筹划。

妈妈要放手、信任，不要干预，即使孩子安排得不是最合适，也不要当即否定，而是等第二天再与他一起总结，先让他自己提出改进意见，然后再补充。相信孩子对这样的活动定会兴致很高，也会十分用心和负责任，快乐与收获定会出乎你的意料。

孩子的前途不用你规划

对于孩子来说，最幸福的事情，不是妈妈为他的人生安排好一切，而是不在妈妈干涉的情况下做自己喜欢的事情。孩子不是妈妈的私有财产，他们也有自己的个性，有自己的思想，做妈妈的不能把自己的意识强加给孩子，这样只能让孩子在痛苦中丧失自己。一个聪明的妈妈更不能让虚荣的心控制自己的言行，为了自己的名誉去教养孩子，甚至设计孩子的人生道路。

在现实生活中，很多妈妈却常常对孩子感兴趣的事情不屑一顾，甚至大泼冷水。她们总是勤奋过头，越俎代庖地替孩子决定他们的兴趣，他们的人生。这样的妈妈，常常压制了孩子的天赋和特长，使得孩子的生活和自己的生活都不尽如人意。而如果妈妈能够体谅孩子的心，让他全身心地去做，那么他一定能给家长带来巨大的惊喜。

有一位黄女士，现在她的两个儿女都在美国读博士后。在谈及成功教育子女的经验时，她说最大体会是：不要带着虚荣和功利的心去教育孩子，不要按照自己的喜好替孩子规划前途，要多陪孩子做孩子喜欢的事情，注意尊重孩子的个性的发展。

她的女儿小时候喜欢天文，尤其对星座特别感兴趣，所以她常常半夜陪女儿看星星。对此许多父母不以为然，这么晚了还不睡觉，看什么星星！但是，她不管多困，多累，一定会亲自陪女儿出去，并耐心注视着星空给女儿讲解，有时和女儿谈一些日常琐事和人生哲理。她的女儿后来拿到高能物理博士，这其中就有她的一份功劳！

黄女士的儿子到美国念地球物理后，她想办法经常做一些孩子喜欢的事情。虽然不在一起，但她希望依旧让儿子感觉到她的支持。每当黄女士发现报刊上有与地球物理相关的报道时，便剪下来，传真或者寄给孩子。

黄女士是一个令子女骄傲的妈妈，她用最朴实的行动支持着孩子做自己喜欢的事情。

在养育孩子的过程中，妈妈要摆正自己的心态，不要为了教育成功而教育，那样被虚荣摧残的花朵，不会正常的开放，反而会过早地凋谢。不要为了自己的喜好，而强加给孩子一个也许他不喜欢的人生，这样被束缚的孩子，不会健康成长，反而会更易被摧毁。只有尊重孩子，让孩子做自己喜欢的事情，才能培养出优秀的孩子。只要妈妈能去培养孩子的兴趣，陪他们做喜欢的事情，去发展他的兴趣，就能使孩子走上一条快乐的人生之路。

“自己的事情自己做”不能只是个空口号

从幼小时学做一些力所能及的、切身的、简单的劳动，在生活中逐步养成爱劳动、爱整洁、有条理的生活习惯，对孩子一生会有良好的影响。另外，孩子在自我照顾时，总是通过视觉、触觉等各感官来感知事物，探索窍门，通过做能想出各种办法，大脑和身体都得到了锻炼，人就会变得聪明。所以，妈妈要重视培养幼儿“自己的事情自己做”的好习惯，这是对孩子最有益的锻炼。

当然，让孩子“自己的事情自己做”，也要视孩子的能力来定。不同年龄的孩子能自己做的事情是不一样的。3 岁幼儿会用汤匙自己吃饭，穿脱袜子，扣纽扣，把玩过的玩具放在固定的地方。4 岁幼儿开始学刷牙，洗手洗脸，擦鼻涕，洗手帕，饭后擦嘴，自己穿脱衣、袜、鞋，系鞋带，搬小椅子，帮大人拿递小物件。5 岁幼儿会用筷子吃饭，能够收拾自己的抽屉，折叠晒干的衣服，叠被子，在家里能完成大人给的临时任务，进了幼儿园学做值日生。6 岁幼儿生活基本自理，很少需大人帮忙。他们为集体做事十分负责，乐意帮助大人做事。他们常以自己能独立地克服一定困难，把某件事做好而感到愉快和满足。妈妈要根据孩子的成长情况来循序渐进地放大孩子自己做事的范围，既不要超过孩子的负荷，也不要小看孩子的实力，限制孩子的发展。

在培养孩子“自己的事情自己做”的习惯的时候，妈妈一定要有足够的耐心和信心，不要看着孩子在穿衣服或鞋子，穿了半天没穿好，就冲到他面前，边数落边快手地帮孩子把鞋穿上，要知道孩子的动作都是慢的，因为这个世界对于他们来说就是新的，大人看上去很简单的东西，对他们来说则不是，都要去学，反复练习才能做到。所以，请妈妈要有足够的耐心，给予孩子练习的时间和空间。

当孩子做好自己事情的时候，妈妈应该给孩子以奖励，但不能是物质的，最好是行为上表示赞许，比如摸摸他的头、冲他笑一下，或者给他一个大拇指，这样就够了。孩子从你的表情、动作就可感知你的鼓励。

另外，妈妈可以给孩子一个独立的、可以自由活动的小房间或者小角落，在这个属于孩子的空间里，应该让孩子自己来布置、设计，包括选择书桌、书柜、玩具、图书、装饰品及各种学习用品等。允许孩子在自己的空间里做一些自己感兴趣的事，比如，养几盆花，养几条金鱼，等等。让孩子能够独立地支配自己的小天地，让他觉得自己是自己的小主人。

孩子独立自主的习惯，就是在生活中的点点滴滴中养成的，妈妈光是口头上对孩子灌输理念，是没有多大功效的，“自己的事情自己做”很可能只是被孩子当成一句歌谣或是口号，只有让孩子通过实践摸索，才能锻炼出他勤劳自立的好习惯！

孩子的可塑性很大，早早训练他们的生活技能，能充分发挥他们的天分，孩子越能独立做事，她的自信心就越强，而自信心是每个孩子走向成功最不可或缺的因素。所以，从小事做起，从小开始，培养孩子“自己的事情自己做”的习惯吧！

第六章 孩子的成长99%来自对妈妈的模仿

在孩子的教育和品德培养中，妈妈的作用至关重要。因为妈妈是培养孩子的第一人，也是时间最长的人，她的一言一行都会成为孩子模仿的对象。可以说，孩子是对妈妈“依葫芦画瓢”，妈妈“长得好”了，孩子才会“画得好”。

孩子的成长从模仿开始

在饭厅里，一个大人抱着一个几个月大的婴儿。婴儿看到了一幅画了许多水果的画，他一边看着画，还一边做出假装吃东西的样子。这个婴儿还是在吃奶的阶段，他怎么知道水果要怎么吃呢？

牛牛是一个只有15个月大的男孩。有一天，他拿起妈妈的梳子一下一下地梳理着自己的头发。他的妈妈看到这个举动吓了一跳：“我从来没有给我儿子梳过头。他的头发又细又直，即便不梳理也很整齐。当我看到他拿着我的梳子熟练地梳理头发的时候，我感到很吃惊，看起来他好像天生就会梳头。我也很纳闷，他是怎么学会的呢？”

当然，婴儿不是天生就会吃水果的，牛牛也不是生下来就会梳头的，他们很有可能是观察妈妈的一举一动而学会的。对于1岁的孩子来说，模仿是他们学习各种技能和语言的非常有效的方法，也是孩子逐渐产生自我意识的一个途径。

一个小孩看见大厅的芭蕾舞者雕像后，立刻跳起舞来，因为孩子曾经看过别人跳舞的样子，所以他知道雕像的姿势就是跳舞的动作。这就是孩子天生的模仿和学习能力。孩子正是这样得以进步和提高的，他们的智能也是这样得以开发的。所以，父母一定要学会敏锐地观察出孩子的需要，只有这样，才能给予孩子需要的帮助。

实际上，从孩子降生的第一天起，他就开始模仿父母了。首先是模仿父母的面部表情和发音，然后是身体运动和话语的模仿。初学语言的孩子，一开始就是模仿和重复周围人对他说的话。研究发现，如果平时和孩子说话的人大多数都是语音标准的人，那么孩子的发音就会比较好；如果周围的成人说话都不太标准的话，那么孩子的发音则会带有方言的语音语调。孩子不仅会模仿成人的语言、神态，也喜欢模仿成人的行为。如果孩子被允许去做“大人”的事情，他会非常高兴，比如拿扫帚扫地。

到2岁以后，大部分孩子开始对成年人如何使用物品有很大的兴趣，比如，孩子想学习爸爸妈妈是如何使用手机、餐具和电视遥控器等物品的。这些动作的模仿表明孩子的认知能力已经有了一个重大的跳跃，也就是说，孩子能够意识到他所模仿的动作是带有一定意义的。

3岁以后的孩子，已经知道自己是男孩还是女孩了。这时，他们开始模仿同性成人的行为和举止。比如，女孩喜欢穿着妈妈的高跟鞋，或者自己亲自照料娃娃。在性别角色的模仿过程中，孩子会学习那些同性成人的行为方式，并且认同那个人或那种角色，这对孩子以后的行为发展起到重要的作用。

模仿不仅发生在日常生活中，在游戏中也会有模仿。孩子经常在玩耍中扮演某些成人的角色，比如老师、医生、司机、厨师等。这时的孩子不会看到什么就模仿什么，而是会选择熟悉的人和事，把自己感兴趣的行为通过游戏表现出来。这类游戏被称为“装扮性游戏”，对孩子各方面的发展都十分有意义。在装扮性游戏进行的过程中，孩子并非纯粹地进行模仿，而是会在实际游戏情境中进行创造，比如为游戏角色打扮，准备游戏道具，在游戏中安排模仿对象的行为和工作等。这时，孩子的创造行为也不知不觉地发生了。

孩子不仅模仿与他亲近的父母或爷爷奶奶，而且还模仿其他的小孩子。他会通过模仿改变自己的行为和动作而去迎合周围其他小朋友的行为了。所以，这时候，孩子一对一的游戏方式就能够使他们有更多的模仿机会。也就是说，一个孩子喜欢和另一个站在他旁边的小朋友一起玩，而不是一群孩子相互之间一起玩。没过多久，你又会发现你的孩子甚至开始模仿陌生人、电视里的人物，或者他在动物园看到的动物了。

孩子是靠模仿学习的。孩子通过模仿学习说话，学习语言，学习为人处世的态度，学习形成自己的价值观与个人的行为方式。有些习惯甚至都是通过模仿形成的。

要鼓励和帮助孩子模仿，因为这是他成长的中间站。孩子不仅仅是模仿了，他也会出于自己的愿望而这样或那样去做。他通过每天看见父母刷牙和穿上外衣而逐渐学习这些技能。一旦孩子意识到“我自己能做！让我再试一次”，那么他就逐渐变得独立起来了。确切地说，模仿成为了孩子迈向独立的中间站。

另外，孩子的一些模仿会超出他的能力，因此，妈妈需要警惕孩子的安全问题。如果不存在危险的因素，那么就等孩子要求帮助的时候再帮他一把。失败是孩子学习过程中不可缺少的一部分，妈妈要时常鼓励孩子自己再去尝试。那么，孩子才会在第一次失败之后再去效仿别人的成功做法，一次又一次地尝试，直到自己成功。

小心，别让孩子在模仿中学坏

有一次一个妈妈带着3岁的孩子去做新年前的采购。停车的地方挤得水泄不通。他们兜了好几圈也没找到个停车的空地。妈妈心里很烦，最后她好不容易看到另一个人要开车离去，逮了个空。妈妈赶紧向前开车，打出信号，示意自己要把车停在那儿。就在那人倒车时，另一辆车却乘虚而入，挤到了她的前面，占了车位。妈妈气极了，摇下车窗对着那司机吼着粗话，彼此都愤怒地斜视着对方互不相让。最终这位妈妈只好怒气冲冲地继续去寻找了另一个停车的地方。

大约20分钟后，母子俩走进大厅。此时的妈妈已平息了怒火，母子俩一起谈论着买些什么样的礼物，在这位妈妈毫无准备时，儿子突然抬起头问："妈妈，能告诉我什么是×××吗?"

妈妈顿时觉得尴尬，弯下身来没好气地对孩子说："小孩子别管大人的事，你别管这句话是什么意思，反正小孩子不能说!"

生活中95%的时候妈妈可以成为孩子的好榜样，而当孩子抓住妈妈所犯的错时，做妈妈的总是有一种防范、虚荣的心理："别管那是什么意思，反正你别让我听见你说这样的话，否则……"

作为妈妈，如果你常常用这种办法应对孩子的话则大错特错，这种方法反而让孩子更加好奇和叛逆，同时也会关闭了你与孩子间沟通的大门，这样做相当于告诉你的孩子，大人可以说脏话而他不能，那么孩子到学校做的第一件事很可能就是开始问全班同学那个脏字是什么意思。

漫画家几米有一本漫画，叫做《我的错都是大人的错》，其中有很多"金玉良言"，一针见血地说出了现代家教的矛盾：

有些父母喜欢教训孩子：吃得苦中苦，方为人上人。

但她们自己吃尽了苦头，也没有变成人上人……

大人喜欢吹牛，

却要求小孩诚实。

所有的孩子都爱吹牛，

说他们的爸爸从来不吹牛。

大人喜欢对小孩说：

永远永远不要放弃梦想。

但为什么放弃梦想的都是大人?

这些既简单又直白的语言，把大人问得哑口无言了。对啊？为什么家长总是在做自相矛盾的事情，一边说着这样的话，一边又做着那样的事。每个父母都希望自己能有一个称心如意的孩子，但是很抱歉，几米又说出了一个真相："我知道我不是一个完美的小孩，但你们从来也不是完美的父母，所以我们必须互相容忍，辛苦坚强地活下去。"

很多孩子的不完美，都是从大人的身上映射过来的。比如我们常说孩子没有什么自尊心，不知道害羞，脸皮太厚。是不是因为他的自尊心被父母伤得太严重了，产生了"抗体"？或者是他们没有从父母的身上找到自尊的感觉，从来不知道自尊是一种怎样的东西。现在孩子身上反映出来的种种问题，都是大人教育思想或者教育行为的后果。

有的妈妈说孩子不爱学习，但是她自己也从来没有在家中翻阅过一本正经的读物，也从未认真学习过，就算是报名参加了一些课程，在听课的过程中从来没想过要记笔记。

"妈妈，今天你们都听了些什么?"一般孩子也会像妈妈一样，好奇对方学了些什么内容。

这时候，如果妈妈能拿出来一个笔记本，一条一条说今天的学习内容，孩子马上就能知道，做好笔记很重要。但很少有妈妈能做到这样，甚至连讲了些什么都忘记了。

更有甚者，回家之后向孩子抱怨："今天听课真是白搞了，啥也没记住，往后再也不去听了。"这不是在告诉孩子听课没意思吗？

其实，好妈妈会这样做：

回去之后，兴奋地对孩子说："妈妈今天听课，感觉收获特别大。"然后亮出自己的笔记本："下次我早点去坐到第一排，听清楚些。"

学习是多么令人愉快的事情！这一点不会因为你是妈妈就变得无趣，也不会因为他是孩子就变得更有趣。学习带来的快乐是相通的，如果你能表达出这种快乐，孩子也就能去努力体会这种快乐。

为孩子提供一个良好的"模仿环境"，并且做他模仿的"好榜样"

既然孩子的行为方式是通过模仿周围人形成的，为人妈妈的你就对孩子的学习有相当大的影响，你是孩子的第一个榜样。孩子的模仿能力与他的生长发育和认知能力有很大关系。而妈妈所要做的是为孩子提供一个良好的"模仿环境"，并且做他模仿的"好榜样"。

想让孩子成为怎样的人，妈妈首先就要做好榜样，孩子会学习父母的一举一动。当丈夫在家时，你却对打来电话的人说他不在，你就教会了孩子说谎；如果你吃饭时狼吞虎咽，那么你就教会了孩子吃饭时要快速；如果你整日看电视，那么你就教会了孩子整日去看电视；如果你大喊大叫着人们的名字，那你也教会了孩子对人没有礼貌；如果你对孩子动怒，孩子就会对别人动怒；如果你对抢占停车位的那个人说了些脏话，你则教会了孩子去说脏话。

这其中如果妈妈给孩子树立了一种虐待他人的印象，那则是一件可怕的事情。你怎样虐待了孩子，孩子也会在日后怎样虐待你。为人妈妈的你动用武力，怒气冲冲地打了孩子一顿，天长日久，在孩子的心中则形成一种印象："妈妈就是以这种方式来对待他们的孩子的。"当孩子长大成人后，他也将以此种方式对待他自己的孩子。

相反，如果你能心平气和地讲话而不是怒气冲冲，则教会了孩子怎样在被激怒的情况下保持冷静；你对自己说的脏话道歉时，则教会了孩子怎样对所犯的错误负责；你对自己的怒气负责，便教会了孩子对自己的怒气负责；你彬彬有礼，则教会了孩子彬彬有礼；你能事事与大家分享，则教会了孩子事事与他人分享；你能与人为善，那么你的善良也传授给了你的孩子；当你全力以赴做事时，你的孩子也会学着专心致力于所做的事情；你常常读书，则培养了你的孩子对待读书的正确态度；你吃健康的食品、积极地健身，那么你的孩子也会紧紧地跟从；如果你以一种负责任的方式行事，那么你的孩子也将会以一种负责任的方式行事。

因此，妈妈需要格外注意自己的一言一行。如果你希望孩子能够总是把"谢谢"

和“请”挂在嘴边，那么你必须自己先这样做，自己经常说这些礼貌用语才行。另外，孩子对待周围人们的方式也是通过效仿父母而学到的，所以，必须让孩子亲眼看到妈妈的友善、慷慨和富有同情心，而且，一旦孩子有了这些好的行为，妈妈一定要给予鼓励。

孩子会从妈妈那学会许多自己的行为方式，所以妈妈必须成为孩子的一个好榜样。孩子也会从身边的环境中学习，所以妈妈应该为孩子创造那些培养他的优点，鼓励他自律、负责的环境。

孩子身处的环境包括他周围的人以及周围的环境。孩子周围的人包括父母和其他家庭成员，小伙伴、邻居、同班同学、老师；周围的环境包括餐厅、操场，还有电视、电影、书刊、音乐等宣传媒体。孩子的行为是融合在他身处的环境中的，如果环境鼓励他嬉闹，他就会玩；如果环境鼓励他踢球，他便会踢；如果环境鼓励他成为一个团队中的一员，他就会加入团队。

环境具有强大的影响力，它给孩子耳濡目染、潜移默化的力量，就像青蛙在不同的环境中会改变不同的体色，孩子在不同的环境中会长成不同的个性。成功的早期教育一定要给孩子丰富多彩的生活环境和条件，这是孩子快乐进取的物质基础。每个妈妈都想让孩子在好的环境中健康成长，但该如何给孩子建设一个有利成长的环境呢？

1. 人际环境

孩子是家庭中平等的一员，妈妈不要娇宠溺爱，也不要冷落他。一家人要做到互相关爱、分工劳动、遇事商量，共同享受生活的乐趣；一家人还要互相赞美对方良好的行为表现，运用礼貌和幽默的语言进行交流；一家人可以经常开故事会、朗诵会、运动会，表演各种节目，还可请亲戚、朋友、小伙伴来家里玩，尽情享受亲情和友情。

2. 智慧环境

妈妈要给孩子准备好小书桌、小书柜、玩具柜、科技百宝箱、大地图、地球仪、科学实验器具，再给孩子一个植物园、动物园就更完美了。孩子的生活环境要有色彩鲜艳的图案，美丽的风景画，优美的书法作品。当然别忘记给孩子设立一个锻炼身体的环境，如沙包等。一家人要经常读书、讨论，一起动手做玩具、开展小实验。对于2岁半以后的孩子，妈妈可以每天设立20分钟的“静悄悄”时段，各人在自己固定的位置专心做事情，不打扰对方，事后评定孩子的表现情况。

3. 意志环境

养成孩子良好的行为习惯，妈妈可以和孩子一起制订各种作息时间，如早起、早锻炼的时间。制订作息时间表有利于孩子养成有动、有静的活动习惯。培养孩子按时吃饭、洗漱、排便、睡眠、劳动、看电视的习惯，逐步做到不催促、不提醒，培养孩子的责任感和坚持力。3岁以后的孩子看什么电视，父母要事先与孩子商量好，以儿童节目为主，在规定的时间内不多看也不少看。3岁以前的孩子每天以10分钟为宜，3

岁以后每天 20～30 分钟为宜。当孩子逐渐长大，还要教给他怎样用钱、怎样节约、怎样存放，鼓励他买书和智力玩具，援助他人等。

妈妈应该如何对待孩子的不良模仿呢

孩子天生就有模仿能力和模仿需求，但是他不会分辨什么应该模仿而什么不能模仿。而孩子（尤其是小男孩）特别喜欢模仿影视作品里的坏蛋！为什么？因为坏蛋的造型与表演较之正面人物更有特色，更容易模仿！于是每看完一部电影电视，便总会有数不清的小男孩儿在游戏时模仿着那个坏蛋，学着那个原本“面目可憎”的家伙——他的模样、他的装束、他的步态、他的腔调！大部分孩子的恶习就是通过不良模仿形成的。

报纸上曾报道过世界上年龄最小的银行抢劫犯——罗伯特，是个年仅 9 岁的孩子，他怎么会抢劫银行呢？因为他刚刚看过一部关于银行抢劫的侦探片，他觉得很有趣，这才照葫芦画瓢，模仿电影上的坏蛋，用玩具枪去“抢劫”银行的！

现在的荧屏与银幕大量充斥着“不干不净”的东西，关于凶杀、关于打斗、关于抢劫、关于色情的镜头在上面屡有出现，这很难避免污染天真的孩子们！尤其是有些宣扬打斗和暴力的影视节目，如果频频出现在孩子们的面前，那么，体力较强、性格较外向的孩子看了就会立刻仿而效之，横行霸道、欺凌弱小，于是渐渐形成了具有攻击型侵犯性的性格。而体力单弱或性格内向的孩子则会因为无力模仿而感到自卑，渐渐感到低人一等，甚至害怕长大，害怕将来被人欺侮，于是郁郁寡欢，提心吊胆，原本健康的人格很快被扭曲。试想，如此日复一日，年复一年，怎能不结出恶果！

除了媒体大量的不良影响，现实生活中的诸多恶行对孩子也有着巨大的消极影响，例如：一个粗鲁暴躁的家长对待任何人都很无礼，班级里有个小霸王长期欺负同学，老师动不动就打骂学生，等等。这些看似与孩子没有直接关联的事，其实都在潜移默化中深深影响着孩子，他们对不良行为其实更加敏感和好奇，在自觉或不自觉的模仿中，孩子的恶习就这样形成了。

孩子不懂得分辨好坏，且不会对模仿的行为进行正误判断，因此，妈妈要帮助孩子尽量远离不良行为。首先，要给孩子的生活学习环境“消消毒”。妈妈是孩子模仿的第一人，她首先要有文明的举止行为和良好的生活习惯，另外，她还要扫除孩子旁边的不良影响物，例如：不让孩子与粗暴无礼满口脏话的孩子在一起玩，当亲戚朋友在孩子面前露出粗鲁一面的时候，让孩子回避，或者给孩子解释清楚这种行为的不好和危害。然而，防总是不胜防，妈妈不可能完全免除孩子的不良模仿，那妈妈应该怎样对待孩子的不良模仿呢？

（1）应该用自己的言行为孩子树立一个可模仿的正确榜样。

（2）要引导孩子在模仿中学习正确的东西，摒弃错误的东西。孩子的辨别能力差，妈妈一定要让孩子有选择地模仿。

（3）妈妈经常和孩子一起讨论研究电影、电视、故事中的人物形象，正确引导孩子分析人物。分析时不停留于表面情节和人物的直观形象，要教育孩子学习英雄人物的勇敢顽强，憎恨敌人的卑鄙凶残，久而久之，孩子就会主动模仿这些英雄人物的形象，学习英雄人物的优良品德和崇高精神，促进孩子正确道德观的逐渐形成。

(4) 对孩子已有的不良模仿行为，妈妈应积极地加以纠正。如有的孩子喜欢模仿电影中的坏人，妈妈应告诉孩子，坏人干坏事，如果发现坏人，就应该把他抓住，交给警察。这样，孩子就会憎恶坏蛋，而模仿正面形象——警察。

模仿是孩子学习的一种途径，但也不宜让孩子只会模仿他人，而应更多地鼓励孩子发表和他人不同的意见，进行独立性的活动，这样才有助于孩子创造性思维的培养。

因此，妈妈对孩子好的模仿行为应当支持，并给予表扬和奖励，使之强化；对于孩子的不良模仿行为，妈妈应当制止，因为这种模仿只能导致孩子正确模仿作用的丧失，不良模仿和破坏性行为的出现，进而产生不良的心理。

和孩子一起模仿——在模仿中进行良好亲子沟通

当你喂小孩子吃饭时，把小勺递到孩子面前，孩子自然地张开了嘴，等着品尝美味。那么你呢，你的嘴是否也张着？你们俩谁先张开嘴？到底是谁在模仿谁？阿姆斯特丹大学的社会心理学教授艾普·迪叶特斯特解释说：“在 4/5 的情况下是孩子看到伸过来的勺子后先张嘴，然后父母才模仿孩子的动作；余下 1/5 的情况是父母先演示，孩子再模仿。”

艾普教授告诉我们：“如同水中的鱼群群居群嬉一样，人也时时参照周边的人们，互相观察、互相模仿。我们需要一种归属感和获得认可、接受的愿望，而模仿可以满足我们的这种愿望。”

这个简单的喂饭的例子说明了，模仿不是单向的，模仿其实可以理解为妈妈和孩子间的交流的一种方式。

很多妈妈都知道，就是在很小的婴儿面前做吐舌的动作，宝宝也会模仿。新手妈妈也可以和自己刚刚出世的宝宝来做一个特殊的游戏：妈妈在宝宝面前做出亲吻的嘴型，看看宝宝是否也会模仿出同样的姿势。有研究者在刚刚出生不过 42 分钟的婴儿身上就观察到了这种行为。

如果一个 6 个月的婴儿得到一面小摇鼓的话，他会立刻意识到，他不仅可以将他攥紧，也可以松手扔掉。因为这么大的孩子开始有意识地抓住东西，想怎么玩就怎么玩。因而宝宝突然意识到，他可以“有所作为”影响什么了。于是他开始非常热情地练习，将事物与目的结合起来。此时，模仿可以起很大作用。例如当你把礼品纸揉成一团发出声音，孩子会好奇地学着尝试，是否他也可以用手和纸制造出同样的音响效果。

当人们模仿他人表情的同时，理解他人的情感也就更容易了。神经生理学者发现，大脑具有使人拥有模仿能力的神经细胞——镜像神经元。它不仅仅在做动作，如用手抓玩具摇鼓时活跃，而且在观察别人如何拿起摇鼓时也变得活跃。大脑会模仿该动作，同时还会设想他人大脑中的意图：他想拿起摇鼓晃动发出声响。镜像神经元能让人通过模仿，推己及人从而更加体谅他人。再简单一点说，通过对周围的人表情的模仿，孩子学会了善解人意。

不仅孩子对妈妈的模仿有很大作用，妈妈对孩子的模仿也会产生很大影响。

如果孩子因为肚子痛而整夜睡不安稳，第二天早上，妈妈的情绪通常会有些烦闷，这是人之常情。但假如宝宝这时冲着妈妈笑，所有的妈妈都会不由自主地喜笑颜开，疲劳被笑容驱赶得无影无踪。这是因为妈妈在模仿孩子的笑时，大脑通过面部肌肉的运动传输了愉悦的信息，立即分泌出营造快感的激素。

妈妈在和小宝宝说话时会不自觉地用"儿语"，她们改变了通常讲话的节奏，几乎是像唱歌一样和孩子说话。而且语速相对缓慢，句子之间停歇较长，经常重复所说的话。当妈妈模仿孩子的方式与孩子进行交流，仔细观察宝宝的反应，就会发现宝宝在"密切注视"并"回答"你，尽管他可能还不会说话。宝宝大一点后模仿的能力更强了：比如他还不会说话，可已经能学着妈妈拿起电话听筒煞有介事地"打电话"了。孩子每一次模仿的尝试都促进着语言的发展，同时加强了妈妈与孩子间的联系。

有的妈妈全天候 24 小时为这个小小的"大人物"服务，忙得焦头烂额，担心自己支撑不了多久。宝宝却有能力让你坚持下去，就像他自己一样保持旺盛的精力：不停地挥舞手臂，趴着时不断向前爬。孩子的这种耐力、耐心和集中注意力恰好是妈妈应当效仿的。可以说，孩子引导妈妈，尽全力去生活，尽力过好每一天。

妈妈和孩子可以一开始就通过模仿互相交流。你可能会感到，当孩子模仿你时，你的面前似乎有一面镜子，你做什么，孩子也做什么。孩子模仿你，是因为妈妈是他的偶像，他对妈妈的爱是无条件的，他对妈妈的信任是毫无保留的。当你把宝宝抱在怀里，他同时也抱着你，贴在你身上向你表达他的爱，如同你对待他一样。

对于新生的婴儿来说，不存在昨天或明天，只有现在。当你给孩子穿衣、洗澡、哺乳时，对他重要的只是你正在做的事情。你可以在宝宝观察你的时候，望着他，用两三分钟来营造一个小小的永恒，一段美好的时间。而且你要将动作的节奏调节到宝宝的频率上来，"慢动作"有时候恰好是合适的速度。这些都有助于宝宝的时间感和记忆的形成。

对于孩子的模仿行为，如果妈妈每次都以微笑和赞扬的话对待他，那么他就会因为得到了你的鼓励而继续努力做得更好。另外，如果妈妈和孩子一起唱歌跳舞和做游戏，那么妈妈和孩子之间就可以相互模仿了。事实上，妈妈模仿孩子是表扬和认可孩子的一种很好的方式，当妈妈模仿孩子的时候，孩子将感到自己得到了别人的尊重和认可。

身教重于言教，因为身影重于声音

"你怎么把邻居家的娃娃拿回来了？别人的东西不能拿。"

"可是他又没有看见。"

“没有看见就更不应该了，那就是小偷了!”妈妈说着就赶紧把娃娃送回去了。孩子低着头，嘀咕着：“可是妈妈还拿人家的梨呢。”原来，妈妈带孩子去买水果，趁卖主未看见，拿了几个梨放在自己提兜里，孩子看到了这一切。

孩子是站在妈妈的肩膀上的，妈妈有多高，孩子才能有多高；妈妈能走多远，孩子才能走多远。妈妈对于孩子具有天生的权威性，同时又是最亲近、最热爱的人，她的所作所为容易被孩子认为是自然合理的；并且，孩子由于知识经验贫乏，辨别是非能力差，对妈妈的言行会不加选择地模仿。因此，妈妈对孩子的心理发展具有潜移默化的影响作用。例如，他们不仅模仿妈妈的动作，而且模仿感情的控制和观点，就连发脾气的方式、样子也像他的妈妈。妈妈长期和孩子在一起，怎样为人处世，孩子都会记在心上。

苏联教育家马卡连柯指出：“父母自身的行为在教育上具有决定意义。不要以为只有在你们同儿童谈话，教训他，命令他的时候，才是进行教育。你们是在生活的每时每刻，甚至你们不在场的时候，也在教育儿童。你们怎么样穿戴，怎样同别人讲话，怎么样谈论别人，怎么样欢乐或发愁，怎么样对待朋友和敌人，怎么样笑，怎么样读报，这一切对儿童都有着重要的意义”。这就充分说明了父母以身作则的重要性和必要性。例如，要求孩子孝敬长辈，自己首先要敬老；要求孩子讲文明，懂礼貌，自己就要谈吐文雅，不讲粗话。

儿童教育家孙敬修也说过：“孩子的眼睛是录像机，孩子的耳朵是录音机，孩子的头脑是电子计算机。母亲个人的范例，对于未成年人的心灵，是任何东西都不可能替代的最有用的阳光。”这就需要妈妈以良好的形象发挥其独特的榜样作用。所以，妈妈应该多从孩子的特点出发来检点自己的言谈举止。

很多人都知道，身教胜于言教，巴金说：“父母们的榜样力量非常大。在我小时候，父母的脾气都好，父母从未打骂过孩子。想来想去，我想不出从他们身上学到什么坏的东西。今天有些年轻的父母高兴时把孩子当做‘小皇帝’、‘小公主’，动了气就打骂不休。不多久，他们的坏脾气全让孩子学到了，孩子们只会学长辈们做出来的行动，不会学他们嘴里讲的道理和心里想的理想。”

但身教为何重于言教呢？因为对孩子来说，身影重于声音。尤其是对于人生刚开始的孩子，可以说只有身教，没有言教，妈妈的身影便是最好的教材。孩子这个时候需要的是身影，而不是声音，因为孩子这个时候还不懂得声音的意思，但是却懂得妈妈的行动对他的直接影响。在人生最初的几年，妈妈对孩子来说意义极为重大，妈妈的照顾不仅让孩子更健康，同时这种照顾本身也是最好的教育。妈妈是孩子成长中最重要的一个因素，妈妈的存在就是孩子教育环境的一个部分。

身教重于言教，这是古训，是我国传统家教的重要经验，很值得我们发扬光大。可是，有不少妈妈忽视身教，有的甚至只重视言教，这会产生负面效应。古人云：“其身正，不令而行；其身不正，虽令不从。”有些妈妈常抱怨孩子不听话，其实她们对孩子所要求的往往连自己都做不到。妈妈不能总是以命令的口气让孩子干这干那，自己做不到的，就不要勉强孩子去做，否则便会失去威信，自然无法得到孩子的尊重。

在要求孩子做到诚实、可靠的时候，家长却不诚实、不可靠，这不是说话不算数吗？大人说过的话，一定要兑现，这样才能让孩子相信你、服从你。否则，孩子养成了说谎的习惯，也对妈妈产生了不信任。

如果一个人连自己的妈妈都不信任，那他怎么能信任别人呢？这样的人势必是多疑、心思细腻的人，总是缺乏安全感，很难和别人友好地相处下去。

妈妈是孩子的老师、朋友、知心人，这么重要的角色怎么能敷衍对待呢？

妈妈别做孩子的反面教材

生活中，常发生这样一幕：在争抢公交座位的时候，有的妈妈竟利用孩子来抢占座位。车子刚停稳就有人紧挨着车子的窗口，先把孩子从窗口塞进车内，也有的让孩子先拼命往车里钻。其他上车的人怕挤伤了孩子，看见孩子往里面挤，都会自觉地退一步让他们先进去。等到大家上了车才发现，先上车的孩子已经连人带物占了两三个座位了。

妈妈是孩子心中最信赖的人。通过与妈妈的朝夕相处，妈妈的一言一行、一举一动都会在孩子的心灵深处埋下相应的种子，妈妈的反面行为，对孩子的未来只会产生恶劣的影响。

“孩子是妈妈的影子”这句话不无道理。孩子的思想观念、政治信仰、行为习惯、兴趣爱好都会或多或少带上妈妈的烙印。

很久以前，一个人打算悄悄跑到邻居家的麦田中偷一些麦子。

在一个伸手不见五指的夜晚，到处漆黑一片，她偷偷带着女儿离开了家。

她压低声音说道：“孩子，你给我站岗，如果有人来就大声喊我。”

然后这人溜进麦地，开始收割，不一会儿，女儿就喊道：“妈妈，有人看到你了！”

这人向四周看了看，但是一个人也没有看到，于是她把割下的麦子收拾起来，又走进麦地。

“妈妈，有人看到你了！”女儿又大声喊道。

这人再次停下来，向四周张望，但还是什么人也没看到。她又收了些麦子，然后来到另一块块麦地。

过了一会儿，女儿大声叫道：“妈妈，有人看到你了！”

这人又一次停下手中的活，向四周望了一下，但还是什么人也没有看到，于是她把割下的麦子捆好，然后溜进最后一块麦地。

“妈妈，有人看到你了！”女儿又叫了起来。

这人停止收割，向四下看去，还是没有看到人。“你为什么总是说有人看到我了？”她生气地问女儿，“我四处看了看，什么人也没看到。”

“妈妈，”那孩子低声说道，“有人从天上看到你了。”

站在孩子的角度，我们禁不住为故事中孩子的诚实和童真喝彩，但同时又为偷麦子的妈妈感到悲哀。虽然孩子还未走上社会，但妈妈的行为直接给她带来了深远的影响，偷麦子看似一件小事，但在孩子的心灵上该会打上怎样的烙印？

很难想象，一个这样的妈妈，能培养出一个什么样的孩子。

也许，妈妈的许多行为是无意的，但无形中我们就成了孩子不诚信的“始作俑者”。让我们再把目光投向许多家庭，看看有没有妈妈在不经意间就做了孩子的反面教材。

美国著名教育家杜威曾经说过，当一个社会对现实的道德状况不满意时，它首先应求助于教育。陶行知先生是伟大的教育家，他的每日4问中的第四问便是：“自己的道德有没有进步？”因为道德是做人的根本，没有道德的人，学问愈大，为非作恶的能力愈大。不容乐观的是，当前社会的非道德教育行为对儿童、青少年的污染已经相当严峻。由此各位妈妈，千万要注意以身作则，不要做孩子的反面教材。

妈妈一视同仁，孩子才不会势利眼

一天，一位40多岁的中年女人领着一个小男孩，走进美国著名企业巨象集团总部大厦楼下的花园，并在一张长椅上坐下来。她不停地在跟男孩说着什么，似乎很生气的样子，不远处有一位头发花白的老人正在修剪灌木。

忽然，中年女人从随身挎包里揪出一团白花花的卫生纸，一甩手将它抛到老人刚剪过的灌木上。老人诧异地转过头朝中年女人看了一眼。中年女人满不在乎地看着他。老人什么话也没有说，走过去拿起那团纸扔进一旁装垃圾的筐子里。

过了一会儿，中年女人又揪出一团卫生纸扔了过来。

“妈妈，你要干什么？”男孩奇怪地问妇人，女人摆手示意让他不要说话。

老人再次走过去把那团纸捡起来扔到筐子里，然后回原处继续工作。可是，老人刚拿起剪刀，第三团卫生纸又落在了他眼前的灌木上……就这样，老人一连捡了那中年女人扔的六七个纸团，但他始终没有因此露出不满和厌烦的神色。

“你看见了吧！”中年女人指了指修剪灌木的老人对男孩说，“我希望你明白，如果你现在不好好上学，将来就跟他一样没出息，只能做这些卑微低贱的工作！”

原来男孩学习成绩不好，妈妈生气地在教训他，面前剪枝的老人成了她的“活教材”。

这时，老人放下剪刀走过来，对中年女人说：“夫人，这里是集团的私家花园，按规定只有集团员工才能进来。”

“那当然，我是巨象集团所属一家公司的部门经理，就在这座大厦里工作！”中年女人高傲地说着，同时掏出一张证件朝老人晃了晃。

“我能借你的手机用一下吗？”老人沉思了一下说。

中年女人极不情愿地把手机递给老人，同时又不失时机地开导儿子：“你看这些穷人，这么大年纪了连手机也买不起。你今后一定要努力啊！”

老人打完电话后把手机还给了妇人。很快一名男子匆匆走过来，恭恭敬敬地站在老人面前。

老人对那个男子说："我现在提议免去这位女士在巨象集团的职务！"

"是，我立刻按你的指示去办！"那个男子连声应道。

老人吩咐完后径直朝小男孩走去，他用手抚了抚男孩的头，意味深长地说："我希望你明白，在这世界上最重要的是，要学会尊重每一个人……"说完，老人撇下3人缓缓而去。

中年女人被眼前骤然发生的事情惊呆了，她认识那个男子，他是巨象集团主管任免各级员工的一个高级职员。"你……你怎么会对这个老园丁那么尊敬呢？"她大惑不解地问。

"你说什么？老园丁？他是集团总裁詹姆斯先生！"

"啊，他是总裁？"

中午女人一下子瘫坐在了长椅上。

可能很多人会想，这个妈妈真倒霉，刚好遇到了总裁，但其实对一个母亲来说，因为自己的言行失当丢了工作事小，在孩子面前丢了作为母亲的庄重和风度事大。在她的耳濡目染下，那个男孩恐怕也难以学会在生活中尊重他人！

妈妈是孩子的第一任老师，也是孩子最亲近的人，妈妈的所作所为容易被孩子认为是合理的，并且，孩子知识经验贫乏，辨别是非能力差，对妈妈的言行会不加选择地模仿。孩子的眼睛是一个照相机，他会将妈妈的言行一一记录下来，并且作为日后生活中的行为规范。要让孩子学会尊重，妈妈必须以身作则，对身边的每一个人一视同仁。

孩子的成长过程中，不仅需要学会基本的生存技能，更要学会如何与他人相处、协作，进入社会，孩子就成了社会的一分子。作为社会成员，尊重他人，才会赢得别人的尊重。握一个手、道一声好，别人遭遇不幸时有一种同情、怜悯之心，而不是漠然、讥笑；自己收获成功不是傲然自大，而是谦逊、随和，这才是一个社会的人，才是一个真正大写的人。朋友关系的存续是以相互尊重为前提的，容不得半点强求、干涉和控制。彼此之间，情趣相投、脾气对味则合、则交，反之，则离、则绝。朋友之间再熟悉、再亲密，也不能随便过头、不恭不敬，这样，默契和平衡将被打破，友好关系将不复存在。

一个不懂得尊重别人的孩子，他对自己的言行举止肯定也不会有最基本的尊重，极端的甚至对自己最宝贵的生命也失去尊重。自尊是促使孩子不断向上发展的原动力。自尊是自信的源头，一个孩子不尊重自己，就不能激发出内心的勇气和自信，当然，也不会取得什么大的成就。屠格涅夫说过，自尊自爱，作为一种力求完善的动力，是一切伟大事业的渊源。孩子只有尊重自己，才会珍惜和看重自己，才能够实现自己人生最大的价值。

孟子说："威武不能屈，贫贱不能移，富贵不能淫"。这是作为君子应该有的气节，也是有品格的母亲应该追求的境界。只有当妈妈做到一视同仁，尊重他人，尊重自己，孩子才能把这种美德深入到灵魂中，在人生的道路上赢得更多的尊重和友谊。

孩子的信仰多是母亲信仰的变种

几十年前，在一个平凡的韩国家庭里，母亲有3个儿子。有一天，亲戚送给他们家两筐桃子，一筐是刚刚成熟的，可以储存一段时间；另一筐是已经完全熟透且马上就会变质的，如果3天内吃不掉就会腐烂。母亲把3个孩子叫过来，问他们选择什么样的吃法，才能不浪费一个桃子？

大儿子不假思索地说道："当然是先吃熟透了的，这些是放不过3天的。"

"可等你吃完这些后，另外的那一筐也要开始腐烂了。那我们岂不是始终吃不到新鲜的桃子了？"母亲显然不满意大儿子的建议。

二儿子想了想，随后说："应该吃刚好熟了的那一筐，拣好的吃呗！"

"如果这样，已经熟透的那筐桃子不是白白浪费了吗？这样的话多么可惜啊！"母亲如此说道。

接着，母亲把目光转向了小儿子："你有什么好办法吗？"

他思索了一下，说道："我觉得我们最好把这些桃子混在一起，然后分给邻居们一些，让他们帮着我们吃，这样就不会浪费一个桃子了。"

母亲听了，满意地点点头，笑着说："不错，这的确是个很好的办法，那就按你的想法去做吧。"

于是这家人就按照小儿子所说的，把桃子分给了邻居。这样他们不仅没有浪费掉一个桃子，也使得他们和邻居的关系更加亲密和谐。

54年后，那个选择把桃子分给邻居的儿子以绝对优势当选为联合国秘书长，他就是潘基文。在就职演讲中，潘基文说："我竞选这个职务，不是为了个人名誉，更不是争夺个人利益。当选联合国秘书长就意味着责任和奉献。我希望在我的任期内，通过各方面的努力，让全世界的人民，不分种族、性别、国籍，都能过上幸福、和平、快乐的生活。"

分享成了潘基文生命的核心，分享丰盛了他自己，同时也滋润了别人。这就是妈妈传递给潘基文的一种做事的原则，也是一种高尚的人生价值观。她家的生活尽管不是很富裕，但妈妈总是会把一些东西分给比自己还贫穷的邻居们。妈妈的这种分享的人生价值观早已经潜移默化地移入了潘基文幼小的心中。

把幸福快乐拿来与别人分享，你就会得到双倍的快乐；把不幸悲伤向朋友诉说，你的不幸就会减半。这就是分享的力量。这是妈妈的信仰的影响和传递。潘基文正是凭借对妈妈的信仰，对分享的信仰，感动了世人。

孩子在成长的过程中离不开爸爸妈妈的守护，尤其是妈妈。由于妈妈照顾孩子的吃穿住行，在这个过程中孩子就会形成一种对妈妈的依恋。这种依恋是人的精神赖以生存的基础。也是人们不断充实自己，发展自己的根基。人所有的信仰都发源于对妈妈的信仰，都是妈妈信仰的一种替代形式，否则，人就失去了在这个大千世界生存的根基。

曾有过这样一个实验，把小猴子和母猴隔离起来，结果发现当小猴子看到自己看不惯的东西时就会蹲下来，并且很紧张和恐惧，而当小猴子和妈妈在一起的时候，一旦出现异常的东西在她身旁，她就会抱住母猴，仿佛有了靠山一样，然后就会回头看它身边异常的东西。

动物是这样，人更是如此。和妈妈生活的时间久了，妈妈就会给孩子提供一个心理支持。由于这种心理支持，所以妈妈对孩子的精神影响很大，甚至在其死后还将继续存在。其原因就在于人是信仰型动物，妈妈正充当了这种信仰的替代物，妈妈在孩子心中占据了更高的位置，从而能够给孩子提供道义和原则的力量。

作为一名妈妈，到底该为孩子做些什么，该教导孩子学习，还是让孩子过上幸福的生活。其实这些都是应该考虑的。但并不是最重要的，那么什么是最重要的呢？清楚了解家庭成员的价值观，尤其是自己的价值观。妈妈自身分享的价值观、乐于助人的做事原则，都会影响孩子并形成他们自己信奉的行为原则。因此妈妈在日常生活中要能遵守自己相应的道德观，坚持你自己的做事原则，忠实于自己的信念，这样妈妈对孩子所产生的积极影响将会显著提升，孩子也会因为有坚定的对妈妈的信仰而更加健康稳定地成长。

妈妈的风度，决定孩子未来的高度

“风度”这个词并不陌生，我们经常听人用“绅士风度”来形容一位男士的行为举止。这样就给人一种印象，似乎风度是专门用来形容男士的，其实不然，“风度”是一个人内在实力的流露，女士也会有自己的风度。

那么妈妈怎样才算是有风度呢？到底什么才是有风度的举止呢？有风度绝不是矫揉造作，风度是一种忘我的境界，在这个境界中，你自然、朴实无华的举止会处处流露出高雅。有风度的举止，是利用外在的一举一动来传达我们内心对别人的尊重和影响力的一种方式，它源于对事理、人情的通达。

一个有风度的妈妈，不单单是会爱的，而且还是懂得感恩的，拥有感恩之心的人。感恩之心会给我们带来无尽的快乐。为生活中的每一份拥有而感恩，能让我们知足常乐。感恩不是炫耀，不是停滞不前，而是把所有的拥有看做是一种荣幸、一种鼓励，在深深感激之中进行回报的积极行动，与他人分享自己的拥有。感恩之心使人警醒并积极行动，更加热爱生活，创造力更加活跃；感恩之心使人向世界敞开胸怀，投身到仁爱行动之中。没有感恩之心的妈妈，永远不会懂得爱，也永远不会得到别人的爱。

感恩是美的字眼，它是一种深刻的感受，能够增强个人的魅力和风度，开启神奇的力量之门，发掘出无穷的智慧。有感恩风度的妈妈，才会教育出有感恩之心的孩子。妈妈是孩子的领路人，具有感恩之心的妈妈必然会把这种行为举止传达给自己的孩子，教育子女要在生活中懂得感谢周围的每一个人，包括自己的亲人、师长、朋友、同学。

生活中有很多孩子在享受着别人的爱时，认为是天经地义的，而感恩就常常在这样的理所当然中被轻看、被忽略、被遗忘。

让孩子懂得学会感恩，就是让子女意识到别人为你所有的付出，包括父母无私的奉献，都是需要回应、需要赞赏的。在孩子成长的过程中，有许许多多人为他们的成长奉献着、付出过，孩子应该永远记住那些人和事、那些爱和恩，并为此承担一份责任，准备着为回报而努力。即使施恩者不需要即时回报，也该提醒他们把感激埋进心里，并试图“去回报那曾和我一样需要帮助的人”。

因此有风度的妈妈是值得称赞的，一个懂得感恩的妈妈举止是有风度的，她们的风度影响着自己的孩子，在自觉和不自觉中潜移默化地影响着孩子成为一个风度翩翩的人。一个有风度的妈妈，内心要有风度，行为举止也要有风度。

行为举止在心理学上称为“形体语言”，是指人的肢体动作是一种动态中的美，包括手势、坐姿、站姿、走姿等，是风度的具体体现。在某种意义上，妈妈的举止对孩子的影响绝不亚于口头语言所发挥的作用。

“站如松，坐如钟，卧如弓，行如风。”这 12 个字生动地概括了正确的站姿、坐姿、卧姿和走姿，十分形象。一个有风度的妈妈只有做到了站有站相，坐有坐相，走有走相，才能对孩子有一个良好的引导，让孩子不知不觉中形成有风度的举止。

一个人的行为举止、风度仪表是展现他外在影响力的主要方式之一。一个内心充满感恩的妈妈彰显了内在的风度和魅力，一个注意自己言行举止的妈妈显示了她外在的影响力。就是这样内外兼修的妈妈，才把她特有的风度，在与孩子的相处中，在与孩子的日常接触中默默地传递给了孩子。此外风度的培养来自于不断的实践和观察，就像其他的良好习惯一样，要想把子女也培养成有风度有影响力的人，你必须不断地实践。在教养实践中让子女形成习惯，就会为他们的未来增加竞争的资本，并为他们的人生增添无限光彩。

中篇

育子秘诀

——如何雕刻孩子这块璞玉

第一章　早期教育成就孩子的一生

小孩子的智力水平和学习能力，往往被大人忽视了。到了学龄年纪再教育，其实已经迟了。错过了孩子智力发展最迅速以及学习最敏感的时期，用上九牛二虎之力也很难将孩子潜能开发到他原本可以达到的高度了。

教育真正重要的时期是无限接近零岁的时候

曾有一个专家做了一个实验，他把刚刚生下来且同样体重的小白鼠分成两组，一组放于较大、光线充足的空间，提供丰富的声响、有滚筒、滑梯等玩具，让小白鼠自由追逐玩耍；另一组小白鼠，则关于没有光线的笼子里，没有玩具、没有同伴，虽然提供同样的食物营养，不过经过 19 天的测试，智力的表现大相径庭。

结果显示，前一组小白鼠机敏灵活，人抓不住它们；后一组小白鼠，则呆滞迟缓，即使人去抓它们，也不知逃跑。抽样解剖发现，前一组小白鼠因常接受丰富的刺激，它们的大脑生出了许多突触发展出紧密的连接；而后一组小白鼠则因少受刺激，脑组织竟呈现萎缩状态，脑重量及体积也相对变小。

这个实验的结果，主要是用来印证早期教育的重要性，他认为在婴幼儿成长的过程中，一旦错过了生长发育期的发展，脑组织结构就会趋于定型，潜能发展也将受到限制，即使拥有优越的天赋，也无法获得良好的发展。

早期教育受到世界各国教育专家的认同，而早期教育应从多早开始进行呢？现在越来越多的教育家、科学家们提出了零岁教育的理念。著名生理学家巴甫洛夫有句名言："婴儿降生第三天开始教育就迟了两天。"日本儿童教育家井深大认为，过去的教育都是从孩子懂话的时候开始，但是这种教育已经迟了，因为在孩子会讲话之前，他就已经获得了比利用语言传授的知识更多的东西，因此，教育孩子的最好时机，既不是上幼儿园的时候，也不是 3 岁，真正重要的时期是无限接近零岁的时候。

另外，孩子婴幼儿阶段发展的特殊性也决定了早期教育从零岁开始的必要性。这些特殊性表现为：

（1）大脑发育的可塑性。大脑的可塑性是大脑对环境的潜在适应能力，是人类终身具有的特性。年龄越小，可塑性也越大。3 岁前，尤其是出生的第一年，是大脑发育最迅速的时期，零岁时受到的外部刺激，将成为大脑发育的导向。早期形成的行为习惯将编织在神经网络之中，而将来若要改变已经形成的习惯却要困难很多。

（2）从幼儿的生理上看，两岁末大脑已基本具备了它的主要生理特征。7 岁时已达成人脑重的90%。脑神经细胞的70%～80%是在3岁前形成的。因此，进行早期教育已有牢固的生理基础。

（3）研究表明，在大脑发育过程中，有一系列的关键发展期或敏感阶段，也称学习的关键期，虽然人类的学习关键期持续时间可从出生延续到青春前期，但人类最基本的情感、行为、技能的学习关键期却开始于出生之后、三岁之前。

（4）婴幼儿时期是智力发展的最佳时期，如果把17岁时所具有的普通智力水平看做百分之百，那么4岁时所获得的智力将达到50%，头四年所获得的智力等于后13年的总和。因此，早期教育在发展幼儿智力上有着关键性的作用。

（5）婴儿一出生，他就要学会适应外界环境，呼吸、吃奶，以后还要逐步学习语言，认识事物，掌握各种动作，学会各种能力，等等，所以婴幼儿时期是一个人生活、心理发展最迅速的时期，一个人一生发展的基础往往是在婴幼儿时期奠定的。

孩子的这些特性，使0岁教育成为可能和必要。细心的家长只要观察孩子的表现，就会发现0～3岁孩子的学习能力特别强，如能及时进行教育，让孩子的潜能得到最大程度的发挥，孩子就会在起跑线上就拥有有利条件，自然他的发展就会更好。

也许有些人会质疑对那么小的孩子进行教育，让孩子的大脑吸收过多内容会不会对孩子有伤害？会不会给孩子带来太大压力？

其实，完全不用担心这些问题，因为人的潜能非常之大，心理学家有个研究，说一个人在生命结束时，他的脑细胞只用了5%，科学家只用了10%，这说明大脑实际上是一个装不满的知识仓库，不用担心早教会给孩子的大脑带来超重负荷。另外，婴幼儿都具有本能的自我保护能力。婴幼儿用脑不是外部压力起主导作用，而是他本能的好奇、兴趣、精神生活的追求决定的。外部的信息一旦超过他的负荷，或者枯燥乏味，他会立刻关闭“注意”的门户，从而把自己彻底保护起来。

早教不仅不会伤害孩子的大脑和身体，而且对孩子的身体发育是有利的。据资料讲，美国研究人员曾对549名天才儿童做了37项，2200次的精密身体测量，结果显示这些儿童不仅在身高与体重上较优于常态儿童，而且在各种生理品质上也有此种趋势。例如，他们的肺活量、握力、臂部、腰部及肩部各种宽度都比常态儿童要好。

所以，科学的早期教育，不但不会伤害孩子的大脑，反而能促进大脑的发达和身体的健康。妈妈们可以放心大胆地对孩子进行早期教育，也许你也可以创造出一个天才！

儿童的潜能存在着递减法则

“哈佛女孩”刘亦婷的母亲刘卫华坚持早期教育，使女儿的记忆能力明显超过了常规孩子。以“认生”——婴儿第一次表现出记忆能力——为例，刘亦婷3个月大就开始认生，比平均水平提早6个月，6个半月就出现了“理解记忆”（即明白词汇与物体的关系），而50%的婴儿则是在10个月大时出现的。当她长到1岁1个月时，记忆力的发展又出现一个飞跃。在记忆方式上，她已不再仅仅依靠人类3岁以前所特有的

“模式记忆”，而是提前萌发了3岁之后才有的“分解记忆”能力。在女儿满1岁半时，妈妈就试着教她背唐诗。刚开始是两个字一段地教她，没过几天，女儿就可以流利地背诵朝辞、白帝、彩云……虽说她并不懂诗的含义，但唱歌一样的朗诵，却能使她感悟到诗歌韵律的美妙。自那以后，婷婷的学习热情一直很高，姥姥教她背了一首诗：“雄鸡一唱天下白，千家万户把门开……”在从工厂的路南区到路北区的路上，她看见一只公鸡就把诗背了一遍。

经过妈妈的不懈努力，对女儿的教育也结下了满意的果实。刘亦婷聪慧过人，成绩优异，轻松考入哈佛大学。

成功专家罗宾曾说：“每个人身上都蕴藏着一份特殊的才能。那份才能犹如一位熟睡的巨人，等待着我们去唤醒他。”事实上确实如此，每一个孩子身上或多或少都有一些将来可以成就大器的潜质。不仅那些反应敏捷、聪明伶俐的孩子是这样，即便是那些相对木讷，甚至看起来有些愚钝的孩子也有这样的潜质。一旦有人将他们的潜质打开，凭借这种热忱的力量，原先人们在他们身上看到的那种“愚钝”也会慢慢消失。

而儿童虽然具备潜在能力，但这种潜在能力不是一成不变的，而是遵循一定的规则在变化。杰出的日本儿童教育家木村久一总结出儿童潜能的递减规律：比如说生来具备100度潜能力的儿童，如果从一生下来就给他进行理想的教育，那么就可能成为一个具备100度能力的成人。如果从5岁开始教育，即便是教育得非常出色，那也只能成为具备80度能力的成人。而如果从10岁开始教育的话，教育得再好，也只能达到具备60度能力的成人。这就是说，教育开始得越晚，儿童的能力实现就越少。

根据儿童潜能的递减法则，儿童智力发展的这个最佳期非常关键，它对人一生的智力发展都起着决定性作用，妈妈们千万不要错过。妈妈教育孩子的第一要旨就是要杜绝这种递减。而且由于这种递减是因为未能给孩子发展其潜在能力的机会致使潜能枯死所造成的，因此，教育孩子的最重要之点就在于要不失时机地给孩子以发展其能力的机会，也就是说要让孩子尽早发挥其能力。

我们都知道，有可能长到30米高的橡树，实际上很少有长到30米的，这是由于生长环境的影响。如果橡树阳光、水肥充足，再加上精心培育，就可能长到18～21米，甚至更高可达24～27米。但一般橡树只能长到12～15米，要是环境不理想，就只能长到6～9米。同样的道理，具有100度潜能的孩子，如果放任不管，就只能成为具有20度或30度能力的人。也就是说，他的潜能只发挥出了一小部分。但如果对他进行适当的教育，他的能力就可以达到60度、70度，甚至是80度。也就是说通过教育，就可把他的潜能大部分发挥出来。

那些“神童”也好，早慧儿也好，只不过是他们的妈妈从小对他们进行了科学的早期教育，使他们的各种潜能得到了充分地开发，使潜质转化为了强大的学习能力，自然在后续教育中就占有极大的优势，总是跑在同龄人的前面。

格莱斯顿也说过：“最有意义的事情莫过于把一个孩子内心潜藏的热忱激发出来。”每个孩子都有自己的闪光点，作为妈妈，要做到认清自己的孩子，了解孩子的长处和短处，挖掘孩子的潜能，因材施教，扬长避短，每个孩子都能成材。

所以，妈妈要努力发现自己孩子的与众不同之处，相信孩子的潜能，及早对孩子的综合潜能进行正确地评估，及早开发，将对孩子的健康成长大有裨益。

家庭早教不应该是纯粹游戏式的，还是要有适当的强制性

有些妈妈认为，家庭教育不应该制度化、有强制性，这是欠妥的。实际上孩子是最喜欢制度化的。

早期孩子的智力教育不在于获取知识的多少，而在于发展孩子的思考能力，培养孩子的思考习惯，尽管获取知识也许是一种结果，但却绝非是目的。而且还要让孩子们喜欢学习，善于学习，这样他们会越学越感到乐趣无穷，而孩子们认识的内驱力愈强大，钻研愈深，探究倾向愈强烈，孩子的智力发展就越好！

在进行早期智力教育时，关于是应该实施单纯的游戏式教育，还是要有适当的强制性，这个问题也一直颇有争论。

由于早期的智力教育不仅仅是单纯的知识教育，它还是让孩子的大脑开窍的训练，而让大脑开窍是一个不断地让孩子思维深入的过程，因此早期智力教育存在着一个系统化的问题，它不是随心所欲地进行的。又由于孩子的智力教育不能离开知识的学习过程，因此智力教育有它本身的规范性，这也决定了这种教育需要适当的强制性。

但是，一方面因为现在不少妈妈不懂教育原理，一味地进行蛮干。陀螺明明没有转起来，她们却拼命地用鞭子抽，越是没有转起来越抽得厉害，幻想能够用这种方法让陀螺转起来，而没有想到自己应该蹲下来，将鞭子绕在陀螺上，然后抽好这第一鞭；另一方面，人们似乎认为对于孩子只有在玩中学，随孩子的意志才是对的，对孩子的任何规定都被误认为是剥夺、压制了孩子的天性，所以长期以来对智力教育的强制性批评也甚多。

其实，孩子学习效果的好坏，不完全取决于游戏形式的本身，而取决于学习内容和方式是否能对孩子产生强大的吸引力。品德教育、习惯教育也都带有适当的强制性，所以可以说没有适当的强制性就没有教育，对孩子可能更是如此。

纵观历史上的很多天才，小时候都受到家庭严格的训练。比如莫扎特练琴极为辛苦，一年 365 天，几乎天天都要坚持；爱因斯坦 5 岁时被母亲逼着学小提琴，他曾极度反抗，但是后来却是一位极爱音乐的大科学家。文中所说的严格绝不是怂恿对孩子进行专制，而是在学习过程中难免有要求严格的时候，这时妈妈们应该因势利导。几乎所有接受早期智力教育的杰出人物，由于妈妈们对要求的领域的熟悉，从而才能引导孩子不断前进。而那种不是行家却爱瞎指挥的“严格”，在家庭教育中应该避免，否则孩子不仅不能取得成绩，相反性格还会遭受扭曲。

在早期智力教育中，妈妈们应该吸收学校教育的长处，定时、定量、定人、定地点，把这种教育制度化，这样孩子是会很好适应的。

至于智力教育的内容，应该以教孩子识字、阅读为主。因为这不仅是每一个人都

要掌握的，而且这还是最符合孩子心理发展的。

所以，妈妈们在对孩子进行早期的智力教育时，不能纯粹的游戏式，还应该有适当的强制性，这样效果才更好。

早期智力教育不等于知识教育

斯托夫人这样描述她对孩子的早期教育：我从训练五官开始对女儿教育，首先使她学会使用耳、目、口、鼻等，首先应该发掘耳朵的听力。因为对婴幼儿来说，最重要的是听到母亲轻柔悦耳的歌声，可我感到为难的是自己不会歌唱，因此就对孩子朗读诗歌，我朗诵的是《艾丽依斯》，这是威吉尔的诗，结果发现效果很好。在我轻轻地朗读时，小维尼雷特很快安静下来，听着听着就睡着了。这个方法我后来在别的孩子身上试验过多次，效果都很好。有时候摇篮曲并不能够催婴儿入睡，可是《艾丽依斯》屡试不爽。因此，在我看来这部出色的叙事诗同时也是一首了不起的摇篮曲。

斯托夫人热爱音乐，而且天才地把颜色和音乐联系在一起，开发小维尼的感官功能。她给七音分别标以不同颜色，在墙壁上用三棱镜制造出美丽的虹光，教授她弹奏乐器。小维尼长大后10来岁自己可以写曲，自娱自乐，陶冶情操。为了使孩子辨认节奏，她还教小维尼和着诗歌的音节舞蹈。舞蹈可以塑型强身，同时也增强了小维尼对于文学和音乐的通感才能。

维尼雷特还有各种各样的小球和木片，这些玩具五颜六色，很适宜孩子玩耍，她的布娃娃都穿着色彩鲜艳的服装。斯托夫人就是借用这些玩具尽力发展她女儿的色彩感觉。

蜡笔也是不可缺少的工具。斯托夫人经常和女儿做一种“颜色竞赛”游戏。游戏一般是这样进行的：她先在一张大纸上用红色蜡笔画一条3厘米左右的线，然后让女儿用蜡笔平行画出一条同样的红色线，接着她用蜡笔在自己的红色线之后接上一条青色线，再让女儿模仿自己用青色蜡笔画出一条线，游戏就这样进行下去。要是女儿没有用和自己线条相同颜色的蜡笔，女儿就输了，游戏就中止。

斯托夫人对女儿进行训练，没有任何勉强的成分。因为她知道孩子的天性，她的目的是要使孩子的潜能得以发挥。她进行各种引导，就是为了不使女儿的某种潜在素质被埋没。与此同时，孩子在这样的教育之中，总会有事可干，不会因为闲得无事犯常见的毛病，比如咬手指头、哭叫。

以上感官的开发使小维尼在学习知识前已蓄势待发，在正式开始学习语言和其他知识时，便如鱼得水。

斯托夫人的女儿3岁就开始写诗歌和散文，4岁能用世界语创作剧本，到了5岁，她的诗歌和散文开始发表在各种报刊中，并且已能够熟练地运用8个国家的语言。不仅如此，她女儿在其他方面，比如数学、物理、体育、品质等也都明显比其他的孩子优秀。这一切成就，有斯托夫人早期教育的很大功劳。

斯托夫人对孩子进行的早期教育涉及了很多方面，但是就是没有在知识教育上下工夫，因为她知道，早期智力教育并不是知识教育。早期教育应注重开发多元智能，本着兴趣、需要的原则对孩子实施启蒙教育，应创造适当条件使幼儿的各项潜能得到最大限度的发挥，为培养孩子体格健康、智力发达、品质和个性良好打基础。

卡尔·威特认为，从出生到3岁之前，孩子的大脑对事物的记忆不是对其特征进行了分析之后才记住的，而是在反复的观察中，将整个事物印象原封不动地作了一个“模式”印进了大脑之中。在最初，他的大脑还处在一个白纸状态，无法像成人那样进行分析和判断，因此，可以说他具有一种不需要理解或领会的吸收能力。如果不把你认为正确的模式，经常地、生动地反复灌入幼儿尚未具备自主分辨好坏能力的大脑的话，他也会毫无区别地大量吸收坏的东西，从而形成人的素质。所以，早期教育最主要的不是给孩子灌输知识，应该根据婴幼儿的心理发展规律和年龄性，把重点放在发展小儿的智力和个性品质培养上。因此，婴幼儿时期的早教内容应是以下几方面：

1. 促进孩子语言和思维的发展

科学研究证实，婴幼儿1岁半左右是学习语言的最佳时期。此时，小儿学说话最容易而且学得快，故应及早与孩子说话，不断与小儿进行语言交往，可以诱导、启发和促进孩子的语言发展。

2. 锻炼孩子的感知觉

婴幼儿感知觉器官的功能，需有相当的刺激输入和锻炼，才能得以发展。妈妈可以向斯托夫人学习对孩子的感官功能的培养方法，利用声音、语言玩具、实物等刺激其听、视、触、嗅觉等，促使他们在看、听、闻、摸、尝的过程中，获得各种印象，让孩子对客观世界有正确的初步认识，这对婴幼儿智力发展有着重要意义。

3. 呵护孩子的好奇心

婴幼儿时期的孩子，对周围的一切都感到新奇，妈妈应珍惜孩子的这种求知欲望，一定要耐心而热情地倾听，认真简要而正确地回答小儿提出的每一个问题，从而满足他们的要求。

4. 对孩子进行正确的价值观传输

小孩子不会分辨大人对她说的话是好是坏，他只会照单全收、不加筛选地进行记忆，所以，妈妈一定要注意对孩子的思想教育，要经常将真善美的品德告诉他，虽然他不懂其中的意思，但他在记忆中会慢慢形成这样的价值观，这对孩子的一生有着良好的意义。

音乐是启迪儿童智慧的“心灵体操”

大家都知道，爱因斯坦是一位伟大的科学家，而不知道他还是一位出色的小提琴家。但是，爱因斯坦之所以能对人类科学作出巨大贡献，与他学习小提琴有着密切的关系。因为音乐无处不在的张力能使人的想象力和理解力发挥到极致。

母亲的音乐熏陶开启了爱因斯坦的智慧之门，爱因斯坦的母亲是一位很有修养的女性，她爱好音乐，在钢琴和小提琴上都有很深的造诣。她是爱因斯坦的小提琴老师，也是他的音乐启蒙老师。6岁时，爱因斯坦学拉小提琴，他的妹妹玛雅学钢琴。稍后，爱因斯坦也学习弹钢琴。随着时光的流逝，爱因斯坦对音乐渐渐入迷。7年之后，当他懂得了和声学和曲式学的数学结构，当他体会到演奏莫扎特作品的技巧和奥妙时，琴弦和心弦一起共鸣了，他一生中的科学和艺术生涯也开始了。

母亲的音乐教育不但开启了爱因斯坦的音乐之门，给了孩子一个多彩的童年，也为他开启了一个智慧之门。爱因斯坦是伟大的，他的母亲也是伟大的，她母亲的伟大就在于用适当的方式对爱因斯坦进行早期智力的开发，并为爱因斯坦的成功奠定了根基。

一位哲学家曾经说过："音乐往往能够造就出天才。"当然，他所说的天才已经超出了音乐的范畴。但值得肯定的是，音乐可以改变一个孩子的气质，因为孩子在接受音乐教育中不仅为他成为音乐家提供了可能，也为其他方面的发展创造了极佳的条件。

孩子与音乐似乎天生就有不解之缘，而音乐又是启迪儿童智慧的"心灵体操"。聪明的妈妈可以充分挖掘和启发孩子与音乐的"缘分"，使他在音乐艺术美的熏陶中，获得一生受用不尽的财富。

音乐是表情达意的艺术，孩子恰恰具有喜形于色、感情外露的特点，他们很难用言语表达他们内心的情感和体验，而音乐中强烈的情绪对比、鲜明的感情描写正抒发了孩子的内心感受，所以孩子发自内心地喜欢音乐，以至于常常情不自禁地随着音乐手舞足蹈。

天真活泼的孩子对音乐天然的热爱和向往让我们确立了这样的信念：每个孩子都需要音乐，每个孩子都有接受音乐文化的愿望和要求。音乐的启蒙就是满足并激发孩子对音乐的兴趣，发现和培养孩子的音乐才能。孩子需要音乐，那么音乐对于孩子的生活和成长又有什么意义呢？

一直以来科学家们不断研究音乐，认为它是一种心智"体操"，像玩乐器、练唱、听音乐等可增强身体协调力，对时间的敏感、专注的能力、记忆的技巧、视觉听觉的发展以及对压力的控制都有帮助。音乐与右脑有关，而右脑掌管情绪与感觉，所以玩乐器、唱歌、听音乐有助于宣泄情绪。当我们听到好听的音乐，情不自禁就会手舞足蹈，这是因为音乐刺激了我们的脑神经，使我们活跃起来。日本著名的音乐家和教育家铃木镇一，在自己的教育法著作《早期教育与能力培养》一书中特别强调了兴趣对于孩子的重要性。他提倡用音乐开启孩子"天才教育"的大门，曾轰动了全世界，而且他用实践证明了才能不是天生的，任何一个孩子，只要教育得当就能成功。

音乐对心智发展的积极效果，从很多实践中都可以看出来。实验证明音乐会刺激新生儿的活动。美国耶鲁大学小儿科仙思教授的一项研究指出，接受有规律的音乐刺激的新生儿，他们的智商比未接受刺激的高出27～30点。

在生活中，只要运用恰当的方法，在恰当的时间引起孩子的注意，一定会让孩子为了快乐而欣赏音乐。培养孩子去欣赏音乐，能懂得欣赏音乐的人是幸福的。但是妈妈该如何让孩子跟音乐进一步接触呢？

(1) 要为孩子创造一个音乐环境：随着人们生活水平的提高，现代化的视听设备逐渐进入了家庭生活，这为培养孩子的音乐素质，提供了物质条件。妈妈可以充分利用音响、卡拉 OK 机和电视机，对孩子进行音乐教育，此外妈妈还可以带孩子参加一些音乐会、文艺晚会，或者利用茶余饭后的空闲时间，让孩子表演一些音乐节目，也可以亲自为孩子演唱、演奏一些音乐节目。孩子稍大一点，妈妈还可买一些乐器，让孩子学习演奏。

(2) 培养孩子在音乐伴奏下做动作、跳舞：在音乐伴奏下做动作或跳舞，可以发展孩子的节奏感，陶冶性情。妈妈可以教孩子按音乐节拍、速度和情绪做动作，通过运动神经去感知和表现音乐艺术美。

(3) 教孩子唱歌：妈妈教孩子唱歌，应当从教歌谣开始。让孩子从掌握语言的韵律节奏，逐步过渡到掌握音乐的韵律节奏。

总而言之，就像诗人歌德曾说过的那样："为了不失去神给予我们对美的感觉，必须天天听点音乐……"因此，让孩子接触音乐是很重要的。虽然不能让每个孩子都成为音乐家，但至少可以培养孩子的气质，也丰富了他们的艺术生活。

天才是天生的，更是要培养的

爱因斯坦小时候，智力发育的水平看上去不如一个普通同学，诺贝尔奖的获得者也未必都像是居里夫人那样聪颖早慧。孩子的天分是妈妈无法决定的，但是人脑的复杂性和多用性远远超过任何一台电脑，关键在于妈妈如何来挖掘。

经过研究，我们发现，天才的秘密就是智力潜能比一般人开发得多一些早一些而已。所有天才的诞生都源于为他们的幼年生活安排了丰富多彩的环境，并获得了较好的心灵阳光。莫扎特出生在一个音乐世家，很小的时候就听他父亲演奏音乐，在他的周围有许多乐器。他 5 岁时就拉小提琴并为小提琴作曲，8 岁时谱写了他第一部交响音乐。那么，怎样使用环境法开发孩子的潜能呢？如何为孩子的心灵生活布置充足的阳光，培植健康的情感世界，让孩子始终有个好心情？

也许我们都有这样的经验，在镜子前对自己笑一笑，心情马上就会变为愉快轻松。对于大脑的潜能开发也一样，如果能不断输入积极的意识，让意识通过下意识对大脑提出要求，潜意识就会调动体内的潜能发挥作用。比如有一道题苦思冥想都没有做出来，在睡前将有关的条件、信息输入大脑，第二天早上起来，说不准答案就出来了。

1960 年，哈佛大学的罗森塔尔博士曾在加州一所学校中做过一个著名的实验。新学年开始了，他让校长把 3 位老师叫进办公室，对他们说："根据过去 3 年来的教学表现，你们是本校最好的老师。为了奖励你们，今年我们特别挑选了 3 班全校最聪明的学生给你们教。这批学生的智商比同龄人都要高，希望你们能有更好的成绩。"

老师们表现出掩饰不住的喜悦，临出门时，校长又叮嘱他们："要像平常一样教他们，不要让孩子或者妈妈知道他们是被特意挑选出来的。”

一年之后，这3班的学生成绩是整个学区中最优秀的，比平均分数高出两三成。这时候，校长才告诉老师们真相，这些学生并不是刻意选出来的，而只是随机抽选出来的普通学生。3位老师万万没有想到事情是会这样的，只有归功于自己教得好而已。而校长又告诉他们，其实他们也是随机抽选出来的。

这就是因为暗示发挥了重要作用，这三位老师觉得自己很优秀，充满了自信与自豪，工作中自然就格外卖力，学生知道自己是个好学生，肯定会努力学好，结果就真的全部优秀起来了。

所以，妈妈在开发孩子智能的时候，要给予孩子积极的暗示，不断给他输入积极的意识，才能激发出孩子的正面能量。尤其是越小的孩子，他越需要妈妈的鼓励和认同，需要妈妈的信心来转变为自己的自信。

爱因斯坦既是一个思想家，也是一个科学家，同时还是一个脑袋里充满符号和公式的数学家，是个左脑发达、逻辑思维极强的人。但是，爱因斯坦的思想，首先来自于图像和形象，以后把它们翻译成词句和数学符号。他创立相对论不是通过他的理性思维，他没有坐下来用纸用笔一步步算出这个理论，最后得到符合逻辑的结论。理论的诞生是在一个夏天的下午，当爱因斯坦躺在长满青草的山坡上，透过微闭的眼睑，凝视着太阳，玩味着通过睫毛而来的光线，当时他开始想知道沿着光束行进会是什么样子，他就像进入了梦境一样，躺在那里，让他的思想随意遨游，幻想着他自己正沿着光束行进。突然他意识到这正是刚才所探求的问题的答案，这个意识正是相对论的精髓。

孩子的想象力总是无穷无尽，这是多么宝贵的资源，妈妈千万不要遏制孩子的想象，而是要支持甚至引导孩子积极遐想，也许，就能培养出下一个爱因斯坦！

我们经常从照片上看见以万里晴空为背景的冰山景观，相信每一个人都会发出由衷的赞叹：啊，多美啊！而我们所看到的，也只不过是浮出水面的一部分而已。到底是什么造就了冰山之美呢？是那部分隐藏在底下的冰山。堆积在底下的冰山，渐渐地就会将一部分瑰丽地呈现在水面上，在这里“呈现”是不可预料也不好控制的，而“堆积”是完全可以通过计划实现的，而事实上，实现了“堆积”，“呈现”就是不速而至的。“堆积”要计划，包括有目的、有计划、有准备、有措施、有安排、有步骤、有反复、有效率、有节制、有效果。

所以，激发孩子的潜能，妈妈还需要计划，应该给孩子的心智发展提供良好的渠道和方法，使其充分发挥自己的潜力。

总之，天才之所以是天才，不仅仅是因为他有天生的智能，更是因为他后天得到了更早更好地开发。卡尔·威特认为：孩子的天赋当然是千差万别的，有的孩子多一点，有的孩子少一点。没有一个孩子生下来就注定会成为天才，也没有一个孩子注定一生庸碌无为。一切都取决于后天的环境，取决于后天的培养和教育，父母则是其中最为直接和关键的因素。所以，只要妈妈早期教育培养方法得当，每一个孩子都可能成为天才。

第二章　童年需要滋养而不是弃养

孩子不是为“长大”或“成功”活着，孩子首先是为“童年”活着。一个孩子从小被剥夺了以天真之心享受单纯生活的权利，就会在他的个性上造成难以弥补的裂痕。我们要让自己的孩子有过做天使的经历，不要让他生来只能做没翅膀的凡人。

孩子没有童趣犹如花朵没有养分，盛开不起来

某报纸曾报道过这样一则新闻：在被补习班填满的双休日，两学童偷偷弃学出玩。15日晚10时许，在民警帮助下，家长终于找到“流浪”街头的孩子。面对父母的询问，两学童委屈道出：“真想有像你们一样快乐的童年！”

“真想有像你们一样快乐的童年……”孩子内心的诉求原来就这么简单！玩弹弓，过家家，捉迷藏，跳皮筋，打水战，跳格子，玩泥巴……这些简单的游戏，其实就是孩子的愿望。

可是，随着社会竞争压力越来越大，小孩子的简单愿望被妈妈强制忽视了，尤其是生活在城市的儿童，自由越来越少，负担越来越多。妈妈带着他们像赶集一样参加各种补习班、辅导班、培训班，以期增加孩子的竞争砝码。孩子们不再天真烂漫、纯洁无邪、活泼可爱、无忧无虑、无牵无挂，他们变得早熟、深沉、世故、稳重。他们的童真和童趣被世俗消磨殆尽，而他们的快乐自然也消失了踪影。

“知心姐姐”卢勤曾有过一段经历：“去年我到非洲去，虽然当地生活很贫困，可不论我走到哪里都可以看到孩子们面带微笑。”中国孩子照相前会说“茄子”，可你发现孩子们笑得并不真实，不会笑说明现在的孩子缺少童趣。我们的孩子为什么不笑了，或者笑得那么牵强？卢勤的答案是：今天的孩子觉得太累了。

是啊！现在的孩子过早地承担了太多负担，超纲幼教、曲艺特长、智力竞赛、学习重担，等等，通通压在小孩子稚嫩的肩膀上，让他们喘不过气来。尽情游戏的快乐成为一种奢望，无忧无虑成为一种不可能，而童真童趣就在这有形无形的压抑中提早散去，独留下孩子娇小稚嫩的身躯。这样的现状，妈妈们满意吗？难道你看到孩子现在的笑容没有你小的时候多，看到孩子现在没有像你以前一样放肆地玩耍，你觉得公平吗？也许你时常会回忆童年的美好时光，那你为什么不让孩子有美好的童年时光来回忆呢？

其实，妈妈这样做，是出于对孩子的爱。然而，让孩子不快乐的爱，还是真的爱吗？这种爱，体现出妈妈根本不知道该怎样爱孩子，她们拼命地去为孩子构筑一切，

不管孩子需要不需要，喜欢不喜欢，无情地把他们和童趣分开，无情地剥夺了他们自己选择喜爱事物的权利。这样世俗的爱，注定结不出美丽的花朵。而且，没有童趣的孩子，即使在其他方面再有成就，他的人生也不会有真正的快乐。

孩子没有童趣犹如花朵没有养分，盛开不起来。所以，如果妈妈真的爱孩子，就要牢牢记住：孩子的行为可以引导，但童趣、童真不能被剥夺，童心不能被践踏。

童趣是装扮童年的一把小花伞。若是在炎炎夏日，可以用这把小花伞遮挡烈日，让孩子仍然可以享受一份伞下的清凉；若是大雨滂沱，可以用这把小花伞抵挡风雨，使孩子依旧可以感受一份来自伞里的温暖……正是因为有了这样一把小花伞，孩子的童年一直都沉浸在快乐幸福中。

妈妈，有义务和责任让孩子在童趣中拥有快乐幸福的童年，拥有值得一生回忆的美好记忆。“等待着下课，等待着放学，等待游戏的童年”，不仅仅是罗大佑经典歌曲中的歌词，也是所有童年孩子的心声！

小“人精”和小“世故”——催熟的果子不会甜

王丽和张倩是5年级1班的学生，她们是最要好的同学，每天都形影不离，一起上下课。明天就是教师节了，两个孩子在放学路上商量着送什么礼物给老师。

“我们一起去买一张好看的贺卡送老师吧！”王丽建议道。

“你真是老土啊，现在谁还送贺卡啊！要送也要送点实惠的！”张倩对王丽的建议非常不满。

“那什么东西是实惠的呢？”

“我听说别的同学都是买一些比较贵重的礼物送老师，我们也要买，不然老师就不喜欢我们了。”张倩凑过来悄悄说道。

“但是我们没有钱啊？再说老师不会喜欢我们送礼吧！”

“你怎么那么笨啊，现在哪个老师不喜欢人家送礼啊，我爸妈逢年过节都要给老师送东西呢，要不然老师会关照我吗？我们赶紧回去要钱，去商场买个贵点的礼物，千万不能比其他同学的礼物差啊！”于是，两个小孩快步朝家里走去……

人们常说现在的孩子太聪明了，一个个说话跟个小大人似的，经常把大家逗得乐呵呵的，但是，听到下面这些“大人话”时，妈妈是否应该提高警惕了：“你看你那同学又黑又瘦，长得不好，穿得多寒碜，家里估计也不怎么样。那个同学一看就知道穿得是名牌，就是不一样！”“我们班的同学可矫情了，在老师面前是一个样，在同学面前一个样，我们班两面派特别多！”“就他那成绩，能进重点，不说大家也知道，不就是走关系嘛！不过也正常，我们家是没这个条件，如果有条件，我干吗不用，不用白不用。”……这些不仅仅是一句话，也代表了孩子们被世俗沾染的心！

童年，应该正是天真烂漫，活泼可爱的时候。童年的孩子就应该有孩子的样子，当孩子的言行超于他的年龄段时，妈妈就需要去关注并分析其形成原因。不要觉得孩子言行像大人一样就表示了孩子很聪明而给予支持，更不要忽视大人化对孩子幼小心灵的影响。

其实，孩子的心灵都是一张白纸，而后来的那些世俗色彩是妈妈或者其他大人在生活中涂抹上去的。有些父母会在家里随意谈论一些家长里短，对其他人评头论足。有时候看上去孩子在一边玩着并没有听大人说话，但事实上他却竖着一只耳朵留意父母在说些什么，更有的父母甚至当着孩子的面就毫无顾忌地大发言论。这些都会给孩子不同程度、不同方面的影响。时间长了，孩子会对大人的世界更加好奇，对大人的模仿也更有力度，他就会像父母一样对别人评头论足。而有的妈妈只是根据自己兴趣选择电视节目时，没有顾及到身边的孩子，以为孩子看不懂，就让孩子一起看一些世俗色彩浓厚的电视剧，时间一长，孩子就会模仿电视上的人物的行为表现，电视，也就成为孩子学习社会世俗的另一个重要来源。

然而，幼儿的成长，在生理和心理上，都有着与成人不同的需求和特征。过于成人化的东西会给孩子心理发展带来不利的影响。这就好比一棵树，当它还是一棵幼苗时，狂风暴雨会压弯它的腰；当它枝繁叶茂时，才会有能力抵挡狂风的侵袭。

一颗果子要想甜美可口，就要自然成熟，妈妈有责任保护孩子不让他们被催熟，对于这些世俗，以健康的心态来引导孩子，比如给老师送礼，告诉孩子，这是为了向老师表达谢意，是对老师的尊重，而不是为了得到特别的照顾。比如，对孩子的同学给予客观积极的评价，在金钱名利、工作岗位等也给予正确的引导……我们是成人，我们有能力应对世俗，但孩子们没有，孩子们需要根据成人世界所传递的信息来建立起自己的人生观、世界观。所以，不要把我们对世俗的无奈提前传达给孩子，这其实是对他们的不负责，他们是无辜的。我们都曾经有一个美丽的童年，我们的孩子也应该有。

异想天开不是贬义词，不要否定孩子的想象

莱特兄弟是著名的“飞机之父”。在孩提时代，他们就对宇宙空间产生了浓厚的兴趣。每当看到空中高悬的圆月，他们就想用手去摸一摸，于是，他们常常爬到树枝上，踮起脚尖去摸月亮，结果，好几次从树上摔下来，他们有点灰心了。

但是父亲知道这件事后，就鼓励他们说：“孩子，骑一只大鸟，去摸摸月亮吧！”父亲的话给了他们莫大的鼓舞，他们对太空的探索欲望和兴趣更加浓厚了。“腾空摘月”的理想自此在他们幼小的心灵里萌发了。他们渴望着有一天能制造出一种可凌空搏击的神鸟，骑着它去摘那又大又圆的月亮。

正是父亲的鼓励和自己的浓厚兴趣，引导着他们走向了航空科学的道路。1903 年，在他们的刻苦钻研下，闻名于世的首架飞机研制成功了，他们真的驾着自己制造的“大鸟”翱翔于万里碧空。

有多大的想象力，才有可能有多大的成就。人没有幻想是不行的，没有幻想，莱特兄弟就不会发明飞机，阿姆斯特朗就不可能登上月球，牛顿就不能发现地心引力。

但是，还是有很多妈妈习惯于把异想天开当成贬义词，老是把孩子的想象当成是

胡思乱想，于是对孩子的想象进行否定和压制。

北京、上海、安徽、云南等8个省市的2855名中小学生参加了《知心姐姐》杂志的一次问卷调查。调查的问题是："今后你最想做什么?"最后的结果是：92.71%中小学生的梦想是上一个好大学，找一份好工作。仅有7.29%孩子的梦想是"周游世界、飞越万里长空、研究奇形怪状的生物、宇宙、外星人，到别的星球去工作……"等新奇有想象力的工作。

通过这次调查，人们发现中国孩子回答的问题总是千篇一律，仿佛是没有个人喜好的。相比之下，在国外的类似调查中，外国孩子的思维更活跃一些，想象力也更丰富一些。那么，中国孩子的想象力哪去了？他们的想象力是怎么消失的。

某电视台的工作人员曾搞过一次别开生面的智力测验：用粉笔在黑板上画了一个圆圈儿，让被试者回答这是什么。问到机关干部，他们一个个面面相觑，都用求救的眼光看着在场的上级。局长沉默良久，气呼呼地说："没经过研究，我怎么能随便解答你们的问题呢?"问到大学中文系的学生，他们哄堂大笑，拒绝回答这个只有傻瓜才回答的问题。问到初中学生，一个尖子生举手回答"是零"；一个调皮的学生大喊"英文字母'O'，却遭到班主任的白眼。最后问及小学1年级的孩子们，孩子们争先恐后地回答："是月亮""是乒乓球""是烧饼""是爸爸唱歌时的嘴巴""是老师发脾气时的眼睛"……

这期节目有个很贴切的名字，叫"人的想象力是怎样丧失的?"可以清楚地看到，随着人们年龄的增长，所受教育越多，人的想象力就越贫乏越苍白。在西方国家，学校老师在教育孩子时，总是想方设法发掘他们的想象力和创造力。而我国的教育则更多的是要求学生循规蹈矩，一点儿灵活的理解都没有，只能死记硬背"标准答案"，孩子的奇思妙想就常常因为担心被老师或父母斥责而逐渐消失。

正是家庭和学校的教育让孩子的想象力丢失了，他们不明白，正是有了孩子的奇妙的想象，不切实际才有可能变为实际。孩子本应该是充满童真、充满童趣、富于幻想的，对于他们来说，今后想做的或喜欢做的事情太多了。对于一个未成年却充满想象力的孩子，妈妈们永远都不可能预测他将通过何种方式、何种途径去实现未来的人生价值，获取属于他的成功，所以妈妈不要限制孩子的想象力，因为限制想象力就等于是限制了孩子的人生。更不要忘记孩子的年龄，让所有原本属于他们的激情与幻想消失殆尽，逼得他们一下子就变成了一个要考虑工作与生存的小大人。

黎巴嫩著名诗人纪伯伦说："我宁可做人类中有梦想和有完成梦想愿望的、最渺小的人，而不愿做一个最伟大的无梦想、无愿望的人。"所以，妈妈们要做的只有一件事，那就是支持孩子的想象，呵护孩子的梦想，支持孩子做孩子的事，让他在自己愿意为之奉献的梦想中实现自己的价值，创造出一个个"不切实际"的奇迹！

孩子的成长需要梦想

梦想对于孩子来说，有着无穷的魅力，对孩子的成长产生巨大的牵引和激励作用。有人认为，梦想是孩子自我形象的理想化。所以，当妈妈鼓励孩子追求自己的梦想的时候，孩子就会产生强劲的内驱力，面对各种困难也会主动想办法去克服。梦想能使孩子在学习、工作的过程中创造不辍，并获得愉悦的情感体验。曾经有人对爱迪生、毕加索、达尔文等成就卓著的人进行研究分析发现，他们在童年时期，都有一个绚丽多彩的梦，而他们一生为之奋斗的目标就是实现早年的梦想。因此可以说，没有梦想的孩子是没有未来的，也是不可能有所作为的。

孩子天生都有梦想，童年是多梦的季节，童年是梦想的故乡。一个孩子心中拥有了梦想，就会在希望中生活，并不断地创造生命的奇迹。梦想就像人体成长所需要的微量元素与氨基酸，缺少它，大脑的营养就跟不上，思维就会迟钝，没有想象力、创造力。妈妈要学会给孩子以梦想，让孩子在无数个梦想中，伴随着想象力和创造力的发挥，健康快乐地成长！

力力最喜欢琢磨海底世界了，他总有问不完的问题，有时妈妈还真被他问住了，就到新华书店，为力力搬回许多有关海洋知识的图书。力力对书中有关海洋世界的介绍入了迷，他从中认识了各种各样的鱼和形形色色的水生植物，那些反映海洋世界的动画片和电视节目，也成为力力最喜欢看的节目。每当幼儿园里的小朋友遇到不认识的鱼，都会来问力力，力力总能答上来，大家都羡慕地叫他“海洋专家”，力力对此称谓感到很自豪。每当大人问力力长大后想做什么时，力力总会毫不犹豫地说：“我想当海洋专家！”力力从书上懂得了很多海洋知识，但他还是很想去海边，看看大海到底长得什么样？妈妈见力力这么喜欢大海，趁暑假带力力去了一趟海边。力力可兴奋了，他和妈妈一起在海边拾贝壳、捡海螺、看潮起潮落。妈妈还带力力参观了海洋馆，看海豚表演，买了许多海底世界的图片。力力每天都盼望着自己快快长大，能够早日实现自己的海洋梦想！

“每天暂停10分钟，听听小儿心底梦。”这是早些年在某电视台经常会见到的一则公益广告，它通俗地劝告妈妈要善于倾听孩子的梦想，用心去栽培孩子的愿望。随着孩子一天天的长大，头脑中的问号也一天天多了起来，对世界多了一份属于他们的独特的思考和理解。当他们有了自己的新发现的时候，一定急于要表达出来。这种正常的现象，却往往被妈妈们所忽视，认为这是小孩子的异想天开而加以制止甚至是呵斥。这种做法不仅伤害了孩子思考问题的积极性，还会给孩子的心灵蒙上一层阴影。

所以，妈妈最不应该做的事情，就是对孩子的梦想武断地说“不”。当一个孩子有了自己的梦想，妈妈正确的态度应该是为他有一个“理想的我”而感到欣慰和自豪，并且一定要给予肯定，哪怕那个梦想有些不可思议。而当妈妈对孩子的梦想坚信不疑时，孩子就会从妈妈那里获得力量，获得勇气并树立信心。为了使孩子的梦想能够成为现实，在孩子追梦的过程中，妈妈还应该给予多方面的关注，为孩子的圆梦计划提供建议和支持，或者在孩子志向动摇的时候给予鼓励。

事实上，让孩子追逐自己的兴趣，可以使孩子在这个追逐的过程中迸发出最大的能量，并且获得愉快的自信体验。一个真正爱孩子的妈妈，应当精心保护孩子的梦想，这样，梦想的种子才有可能长成参天大树。

别将自己的梦想变成孩子童年的重负

青青的妈妈从小就很羡慕别人会弹钢琴，她的梦想就是当一个钢琴家，但因为家里条件不好，她没能如愿以偿。所以，她把这个愿望寄托在下一代身上。在女儿青青还没出世前，她就帮孩子买好了钢琴，一定要让孩子学会弹钢琴，弥补自己的遗憾。所以，青青从3岁就开始学习钢琴，每天放学后妈妈都会接她到钢琴教室学习两小时，周末的时候，经常整天都是在练习钢琴，这样下来，青青基本没有多少休息时间，她不能和小朋友一起玩儿，也不能看看动画片。长期的重负压得她透不过气来，她反抗过很多次，经常装肚子痛，扯着嗓子对妈妈大喊不喜欢钢琴，或者故意乱弹钢琴，这些反抗都没用，最后她只好默默承受了，但是，她的性格却越发内向和软弱起来。青青一边应付着妈妈的要求练琴，一边内心充满疲倦和不满，她的钢琴水平少有进展。最终，妈妈的钢琴家梦想还是没能实现，孩子反而从心里对钢琴产生疲倦和厌恶。

有些人如果自己追求不到某样东西，满足不了内心的欲望，他们就不再去追求原来的目标了，而是试图用替身来代替自己去追求，假借它去造成一种“实现梦想”的假象，以满足自己的欲望。这种心理便叫做“代偿心理”。

上述事例中青青的妈妈就是有“代偿心理”的妈妈，是一个为了弥补自己的遗憾而牺牲了孩子自由选择权利的妈妈。生活中，这样的妈妈不是少数，她们把自己未能实现的梦想强加到孩子身上，使他们的童年因为背负了大人给的重负而丧失很多快乐和轻松。

这种“代偿心理”没有尊重孩子的独立想法，妈妈把压力转嫁给孩子，让孩子按照自己设计的路线去发展，无疑会给他们带来很大的压力。如果妈妈总是不断地闯入孩子的生活中，去打扰孩子，并且不和他们商量就操纵他们的生活，这从根本上说，是对孩子的不尊重。得不到妈妈尊重的孩子，会觉得自己的活动没有任何意义和价值，感到自己软弱无能，这种感觉会慢慢变成沮丧和缺乏信心，进而压抑孩子行动的欲望。这会影响到孩子的学习，因为他们总是抱着“为妈妈而学习”的心态，最终丧失对学习的兴趣。妈妈的这种心理还会使孩子形成“外在的评价系统”，在成长的过程中，过于在乎家长、老师、朋友的评价，活在别人的世界里，忽略真实的自己。

妈妈对孩子有期待是没有错的，错就错在不懂得抛弃那些试图控制孩子的欲望。一个合格的妈妈应该懂得包容孩子，应该懂得放低自己，做孩子坚实的后盾。这样的妈妈在教育上其实并不会花费多少心力，她们不必牺牲自己，也能教出出色的孩子。如果妈妈发现自己被“代偿心理”蒙蔽了双眼，那么就请回想自己的童年和少年时代，比如，“小时候，我也讨厌妈妈把她的想法强加给我。我不喜欢爸爸给我压力。”在这种回忆中，寻找教育的捷径。

妈妈要克服这种心理，就必须建立这样的意识：因为自己的愿望而置孩子自身的需要于不顾，这是妈妈自私的一种表现。妈妈虽然对孩子的一切负有责任，并不表示妈妈有权利指挥孩子。尊重孩子，也是你做妈妈的权利。如果在孩子反对时仍坚持成人的立场，完全无视孩子的权利，这必然会导致与孩子之间的矛盾。妈妈要适时给孩子一些成长的空间，让他有自己的兴趣、爱好和梦想，而不是以你的梦想为梦想，记住：他不是另一个你。

不要粉碎孩子的梦想，不要限定孩子的人生

一位成功人士回忆他的经历时颇有感慨地说："小学 6 年级的时候，我考试得了全班第一名，出于奖励，老师送我一本世界地图，我真的特别高兴和兴奋，跑回家就开始认真地看这本世界地图。很不幸，那天轮到我为家人烧洗澡水。于是，我就一边烧水，一边在灶边看地图，看到一张埃及地图，想到埃及一定是一个令人向往的神秘世界。埃及有金字塔，有埃及艳后，有尼罗河，有法老王，还有很多令人着迷的东西，我心想长大以后有机会一定要去埃及，去体味一下那里的神奇和美妙。

正当我看得入神的时候，妈妈突然进来怒气冲冲地跟我说：'你在干什么？'我理直气壮地说：'我在看地图！'妈妈很生气，说：'火都熄了，看什么地图！'我继续大声说：'我在看埃及的地图。'我妈妈跑过来'啪、啪'给了我两个耳光，然后愤怒地说：'赶快生火！看什么埃及地图。'打完后，还踢了我屁股一脚，用很严肃的表情跟我讲：'我向你保证！你这辈子都不可能到那么遥远的地方去！赶快生火吧！整天想入非非，你以为想怎么样就能怎么样呀。'

我当时看着我妈妈，呆住了，心想：'她怎么给我这么奇怪的保证？真的吗？我这一生真的不可能去埃及吗？'她的保证一直萦绕在我的耳边，伴随着我成长。但是，我从来没有放弃过去埃及的梦想。20 年后，我第一次出国就去了埃及，我的朋友都问我：'到埃及干什么？'那时候还没开放观光，出国是很难的。我说：'因为我的生命不要被保证。'于是，我自己跑到埃及旅行。

有一天，我坐在金字塔前面的台阶上，寄了张明信片给我妈妈。我这样写道：'亲爱的妈妈，我现在在埃及的金字塔前面给你写信，记得小时候，你打我两个耳光，还踢我一脚，保证我不能到这么远的地方来吗？现在我就坐在这里——埃及金字塔前面给你写信。'"

孩子小时候往往会有一些稀奇古怪的梦想，例如，长出一对天使般的翅膀、长出一只犀牛那样的犄角，或者是自己有 3 条腿，能够跑起来更快……这个时候，妈妈千万不能因为孩子的想法光怪陆离就嘲笑打击他们："宝贝，你的梦想永远也不可能实现。""宝贝，你能想点儿实际的吗？"

要知道，飞机发明之前，人们一样相信人不可能飞上天空。孩子伟大的梦想总是由一个个小小的梦想组成，而妈妈无情的打击，只会让他们的想象退步，变得不敢憧憬未来。

俗话说，心有多大，舞台就有多大，梦想决定着人生的成就，而在每个孩子的内心深处，都有一个属于自己的梦想。对于孩子们来说，他们的任何一个梦想都是宝贵的。当孩子放飞自己梦想的时候，妈妈所给予的应该是一颗呵护的心和一双保护孩子

梦想成真的手。当孩子灰心失望的时候，妈妈提醒他“你还有这样的梦想”，这比任何鼓励都更有力量。妈妈在孩子的生命中，充当的不是去粉碎孩子梦想的角色，而是给予他们梦想的人。如果不能给予孩子梦想，那至少应该支持他们完成梦想。

没有人能保证别人的生命，即使是给予孩子生命的妈妈，你也不能保证孩子的生命中会出现什么，不出现什么。生命也不要被保证，每个人除了要有超越生命束缚的梦想外，还要有对梦想持之以恒的追求。妈妈要做的，就是呵护孩子的梦想，支持孩子对梦想的追求，而不是为了给孩子一个中规中矩的安全生活，限定了孩子的人生。

苦难的童年为“神经症”播种

有一个16岁的小男孩最近老琢磨自己的鼻子长得好不好，明知这样没有意义却禁不住去想，为此他深感苦恼。后来，他因车祸造成右手腕处严重骨折，不得不接受钢筋固骨处理，对于鼻子的关注因此有所转移，苦恼减轻。但他关注与担心的对象从鼻子转向了手腕。手腕恢复后，他又陷入了为鼻子担忧的苦恼中。

刚刚21岁的小妩的脾气很坏，很急躁，总是生活在非常紧张的情绪之中。每次买东西的时候，她也愁得要命——怕自己不在家的时候，也许房子烧起来了；也许她的保姆跑了，丢下瘫痪的妈妈；也许家里的钱会被别人偷走；也许小表妹被汽车撞了。她简直是惶惶不可终日。

19岁的艾米从来不敢和别人对视，她觉得谁看到她的眼睛都觉得不对劲，她还经常觉得周围人总在猜疑她。

上面的几个人都是典型的神经症。神经症是一组精神障碍的总称，包括神经衰弱、强迫症、焦虑症、恐惧症、躯体形式障碍等等。它是最常见的心理疾病，也是心理疾病中病情最轻的一种。

神经症的成因可以追溯到人的童年时期，当时孩子没有得到父母足够的爱或遇到了一些难解的问题没有得到及时克服，如缺少爸爸妈妈的陪伴，亲眼看见车祸，曾经无意中体会过走失、被遗弃的感觉，被别的小孩恶意欺负……而这些问题，妈妈并不知道，也可能知道了，但觉得无所谓。但妈妈忽略了这些挫折对于缺乏人格力量的小孩来说，是很难承受的。幼小的孩子会发动心理防御机制，扭曲事实真相，让自己来接受。而与此同时，这些“恐惧”、“焦虑”、“抑郁”的事情在心里留下阴影，并开始扎根。

按照精神分析的理论，5岁之前的人生阶段是人格发展的关键阶段，一个人的人格在这一阶段被基本定型，如果儿童在这一阶段遭遇严重创伤，他就会埋下患神经症的种子。如果以后的人生阶段再一次重复了类似的创伤，他就可能会爆发相应的心理疾病。所以，童年里的任何一点苦难，都值得妈妈注意，因为这些都是造成孩子神经症的隐患，当孩子因为演出失败而觉得丢脸时，当孩子被老师当众惩罚时，当孩子面对与老人的生死离别而痛苦不已时，妈妈，你不能把这些理解为孩子的小事，也许正是因为你的忽视，孩子无法正确面对这些痛苦，无法完全排解掉消极的情绪，因而这些阴影沉淀下来，在今后的人生中引起心理疾病的爆发。

当孩子进入青春期以后，这些神经症状开始戏剧化地初步呈现，给一些孩子的生活和学习带来很大困扰。美国心理学家斯考特·派克认为：这是生命的秘密，童年的痛，弱小的我们无法承受。而到了青春期，我们已经长大，已经能够承受。这就像是神经症在提醒我们，现在是正视童年那些不幸的时候了。神经症本身是来自潜意识的信号，它提醒我们该自我探讨和改变了。

面对孩子的“神经症”，多半妈妈心急如焚，同时也觉得束手无力，这时她才知道自己曾经对孩子的忽略和犯下的一些错误已经很难弥补，也不可能再制造一个幸福的童年。但是，“亡羊补牢，犹未晚也”，给孩子一些独处的时间，引导他接受童年不幸这个事实。哀悼那个逝去的“不幸童年”，如同和一场悲剧说再见。只有孩子和妈妈都释怀了，才能走进一个美好的阶段。另外，妈妈全身心的关爱和无限的耐心，是治疗孩子神经症的最佳药方。

幸福和快乐是童年最应该学的功课

5 岁的坤坤是个活泼可爱的小男孩儿，他聪明好动，对什么东西都充满好奇。在公园里，他会追着蝴蝶跑啊跑，也会在草地上打滚撒野，还会一边给鱼儿喂食，一边跟它们说话……坤坤还喜欢在楼下院子里和小朋友玩游戏，搓泥巴、捉迷藏、过家家、荡秋千、坐滑梯等等，每次他都玩得很尽兴，但是都要付出些代价，或是衣服脏了、书包破了、有时还会受点小伤。和其他小朋友不一样，坤坤带着这些代价回家不会招致爸爸妈妈的责骂，他们不会因为衣服脏了等问题责备坤坤的淘气，也不会因此禁止坤坤的玩耍，只要坤坤不影响完成功课、没有生命危险，爸爸妈妈就同意坤坤想玩什么玩什么，而且从不轻易阻止他。有这么开明的父母，坤坤玩得过瘾极了，同时成绩也一直名列前茅，老师同学都夸赞他聪明，怎么玩也不会影响成绩。其实，爸爸妈妈明白，让孩子有一个快乐的童年很重要，成绩再好也换不来孩子的幸福，所以，他们从不压制孩子的快乐而逼迫他学习，而坤坤在如此轻松快乐的氛围中成长，智力和体力都开发得很好，带给爸爸妈妈很多惊喜。

孩提时代，理应是一个充满梦想和快乐的时代。所以，作为妈妈，一个很重要的任务就是让孩子不断地感受幸福和快乐。

然而，很遗憾我们在现实生活中却常常看到这样的情景——孩子在楼下玩耍，妈妈在旁边使劲催促：“好啦，疯玩什么，快点回去做作业。”晚上，看着孩子在灯下熬夜做作业的辛苦样子，妈妈就说：“孩子，好样的，‘吃得苦中苦，方为人上人’。”其实，这是一种非常不健康的心态。因为持这种心态的妈妈大多认为：童年是不重要的，快乐是不重要的，只有成功才是最重要的。其实她们错了，让孩子学业有成、事业成功并非家庭教育的最大目标。成功，并不等于就幸福、快乐。排在成功前面，还有个更大的目标，那就是“让孩子感觉快乐”！这是家庭教育的最高境界，也是我们为人的最高境界。

教育家苏霍姆林斯基有一个含义深远的教育思想：把每个学生培养成幸福的人。他说，教学大纲、教科书规定了给予学生的各种知识，但是没有规定给予学生最重要的一样东西，这就是：幸福。作为关爱孩子的妈妈，要在家庭教育中弥补学校教育带来的不足，为孩子提供一个幸福的源泉，让每个孩子都拥有一个快乐的童年。

妈妈需要明白，最应该给予孩子的重要礼物就是“幸福”。那么，怎样才能让孩子感受到幸福呢？

让孩子有机会享受“不受限制”的快乐。在家里，妈妈辛辛苦苦好不容易把屋子收拾得干干净净的，而且周围的邻居又喜欢安静，所以孩子一旦开始玩耍、喊叫、跳跃，妈妈便会想办法制止，孩子只好越来越乖了。表面上，是妈妈管教有方，但由此带来的是，孩子的热情和活力在一点点丧失，孩子的心灵也感受到了压抑。想想看孩子毕竟是孩子，他们需要带着童真的想象力尽情地玩耍，需要有时间去打雪仗、看蚂蚁搬家——这些按照孩子自己的步伐去探索世界的活动，更能给他们带来真正的快乐。有些事情大人觉得没意思，孩子却很喜欢，而大人认为孩子会喜欢的东西，小孩得到了却并不高兴。有的妈妈给孩子买很贵的玩具，孩子却宁愿玩水、玩泥巴、捉迷藏、过家家。所以，妈妈不要总把自己的好恶强加给孩子，要让孩子做他们喜欢做的事情，这样他们才在快乐的玩耍中感受到幸福。

一个幸福的孩子还应该懂得调整心理状态。妈妈要使孩子明白，有些人一生快乐，其秘诀在于具有适应力很强的心理状态，这使他们很快地从失望中振作起来。在孩子受到挫折时，妈妈让他知道前途总是光明的，使他在恢复快乐心情的环境中寻找安慰，孩子的幸福感就会多一些。

另外，家庭生活的美满和谐，也是培养孩子感受幸福的一个主要因素。有关资料表明，在和睦家庭中成长起来的孩子，成年后能愉快生活、健康成长的，比在不幸家庭成长起来的孩子要幸福得多。

和孩子一起吸收童话的营养

下班回家了，看见女儿乖乖地坐在自己的房间里读刚给她买的童话书，妈妈很高兴。“来，让我们一起读这个故事吧！”于是，妈妈坐在女儿身边，开始听女儿抑扬顿挫地朗读《灰姑娘》这则故事。

“时间就要到了，我必须回家！”女儿模仿着灰姑娘的口气急切地说，她那投入的神情非常可爱，妈妈被她逗笑了。两人在一起度过了半个小时的阅读时光，最后妈妈语重心长地对女儿说：“你也要像灰姑娘一样勤劳，将来才能收获美好的人生，知道吗？”然后，妈妈心满意足地离开了房间。

上面这位妈妈的表现怎样？也许你会觉得还不错，既陪孩子阅读，又给孩子讲道理，两全其美。但是教育专家认为，这样的妈妈只能拿到及格分。能够有意识地与孩子在一起读书很好，但妈妈阅读儿童读物时的心情，也是很重要的。

孩子的童话里常常充满了“胡言乱语”，让成人忍俊不禁，这说明妈妈还没有进入阅读的状态，没有和孩子一起体验那段感情，上面的这位妈妈在危急的时候笑了，女儿这时却是真的感到十万火急的，这就让女儿感到妈妈没有和自己心领神会，所以会打断孩子的兴致。

很多妈妈说："是的，我鼓励孩子看童话书，因此买了童话全集让他看。"妈妈都以为自己的责任是提供图书，童话是孩子的玩意儿，里面全都是胡言乱语，自己是没有工夫读的。其实，每个人的心中都有一个孩子。当自己成为妈妈，为有效的教育方法晕头转向的时候，何不走进孩子的世界，从阅读童话开始，唤醒自己内心的小孩，与孩子一起成长。接受童话需要成人拿出孩子般的天真，童话就是一种文学形式，它和诗歌、散文一样值得认真地对待，如果妈妈总是置身事外，就很难体会到孩子经历的感情。

在故事的结尾，妈妈教育孩子要像故事中的主人公那样如何如何，这其实也是没必要的。故事就是故事，不用拿社会的道德指标衡量里面的角色，然后要求孩子也做到。孩子在读的时候已经体验到了各种情感，他们会在生活中模仿，妈妈的指点没有多大的效果，反而会扫孩子的兴。如果想和孩子交流读书心得，不如换成"灰姑娘以后会怎样呢"，这样的提问会激发孩子续写故事。

另外，妈妈和孩子一起读童话的时候，不妨从听众变为演说者，为孩子读一些故事，独生子女家庭可以找邻居"借"几个小听众，一方面给孩子创造一种故事会的感觉，另一方面也为孩子找交流的伙伴。父母读故事，会让孩子感到温馨，也会让自己更加集中注意力，投入到角色当中。

如果有时间，妈妈最好能和孩子分配角色，脱稿饰演故事中的角色，能做到这一点是最好的，饰演角色不仅挑战了孩子的注意力和记忆力，也培养了孩子的合作精神和表演才华，因为剧情需要，孩子还可以为人物添加一些台词，这和诗人创作诗歌是相同性质的。孩子在与妈妈的互动中开发了大脑，还增加了与妈妈的亲近之情，而妈妈如果真的释放出心中的小孩来全身心投入，美好的童话也会滋养妈妈的心，让你或疲倦或复杂的心灵得到一些休息和解脱。同时，家庭的氛围也将在这种戏剧的互动中变得更加融洽。

童话对孩子具有神奇的魔法，它打开孩子的思维世界，让他在天马行空的想象中体验情感。童话故事中的真善美会滋养出纯洁美丽的花朵，所以，妈妈们记得给"花儿"浇灌一些童话养料，让他们更加优美地成长。同时，如果你能和孩子一起接受童话的滋养的话，那你会成为孩子健康成长的最佳伙伴，不仅帮助孩子的成长，也有助于你自己内心的洗涤和净化。

第三章　男孩要“穷”养，女孩要“富”养

从来富贵多淑女，自古纨绔少伟男。“穷养儿子富养女”不仅仅是家教古训，更是一种有科学依据的教育方法。科学研究发现：染色体、大脑结构、荷尔蒙，这 3 大生理因素决定了男孩女孩天生不同。妈妈们也应该尊重性别差异，因材施教，才能培养出优秀的孩子。

男女天生就有差异，要采取恰当的教育方式来“配合”这些差异

人常说，生男生女都一样。可真一样吗？就从生理上来说，由于男女生理结构及头脑发育等方面的差异，男女孩会体现出很多不同。

现代研究证明，男孩与女孩大脑发育的差别，早在胎儿时期就开始显现出来。他们的差别在相当程度上是由生理基础决定。在大脑的构造上，男女就有不同，女性联结左右大脑半球的神经纤维束比男性的要多，这是造成男女行为有别的基本原因。同时，男女在出生时的体型就有差异，男婴平均比女婴重 10%，这就造成男孩生来就比女孩更健壮的印象。另外，男孩的男性荷尔蒙要比女孩的女性荷尔蒙高，因此，我们发现男孩的精力更旺盛，而女孩则大多显得更安静。

随着男孩女孩不断地成长，这种天性的差别将会对他们的学习生活有越来越多的影响。

女孩大脑的语言区域比男孩更加发达。这可以解释为什么女孩通常比男孩说话要早，而且表达能力也更胜一筹。在学龄前阶段，女孩会比男孩更熟练地说句子，直到上小学的时期，女生的阅读和写作成绩也要比班上的男生好很多。

但是，男孩的空间思维能力比女孩要出色得多，因此相对于小女孩来说，男孩的数学成绩要好很多。大脑中有一片负责空间感知能力的区域，这片区域的发育程度决定了立体思维和空间思维的水平。男孩这片区域的发育普遍优于女孩，所以男孩的立体思维也要比女孩更加优秀。在学校里，一般来讲男孩的数学成绩比女孩要好，男孩尤其擅长几何。

由于男孩的空间感比较好，他们会比女孩提早 3～4 个月开始奔跑和跳跃，所以比较擅长运动。但是在精细动作的发育上，男孩要比女孩慢很多，所以女孩显现出心灵手巧，画画、写字这些活动都是她们的强项。

男孩女孩不仅在学习生活中有很多差别，在情感上二者各自的特征也很鲜明。在

女孩大脑中负责处理复杂感情（比如忧郁或幻想）的区域更发达，相对而言，男孩的大脑中负责处理简单感情（比如愤怒）的区域更发达。所以我们时常看到同样的一件事情会让女孩感到万分沮丧，但在男孩看来则表现得无动于衷。正因为如此，女孩通常会表现得更加善解人意，甚至在很小的时候就会把问题考虑得很周到。相反，男孩更容易在斗争中被激怒，表现得更加直接和对抗，他们经常会放弃口头表达而选择肢体动作来解决问题。

女孩比男孩能更加适应长期压力，所以当女孩遭遇到父母离异等痛苦时，表现出来的适应性也更强。对于男孩来讲，他更能适应短期的阶段性压力，比如面对期末考试，男孩就会比女孩表现的更好。同时，男孩女孩在面对失败时的态度也有很大差别，如果一次考试失败了，女孩会觉得是自己的能力不行，男孩还是会满怀信心，认为自己只是没有准备好而已。

正因为男孩女孩存在着天生的差异，所以妈妈在教育男孩和女孩的过程中有必要根据他们的性别行为差异选择教育方式。从宝宝出生以后，就要进行区别教育了。

1 岁前，男孩管，女孩宠。这段时间里，孩子还没有什么意识，需要父母提前对他们的性别性格有所界定。比如可以经常对男孩说“不哭”，而对女孩子要像对待“小公主”般宠着。

1～2 岁，男孩能说 20 个单字就行。男孩语言能力发育较晚，通常，女孩在 1 岁左右时，就能说出很多单字和双字；而男孩可能只会说些单字。一位教育学家认为，这是因为男孩的语言中枢神经长得本就慢些，所以在 1～2 岁时，他能说 20 个单字就行。

2～3 岁，男孩多防传染病，女孩多防免疫疾病。宝宝们有了一定的“性别意识”，男孩子更加冲动，女孩子更加细腻。此时不要过于约束其行为，顺其自然。此外，2 岁半到 3 岁的孩子易生病，男孩易得传染病，因此要少去人多的地方；女孩患免疫性疾病的可能比较大，家长应多注意这方面的信号。

3～4 岁，男孩多做智力游戏，女孩多做体育运动。此时“性别特征”更加明显，男孩一般会特别淘，女孩子则变得胆小内向。这时家长就不能再听之任之了。男孩子应多接触有挫折感的智力游戏；女孩子则应通过体育活动增加安全感。

4～5 岁，加强女孩自我保护意识。这一时期，家长应对女孩加强“性生理”教育，提醒她们“不能让别人看到自己的身体”。平时教育她们注意卫生：上厕所前洗手，不要叉着腿坐，别穿太紧的衣服，以免给私处留下健康隐患。

每一个阶段，男孩女孩都有新的差别显现出来，所以妈妈们要跟上孩子的成长步伐，针对性地进行区别教育，确保孩子能够更健康全面地成长，也使得妈妈能够更加了解孩子的特性，形成更好的亲子沟通。

孩子从小就需要分清楚男女

盛夏午后的一场大雨，将闷热的气息一扫而光。骤雨后的空气，显得格外清新。凉爽的天气，让人顿感轻松惬意。

妈妈匆匆地从菜市场买菜回来后，就进入厨房开始准备晚饭。一向淘气的小伟今天却格外地安静，妈妈从厨房出来拿晾在阳台上的围裙，路过自己的屋子时，却不经意地发现，9 岁的小伟正在屋子里用化妆品为自己“梳妆打扮”，只见小伟那白皙的脸上涂着眼影、腮红……红的、绿的、紫的，涂得满脸都是，宛若彩绘的大地。

说起小伟，妈妈可是伤透了脑筋，毕竟小伟已经上小学 3 年级了，却老是喜欢打扮成女孩子的样子。原来，小伟从小就长得白白净净的，特像小姑娘，再加上爸爸特别喜欢女孩，所以家人偶尔会把小伟打扮成女孩，给他穿一些漂亮的小裙子，结果，外人一见到小伟，都以为是个小女孩，都夸小伟漂亮，家人听了心里也美滋滋。于是，经常给小伟穿一些女孩的衣服。后来，家人慢慢地发现，小伟竟然喜欢上了做“女孩”的感觉，上幼儿园时还经常跟家人嚷嚷着说要穿裙子。原本，家人以为，等小伟上小学之后就不会这样了，谁知道小伟却喜欢上了这种女孩子的打扮。

小伟的这种偏爱女性打扮的现象，我们可以称它为“性别倒错”。所谓“性别倒错”，心理学家把它定义成：男孩子表现出过分温柔，缺乏男子汉气概的行为，以及女孩子出现过多的男性装扮和行为。

根据研究，我们可以大致归纳出产生性别倒错的几种原因：

(1) 遗传内分泌的影响：男孩子女性荷尔蒙太多，或者女孩子男性荷尔蒙太多，都会产生异性化的行为。

(2) 父母的角色期望：有些父母特别喜欢某些性别，如有的父母特别喜欢女孩，却生了一个男孩，于是，把男孩当成女孩子来养，把男孩打扮成女孩的样子，久而久之，也会产生性别倒错。

(3) 教养方式不当：如果男孩子被父母过分鼓励温柔、胆小的一面，就会使男孩成为娘娘腔；反之，如果父母对女孩过分强调阳刚的一面，也会造成性别倒错的现象。

(4) 缺乏同性认同对象：有的家庭由于父亲早逝或者父母离异，家中缺乏男性角色，致使男孩完全以母亲为认同对象，从而导致了性别偏差。

此外，父女或者母子关系异常亲密，使孩子失去了与同性相处、接触的机会，也有可能导致孩子的性别认同出现偏差。

其实，无论是男孩或是女孩，在幼儿期不会对自己的性别表示出多大的关注。因而，导致孩子表现出异常性别取向的原因多半来自周围的环境，父母和家庭的影响最为直接，其次就是影视、报刊等传播媒介对孩子的影响。

人类学家认为：人的生理性别是天生的，而心理性别则是在于后天的教育，这尤其取决于儿童期接受的成人的影响和教育。所以，妈妈应该从孩子出生以后就开始进行性别角色的教育，让不同性别的孩子展现出与性别相应的特点，即符合“原型要求”，男孩子就要体现出阳刚之气，女孩子就应该表现出阴柔之美。

在日常的生活当中，妈妈可以很自然地对孩子的性格给予指导，比如给女孩穿粉色的衣服，给男孩穿蓝色的衣服；把男孩称为“大胖小子”，把女孩称为“小毛丫头”；当男孩摔倒了的时候，妈妈鼓励他自己爬起来，当女孩摔倒了之后，则被妈妈抱起来。通过这些提示让孩子明白了自己是男孩，还是女孩。

性别教育，能够让孩子明确自己的性别角色，以及在这样的一个角色下他要成为一个什么样的人，应该承担什么样的社会责任，怎样尊重异性以及和别人交往合作。相反，如果孩子在幼年的时候没有受过好的性别教育，而是遭遇性别的认同障碍，对性别的认同出现模糊，长大之后他的性取向就很可能出现影响。

所以，孩子需要一张明性片，需要有正确的性别认同。为了让孩子有正确的性别认同，妈妈要对子女付出较多的时间来陪伴他们，同时，爸爸要给男孩、妈妈要给女孩提供模仿的机会。

当然，一些性别认同出现偏差的孩子和同性的大人在一起时，可能会有排斥的现象，但是无论如何，都得坚持下去，同时要表达自己的关心和爱心。

一旦孩子表现出符合其性别的行为时，妈妈应该马上给予口头上的赞美，以鼓励他再度表现出类似的行为。此外，对于孩子的一些不符合性别的行为，妈妈应该及时地进行提醒，告诉他那样的行为是不对的。即经常给孩子一些回馈，让他能更好地了解男女之间的行为差异。

尽早对孩子进行性别教育，及时纠正孩子的“性别倒错”倾向，对孩子形成正确的性别认识和性取向都有着至关重要的影响。所以，妈妈们责无旁贷，别以为孩子小就不用分男女，到时候孩子真分不清男女的时候就后悔莫及了。

中性化是个流行词，但“娘娘腔”和“野蛮女友”会受到排斥

很多家长坐下来聊天的时候，会达成这样的共识：现在女孩的穿着、行为越来越像男孩子，喜欢穿着男士型号的运动衣，还和班上的男生以“哥们儿”互称；而小男孩，则开始喜欢上打扮了，流行穿粉色的T恤，每天早上一定要经过“精心打扮”才肯出门，保湿霜、都是男孩的法宝，个别男生的耳朵上还扎了耳洞。

在现在的学校中还普遍存在着这样的问题，男孩过于软弱，女孩则表现的积极进取。

某知名大学的一位教授曾经对北京、上海、深圳等大城市的1000名家长做了调查，结果显示，90％以上的父母对女孩的教育方式趋于男性化，比如鼓励女孩在和人交往的过程中影响他人、领导他人。与此同时，越来越多的男孩在不同程度上表现出了女孩的阴柔气质。这种情况在校园里已经不算少数，教育中出现的性别趋同化，已经成为一种社会现象，足以引起社会的深思。

这种现象不仅仅出现在中国，目前在全世界都已经出现了这样的趋势。美国有一个《男士健康》的杂志就曾经做过“美国男人心中最性感的50位女人”的调查，结果显示，如今在男人的眼中对女人的评价标准也已经发生了改变，那些容貌骄人的明星们都排到了30名之后，美国的第一夫人希拉里因其“有权利和自信心”而排名第一，相貌平平的政界精英奥尔布莱特居然排名第六。

女性群体的男性化以及男性群体的女性化已经成为当今世界范围内独特的青年文

化现象。对此，足以引起家长的思考，难道在教育子女的过程中，性别真的可以忽略不计吗？

除了生理上的客观不同之外，随着年龄的增长，男女之间的性别角色会越来越明显。男女对事物的感觉、态度，以及对应的方式各有不同。社会文化对男女的特点、特长、分工的定型，以及相应的资源和机会的分配、能力和特长的发展，建构出男女之间泾渭分明的权力和地位关系。

差别教育不是性别歧视，“一视同仁”的教育未必合理

现代社会，科技飞速发展，竞争日趋激烈，男性已经很难承担一个家庭所需要的全部经济责任。同时，也顺应“男女平等”的时代潮流，很自然地，女性被从家庭中“解放”出来，有了和男性一样出去工作的权利，她们既可以在事业中实现自己的价值，也可以用自己的成果来分担家庭的经济重任。于是，有人打出“男女平等”的旗帜，认为男人和女人完全是平等的，在社会中，女人和男人一样可以承担责任和义务，也就不需要再区别教育了，女孩子必须有自己的独立性，和男孩子一样，才会在社会上有竞争力，成就一份事业。

尽管男女平等的口号喊得震天响，但是对不同性别采取完全“一样”的教育是根本行不通的。因为，后天的练习能帮助大脑建立起更多的联系——如果对一个男孩用女孩的方式养育，他长大后就会有许多女性的行为。同样，如果把女孩当男孩培养，她的行为怎么看都像个男孩。

男孩和女孩的差别是天然的，教育，需要更好地尊重性别差异。但是，对于差别教育的观点，也有人认为带有“性别歧视”的倾向。他们打着“男女平等”的旗帜，认为女性和男性应该在社会中承担同样的责任和义务，没有必要进行教育的区别对待。这种观点实际上放大并误解了男女差异的问题。事实上，差异并不能造成优劣。著名教育家卢梭说过：既不能说一种性别完全不同于另一种性别，又不能说两种性别完全一样，也不能说某种品质隶属于某种性别，男性和女性具有这些品质的程度应有所不同，因此培养男孩和女孩的目标、方法和途径应有所不同。

如果漠视这种差异，一味进行相同的教育，并不能让孩子生活得更好，自欺欺人的绝对平等只能引起混乱，造成更大的问题。

小伟是个男孩，是家中的独生子，同时又是家中的长孙，从小就被妈妈娇惯着。他小的时候经常和女生一起玩耍，只要被女孩子欺负了，一不高兴就说“我告诉妈妈去”。后来，所有的小女孩都讨厌他，为什么呢？因为他处理事情的时候，动不动就找家长，而且老是计较鸡毛蒜皮的小事。长大后的小伟确实有很多带有小女孩性质的缺点：娇气、小气，还有小脾气。

可以看出，小伟的妈妈在教育孩子的时候，最大的失误就是没有注意培养小伟的男孩特质。教育男孩和教育女孩应该是有所区别的，而不能一概而论。小伟妈妈在教管他的时候，根本没有注意到男孩的性格需求，以致后来对小伟的性格形成了不好的

影响。

有很多妈妈模糊了男女差别对孩子进行相同的教育，但也有很多妈妈觉得自己对待男孩女孩的教育都是一样的原则，实际上却不是的。当男孩遇到不开心的事情时，妈妈习惯和孩子进行交流，而女孩遇到不开心的事情时，妈妈给予更多的是安慰。在家庭中，女孩总是会比男孩得到更多的温暖、关怀和鼓励，女孩受到表扬的时候比较多，而男孩受到惩罚的时候相对更多。可见，在对待男孩与女孩的教育问题上，还是需要遵从他们的性别特点，找到最适合的教育方式。

其实，不论是教育男孩还是教育女孩，妈妈都希望他们会成长为一个正直、善良、勤劳的人。与此同时，妈妈还希望女孩会更加温柔富有同情心，希望男孩能更加坚定果断。如果在孩子小的时候不为这些品质打好基础，当他们在成人之后很可能就负担不了家庭和社会的角色。比如，在男孩小的时候如果没有经受过锻炼，成家之后就干不了最起码的家务活，把家庭的责任推卸开。同理，女孩如果过于独立自主，缺少温和、耐心和宽容，将来更不可能照料好家庭。妈妈在教育孩子的时候，应该是为他们的一生着想，为他们做长远的规划，根据男孩女孩的差异和社会角色来进行教育，为他们赢得一生的幸福做好准备。

尊重男女各自不同特质的同时，也不能把他们彻底分化

大扬和小蕾是一对双胞胎兄妹，爸爸妈妈都注意到了对孩子的性别指导，同时还鼓励孩子向对方的优点学习。有一次家里的暖气管跑水了，大扬表现得很勇敢，主动跑上前去堵住水龙头，爸爸妈妈高兴地表扬了他，还告诉小蕾要像大扬学习。家里做卫生的时候，小蕾把桌子擦得干干净净，爸爸妈妈就告诉大扬应该多向妹妹学习细心。两个孩子在这样的取长补短中快乐地成长着，大扬吸取了女孩的优点，做事粗中有细；小蕾则吸取了哥哥的优点，表现得落落大方。

大扬、小蕾的父母这样的做法是可取的。性别没有优劣，但是各具特色，不论是男孩或是女孩，都应该在发挥自己性别优势的同时，注意向异性的优点学习，克制自己性格上的弱点，完善全面的人格。这种“双性化”的发展是在保留本性别固有的特征基础之上，糅合异性优秀特征的发展。

显然，这和我们提倡的针对男孩女孩不同的生理心理特性对他们进行不同教育的观念是不同的。但是，研究证明，过于强调性别单一化的教育方式，反而会限制孩子智力、个性的全面健康发展。

美国心理学家曾对两千余名少年儿童做过调查，结果发现，过于男性化的男孩和过于女性化的女孩，往往智力、体力和性格发展都较为片面，智商、情商也较低。具体表现为：学习成绩较差（特别是偏科现象严重），缺乏想象力和创造力，遇到问题时要么少了主见、要么固执己见，同时也难以自如地应付环境。相反，那些兼有温柔、细致等气质的男孩，以及兼有刚强、勇敢等气质的女孩，却大多智力、体力和性格发展全面，文、理等科的成绩均较好，而且往往受到教师和同学的喜爱。

心理学领域也对于男女双性化气质进行了很多研究，结果表明双性化气质更可取，具有双性化气质的男人和女人更受人喜欢、更能够调整自己以适应环境的要求、应对压力时更灵活，极端的女子气、男孩气在社会生活中会出现很多问题。例如，创造力需要敏感——这是女性特质，而同时又需要自主性和独立性——这又是男性特质。

现代社会，男性气概加上相应的女性气质，才能真正地适应主流文化。不论是男孩还是女孩，都应该在发挥自己“性别”优势的同时，注意向异性学习，克服自己性格上的弱势，促进身心的全面发展和人格的完善。因此我们在提倡“穷养男、富养女”的同时也提倡性别教育的“双性化”。因此，作为家长，我们应该适时进行双性化教育，为孩子提供机会，使男孩从中学会关心、体贴他人及拥有细腻的情感世界；女孩则培养了勇气、自立精神及刚强的心理素质。在这个过程中，孩子们既能认识并接纳自己的性别，又能善于吸收异性的优点。

当然，“双性化教育”绝不是让孩子混淆性别角色的教育，一定不能走极端，切忌过了头。要是男孩学过了头，就会显得“娘娘腔”；要是女孩学过了头，就会变成“假小子”，这就有悖于“双性化教育”的初衷了。

再富也要“穷”儿子，富裕的生活容易毁了儿子

有一个商人有两个儿子。父亲宠爱大儿子，想把自己的全部财产都留给他。但是母亲很可怜小儿子，她请求丈夫先不要宣布分财产的事。商人听从了妻子的劝告，暂时没有宣布分财产的决定。

有一天，母亲坐在窗前哭泣，一位过路人看见了，就走上前来，问她为什么哭得这么伤心。她说：“我怎么能不伤心呢？我很疼爱两个儿子，可是我的丈夫却想把全部财产留给大儿子，小儿子什么也得不到。我请求丈夫先不要向儿子们宣布他的决定，但是我到现在也没有想出更好的办法。”过路人说：“这个问题很容易解决。你只管让丈夫向两个儿子宣布，大儿子将得到全部财产，小儿子什么也得不到。以后他们将各得其所。”

小儿子一听说自己什么也得不到，就离开家到别的城市谋生去了。他在那里学会了许多手艺，增长了知识。大儿子一直依赖父亲生活，父亲去世后，大儿子什么都不会干，最后把自己所有的财产都花光了。小儿子在外面学会了挣钱的本事，变成了富翁。

这个故事告诉我们，孩子只有摆脱对父母的依赖，成为拥有智慧又能维持生计的人，他以后的人生才会走对路。

很多妈妈热衷于为儿子创造最好的物质条件，而不是教给他们自力更生的能力。有智慧的妈妈从来都不会给儿子留下财富，担心他们会坐吃山空，会丧失谋生的能力，这样的做法，是为儿子的一世着想。聪明的妈妈们会把谋生的本领传授给儿子，“一技在身，胜过家财万贯”。

其实，妈妈给儿子最好的礼物，不应该是限量版的耐克或芭比娃娃，比有形的财

富更重要的，是在保护中让他前进、尝试的环境。这对于现在生活富裕的孩子来说尤为重要。

现在的社会，工业化、数字化、信息化的进程过快，导致现在的青少年，心智成熟较缓慢。也可以说是由于经济基础决定了孩子的心智成熟缓慢。美国的专家做过这方面的研究：20年前美国的青少年心智成熟是在15岁，而现在美国的青少年要到25岁至30岁心智才成熟。为什么会出现这样的倒退呢？很重要的一个原因就是工业化的进程太快，孩子的物质条件太优越，动手机会和实践能力都大大减少了。所以越是富裕的地区，孩子的心智成熟越慢。而穷人家的孩子则不是，他们的生活压力大，要做很多家务劳动和其他事务。所以，“穷人的孩子早当家”，正是这些从贫困中奋斗出来的孩子，最终才会成大气。

在顺境中的人容易受到迷惑，他们往往会贪图享受，不思进取，不知道苦难为何物，所以没有志向。没有进取心的人，又怎么会有成就呢？而身处逆境中的人则不同，他们饱受磨难，一次次与命运和苦难做斗争。人如果没有动力就不知道奋进，这正是处于顺境中的人所不具备的。当然，穷的含义并不只是家庭经济这一个方面。贫困的意义很广，陷入了困境，都算得上是一种贫困。

也许是中国的妈妈曾经受过很多苦，当她们日子好起来时，便把所有的宠爱都给了儿子，借以补偿自己童年的缺失。像这样在“溺爱”的环境中长大，没有任何自理和自立能力的儿子，在成年之后，会遇到很多本该在青少年时遇到的问题，但适应能力又不如青少年时期好。

许多男孩一直过着饭来张口、衣来伸手的生活，只要有需要，就可以毫不费力地从妈妈处要到钱。但对于这些钱是怎么来的，他们从来没想过。而且儿子往往会认为，妈妈的金钱就像蘑菇，取走以后自然就会长出新的，这样的误解让儿子不懂得感恩，也不知道节俭生活。失去感恩和节俭意识的人，也就失去了很多快乐。

妈妈不妨带儿子到自己的工作场所去参观一下。通过这些，让他知道钱是从哪里来的，了解钱的来之不易，了解钱在生活中扮演的重要角色. 男孩会反思自己的消费行为和消费习惯，他们会主动想着去挣钱，而不是随时伸手向妈妈要钱。

而现实中有些妈妈尽管自身有许多生活艰辛和身体病痛，但她们总是竭力在男孩面前掩饰，错以为这是爱男孩，却不知在害儿子。生活中有苦才有乐，妈妈不要刻意去掩饰生活的另一面，而应让男孩从小学会分担你的痛苦艰辛，理解生活的不易，长大后他才会珍惜眼前的生活，才会以真诚之心关爱别人。

生活并不是一帆风顺的，是有艰辛的。作为妈妈，当遇到不如意的事情时，应该把实际情况实实在在地讲给儿子听，让儿子明白生活的艰辛。让儿子直接面对，和家长共同承担起家庭生活的艰辛。要通过活生生的事实告诉儿子，生活就是这样，它既会造就幸福，也会带来痛苦。我们生活在这个世界上，唯有直面人生，通过自己最大的努力，才能掌握命运，创造美好的未来。妈妈要教育儿子从小懂得这些，这才是对儿子最大的关心和爱护。

“富”的真实内涵：培养女孩灵魂上的富足感

“富养”，并不等于简单的物质上的满足，让女儿“吃香的、喝辣的、穿金的、戴银的”，不等于“富养”。“富”的真实内涵，是培养女孩灵魂上的富足感。只有精神上的充实和独立，才是真正的富有。充实女孩的内涵，造就自尊、自爱、自信、自立、自强的完美女孩，是“富养”的意义所在。因此，“富养女”，其实是一种教育投资，是一种教育的富足。

这种教育，为的是培养出身心健康的女孩。使女孩见多识广、独立、有主见、明智。很清楚自己要的是什么。什么是自己真正追求的东西，从而能够坚守自己的信仰而不被外界势力所左右，失去真我。

富也是“丰富”的意思，需要开阔女孩的视野与见识。懂得美，懂得欣赏，懂得辨别，女孩也就懂得了自我保护，而不会被外界的种种所诱惑。

“富养女”是一种智慧的育女哲学，但需要教育者要掌握好教育的尺度和方向。真正的“富养”，能培养出内涵丰富、精神独立的女孩，而片面强调物质的“富养”，则可能毁掉女孩的一生。

养育女孩，并不是满足女孩生活上的一切需求就够了，哪怕拥有无数财富的家庭，也不能保障一个女孩能够终身幸福，受人尊重；养育女孩，也不是仅仅答应女孩的一切需求就可以了，为女孩在错误的道路上披荆斩棘，只可能通向悲剧。

所以，富养女孩不是要给女孩多么丰厚的物质条件，而是要在精神上使其富足，在人格上使其独立。

富养女孩 20 载，女孩必定美丽、温柔、贤惠，善察人意而又心地善良、纯真、诚实、不吝啬，多情而不软弱。自重自爱，平易谦和，彬彬有礼，富有同情心，能体谅人，正直，乐于助人，尊敬师长、老人，不忘乎所以，有自知之明。活泼而不放荡，稳重而不呆板，有内涵、坦白、洒脱、性情开朗，心胸开阔，不叽叽喳喳于大庭广众，不搬弄是非于朋友同事之间，具有现代青年人的文化教养。头脑灵活，虚心好学，不矫揉造作，事业心较强，谈吐不俗，热情开朗，不缩手缩脚、忸忸怩怩、羞羞答答。女孩需要富养，但是富养更需要学问。

“穷”出胆识，“富”出优雅

“男孩穷养，女孩富养”，但是不能片面地理解“穷”与“富”。富与穷的内涵，是一种对于不同性别的孩子进行不同教育的方法，在教育目的上有所侧重，绝不停留在富与穷的金钱意义上。

然而这种内涵并没有被广泛地接受和认可，对“男孩穷养，女孩富养”的理论，很多妈妈都存在误解。有的妈妈认为，“富着养”就是让女孩子从小过奢华的生活，弹钢琴、看画展、吃穿得精致、日用奢华，把她当成小公主来伺候，这样长大的女孩自然就会变得拥有高品位、高审美和高贵的气质。

于是许多妈妈挖空心思地满足女儿的各种要求，生怕女儿有一点不如别人娇贵。其实，这是对“富养女”“穷养男”的一种误读。富养女，并不单单代表金钱的充裕、物质生活的绝对满足，“富”没有绝对标准，只有相对每一个具体家庭而言的富足。让女孩感到安稳、宁静，通过正确的教育让女儿变得乖巧快乐，变得优雅温柔，陶冶女孩的性情和培养她高尚的品格，才是真正地让女孩富有。

一位家庭经济条件一般的妈妈，非常看重女儿的品格与气质的培养。她为女儿编织各种适合她体型的衣服，严格要求女儿保持爱卫生、有节制的习惯，每个月都陪女儿去图书馆。妈妈从来不在女儿面前表现出窘迫、邋遢的样子，对待爷爷奶奶非常耐心，家里也收拾得非常妥帖。在妈妈的调教下，女儿可爱的天性得到保护，成为她天然的气质，让人怜爱。

在理解“穷养男”上，妈妈又以为就是要让男孩尽量地多吃苦，不管条件如何都要衣着朴素、粗茶淡饭。其实，“穷养”也是一种教育上的投资，是对男孩的性格、职业、人生的投资。它不仅需要狠下心来让男孩自己去体验，还要有把握尺度的智慧。而很多妈妈只看到了前者，忽视了后者。

为了不忘过去最困难的日子，日本一家学校给孩子们做了“忆苦饭”，结果，孩子们面对当年大人吃过的糠菜号啕大哭，拒食 3 天。校方毫不动摇，第 4 天，孩子终于咽下了这顿忆苦饭。在日本的许多孤岛或森林里，人们常常可以看见日本小学生的身影。他们在无老师带领的情况下，面对着既无水源又无淡水的可怕自然界，安营扎寨，寻觅野果，捡拾柴草，寻找水源，独立生存。一位孩子从荒岛归来后，感慨地对老师说：“我以前以为我们享受的一切现代化设施都是本来就有的，荒岛的历险才使我明白，人生来是两手空空，一切都是劳动创造的。过去老师讲劳动光荣，我们感到很空洞，如今才真正理解了这个词的含意。”

日本人重视孩子的性格教育，让他们自己去面对困难，这一点值得我们学习。男孩们长大了早晚要离开父母去独自闯一片天地，与其让他们那时面对挫折惶惑无助，不如让他们从小磕磕绊绊，“穷”出应对人生的能力和本事。妈妈要做的就是要培养男孩这样一种适应压力的能力，让他变得积极进取、有主见、有雄心、理智、自我依靠，只有掌握了这一点，男孩才能掌握自己的人生。

所以，“穷养”“富养”并不是经济范畴内的意义，它们的真实含义是思想上的高尚。一个是勇敢进取、独立自主；一个是优雅温柔、性情高雅，虽然二者大不相同，但是没有高低贵贱之分，妈妈如果将这两种高尚情操相应地赋予到男孩女孩身上，那必定是孩子们一生受益的财富。

引领男孩女孩获得不同的生存智慧

每个环境都有它不同的特点，人生活在具体的环境中，就要去适应它。怎样去适应这个时代，便是生存的智慧。把生存智慧传授给自己的孩子是妈妈义不容辞的责任。

要做到这一点，妈妈首先就必须了解一些现实：由于男孩女孩天生的不同，整个社会对他们的定位也有所不同。社会学家告诉我们，社会对理想的男性和理想的女性期待是不同的。社会对男性的要求更注重内在素质和实力。需要他有独立的生活能力和思维能力。社会观念认为，男性应该积极进取、有主见、有雄心、理智、自我依靠，而女性应该忠于爱情、文雅、爱小孩、富有同情心、言语流畅。很显然，男性的理想特征与决策、职业发展有关，而女性的理想特征与人际关系、情感表达有关。

男人充分相信自己、相信自己的工作、坚信自己的人生、寻觅温驯恭良的女人、让女人得到幸福，这都是理所当然的事。但是反过来由女人供养男人，而让男人幸福的女人却极少。男人味十足的性别象征挪到女人身上，多少会让男子们觉得不那么舒服，甚至产生相当大的反感。卢梭说得好："当女人彻底是女人时，她的价值要比她充当男人的角色大得多"。

不管是男是女，他们都有着不同的性别优势，有些性别特征能提高个体胜任社会生活的能力，有些则会妨碍个体对社会的良好适应。比如男性在速度力量和方向感上占有非常明显的优势，而女性的形象思维和非逻辑思维、观察敏锐和感觉细微、感情丰富和性格温柔的优势明显高于男性。因此，男孩女孩在将来的社会中也需要不同的生存智慧。要适应社会，妈妈们要在教育孩子的时候充分发挥他们的性别优势，要教给孩子不同的生存智慧。可以从以下两个方法做起：

方式一：父母分别做男孩女孩不同的偶像

通常来讲，女孩性格的形成受母亲的影响是最大的，男孩性格的形成受父亲的影响是最大的。

有的妈妈喜欢乱发脾气，经常对着家人大喊大叫而且不能克制，总是给家庭制造一种不祥和的气氛。而有的妈妈对待家庭成员都很亲热，对丈夫很尊重，并且尽力教育孩子，让家庭有凝聚力。两个不同的妈妈肯定会培养出两个不同的女儿，第一个妈妈培养出来的女儿肯定不能把家庭照顾得细致周到，而第二个妈妈培养出的女儿在将来一定是个好妈妈，她会把一种宽大友爱的气氛带到自己的家庭中。

同样的道理，如果作为父亲总是逃避对家庭的责任，对待家人粗暴且漫不经心，那男孩在将来长大之后也会具有这些特点，不能成为家庭的顶梁柱。如果父亲在家中能够很好地扮演自己的角色，在家中主动承担更多的责任，耳濡目染下的男孩在将来一定会成为一个真正的男子汉。

当然，母亲对儿子的影响，父亲对女儿的影响也同样重要。母亲那种鲜明的女性气质同样有助于男性气质的影响，父亲的那种男性气质则有助于女儿表现出女性气质。因此，双亲对子女的影响都是十分重要的。

方式二：分配给男孩女孩不同的家务劳动

妈妈在给孩子安排家务劳动的时候，也要考虑到孩子的性别，对于男孩，可以让他做一点力气活，女孩则可以帮助妈妈摆摆餐具，洗洗毛巾。

妈妈可以带上女儿让她一起来做饭，还可以教她学一点纺织、刺绣方面的知识，教她发现自己身边美好的事物，并尽可能地把美带到家庭生活中来。在与女孩的劳动过程中，妈妈要鼓励女孩爱护小动物和植物，母亲教给女儿用温和的方式来解决问题。

而对于男孩，妈妈可以让他到黑灯的房间去取眼镜，让他帮妈妈背书包，帮爸爸修理椅子等这样的活动。妈妈在教育男孩的过程中不要忘记他是未来的男子汉，是家庭的支柱，所以对他不要娇惯，要给他展示意志和勇气的机会。

男孩的魄力从苦难中来，女孩的美丽从优雅中来

爱默生说："坐在舒适软垫上的人容易睡去。"而生活得太优越的男孩就容易埋没能力，所以，男孩的魄力从苦难中来。

在一个可以触到底的浅水处是无法学会游泳的。而在一个很深的水域里，孩子会学得更快更好。当他无后路可退时，他就会安全地抵达河岸。依赖性强、好逸恶劳是每个人与生俱来的本能，而只有把儿子逼到"迫不得已"的形势下才能激发他们身上的最大潜力，只有让孩子完全抛弃可以依赖的拐杖，正面面对苦难的考验，才能使其真正自立自强。

一家大公司的老板曾说，他准备让自己的儿子先到另一家企业里工作，让他在那里锻炼锻炼，吃吃苦头。他不想让儿子一开始就和自己在一起，因为他担心儿子在他的大树荫下，被他遮住了阳光，从而难以成为栋梁。在这方面，华人富豪李嘉诚做得很好。他曾让自己的儿子李泽钜和李泽楷两兄弟到过外国人的咨询公司打过工，磨炼他们独立的精神，他的用心得到了实际的回报，李泽钜后来担起了家族发展的重担，而李泽楷也拥有了新的事业。

这些具有远见的家长知道，在家长的溺爱和庇护下，生活在一帆风顺的环境中的孩子很难会有大的出息。只有自立精神能给人以力量与自信，只有依靠自己才能培养男孩的成就感和做事能力。而当一个男孩有担当，有自信，有能力时，他的魄力就尽显出来。所以，苦难是磨炼男孩魄力的关键。

对于女孩来说，魄力不是最重要的，关键还是女孩特有的魅力。这独特的魅力，主要来自于那份难以比喻的优雅。

戈林斯基说："缺少优雅的风度，任何精致出众的容貌也都只是一潭死水。"优雅是一种味道，由内而外散发着迷人的芳香。言语中尽是撩人的思绪，举手投足间散发着成熟女人曼妙的气息。优雅不是先天的，它是悬浮于物质表面一种气度的展示。优雅是一种内在气质，优雅是一种风度，也是一个人独特的风格。优雅也许带有遗传基因的因素，更重要的是来自后天的修为，靠阅读和培养，靠不断的领悟和思考，更由生活的态度所决定。优雅是装不出来的，举手投足、微笑也许不会出卖你，但是言谈行为和思想能决定是否被别人认可为优雅一类。

优雅是一种感觉，这感觉更多地来源于丰富的内心，智慧、博爱，还有理性与感性的完美结合。

一个容貌美丽的女人未必优雅，而优雅的女人一定“美丽”，因为她的知识和智慧让你信任，她的细腻与关爱让你依赖。而这智慧、细腻、关爱，你会从她充满迷人女人韵味的举手投足、一颦一笑间体味。

优雅，仿佛是盛开在女人身上的花朵，芳香四溢；优雅，更像雕塑家手中的刻刀，从内心到外表雕琢着女人；优雅是一种恒久的时尚，它不因岁月的流逝而消失，也不因时空的转变而淡漠。

优雅的女人像一杯茶，品尝过后，令人回味无穷；优雅的女人像一口井，魅力总藏在最深处，给世人留下无穷的想象空间；优雅的女人是一幅画，让人欣赏，并为之流连忘返；优雅的女人是一本书，令人百读不厌，难以释卷。

优雅，是女孩最好的一种气质，也是最难学来的气质。

就如同莲花的美，初看上去并不给人以惊艳之美，然而它清丽不媚的气韵，不蔓不枝的姿态，超脱自在的淡定却比惊艳更经得住把玩。美貌的容颜和诱人的身材，都容易在岁月中蒙尘，唯有女子的优雅气质，才是一生典雅相随的根本，才是女孩美丽人生的熠熠夺目之光。

男孩的魄力是女孩不能拥有的，而女孩的魅力也是男孩无法模仿的，所以，妈妈在培养男孩女孩时，就要根据各自的特点来进行磨炼。无论是男孩女孩，只要妈妈找对了他的美丽来源，为他制造良好的磨炼环境，那每个男孩女孩都会焕发出自己独特的光芒！

男孩女孩都聪明，只是擅长领域不相同

有些科学家曾经怀疑：男孩与女孩大脑发育的不同，早在他们出生个之前就有很大的差异。美国宾州州立大学的心理学教授雪利·比伦鲍姆认为，男孩和女孩的差异，不只是源于后天教养这样简单。无论是出生的时候，还是在以后的成长中，男孩的大脑和女孩的大脑之间存在生理的不同，这些差别注定他们会成长为两种截然不同的小精灵。

美国马里兰大学的心理学教授马格里特·M·麦卡斯专门研究大脑的早期发育，经过多年的研究，她发现男孩出生时所具有的睾丸激素水平和一个25岁的成年人一样高！男孩出生后，睾丸激素会迅速下降，直到他达到青春期。

在睾丸激素的众多功能中，其中有一项是可以塑造男孩正在发育的大脑。睾丸激素会削弱一些区域内大脑细胞之间的连接，并增加另一些区域里的连接。马格里特·M·麦卡斯曾经让一只公老鼠和一只母老鼠一起走迷宫，结果发现公老鼠的表现更好一些。可见，睾丸激素可以提高空间推理能力。

科学研究表明，不管是男孩还是女孩，基本上都是先发育大脑的右半球，然后才是左半球。男孩的大脑右半球不断地发育、完善，试图与左半球建立联系。但由于左半球的发育缓慢，导致大脑的右半球神经细胞无法延伸到左半球，只能返回右半球并连接到右半球上。因此，男孩的大脑右半球连接发达，又由于男孩的大脑具备较好的

空间推理能力，因此，男孩一般擅长数学，并且对拆卸零件很感兴趣。他们有很强的动手能力，喜欢自己亲自动手解决问题，和女孩相比起来，男孩完成空间任务的能力强一些，更加擅长抽象思维，具有很强的立体空间认知能力，4 岁的时候就能够擅长三维空间的游戏了，比如把积木搭成图形，这正是将来学习工程学所必备的技能。男孩在数学方面也有很强的潜力，比女孩更容易理解复杂的数学概念，自然科学也是男孩的专长。

男孩头脑的确很聪明，但是不代表女孩就不如男孩。

教育专家曾做过这样的实验：他们设计了一套测试综合能力的题目，分别对不同年龄的男孩和女孩进行测验，而测验结果表明，男孩与女孩的总成绩相差的并不多。然而，在不同的测试区，他们的成绩却相差很大，在做空间测试的题目时男孩的得分要比女孩高很多，而女孩在解决语言问题上显示出优势。

通过这个实验，教育专家得出结论：男孩和女孩的综合素质是基本持平，没有相差太多，只是在不同的领域各有擅长。

有的家长经常抱怨自己的女儿很笨："要想让她明白一道数学题，我要给她讲很多遍，好不容易她明白点了，只要我把题目的形式换一下，她就又不会做了。"有过类似经历的家长绝对不止一两个，他们一致认为：女孩天生就不是学数学的材料。

细心的家长有时会发现这样一个现象：小女孩一般比较喜欢猜字谜、组词、造句等游戏，对于男孩所喜欢的搭积木、走迷宫等游戏，女孩们会表现出不屑一顾。

人的大脑分为左右两个半球：左半球负责语言和推理，右半球负责运动以及对时空的定位，这两个大脑依靠神经纤维束相互联结。女孩的大脑发育速度明显快于男孩，左右脑之间的联系也要比男孩多得多。男孩和女孩，不仅在大脑结构上存在着差异，而且思维习惯也相差很多。男孩习惯于用右脑思考问题，女孩习惯于用两个半球同时思考。

大脑结构以及思维方式的不同使男孩和女孩在不同的领域各有所长，那么，女孩的显著优势是什么呢：

1. 语言能力

有过养儿育女经验的家长都会有这样的体会：当男孩还不会说话的时候，女孩已经会喊"爸爸""妈妈"了；当男孩只能说几个简单的单词的时候，女孩已经可以滔滔不绝地讲故事了。其实，女孩和男孩之间的差异还远不止这些。到了孩子上学之后，家长还发现女孩的记忆力和写作能力都比男孩胜一筹，她们更喜欢讲故事，并且语文考试经常拿到不错的分数。

2. 形象思维

有一个家长带着 7 岁的儿子和一个 5 岁的小女孩一起云动物园。回到家后，家长就问他两个人："大象是长成什么样子的呢?"小男孩说了一句"很高很大"就没有下文了，而小女孩却说个没完："大象全身灰灰的，耳朵像一把大扇子，比我的衣服还要大。它的腿像柱子一样粗，走起路来慢悠悠的……”

比较两个孩子的描述，我们很容易发现女孩在形象思维方面的优势。很多小女孩喜欢画画，会在纸上画出各种千奇百怪的小动物，这些都是她们在发挥自己的形象思维。

3. 动手能力

在学校的活动课上，一般女孩比男孩更加如鱼得水，她们擅长手工课，剪切、拼图等，也善于用笔写字。而男孩则显得非常笨拙，并且在搭配色彩方面不如女孩有天分。而且，小女孩在做手工的时候往往表现出极高的审美及艺术性，可以把没有用的塑料瓶盖做成小笔筒，把纸盒做成漂亮的小相框，等等。

4. 注意力集中

相对于男孩而言，女孩的注意力比较集中。实验表明，无论任何年龄段，女孩从事需要集中注意力的工作，效果都要比男孩的完成情况要好得多。

所以，男孩女孩都聪明，只是擅长的领域不同而已。妈妈们不要对男孩或者女孩有偏见，而是要根据他们的特长来促进孩子的发展，只要孩子的天赋发挥出来，男孩女孩都能成才!

男孩女孩的成长蓝图——相同的成长，不同的轨迹

男孩女孩在成长的过程中，不同的阶段有不同的特点，这些都需要家长来认真体会。男孩从出生到 7 岁入学的时候，这一段时间基本上都是在家长的细心呵护之下长大的。对于男孩女孩来讲，给他们的爱护，各有哪些不同的侧重点呢?

1. 0～7 岁的男孩，“母亲的男孩”的阶段：在这段时间中，男孩可以在母爱的包围下安全成长，虽然父亲在这一过程中也扮演了重要的角色，但是这个年龄段的孩子基本上是属于母亲的，是男孩成长过程中最温馨的一站。这一时期，妈妈所要做的就是给他足够的爱。

2. 0～7 岁的女孩，“纯真的时代”：在这一阶段，妈妈所要做的是让女孩快乐地成长，让她像朵小花一样安然绽放。这一时期的女孩需要妈妈的爱和保护，如果在这一时期不能给予应有的爱和关心，在她长大之后会更容易依赖妈妈。建议妈妈在女孩婴儿期的时候经常抱抱她，爱抚她。

这一时期的女孩喜欢自由地玩耍，妈妈应尽可能地让她快乐地嬉戏，在她游戏的时候协助她，而不要打断她，在游戏中可以培养女孩集中精力、坚持不懈的精神以及创造力，还会让她变得更加聪明能干。

3. 8～13 岁的男孩，“成长的男孩”的阶段：这一时期的男孩逐渐认识到自己已经长大了，并开始尝试着让自己具有男子汉的气魄。这时候的男孩，在日常生活中的兴趣及价值取向等方面会越来越像父亲。在这一时期，妈妈所要注意的就是，在培养孩

子的过程中要让他形成善良的品性，同时给男孩灌输竞争意识，教给他一些的技能，孩子会为自己能够不断地成长而感到高兴。

4.8～13岁的女孩，“转变的时代”：女孩上了小学之后，开始逐渐从梦幻般的世界里走出来，她开始惊喜地发现自己是一个独立的存在个体。她更热心于学习新技术、吸收新观点、掌握新技能，外面的一切对她而言都是新鲜的。这时的女孩渴望融入到群体中，要和周围的人建立联系。

这一阶段的女孩呈现出以下特点：

(1) 她不再迷信权威。一般说来，8岁之前的小女孩是很容易管教的，因为幼小的年龄决定了她对妈妈无条件的依赖，妈妈在她心中的权威是不会动摇的。但到了女孩8岁之后，这种情况就发生了变化，她不再相信妈妈永远是对的，她有了自己的主见，甚至对妈妈的话产生怀疑。

(2) 她开始领会到了善良和邪恶。这时候的女孩突然发现，生活可不是她所想象的那样全部是彩色的，她总会遇到她不希望发生的事，并且从同学的口中听说一些邪恶的传闻。有时较真的女孩会一本正经地问妈妈：“这个世界上为什么会有邪恶?”不过，这些并不值得妈妈担心，因为如果女孩是在正确的教育环境里成长起来的，这些反而会促使她形成正确的道德观。

(3) 她开始权衡自己的交往圈子。这一阶段的女孩开始更加注重人际交往，会自发地两两组合成“最好的朋友”，绝不允许第三个女孩的介入，并会试图让加入者感到排斥和不愉快。

5.14岁以后的男孩日趋成熟：这一时期的男孩要完成从幼稚到成熟的转变，此时的男孩进入了快速发育期，睾丸激素的含量几乎是以前的8倍。他们需要能够吸引他们的东西使他们充满激情，热衷于与同伴交流，并喜欢参加各类的社团活动，这些活动将有助于男孩学会与人沟通的技巧，并且可以培养责任感和处理问题的能力。我们妈妈所要做的就是鼓励男孩的选择，并且给予引导。

6.14岁以后的女孩，真正的“青春的时代”：这一时期的女孩不仅仅是个孩子，而是已经长成一个亭亭玉立的少女。这时期的女孩在生理上已经完全发育成熟，但她们却迎来了真正意义上的成长，她们需要在日后的学习生活中找到自己的位置，选择自己的生活方式。

随着年龄的增长，生理心理的变化，妈妈会发现十几岁的女孩非常不好管教，她们常常在各方面与妈妈形成分歧，妈妈通过威胁、哄骗等方式对女孩进行教育不会起丝毫的作用。青春期的女孩极度敏感，家长在教育时也要特别小心，千万不要动不动就训斥，甚至打骂，这样会极大地伤害女孩的自尊心，甚至会出现意外。

对于很多女孩的妈妈来说，最不愿意做的事情就是让女儿脱离自己的控制，可是，当女儿已经长大了，作为妈妈也不得不面对现实，给女孩充分的自由，独自选择属于她自己的人生道路。妈妈所要做的就是理解、鼓励和支持，无论自己的女孩做出什么样的选择，妈妈都应该给予足够的耐心，支持她做出的选择，鼓励她一直走下去。这时期的女孩需要别人了解她的想法，当有人愿意心平气和地坐下来倾听她的观点和见解时，她会表现得非常通情达理。

孩子是在成长中不断变化的，而且各个阶段的男孩女孩又是不一样的，妈妈一定要知道男孩女孩各个时期的特点，以更正确地引导孩子健康成长！

教育孩子，先走入男孩女孩们的情感世界

好动、喜欢冒险是男孩的天性，男孩好像是天生就喜欢冒险，不带有任何理由。他们需要广阔的空间和自由的行动来满足自己好动的渴望。

一个刚刚学会走路的男孩，他喜欢从上面的地方往下跳。他喜欢把自己藏起来，让全家人找不到他。他会尝试所有没吃过的东西，不管是否食物，甚至是药片，他都会往嘴里塞。他喜欢玩火，喜欢玩小刀。他会故意惹怒老师，看到老师很生气的样子，他会表现得很开心。

当男孩长大，有了自己的玩伴之后，他还会喜欢上一切富于冒险性的事物，他们喜欢玩滑板，喜欢去郊外的山谷蹦极，喜欢在海上扬帆滑翔，甚至会热衷于飙车！有一位儿童心理学家说的好：任何一个男孩，在他小的时候一定或多或少受过外伤，如果一个男孩在小的时候没有受过伤，那简直是个奇迹。

也许正因为如此，古希腊的哲学家柏拉图写道："在所有的动物之中，男孩是最难控制对付的。"

男孩的冒险，是一种天分，需要妈妈用几分欣赏的眼光来看待。大多数的男孩为了冒险，甘心被摔跤，被挨打，这样的一种勇敢精神也是值得肯定的；他们喜欢搞破坏，会把电动汽车拆的乱七八糟，这种创造能力也很值得肯定的；他们也许是为了自己的朋友，通过打架的方式来替朋友讨回公道，最后总是伤痕累累，这样的正义感也很值得肯定的。既然对男孩的行为感到无可奈何，那就来欣赏他吧。因为男孩除了冒险之外，还有一股英雄情节，这一点让喜好冒险的男孩显得尤为可爱。

男孩天生是个"小冒险王"，他们崇拜英雄，喜欢竞争，这是他们的天性。和男孩相比而言，女孩的天性是什么呢？

艾利姆夫妇在《养育女儿》这本书中很明确地解答了这个问题：女孩更注重人与人之间的关系。无论走到哪里女孩总是最先关注这些问题：

我们之间的关系如何呢？

在这个圈子里，我的地位怎样呢？

我要怎样做才能保持与人的关系最融洽呢？

雌性激素使得女孩温柔、有很强的同情心，她们天生懂得体谅和关心他人，她们的情绪天生就是变化无常的。女孩被称为"最具感情的动物"，获得这个称号，她们当之无愧。

情感对女孩来说具有非同寻常的意义。她们在与人交往过程中所获得的美好体验，就会让她们幸福感十足。

女孩不像男孩那样富于攻击性，她们注重的是与人的关系更加和谐。这也使得女

孩把友谊和家庭看得比成就和机会更重要。当男孩思考怎样才能打败对手的时候，女孩就已经开始衡量她与周围的关系了。女孩小的时候，接触最多的就是爸爸妈妈，她渴望得到爸爸妈妈更多的爱和关注。

当女孩还在摇篮里的时候，就强烈地希望妈妈与她交流。因此，当一个女婴感受不到妈妈对她的爱的时候，她就会哭闹不止。当妈妈凑过来逗逗她的时候，女婴就会停止哭泣，继而高兴地挥动着手脚。她因为得到了妈妈的关注而兴奋不已。

稍大一点的女孩最喜欢玩过家家的游戏，她会为自己的布娃娃们组成一个家庭：有爸爸，有妈妈，还有宝宝，然后一家人一起吃饭，一起看电视，一起做游戏。看上去这“一家人”其乐融融，很温暖。实际上，这也是女孩在表达她的梦想：她希望爸爸妈妈永远爱她。

女孩在成长的过程中离不开爱，妈妈应该让女孩能够时时感受到妈妈对她的爱。只有沐浴在爱和关注之中，女孩才能更快乐地成长。

男孩女孩不仅生理结构不相同，情感世界也大不一样。所以，妈妈养育男孩女孩时，不应该“一视同仁”地对待，而是应该根据孩子的不同情感诉求来给予不同的爱，让每一个男孩女孩都顺应天性地健康地成长下去！

男孩发育比女孩晚，应该晚入学一年

孩子几岁入学好呢？这是妈妈们经常思考的问题。有些妈妈希望孩子能提早上学，尽管自己的孩子还没有到规定的年龄，还是千方百计地将其塞进学校。还有一些妈妈与此相反，担心孩子太小而无法承受学习压力，到了规定的年龄也不把孩子送去上学。实际上，过早教育和过晚教育对孩子而言都是不利的。

而男孩女孩同时入学，对男孩来说，也是不利的。

学习是一种脑力活动，因此评判受教育的最佳时期，应该以大脑的发育状况而定。根据科学家的研究，儿童在6周岁的时候，大脑已经生长到1200克，达到成人脑重量的90%，智力的发展水平也已经达到17岁智力发展水平的70%。因此，这个年龄就是孩子入学的最佳年龄。

在这个年龄时期，孩子在能力以及心理发育方面也日趋完善。这时的孩子已经可以对形状、颜色、大小做出准确的判断，而且对数字和文字的判断能力也已经发育良好，记忆力迅速发展，可以做简单的运算。此外，这时的孩子已经养成一定的自制力，习惯了集体性的游戏，有一定的求知欲和学习兴趣。6岁左右的孩子，已经完全具备了进入学校正规学习的条件。

所以当孩子长到六七岁的时候就到了入学的年龄。一般而言，男孩的发育比女孩要晚6～12个月，而且不善于做一些精细的动作，比如拿钢笔和使用剪刀。同时，这一时期的男孩活泼好动，很难长时间安分地坐在课堂上。由于男孩支配完成精细动作的运动神经以及认知技能的发育都迟于女孩，因此让男孩比女孩晚入学一年对他们大有裨益。

有位学者走访了世界的很多教育机构，他发现在澳大利亚的很多学校和欧洲的一些大型国际学校，男孩的入学年龄基本上都是往后推迟一年。但是在当地，入学之前的所有儿童都应该上幼儿园，无论是男孩女孩都需要在幼儿园这样的环境中体验与同伴共同合作的经历。

男孩在幼儿园的时间应该更长一些，这样的话，当男孩入学之后，他会比同龄的女孩要大一岁，这时的男孩在智力上已经和女孩在同等的水平。

当然，也没有必要刻板地来要求这一点。毕竟很多妈妈在教育孩子方面所持的观点是让孩子尽早入学，赢在起跑线。一直以来，男孩到底什么时候上学就是一个存在争议的问题，并不是一个倚靠理论就能决定的问题。作为妈妈，还是要视男孩的实际能力而定。同时，如果是女孩发育迟缓，同样也可以推迟入学年龄。

妈妈帮助孩子找对最佳的入学时间，将有力地促进智力的发展，有利于身心健康。统计显示，5～6 岁入学的孩子，智商会明显高于 7～9 岁入学的。

一位医院儿科的主任医师说，规定 6 岁入小学有其科学依据，是综合儿童的心理、生理等诸多因素而定。如果小孩的年龄与规定入学年龄相差 3 个月左右就应该没有什么问题，但是如果上学过早，将会对视力、脊柱等的发展都有不好的影响。

以前教育部规定儿童的入学年龄应该是在 6 周岁半，而现在改成了 6 周岁，已经提前了，如果孩子的年龄距离国家规定年龄太多，是不适宜的。无论什么样的教育，都要遵循人的认知发展水平来开展，儿童如果上学过早，就是相当于将不符合他智力水平的内容强加给他，多数情况下是学不好的，这样的孩子容易产生挫败感，极不利于孩子今后的成长。

其实，妈妈判断孩子最佳入学时间也是有窍门的。妈妈可以从以下 4 个方面入手，观察孩子是否适合上学：

第一，观察孩子的聪明程度是否和同龄孩子的水平相当，比如算数、识字等能力。

第二，观察孩子的注意力是否能保持较长时间的集中。在儿童时期，注意力的集中时间是随着年龄的增长而增长的，年龄过小的孩子注意力就比较不集中。一般来讲，小学老师在讲授一个知识点需要 10 分钟左右，那就要求孩子的注意力也能坚持 10 分钟左右。

第三，观察孩子是否有足够的自制力。小学课堂不同于幼儿园，要正规很多，不可以在课上随便说话、随便玩耍，不能老走神。如果孩子还不能有足够的自制能力，就会严重影响听课的效率。

第四，观察孩子的身体素质如何，有的孩子经常会生病。上了小学之后，如果经常请假，会耽误学习的进度。

孩子入学是个可大可小的问题，在把孩子送进学校之前，妈妈最好还是多做些功课，为你的孩子选择一个他自己的最佳入学时间，让他有一个好的开始！

第四章　跟上孩子成长的脚步

孩子一刻也没有停止过长大，而妈妈却往往对此后知后觉。与其说是妈妈忽视了孩子的成长，不如说她不舍得孩子羽翼日渐丰满疏远自己，或者是不知道如何处理孩子青春期的叛逆和疑问。然而，孩子终究是要长大的，妈妈只有跟着长大，才能引导孩子更好地成长。

“青春期叛逆”不可硬碰，要巧妙应对

最近一段时间，丽群的父母正在为养了一个“叛逆”的女儿而烦恼呢。自从上了初中后，丽群就越来越不听话了，经常顶撞父母，有时候父母说多了，她甚至理都不理他们，一副大义凛然的样子，随他们怎么说，自己依然我行我素。

丽群活泼好动，讲哥们义气，她特别喜欢打乒乓球，一有空闲，她就会和几个小伙伴一起去体育场打球。

丽群的父母对她给予了很大的期望，希望她现在一心学习，以后能考上好的大学，有出息。因此，平时对丽群要求很严格。

丽群上小学的时候，比较听话，爸爸妈妈不让她玩耍，她只好忍着。但她在课下喜欢上了乒乓球运动，偶尔征得父母的同意才去打打球。

上初中后，父母为了让她能够考进重点中学，对她的管教更严格了。但是，丽群觉得自己打球并没有影响学习，慢慢地，她与父母的矛盾越来越大，而且还常常闹情绪，打乒乓球的次数反而越来越多了，学习成绩也是直线下滑。

这天，丽群放学后打了一会儿乒乓球才回来，一进家门，父亲就质问她：“你又去打球了？”

丽群只是看了父亲一眼，没吭声，径直朝自己的房间走去。

“我跟你说话呢！你这是什么态度？真是越大越不懂事了！”

“我怎么了？不就是打了会儿球吗？小时候我什么都听你的，可现在我长大了，我有自己的主见，你别再干涉我，行不行？”

“你还有理了？看看你的学习成绩，直线下降，还不都是因为天天打球？”爸爸越说越气。

“我打球从来就没耽误过做作业，也没有影响到学习！”丽群理直气壮。

“还不承认，那你的成绩怎么越来越差了？”

“还不是你们整天这不行，那不许的，我心情不好，学不下去！”说完，丽群走进

了自己的房间，重重地关上了门，门外，是目瞪口呆的父亲。

孩子的成长过程中，都会经历一个青春叛逆期，这一时期的孩子缺乏适应社会环境的独立思考能力、感受力和行动能力等；另一方面，初步觉醒的自我意识又会支配他们强烈的表现欲，即处处想体现自己，想通过展示自己和别人不同来证明自己的价值。所以，这一时期的孩子喜欢打扮得与别人不一样，喜欢做一些引人注目、与众不同的事情，也爱说一些令人吃惊的话，希望别人能够对他们另眼相看，这都是他们想要的效果。如果了解到这些，相信很多妈妈就不难理解孩子这一时期的叛逆表现了。

此外，妈妈的教育方法不当，也是孩子产生叛逆的主要原因。比如有的妈妈不尊重孩子的人格，随意对孩子进行讽刺、挖苦、辱骂，甚至殴打，伤害了孩子的自尊心，从而使孩子对妈妈产生对抗情绪。

有的妈妈对孩子的期望值过高、要求过严，当孩子不能达到妈妈的要求时，妈妈就大发雷霆，甚至打骂孩子。

还有一些妈妈由于缺乏心理学知识，不按照孩子的心理发展规律施教，说话过头，爱摆长辈的架子等，这些妈妈不注意的行为，都会导致孩子的叛逆。

同时，有压制就会有反抗、就会出现叛逆，反抗是孩子成长的轨迹，是孩子正在顺利成长的标志。当孩子出现反抗言行时，做妈妈的应放心：孩子在顺利成长呢。

可是令人遗憾的是，很多妈妈一遇到孩子反抗，马上就发起火来："怎么能对妈妈这样，真是不听话的坏孩子。"

反抗，是与自我成长同步出现的自然表现，对于孩子的发展来说是不可欠缺的重要一环，所以，欧美等国非常重视孩子说"NO（不）"，在反抗期里不会反抗的孩子才是令人担心的。

对于孩子的反抗和叛逆，妈妈不要与之对抗，而要巧妙地应付。

这时妈妈最好能记住 4 个关键词：一是"无知"，二是兴趣，三是放权，四是温柔地坚持。这是许多心理学专家共同的认识。

所谓"无知"，就是装傻，不要老觉得自己懂得孩子的一切，总是告诉孩子怎么做，而应启发他，放手让他自己做，让他体会到成功的喜悦。有的妈妈事业非常成功，这对孩子会构成压力，不如你装傻，让孩子能感到他自己的成功，对超越妈妈更加有信心。

所谓兴趣，就是不要只对孩子的学习感兴趣，要学会对他生活中的所有细节感兴趣。比如他爱唱歌，你要学会欣赏他。赏识对孩子的健康成长是非常有效的法宝。

所谓"放权"就是适当地让"权"。在孩子慢慢长大时，他需要在家庭里寻找自己的空间，这时候妈妈要学会闭嘴。比如孩子有自己的生活方式了，和原来你给他的生活方式发生冲突了，不要那么快就作出反应，可以用"等待的艺术"。

所谓温柔地坚持，就是有时候对原则性的问题要坚持，但要讲究方法。比如孩子早恋或者整夜泡网吧，这时候你就要温柔地坚持，说这样做对你是不好的。记住，是对他不好。不要强制他不出去，但只要他出去，你就用这种方式来提醒他，这些行为对他的身体、品行和人生发展，都可能会造成很大的负面影响。

妈妈们应记住，4个关键词的核心是平等。

反抗期的孩子是最难“对付”的孩子，不过妈妈不必担心，孩子就是在反抗中逐渐长大，完善自我意识，形成独立人格，为将来适应社会打下基础的。你只要巧妙地应对孩子的叛逆，帮助他们化解青春期可能会遭遇的危险，让他们少走点弯路，就是对青春期孩子最好的照顾了。

给孩子充分的独立空间，他们的叛逆行为自然会消失大半

青春期是孩子心理变化非常剧烈的阶段，因为他什么都想自己去尝试，今天是这种心理状态，明天可能就变成另外一个样子了，因此，妈妈不必为孩子偶然出现的异常行为而焦虑不安，也不要对孩子偶尔出现的强烈的叛逆行为——譬如离家出走、早恋等大动干戈，此时，妈妈应当适当地进行反思。因为，孩子强烈的叛逆行为是对妈妈强烈的控制欲望的一种反击，如果妈妈对孩子的控制适当变弱，那么孩子的叛逆程度也就会自然而然的下降。

作为妈妈，要理解孩子的叛逆心理，懂得孩子一定程度的叛逆是非常正常的，是孩子走向成长和独立的必然阶段。如果妈妈尊重孩子的想法，给他充分的独立空间，那么孩子的叛逆心理就会减轻；相反，如果妈妈不尊重或者横加干涉，那么后果就是孩子的叛逆心理会变得更加强烈。

一位单身妈妈离婚后和儿子相依为命。

妈妈对儿子的要求很高，妈妈希望自己的儿子是最优秀的，于是从小，儿子游戏的时间就很少，除了学习还是学习，儿子也没什么好朋友。妈妈还总爱拿他和亲戚、邻居的孩子比，不如其他孩子时就冷言冷语，甚至动手，妈妈的暴躁让儿子饱受皮肉之苦。

最近，儿子的情绪总是不稳定，很极端，还常常出现对立情绪。他变得急躁易怒、学习被动，没有了激情，成绩也一再下滑。儿子有一个小日记本，从小学时开始记起，为找原因，妈妈经常偷看孩子的日记，儿子似乎也觉察到了。

终于有一天，当妈妈刚打开儿子的抽屉时，发现背后站着怒气冲冲的儿子，妈妈一脸尴尬，儿子夺过日记本撕了个粉碎。

看到妈妈的震惊，儿子一言不发，他知道妈妈独自抚养自己的辛苦，只是一直以来，给他的压力实在太多，今天他终于做出了无声的反抗。他觉得很轻松。

作为妈妈，走出失败的婚姻，还要承担起孩子的生活和教育，已经很不容易。对孩子的高要求是可以理解的，但是教育过于封闭和严厉，让逐渐成长的孩子感受到的是沉重的压力。发生冲突之后，妈妈必然的也受到伤害，一直信任的儿子的公然反抗沉重地打击了她。

而儿子呢，妈妈婚姻的结束，家庭的破裂，与同龄人相比已经承受很多，再加上妈妈严密的爱和不当的教育方式，无疑是对孩子的心灵雪上加霜。为了不违背内心的

声音他做了反抗，但是又伤害了辛劳的妈妈，矛盾后的爆发，清醒之后的懊悔，从这些方面来看，发生冲突对双方都是伤害。

青春期孩子的妈妈首先要给予孩子充分的尊重；如果妈妈尊重孩子的独立，那么这种叛逆心理就会减轻。如果妈妈不尊重，那么这种叛逆心理反而容易变得更强。

其次，妈妈要和孩子多沟通多交流，多听听孩子的想法。孩子需要妈妈给予更多的关爱。冲突可以升级也可以避免，关键在于我们处理的方式，心平气和，静下心再去面对会比怒气冲冲时处理要理智得多。

所以，与其偷偷地翻看日记不如坦诚和儿子交谈；与其花费更多的时间叮嘱他学习不如给他多一些温暖和拥抱，感受到妈妈疼爱的孩子更愿意投入学习。

爱的深沉博大需要妈妈达到一种更高的境界：爱而不伤害。作为妈妈，在教育中应避免让爱转变成伤害，要做到真正的关爱孩子，让他健康成长。

总之，青春期是每个人成长中必然经历的时期，这一时期，妈妈都难以做到用一套严格科学的控制手法让青春期的孩子健康成长，而应该让他们独立成长，让他们自己去体验生命和生活中的酸甜苦辣，并最终成为他自己。

只要孩子守住底线，就不要总想着去和孩子谈心

黄清一直是一个开朗活泼的女孩儿，从小就喜欢说话，只要有人在她旁边，她就能一直和别人说话，她尤其爱缠着妈妈聊天，而且说起话来像是不会累似的。而升入初中以后，黄清慢慢地变得不爱说话了，像是变了一个人一样，经常自己坐在房间里发呆，或者是一个人看很长时间的书，还每天坚持写日记，妈妈主动跟她聊天，她也经常无精打采，随便应付，或者是以累为借口而拒绝。妈妈很是不解，为什么孩子慢慢地内向了呢？为什么忽然和自己的关系疏远了呢？以前她可是什么事都要跟妈妈说的啊。

像黄清一样，处在青春期的少男少女，总爱在自己的抽屉上上把锁，似乎有什么秘密；总爱一个人坐着发呆，似乎在想些什么重要问题；总爱跟好朋友黏在一起，而对妈妈的依赖越来越少。他们试图在宣告自己已经有了一个隐秘世界，不想再像童年时期那样，心里有什么话都愿意向妈妈“敞开心扉”。这是一种正常的心理特征，它体现了一种独立意识和自尊意识。

青春期的孩子，随着生理的变化，心理也发生了变化。独立意识发展壮大，孩子不再一切依靠妈妈，他们开始掩饰、隐藏自己的真实情绪，出现了“心理闭锁”特征，他们常常自己想心事，甚至拒绝妈妈的关心和爱抚。妈妈千万不要太慌张，急着去跟孩子谈心，要知道这是孩子走向成熟的一个十分重要的阶段。

孩子有了秘密，标志着他正在成长，他想要摆脱大人的保护，独立地感受人生、思考未来，这是他们心智趋于成熟的表现。有秘密的孩子比没有秘密的孩子情感丰富，长得快，成熟早。这应该被看做是一件好事，而绝非坏事。妈妈应当支持孩子拥有自己的秘密，给孩子留有空间，对孩子多些理解，而不要企图掌握孩子的一切，更不要

用家长的威严来压迫孩子吐露心声，这样，妈妈在孩子心中的形象才会更高大，更能获得孩子的信任和爱戴，母子关系也会更加美好。

但是，在许多妈妈眼里，子女似乎永远是长不大的孩子，而自己作为母亲就有权利对孩子做任何事，于是老是随意闯入孩子的“隐秘世界”，采取粗暴干涉的强制手段，拆信、监听、悄悄查看日记以及打骂、禁闭等，这样做往往会事与愿违，孩子绝不会把真实的秘密告诉妈妈，甚至开始厌恶妈妈，最后不仅伤害了孩子的自尊心，影响他的心理健康，还伤害了母子之间的感情。

作为妈妈，想了解孩子心里在想什么很正常，但了解孩子要讲究方式方法，建立信任关系才是一个最好的办法。因为只有让孩子信任你，他才会有可能愿意告诉你心里话。所以，妈妈要给孩子适当空间和自由，尊重他的隐私，尊重他的想法，会为他保密，会为他想办法，这样孩子才能信任你，告诉你自己的想法。切忌用偷看日记等方法来窥探孩子的想法，这是在打破信任，信任一旦被打破，要重新建立就很难了。所以，妈妈如果真想听听孩子的心里话，不妨拿出你的诚意来。不去主动追问他的秘密，不背着孩子在老师和同学处打听她的情况，而是偶尔给他写一张表达“关怀”的小纸条。这样孩子感受到妈妈的关心与爱，同时又感受到妈妈的尊重和信任，他自然会向你敞开心扉。

而当孩子向妈妈诉说秘密时，妈妈不要急于下结论，必须首先接受孩子所有的话，然后通过自己的大脑进行分析，进而向孩子传递价值、教训和爱心，记住，孩子不想要听你的唠叨和责骂，他需要的是尊重和理解，当孩子给以你聆听他心声的机会时，一定要给以孩子温暖的回应，别让孩子对你的信任和期待在你的呵斥声中瓦解。

青春期的孩子是特殊的，他们需要妈妈特殊对待，记住只要孩子守住“好好学习不做坏事”这一底线，就不要总想着去和孩子谈心。如果你能认识到这一点，就一定会尊重孩子的隐私权，从而获得孩子的信任。

给孩子上性教育课吧，让孩子正视身体发生的变化

张老师正在讲台上滔滔不绝地向同学们讲述八国联军侵华的史实，却发现林扬有点心不在焉，完全没有在听讲。课后，张老师将林扬在课堂上的表现告诉了班主任秦老师。秦老师也发现了，最近两个星期，林扬上课经常走神，脸色也不是很好，还经常称不舒服请假。秦老师几次关心地询问林扬是不是生病了，要不要去看医生，每次林扬都涨红了脸，连连摇头。秦老师觉得很奇怪，以前他可不是这样的。最近是怎么了？秦老师决定找林扬的父母谈谈。

林扬的父母跟老师说了一些林扬在家的反常表现：经常锁着房门不让父母进去，甚至还自己洗床单、被套，这在以前可是从来没有的。细心的秦老师似乎明白了什么，追问道：“你们是否发现林扬有过遗精的现象呢？”林扬的父母愣了一下，不好意思地说：“上个月我给他叠被子时，发现床单上有块污渍，就告诉了他爸，他爸还笑他早熟呢。”

“那当时林扬怎么样?”秦老师又问。

“很不好意思，什么话也没说。唉，现在的孩子，才 12 岁，就……”妈妈觉得不可理解。“那他锁门，洗被子是不是那次遗精以后的事情?……”

在秦老师的追问下，林扬的母亲才意识到儿子最近一段时间表现异常的原因了。

“那你们给他讲过这方面的知识吗?”秦老师问。

“这还要讲啊? 以后慢慢地不就知道了。再说，这些事怎么对孩子讲啊?”秦老师愣住了。

其实，父母不知道的是，最近一段时间，林扬已经陷入了深深的自责之中，他为自己的行为感到很愧疚，有一种罪恶感，甚至，他觉得自己很下流……

生活中，可能很多青春期的男孩都有过林扬的这种困惑和烦恼，包括一些青春期的女孩，她们也有自己的苦恼和困惑。

青春期是儿童发育到成人的过渡阶段，是人体成长发育的最后阶段，伴随着青春期的到来，孩子们的身体快速发育成长，他们会产生一连串的疑惑、烦恼、惶恐，甚至伴随着严重的焦虑，影响了他们的日常学习和生活。而青春期的烦恼与焦虑正是由于缺乏适时、适当的性教育引起的。

据调查，很多家庭中妈妈从来不对孩子进行性教育，当被好奇的孩子发问时，妈妈不是躲躲闪闪，引开话题，就是自作聪明地欺骗孩子。对孩子的生长发育、身体变化进行因势利导的性教育，这原本是十分自然的事情，但在很多家庭却被忽视了。林扬第一次遗精后，爸爸竟然笑话他早熟，这使得他产生了强烈的耻辱感，似乎性的发育是他的罪过。试想，如果林扬的父亲不是嘲笑（当然，这种嘲笑并无恶意），而是拍着儿子的肩膀说：“儿子，爸爸恭喜你，你已经是个男子汉了。”同时，再给他讲一些有关的知识，那么林扬的心态就一定不是罪恶感、挫折感，而可能会是骄傲感和成就感，更不会产生一系列的烦恼、困惑和焦虑了。其实，不仅仅是青春期孩子需要性教育，性教育应该开始于儿童和少年时期，妈妈应积极参与性教育，使孩子从小就得到正确的性教育。

心理学家认为，要根据孩子的年龄对孩子进行不同内容的性教育。5 岁前的孩子，性教育主要是解决性别认同问题。妈妈应在洗澡、睡前很自然地让孩子认识自己的身体，不要有意地把女孩扮成男孩或将男孩扮成女孩，以免孩子从小对自己和他人形成性朦胧意识，从而影响孩子的性取向。

6～10 岁的孩子，这期间妈妈要对孩子进行较系统的性知识教育。此时，可借助自然现象、童话、寓言故事，采用比喻的手法把性教育内容穿插其中。家长可以从植物开花结果讲起，接着联系到人的性与生殖。可以这样说：一位漂亮的姑娘春天把西瓜种子种到地里，之后她每天都给种子浇水、施肥，种子慢慢长出绿色的叶子。到了夏天，叶子上结出了小花，花谢了就变成了小西瓜，小西瓜越长越大就变成熟透的香甜可口的大西瓜，这个时候就可以摘下来吃了。妈妈在肚子里也种了一粒种子，在妈妈的精心哺育下，这粒种子慢慢长大，十个月后就变成了一个小人，然后妈妈就把他摘下来，于是这个世界上就出现了活蹦乱跳的宝宝。

11～15 岁的孩子，这期间妈妈应主动关心询问孩子的性困惑。有一位男孩睡觉时遗精，他认为是生病了，非常担心，又不好意思告诉妈妈，自己在书摊买来不健康的书籍想从中找到答案。一日，妈妈整理他的房间时，发现孩子在看一些不健康的书籍，妈妈这才意识到该告诉孩子一些正确的性知识了，但是妈妈都不好意思向他讲性知识。最后，这位妈妈买来有关青春期性知识的书籍放在孩子的桌上，并通过书信的方式与孩子交流。

需要强调的是，对孩子的性教育，要及早开始，要有系统、循序渐进地进行。另外，性教育的重点，并不只是传授与性有关的知识而已，更要培养对性的正确认识和健康的性心理，包括可以正视自己身体的变化，大方、坦然地讨论与学习，要及早让孩子明白，性并不神秘，更不污秽。

“性教育”问题上——保护闺女，尊重儿子

怎样进行性教育？这是目前很多妈妈和老师都在讨论的问题。

在我国，怎么和孩子说性还是一个大疑惑。其实，妈妈也不用特意说这个问题，但是，一旦妈妈觉得孩子可能对这个方面有疑惑的时候，就要勇敢地正视孩子的成长和变化。

性教育方面出现的问题，在男孩和女孩的身上表现是不一样的。一般来说，女孩的问题，主要是自我保护。

有的女孩比较开放，也从来没有注意过性别差异的问题，可能有的早熟的男生对她有意思，她却没有防备，这时候就需要妈妈站出来引导她。对于年龄较小的女孩，有的妈妈交代的是“凡是衣服遮住的地方，都不能给别人看，更不能让别人碰”，这样孩子就有一个执行标准；年龄较大的女孩子，这时候要和她交流孕育生命、十月怀胎的辛苦和不易，更要让她知道，性关系对女性的影响，需要承担的东西，所以女孩子要保护好自己。

对女孩的建议，不仅光说“你是个女孩子”。这样一句没有下文的话，并不能让她明白性别差异，所以还是要讲清楚：女性是容易受伤害的，身体上的伤害和心理上的伤害，都会影响她的一生。

相对于女孩来说，男孩更早熟一些。男孩之间，会私下讨论“性”这个话题。其实，只要男孩是一个正常的青春期少年，他就肯定会充满好奇心，会想弄明白性这个东西，所以，妈妈可以早早告诉男孩一些“性”知识，这样他会少走一些弯路。

成绩一向优异的小迪在初三上学期突然间成绩滑坡，他甚至都不想上学了。起初，妈妈还以为是学习压力大，他不适应初三生活。但 3 个月过去了，小迪的成绩仍然没有提升，班主任老师给小迪的妈妈打来电话，说小迪上课总是走神，有点精神恍惚。小迪的妈妈这才着急了，周末下午，妈妈想和小迪好好谈谈。没想到她还没张口，小迪就先哭了，一边哭一边说：妈妈对不起，我是个道德败坏的坏男孩。

听儿子这么说，妈妈愣住了。她急忙把他抱在怀里，对他说：“宝贝，快告诉妈妈

发生了什么事，不管如何，妈妈都会原谅你的。”

小迪说：“自从初二下学期，我就经常陷入了性幻想之中。一开始，还能控制自己的理智，但逐渐就控制不了了，每时每刻都在想那些事，像强奸啊什么的。其实我也不想这样，可就是不知道怎么控制自己的思想。”

小迪说，这件事让他非常痛苦，他觉得自己年龄这么小，就想这些肮脏的事真的是道德败坏。他不敢对任何人说，他怕所有的人都瞧不起他。

其实小迪现在的状况是典型的强迫症倾向。但是如果他能够很早就知道一些关于“性”的知识，也就不会因为“性心理”的被压抑而产生这种状况。性既不神秘，也不龌龊。妈妈不要让孩子觉得这是特别下流的东西，如果妈妈和孩子都能平静地对待它，把它当成饥饿、疲乏这种生理现象来认识，孩子的身心发展将会更加健康。

妈妈千万不要再把男孩们当成小毛孩，对男孩的关注上也应注意提醒他们注意身体，不要太过疲劳，或者在选购内衣的时候，尽量选择较为宽松的等，而且要及时对男孩进行较系统的性知识教育。妈妈要避免直接、详细地介绍人类的性行为，否则很容易给这个年龄的男孩带来心理阴影。在性知识教育的同时，还须进行性道德教育，避免男孩因为性冲动犯下过错。

妈妈不要等到男孩问才说关于性的一些问题，可利用身边或社会上发生的事件与男孩一起进行讨论。并且告诉男孩一些自己的想法和正确的性观念。如果一味在男孩面前遮掩性这个问题，只会越变越糟。

正确看待孩子青春期对异性的好感

无论在老师还是在父母心中，楠楠都是一个聪明、文静、听话的女孩。从小学三年级开始，楠楠就开始担任班长，一直到现在。班主任老师夸她有写作天赋，她的每一篇作文都被老师当做范文在班上朗读。不仅如此，楠楠的其他各门功课的成绩也很优秀，还很乐于助人。班主任老师经常夸她是老师不可多得的好帮手。但是，自从班上转来一个帅气阳光的男孩后，楠楠似乎发生了一些微妙的变化。

楠楠变得爱打扮了。以前一直梳着马尾辫的她现在经常变换自己的发型，一向穿着朴素的她现在每天都要换一套衣服。而且，任课老师也反映，最近一段时间，楠楠上课总是走神，经常一个人发呆，最严重的是楠楠的学习成绩出现了明显的滑坡。

让人感到奇怪的是，楠楠以前很讨厌上体育课，也不喜欢运动，经常找各种各样的借口逃避体育课。但是最近一段时间，每次体育课，楠楠都很认真，并且经常去操场做运动。

班主任老师对此感到很纳闷，一面找楠楠谈话，一面把情况反映给了楠楠的父母。楠楠的父母最近也发现她有些反常，经老师这么一说，更觉得吃惊。经过一番观察，父母得出了一个结论：楠楠早恋了。

于是父母对楠楠进行了一次严厉的“审问”，并且毫不留情地翻看了楠楠的书包、书柜、书桌等，终于在一个抽屉里发现了“罪证”——一本厚厚的日记。在日记里，楠楠用细腻的笔触描述了她对新转来的那个男孩子的爱慕之情以及她现在面临的烦恼。

楠楠的父母在看完这篇类似“情书”的日记之后，大惊失色，又气又恨：“你小小的年纪，怎么写出这种东西！我们都替你感到害臊！”一向温顺听话的楠楠这次一反常态，涨红了脸申辩道：“我做错了什么？我就是喜欢他！他是我心中的偶像！”说完，跑进了自己的房间。

早恋是青春期性成熟过程中，两性之间出现的一种过度亲密的互相接近。现在大多称早恋为“交往过密”。少男少女因为性发育开始成熟，本能地产生互相爱慕的情感。有的人表现为独自的单相思，有的人突破了羞涩的束缚，递纸条、约会、互相倾吐爱恋之心，借口互相帮助，形影不离，个别人则还发生进一步的两性接触。

异性相吸是自然界中的普遍现象，处于青春期的孩子，随着性意识的渐渐觉醒，朦胧中对异性产生了渴望和爱慕，这也是一件很自然的事情。每个妈妈都是从青春期走过来的，回忆一下我们的青春时代，就该知道中学生这种情愫的萌发是多么正常，所以，妈妈在孩子情感发育时，为什么不可以给出更多的理解呢。

确实，早恋是现在令妈妈头疼的一个问题，并且有低龄化的趋势，不闻不问吧，总觉得会耽误孩子的学业；过问吧，又怕逼急了，孩子离家出走、自杀，造成不好的后果。很多妈妈就是想阻止孩子早恋，却用错误的方法推了孩子一把，使孩子不由自主地掉入漩涡中。

有的妈妈小题大做，把孩子的正常交往，如相聚聊天、结伴游玩、一块儿看书、做作业等误认为是早恋，从而加以指责；有的妈妈错误地认为，男女同学在一起就必定是“早恋”，因而忧心忡忡，疑神疑鬼，不让孩子随便出去，平时也不让孩子与异性同学结伴回家；有的妈妈发现孩子跟异性有一些接触后，竟然对孩子冷嘲热讽或者破口大骂，甚至带有侮辱性字眼。这些妈妈用成人庸俗的观念，把孩子们一些原本正常的行为恶俗化了，人为地制造了孩子的罪恶感。她们本想阻止孩子早恋，但殊不知很可能把孩子推向了早恋的深渊。

因为人是容易受到暗示的，如果一个人总是被别人暗示他的品性有问题、行为不端正，他就会不断地自我否定，认为自己就是这样的“坏”人，久而久之，他也许就真的变成人们所说的“坏”人了。

所以，妈妈千万不要认为孩子的早恋很可怕，不要破坏孩子内心的纯洁。妈妈应该相信自己的孩子，在一般情况下，男女同学的接触是很正常的，不敢接触才是不正常的。如果发现孩子与某一异性交往过密，就应该巧妙地加以引导，让孩子懂得，异性交往不要太集中于某一个人或一个小范围，否则会失去与多数同学、朋友接触的机会。

孩子的早恋往往与生活单调、没有目标有关，因此，充实孩子的生活，帮助孩子寻找生活的意义，可以有效地转移孩子对“早恋”的注意力。

此外，妈妈应该多和孩子沟通、交流，组织一些家庭集体活动，增进妈妈与孩子之间的感情，以便能及时了解孩子的心理和情绪变化，及时教育；同时也能增强家庭对孩子的吸引力和妈妈在孩子心目中的威信，避免孩子过多地从外界寻求关怀与理解。

和早恋孩子讨论一下什么是爱情

处于青春期的孩子容易情感冲动，十分脆弱，情绪又不稳定，考虑问题简单，很少顾及后果，这种心理状况使早恋好像天边的浮云一样变幻莫测，早恋者的情绪也会随之波动起伏，彼此之间感情往往反复无常。

长期以来，妈妈一向把早恋视为洪水猛兽，过度担心早恋会影响孩子的学习和成长，所以只要一有点什么风吹草动便会全家出动制止，尽管采取种种措施严加防范，但早恋还是不期然地走近了正处于花季的少男少女。

有些妈妈从不对孩子讲述有关“爱情”的话题，对其讳莫如深，似乎“爱情”两个字是病毒、是细菌，捅破了这层纸，孩子就会被感染，失去抵抗力。可是，妈妈越是遮着藏着，孩子越是容易出问题。其实，这就是妈妈忽视对孩子进行“恋前”教育的结果。

但是，要和孩子谈“爱情”这个话题时，妈妈多少都会面临到尴尬，主要原因大多是：“不习惯”。一位妈妈面对早恋的宝贝女儿，突破了“不习惯”的局限，语重心长地告诉孩子妈妈眼中的爱情：

“女儿，听别人说你谈对象了，呵呵，其实这并没有什么不正常，但我需要提醒你的是，现在还不合时宜。因为你目前正处于人生的关键时刻，正需要投入全部的精力在学习上，所以就不妨等过了这一关再说。

况且，人是要经历不同的人生阶段的，而阶段最多、变化最快的恰恰是这五六年光景。随着学习环境和工作环境的变化以及你自身素质的提高，你对异性的认识和审美也会发生变化。所以现在如果过分的投入就有着很大的盲目性，当然，我不是否认初恋的纯真和圣洁，关键是当它影响了你现在的学习进程时就应该注意到这个问题了。

我们再说说择偶标准吧，先说我们的态度，我和你父亲一样会尊重你的选择，但是我们会给你提出一些建议来供你参考。但可能你们会被男孩英俊的外表所吸引从而忽略了内在的修养，这是比较危险的，因为英俊只会是暂时的，外在的，时间一久你的审美也会疲劳的。当两个人真正走在一起的时候便会更在意对方的脾性是否会合乎自己的意愿，而脾性的层次则是由修养的程度所决定的。

随着人生境界的转换，每上升一个层次你都会发现并结识更好的异性，而这时你最早的初恋就可能会因为时间和空间的转换而成为你感情的牵绊。所以，作为母亲我建议你把目前可能存在的爱情淡化为友情先珍存起来，等到你学业有成、工作稳定，特别是待到你的情感世界丰盈成熟时再来审视这份感情，如果依然难舍就再续前缘，如果感到似过眼云烟那就让它随风散去吧……”

困惑、羞涩的女儿，听到这些脸上露出了真诚的微笑，似乎明白了很多……

这位妈妈诚恳的话语点拨了处于爱情幻想中的女孩，让她对人生与爱情有了重新的认识。这位妈妈的做法很值得借鉴，妈妈们应该像她一样，多和孩子沟通、交流，了解孩子的心理和情绪，及时帮助孩子找到解决问题的方法。适当的时候，和孩子讨论一下什么是爱情，以帮助他形成正确的爱情观。

另外，当发现孩子早恋的时候，妈妈不应该大惊小怪，反应过激，要知道，青春期的孩子对异性产生好感是再自然不过的事情，对异性有好感，并不意味着一定会早恋，一定会有什么恶果。

而有些妈妈就错误地认为，男女同学走得近一点就是“早恋”，所以她们不让孩子与异性同学一起结伴上下学，更不让孩子出去跟异性同学玩，经常打电话追问孩子的行踪，有异性同学打电话来也不让孩子接……妈妈们的做法势必会对孩子造成心灵伤害，孩子既觉得没有受到尊重，又觉得自己的自由被剥夺了，于是孩子必定会对妈妈产生反感。

其实，早恋是防不胜防的，妈妈不可能24小时都能控制住孩子，而且有的孩子因为厌恶妈妈的控制，故意反叛地早恋起来。所以，对待孩子与异性同学的接触，妈妈应该给予引导而不是盲目禁止。当妈妈发现孩子与某个异性同学交往过密时，应该处变不惊地巧妙地加以引导，让孩子把注意力转化到其他方面上来。

有位妈妈的做法就十分高明：

一次，这位妈妈偶然发现女儿早恋，对此，她不仅没有斥责女儿，反而比过去更加关心女儿，知道女儿喜欢语文，便鼓励她去参加年级朗诵组，还启发女儿写日记，写作水平得到了迅速的提高。

于是，女儿的习作频频出现在班级的墙报上。女儿开始由一对一的交往转向了集体，常为班级做好事，而且在一次班干部选拔中被同学们推荐当了生活委员。

期末考试时，女儿的成绩比以往有了很大的进步，进入了年级前5名，还被评为了三好学生。

现在，学习、集体活动几乎成了女儿的主要活动，当初对异性的爱慕心理也渐渐平息、淡化。

早恋是现在令妈妈头疼的一个问题，也是妈妈需要用智慧来面对的事情。如果妈妈置之不理，或者反应过激的话，都是对孩子不负责。妈妈们摆正自己的心态，适当地和孩子讨论一下爱情，是引导孩子形成正确爱情观的最佳途径。

“异性效应”对培养青春期孩子是有益的

心理学家曾做过一个有趣的试验：将男女中学生按性别分成两组劳动，发现两个小组的纪律都比较松散，劳动效率低，男生追打现象严重，女生懒散无力。后来将男生、女生混合分为两个小组，情况就大有改观：两组同学劳动热情高涨，互帮互助，自发开展了劳动竞赛。劳动结束时，同学之间还打趣地说：“今天的活儿干得可真快啊!”

这就是心理学中所讲的“异性效应”，也就是我们平常所说的“男女搭配，干活不累”。与异性朋友结交，在一定程度上可以激发一个人的潜能，使其更敏捷、更加活跃。有男女一起参加的活动，一般人会感到心情更愉快，表现得也更起劲、出色。

所以，妈妈并不要过度排斥男女一起参加活动，反而要顺势利用“异性效应”来培养孩子。因为“异性效应”对培养青春期孩子是极其有益的，具体表现为以下3方面：

1. 利用“异性效应”取长补短，丰富完善个性

进入青春期的男孩往往性格开朗、勇敢刚强、果断机智，不拘泥于细枝末节，不计较点滴得失，好问、好动、好想。当然也有的男孩粗暴骄横，逞强好胜。女孩往往文静怯懦、感情细腻丰富、举止文雅、灵活、委婉，让其与异性同学交往，往往易于发现对方的长处和自己的不足，更有利于相互学习、取长补短，丰富完善自己的个性。

2. 利用“异性效应”提高学习与活动效率

男孩在思维方法上偏重于抽象化，概括能力较强；女孩在思维方法上多倾向于形象化，观察细致，富有想象力。男女同学在一起学习，就可以相互启发，使思路更加宽阔，思维更加活跃。思想观点互相启迪，往往能触发智慧的火花。

3. 利用“异性效应”提高自我评价的能力

青春期，由于性意识的发展，孩子们往往会非常留心异性同学（特别是自己喜欢的异性）的一颦一笑、一举一动，喜欢对异性同学评头论足，同时也很重视异性对自己的评价。某班的宿舍卫生总是搞不好，不少学生不叠被子，床铺弄得乱七八糟，老师想了个办法，每个学生都在自己的床上贴上名字，检查卫生时，男学生检查女生宿舍，女学生检查男生宿舍。由于谁也不想在异性同学面前丢丑，因此宿舍卫生大为改观。

由于“异性效应”，青春期的男女学生都希望引起异性的关注，都希望能以自己的某些特点或特长受到异性的青睐。这种相互激励就成为男女同学发展的动力和“促进剂”。如果妈妈意识不到与异性交往的这种积极作用，一味将异性交往认定为有害的、可耻的行为，不仅会伤害到孩子的心灵，而且也不利于孩子的发展。所以，当孩子与异性同学交往时，妈妈不妨顺势利用“异性效应”的积极作用来培养孩子，同时，也向孩子传输正确的异性相处观，让孩子坦然地、正当地、很好地与异性相处。

青春期“坏孩子”不是扶不起的烂泥

进入青春期的小栩让妈妈非常头痛，初一那年，他迷上了电脑，天天放学回家就坐在电脑面前，妈妈不让他玩电脑，他就趁妈妈不在的时候玩，或者是跑到网吧去玩，妈妈对他管得越严，他就越想方设法跑去玩，甚至有的时候不上晚自习，悄悄跑去网吧玩电脑，妈妈知道后，火冒三丈，跑到网吧把小栩揪出来，破口大骂：“你这个不争气的孩子，你是想气死我啊！不好好学习，居然敢逃课来玩游戏，这到底是有什么好玩的？”“妈妈，我不是玩游戏，我是在学东西！你不要污蔑我！”小栩又气愤又委屈。“还敢不承认，要不是玩游戏，你会这么痴迷吗？走，回家去！以后再也不准玩了。”

俗话说：上有政策，下有对策。妈妈不让小栩玩电脑，小栩还是会想尽一切办法偷偷玩，妈妈很伤心，感慨怎么以前那么乖、那么爱学习的孩子现在这么坏、这么贪玩呢？

5年后，小栩在反叛妈妈的过程中长大了，考上了全国最好的动画设计专业，他的作品获得了很多奖，而妈妈也终于知道了原来孩子真的不是在玩电脑，那个“坏”孩子不是真的坏！

青春期的孩子都会表现出较强烈的叛逆来，不听妈妈的话，什么事都要自己来，想要追求自己喜欢的东西而不是妈妈给他安排的东西。这是正常的，也是妈妈应该为之高兴的，因为孩子在逐渐脱离对妈妈及重要亲人的依赖，走向独立的自己。但是，有些妈妈却认为叛逆的孩子不听话、不好好学习，就是“坏”孩子，就是没有前途的孩子。这绝对是错误的，实际上孩子在该叛逆的时期叛逆是件好事。因为如果孩子以正常的速度走完这个叛逆期之后，他们在18岁左右形成一个完整的“自我”，有了这个“自我”，他们就会有较强烈的欲望，明白自己想要什么不想要什么，从而不需要监督也能有很强的动机去追求一些人生目标，因此，这些孩子长大后往往会取得很多惊人的成就，也会过上更精彩的生活。

所以，青春期“坏孩子”不是扶不起的烂泥，相对应的就是，青春期“好孩子”不一定是真的好！

因为如果妈妈长期把孩子管教得太死，一直让孩子按照他们的安排来学习和生活，压制孩子的叛逆，导致孩子的青春期就没有一个正常的“叛逆期”，这样看上去妈妈是培养出了“好”孩子，但却不知道这些“好”孩子身后潜伏着3大恶果：

1. 叛逆期推迟，叛逆更严重。18岁以前没有叛逆的孩子，不是说明他不会叛逆，只是说明他的叛逆被压制推后了，当长期被压制的叛逆爆发后，往往会造成更严重的后果。

2. 缺乏生命力，缺乏生活的热情。“好孩子”的学习生活都是妈妈安排好的，他们不用也不能自己选择自己的人生，他们做什么事情都只是为了妈妈开心而不是为了自己快乐，所以，什么事情都不能让他们兴奋，他们自然缺乏生活的激情。

3. 缺失自我，庸庸碌碌过一生。青少年都会经历叛逆期的痛苦磨炼，才能甩掉对妈妈的依赖，形成独立的人格，思考自己的人生，从而追求自我的实现，生命才变得完满，然而那些没有叛逆的孩子，即是错过了对自己人生的思考，找不到自我，于是只有随波逐流，庸庸碌碌地过一生。

所以，孩子进入青春期后，妈妈不要再把“乖”“很听话”还当做优点来看，也不要把“不听话”的孩子当成“坏孩子”，更不要认为青春期“坏孩子”无可救药，也许，他们才是充满生命力、充满能量的潜力股，只要妈妈有足够的耐心和宽容，给以正确的指导和帮助，他们一定会给你足够的惊喜！

“父母之外的朋友”能让孩子更好地度过青春期

夏夜晴朗的天空，笼罩着万点的星火，习习凉风吹来，吹散了酷暑带来的燥热。大街上，人们三三两两，在悠闲地散步、聊天、娱乐。从远处走来两个急匆匆的人，他们是建波的爸爸妈妈，他们一边疾走一边向四处张望，熟悉他们的人都知道，他们在寻找建波，因为，这样的情形时有发生。走遍了整条大街，他们还是没有见到建波的身影，于是，夫妻俩只好一家家书店去寻找。

果然，在一家书店里，他们找到了正沉浸在武侠小说里的建波。最近，建波迷上了武侠小说，被书中那些侠肝义胆的武侠人物迷得神魂颠倒。为此，父母苦口婆心地跟他谈了好几次话，没想到父母说一句，他顶一句。因为迷恋武侠小说，建波甚至开始在课堂上偷看小说，已经被老师发现了好几次。为了不让他继续沉迷下去，父母费尽心力，无论刮风下雨，每天都在教室外面监视他。

“我儿子小的时候可乖了，又聪明又听话，从不跟我们顶嘴吵架，他画的画还获过奖呢！没想到他现在却成为这个样子，整天看武侠小说，为了不被我们发现，他每天晚上都关灯用手电筒看……”妈妈向邻居哭诉。

很显然，曾经“听话”的建波已经开始了叛逆。可以说，叛逆是与自我成长同步出现的自然表现，对于孩子的发展来说是不可欠缺的重要一环。

然而，孩子的任性和逆反心理是现在许多妈妈十分头疼的事情。许多妈妈总是很诧异，为什么孩子在小的时候吃饱喝足了什么事也没有，孩子越大，满足得越多，孩子要求也越多；到了一定程度，只要稍微不满足孩子的要求，他们就跟妈妈对着干，无论怎样教育，都毫无成效。这是什么原因呢？

孩子的任性和叛逆行为，有心理因素的影响。在孩子成长的过程中，存在两个比较明显的叛逆期，即两三岁时的第一叛逆期和青春期时的第二叛逆期。青春期的孩子，他们的自我意识进一步发展，并逐渐形成自己的价值观，这种价值观有时与妈妈的价值观不同，遭到妈妈的反对，得不到妈妈的理解。于是就在同龄孩子中寻找共鸣，妈妈也就变得不那么亲近了。此时，妈妈如果介入孩子的生活，他们势必要反抗，要独立。反抗形式多种多样，有的不与妈妈交谈，有的与妈妈处处对立，有的离家出走，甚至走上犯罪道路。

其实青春期的叛逆是孩子正在顺利成长的标志，反而是那些在青春期不懂得叛逆的孩子才是最危险的。也因此，欧美等国非常重视孩子说“NO”，鼓励孩子要有自己的想法。可是令人遗憾的是，大多中国妈妈并没有意识到这点，她们总是认为孩子最好的状态是“听话”。当孩子进行反抗时，她们甚至会急得火冒三丈。

和青春期的孩子对话最主要的不是发火，而是给他足够的自由。妈妈不妨装作无知，不要总是告诉孩子怎么做，而放手让他自己做；尽量去欣赏孩子的变化，试图从他身上发现越来越多的优点；给孩子更多的“独立空间”，适当的时候，要学会闭嘴，尊重孩子的生活方式；当然，有时妈妈也需要温柔地坚持，青春期的孩子认识偏颇，难免会做错一些事，当孩子沉迷于网络游戏或者是与异性同学交往过密时，妈妈就要坚持原则，让孩子知道这样做对他不好。

青春期的孩子对妈妈喋喋不休的唠叨感到厌烦，他们更愿意听朋友或其他长辈的意见。因此给孩子寻找父母之外的朋友显得尤为重要。

这种父母之外的朋友最好是由和孩子岁数相差不大的“舅舅”“叔叔”“姑姑”等

父母的亲人来担任。与这样的人来往，对孩子来说是非常有益的。孩子在他们面前可以畅所欲言、毫不顾忌，这些“大人”在与孩子的交往中能够倾听他的烦恼，并给予孩子明智的建议，更利于孩子顺利度过青春期。

小时候太“听话”的孩子长大了更难管

君君是家里的独子，是爸爸妈妈的心肝宝贝，他圆圆的脸蛋上嵌着黑溜溜的大眼睛，笑起来还有个小酒窝，属于让人一见就喜欢的孩子。但是，君君更让爸爸妈妈喜欢的一点是，君君从小就很听话，虽然是个小男孩儿，但是君君却不怎么淘气，就算偶尔小小放纵，爸爸妈妈一瞪眼，他就收回了。然而，谁知这个又乖又可爱的小男孩上初中以后竟然变了一个人，他不再对爸爸妈妈的话百依百顺了，随时会顶嘴，有时还吵得很凶，他还经常和其他同学一起出去玩，爸爸妈妈一跟他说道理，他就关上门不听……爸爸妈妈很头疼，为什么君君突然不再听话了啊？

一个乖巧可爱的孩子为什么突然变了，变得连父母都不认识了？回顾四周，这种小时候顺从、长大后难管的事例，恐怕不在少数，只是经常被简单的“青春期叛逆”一言以蔽之。其实若是深究的话，我们会发现，孩子越大越难管的原因正是“小时候太乖了”！

“听话，乖”，是妈妈的口头禅，每个妈妈都期望自己的孩子少让大人操心，一切听从大人的吩咐，按照大人的意图办事，遵守纪律，听老师的话……这样的孩子当然很受妈妈和老师的喜爱。但是，妈妈们可曾想过，听话的背后却很可能埋藏了一粒“压抑”的种子。

孩子能听进妈妈的建议当然是好事，但是过于听话的孩子可能不仅仅在“听取建议”，同时也可能在压抑自己。怎么分清“听话”与“压抑”的区别呢？如果孩子的“听话”是建立在孩子有话不敢讲，有想法不敢付诸行动，特别在乎大人的脸色的基础上，那就是一种“压抑”了。

为了得到妈妈的疼爱、老师的赞美，孩子宁愿牺牲自己的主张，就算是违背自己的意愿也在所不惜。“听话”久了，孩子便会慢慢习惯按照大人的指示办事，一旦失去成人的指点，就会茫然不知所措，没有自己的独立见解，不敢坚持自己的立场。

正常情况下，每个青春期的孩子都会表现出较强烈的叛逆来，不听妈妈的话，不想要妈妈为自己安排，什么事情都要自己来。他们这样做，只是为了脱离对妈妈及重要亲人的依赖，走向独立的自己。当孩子正常地走过这个叛逆期之后，他们在 18 岁左右就形成了一个完整的“自我”，他们逐渐开始了解自己是一个什么样的人，而这也意味着他们终于成了一个成年人了。有了这个“自我”，他们就会有比较强烈的欲望，知道自己想要什么不想要什么，从而不需要别人提醒和监督，他们自己也能有很强的动机去追求自己的人生目标。

另外，妈妈们还要知道，长期要求孩子听话可能会使他们失去独立性。可能妈妈觉得孩子对他们有依赖性是件好事，但妈妈却不知道自己正把孩子培养成一个没有责任感、不懂得用头脑而且怯懦的人，这类孩子在长大后也难有作为。

有关心理学家做过一个分析和研究，结果表明：当被问及“你要喝什么”时，回答“我想喝咖啡，不想喝红茶”的人比回答“什么都可以”的人，将来在社会上更有作为。

因为他遇事有自己的主张，而且敢于表达自己的主张。因此，为了孩子的健康成长，应该培养孩子的独立精神，允许孩子有自己的主张。一般欧美国家妈妈的做法是：鼓励孩子发表自己的意见，提出自己的要求；当孩子的意见和要求不妥当时，立即给予纠正，并说明妈妈不能满足孩子要求的原因。

研究证明，“淘气”的孩子往往比“听话”的孩子更有创造力。其原因就是淘气的孩子接触面广，大脑受的刺激多，激活了孩子的智能。因此，给孩子一点“不听话度”对提高孩子的创造力是有好处的。

创造需要一定的时间和空间。如果把孩子捆得死死的，一点自由支配的时间都没有，他们怎么去进行创造？因此，亲爱的妈妈，别再强求你的孩子太听话，别让听话变成懦弱和平庸的前奏。请你给孩子更多的时间和空间，让他们去“淘气”，让他们自由自在地去遐想、去活动、去创造。

青春期少女节食减肥，谨防患上厌食症

伟玲从小就喜欢跳舞，周末还一直坚持在舞蹈学校学习，而且经常得到老师的夸奖。由于她喜欢舞蹈，加上父母的支持，从小学2年级开始就从普通小学转入了专门的舞蹈学校，几年来，伟玲捧回了无数的奖项，她的强项是独舞和芭蕾舞。舞蹈学校的老师为了限制孩子们的体重，对饮食有很多限制，不让他们多吃。尽管如此，许多孩子都会在被子里偷吃，但伟玲却非常听话，即使饿，自己也坚持不多吃。

每天，不管什么天气，伟玲都会坚持近两个小时的练习，也因为她的卓越成绩，父母很为她感到骄傲，因此，对从小胃口就不好的女儿也没有太在意。到了夏天，伟玲开始出现胃疼，原来饭量就很少的她吃得更少了。

很快地，伟玲的体重从原来的70余斤，下降到不足40斤（身高156厘米），最低时，体重只有35斤。在这种情况下，她常常晕倒，连学校都不能去了。

伟玲说她不希望体重增加，自己也没有任何食欲。尽管父母想尽了一切办法，但仍然无法让她进食。妈妈哭着说，孩子早晨连1/5的小蛋黄都吃不完，这还算好的时候。有时，常常是一天下来什么都不吃，吃进嘴里的东西，咀嚼后又吐掉。伟玲看起来已经失去了对所有食物的兴趣。她说：“小时候，在舞蹈学校时想吃，但老师不让吃，自己挺挺就过去了。现在，我从来就不觉得饿。”

事实上，伟玲已经患上了神经性厌食症。神经性厌食症是一种多见于青少年的异常的进食行为，特征为故意限制饮食，使体重降至明显低于正常的标准，为此采取过度运动、引吐、导泻等方法以减轻体重。

对于厌食症，内分泌专家常把其临床表现归纳为“两个25，两个有，两个无”。

“两个25”是说年龄多低于25岁，体重比正常体重低25%以上；“两个有”是指对进食有偏见和进食习惯的改变，常有明显的消瘦和闭经；“两个无”是指既无器质性疾病，又无精神性疾病。

对于青春期的女孩来说，最容易患上“厌食症”。这种厌食，并不是因为身体真有什么疾病，吃不下饭，事实上，这些孩子身体健康，而且大多聪明、用功、学习成绩好，而且都比较早熟。本来进入青春期的少女应开始储存体脂，乳房隆起，臀部日益变圆，骨盆变宽，这些天赋的形体特点恰恰是女性美最富魅力的显露，但是有些女孩却对身体形态的改变感到紧张，出现莫须有的心理负担。于是拼命节食，不吃肉和蛋，饿了就喝水，千方百计地想通过节食来换取一个苗条的体型。刚开始的时候，她们想吃但不敢吃，因而刻意让自己少吃，后来就会渐渐地成为习惯。

研究表明，女性患厌食症的比例比男性高出近10倍。这是因为女性比男性更关心自己，一旦发现自己发育得和自己想象中的模样不一致就容易由自我欣赏变为自我厌恶。另外，由于女性更容易接受暗示，当别人无意中提及某个人胖得难看时，她会马上联想到自己。而学校、家庭等环境的影响，也容易使少女厌食。

一个厌食症的女孩从来不曾对自己的体重满意过。体重如果保持不变或者有一点增加，她都可能会出现惊慌、焦虑和抑郁的状况。只有当体重在接连几个星期里都持续减少，她才会感到满意。

青少年在青春发育过程中必须得到营养的保证，消除影响生长发育的各种有害因素。如节制饮食，人体得不到充足的营养素，不仅影响到人体内部各组织、器官的发育，还影响到各器官的功能。这必然会引起营养缺乏症的各种症状，如机体免疫力降低，体力下降，智力发育障碍等。过分节食还会引起体内新陈代谢失调，引起严重疾病甚至造成死亡。节食还可引起恶性循环，如节食后可引起食欲减退，胃液等消化液的分泌减少；消化液减少后更增加节食的欲望，使进食越来越少，甚至对食物产生厌恶感，直至食欲消退。因此，对有节食倾向的孩子，要采取综合措施，进行合理的饮食指导，迅速改变其节食习惯。

在家里，当发现孩子“进食不正常”的时候，要尽早采取相应的措施。因为厌食症是导致体重急剧下降甚至死亡的心理疾病，在情况恶化之前，多给孩子一些帮助是很重要的。

第一，要告诉孩子过于消瘦的危险。让孩子知道，过于消瘦会对人的身心造成严重的影响。请医生或者孩子比较信赖的人告诉孩子这些，效果会比较好。如果孩子还处在厌食症的初级阶段，告诉孩子过于消瘦的正确知识，情况就会有所改变。

第二，及时给孩子补充营养。患有厌食症的孩子大多都有严重的营养不良，严重的营养不良患者可有生命危险，因此，必须及时给孩子补充营养。

第三，要让孩子多加休息。即使孩子觉得自己很精神，但实际上他们的身体已经被过度消耗了，所以在孩子恢复正常的进食状态前，应该尽量减少补习班和课外活动，让孩子得到充分的休息。

第四，与孩子多一些身体接触。多数有进食障碍的孩子，都会有“想和妈妈撒娇，却一直忍耐”的心理。因此，让孩子感受到妈妈的宠爱，是安定孩子情绪的重要步骤。妈妈可以和孩子一起泡澡、晚上睡在一起等。

网络游戏成瘾，不仅仅是因为青少年贪玩

肖钢是从一年前开始玩网络游戏的，那时中考刚刚结束，可以暂时歇口气。暑假里，没什么压力，他开始试着上网玩游戏。几乎是在接触的同时，他就迷上了这玩意儿。用他自己的话说就是：“没想到网络游戏这么好玩!”“我简直不能想象不能玩游戏的日子会是什么样的。”

肖钢在现实生活中是一个比较腼腆的男孩，学习成绩也只是中等，在学校里属于那种不引人注目的学生。但是，在虚拟的网络游戏世界里，他的表现完全不一样了。他可以成为众人仰慕的大侠，有机会赚到大笔的钞票，成为大富翁。在现实中没能力实现的想法、地位、能力、金钱、爱情等，都可以在网络游戏中得以实现。

为此，他也付出了相当大的代价。上高中后，他的学习成绩一落千丈，几乎每次考试都排在倒数的位置。家里人一直以为他的学习成绩差是因为不适应高中的教学方式，他还没有找到适合自己的学习方法，却不知道他偷偷地把大量的时间花在了玩游戏上。关于这一点，他一直掩饰得很好。每天放学后，他从不在外面逗留，总是准时回家。在家除了吃饭，总是在自己的房间里埋头苦干，摆出一副很努力学习的样子。父母看到肖钢这样，感到很欣慰，但是他们忽略了肖钢房间里那台可以上网的电脑。

爱玩是孩子的天性，妈妈无权剥夺。但孩子玩网络游戏，妈妈们则不得不加以警惕。因为，大多数孩子一旦沾上网络游戏，就无法自拔，日思夜想的全是那些妈妈们看来不可思议的游戏，有的孩子甚至会像“吸毒”一样，将精神依托在网络游戏上。这样，孩子的大量学习和锻炼身体的时间都被网络占去了，从而给孩子的学习和成长造成极大的危害。

许多孩子迷恋网络游戏，除了网络游戏本身所具有的“魅力”之外，还有一个重要的原因就是：他们在现实生活中找不到一个可以获得安全感的“安全岛”。

美国临床心理学大师罗杰斯认为，妈妈的无条件积极关注会在孩子心中形成一个“安全岛”，爸爸妈妈的爱就是安全岛的基石。但是，有的孩子在成长的过程中，他们的安全岛逐渐地瓦解，他们被妈妈“遗弃”了，他们的安全岛四分五裂。于是，他们去网络上构建新的、虚幻的安全岛，因为在网络上，有人无条件地支持他，听他倾诉，对他无任何要求。

网络游戏成瘾就像烟酒或药物成瘾一样，那种生理和心理上的依赖感是强烈的，难以抗拒的。对于缺乏自制力的青少年来说，抗拒诱惑更是艰难。这也就是为什么很多青少年一旦迷上网络游戏就很难放弃的主要原因。

所以，网瘾青少年需要妈妈的帮助来走出网游，妈妈可以从以下 4 方面来给予孩子帮助：

第一，要给予孩子足够多的爱和关注。妈妈无条件的爱是孩子安全感的来源，当

孩子心中充满爱和安全感，他就不会因为空虚寂寞而希冀从网络中获取温暖或者是麻痹自己，那时即使网络游戏再有趣，孩子也不会过于沉迷，因为他要从妈妈身上寻到温暖和安全感。

第二，要帮孩子发展多方面的兴趣，用其他的嗜好替代网络游戏。比如阅读、音乐、运动、艺术等，通过其他的一些兴趣爱好，来代替网络游戏，这样他就没有多余的时间去想网络游戏，渐渐地对网络游戏的依赖就会减轻。

第三，要增加孩子其他某方面的优越感。作为妈妈，要帮孩子找到他自身的优越感。有的孩子在生活中一塌糊涂，学习不好，人际交往也有障碍，谁都瞧不起他，但是在游戏里他很棒，他只能在游戏中找到优越感，因此他才迷恋上了游戏。优越感是孩子成长必需的，孩子需要得到别人的肯定，让他觉得自己很棒。因此，妈妈要肯定孩子，帮他构建自己很棒的感觉。比如，在生活中，妈妈可以找到孩子的优点，挖掘他的闪光点，让他感觉到自己在某方面还是有优势可言的。一旦孩子形成了优越感，就不会那么强烈地需要游戏补偿了。

第四，制定一定的规则。比如，告诉孩子，玩游戏可以，但是要有时间概念，周末的时候可以玩两个小时，妈妈不仅允许你玩，而且还帮你玩，跟你一块儿玩，给你买好的游戏资料，但是过了这个时间，就不能再玩，也不能开电脑，不能上网。如果孩子超过了规定的时间，那么就要制定一个惩罚措施，如超过 1 小时则将下次玩的时间缩减 1 小时，超过两小时则下次不能再玩，超过 3 小时那么连续两周不能碰电脑等。

在强制执行时，如何才能避免孩子在心里排斥妈妈呢？在制定玩游戏的规则时，应该和孩子一起商量，不能不听孩子的想法就强迫他遵守。比如说，孩子需要多长时间，能不能遵守，如果遵守这些时间怎么安排，是每天的什么时候。等将这些都跟孩子商量好之后，可以和孩子达成协定，并且告诉孩子“这是我们共同达成的协定，你要按照协定去执行”。实际上，这也是锻炼孩子自我管理的一个方法。

青春期易发焦虑症，妈妈控制不如教孩子自控

晚上 12 点了，爸爸妈妈都已经睡觉了，而果果却在灯下苦苦进行“题海战术”。外面施工的声音隆隆不绝，恰巧这个题目无论如何就是想不出来。她一时气不打一处来，紧皱了眉头，咬着笔杆，抓着头发……终于忍不住了，把手中的笔使劲地摔在桌子上。

心里突然产生了强烈的怨恨：都怪老师不好，一点都不体谅我们这些做学生的，交代给我这么多事情，叫我做得完吗？外面的人也太缺德了，这都晚上几点了，还制造这么大的噪音，还让人休息吗？讨厌！还有，爸爸妈妈也是，根本就不应该把我送进这所学校里面来。总之……一切都很令人生厌！

过了半个小时，终于安静下来了，外面也不吵了，果果洗洗脸，准备清爽一下再重新想想这道做不出来的题目，可是，墙上的钟表却一直“滴答”“滴答”响个不停，烦人！“这个钟表的响声也太大了啊！扰乱了我的思路，真讨厌。算了，我还是去睡觉

吧。”可是无论怎样就是睡不着，于是她就使劲地踢被子，床上发出“嘎吱”“嘎吱”的声音。

“我要准备朗诵比赛，还要准备数学竞赛，这个周末还有考试，每天作业又这么多，想起来就觉得头都炸了啊。但是，现在我什么也不能做，连觉也睡不着，到底要怎么办才行啊？……”

焦虑是人人都会有的情绪，但是，青少年更容易产生焦虑而且暴躁的情绪。那是因为青春期是焦虑症的易发期，由于在这个时期个体的发育加快，身心变化处于一个转折点。随着第二性征的出现，可能有些孩子对自己的体态、生理和心理等方面的变化，会产生一种神秘感，甚至不知所措，好奇和不理解，往往会出现恐惧、紧张、羞涩、孤独，引起自卑和烦恼，还可能伴发头晕头痛、失眠多梦、眩晕无力、口干厌食、心慌气促、神经过敏、情绪不佳、体重下降和焦虑不安等症状。

青春期焦虑症可能会严重地危害青少年的身心健康，如果长期处于焦虑状态，甚至会使孩子神经衰弱，所以必须及时予以合理治疗。一般是以心理治疗为主，下面是几种不错的方法：

1. 暗示疗法

自信是治疗青春期焦虑症的必要前提，妈妈要对孩子有信心，进而让孩子暗示自己树立信心，正确认识自己，相信自己有处理社会性事件和完成各种工作的能力，坚信通过治疗可以完全消除焦虑疾患。通过暗示，孩子每天多一点自信，焦虑程度就会降低一点，同时又反过来使自己变得更自信。通过这种良性的循环就可以摆脱焦虑症的纠缠。

2. 深度松弛疗法

自我深度松弛对焦虑症有显著的疗效，让孩子学会自我深度松弛，就会出现与焦虑中所见相反的反应，比如：孩子在深度松弛的情况下去想象紧张情境。首先出现最弱的情境，重复进行，孩子会慢慢在想象出的任何紧张情境或整个事件过程中，都不再体验到焦虑。

3. 分析疗法

也许有时孩子会有这样的反应：成天忧心忡忡、惶惶犹如大难将至，痛苦焦虑，不知其所以然。此时，妈妈应带领孩子分析产生焦虑的原因，或通过心理医生的协调，把深藏于潜意识中的“病根”挖掘出来，必要的时候可以进行发泄，这样，症状一般可以消失。

4. 刺激疗法

如果孩子感觉自己总是胡思乱想、坐立不安、痛苦不堪，此时妈妈可让孩子采用自我刺激，转移注意力。如孩子在胡思乱想时，找一本有趣的能吸引人的书读，或从事自己喜爱的娱乐活动，或进行紧张的体力劳动和体育运动，以忘却其痛苦。

5. 催眠疗法

如果孩子有睡眠障碍怎么办呢？难以入睡或从梦中醒来的时候，如果想恢复平静，可以教孩子进行自我催眠，比如可以闭上眼睛，进行催眠："我现在躺在床上，非常舒服……我现在开始做腹式呼吸……呼吸很轻松……我的杂念开始消失……我的心情平静了……眼皮已经不能睁开……手臂也很重，不想抬了，也抬不起来……我的心情十分平静……我困了……我该睡觉了，我能愉快地睡着……明早醒来，我的心中会非常舒畅。"

第五章　孩子的成长需要积极的期望

孩子的成长方向来自父母的期望，你期望孩子成为一个什么样的人，他就可能成为一个什么样的人。每一个孩子都可能成为非凡的天才，一个孩子能不能成为天才，取决于妈妈能不能像对待天才一样爱他、期待他、信任他、教育他。

以积极的态度期望孩子，孩子就会朝积极的方向改进

儿子上幼儿园了，她第一次参加家长会。会后，老师跟她说："我们怀疑你的儿子有多动症，在板凳上连3分钟都坐不了，你最好带他去医院检查一下。"

回家的路上，她一直在思忖该怎样对孩子说。吃晚饭时，儿子问她："妈妈，老师表扬我了吗?"她说："老师表扬你了，说宝宝原来在板凳上坐不了1分钟，现在能坐3分钟了。全班只有宝宝进步了。"那天晚上，儿子竟然吃了两碗米饭，并且没让她喂。

儿子上小学了，又一次开家长会，老师对她说："全班50名同学，这次考试，你儿子排第48名。我们怀疑他有学习障碍，你最好带他去医院查一查。"

回家的路上，她哭了。然而，当她回到家里，却对正在做作业的儿子说："老师对你充满信心，他说你很聪明，只要能细心些，就会超过你的同桌。"第二天上学时，儿子去得比平时早。

孩子上初中了，又一次家长会上，她等着老师点儿子的名字。然而，这次老师告诉她："按你儿子现在的成绩，考重点高中有点危险。"

她怀着惊喜的心情走出校门，此时，她发现儿子在校门口等她，路上她扶着儿子的肩膀，心里有一种说不出的甜蜜，她告诉儿子："你的老师对你非常满意，他说了，只要你努力，很有希望考上重点高中。"

高考过后，儿子被清华大学录取了。儿子从学校回来，把一封印有清华大学招生办公室的特快专递交到她的手里，突然边哭边说："妈妈，我知道我不是个聪明的孩子，可是，这个世界上只有你能欣赏我……尽管那是骗我的话……"

这个故事正好印证了心理学上的皮格马利翁效应，即热切的期望有可能使被期望者达到期望者的要求。所谓热切的期望是指积极正确的期望暗示，妈妈对孩子的积极期待能够使孩子的状态随之发生变化，由消极转为积极进取，由自卑转为乐观自信，从而向好的方向发展。例如，大发明家爱迪生小时候，只上了3个月学就被学校开除了，老师说他太笨了，但爱迪生妈妈坚信自己的孩子并不笨。她对爱迪生说："你肯定比别人聪明，我对此坚信不疑，所以你一定要坚持读书。"在妈妈的鼓励下，爱迪生刻

苦攻读，长大后，终于成了大发明家。

在现实生活中，我们经常能看到期望成真的奇迹。那么，这种神奇作用是如何发生的呢？心理学家经过研究认为，这是通过对对方的暗示作用实现的。暗示是指在无对抗条件下，用某种间接的方法对人们的心理和行为产生影响，从而使人们按照一定的方式行动或接受一定的意见、思想。暗示的结果会使一个人发生改变，甚至是很巨大的改变。大人的期望会对孩子的成长产生巨大的影响，父母或老师以积极的态度期望孩子，孩子就可能朝着积极的方向改进；相反地，如果对孩子存在着偏见，孩子就会缺乏自知和自控能力。

很多闻名世界的伟人，就是在家长的积极期望中成就人生的。

世界3大男高音歌唱家之一的帕瓦罗蒂也是在家人的期望中取得成功的。帕瓦罗蒂还是个孩子的时候，祖母就常常把他抱在膝上对他说："你将成为一个了不起的人物，你不久就会明白的。"父亲也说他唱歌很有潜力。于是，在家人的支持和期望中，帕瓦罗蒂走上了舞台，并实现了祖母的期望。关于这点，成名后的帕瓦罗蒂曾说："如果我不听父亲和祖母的话，我就永远不会站在舞台上。不错，我的老师培养训练了我，但没有一位老师对我说我会成名。只有我的祖母，只有祖母那句话激励了我。"

人在一种良好的期望中生活，经常听到的是期望的语言，就会变得非常自信，这时候心理、生理上会调整到一个最积极、最活跃的状态，真的能如自己所期望的那样达到一个个目标。因此，每位妈妈对孩子都要有一个好的期望，而且要透过言谈举止让孩子感到你的期望。多说"这次有了进步，一定要继续加油！"之类激励的话，多拍拍孩子的肩膀给他鼓劲，这些积极的外部信息能使孩子看到自己的进步，肯定自己，激发出蕴藏于自身的巨大潜能。

把赏识当成孩子生命中的一种需要

儿时的蒋方舟并未表现出过人的天赋，在妈妈眼里，她甚至要比同龄孩子迟钝许多。幼儿园老师反映：蒋方舟内向，不喜欢唱歌跳舞，不像其他小女孩一样爱打扮和出风头。妈妈就想让女儿学点才艺，于是将她送去学电子琴，可是没几天蒋方舟就不学了。不学就不学，妈妈不再勉强，从那以后再也没给女儿报任何兴趣班了。

后来，蒋方舟上幼儿园大班时，班上要准备一次英语汇报演出，老师放假回家了几天，再回来孩子们的英语全都忘了，唯有蒋方舟还记得很清楚。老师便让她当小老师来教其他孩子，蒋方舟居然教得很好。妈妈很惊喜，她开始笃信，女儿确实有语言天分。于是，就有意识地去让她多看一些书，还鼓励她去写一些东西。每当妈妈发现蒋方舟写的文章中有好的句子时就大声赞扬，在妈妈的赞美声中她越来越喜欢文字，开始涉猎大量的书籍，9岁的蒋方舟曾以《打开天窗》赢得了众人的关注，后来由于文学上的长处被清华大学破格录取。

蒋方舟生在一个单亲家庭中，但很幸运的是她有一个懂得她，赞美她，支持她，发现她优点的母亲，是这样的一位妈妈让她顺利走进了人们羡慕的象牙塔。

蒋方舟妈妈最大的育儿秘籍就是赏识孩子，赞美孩子。其实孩子都是希望被赞美的，妈妈也要懂得这点教育的艺术，懂得欣赏孩子的妈妈孩子会更喜欢。

中国伟大的教育家陶行知先生曾深刻地指出："教育孩子的全部秘密在于相信孩子和解放孩子。"相信孩子、解放孩子，首先要欣赏孩子，没有欣赏就没有教育。

欣赏和鼓励可以说是每一个人的自然需求。假设你今天在公司认认真真地做了一份策划书，被同事大加赞扬一番，你会怎么想呢？会不会感到很欣慰："我的努力没有白费。"

假设你今天烧了一桌可口的饭菜，丈夫、孩子吃完后满意地说："嗯，今天的菜做得真好吃！"你会不会心里特别高兴，下次还兴致勃勃地为大家做上一大桌的好饭菜。其实，孩子也一样，他们也很需要妈妈的欣赏和认可。谁能总是受着批评、指责、埋怨仍保持喜气洋洋、斗志昂扬呢？而孩子幼小的心灵就更需要赞扬和鼓励了，鼓励能使孩子信心高涨，更加努力，就像托马斯说过的那样："有时候，及时有力的鼓励是对孩子最好的帮助。"

成功学大师拿破仑·希尔从小曾经被认为是一个坏孩子。母牛走失了、树莫名其妙被砍倒了等诸如此类的坏事，人们都认定是他做的，甚至父亲和哥哥都认为他很坏。人们都认为母亲死了，没有人管教是希尔变坏的主要原因。既然大家都这么认为，他也就无所谓了。

直到有一天父亲再婚。当继母站在希尔面前时，希尔像枪杆一样站得笔直，双手交叉在胸前，冷漠地瞪着她，一丝欢迎的意思也没有。

"这就是拿破仑，全家最坏的孩子。"父亲这样介绍道。而他的继母则把手放在希尔的肩上，看着他，眼里闪烁着光芒。"最坏的孩子？一点也不，他是全家最聪明的孩子，我们要把他的本性诱导出来。"

继母造就了希尔，他一辈子也忘不了继母把手放在他肩上的那一刻。赏识孩子，是一道神奇的魔法，往往会带来意想不到的惊喜。

会赏识的妈妈需要抛弃一个观念，那就是"我的孩子还不够好"。很多妈妈对孩子的期望很高，已经超过了孩子年龄段应有的能力，所以他们表现得一般时，妈妈就会觉得孩子很差劲，或者没有什么天赋，便会出言批评他们。3 年级以下的孩子写作文的能力都很一般，这时候如果大人觉得"你写的还没有我好呢"，孩子的自信心和积极性就会受到影响，甚至不愿意写作文、害怕作文考试。

如果我们拿着孩子的昨天和今天比较，多看看孩子的进步，就能找到一些孩子的优点、进步来鼓励他。

"我发现你说话越来越有条理了"，"你讲的故事真有趣"等，这样一些具体的表扬和赏识能帮助孩子建立信心。或者，妈妈在和孩子交流的时候，表现出对孩子的欣赏，他们也能拥有"成就感"，有成就感的人就容易对自己产生信心，有信心的人就能爆发出更多的潜能。

总之，懂得赏识和赞美的妈妈，才能给予孩子及时的鼓励和赞美，获得赞美的孩子才会一点点做得更好，才能一步步在赏识中走向美好的未来。

正确的赏识是激发孩子潜能的良药

比尔·盖茨之所以取得如此瞩目的成绩，并不是偶然的，这跟他的母亲玛丽的赏识教育有着密切的关系。

他的母亲从小就注重并给予盖茨科学的家庭教育。当盖茨三四岁时，玛丽外出总是把他带在身边，有意对他进行文化熏陶。当她在学校里向学生讲解西雅图的历史和博物馆的情况时，盖茨总是坐在教室最前面，虽然盖茨是个好动的孩子，但在教室里他表现得比其他学生还要专注、认真。对此，玛丽时常给予表扬，这也使盖茨逐渐学会了专注和认真。

盖茨要升初中的时候，因为个头很小，又生性腼腆，学习兴趣与6年级的同龄孩子迥然不同。这时，玛丽决定送他到一所叫湖滨中学的私立中学就读。在这所学校，盖茨第一次接触到电脑便产生了浓厚的兴趣。

玛丽十分有远见，她十分赏识盖茨对电脑的兴趣，鼓励并帮助盖茨了解这种很有前途的新事物，还凑钱给盖茨买了一台计算机。比尔·盖茨很快就迷上了计算机，最终成为计算机软件业的霸主。

一位哲人曾经说过这样的话："人的精神生命中最本质的要求就是渴望得到赏识。"对孩子来说，训斥只会压抑幼小的心灵；只有赏识他们，才能开发出潜能。妈妈对孩子进行适当的赏识很有必要，赏识的奥秘在于让孩子觉醒，觉得自己与众不同，更容易催生自信的人格。学会赏识自己的孩子，这对孩子的心理健康发展十分有利。但是与此同时妈妈也要注意不要对孩子的赏识过了头。

周弘是我国著名的教育专家，他的女儿周婷婷原本是个双耳全聋的残疾人，但是周弘用20余年的时间倾其心血不断鼓励女儿，让婷婷觉得自己并不差，反而比其他的孩子优秀很多，周婷婷最终成为留美博士生。周弘探索出了赏识教育这一理念，不仅使自己的孩子受益，而且改变了千千万万家庭的命运。

周弘指出，赏识教育的奥秘是让孩子觉醒。他认为，从生命科学的角度看，每一个孩子都拥有巨大的潜能，但孩子诞生时都很弱小，好像生活在一个巨人的世界里。在他们成长过程中，难免有自卑情结。这时就需要妈妈的赏识教育了。让孩子知道妈妈对他的认可和关注，可以快速抚平孩子心灵中自卑的痛点，让孩子总是觉得自己比其他的孩子有优越感，促使其心理朝着良好健康的方向发展。

德国著名心理学家阿德勒也透露过他在念书时，认为自己完全缺乏数学才能，对数学毫无兴趣，因此考试经常不及格。后来偶尔发生的一件事，让他的潜能开发出来了。他出乎意料地解出了一道连老师也不会做的数学难题，这次的成功改变了他对数学的态度，他找到了数学天才的感觉，而且觉得自己天生就应该是个数学天才。在老师和家长的赏识中，他重新树立了自信，并成为学校里的数学尖子。因此说，赏识教育的奥秘就是让孩子觉醒，让孩子自觉地发现自己的潜能。

哈佛心理学家做过这样的实验：

有两组男孩，先让他们一起长跑消耗体能，然后一组接受严厉的批评，另一组得到热烈的称赞，随之进行体能检测发现，被批评的那组孩子无精打采，体能处于崩溃状态；而被表扬的那组孩子精力旺盛，体能得到迅速恢复，充满自信。

因此，心理学家告诉妈妈们：妈妈在教育孩子时应多给孩子一些适当的赏识，学会赏识、赞美你的孩子，这对孩子的心理发展十分有利。让孩子知道妈妈对他们的关注和认可，既能快速抚平孩子身体上的创伤，也能促使孩子的心理朝良好健康的方向发展。

适当的赏识、鼓励是必要的，但妈妈也要注意切勿对孩子赏识过了头。一个人如果受到的赞美太多，心理便会膨胀，就会找不准自己的定位，从而也就不知道自己的言行是否符合一定的社会道德规范，这样的人在人格上往往是不完善、不成熟的，心理上也会十分脆弱，经不起生活中的风雨与挫折。一个人的成长是需要经历一些磨难的，只有经历磨难并且能够从磨难中铸就刚强性格的人，才能适应未来的生活。

所以，没有种不好的庄稼，只有不会种庄稼的农民；没有教不好的孩子，只有不会教的妈妈。赏识教育的本质是生命的教育，是爱的教育，是充满人情味、富有生命力的教育。孩子的成长需要妈妈的赏识，更需要妈妈正确的赏识。

对孩子的积极期望要循序渐进

有一个上初中的男孩，每天睡懒觉，7 点才起床。总是急匆匆吃过早饭，骑上单车飞奔到学校。他爸爸强迫他必须每天早晨 5 点 30 分起床，6 点开始读英语。孩子听到一下子提前了一个半小时，心里很不是滋味，他难以接受爸爸的这个决定。妈妈出面调停，才允许他 6 点 15 分起床。他这才痛快地答应。半个月后，妈妈又让他提前 15 分钟起床，他又同意了。就这样，妈妈一步步提高对他的要求，两个月后，他就能在五点半起床了。

同样是这个男孩，平时考试成绩总是名落榜尾。有一次他考试成绩有进步，名次跃居班里中等偏下。他爸爸妈妈知道了以后，心花怒放。爸爸兴奋地对儿子说："这次进步真大，爸爸为你骄傲。下次考试一定要进全班前 5 名。"

儿子听了爸爸鼓励的话，不但没有半点喜悦，而且还一副心事重重的样子。他整天唉声叹气，他想自己在这么短的时间里，就是不吃不喝，使出全身解数，也不一定能考到前 5 名啊！

妈妈看出了他的心事，私下里对他说："好儿子，下次只要比现在有进步，达到中等就可以了。"男孩听了妈妈的话，感到心里的一块石头落地了。他每天都很开心地听课，学习。半年后，竟然超出了妈妈的预期，达到了中等偏上的水平。

望子成龙，望女成凤是家长的共同心理，家长一开始都对孩子充满了积极的期望，但是有些积极期望却不能实现，甚至把孩子推向深渊。这是为什么呢？原因在于有些家长太过心急或者过于严厉，用孩子短期内难以企及的目标阻碍了孩子的发展，并挫败了孩子的积极性和自信心。正如上述事例中的爸爸，他不切实际地给孩子定目标，不但无法推进孩子，反而深深伤害了孩子的心灵，幸好有通情达理的妈妈，孩子才能从超负荷的压力中缓解出来，以振奋的心态去争取可能的进步，一步步实现了一个又一个预言。

心理学上有一个名词：自我实现的预言。意思是说，如果你相信自己行，你最后就能行。比如算命的说你命中有财，虽然碰到困难，但最终必然成功。你听到这番话，自信心顿增，不断克服前行的困难，最终真的验证了“命中有财”这个预言。

不是所有的预言都能成真，只有那些合理的梦想才能成真。

所谓合理的梦想，也就是指那种“跳一跳，够得着”的目标。这样的目标才最具有吸引力，人们才会以高度的热情去追求它。

比如打篮球，如果对着两层楼高的篮球架子，几乎谁也别想把球投进篮圈，也就不会有人去做那犯傻的事。这么高的目标使人们失去了兴趣。但是如果篮球架跟一个人差不多高，谁都能够毫不费力地“百发百中”，大家恐怕也会觉得没啥意思。正是由于现在这个“跳一跳，够得着”的高度，才使得篮球成为一个世界性的体育项目，也使得许多爱好者乐此不疲。

同样，如果妈妈为孩子定的目标太高，或是孩子对自己的要求太高，孩子不但会失去动力，反而会平添一些不必要的压力。

日本有一个长跑世界冠军，他胜出的秘诀是分解大目标。比赛前，他会先视察整个路程，把路程中有特点的标志物在心中记下来，作为他长跑中的小目标。找到这样若干个小目标后，在比赛中，他一开始跑，就想着要达到第一个目标，等达到了第一个目标，他就想着要达到第二个目标……这样，他把长距离的路程分成了若干段比较短的路程，心理上就不那么觉得有压力了。

妈妈在对孩子进行积极的期望时，需要注意的是，不要给孩子施加过大的心理压力。抛弃那些瞬间改变孩子的想法，将一个适度的良性期待融入孩子的整个成长过程中。

批评是扼杀天才的行为

一个上初中一年级的学生在日记中这样写道：

今天，我的好朋友敏敏来找我出去玩，正碰上妈妈大发雷霆地教训我。这次考试，我的成绩下降了，在班里只排到第 12 名。敏敏在一边替我解围说：“阿姨，你们方方还好，我还不如她呢。”谁知，敏敏不说倒还好，她一说，妈妈反而更来劲了，她骂着我把敏敏也捎带进去了：“那你们还不在家好好补习功课，还到处玩，我要是学习不好，早就趴一边哭去了，看你们，一点事也没有，脸皮真厚！”

敏敏气得眼泪在眼眶里直打转，转身就跑了。

我和妈妈吵了起来：“妈妈，你怎么这样没礼貌？”

妈妈说：“我就是要把她气走，免得她以后再来找你，以后也不许你和她在一起了。”

我气哭了，跑进自己的小屋，把门反锁上。我觉得很委屈，妈妈怎么能这样无情地批评我呢？她怎么能这样批评敏敏呢？平时她不是显得很有教养吗？怎么现在原形毕露了呢？

可见，方方妈妈这次批评给她心理带来了很大的创伤，偶尔成绩下降在求学生涯里是一件司空见惯的事情，只要耐心提醒，平日里刻意督促一下就可以解决。但是方方妈妈却大发雷霆，还骂孩子的好朋友。这给方方的心理带来了很大的创伤，从此妈妈的威信也将会在她纯洁的心灵中消失。

所以说妈妈要慎用手中批评的权利，如果批评不当不但起不到教育的效果，还会失去在孩子心中的威信，真是得不偿失啊！很多教育专家都建议家长，要尽量避免批评孩子，因为不管是怎样的批评，多多少少都会在孩子的成长过程中留下阴影。如果真的要动用批评的武器，也要有艺术地对孩子进行批评教育。

已经上高二的小涛仍然“玩”性不改，每周六都要玩一会儿电子游戏。说是“一会儿”，实际上却是好几个小时。因为他每次都要打一局，而一局至少得打过好几关，有时甚至能从头打到尾，这样几个小时就过去了。有时母亲看不过，便吼他：“别玩了！快去写作业。”他往往会以“只差一点就过关了”为理由，再拖半个小时。

为了帮助儿子改掉贪玩的坏毛病，母亲想了个好办法。又一个周末，母亲约了自己的几个朋友聊天，并让小涛服务。就在小涛为阿姨削苹果的时候，母亲提起了如何对待孩子贪玩的话题。几位朋友都有十七八岁的孩子，所以都有话说。其中一位说：“我儿子已经上高三了，还整天惦记着玩，家里看得紧，他就到游戏厅、网吧玩，我都快愁死了。”小涛在旁边很紧张，生怕母亲揭自己的底。

小涛的妈妈接过话茬说：“你越管得紧，他越不听话。我就从来不管小涛，每周他都可以玩1个小时的游戏，而且很守时，说1个小时，就1个小时。”说着，看了看表，然后对小涛说：“儿子，到了玩游戏的时间了吧？去吧，玩1个小时就停。”

那天，小涛很自觉地在游戏机旁放了一个闹钟提醒自己，1个小时后，干干脆脆地退出了游戏。以后，不管母亲在不在旁边，小涛都只玩1小时，到了时间就立刻停止，再也不用母亲费心了。

小涛妈妈有艺术地批评孩子的教育方法很值得每一位妈妈学习。在孩子犯错误的时候要保持冷静，要心平气和。如果孩子经常听到：“都这么大了还不懂事！”“就知道玩，这么大了还让我操心！”“好的没学会，就学会打架了，你是不是想把我气死？”可想而知，这些话会带给孩子什么样的心灵感受。所以批评也要讲究艺术，不能一味地呵斥和责备。

此外，批评孩子的时候还要注意以下两点：

第一，批评与表扬相结合。平时要本着多表扬少批评的原则，该表扬的时候表扬，该批评的时候批评，孩子会觉得父母是公正的，如果只批评不表扬，孩子会因你只看到他的缺点看不到他的优点而不满，从而不愿意接受批评。

第二，批评孩子要适时、适度。孩子的时间观念比较差，昨天发生的事，仿佛已经过去好久了，加上孩子天性好玩，刚犯的错误转眼就忘了。因此，妈妈批评孩子要趁热打铁，不能拖拉，否则就起不到应有的教育作用。

批评是扼杀天才的行为，在教育孩子的时候一定要有耐心，当孩子犯错误的时候，作为妈妈要循循善诱，让孩子认识到自己的错误，而不要一味地呵斥、一味地批评。无论在任何时候，作为妈妈都要慎用你批评孩子的权利。因为经常被批评的孩子潜意识里会认为自己真的不行，觉得自己永远不能达到妈妈的目标，从而他们没有自信，没有兴趣，也没有斗志，这样他们的天赋才能也就爆发不出来了。

孩子对妈妈也有期待

“你看人家小玲，家长什么都不用管，她一回家就自己学习，年年拿奖状，你倒好，给你买这买那，你什么时候拿过一张奖状给我们看啊？怎么我们就不能摊上一个好孩子呢！”

“这么小的孩子，还跟我们谈隐私，你小时候吃喝拉撒睡都是我一手照料的，现在看一看你的日记，了解一下你的思想状况，犯得着这样大吵大闹吗？你有没有一点尊重父母的意识？”

说这种话的妈妈，思考过已经在学习上感到挫败的孩子此时对妈妈的期待吗？思考过开始懂得羞怯、开始总结自己生活的孩子此时对妈妈的期待吗？

提到“期待”，我们会想到妈妈对孩子的期待，却很少考虑孩子对妈妈的期待是怎样的。

其实，孩子对妈妈有深厚的感情，他不一定通过言语表达，但是他一定会对妈妈有不同于常人的期待。别人可以忽视他的进步，但是妈妈的赞扬一定不能少；别人可以对他的愿望充耳不闻，但是妈妈一定要理解他的心意。孩子对妈妈的期待，就像妈妈对孩子的期待一样真切、热烈、甚至让人觉得不能承受，但是妈妈似乎没有察觉。

如果妈妈老是忽视孩子对妈妈的期待，就不会揣测出孩子的心理，体会到孩子的情感、也不能理解孩子的行为，久而久之，孩子和妈妈之间的交流必定生疏产生隔阂。也许那个时候，孩子不仅仅会对妈妈失望，也会因此伤透了心。所以，了解孩子对妈妈的期待，也是妈妈的必修课。

朋友之间，需要互相欣赏，如果总有人在你面前赞美别人，你也会觉得难过，妈妈与孩子之间更是如此。孩子不希望自己被妈妈拿去和别人比较，因为简单比较得出的结论往往是片面的，却能深深伤害孩子的心。孩子希望妈妈能够看到自己身上的进步，看到自己的努力，即使没有努力的孩子，听到妈妈的赞扬也会朝着好的方向转变，而骂声只会让孩子越缩越小，最后躲进自己的小世界。

人与人之间要相互尊重，任何职业和地位的人都应该得到尊重，妈妈与子女之间也是如此。妈妈对待孩子该像对待其他人一样，有最起码的尊重和信任，你绝不会拆看别人的信件、翻阅别人的日记，对孩子的隐私也一样。有的人追赶穿着的潮流，但是对文明的时尚反应迟缓。尊重孩子的隐私，算得上是现代文明的时尚，这样的时尚值得我们推崇和追随。同时，妈妈做错事情，孩子期待他们能够诚心诚意地道歉。

孩子对妈妈也许有更高的期待，希望妈妈是超人，可以拯救地球；希望妈妈是亿万富翁，可以租下整个夏威夷；希望妈妈是道德楷模，受到万人敬仰……这与妈妈期待孩子成为科学家、富翁和君子是一样的。较高的期待建立在最基础的认可之上，孩子不能成为科学家，健康成长也值得欣慰，同样，妈妈不能做超人，相互尊重和信赖，还是应该做到的。如果妈妈连最基本的期待都无法满足，又怎能要求孩子满足你的期待呢?

妈妈爱孩子，所以对孩子充满期待，所以她会期待孩子健康成长、成人成才；孩子也爱妈妈，所以对妈妈也充满期待，所以他会期待妈妈爱护自己、欣赏自己、重视自己。期待是互相的，尤其是在互相深爱的人之间，妈妈们，请时刻记得你的孩子在期待着你，你要做个表率，实现孩子对你的期待，孩子也就会实现你对他的期待来作为回报，这也是互相的。孩子的成长离不开妈妈的积极期望，同时，也离不开对妈妈的积极期望。二者一起在积极的期望中共同创造进步吧!

赞美不能掉价，表扬不能失效

晓彤是个浓眉大眼的小男孩，他自小聪明伶俐，活泼可爱，成绩优异，爸爸妈妈、爷爷奶奶、外公外婆、姑姑婶婶、叔叔阿姨都特别喜欢他，大家对他都赞不绝口，经常对他说道："宝贝儿真是个好孩子!""你真棒！彤彤!""我们家晓彤是最好的!"……从小在赞美声中成长起来的晓彤难免有些高傲，因为他也觉得自己是最棒的，而当他慢慢长大后，他不再喜欢家长们的称赞了，突然间称赞对他失去了效用，因为他听腻了，而且也觉得大人们有点夸张，所以，晓彤渐渐对称赞免疫了，大人们如何鼓励赞美，他都提不起劲，导致他的学习和生活兴致都逐渐下降。大人们都摸不着头脑，谁也没有想到称赞对晓彤竟没有了效用。

孩子需要妈妈的肯定与鼓励，这是毋庸置疑的。但仅仅是空洞的表扬，或不着边际的吹捧，并不能培养孩子真正的自信。只有抓住孩子的长处，加以肯定与表扬，才能把真正的自信植入孩子心灵的深处。

美国心理学家里维斯博士认为，赞扬应当在孩子完成某一个值得肯定和鼓励的行为时进行，而且要恰如其分。对孩子空洞或不恰当的赞美，不仅无益，还会引起相反的效果。里维斯发现，许多妈妈常常用"你是个好孩子"之类的话来称赞孩子。这种总体的、笼统的赞美，起不了引导孩子正确自我估价的作用，因为他们无法知道自己好在哪里。妈妈应当对孩子具体的行为进行及时具体的表扬，如孩子洗了手绢，可以夸赞他洗得真干净；孩子收拾了玩具，可以表扬他收拾得真整洁。只要孩子有进步就要鼓励，每有好表现就要加强鼓励的感情色彩。如果妈妈留心，总会找出具体理由来称赞与表扬孩子。

同时对孩子具体行为的夸奖也要适度。廉价的赞美也会贬值，逐渐使称赞在孩子心目中起不了任何作用，或者使孩子形成不切实际的自我评估而盲目自满，这也会危害他们的成长。

表扬是一门艺术，过多的表扬会影响孩子的行为动机，使他为了表扬采取主动行动。所以，作为妈妈，应当明白如何进行适度的表扬：

1. 表扬要具体。表扬得越具体，孩子越容易明白哪些是好的行为，越容易找准努力的方向。一些泛泛的表扬，如“你真聪明”、“你真棒”虽然暂时能提高孩子的自信心，但孩子不明白自己好在哪里，为什么受表扬，且容易养成骄傲、听不得半点批评的坏习惯。

2. 表扬要及时。对应表扬的行为，妈妈要及时表扬。否则，孩子会弄不清楚为什么受到了表扬，因而对这个表扬不会有什么印象，更说不上强化好的行为了。因为在孩子的心目中，事情的因果关系是紧密联系在一起的，年龄越小，越是如此。

3. 表扬要有针对性。有些妈妈和教师常对孩子许愿：“你做了这件事我就表扬你。”“你考试达到90分我就奖励你。”这容易使孩子为得到表扬奖励才做某件事，哪怕这件事是他应该做的，没有表扬奖励他就不做，这将有悖于培养孩子良好的道德行为。

4. 表扬要注意个性。对性格内向、个性懦弱、能力较差的孩子就要多肯定他们的成绩，增强他们的自信心。反之，对虚荣心理强、态度傲慢的孩子则要有节制地运用表扬，否则将会助长他们的不良性格，影响他们的进步。

5. 表扬要适度。过分的表扬易使孩子骄傲自满，过少的表扬也不利于儿童身心健康发展。儿童的成长需要妈妈的鼓励和爱抚。有一个小男孩不管有没有病都向妈妈要药吃，原来这位妈妈平时不经常表扬孩子，只有当孩子有病吃药时才说上一句“能干”，致使孩子认为自己什么都做不好，只有吃了药才算能干，所以他经常以吃药来换取表扬，求得心理上的满足。这不能不说是这个妈妈在教育孩子中的一个失误。

6. 表扬不仅要看结果，还要看见过程。孩子常“好心”办“坏事”，例如，孩子想“自己的事自己干”，吃完饭后，自己去刷碗，不小心把碗打破了。这时妈妈不分青红皂白一顿批评，孩子也许就不敢尝试自己做事了。如果妈妈冷静下来说：“你想自己做事很好，但厨房路滑，要小心！”孩子的心情就放松了，不仅喜欢自己的事自己做，还会非常乐意帮你去干其他家务。因此只要孩子是“好心”就要表扬，再帮他分析造成“坏事”的原因，告诉他如何改进，这样会收到较好的效果。表扬最好在良好行为之后进行，而不是事先许诺，从而增强儿童做出良好行为的自觉性。

7. 表扬的方式。只有适合孩子的表扬方式才能收到最好的效果。表扬、鼓励的方式有很多，如购买图书、玩具、衣服、糖果、饮料等物质奖励；点头、微笑、搂抱、竖大拇指等动作，表情奖励，恰如其分的语言表扬，等等，都能带来良好的收效。

相信自己的孩子是天才

美国的罗杰·罗尔斯是纽约第53任州长，也是纽约历史上第一位黑人州长。他出生在纽约声名狼藉的大沙漠贫民窟，这里环境肮脏，充满暴力，是偷渡者和流浪汉的聚集地。在这儿出生的孩子从小耳濡目染逃学、打架、偷窃甚至吸毒，长大后很少有人会获得较体面的职业。然而，罗杰·罗尔斯是个例外，他不仅考入了大学，而且成了州长。

在就职的记者招待会上，到会的记者提了一个共同的话题：是什么把你推向州长宝座的？面对300多名记者，罗尔斯对自己的奋斗史只字未提，他仅说了一个非常陌生的名字——皮尔·保罗。后来人们才知道，皮尔·保罗是他小学的一位校长。

1961年，皮尔·保罗被聘为诺必塔小学的董事兼校长。当是正值美国嬉皮士流行的时代，他走进诺必塔小学的时候，发现这儿的穷孩子比海明威等“迷惘的一代”还要无所事事，他们不与老师合作，他们旷课、斗殴，甚至砸烂教室的黑板。皮尔·保罗想了很多办法来引导他们，可是没有一个是有效的。后来他发现这些孩子都很迷信，于是在他上课的时候就多了一项内容——给学生看手相。他用这个办法来鼓励学生。

当罗尔斯从窗台上跳下，伸着小手走近讲台时，皮尔·保罗说：“我一看你修长的小拇指就知道，将来你是纽约州的州长。”当时，罗尔斯大吃一惊，因为长这么大，只有他奶奶使他振奋过一次，说他可以成为5吨重的小船船长。这一次皮尔·保罗先生竟说他可以成为纽约州的州长，着实出乎他的预料。他记下了这句话，并且相信了它。从那天起，“纽约州州长”就像一面旗帜，罗尔斯的衣服不再沾满泥土，说话时也不再夹杂污言秽语。他开始挺直腰杆走路，表现出从未有过的自信。在以后的40多年间，他没有一天不按州长的身份要求自己。51岁那年，他真的成了州长。

当一个孩子相信自己可以成为天才，他就会有更高的自我期望、更远大的理想和更充足的自信心，即便他不会像自己预想的那样成为天才，也一定可以在处理任何事情上彻底地发挥自己的潜能。而孩子的自信首先来自妈妈对他的信心，所以，妈妈要相信自己的孩子是天才，你的孩子就可能是天才。你的期待会使孩子感受到爱与支持，从而充满自信，生气蓬勃；相反地，你的不信任会使孩子失去信心与发展机会。

美国著名的教育专家卡尔·威特曾经说过“每个孩子都是天才”。当卡尔·威特的儿子还没有降生之前，他就坚信：对于孩子的培养，教育方法至关重要。只要教育方法正确，普通孩子也会成为不平凡的人。所以，卡尔·威特将生下来并不被看好的孩子培养成19世纪德国的一个著名的天才。他八九岁时就能自由运用德语、法语、意大利语、拉丁语、英语和希腊语这六国语言；并且通晓动物学、植物学、物理学、化学，尤其擅长数学；9岁时他进入了哥廷根大学；年仅14岁就被授予哲学博士学位；16岁获得法学博士学位，并被任命为柏林大学的法学教授。这一切，就归功于卡尔·威特的合理教育以及他对孩子的信心。

任何成功孩子的妈妈都有一个共同的特点，那就是恰到好处地夸奖孩子。恰到好处的夸奖是指妈妈的夸奖不仅能够起到良好的激励作用，还能够起到警示的作用。小卡尔·威特在《卡尔·威特的教育》一书中认为妈妈教育孩子最重要的方法是“鼓励孩子去相信自己”，只有当孩子对自己充满了信心，妈妈才能够培养出优秀的人才。而孩子对于自己的信心来源于“妈妈有效地夸奖”，这种有效的夸奖就是恰到好处的夸奖，是能够给孩子带来自信但又不至于造成自傲的夸奖。

心理学研究表明，在0～4岁的儿童中间，弱智儿童仅占到1.07%，而超常儿童则在0.03%以上。也就是说，98%的孩子都不存在智力问题，而是爱学不爱学、会学不会学的问题。从这个角度来看，就可以得出每个孩子都是天才的结论。无论是妈妈还是孩子自身，我们都必须改变对天才的看法，也只有在这样，我们才能真正造就出天才。

正因为如此，妈妈在培养孩子的过程中应该注意的是，一定坚信自己的孩子是最优秀的，承认孩子的优点，对他的未来充满信心，给他积极的暗示。如果自己的孩子与别人的孩子在某一方面相比成绩平平，甚至远远不如别人的孩子，即便是在这个时候，妈妈也要坚信自己的孩子在另外一些方面也一定有他的过人之处，只是现在还没有表现的机会而已。作为妈妈，一定要仔细观察孩子闪光的一面，肯定孩子存在的优点。

孩子的能力不可低估，努力发现自己的孩子

幼儿园里的《幼儿思维游戏》开课了，这未免叫妈妈有些担心。在妈妈看来，这些小不点认知能力很弱，况且有的连话还说不清，不哭不闹就不错了，怎么可以接受这些思维游戏的课程呢？有的妈妈带着好奇和怀疑，跟着孩子观摩了一节课。

这节课的名字是《小蚂蚁看世界》，小朋友们随着老师一起走进了故事中来认识世界，他们不仅认识了冬天，知道了小熊和小松树喜欢吃什么，知道了小动物是怎么过冬的，知道了啄木鸟可以给树治病，等等。在上课的时候，孩子们通过操纵游戏材料，不停地在思考，整个课堂处于积极活跃的状态。这位妈妈经过亲眼目睹，证实了孩子的能力不能低估。只要妈妈给他们的思维发展创造条件，他们就可以创造出让妈妈意想不到的奇迹。

其实只要妈妈们细心发现就可以得知，多给孩子一些自主的空间，多给学生一些动手的机会，就可以发现原来孩子并不是妈妈们所想象的那样，孩子的能力是不可低估的。孩子往往有自己的想法和见解，但是有的时候却表达不出来，甚至连自己都意识不到。作为妈妈要帮助孩子发现自己，多与孩子进行对话，多给孩子一些展示自己的机会，多观察孩子面对不同挑战时的反应，就会发现孩子并不是妈妈们所想象的那样简单。

一个孩子，他究竟有多少能力还没有被开发出来，作为妈妈估计都是心中没数吧。孩子对于成人而言，永远都是个谜。也许是因为他还小，纵然心中有无数奇妙的想法或是什么好的实施方案，也没有办法表达出来，甚至是他自己也没有意识到这一点！作为妈妈，应该经常有针对性地对孩子进行一些测试和观察，看他对不同的环境有着什么样的不同反应，才会明白他究竟在哪些方面有天赋可以供妈妈们开发。

每一个人都是天才，都具有一定的天赋。如果在小的时候能够被别人发现并培育，那么这个人就会取得非凡的成绩。相反，这个人就会默默无闻地度过一生，虽然他本身并不缺乏潜能。

妈妈们不仅要相信自己的孩子是个天才，妈妈的职责还在于敏锐地发现孩子的才能究竟在哪里，尽管这是一个相当复杂艰难的过程。挖掘孩子是一项艺术，即便那些

看上去有些愚钝的孩子也有别人所不及的潜力，关键在于妈妈是否热忱地将孩子的潜质打开。

格莱斯顿曾经说过，最有意义的事情莫过于把一个孩子内心潜藏的热忱激发出来。事实上确实如此，每一个孩子身上或多或少都有一些将来可以成就大器的潜质。不仅那些反应敏捷、聪明伶俐的孩子是这样，即便是那些相对木讷，甚至看起来有些愚钝的孩子也有这样的潜质。一旦有人将他们的潜质打开，凭借这种热忱的力量，原先人们在他们身上看到的那种“愚钝”也会慢慢消失。

诺贝尔奖的获得者奥托·瓦拉赫在刚读中学的时候，妈妈建议他学习文学，可是老师认为他“过分拘泥，不可能在文学上有所发挥”，后来他又改学油画，老师认为他“素质一般，将来难有造诣”。面对如此“笨拙”的学生，化学老师却发现了他做事一丝不苟且耐心专一的特点，建议他学习化学。瓦拉赫改学化学之后，潜能被逐渐激活，并获得了诺贝尔奖。

成功专家罗宾曾说：“每个人身上都蕴藏着一份特殊的才能。那份才能犹如一位熟睡的巨人，等待着妈妈们去唤醒他。”每个孩子都有自己的闪光点，作为妈妈，要认清自己的孩子，了解孩子的长处和短处，挖掘孩子的潜能，因材施教，扬长避短，每个孩子都能成材。

当妈妈们明白了这个道理之后，相信很多妈妈决心要把精力放在开发孩子上。可是，如果培养方法不得当，那不是空忙一场吗？在发现孩子潜能这一方面，让妈妈们领教一下美国著名心理教育学家霍华德·加德纳的理论。

霍华德·加德纳是世界著名教育心理学家，美国哈佛大学教育研究生院心理学、教育学教授，加德纳发现并提出的“多元智能教育”的创新理论与方法，引起世界各国的广泛关注，并得到了包括中国在内的教育界人士的高度评价。霍华德·加德纳认为：给自己足够的弹性，给孩子足够的信心，是很重要的教养态度。而多元智能的重要性就在于：它给了每个人不同的发挥与成功机会。一旦妈妈们有多元智能的观念，便可以学会用较为宽广的角度来看待孩子的一举一动，来发觉孩子的不同潜能。如此一来，也就比较不会落入过去传统“只求考试成绩好”的桎梏中，而忽略孩子的其他能力；甚至也不会因此给自己和孩子过多的压力和期待。因为懂得适才适性，不仅让孩子能尽情探索和发挥，也可以让自己成为快活轻松的妈妈！

妈妈要先把孩子当成天才，他才有可能是个天才。努力发现自己孩子的与众不同之处，及早对孩子的综合才能进行正确地评估，尽早发掘孩子的特长和潜能，那你的孩子也能成为天才。

目标是一种积极期望，也是孩子成长的需要

早在儿童时代，比尔就是一个有想法的、早熟的孩子，表现出强烈的想成为人中之杰的愿望。在湖滨学校上学时，比尔·盖茨跟一个老师说，将来他一定能成为一个百万富翁，用现在的说法就是那时他就有远大的目标。

湖滨中学是美国最先开设计算机课程的学校。盖茨如鱼得水，求知欲得到极大的满足，凡能弄到手的计算机书刊、资料，盖茨总是百读不厌，还能举一反三。同窗好友保罗·艾伦，常向盖茨发难和挑战，坚强的意志力和强烈的进取心使他俩成为知己。艾伦曾说："我们都被计算机能做任何事的前景所鼓舞……盖茨和我始终怀有一个伟大的梦想，也许我们真的能用它干出点名堂。"

当艾伦醉心于专业杂志时，盖茨喜欢读一些商贸杂志。他们甚至想到用学校的计算机赚上一笔。盖茨的计算机水平提高极快，以致许多高年级学生向他请教。在破坏计算机安全系统方面，盖茨可算是行家里手。在计算机中心公司，他们发现了一种弄虚作假的办法，使计算机按他们的程序工作，而使用的计时记录却保持不变。一旦系统出现问题，公司人员立即就会猜出是盖茨捣的鬼。作为免费使用计算机的交换，盖茨和艾伦把发现的问题逐一记录，汇编成册，起名为《问题报告书》。半年后，《报告书》已增至300多页。

盖茨一直有一个伟大的目标：将来，在每个家庭的每张桌子上面都有一台个人电脑，而在这些电脑里面运行的则是他本人所编写的软件。正是在这一伟大目标的催生下，微软公司诞生了；也正是在这个公司的推动和影响下，软件业才从小到大，并发展到今天这种蓬勃兴旺的地步。

比尔·盖茨白手起家，最终成功创建微软帝国，这与他小时候确立的目标不无关系。事实上，追求卓越的创业天才，往往从小就有目标。

有目标的人，就有一股巨大的、无形的力量，将自身与事业有机地融合为一体。目标，能唤醒人，能调动人，能塑造人，目标的力量是难以估量的。有明确目标的人，生活必然充实有劲，绝不会因无所事事而无聊。目标能使人不沉湎于现状，激励人不断进取，引导人不断开发自身的潜能，去摘取成功的桂冠。

所以，每一个孩子都应该在心中树立一个目标，然后着手去实现它。他应该把这一目标作为自己思想的中心。这一目标可能是一种精神理想，也可能是一种世俗的追求，这当然取决于他此时的本性。但无论是哪一种目标，他都应将自己思想的力量全部集中于他为自己设定的目标上面。他应把自己的目标当做至高无上的任务，应该全身心地为它的实现而奋斗，而不允许他的思想因为一些短暂的幻想、渴望和想象而迷路。

如果你的孩子尚且年幼，那你不妨教会他在做每一件小事时都给自己设定一个可行的目标，比如搭积木，有的孩子搭得又快又好，有的孩子却反反复复也搭不出一个样子，这就是有目标和没有目标的区别。因此我们不妨在孩子动手做一件事前，总能先提示性地问问他：你要做的是什么？要做到什么程度才可以呢？这样习惯成自然，渐渐地，孩子就会懂得凡事都给自己确立一个目标了。

同为有目标的人，有人成功了，有人未成功，有人大成功，有人小成功。这与目标是如何确立的有很大关系。一个很容易付诸于成功的目标具有两个特征：目标远大；目标可以量化。只有达到这两点，目标就很容易实现。

如果你的孩子正在为不知填报哪所高校和专业而犯愁，那你不妨问问他下面几个问题来启发他们：

1. 你想在你的一生中成就何种事业？

2. 在你的日常生活中哪一类的成功最能让你产生成就感？

3. 你最热爱的工作是什么？

4. 如果把它作为自己终生的事业，怎样做到在有利于自己的同时，也对别人有帮助？

5. 你有哪些特殊的才能和禀赋？

6. 周围有些什么资源可以帮助你实现自己的目标？

7. 除此以外，你还需要什么才能实现自己的目标？

8. 有没有什么职业是你内心觉得有一种声音在驱使我去做的，而且它同时也会让你在物质上获得成功？

9. 阻碍你实现自己目标的因素又有哪些？

10. 你为什么没有现在去行动，而是仍然在观望？

当他们认真、慎重地思考上述问题后，你会发现，它对寻找、定位自己远大目标，将有切实的帮助。

事业有成，是目标的赠予。确立了有价值的目标，才能进一步地分配自己的时间和精力，准确地寻觅突破口，找到聚光的“焦点”，专心致志地向既定方向前进。目标如一的人，能抛除一切杂念，聚积起自己的所有力量，全力以赴地朝向目标迈进。

不甘作平庸之辈的人，必须要有一个明确的追求目标，才能调动起自己的智慧和精力，全力以赴为自己的目标而行动。所以，妈妈应鼓励孩子树立目标，将这种积极的期望化为前进的动力，最终在追求目标的过程中收获成就。

孩子的自信来源于妈妈的信心

爱因斯坦小时候，老师和同学都认为他是个“傻子”。不仅功课很差，而且连话都说不清楚。面对人们的讥笑和议论，担任电机工程师的父亲并没有对孩子失去信心，他相信爱因斯坦一定能成才，并且期望他能做出伟大的事业。为了培养起孩子的自信心，父亲为爱因斯坦买了积木，让他搭房子，搭好一层，便表扬和鼓励孩子一次，结果，爱因斯坦情绪高涨地一直搭到了14层。父亲还积极透过各种方式帮助爱因斯坦建立自信，消除爱因斯坦的消极情绪，也点燃了爱因斯坦心头的希望之火，让爱因斯坦振作起来，使他以一种不断进取的心态，努力奋进，最终成为举世瞩目的伟大的物理学家。

自信心能够让一个孩子坚信自己有能力克服困难并相信自己能够成功。美国历史上的著名富豪范德比尔特曾经说过：“一个充满自信的人，事业总是一帆风顺的，而没有自信心的人，可能永远不会踏进事业的门槛。”

李开复在美国上学期间，曾经因为能背出很多数学公式而被老师夸奖为“数学天才”。其实李开复心里很明白，自己根本就不是什么数学天才，只是把以前记住的东西搬了出来。但是自信的力量是无穷的，在这种自信心的驱使下，他开始认真地学习数学，并且还在全州的数学竞赛中获得冠军。

自信心是孩子潜力的“放大镜”，是孩子取得成功的根本，而孩子的自信，首先来源于妈妈的赏识以及信任。如果一个孩子是成长在只有批评没有夸奖的环境中，就很难能得到自信。相对说来，一个积极夸奖的环境更容易激发孩子的自信。

给孩子一些正面的夸奖，让孩子知道妈妈其实在注意他做的每一件事，这对于他的成长很有好处。自信是需要逐步来培养的，妈妈可以帮助孩子做一个长期的计划。比如让孩子每天都在听你讲过故事之后发表自己的见解，如果能坚持一个星期就可以奖励他。一年以后，也许你就发现孩子特别愿意在众人面前表现自己。

妈妈相信自己的孩子是有能力的，这对孩子能力的发展有巨大的促进作用。著名的“罗森塔尔效应”就是说明的这个问题。

罗森塔尔是美国的心理学家，1966 年，他做了一项关于学生对成绩期望的实验。他在一个班上进行测验结束之后将一份“最有前途者”的名单交给了校长。校长将这份名单交给了这个班的班主任。8 个月之后，罗森塔尔和助手再次来到了这个班，发现被列为“最有前途者”的学生成绩大幅度提高。其实，学生成绩提高快的原因很简单，因为老师更多地关注了他们，他们也对自己更有信心了。

其实，每个孩子都有可能成为非凡的天才，但是这种可能的实现，取决于妈妈是否可以像对天才有信心那样对他有信心。

如果你想培养自信的孩子，最好的方法是多对孩子进行鼓励，留意你对孩子说的每句话的措辞和语气，多做肯定性的评价，如“我相信你做得到的”，“我对你有信心”，“你做得真出色”，等等。卡耐基在他的人际交往课程中也提到这样一个例子，如果想改变一个孩子读书不专心的态度，妈妈会对孩子说：“哈姆，我真的要以你为荣，这个学期你的成绩进步了，但是假如你的数学可以更努力一些就更好了。”孩子听到了妈妈这样的评价，非但不会从内心感到高兴，反而觉得妈妈在批评他，前面的表扬只不过是为了批评而做的铺垫罢了。而最聪明的妈妈会这样讲：“哈姆，你这个学期的成绩进步了很多，我们真的要以你为荣呢。而且，只要你下个学期继续努力，你的数学也一定会更出色的。”

如果孩子犯了错误真的需要妈妈做出批评，在不伤害他自信心的前提下，应该怎样说比较好呢：

1. 用低声和孩子交谈：一般来讲，“低而有力”的声音更容易引起孩子的注意，也容易让孩子注意倾听你说的话，这种比较平缓的方式，比大声训斥要好上一千倍。

2. 有的时候可以采用沉默的方式：孩子做错事的时候，心理多少也有点自责。这个时候如果妈妈对孩子保持沉默，孩子的心理反而会更加紧张，进而反省自己。

3. 旁敲侧击加以暗示：有些妈妈面对孩子的过失，不是直接地批评，而是用启发式的教育，孩子会很快明白妈妈的用意，愿意接受妈妈的批评和教育，而且这样也保护了孩子的自尊心。

4. 用推己及人的方式说教：当孩子犯了错误给他们带来了麻烦，妈妈只要问一句

“如果你是那个人，你会怎么想”，通过这样引导孩子设身处地地为他人着想，孩子也会意识到自己的过错，并促进他反省自己，主动承认错误。

5. 看到孩子犯错误要及时批评：妈妈批评孩子要趁热打铁，不能拖拉，因为孩子刚刚犯过的错误，可能一转眼就忘记了。

孩子的成长离不开自信，也就是离不开妈妈对他的信心。妈妈不要吝啬自己对孩子的赏识和信任，要让这些正面能量转化为孩子的自信，让源源不断的自信成为孩子不断进步的动力，让这些动力创造出孩子精彩丰富的一生。

孩子需要妈妈给以成就感

母亲要给几个孩子分苹果。可是苹果有红有绿，有大有小，各不一样。

一个母亲告诉孩子：“好孩子要学会把好东西让给别人，不能总想着自己。”

另一个母亲把那个最大、最红的苹果举在手中，说：“这个苹果最大、最红、最好吃，谁都想要得到它。很好，现在，让我们来比赛一下，我把门前的草坪分成几块，你们一人一块，负责修剪好，谁干得最快、最好，谁就有权得到大苹果。”

结果，前一个母亲教育的孩子为了讨母亲的欢心，学会了撒谎，最后进了监狱。而后一个母亲的儿子从中明白了一个最简单也最重要的道理：要想得到最好的，就必须努力争第一，最后成了白宫的主人。

第二个母亲，她做法的高明之处在于激发了孩子的成就感。经常有成就感的孩子能够在将来更好地实现自己的人生目标。妈妈都希望自己的孩子在将来能够出人头地，那么如何培养孩子的成就感呢？可以从下面的几个方面开始：

1. 建立起良好的亲子关系。良好的亲子关系是提升孩子成就动机的大前提。孩子敬重和认同妈妈，这样能够充分发挥妈妈的影响力，妈妈正确价值观的建立对孩子的成就欲也有着间接的鼓励。

2. 丰富孩子健全的情绪体验。脑生理学家指出，支配创造欲望的区域与支配情感的区域，同在大脑“新皮质”的额叶。这正是与动物本质不同之所在。人有两片额叶，动物没有。只有人才会产生动物远不能比拟的复杂欲望和感情。因此，要发展孩子的成就欲，必须丰富孩子的情绪体验，使他们成为情感丰富、健全的人。

3. 要尊重孩子的独立性。孩子在独立做事情的时候会体验到各种情感，这种体验会反过来激发他们做事情的欲望和兴趣。在他们的努力下，事情成功时，心情与在别人帮助或强迫下成功是大不一样的，巨大的喜悦会激起争取更大成功的欲望，相反，失败了也会使他们产生出不屈不挠的精神。

4. 要创造条件让孩子尽早取得成功。成功欲在一次次取得成功的基础上发展起来的。因此，无论孩子学什么、做什么，都要为之创造条件，耐心引导。切忌冷嘲热讽，伤害孩子。

5. 适时地给予正向回馈。适时的鼓励和支持能成为激发孩子成功的动力。回馈可以用具体明确的言语表达，也可选择孩子感兴趣的方式。

6. 鼓励孩子涉足新的领域，敢于尝试没有做过的事情。妈妈习惯于责怪孩子的冒险行为："太危险了!""那可不能去!"禁令和责备对孩子十分有害。兴趣的萌芽、新奇的体验受到摧残。额叶因得不到足够的刺激而发展不起来，孩子会变成一个缺乏欲望的人。

7. 要帮助孩子不断总结经验教训。事后妈妈可以帮助孩子想想哪些地方存在不足，如果重新做时应怎样改进会做得更好，使孩子的聪明才智和成就欲得到更好的发挥。

成就感其实也是一种积极的期望，一种积极的肯定，会给孩子带来无穷的力量，妈妈要适当给予孩子成就感，让他尝到甜头，从而激发他去追求更多的成就感!

第六章　阳光心态是妈妈给孩子受用一生的礼物

心灵的健康和身体的健康一样重要，快乐的分值比学业的分值更加可贵。因此，衡量一个妈妈是否是好妈妈，关键是看她的性格而不是学识。乐观开朗的妈妈，给予孩子一个幸福阳光的心态，胜过学富五车的妈妈给予孩子一个漂亮的成绩。

幽默感不是爸爸的特长

妈妈要在家庭中发挥自己幽默的智慧，将各种矛盾化于无形并且为孩子成长托起了一片天。现代的妈妈要用幽默的智慧轻松的语言来教育自己的孩子，让其在如沐春风中健康成长。此外妈妈也必须把幽默的这种智慧传达给孩子，因为幽默是现代社会交往的有效通行证。

幽默的语言往往给人以诙谐的情趣，又使人在笑意中有所领悟，因而幽默往往是缓解紧张、祛除畏惧、平息愤怒的最好方法。孩子从小学会这种智慧，长大后就会在社交中游刃有余。

一位美国州议员有一次参加会议，主席台上另一个州议员在做一篇很冗长的演讲，他觉得对方占用的时间太长，就走到对方跟前低声说："先生，请你能不能快点……"话未说完，那个正在演讲的议员便回过头来，用严厉的口气低声呵斥他道："你最好出去。"然后仍旧继续其演讲。这个议员觉得受到了别人的侮辱，他顿时怒气冲天。他迫不及待地想报复，但一时又找不到什么方法。于是他就去当时麻省议会主席柯立芝那里申诉："柯立芝先生，你听见某某刚刚对我说的话了吗?""听见了，"柯立芝不动声色地答着，"但是，我已经看过了有关的法律条文，你不必出去。"

这种回答实在是太聪明了。柯立芝把那位议员的愤怒当成了玩笑。他不让自己卷入这种儿童式的争吵的漩涡中去，就是因为他能看出这种无聊的争吵的幽默之处。因此，妈妈要让自己的孩子明白：机智的人不仅善于以局外者的身份化解他人的争吵，而且更善于化解在与人交往时因发生矛盾而出现的僵局。

弗洛伊德说："最幽默的人，是最能适应的人。"在生活中孩子也会面临许多尴尬的时刻，在那一瞬间，他们的尊严被人有意或无意冒犯，或者被喜欢恶作剧者当众将了一军。此时，孩子们就会感到自己丢尽了脸面，无地自容。如果能从容自若地谈笑如故，就会幽默地将伤害自己脸面的难题一一化解。

孩子长大后还会面临求学、工作、住房、购物等方面的问题，往往要与人交涉。

孩子学会在交往中适时地表现些幽默，他们做事情成功几率一定会大大增加。

妈妈要学会掌握幽默这种智慧。在生活和教育孩子的过程中，总会遭遇无数的痛苦，悲伤以及困苦，如果你善于运用幽默的力量，能够主动地去创造幽默，那生活一定会充满了欢笑。孩子也能在一种愉悦的氛围中健康成长，与此同时孩子也能从妈妈身上学习到这种处世的智慧，在面对别人的一些不适当的言行，处处针锋相对时，也会运用幽默的力量，打破紧张的局面，使自己和对方各种各样不愉快的心情，顷刻间烟消云散。

将快乐这种生存能力传递给孩子

韩国 18 岁少女喜儿弹奏的钢琴曲非常动听，吸引了不少听众。

喜儿的双腿比正常人短，而且每只手上只有两根手指头，她并不聪明，只有 7 岁小孩的智力。但这个少女似乎对自己的命运很满意，她丝毫没有察觉自己的缺陷，还经常面带微笑和别人交流，而且非常刻苦地练习弹奏钢琴。在她看来，正是因为自己只有 4 根手指头，所以很多人才喜欢听她演奏，她觉得幸福极了。

她喜欢自己，接纳自己，丝毫不在意旁人怪异的目光。这种健康快乐的心态取决于她有一位懂得教育的妈妈。

曾经有记者采访喜儿的妈妈：“当您第一次看到孩子的手指时，您是什么感受?”

妈妈说：“我觉得我们家喜儿真的很漂亮，当她晃动两根手指时，就像绽放的花朵一样美丽，我经常对喜儿说：‘宝贝，你的手指真漂亮，咱们换手指，好吗?’”

喜儿的妈妈丝毫不在意别人对喜儿的评价，她总是不停地告诉喜儿：“你的手指是世界上最漂亮的手指。”因此喜儿丝毫没有被身上的缺陷所伤害，她总是快快乐乐的。

喜儿的快乐的妈妈传达给孩子的不仅仅是一种快乐的情绪，更是一种积极的快乐的生存态度。她凭借这快乐的态度演绎出了自己的精彩。

观察一下你身边，就可以发现，那些阳光自信、充满乐观情绪的孩子们，几乎无一例外地都拥有一位极其疼爱他们、并乐于赞美的妈妈。爸爸的爱或许更多的是含蓄与深沉，它在潜移默化中教会孩子形成正确的价值观与良好的品性，而妈妈的爱与热情，正好将这种力量激发出来，使之发挥出最大价值。女人天生有善于表达情感和想法的特质，这让妈妈更易于夸奖孩子、关注孩子情绪的变化、在意孩子心情是否愉快等，并且会把快乐的心态传达给孩子。

生活中难免会遇到许多不如意，环顾身边的人，聪明能干的人不少，却很少有生活得十分快乐的。不是对生活不满，便是在追求许多东西的过程中丧失了快乐。快乐的人也许不是出色的人，但却是掌握人生要义的人。他们知道怎样热爱生活，怎样让生命更有意义地度过。他们可能生活得很平凡但却有滋有味。拥有快乐的人是这个世界上最富有的人，所以妈妈应该将快乐这种心态植入孩子的心。

正所谓：“人生不如意者，十有八九”。在生活里，当孩子遇到不能改变的困难时，妈妈就要告诉孩子改变自己的心态，让他们给自己装一个“快乐引擎”，让他们从日常平凡的生活中寻找和发现快乐，就一定会获得幸福。因为大多时候，“快乐”并不是别人带给你的，也不会凭空从天上掉下来，而是靠他们自己去寻找。

妈妈都是魔术师，她们凭自己的努力能让孩子在生活中找到自己的快乐。下面教您几种调制快乐的方法，在日常生活中传达给孩子。

妈妈在日常生活中，要引导孩子不要害怕改变。快乐的人不害怕生活中的改变，他们甚至会离开让自己感到安逸的生活环境，去寻求全新的生活感受，从来不求改变的人自然缺乏丰富的生活经验，也就难以感受到快乐。

妈妈要让孩子懂得，不抱怨的人才会有快乐。快乐的人并不比其他人拥有更多的快乐，只是因为他们对待生活和困难的态度不同，他们从不问“为什么”，而是问“为的是什么”，他们不会在“生活为什么对我如此不公平”的问题上做长时间的纠缠，而是努力去想解决问题的方法。

友情是生活中的快乐元素之一，懂得感受友情的孩子才幸福。一个人如果没有朋友的友谊，就会感到孤独寂寞，不可能有更多的欢乐。因此，人的生存需要有朋友和朋友的友谊。遇到不愉快的事情或矛盾时，要多和朋友交流，商讨解决问题的办法。闲暇时，也可和朋友做一些有意义的活动，充实生活。事实证明，真正的友谊会给你带来幸福和快乐。

快乐很简单，简单生活的孩子更能抓住快乐的尾巴。时下有一个非常流行的理论，得到了广泛的认同。这个理论把天下所有的事分成了 3 件事：一件是“自己的事”。诸如：吃什么东西、开不开心、要不要帮助人……自己能安排的事皆属之。一件是“别人的事”。诸如：小王好吃懒做、老张对我很不满意、我帮助别人，别人却不感激……别人主导的事情皆属之。一件是“老天爷的事”。诸如：会不会刮风、下雨、地震、发生战争……人能力范围以外的事情，都属于老天爷的管辖范围。人的烦恼就是来自于：忘了自己的事，爱管别人的事，担心老天爷的事……要轻松自在很简单：打理好“自己的事”，不去管“别人的事”，别操心“老天爷的事”。让你的孩子记住这个理论，他们的生活就会简单许多，生活越简单，他们就会变得更快乐。

让孩子经常快乐，培养孩子快乐的性格

成功，并不等于就幸福、快乐。排在成功前面，还有个更大的目标，那就是“让孩子感觉快乐”！这是家庭教育的最高境界，也是我们为人的最高境界。孩提时代，理应是一个充满梦想和快乐的时代。所以，作为妈妈，一个很重要的任务就是让孩子不断地感受幸福和快乐。

要知道，妈妈最应该给予孩子重要的礼物就是“快乐”。快乐是一生的财富，快乐的人比较能够以轻松的心情来迎接未来的挑战，快乐的人比较能以理智的方法来解决问题。美国儿童心理学家经过多年的研究发现，注意培养孩子快乐的性格，有利于孩子的健康成长。

那么，怎样才能让孩子经常快乐呢：

1. 妈妈要注意培养孩子对快乐的体验。在每一件小事上，妈妈都可以询问孩子的感觉，高兴不高兴？为什么？例如，出去玩的时候问孩子："你喜欢出来玩吗？高兴吗？"另外，妈妈也要经常把自己的体验告诉孩子，例如，"你能帮妈妈做家务，我很高兴。"

2. 让孩子有机会享受"不受限制"的快乐。孩子毕竟是孩子，他们需要带着童真的想象力尽情地玩耍，需要有时间去打雪仗、看蚂蚁搬家——这些按照孩子自己的步伐去探索世界的活动，更能给他们带来真正的快乐。有些事情大人觉得没意思，孩子却很喜欢，大人认为孩子会喜欢的东西，小孩得到了却并不高兴。有的妈妈给孩子买很贵的玩具，孩子却宁愿玩水、玩泥巴、捉迷藏、过家家。所以，妈妈不要总把自己的好恶强加给孩子，要让孩子做他们喜欢做的事情。

3. 不要苛求孩子。孩子毕竟是孩子，各方面的能力有限，总有这样或者那样的不足。妈妈不可太过于追求完美，如果妈妈总是对孩子表示不满和批评，会伤了孩子的自尊，使孩子失去自信。

4. 给孩子展示自己的机会。每一个孩子都有自己独特的天才和技能，展示这些能给他们带来极大的喜悦。"妈妈，我给你讲一个故事好不好？"这时即使你在厨房做饭，也要满足他的这个愿望，并适时地给予肯定："你讲得真是太棒了。"要知道，能和你分享他喜欢的这个故事，他就会很快乐。孩子的热情能通过你的分享和肯定转化成良好的自尊、自信，而这些品质对他们一生的快乐都是最宝贵的。

5. 教孩子调整心理状态。妈妈可以为孩子指出前途总是光明的，使他在恢复快乐心情的环境中寻找安慰，积极调整好心态。那些经常快乐的人，并不是永远都心态很好的人，而是特别善于调整心态的人。

6. 密切与孩子之间的感情。在培养快乐性格的过程中，友谊起着重要作用，所以妈妈要加深与孩子的感情，鼓励孩子与同龄人一起玩耍，让他们学会愉快融洽地与人交往。

7. 保持家庭生活的美满和谐。家庭和睦，也是培养孩子快乐性格的一个主要因素。小的时候在美满幸福的家庭环境中长大的孩子，长大后性格也比较乐观开朗，对生活充满热情和希望，比在不幸家庭中成长起来的孩子要快乐得多。

快乐的孩子容易成功，失败不能令他沮丧，烦恼也不会妨碍他继续追求成功。所以，妈妈应该给予孩子的最重要的礼物就是"快乐"。

伤心之事也要用美妙的语言解释给孩子听

莎莉上幼儿园的时候，她的爸爸妈妈离婚了。

一天，她的爸爸和妈妈整整坐了一夜，也说了一夜的话．或是因为莎莉太小没有记住。但有一句爸爸说的话她记住了："你走吧，由我来向莎莉解释。"这意味着妈妈要走了。

莎莉的妈妈走了好几天了，莎莉每天都在等着爸爸所谓的解释。

也许他把他说的话忘了，仍跟以前一样接送莎莉上学，给莎莉在学前班的家长手册上认真填写她又学会了的新字，又听到的新故事以及纠正莎莉左手写字画画的情况。这些在莎莉的其他同学家里都是由妈妈来做的事情，在她家里却一直是由爸爸来做的。

每当莎莉的奶奶看到这些，就叹气地说莎莉的妈妈“心早就不在啦”，莎莉的爸爸就会用眼神制止奶奶，好像在隐瞒什么。但莎莉并不追问，莎莉相信总有一天爸爸会向她解释的。

莎莉妈妈走了快一星期了，又是一个晚上，莎莉爸爸合起给莎莉读的故事书，又压了压莎莉的被角，像又要给莎莉讲故事一样对她说：“你一定听过很多天使的故事。”

莎莉的爸爸停了停继续说：“每一个天使飞到一个地方，发现那里有人冷了，有人饿了，有人在受苦，有人需要她的帮助，她就会留下来当差，做他们的父母兄弟。如果一切都很好的话，不当差的天使就会放心地飞走，继续去找需要她帮助的人。

“如果世界上的爸爸妈妈就是天使，是专门飞来照顾孩子，陪孩子一同好好长大的话，那咱们家里，爸爸一个人就能照顾好莎莉。所以，妈妈才放心地把莎莉留给爸爸，妈妈去了一个叫澳大利亚的很远的地方，就像不当差的天使一样……”

莎莉当时很小，但她听明白了这是怎么一回事，那就是妈妈离开了。

这也是莎莉在以后的生活中，听到过的父母在孩子面前对“离婚”作出的最美、最好、最阳光灿烂的解释。

这是一种单纯形态的幸福，是人们在生活中苦苦追寻的，即使是最大的幸福也无法比拟。只要我们解释得当，哪怕不快乐的事情孩子也会觉得很美好，不会在心里留下阴影。

每个妈妈都希望自己的孩子能拥有健康的心灵，在快乐中健康地成长，那么我们怎样做才能让孩子永远保持这样一颗快乐的童心呢？

1. 孩子的妈妈要想法让孩子天天快乐。轻松愉快的情绪能使孩子顺利地进行各种活动，妈妈应使他经常处于一种兴高采烈的状态。妈妈要为他树立模仿的榜样，时时处处以自己乐观向上的情绪去感染他，让他生活在轻松愉快的氛围中。

2. 让他感到妈妈的可亲可敬。家庭内部民主平等的人际关系是他心理健康的“维生素”。尊重他，认识到他也是一个独立的人，有自己的情感和需要，放下做妈妈的架子，使他觉得妈妈和自己是平等的。要礼待他，不打骂他。妈妈做错事、说错话，要勇于向他承认错误。

3. 让孩子认识自我。孩子能否正确认识自己，评估自己的能力，是其心理健康的一项重要指标。帮助他形成良好的自我意识，发展他的自尊心，提高他的自我意识水平，使他认识到世界上只有一个“我”，如：“我”是独特的；“我”很能干；“我”有许多优点，也有一些缺点，不过，经过努力，“我”能改正自己的缺点，做个好孩子。

4. 让孩子对任何事情都拿得起，放得下。和小朋友吵架了，他很快就会忘掉，不会记仇；挨妈妈训斥了，即使是哭了，也会很快就破涕为笑；受到老师批评了，他也不会老是怀恨在心。他当哭则哭，当笑则笑，受到表扬，便高兴得又蹦又跳，受到批评便掉眼泪，绝不会掩饰和做作。

孩子的认识主要来自于妈妈，妈妈要尝试着用美妙的语言解释一切。像莎莉的爸爸一样，再残忍的事情我们也可以用最美妙的语言让他们感到快乐和美好。

积极乐观的妈妈，带动孩子的人生

有一个故事，带有传奇色彩，却真实地发生了。

在英国，一个华人组成的旅游团队突然遭遇车祸，一个女孩子当场昏迷。医务人员把她送到了皇室医院，在那里接受最好的治疗。但是种种迹象都表明，这个漂亮的花季女孩已经脑死亡。

“不可能的，我了解我的女儿，她不会就这样走的。”女孩的妈妈赶到英国，她一直在重复这句话，很多人都把它当成巨大悲痛下的呓语，纷纷安慰妈妈。

“你们不要安慰我了，请相信我，女儿真的没有死。”然后，母亲坚持用自己的能力请最好的中医去英国会诊，当时英国医院的人都很同情她，于是答应让中医复诊。

中医火速赶往英国，一下飞机就直奔医院，马上开始把脉、针灸。

奇迹出现了，女孩儿醒过来了。

这个奇迹的创造者不是中医，而是那位坚定的妈妈。如果不是她的坚持，女儿很有可能被火化，那是多么可怕的事情啊！但是在最后一刻，她始终坚信自己的女儿可以醒来。结果，这股强大的精神力量真的把女儿唤醒了！

对人生的态度、对生命的把握、对自我的认识，这些抽象的东西，都能通过妈妈传达给孩子。妈妈的言谈举止对于孩子的成长产生着很大的影响，妈妈的积极心理现象可以促使孩子乐观积极、奋发向上；反之，也会使孩子变得消沉、忧郁、萎缩。引导、教育孩子以乐观、积极的态度去面对一切，不仅需要各种活生生的事例使孩子心悦诚服，也需要妈妈自身能够以平静的心态对待一切，“不以物喜，不以己悲”，尽量消除掉各种消极心理的负面影响。

人的一生中最需要的就是积极乐观的心态。每一个妈妈只要积极乐观，都能带动孩子的人生。

在纽约的一家华人学英语的学校里，一个年近八旬的老奶奶每天都来上课，她从来不迟到，也从不早退。老师布置的作业，她像个小学生一样按时完成，写字很工整。尽管她的口语已经很难流畅地道，但她总是积极发言……这是一个标准的中国三好学生，当时老师就想，这样一个对自己要求严格、积极好学的妈妈，一定有很不错的儿女。于是，她就主动上前去问老人，她孩子是做什么工作的。

老人家先是不想说，后来很谦逊地说：“我的女儿在给国家打工，她叫赵小兰。”原来，这就是美国第一华人女部长赵小兰的母亲，赵小兰的成功和传奇经历，在她的妈妈身上似乎也能找到。

这个故事是一个老师写的，他当时非常感慨，也许他说得没错，正是因为有这样严于律己的母亲，才能培养出那么优秀的女儿来。妈妈是女儿最好的老师，妈妈选择了进取，女儿也没有理由后退。

教育家斯宾塞做过这样一个实验，带两群孩子来到小镇边上的小河边，他告诉其中一群孩子："我一发出口令你们就跑到教堂那里去，那里正在举行婚礼，先跑到的有可能会得到小糖果。"他又对另一群孩子说："你们要尽快跑到教堂那里，越快越好，谁落后我就会惩罚谁。"随着他的一声口令，两群孩子都飞快地跑起来，要知道从河边到教堂有很长的一段路程。结果呢，那群知道先跑到教堂可能有糖吃还可以看到婚礼的孩子，先跑到的很多，而且到达以后，大多还很兴奋。而另一群孩子，有的掉队了，有的干脆跑了一半就停下来了。停下来的孩子多了，大家也就不怕惩罚了。

同样一件事情，因为不同的心态，就有截然不同的结果。谁都希望自己的小孩分在第一组，是去奔赴一场宴会，但孩子的人生中，绝大部分时间是由他们自己决定是在奔向幸福还是不幸。

使孩子保持乐观的心态很重要，但更重要的是，妈妈首先保持自己的乐观心态，以身作则地感染孩子们。你不一定要做一个美艳动人的妈妈，但你一定可以去做一个坚强、勇敢、乐观的快乐妈妈。

妈妈，别把焦虑转嫁给孩子

小凡的妈妈最近一段时间不知道为什么，老是为一些微不足道的小事忧虑，以至于影响了正常的工作。

比如，她总是莫名其妙地对那支钢笔产生厌恶之感。一看到那磨得平滑的钢笔尖就心里不舒服，她更讨厌那支钢笔的颜色，乌黑乌黑的。于是她干脆把钢笔扔到了垃圾桶里。可换了支灰色的钢笔后，她依然感觉不舒服。原因是买它时，自己当时在售货员面前出了点丑，自尊心受到了伤害。因此刚买回来，她就把它扔到楼道里，任人践踏。

还有一次，小凡给妈妈买了一个用来盛饭的小塑料盒。妈妈脑子里冒出一个想法："这是不是聚乙烯的？"几年前，她记得自己曾看过一篇文章，好像是说聚乙烯的产品是有毒的，不能盛食物。这下她的神经又绷紧了：这个小塑料盒会不会有毒？毒素逐渐进入我的体内怎么办？她万分忧虑。

有一天，妈妈又为小凡头上的两个"旋儿"而苦恼起来。他听人说"一旋好，俩旋孬，两个顶（旋），气得爹娘要跳井"。真有这么回事吗？要不为什么小凡总是让自己担心呢！可有两个旋的人多的是呀！这个念头令她终日忧虑不已。小凡的妈妈就是这样一直在忧虑中徘徊、挣扎着……

而可怜的小凡，也在妈妈这种焦虑情绪的影响下，整天忧心忡忡，她总是很自责，觉得自己是妈妈的"克星"，如果妈妈当初没有生下她，可能会很幸福。慢慢地，小凡上课总是紧张兮兮的，害怕学不会东西，对不起妈妈，她也很担心自己以后没什么前途，不能赚钱养妈妈……以往乐观开朗的她也逐渐变得沉默寡言，焦躁不安。

小凡的妈妈其实是患上了焦虑症。而小凡的焦虑情绪其实是被妈妈传染的。美国心理学家研究发现：如果父亲或母亲患上焦虑症，那么与他们生活在一起的孩子患上焦虑症的风险是正常家庭孩子的7倍。而焦虑症的“传播”途径往往是患有焦虑症家长平日的一些行为，如对孩子过度保护、过度批评、在孩子面前经常流露出惊慌和害怕的神情等。那么什么是焦虑症呢?

我们还是先从焦虑的情绪体验说起。焦虑是一种没有明确原因的、令人不愉快的紧张状态。我们可能都有过这样的情绪体验：在你第一次和心爱的人约会之前，在你的老板大发脾气的时候，在你知道孩子得了病之后，你都会感到焦虑。适当的焦虑并不是坏事，往往能使人鼓起力量，去应付即将发生的危机。但是，如果忧虑过多，以至于达到焦虑症，这种情绪就会妨碍你去应对、处理面前的危机，甚至妨碍你的日常生活。

焦虑情绪过重或有焦虑症的人，他们内心充满了过度的、长久的、目的并不明确的焦虑和担忧。比如，他们会为孩子的前途担忧，即使孩子很聪明，学习又好，他们也会感到危机和焦虑；或者他们会成天为自己孩子的安全担心，生怕他在学校里出了什么事；更多的时候他们自己也不知道为了什么，就是感到极度的焦虑和不适。他们整日忧心忡忡、神色抑郁，似乎感到灾难临头，甚至还担心自己可能会因失去控制而精神错乱。

妈妈一旦焦虑情绪过重，生活的紧张及抑郁气氛就会加重，孩子在这种环境下生活，必然会受到影响。如果妈妈时时刻刻打电话担心自己的安危，孩子也会跟着不安起来；如果妈妈压力太大，孩子也会想分担妈妈的压力而给自己增加压力；如果妈妈整天愁眉苦脸，孩子自然也会少有笑脸……所以，妈妈，为了你和孩子的健康生活，请不要那么容易焦虑起来，更不要将你的焦虑展现在孩子面前，转嫁给他。孩子的乐观心态，会因为你转嫁来的焦虑而磨灭，最终，他将带着和你一样焦虑的情绪走过一生。这应该不是你所想的。

消除焦虑心理有多种方法，比如，听音乐、做运动、换环境、放松心情，等等，但是最本质的却是纠正认知错误，凡事都看得开、看得破。这里告诉大家一种比较实用的方法（同样也适用于因为家长影响或其他一些原因患上焦虑症的孩子）。

第一步：当你焦虑时，请拿出一张白纸，把你焦虑的问题写到纸上，比如，“我总担心自己失业”、“我怕孩子不能适应社会”、“我莫名其妙地冒出一些讨厌的想法”……

第二步：全部写下后，再逐一分析这些焦虑有什么原因，思考它对事情的发展有没有好处，并写在纸上。一般你会总结到这一点——越焦虑，事情反而会越糟糕。

第三步：想更好的办法，比如：既然焦虑失业会更糟，那么我安下心来工作才是最好的办法；既然越是为孩子的前途感到焦虑，越是让孩子有负担，不如，把“不管”当做“最好的管”。（把你想到的这些想法也写在纸上）

反复多次，你会发现你已经远远地把焦虑甩在身后了！

灰暗的妈妈，养不出阳光的孩子

海明威是蜚声20世纪文坛最优秀的美国作家之一，《永别了，武器》《老人与海》等都是其具有代表性的小说。他享受到了让所有人羡慕的荣誉与财富，但令人遗憾的是他在众人羡慕的眼神中把猎枪的枪口放进嘴里，扣下了扳机，结束了自己的生命。那么，在众人眼里应有尽有的海明威为什么会选择自杀呢?

这或许是一个偶然，在非洲的时候他曾经遭遇过两次飞机失事的事故，从此之后便留下了后遗症。在他62岁的时候已经不能正常行走了，而且记忆力也急剧下降。这些让他感觉到极度的恐惧和悲伤，对自己也失去了信心，于是走向自杀的道路。

海明威极度的自卑情绪扰乱了他的生活，“既然不能像正常人一样活着，还不如死掉”的想法一直萦绕在他脑海中。他的自卑，让他无力去和这个强大的世界抗衡，无奈之下选择了终结自己的生命。那么他的这种自卑情结是与生俱来的吗？答案是否定的，这与海明威从小生活的环境有着千丝万缕的联系，与他的家庭环境，尤其与他母亲的影响有很大的关系。

海明威一生结过4次婚，但是对他人生和人格起决定作用的并不是他的4位夫人，而是教师出身的母亲格蕾丝。

格蕾丝是一个很懒散的女人，从小过着公主生活，是父母的掌上明珠。嫁给海明威父亲克拉伦斯的时候，格蕾丝就与海明威的父亲签订了几项规定，其中有一项就是不做家务，婚后克拉伦斯一直遵守着这项约定，从来不让格蕾丝做家务，家中的大小事全由他自己处理。即便是有了孩子，格拉伦斯还亲自为孩子准备早饭，然后再把妻子的早饭送到床上。

克拉伦斯是一名著名的医生，但无论他有多忙，都会亲自去购买各种食品、下厨、洗衣服、管理下人。这样更加纵容了格蕾丝自私的性格，这位大小姐非常排斥肮脏的尿布、生病的孩子、打扫房间、洗碗、做菜……这些事情她一次也没有做过。

母亲格蕾丝懒散的印象遭到了海明威的厌恶。再加上母亲的强势管教，总是强迫他严格遵守日程计划表、随时接受检查，还要求他保持端庄整洁的形象，更加让海明威憎恨。

海明威为了对抗母亲的强势行为，曾坚持10天不吃蔬菜，为此不但挨了打，还患上了便秘。即便如此海明威也不屈服。在第一次世界大战期间，海明威远赴意大利战场加入反对佛朗哥的军队，并担任战地记者，在古巴内乱时支援反对卡斯特罗的地下组织，参加非洲探险活动，这都是他试图摆脱母亲的影响和与母亲对抗而做出的举动。

母亲的强势性格对海明威就是一种压制，让海明威一直处于一种弱势的自卑地位。这种自卑和对来自母亲强势的厌恶，使得他成年之后极为讨厌试图干预他的任何一位女人。这也是他选择多次离婚的原因。

不管是在文学上还是心理学中，把孩子讨厌母亲喜欢父亲的性格称之为“海明威情结”。“海明威情结”凸显出了家庭教育中母亲对孩子的影响，强调了母亲的性格和言行对孩子性格形成的作用和重要的意义。

妈妈的性格取向总是有一种很神秘的力量在支配着孩子的言行和性格的养成。有时候妈妈对孩子的影响并非总是积极的，妈妈的性格以及性格决定下的言行会给孩子造成负担。如果妈妈的性格过于强势或过于软弱，对孩子过于溺爱或漠不关心，都让孩子形成自卑懦弱、无情冷漠的性格取向，从而影响孩子的一生，甚至给孩子造成致命的伤害，这样的伤口一辈子都不会愈合。

如果妈妈能有一种相信他人的人格，就不会表现出对孩子的不信任，就不会在孩子端着一个水杯的时候，担心孩子会烫伤，或者摔坏杯子，然后从孩子手里把杯子拿走。如果妈妈这样做了，孩子会产生一种挫败感，长期受到这样的对待，他们就会认为自己连力所能及的事情都做不好，就更没有信心去做更重要的事情了。

对孩子成长影响极大的妈妈们要改变不良的性格，做一个阳光妈妈。把赞美和欣赏，把自信和坚强，融入自己的性格中，才会让孩子在阳光中沐浴，才能让孩子阳光、健康地成长。

妈妈的抑郁会传染给孩子

文慧今年已经 35 岁，担任某公司的经理。由于平时压力大，又很少真正交心的朋友，文慧这几年来有一种难以言状的苦闷与忧郁感。说不出什么原因，她总是感到前途渺茫，一切都不顺心。即使遇到喜事，她也毫无喜悦的心情。过去常常下班后和小儿子一起玩，有时也和丈夫去看电影、听音乐，但后来就感到一切索然无味。

她深知自己如此长期忧郁愁苦会伤害身体，并且影响家人心情，但又苦于无法解脱，而且还导致睡眠不好、多噩梦及胃口不开。有时她感到很悲观，甚至想一死了之，但对人生又有留恋，有很多放不下的东西，因而下不了决心。

她的丈夫知道她的抑郁心理比较严重，总是想方设法讨她欢心，经常和她谈心，陪她听音乐，给她讲一些幽默笑话……可是没什么效果。丈夫最近总是觉得心灰意冷。更糟糕的是他最近发现 11 岁的儿子好像也有抑郁倾向：不爱说话，成绩好但很自卑，总觉得自己缺点太多，对自己的长相不满意。文慧的丈夫很着急，他越想越不明白，难道是妻子的抑郁传染给孩子了，使得一向优秀的儿子缺少自信？

什么是抑郁心理呢？抑郁心理是以心境低落为主，与处境不相称，可以从闷闷不乐到悲痛欲绝，期间常常伴有厌恶、痛苦、羞愧、自卑等情绪。严重者可出现幻觉、妄想等精神病性症状。对大多数人来说，抑郁只是偶尔出现，历时很短，时过境迁，很快就会消失。但对有些人来说，则会经常地、迅速地陷入抑郁的状态而不能自拔。

很显然，文慧是被抑郁“缠上了”，而她丈夫的问题也并不是空穴来风——抑郁症的确会遗传，但孩子虽会有潜在的抑郁症风险，如果没有外界刺激，一般不会发作。如今儿子也有抑郁的症状，关键是因为妈妈的抑郁刺激了孩子的心情。

现代医学认为抑郁症发病一般不是单方面因素引起的，而是遗传、体质因素、神经发育和社会心理等因素共同作用的结果。家族病史，婴幼儿期没有得到足够的爱，突发灾难，长期精神压抑等，都是致病因素。

抑郁症危害也比较严重，一旦被抑郁缠身，便会很难挣脱，有的甚至抑郁情绪反复发作，时好时坏。并且6成以上的抑郁症患者有过自杀的行为或想法，15%的抑郁病人最终自杀。

然而，在多数人眼中，抑郁仿佛永远在他处，与己无关。事实并非如此，据世界卫生组织估计，几乎每30个人当中，就有一个人正经受着抑郁症的困扰，每15个人当中，就有一个曾经面对过这种疾患，并且女性比男性更容易患上抑郁症，其几率为2：1。并且抑郁症还具有一定的遗传性。但没有重大事件的刺激，孩子和妈妈一般不会同时患上抑郁症。所以即使自己患有抑郁症，也不必忧心忡忡，避免孩子遭受不必要的打击，能很好地让他远离抑郁症。

虽然引起抑郁的原因多种多样，每个人抑郁的事情也都有所不同，但调节抑郁的方法更是多种多样，甚至平时的休闲活动都可以在一定程度上调节抑郁情绪。下面介绍几种实用的小方法，不妨一试！

1. 随意涂鸦：把引起你忧郁的事情画出来，比如，因为想念双亲而忧郁，就把双亲慈祥的面孔画出来，不要计较像与不像，只要倾注全部感情去画。如果讨厌一个人，也可以去画他，把你厌恶的感情也画进去。

2. 写下随想：当你心情不佳时，不妨拿起一支笔，抒发胸中的情感，将心情诉诸纸上，会有释放的感觉。

3. 亲近自然：当你感到无助和抑郁时，不妨置身于自然之中，感受自然的鸟语花香，忘记现实的烦恼。

4. 便利贴的妙用：把鼓励自己的话，写在便利贴上，贴在自己一眼就能看到的地方，不时提醒和鼓励自己，便不会感到孤单和委靡不振。

5. 聆听音乐：虽然音乐的确能够达到调节抑郁的目的，但不同的人最好根据自己的喜好来选择音乐。

6. 创造家庭好环境：良好的家庭环境是使孩子免受抑郁侵害的保护伞。妈妈应避免长期在孩子面前吵架、向孩子诉苦、给他讲一些悲观的想法。

妈妈不仅要学会调节孩子的抑郁情绪，更要学会调试好自己的心态和情绪状况，千万别让你的抑郁传染给孩子。

乐观精神是孩子应对困境的最好武器

比尔·盖茨从20岁时便开始领导微软，31岁时成为当时最年轻的亿万富翁，39岁时身价一举超越华尔街股市大亨沃伦·巴菲特而成为世界首富，同年，他以一票的微弱优势领先通用电气（GE）公司的杰克·韦尔奇，被《工业周刊》评选为“最受尊敬的CEO”。

这样一个“命运的宠儿”，曾经送给年轻人一段让人回味深长的忠告：“公平不是总存在的，在生活学习的各个方面总有一些不如意的地方。但只要适应它，并坚持到底，总能收到意想不到的成效。”他自己的经历也最能说明这句话。

在比尔·盖茨读中学的时候，他接到全国最大的国防用品合同商 TRW 公司的电话，要他去面试。为了实现自己的梦想，比尔·盖茨征得学校的同意后，去做 3 个月的“临时工作”。3 个月后，盖茨回到学校，迅速补上三个月中落下的功课，并参加期末考试。对他来说，电脑当然不在话下，他毫不担心，其他功课他也很快赶上了。结果他的电脑课老师只给了他一个“B”，原因当然不在于他考试成绩不佳——他考了第一名——而是他从不去听这门课，在“学习态度”这条标准中被扣了分。这是盖茨第一次体会到“不公平”，但他并没有抱怨什么，而是接受了这种现实，集中精力做数据的编码工作。他因为梦想离开了哈佛，不久之后，他成了名副其实的电脑程序员，具备了坚实的编程基础和丰富的经验。

海伦·凯勒说：虽然世界多苦难，但是苦难总是能战胜的。挫折常常会不请自来，关键是不能把挫折当成放弃努力的借口。乐观的态度是支持比尔·盖茨的巨大力量，让他能为了自己的目标，不把这些不公平放在眼里，并取得常人都无法企及的成就，这些都是乐观对他的馈赠。美国人有着异乎寻常的乐观精神.他们面对挫折从来不会垂头丧气。

一次可怕的意外事故之后，美国人米歇尔的脸因植皮而变成一块“彩色板”，手指没有了，双腿异常细小，无法行动，只能靠轮椅活动。但他不认为他被打败了，而是坚定地说：“我完全可以掌握我自己的人生之船，我可以选择把目前的状况看成倒退或是一个起点。”6 个月之后，他居然又可以自己开飞机了。

他为自己买了房子、一架飞机及一家酒吧，之后开始经营公司，并把公司发展成佛蒙特州第二大私人公司。事故后的第 4 年，他所开的飞机在起飞时又摔回跑道，把他胸部的 12 条脊椎骨压得粉碎，腰部以下永远瘫痪！但是他仍然不屈不挠。之后他被选为镇长，后来竞选国会议员，他用一句“不只是另一张小白脸”的口号，将自己难看的脸转化成有利的资本。

接着他完成终身大事，并拿到了公共行政硕士，持续他的飞行、环保及公共演说活动。

正是这种乐观的精神，帮助人们克服困难，获得好的结局。作为妈妈，我们要做的就是传递给孩子这种乐观精神，让他能感受并体会到。当孩子出现了失败的状况时，妈妈千万不要对孩子说那些令人垂头丧气的话，而是要努力去激发和保护孩子积极乐观的心态，这样孩子面对挫折和失败时才能更坚强。那么妈妈应该怎样做呢？

首先，妈妈应该以身作则，对挫折要有正确的观念，要有承受心理及应对良策，即使遇到再大的困难也不要唉声叹气。如果事情和孩子有关，需要他一起来面对，妈妈也应该给孩子树立一种克服困难的信念。

其次，不要苛求孩子。比如在言行举止上，如果孩子写字不规范，可以让他仔细观察书上的正确写法，鼓励他帮助他。妈妈还应多抽出时间陪孩子玩游戏，这样会让孩子很开心。要孩子学会调整心态，当孩子痛苦烦恼时，妈妈应及时地帮助他们找到摆脱的办法，如听歌、运动以及和朋友谈心等，帮助孩子尽快振作起来。

最后，不要伤害孩子的自尊心和打消他的积极性。不要动辄就用一些否定性的字眼来批评孩子。孩子犯错了，妈妈应该先客观地分析，再教他正确的方法，而不是总替他惋惜，后悔："如果这样做就好了，就不会那样了"等。经常让孩子沉湎于回忆和懊悔，他的乐观精神也会变少。

遭遇挫折并不可怕，可怕的是没有面对挫折的勇气。挫折像是我们的老朋友，虽然有时会跟我们开开玩笑，但正是它让我们的心更强壮。生活好比一面镜子，当我们对它笑的时候，它才会对我们笑。快乐的行动决定于快乐的思想，一个乐观的心态，比一百种智慧都更有力量。而当孩子拥有乐观的心态后，就有了征服困境的最大武器。

第七章　品格教育是赶早不赶晚的事业

著名教育家罗素认为，品格教育在孩子6岁以前就已基本完成，6岁以后，学校只是在以前品格教育的基础上加以巩固。因此，幼儿阶段是品格教育的关键时期，能在一定程度上决定孩子以后的人格成长。所以，品格教育要趁早，而且要抓好。

对不诚实的处理：一千克的预防胜过一吨的惩罚

父母都是大学教师，女儿苗苗知书达理，品性纯良，但有一个问题却让妈妈头疼不已。苗苗现在上初中了，却总是说谎。这次期中考试结束后，妈妈问她考得怎么样，她说还行吧。后来成绩出来了，她告诉妈妈考了全班第十名，听到这个消息妈妈爸爸都很开心，因为她之前一直在20名左右徘徊。可是，后来妈妈见到她的班主任才知道，原来她只考了全班第40名，比以往任何一次都要考得差。

以前孩子说谎还有些不自在，现在经常编谎话骗家长，居然说得像真的，没事人似的。妈妈没法理解，那么用心地教育孩子，孩子怎么学会了撒谎呢。

说谎是孩子某个年龄段心理发展和智力发育必然出现的一种反应，也是智力发育过程中易偏出正常轨迹的时刻。因为孩子对诚实的理解以及道德的认识，尚且不全面、不深刻，也不完善，所以有时难免出现说谎现象。妈妈如果不能妥善地处理和引导，将会导致孩子智力发育上的偏差。

妈妈应该如何正确对待孩子的谎言呢？首先要知道孩子撒谎的原因，才能从源头上根治问题。

孩子说谎不外乎两个原因，一个是模仿大人，一个是迫于压力。每个孩子最初的谎言都是从这里来的。

首先是模仿大人。如果家长在和孩子相处中，为了哄孩子听话，经常用一些谎言骗他；或者是家长经常对别人说假话，不时地被孩子耳闻目睹；还有一种情况，是家长出于成人社会里的某种掩饰需求，经常说些虚饰的话，孩子见得多了，就会慢慢学会说假话。“染于苍则苍，染于黄则黄，所入者变，其色亦变。故染不可不慎也。”所以如果孩子出现说谎的毛病，家长一定要首先进行自我反省。

孩子的谎言大多是被“压力”激发出来的。这个“压力”即是家长比较严厉，对孩子的每一种过错都不轻易放过，都要批评指责，甚至打骂；或者是家长太强势，说一不二，不尊重孩子的想法，不体恤孩子的愿望。这些都会造成孩子的情绪经常性地紧张和不平衡，他们为了逃避处罚、达到愿望或取得平衡，就去说假话。

像上例中提到的那个女孩，她考试没考好，其实内心已经很痛苦了，有很大的压力，不知道如何向父母交代，而恰恰此时，母亲询问她的考试情况，为了不让母亲伤心，她只好编谎话来骗人。尽管她也知道，过不了多久，妈妈就会从老师那里知道真相，但是她宁可撒谎也不愿意告诉妈妈自己的真实成绩。

这是为什么？因为孩子没有将妈妈当成不幸的分担者，孩子这样做，肯定是出于经验。相信在以往的生活中，一定是孩子一做错了事，就会遭到严厉的批评。于是，孩子为了逃避一时的批评而撒谎了。

当发现孩子说谎的时候，千万不要立即去教训孩子，此时，不妨冷静地坐下来想一想，孩子为什么会说谎，是因为自己给了孩子很大的压力？还是因为在以往的生活中，每次孩子犯错误都会遭到严厉的批评？抑或是不尊重孩子的想法，凡事要求孩子按照自己的意愿生活？……找到原因后再对症下药，这样才是解决问题的根本之道。

孩子天生是不会说谎的，对待谎言预防比惩罚更有效。因为惩罚也许会加剧孩子的“压力”，让他以后不得不用更多的谎言来防御可能遭受的惩罚，而把谎言扼杀在摇篮中，则是从根源上防止了谎言的产生。

那妈妈应该如何预防孩子的谎言呢？一方面，妈妈不应该扮演检察官的角色。不应该要求孩子坦白，不应该夸大事实把事态弄大。另一方面，说话不要拐弯，要说真话。当妈妈发现孩子从图书馆借的书已经过期时，不应该问：“你把书还到图书馆了吗？你确定？那么它怎么还在你的桌子上？”应该直接说：“我看到你在图书馆借的书已经过期了。”简而言之，妈妈不能激发孩子防御性的撒谎，不能有意制造让孩子撒谎的机会。当孩子撒谎时，妈妈不应该一味说教，严厉过头，而是要就事论事，通情达理。要让孩子知道没有必要对妈妈撒谎。

妈妈防止孩子撒谎的另一个方法是避免问“为什么”。对孩子来说，“为什么”就意味着父母不赞成、失望、不高兴，从而引出过去受责备的回忆。

另外，如果妈妈希望教育孩子诚实的品德，那么必须作好心理准备，既要听让人愉快的真话，也要听让人不高兴的真话。例如，孩子对你抱怨说奶奶不好时，你如果打他惩罚他，强迫他说奶奶是好奶奶，那么，你就让孩子知道了说真话、告诉妈妈自己的想法是危险的。说真话时，你受到惩罚；说谎时，你得到爱。妈妈喜欢说谎的孩子，妈妈只喜欢听让人高兴的话，所以，孩子就会为了讨好大人，而说让大人高兴的谎话。

生活中，很多妈妈习惯把孩子的品行问题归咎于孩子自身，所以习惯指责孩子；可是很少有人会去反思自己的教育方式。事实上，孩子的品行习惯依赖于妈妈的教育方式。所以每一位妈妈在思考解决孩子的问题时，切入点应该是如何改变自己的教育方式。哪怕你认为孩子的毛病就是来自孩子自己，你也有责任通过改变你自己来唤起孩子的改变。不这样思考，你就永远找不到改变孩子的途径。

“帮妈妈洗脚”不只是一个作业

孝是中华民族的传统美德，而且古往今来也有许多关于“孝”的感人事件。“孝”是一种重要的品质，而且也是很多品质的基础。

相信不少人一定还记得中央电视台播放的这样一个公益广告：一个年轻的妈妈一边给五六岁的儿子洗脚，一边讲小青蛙的故事，故事讲完了，脚也洗完了，妈妈对孩子说：“等一会儿，妈妈再来给你讲故事。”

画面一转，年轻的妈妈正蹲在地上给一位老人洗脚，一边洗一边说：“妈妈，我给你洗洗脚，对身体好，也解困。”

这时，等着妈妈讲故事的孩子探头进来看到了这一幕，一转身就跑了出去。

妈妈给老人洗完脚回到儿子房间，却不见儿子的人影，正诧异着时，发现儿子端着一盆水晃晃悠悠地走进来，原来他也要给妈妈洗脚解乏。

孩子一边给妈妈洗脚一边嫩声嫩气地说：“妈妈洗脚。我也给你讲小青蛙的故事……”

这让疲惫不堪的妈妈感慨万分。这则公益广告触动了不少人的心。

妈妈的“舐犊之情”作为世间最本质的一种仁慈温暖着整个世界，而孩子们之所以能够健康、幸福的成长，也是因为妈妈浓浓的爱。但是，被深深的母爱包围着的孩子们，有没有想过回报一下母亲呢？哪怕只是洗一次脚。

曾有不少学校布置了这样一个作业：给妈妈洗脚。对于这样的作业，不少孩子觉得难为情，也有许多妈妈同样有此感觉。

但是“给妈妈洗脚”并不仅仅是一次作业这么简单。它是想让现在的孩子懂得爱自己的妈妈，懂得反哺，懂得感恩。

现在的孩子多是独生子女，他们在物质和精神方面都享受到最大的爱，但是如果享受着这种爱的子女不懂得回报，不懂得孝顺父母，让这样的爱不能实现双向交流，那么这种爱就是畸形的溺爱。

妈妈要在生活中培养孩子“孝”的品质，如引导孩子学会关心长辈，懂得陪长辈聊聊天，懂得在节日里向长辈送上一份祝福。在父亲节时，给父亲送上一份小礼物，或者在爸爸下班时，让孩子主动帮爸爸拿衣服、拿拖鞋、递水等，爸爸没回来，要提醒他给爸爸留饭或耐心等待。

让孩子进行一切力所能及的劳动也很必要，只有当他们有了切身体验时，他们才能真正领悟到妈妈照顾他们的辛苦，从而知道体谅妈妈，尽自己的力量帮妈妈做事，为妈妈分忧解愁，做到真正的“孝”，要引导孩子替父母分担忧愁，学会自己的事尽量自己做，帮衬父母做力所能及的家务，如为父母取鞋、取袜、扫地、擦桌子、倒垃圾等；尤其要让孩子帮长辈添饭、沏茶等，这不是单纯的劳动，而是逐渐培养孩子为长辈服务的意识和习惯。

妈妈千万不要让孩子觉得孝是一种强迫性的劳动，是一种额外的负担。孝心，要在融洽的氛围中，在爱心的驱使下，慢慢地养成，并逐渐成为一种自觉的行为。当孩子为长辈服务时，长辈应笑脸相迎或亲亲孩子，并予以表扬和鼓励，让孩子觉得为长辈服务很自豪、很值得，是快乐、幸福的事。

孩子良好的习惯和品质，不是长大就能自然形成，而是需要平时一点一滴养成的。要想让孩子养成“孝”的习惯，对父母、对他人都怀有一颗感恩的心，妈妈平时就应该在小事中就多多注意与培养。

不懂得分享是一种惩罚

阿琳准备参加学校举行的舞蹈比赛，这次她选的舞蹈是西部牛仔舞，阿琳希望能借小晴的皮靴上台表演。可是，小晴不舍得，因为那双靴子是美国的姑妈给她寄回来的生日礼物，平时小晴也不舍得穿。现在阿琳开口向自己借靴子，而且是要到舞台上蹦蹦跳跳的，要是弄坏了，怎么办？那可是有钱也买不到的呀！

小晴没有立刻答复阿琳，推说自己先回去问问妈妈的意见。

回到家里，小晴和妈妈商量了起来：“妈妈，你觉得我应该借给她吗？要是弄坏了，怎么办？”

妈妈没有正面回答女儿的问题，她笑着说：“别人也借给你东西吧？那次，阿琳还把最喜欢的芭比娃娃借给你玩了好一阵子呢。你还记得吗？”

小晴听罢妈妈的话，脸红了起来，说道：“对呀，阿琳对我可是从来不吝啬的，我太小气了。”

看到孩子脸红了，妈妈接着说：“懂得分享，人生往往更加快乐，所以，越珍贵的东西，越要懂得与人分享。”

听完妈妈的话，小晴立刻给阿琳打电话了：“靴子我明天就给你拿去，你可要好好比赛，争取得第一名……”

妈妈在一旁，欣慰地笑了……

生活需要分享，快乐和痛苦都需要有人分享。不懂得分享的人，不能体会到与人互惠互济、甘甜与共的幸福，这何尝不是一种惩罚呢？作为妈妈，你教导孩子学会与人分享的品格了吗？

人的心理其实是很微妙的，当得到别人的好处或好意后，总想以相同的程度回报别人。这种心理叫做“互惠心理”。这是人类社会中根深蒂固的一个行为准则。

曾经一位心理学教授做过一个小小的实验，证明了人们这种普遍心理。他随机选择了一群素不相识的人，给他们寄去了圣诞卡片。虽然他也估计会有一些回音，却没有想到大部分收到卡片的人，都给他回了一张，尽管他们互不相识。这个心理实验验证了人们之间“互惠”的心理，人们普遍认为应该尽量以相同的方式回报他人为我们所做的一切。如果别人帮了我们，我们也应该帮他一次；如果别人送给我们圣诞礼物，我们也应该送他一份。

孩子之间的交往，也遵从“互惠心理”，往往是小 A 给了小 B 一样玩具，小 B 也要回报小 A 一件；小 A 告诉小 B 他的一些学习方法、工作经验，小 B 也不吝啬同他分享自己的学习和工作感受。互惠心理其实也有些像坐跷跷板，不能永远固定某一端高、另一端低，就是要高低交替。一个永远不肯吃亏、不与别人互惠的孩子，即使赢了，从长远来看，他也得不到多少好处，因为没有人愿和他玩下去了。

现在很多妈妈宁肯亏了自己也不愿怠慢自己的孩子，不仅把最好的东西给孩子，还害怕孩子在外面被人占便宜，于是经常教育孩子不要和小朋友分享好东西，例如说“别把爸爸带回来的进口巧克力都拿出来给朋友吃，吃完了看你怎么办?”“让他们自己的妈妈给他们买，这套学习资料是独家发售的，妈妈好不容易给你抢到，你让他们看了不是便宜了他们吗?”从小听到类似话语长大的孩子，自然不会是一个大方豁达的人，甚至会变成自私自利、不关心别人的冷血儿，这时候，妈妈后悔已经来不及了，品性一旦形成后，想要改变是极其困难的。

想要趁早培养孩子与别人分享的品格，妈妈自己首先要是一个喜欢与别人分享的人，孩子会通过妈妈的行为认识到分享是一件应该的事。其次，妈妈要学会与孩子分享，坦然地分享，成为与孩子分享的伙伴，比如分享零食、分享快乐、分享想法，不要因为疼爱孩子而把所有好的都给他，让他觉得妈妈为自己是应该的，亲人是不用与之分享好东西的。另外，妈妈还要经常告诉孩子“越是珍贵的东西，越要懂得与朋友分享。”长期输送这样的价值观，会让孩子潜意识里形成正确的分享观，而不会成为自私自利的人。

从接待客人开始，培养孩子待人的文明礼仪

早在 17 世纪，著名教育家约翰·洛克就在他的名著《教育漫话》中描绘了一幅培养“绅士”的教育蓝图。在这幅蓝图中，礼仪教育是不可或缺的一环。洛克说：“礼仪是在他的一切美德之上加上的一层藻饰，使它们对他具有效用，去为他获得一切和他接近的人的尊重与好感。”

一个人的修养决定着他的生存方式。有修养的人，不但能受人尊重，而且还能成大器；没修养的人，不但害人害己，还会不得人心。真正有修养的人，会对一切人展示出亲切和友好的姿态。

生活在现代社会的人，必须学会待人接物的方法，善于与人礼貌往来。因为和谐的人际关系无疑已成为当今世界人才的重要素质之一。有些孩子因缺乏待人接物的经验，往往在交际中有差强人意的表现。在生活中我们会发现，凡是待人周到谦和的孩子，往往更容易赢得机遇。而这些待人友善的处世本领，都需要从小培养，从小事着手培养。

而让孩子在接待客人中学习礼貌待人，就是一个很好的方法。让他知道让孩子多参加接待客人的活动，有利于培养他们的主人翁精神。在参与接待客人的过程中，体会到主人和客人地位的不同，自然会产生一种自豪感和责任感，会比平时更小心，殷勤百倍。这也有利于培养孩子礼貌待人的好习惯。

要接待好客人，让客人满意，就必须在语言、行为上都讲究礼貌，实际上是给孩

子提供了友爱他人的练习机会。而且，能学到一些待人接物的方法。可能最开始孩子是不会接待客人的，这就需要我们妈妈的引导和鼓励。

怎样培养孩子接待客人的能力呢？

1. 让孩子做好心理准备：在客人尚未到来之前，我们应该让孩子了解，客人什么时间来，谁要来。客人与妈妈、与自己的关系以及该如何称呼。使孩子在心理上做好接待客人的准备。

2. 与孩子共同做准备工作：可以让孩子和妈妈一起做接待客人的准备工作，如打扫房间、采购糖果等，共同创造一个欢迎客人的气氛。

3. 帮助孩子接待客人：例如，客人来了，妈妈可以帮助孩子招呼每一个人，请客人坐，请客人吃糖果。还可以把自己的玩具拿出来给小客人玩，把自己的相册拿给大家看。

4. 让孩子学着与客人交谈：妈妈应该让孩子大方地回答客人的问话，并且做到在别人讲话时不随便插嘴。

孩子学会待人有礼，不仅给人很好的印象，还能帮助化解尴尬，让我们来看看下面这个小故事。

有一次，英国王室在伦敦举行盛大晚宴，招待印度首领，此时，还是皇太子的温莎公爵主持了这次宴会。

宴会在非常友好的气氛中进行着，达官贵人们觥筹交错，相谈甚欢。就在宴会即将结束的时候，发生了一件意想不到的事情，使整个宴会被尴尬的氛围笼罩着。按照当时宴会的程序，侍者在晚宴即将结束的时候为每一位来宾端来了洗手水，印度客人看到那精巧的银制器皿，以为里面盛着的亮晶晶的水是用来饮用的，于是端起洗手水一饮而尽。当时，作陪的英国贵族个个目瞪口呆，不知如何是好，大家纷纷把目光投向主持人。

这时，只见温莎公爵神色自若，一边与客人谈笑风生，一边端起自己面前的洗手水，像客人那样自然而得体地一饮而尽，接着大家也纷纷效仿。原本即将要扩散的难堪与尴尬气氛，在瞬间消逝无形，宴会在一片欢乐声中取得了圆满的成功。

温莎公爵在这次宴会中的举动，无疑是一种礼貌的表现。他的这种行为，不仅表达了自己对客人的尊重，而且使这次宴会非常完美，没有留下任何的遗憾。

在我们的日常生活中，也应该让孩子懂得多多从别人的立场出发来体谅别人，懂得人情世故，会接人待物。因此，妈妈应该坚持对孩子进行礼仪教育，并不断强化他们言行方面礼仪习惯的培养和训练，使他们养成良好的礼仪习惯，懂得对别人尊重，懂得谦恭礼让，懂得使人际关系融洽和谐。

培养孩子的耐心是培养孩子节制品格的开始

在美国得克萨斯州一个镇小学的校园里，一个班的一些学生被老师带到空房里。然后一个陌生人走了进来，他给每个学生都发了一粒包装精美的糖果，并告诉他们：

“这糖果属于你们，你们可以随时吃掉自己的糖果，我要出去办点事，约 20 分钟后回来。如果坚持到我回来再吃，将会得到两粒同样好吃的糖果。”

面对糖果，部分孩子决心熬过那漫长的 20 分钟，一直等到这个人回来。为了抵制诱惑，他们或是闭上双眼，或是把头埋在胳膊里休息，或是喃喃自语，或是哼哼叽叽地唱歌，或是动手做游戏，有的干脆努力睡觉。凭着这些简单实用的技巧，这部分孩子勇敢地战胜了自我，最终得到了两块果汁软糖的回报。而另外那部分性急冲动的小孩几乎在陌生人出去的那一瞬间，就立刻去抓取并享用那一块糖了。

大约 20 多分钟后，陌生人回来，对那些能够克制自己的孩子进行了奖励。

耐人寻味的是，这个陌生人跟踪研究这些孩子 20 年，结果发现：那些能够为两块糖抵制诱惑的孩子长大后，有很好的学习品质、较强的社会竞争性、较高的效率、较强的自信心，能较好地应付生活中的挫折、压力和挑战。而经不住诱惑的孩子中有 1/3 左右的人缺乏上述品质，心理问题相对较多。他们的学习成绩不如前者优秀，社交时他们羞怯退缩，固执己见又优柔寡断；一遇挫折，就心烦意乱，把自己想得很差劲或一钱不值；遇到压力，就退缩不前或者不知所措。

这项研究表明，那些能够为获得更多的糖果而等得更久的孩子要比那些缺乏耐心的孩子更容易获得成功。这说明了自制力这一良好的意志品格是成功者的重要心理素质。妈妈在孩子的早期教育中，应该将孩子自控力的培养置于重要地位。童年的教育是培养节制品格的开始，“延迟满足”练习是培养孩子节制品格、提高孩子的自制力的重要方法。

所谓“延迟满足”是指甘愿放弃即时满足的抉择取向，去等待一种更有价值的长远结果。“延迟满足”用我们平常的话来说，就是忍耐力和自制力。这种品质对于成功是非常重要的。在生活中，我们也会发现，那些事业有成的人，总是能够为了追求更大的目标，克制自己的欲望，放弃眼前的诱惑。把一个个小小的欲望累计起来，成为不断激励自己前进的动力。而那些一时冲动犯罪的人，大多不能克制自己的欲望，被冲动这个魔鬼所控制，最终做出害人害己的行为。

在家庭教育中，如果孩子想要什么，妈妈就立即满足，孩子会形成这样一种观念：自己想要的东西总是能够很轻易地得到。久而久之，这会导致孩子越来越任性、贪心，急功近利。而在孩子的成长中，孩子的生活并不会随时都会有妈妈的呵护，所以最重要的是，妈妈应该设法让孩子懂得：世界不是以他为中心，因此，必须学会等待，学会控制自己的情感和行为。

培养孩子的自我克制能力，培养他的理性思考和判断能力，是孩子今后能够取得成功的必要前提。如果一个人想光荣、和平地度过一生，他绝对有必要学会无论在大事小事上都能自我克制。

孩子的“延迟满足”能力的获得，并非一朝一夕、只言片语所能奏效。没有人天生脾气很好，不需要注意和修饰；也没有人天生脾气很坏，后天的修养对他无济于事。脾气是可以受到约束的，好的耐性都是慢慢培养出来的。因此，妈妈应尽早开始培养孩子的耐性，“细水长流”式的培养才能真正孕育出自控能力强的孩子。

妈妈在生活中要让孩子学会等待，对孩子的一些日常玩乐、享受的需求给予“延迟满足”。最好让孩子做出适度努力后，再满足他的欲求。如果孩子想得到新衣服，就要学着自己洗衣服、刷鞋子、整理床铺。还可以采用积分制，每做一件值得鼓励的事，就加几分，累积到一定数量，可以让孩子获得想要的某种奖励。

然而，延迟与否，延迟多长时间，都不是关键所在，最关键的是妈妈要帮助孩子形成一种认识并最终成为习惯：任何愿望都必须通过自己的不断努力来实现，耐性越大取得的成功就越大。

不能用粗鲁的方式教育孩子懂礼貌：培养礼貌的方法

《北京青年报》上曾登载了一则消息：一个15岁的少年因为环卫工人制止他乱扔纸屑，盛怒之下满口污言秽语不说，还对那位女清洁工拳打脚踢。此事在社会上引起了很大的反响，许多市民纷纷表示出了极大的愤慨。少年如此蛮横，的确让人痛心疾首。在我们身边，这种不讲文明的人的确不是少数。我们经常能听见一些青少年朋友出口成“章”(脏)，张口一个“妈的”，闭口一个“我×”，而且满脸凶相。鲁迅先生当年尖锐抨击过的“上溯祖宗，旁及姐妹，下连子孙，遍及两性”的“国骂”，竟然在一些未成年人的嘴里如同炒豆子一样噼啪乱跳，令大人们瞠目结舌。

孟德斯鸠说：“礼貌使有礼貌的人喜悦，也使那些受人以礼貌相待的人们喜悦。”文明的语言，礼貌的举止能够体现一个人的内涵和修养，也有助于一个人的健康成长和事业的成功。没有修养的青少年会以冷淡、不关心他人、言语不文明等方式伤害他人，毁坏自己的形象，相信这是每个妈妈都不愿意看到的。

妈妈是最亲近最热爱的人，她对于孩子具有天然的权威性，她的所作所为容易被孩子认为是天然合理的，容易被孩子学习和模仿；由于孩子没有足够的知识经验，不会辨别是非，所以，他会对妈妈的言行不加选择地模仿。例如，他们不仅模仿妈妈的动作，而且模仿妈妈表达感情的方式，模仿妈妈的观点，甚至是妈妈对人的态度和方式……

你是不是为了教育孩子懂礼貌，该打的也打了该骂的也骂了，可是孩子就是没有一点长进？其实，不能抱怨是孩子没有进步，而应该思考一下妈妈教育孩子的方式是否得当，很多妈妈总以为“用鞭挞以及别的奴隶性的体罚”去管教孩子是最合适不过的。却不知道你的一言一行在潜移默化的影响着孩子，你用简单粗暴的方法教育他，又怎能奢望他能以彬彬有礼的态度去对待他人呢？

那么，具体来说，我们应该怎样培养孩子文明礼貌的好习惯呢：

1. 改变自己对孩子的教育方式。对孩子尽量采取启发和开导的方式，多点道理少点责骂，治理洪水的方式是“疏”，而不是“堵”，教育孩子也一样。比如孩子见人不会打招呼，你不能当着熟人的面就训导孩子。你可以回家以后对孩子说：“那位叔叔是爸爸的朋友，下次再见到他，爸爸希望你可以和那位叔叔打个招呼。这样的孩子才是懂礼貌的。”

2. 对孩子进行教育，告诉孩子要以善良之心看待与他人的摩擦，让他们明白谁都有冒犯他人的时候，而且随时都会发生不愉快的事情，使他们学会宽容他人的过失，不要为小事而生气、赌气。

3. 严格要求，妈妈可以与孩子谈心，明确要求他们成为有教养的好孩子，告诉他们哪些言行是文明礼貌的、哪些言行是粗鲁无礼的。

4. 及时纠正孩子说脏话的习惯。平时，一旦发现孩子说脏话，妈妈要及时帮助纠正过来。不说脏话是讲文明礼貌的第一步。

5. 要求孩子使用礼貌用语。对孩子不愿主动向老师、长辈、同学问好，要及时给予纠正，告诉孩子“您好”、“请”、“谢谢”、“对不起”等日常礼貌用语。

6. 让孩子多与人交流。有时候孩子见人木讷扭捏，常给人一种没有礼貌的感觉，其实这是孩子的性格所致。这样的孩子一般都很害羞，怕见陌生人。妈妈应该多让孩子与人相处，比如家里来客人的时候让他主动给客人拿水果等等。也可以多让孩子和同龄人接触，培养开朗自信的性格。

培养讲文明、有礼貌的习惯是一个循序渐进的过程，不可能要求孩子在一夜之间就变得彬彬有礼。

仁爱之心不可无，爱心教育必须有

每天，天刚蒙蒙亮，胡适还在睡梦中，母亲便起床了。她一边给儿子准备好东西，一边叫醒他，让他起床上学堂。对于孩子来说，早起是一件很痛苦的事，可是，小胡适很懂事，虽然他很想多睡一会儿，但是一想到母亲的操劳，就能立马从床上坐起来。当他赶到私塾老师家门口时，老师家人都还在睡觉。他轻轻地敲门，里面就会有人把私塾的钥匙从门缝里递出来。拿了钥匙，他跑到私塾把门打开。这时，同学们都还没有来，他一个人坐下，打开书本，开始读书。

他天天都这样早起苦读。母亲看着儿子这么辛苦，也很心疼他。但是，她明白，如果想让儿子成为像他父亲那样知识渊博、人品端正的人，就一定要吃苦。其实，儿子读书早，她为了准备早饭，比儿子起得更早啊！胡适把母亲的这份爱藏在心底，用自己的刻苦来回报。平日里他很听话，不想让母亲多为自己费心。

但是小时候的胡适很调皮，总有犯错误的时候。每逢这时，小胡适心里总会忐忑不安，善良仁爱的母亲从来不在人前责备他，因为母亲懂得保护孩子的尊严。

一个秋天的晚上，天气转凉了。小胡适穿着单薄的衣裳，站在庭院里仰望星空。母亲关切地说：“天凉了，快进屋穿件夹衣吧！”胡适此时看星星正起劲，竟与母亲顶起嘴来，这大大刺伤了母亲的心。

后来，胡适意识到自己闯了大祸，跪着直哭，他一边哭，一边不住地用手去擦自己的眼睛。他不知把什么细菌擦入了眼睛，竟害了一年多的眼病，找了很多郎中也治不好。最后，母亲听一些老人说用舌头去舔就可以治好，母亲便用舌头去舔儿子的眼，眼睛真的就好了起来。

胡适在《我的母亲》一文中这样写道：我在我母亲的教训之下住了9年，受了她的极大极深的影响。我14岁（其实只有十二岁零两三个月）便离开她了，在这广漠的人海里独自混了20多年，没有一个人管束过我。如果我学得了一丝一毫的好脾气，如果我学得了一点点待人接物的和气，如果我能宽恕人，体谅人——我都得感谢我的慈母。胡适就这样在母亲的言传身教下养成了善待他人的好脾气，也学会宽容和关爱。可见，妈妈仁爱的性格，对孩子的爱心教育有很重要的影响。

爱心教育是妈妈培养孩子的重点之一。美国著名教育家哈·斯宾森指出："爱心是美德的基础，也是美德最直接的表现。"培养起孩子的爱心就为孩子的美德打下了坚实的基础。爱心的培养不仅是中国传统教育的重点，也为现代教育学家所重视。现代孩子普遍缺乏爱心的现实，也突出了爱心教育的重要性。爱心给人机会，使人伟大，而妈妈想要培养一个伟大的孩子，就要首先从培养孩子的爱心做起。

拿破仑·希尔说："当一种习惯由于反复地练习而变得容易的时候，你就会喜欢去做。你一旦喜欢去做，就愿意时常去做。"所以，妈妈要积极培养孩子关爱他人的习惯，鼓励、尊重孩子去关爱他人。一个怀有善念的人，才能得到更多人的关爱，才能获得更多的机会，才能取得更大的成功。

在培养孩子爱心的过程中让孩子理解奉献是很必要的。在生活的每一天里，要让孩子懂得奉献了自己，别人就会感到温暖；把节省的钱捐献给灾区，就能让很多人免于受苦；在同学生病的时候，要懂得去问候，帮助他们把落下的课补上……付出爱心，才能拥抱世界，也只有愿意付出爱心的人，才能使生命放出耀眼的光彩。

英国大戏剧家莎士比亚曾经说过："上天生下我们，是要把我们当做火炬，不是照亮自己，而是普照世界。"只有在无私奉献中才能让孩子超越自我，变得高尚，也只有在无私奉献中才能够找到幸福。

在培养孩子爱心的过程中，还要帮助孩子体谅别人的感觉。帮助孩子体会别人的感觉，就是要求他能够想象别人在某种情况下产生的感觉。假如孩子收到长辈寄来的生日礼物后回复了一张感谢信时，妈妈可以引导孩子，让他想一下，当长辈收到这封感谢信时会有什么感想。

性格的养成不是一朝一夕就能够完成的，富有爱心性格的培育也是一个长期的过程，这就需要妈妈在日常的生活中潜移默化地引导孩子，培养他们的仁爱之心。

正直，是永不过时的良好品格

抗日战争时，不与日本人打交道，以卖画、刻字为生的齐白石特地在沦陷的北京住宅前张贴告白。其中一条写道："中外官长，要买白石画者，用代表人可矣，不必亲驾到门。从来官不入民家，官入民家主人不利，谨此告知，恕不接见。"另一条是："卖画不与官家，窃恐不祥。"日本人转而诱之以利，寒冬让人送去配给煤票。白石当即退回，后又激于民族义愤写诗作画以讽。抗战胜利前夕，老人画鼠画蟹，并题诗曰："群鼠群鼠，何多如许！何闹如许！既啮我果，又剥我黍。独灯残天欲曙，严冬已换五更鼓！”“处处草泥乡，行到何方好，昨岁见君多，今年见君少。”对敌人的掠夺、横行与身陷泥淖做了辛辣的讽刺。齐白石的行为激怒了日伪军，他们派人到齐白石家里骚扰、勒索，甚至明火抢劫，没收了他卖画的存款，寻机将其扣留，令其宣传“共荣”。齐白石宁死不屈，狱中立下遗言：“子子孙孙永不得做日本官！”

抗战胜利后，齐白石应邀去参加上海美术界举办的书画展览，遇见上海境界司令部的一个军官。那个军官附庸风雅，向齐白石索要一幅画。得知军官的为人后，齐白石立即挥毫赐“螃蟹”一幅，以示讽刺。但是军官没有领会其意，回家后被姨太太提醒：“这是在骂你横行霸道呢？”军官气得脸色发紫，于是命手下人再次索要，齐白石展纸一挥而就“不倒翁”。

军官的手下拿回去之后，被姨太太撕得粉碎，对军官说：“这张更坏！这是笑你孙传芳每个时代都当官，蒋介石上台当官，日本人来了也当官，日本人去了还当官呢！”军官气急败坏，下令要求逮捕齐白石，让他没料到的是齐白石在友人的帮助下早已乘车北上了。

齐白石就是一位正直的画家，正如他的画品一样，他正直的人品也为人称道，被人们称为是德艺双馨的艺术家。他高尚的人格，得益于他非同凡响的母亲对他的教育。

正直是美德的基石，恐怕有人认为它早已过时了，但它之所以流传至今，正是经过了时间的考验证明它确实具有强大生命力的缘故。正直的美名与始终不渝地坚持真理、忠实于信仰是紧密相连的，它是建立人生大厦的坚实基础。

妈妈在提升自己正直修养的同时，还要注意对孩子的正直品德的培养。孩子的人生航程没有正直相伴，当船到江心的时候，很可能就会迷失方向，迷失他自己。

泰国前总理川·立派86岁的老母亲川梅，是一个摆食品摊的小贩。她在曼谷的一家市场内摆摊卖虾仁豆腐、豆饼、面饼。

她儿子川·立派当总理的第一天，就有人问她：“您儿子当总理了，您还用得着摆摊吗？您不觉得丢儿子的脸吗？”

她说：“儿子当总理，那是儿子的工作，那是儿子有出息，我摆摊，那是我的工作，两者并没有什么矛盾。我不觉得有什么丢人的，我很喜欢摆摊，在这儿，能见到很多老朋友。我最高兴的事，就是看到儿子下班回家后狼吞虎咽地吃我亲手做的豆腐。”

泰国媒体称赞说：“一个来自平民阶层的平凡母亲，教育出一名以其诚实、正直而受人尊敬的总理。”川梅在面对记者时谦逊地表示：“我其实没有做什么，我只不过在他小时候就教导他做人必须诚实、正直、勤劳和谦虚。我只是让他明白，一个人无论做什么，一定要知道自己生命的意义。”

孩子成长的过程，是人格形成的关键时期，也是正直品性养成的时间，妈妈的教育在此过程中的意义重大。正直品格的养成不是一朝一夕的事情，妈妈需要为孩子树立一个良好的榜样，以身作则，起到良好的带头作用，在生活中坚持正直的言行。然而，有的妈妈在平时也许是愿意站在正直的一方的，但是一旦关系到自己的利益，比如在金钱面前、在名誉面前、在升职面前……她就要离开王直，就不说正直话，不做正直事了。这些不坚持诚实，没有绝对正直品德的妈妈是很危险的，她不仅会危害自己的前途，还会影响孩子人格的健康发展。

此外，妈妈在培养孩子养成正直的品性时，需要让孩子在日常生活中对事物作出鉴别，并决定自己的行为选择。我们的孩子在成长后也将面临无数和我们一样的问题，所以，若想真正使孩子理性地看待问题就绝不能仅仅停留在一些一厢情愿的人生准则上，而应对社会现实保持敏锐的观察力，通过对事物的准确判断，作出适当的行为选择。

吃亏是福，吃亏也是一种美好品格

有一次，老舍在荣宝斋画店买回一幅齐白石画的白玉兰，回家后发现此画原本属于吴祖光，这是他们家陷入困境中时被他的妻子新凤霞卖掉的。

后来等吴祖光回京探亲时，老舍把他请到家中，然后将画赠还给他，对他说："我很对不起你，我没能把你所有的画都买回来。"然后提笔在绫绢上写下："物归原主矣——老舍。"

吴祖光和新凤霞后来常常对人说："老舍有金子般的心。"

当老舍成名之后，他对青年们十分关心，每一次有青年给他寄来自己的习作稿子，他都立即放下自己手中的工作，认真给他审校、回复。

老舍就是这样不计个人得失地为他人做事的人，成了一个人人称道的厚道的人。老舍之所以会有吃亏的美好品质，全是受厚道的母亲的影响。

老舍有一位姑母，常常在家闹脾气，是家中的阎王。她总是欺负老舍的母亲，可是老舍没有看见母亲反抗过。当别人都替他母亲感到委屈的时候，他母亲说道："没受过婆婆的气，还不受大姑子的吗？命当如此！"母亲在非解释一下不足以平服别人的时候，才这样说。

老舍感叹：母亲活到老，穷到老，辛苦到老，最会吃亏。给亲友邻居帮忙，都有求必应。但是吵嘴打架，永远没有她。她宁吃亏，不斗气。

当姑母死后不知道哪里来的一位侄子，声称有继承权，母亲便一声不响，教他搬走那些破桌子烂板凳，而且把姑母养的一只肥母鸡也送给了他。

母亲的影响和朴素的教育，给老舍留下了终生难忘的印象。老舍在日后谈到他母亲的时候，曾经满怀深情地回忆说："从私塾到小学，到中学，我经历过起码有百位教师吧，其中有给我很大影响的，也有毫无影响的，但是我的真正的教师，把性格传给我的，是我的母亲。母亲并不识字，她给我的是生命的教育。"

老舍为人善良、正直，而且做事很有原则，做任何事情心里总会设下一道界线，不会逾越，极有分寸。在他一生中，每当见到别人有困难时，他都会尽一己之力去帮助别人，留下了许多感人的故事。在这点上，他有佛家的慈悲心肠，总是不忍见到人家的痛苦，时常舍己为人。

老舍说："母亲这点软而硬的个性也传给了我。我对一切人和事，都取和平的态度，把吃亏当做当然的。”

然而，有很多妈妈认为吃亏不是件好事情，毕竟它会损坏自己的一些利益。但是从长远来看，吃亏是一种智慧。

在工作之余，为亲人、为朋友、为同事、为单位、为公司，甚至为素不相识的人做些力所能及的事情，有时只是举手之劳，有时可能花费点时间，有时也可能在经济上会有点小小的损失，但是，你可能得到亲朋好友、同事、领导，乃至社会的亲近、尊重、赞扬，这些都不是金钱所能买到的，这不是福是什么？有了这些，当你遇到困难时，别人也乐于向你伸出援救之手；当你干事业之时，别人也愿意给予支持，给予更多的帮助，你的事业自然就容易获得成功。

生活就是如此，喜欢占便宜的人未必能饱尝硕果，相反喜欢吃亏的人总能得到上天的眷恋，得到便宜。

东汉时期，有一个名叫甄宇的在朝官吏，时任太学博士。他为人忠厚，遇事谦让，人缘极好。有一年临近除夕，皇上赐给群臣每人一只外番进贡的活羊。

具体分配时，负责人为难了：因为这批羊有大有小，肥瘦不均，难以分发。大臣们纷纷献策：有人主张抓阄分羊，好坏全凭运气。

有人主张把羊通通杀掉，肥瘦搭配，人均一份。

朝堂上像炸开了锅，七嘴八舌争论不休。这时，甄宇说话了：“分只羊有这么费劲吗？我看大伙儿随便牵一只羊走算了。”说完，他率先牵了最瘦小的一只羊回家过年。众大臣纷纷效仿，羊只很快被分发完毕，众人皆大欢喜。

此事传到光武帝耳中，甄宇得了“瘦羊博士”美誉，称颂朝野。不久在群臣推举下，他又被朝廷提拔为太学博士院院长。

甄宇牵走了小羊，表面上是吃了亏，实际上却占了大便宜。他因为“吃亏”而得到了群臣的拥戴，皇上的器重。吃小亏占大便宜，就是这个道理。

“吃亏”是一种境界，更是一种睿智。能吃亏的人，往往是一生平安，幸福坦然。在生活中能吃亏的人是厚道的。

所以，聪明的妈妈要让自己的孩子懂得吃亏就是一种福祉，这样孩子就不会抱怨自己当学习委员的辛苦，就不会抱怨自己在班级活动中付出得太多，为此，他就会因为自己的一点点的付出而获得老师的关爱，赢得同学的友谊，这样孩子在不知不觉中就会提升自己的能力。

吃亏也是一种福气，是孩子能迅速成长的一种有效途径，吃亏的孩子能力也会得到充分的锻炼和提升，为孩子开启另外的一扇窗。

和孩子一起感恩，在感恩中幸福生活

有一篇著名的小说讲的是父亲带着儿子生活，后来娶了一个女人。女人非常不愿意和年迈的爷爷一起生活，父亲于是买了一床毛毯，准备将爷爷送进敬老院。

拿到毛毯的爷爷心里非常难过，但嘴上还是说：“你真是个善良的人，这条毛毯真柔软，盖上它一定会很舒服的。”这一切都被小男孩看在眼里，他竟对父亲说了这么一句话：“不如将这床柔软的毛毯剪成两半吧，等我长大了，另一半就用得着了。”

孩子的话让父亲感到震惊和心痛，他没有想到，自己在孩子面前将爷爷送进敬老院，孩子将来也会把自己送进敬老院。没有人照料孤苦地生活是谁都不愿意的，孩子的话让父亲警醒：不能够这样对待养育自己的父亲。

小说中的故事告诉我们，要让孩子懂得孝顺父母，自己首先得孝顺老人。如果孩子从小就看到父母孝顺爷爷奶奶，他会受此影响，学着为父母做一些事情；反之，孩子也会按照父母对待老人的方式对待父母，冷漠、自私的父母很难教育出知恩图报的孩子。

感恩是一种美德，一个成就再大的人，如果不懂感恩，人们也会说他无情无义，对他嗤之以鼻；相反，一个失足的浪子，如果不忘亲友的恩情，人们仍然会对他有所怜悯。感恩不仅属于经历沧桑的侠客名士，也属于每一个平凡人。妈妈对子女有养育之恩，教养的辛苦和操劳固然让人疲惫，但也值得妈妈常怀感恩之心。

养儿方知妈妈恩。自己为人妈妈的时候，首先想到的是妈妈养育自己时的辛劳。这种体验，也算得上是孩子送给妈妈的礼物。很多人成为妈妈以后，才发现生活的沉重。恋爱中的花前月下是那样美好，但生活本身是实实在在的。婚姻中难免会有冲突，当女人变成母亲后，她们开始成熟，懂得忍让和承受。孩子让家庭成为社会的一个小细胞，孩子让妈妈发现自己与社会紧紧相连，所有这些改变，是妈妈成长中的必经阶段，就像孩子会换牙、长高一样。养育的经历，值得妈妈心怀感激。

妈妈要感恩生活，也要把孩子培养成一个知道感恩的人。在培养孩子感恩意识时，妈妈不要给孩子讲道理，而要用实际行动来向孩子展现感恩的美好，一个不孝顺父母的妈妈教育不出孝顺的孩子；一个不会向人表示感谢的妈妈教不出懂理的孩子；一个不会感恩生活的妈妈教不出感恩的孩子。另外，妈妈也可以拿动物们的小故事来启发孩子。乌鸦反哺、企鹅抱卵的故事都可以讲给孩子听，这些故事比大道理更容易理解，孩子也乐于接受。

在孩子平时的交往中，妈妈还要引导他进行换位思考。如果他向妈妈抱怨阿姨送的帽子不是自己喜欢的，妈妈不妨告诉孩子：“假如你跑遍商场给朋友买了一件礼物，朋友打开一看满脸不高兴，你会不会有点难过呢？如果对方高高兴兴地接受，并大大方方地谢谢你，你是不是会很愉快？”换位思考让孩子知道宽容接纳，也知道替人着想，这些都是感恩的表现。

现在的独生子女，很难进行礼让和感恩的教育，这就要求妈妈一方面用行动影响孩子，另一方面也要让自己的小宝贝走出家门，多多认识朋友，在同龄人和不同年龄的人中学会与人相处的道理，这样，孩子自然就会慢慢学会感恩了。

一个孩子，如果能够从小就在感恩的环境中长大，那么他一定会生活得很满足，也容易养成自信、乐观、善良的品格，容易感恩的孩子最容易获得这种心境给他带来的报偿，他会变得更加上进，更加不辜负周围的人。

而缺乏感恩意识的孩子，无论他的能力多么出色，都难以成为真正意义上的强者，因为社会难以接受和认可不知道感恩的人。妈妈要想把自己的孩子培养为一个强者，就必须培养孩子的感恩意识，教孩子感恩父母、感恩社会、感恩大自然、感恩每一个人。对生活常怀一颗感恩之心的人，即使遇上再大的灾难，也能熬过去。

“己所不欲，勿施于人”是不可或缺的好品质

这天下午，市中心小学里居然发生了一件“群体斗殴事件”，三年一班的男生和三年二班的男生打起群架来。当时正值大扫除时间，两个班的同学都在各自的清洁区内扫地，一班负责楼下的走道和花坛，二班负责楼上的楼梯和走廊。二班的同学把楼上的垃圾从楼梯上扫了下来，没有带走，而是直接扫到了一班的清洁区内，一班同学看到了很生气，怒斥二班的同学没有道德，并威胁他们把垃圾弄走，否则一班同学就把垃圾扔到二班门口。二班同学对待一班的谩骂，不客气地给以回击，一班同学气坏了，就真把垃圾扔到了二班门口。于是，两班同学都气坏了，打了起来。

和上述事件一样，大多数争执都是因为双方互不体谅而造成。如果二班同学不把垃圾扫到一班的区域内，一班同学不要谩骂和过激反击，也许就不会发生这次校园斗殴事件了。所以，妈妈必须让孩子懂得“己所不欲，勿施于人”的道理，让他学会为他人着想的好品质。懂得多为他人着想，孩子的爱心才可以被逐渐唤醒。所以，在日常生活中，妈妈要积极鼓励孩子去想象别人的感受或者设身处地为他人着想。具体来说，妈妈可参照以下办法予以引导：

1. 培养孩子帮助和体贴家人的良好品行：让孩子理解妈妈，为妈妈分担忧愁，从小培养孩子关心理解他人的习惯，如果孩子在家只有权利，没有义务，连自己的妈妈都不关心理解，那他们很容易滋长起自私、冷漠，无视他人的快乐与痛苦的思想。

2. 引导孩子换位思考：当兄弟姐妹之间、孩子与朋友之间，甚至父母与孩子之间发生冲突时，要求孩子停下来想一想，如果冲突双方互相转换角色，会有什么样的感觉。

3. 让孩子设身处地为他人着想：如果孩子没和妈妈打招呼而在外面玩了好长时间，妈妈一定非常着急。孩子回家后，妈妈可以这样问他：“如果你是我，为我设身处地想一下——你不知道我去了哪里，天这么晚了，你会不会着急?”

4. 与邻居友好往来，创造一种亲切、和睦、互相关心的邻里关系：这对孩子十分重要。让孩子在与邻居的交往中，锻炼人与人之间互相理解、互相沟通的能力。

5. 帮助孩子体会别人的感觉：让孩子设身处地地想象一下别人在特定的情形下会有什么样的想法。假如孩子收到同学送的一份礼物，妈妈可以引导孩子想象一下同学送礼物的时候是什么样的心情，他是不是很盼望自己收到礼物后很喜欢很开心，并向他表达谢意呢?

6. 带孩子出入公共场所时，应从细节着眼，从小事做起，培养孩子关心他人为他人着想的品质。在公共汽车上要主动让座给老弱病残幼和抱婴者；乘电梯时要站在右边，不要妨碍有急事的人从左边超过；出入公共场所要讲文明；不要乱扔果皮纸屑，

既影响环境卫生，也妨碍他人健康。

一个不会为别人着想的人，是自私残忍的。而孩子为别人着想的品质是不会自发产生的，它要靠妈妈精心的培植和维护，需要妈妈在心灵里播下爱的种子，才能长成爱之花；所以，妈妈要在生活中培养孩子的爱心，他才会关爱他人、为别人着想，做到了“己所不欲，勿施于人”，他的人生中才会有幸福和成功。

不可因小东西而削弱大品格

李林的家境不错，有几栋房子。才刚刚上小学的李林每天腰里都揣着手机，只要有点事情就会打电话给妈妈。每个星期妈妈都会给他100元的零花钱，李林会如数花光，到街上的自动售货机买吃的东西。这个孩子的妈妈，一天到晚都在不停地忙房地产的生意，和客户的电话不断，李林在家中经常是与电脑游戏为伴。因为学习差，能力低，在班上很少有朋友。在这种环境下长大的孩子不会和妈妈沟通，唯一的交流方式就是找妈妈要钱。随着年龄的增长，李林想要的东西越来越多，花钱也越来越凶，无论妈妈一个月给他多少钱，总是不够他花。物质已经填满了他小小的脑袋。

妈妈为孩子创造富足的生活环境，这原本无可非议，但是如果无限制地满足孩子的物质需求，就是在害孩子了。妈妈们自己年轻的时候为事业打拼受了很多苦，有的妈妈就认为自己从前受过的苦，不可以在孩子的身上重演，应该努力为孩子创造富足的生活环境。妈妈的初衷可以理解，但是如果太过，则是对孩子的一种伤害。孩子会在妈妈无限制地满足自己的过程中，偏离健康成长的轨道。

孩子在成长的过程中，总是有着各种各样的需求，看什么都想要。妈妈在尽量满足孩子要求的同时也要清醒地认识到，不可能任何想要的东西都可以无条件地得到。妈妈要帮助孩子慢慢地理解这些，逐渐摆脱对物质的占有欲望。

孩子不用付出任何努力，就可以得到自己想要的，这对他们来说只是有百害而无一利。妈妈的纵容和疼爱，会不断助长孩子的物质欲望，容易使孩子养成任性、自私、缺乏同情心、没有责任感的不良品格，这是每位妈妈都不愿意看到的。

孩子在成长的过程中有各种各样的需求，有物质上的，也有精神上的。如果孩子想要的任何东西都可以无条件地得到，那对孩子的成长极为不利。

所以在家庭教育中，妈妈应该要把握好满足孩子需要的这个尺度，鼓励孩子通过一些恰当的方式争取到自己想要的东西，去实现自己的理想，这才是理智的妈妈应该做到的。

1. 不要让孩子轻易尝到“甜头”

很多孩子在妈妈不满足自己的要求时，总会采取无理取闹的方式，这个时候妈妈很有可能招架不住，于是只好满足孩子的愿望。孩子尝到了甜头，也摸准了妈妈的软肋，如此下去，妈妈会是节节败退，而孩子则攻城略地，不断地用同一种方法让妈妈妥协。所以妈妈不可以屈服于孩子的哭闹，对于孩子的威胁，不可以做出让步和妥协。

2. 拒绝孩子时理由要充分，让他心服口服

当孩子提出不合理的条件时，妈妈可以当机立断地予以拒绝，但是一定要和孩子说明理由，且理由一定要充分，让孩子心里清清楚楚明明白白，他是因为所提的要求不合理才遭到拒绝，而并非是妈妈不爱他了。比如说孩子想吃膨化食品，妈妈可以这样对孩子讲："你现在还不可以吃，因为这种食品含铅太多了，如果吃的话，脑袋就会变笨了，这样很可怕，对不对?"孩子明白了道理，也就不再哭闹了。

3. 和孩子说"不"的时候立场要坚定

妈妈在拒绝孩子的不合理要求时，态度要坚决，如果妈妈本身是模棱两可的态度，那就会让孩子觉得自己的要求没有什么不对。一旦孩子察觉妈妈的立场不坚定，经过一番软磨硬泡，妈妈就很容易败下阵来。所以，在同孩子说"不"的时候一定要态度坚决，没有回旋的余地。

4. 及时表扬孩子的正确行为

当孩子听从了妈妈的规劝，放弃了自己的不合理要求的时候，妈妈要及时表扬孩子，让孩子在表扬中得到情感上的满足。

孩子的天性总是什么都想要，但对于孩子物质上的要求，妈妈要把握好分寸，既不可以委屈了孩子，又要防止他产生对物质的占有欲望。妈妈也可以慢慢引导孩子，世界上有很多比物质更重要的东西，等孩子慢慢理解了这些，就能够逐渐摆脱对物质的占有欲望了。

小孩子都喜欢拥有，有强烈的占有欲，这是人之天性。妈妈应该循序渐进地教导孩子，不可以无条件满足孩子的物质要求，并且让他明白世界上有比物质更重要的东西。不要让孩子在物欲满足的过程中养成不良的品性，更不要因为这些小东西而削弱了孩子的大品格。

学会宽容，孩子就学会了爱自己

威廉·麦金莱在当选了美国的总统之后，指派某人做税务部长。当时有很多政客反对此人，他们纷纷派代表前往总统府，要求麦金莱说明委任此人的理由。为首的是一位身材矮小的国会议员，他脾气暴躁，说话粗声粗气的，开口就把总统大骂一番。麦金莱却不吭一声，任凭他声嘶力竭地叫喊，最后才心平气和地说："你讲完了，怒气应该平息了吧。照理你是没有权力这样责问我的，但是现在我仍然愿意详细地给你解释。"

麦金莱的这几句话说得那位议员化怒为羞，不等麦金莱的解释，那位议员已经折服了，他心里懊悔自己不该用这样恶劣的态度来责备如此和善的总统。因此，当他回去向同伴做汇报的时候，只是说："我不记得总统的全部解释是什么了，但是有一点可

以肯定，那就是我相信总统的选择没有错。”

麦金莱正是使用的“宽容”这个杀手锏，没有费吹灰之力就说服了对方，而且使那位议员从此改变了自己的态度，不再做出令人难堪的举动。宽厚、谦让能促使人形成胸怀大度的高尚品德。宽容、谦让的人具有宽阔的胸怀，他们为人开朗、豁达、礼貌。他们宽容别人，忍让别人，并不是没有力量反击，而是出自一种高尚的情操。

妈妈都希望自己的孩子能有一个健全的人格，学会包容别人、欣赏别人是具有健全人格的一个方面。福莱曾经说过：“一个不肯原谅别人的人，就是不给自己留余地。”因为每一个人都有犯了错误而需要别人原谅的时候。学会宽容、学会大度，是我们每个人生活中的一件大事，整天被不满、怨恨心理所控制的人是最痛苦的人。学会宽容也就是学会了爱自己。

作为妈妈，应该充分认识到宽容对孩子来说不仅是一种待人准则，而且是一种保护心理健康的习惯。现代科学研究发现，宽容有利于一个人的健康成长。美国密歇根州立大学的研究人员进行的一项研究发现，当人们想要报复他人时，血压就会明显上升；而在宽容他人时，血压则显著下降。因此，作为妈妈一定要培养孩子宽容的习惯。那么怎么培养孩子的宽容呢？

第一，让孩子学会善待他人。妈妈应该让孩子明白这样的道理，别人就是自己的影子，所以，善待他人就是善待自己。对他人多一分理解和包容其实就是在支持和帮助自己。

张亚勤总是给人很宽厚的感觉，无论是外表还是说话的声音。他总是能不经意间地察觉到对方的杯子里是否需要添水，也会很留心地让对方先坐在一个较舒适的位子上。可以看得出，他非常在意别人的感受，也很愿意与周围的人和谐相处。

张亚勤在美国当学生会主席的时候，天天忙着搞活动，跑来跑去的，成天帮别人帮得高高兴兴的。国内的企业代表团到华盛顿去访问时，他去接机，是当时著名的“免费司机”。

“当时大家的关系都很近，一到了周末就会在一起。特别有大家庭、团队的感觉，很值得怀念。”张亚勤这样说道。由于张亚勤的宽厚温和，他的朋友遍天下，与很多中国留学生在国外闭塞的生活很是不同。

第二，多给孩子创造机会接触同龄的人，在交往当中取长补短，提高人际交往能力及社会适应能力，养成良好的性格。必要的时候应该让孩子体验一下不被别人谅解的难过，因为如果一个孩子不会谅解别人，就容易养成霸道、蛮横、自私、无情的坏习惯，容易被孤立，今后走入社会就会吃大亏。

在美国达特茅斯大学读本科的中国小女孩晓晓留学期间深有体会：心胸开阔，宽厚待人的学生一般都能够很好地适应国外的学习和生活。“我见过不少中国的学生总是聚在一起，因为他们发现和其他国的人交往起来很困难。他们觉得只要拿到学位，其他就无关紧要了。”晓晓说，“其实，这种想法是狭隘的，不利于人的成长成才。”

晓晓解释到，中国孩子与外国人的交往困难，主要是由于文化差异而引起的。美国人言谈比较自由，爱开玩笑，但同时他们不喜欢打开隐私，他们做事比较随意，喜欢创新，但是对于制度性的东西确实说一不二，从不会有通融的余地。中外文化各具特色，要试着用开放的心态来包容对待，交往才会变得愉快。

一个人经历过一次忍让，就会多一点心胸的宽阔。多一份包容，就会多一个朋友，少一个敌人。“海纳百川，有容乃大”。让孩子学会包容，身边才能够充满知心朋友和良师。宽容不仅是待人的准则，也是一种有助于保护心理健康的小习惯。宽厚是交往和沟通的润滑剂，它会让孩子在宽松的人际环境里成长。心胸开阔的孩子适应能力会更强。

积极进取是打开生命能量的钥匙

有一则关于两颗种子的故事：

一颗这样想：我得把根扎进泥土，努力地往上长，要走过春夏秋冬，要看到更多美丽的风景。

于是，它努力地向上生长。在又一个黄金的秋天，它变成了很多颗成熟的种子。

另一颗却这样想：我若是向上长，可能碰到坚硬的岩石，我若是向下扎根，可能会伤着自己脆弱的神经，我若长出幼芽，肯定会被蜗牛吃掉，若开花结果，可能被小孩连根拔起，还是躺在这里舒服、安全。

于是，它闭缩在土里。一天，一只觅食的公鸡过来，三啄两啄，便将它啄到肚子里。

两颗种子的截然不同的命运，告诉我们这样一个道理：越是安于现状，不求上进，就越会导致更大的失败。相反，坚定地树立奋发向上的信念，敢于冒险，敢于承受岁月的风风雨雨，就一定会拥抱令人羡慕的成功。

上天给了鸡和雄鹰同样的翅膀，让它们享受天空，然而，鸡只知就近觅食，目光仅仅满足于眼前的地面，将搏击长空的美丽翅膀退化为一种装饰物。满足于已取得的成绩会使人停滞不前，丧失进取心。

杰克·伦敦是一个典型，他写出了《马丁·伊登》后，声名鹊起，财源滚滚，不仅在美国加利福尼亚州建起了别墅，而且在大西洋海滨购置了豪华游艇。然而功成名就之后，他沉浸在享受之中，不思进取，长期脱离创作，厌倦、空虚、落寞和无聊也接踵而至。1916 年，他在自己的大别墅里开枪自杀，结束了自己的生命。

在生活中，曾有一些极富潜力的人满怀希望地出发，却在半路上停了下来，满足于现有的温饱和生存状态，然后庸庸碌碌地度过余生。对于一个满足现状的人来说，他没有任何更好的想法和更美的愿望，他不知道是不满足才造就了伟大的精英。

只有当我们不满足于现状时，才会分享到进取心带来的无穷力量。

不满足，不是成天闲坐着安乐椅做白日梦、痴心妄想，也不是欲壑难填、见异思迁。不满足，应当是没有机会就自己去制造机会，每天做一件没有人做的小事，每天想一些没有人敢想的大事，如此见机行事，还怕机会不降临到你的身上吗?

世界上有很多人一辈子一事无成，原因就是因为他们太容易满足了，而他们竟以为人的一生所能获得的东西也就只能有这么多了，以为人生的价值也就不过如此了。

而那些做大事的人不喜欢听别人的奉承，他们只是以批判的态度来审视自己，把他们现在的地位和他所期待的状况进行比较，并以此来激励自己不断努力。

电脑巨人比尔·盖茨说："如果我们有了一点成功便觉得了不得，这是很不好的。但是假如在我们为自己的成功自鸣得意时，有一个人来教训我们一番，那我们就很幸运了。"

进取心能表现人生丰富而深刻的内涵，进取心，是使人的生命获得永恒之美的根本。进取心带来的激励也存在于我们人体内，它推动我们完善自我，追求完美的人生。所以，妈妈要激发并呵护孩子的进取心，让孩子的生命能量得以迸发出来。

那么，妈妈们要如何培养孩子的进取心，使他们勇于在社会中不断地历练自己呢?

1. 要有明确的目标：人的意志活动，总是指向一定的目的。目标必须明确而适当，越明确，越具体，越能有的放矢，始终如一，坚持到底。过高或过易的目的不利于培养和锻炼人与困难作斗争的毅力。

2. 要有切实的计划：目标一旦确定，就必须拟订切实可行的行动计划。这包括行动的步骤、方法和手段的选择。在制订计划时要正确分析实现计划的主客观条件，采取手段的有效性和合理性。只有理智地分析各种因素，权衡利弊，才能确定既能达到目的又适合个人实际条件的可行计划。意志力坚强与否，能从执行计划的过程中，得到如实反映。坚强者：果断，持之以恒；薄弱者：动摇，半途而废。

3. 有迎难而上的精神：一般说来，困难来自以下几个方面：在执行决定的行动中，要克服个人个性中原有的消极品质，如懈怠、保守、不良习惯等；要忍受由行动或行动环境带来的种种不愉快的体验等；要克服这些来自主客观的种种困难，就需要迎难而上、坚忍不拔的精神，否则，就不能到达胜利的彼岸。

4. 要坚持不懈的毅力：意志力的锻炼，必须具有持之以恒、善始善终的品质。大凡有志者均是数十年如一日，专心致志，锲而不舍的意志坚韧者。在执行决定的过程中，常有与既定目的不符合的、具有诱惑力事物的吸引，这就要学会控制自己的感情，排除主客观因素的干扰，目不旁顾，使自己的行动按照预定方向和轨道坚持到底。那种见异思迁、半途而废的行为，正是意志薄弱的表现。

第八章　责任感是孩子成长的"维生素"

一个人的责任心常常能填补他在智慧上的缺陷，而智慧永远填补不了责任心上的缺陷。对于一个没有责任心的孩子来说，人生、命运都是非常渺茫，无从把握的。所以父母必须要让孩子明白自己的责任，否则即使孩子具备了超强的能力，也很少能获得成功。

"一人做事一人当"，不要替孩子的过失包揽责任

一个中学生抢了别人的钱，爸爸带着他寻找被抢的小学生，整整找了一个星期。

事情的起因是，小学3年级学生李溪一天放学后在回家的路上走，两名中学生拦住了他的去路，"喂，借点钱给我们用用。"10岁的李溪虽说从来没碰到过这种场面，但也毫不示弱地说："我不认识你们，没钱。"其实，那两个人早就看到他的裤袋里藏了个鼓鼓的钱包，于是干脆抢了就跑。这可是李溪攒了180天的零用钱，共180元。他哭着喊着去追赶，可哪里还追得上。

一星期后，李溪在班主任许老师的护送下，与同学一起排队走出校门。上次抢钱的一名中学生出现了，不同的是，这次他的身边还站着一个大人。大人把李溪叫到一边说："对不起，我儿子不争气，抢了你的钱包。你的180元钱现在在他同学手里，我马上通知那个同学的家长。"只一刻钟，当时结伴的另一名中学生也赶到了，大人让两个孩子一起向李溪道歉。

原来，这名中学生的父亲得知儿子与同学合伙抢了一名小学生的钱包后，寝食不安，仅凭儿子一句"那个学生可能在某某学校读书"，他便每天在上学放学时，带着儿子到那一带的小学逐个认人，终于发现了背着书包排队出来的李溪……

这位正直勇敢的父亲发现孩子的小过错时，严厉地指出并教育孩子，让孩子认识到自己的错误，并学会为自己的错误埋单。

生活中存在这样一种普遍现象：大多数人都不认为自己是坏人。即使自己有邪恶的行为，他们也会极力为自己寻找开脱的理由，减轻良心的不安。这就是心理学上的"自我宽恕定律"。我们每一个人对自己的错误，都有回避和推卸的心理倾向，常常是发现别人的错误容易，却不容易看到自己的错误。比如，我们不喜欢被人议论，可是我们自己却喜欢背后议论人。我们自己的自私、善妒等品质，我们自己总是认识不到；如果别人对我们这样，我们却反应强烈。

一个人如果对自己的错误行为都不能负责，就更难对他人负责。这样的人是可悲的，既不会得到别人的信任，也不会得到社会的承认。做妈妈的都希望自己的孩子是一个有责任感的、能够对自己的行为负责的人，因为每个妈妈都希望自己的孩子能够融入社会，被周围的人所接受。那么，当孩子犯错误之时，我们绝不能毫无原则地让步，更不能姑息放任。而是让孩子学会为自己的错误埋单。

孩子的天性趋向于“自我宽恕”，他们并非天生就有承担责任的能力，他们的责任感是随着年龄的增长和心智的逐渐成熟而形成的。因此，妈妈在教育孩子的过程中，应有意识地教育孩子对自己的行为负责，为自己的过错埋单，让孩子明白自己的不良行为给他人带来的严重影响。

一些妈妈在孩子有了过失之后，常常为了面子而否认说：我的孩子不会这样做。或者是代替孩子出面道歉认错，替孩子承担过失的责任。这样的妈妈只会培养出来遇事逃避责任的懦夫。妈妈必须明白：孩子一旦做下错事，让他悔过自省，向人致歉，对培养孩子的责任感，实际上是一次良好的机会。让孩子直接道歉，有助于深化孩子对错误的认识，养成“一人做事一人当”的习惯。虽然有时妈妈代子女承担责任向别人道歉，亦有其必要性，然而，这也仅限于不具表达能力的幼儿而已；对于已能分辨是非的孩子，妈妈就应该尽量从旁辅助，让他们做一个对自己勇于负责的人。作为妈妈，我们要时刻牢记孩子是一个独立的人，同时又是一个特殊的人，我们不能把孩子看成自己的“面子”，孩子闯祸我们没脸，孩子很乖我们就得意洋洋。孩子需要通过错误成长，需要我们帮助，而不需要我们包容。

里卡尔达·胡赫说：“独自承担自己行为的责任，独自承担这些行为的哪怕是最沉重的后果，正是这种素质构成了人类伟大的人格。”

一个有伟大品格的人是善于为自己的行为负责的，成年人要为自己的行为负责，孩子也应该从小养成为自己行为负责的习惯，这样将来才能承担起生活的责任和人生的义务。

要想让孩子成长为一个有责任感、勇敢的人，妈妈应该从小教育孩子为自己的行为负责，培养孩子承担责任的思想意识。这样，才能使孩子树立起责任心，长大能成为一个有责任心的人。

孩子学会道歉，是学会承担责任的一种表现

小洋坐在靠近门边的书桌前写作业，外面风很大，作业本被风吹得“啪啪”直响。于是小洋不得不一次次跑去关门，每次关上没多久，猛烈的风就又把门吹开了。

这时，邻居有事来找妈妈，她没有进门，便和妈妈两人站在大门外闲聊起来。

恰巧此时门又被风吹开了，小洋跑过来用力关门，只听外面传来一声痛苦的叫喊声。

小洋打开门惊恐地看到，门外的妈妈五官痛苦地扭曲在一起，看到小洋出来，妈妈暴怒地冲他扬起了手。原来，刚才妈妈的手放在门框上，小洋突如其来的关门，差

点把妈妈的手指夹断。

小洋吓坏了，以为这次免不了一顿暴打。但是妈妈的巴掌一直没有落下来，小洋的脸颊感受到的也仅仅是一阵掌风而已。

事后，手指受伤的妈妈对小洋说："当时我实在痛得厉害，原想狠狠地打你一个耳光。但是，转念一想，是我自己把手放在夹缝处的，错的人是我，凭什么打你？"

小洋的妈妈用自己的行动告诉了小洋一件事情，那就是要勇于承担自己的责任，敢于说对不起。

有的妈妈认为孩子做错事时道不道歉并不重要，只要孩子下次注意就可以了，但是当错误产生时，妈妈一旦无原则地让步，对孩子姑息放任，就会变相地提示孩子，自己的错误可以不用承担。

"对不起"这三个字虽然看起来很平常，但却蕴藏着无穷的力量。

试想，当你在路边散步时，突然被一个骑自行车的人撞到了，正当你怒发冲冠准备发火的时候，那人轻轻地对你说了声"对不起"，你要生的气是不是就生不起来了。在生活中，当我们和别人发生了什么不愉快的事情时，若能够做到礼貌，时时多讲两句对不起，那许多大事就可以化小，小事便可以化无了。

而且，更重要的是，让孩子学会说"对不起"，其实是教育孩子要勇于承担自己的责任。一个做错了事而不敢去承担的人，就是一个没有责任感、没有价值感的人，他无法认识到自己在社会中的地位与重要性，也找不到前进的方向，就会失去创造的动力，最终将一事无成。这样的孩子是可悲的，这样的妈妈也是失败的。

一位哲人曾说，犯错是人的惯常行为之一，错误本身并没有可怕之处，最让人担忧的是，当错误已成事实的时候，我们却选择了逃避，而没能从中学到生活的经验。妈妈作为孩子最亲近的人，应该教孩子学会说"对不起"，让他学会承担起属于自己的责任。

每个人都不是天生就具有责任感的，都是在适宜的条件和环境下萌发的，并随着年龄的增长和心智的逐渐成熟而形成。因此说，家庭是孩子责任感赖以滋长的土壤，妈妈对待孩子的态度以及教育方法，是孩子的责任感能否形成的重要条件。

为了教育好自己的孩子，妈妈需要注意以下几点：

首先，一定要说对不起。当孩子犯了错误时，千万不要偏袒他们，而应该让他们为自己的行为担起责任。逃避责任，只会让孩子留下人生的硬伤，甚至一错再错。比如孩子吃饭的时候打翻了自己的碗，要向妈妈说对不起；不小心踩了小朋友的脚，也要马上道歉，说自己不是故意的。

其次，要给孩子做最好的表率。妈妈错怪孩子的时候，也要勇于向他们道歉。比如你发现自己晾在阳台的衣服不翼而飞了，你以为是孩子淘气藏了起来，便不听孩子的解释把他教训了一顿，当你发现衣服其实是被风吹到了楼底下的时候，不能放不下面子就这样算了，相反，你应该马上向他道歉，孩子便能感同身受，下次自己遇到这样的事情，才会勇于承担。以身作则，是教育孩子的最好方法。

最后，教孩子做一个和善的人。当自己受到触犯的时候，要勇于原谅别人的错误，学会换位思考，比如在餐厅吃饭，一个小朋友不小心把饮料泼在了孩子身上，这个时候可以教孩子想一想：“如果你是他的话，一定已经非常内疚了，我们就不要再责怪他了。”让孩子做一个大气、宽容的人，才能得到幸福和快乐。

责任感不可以强加，只能从内心产生

有一个小伙子，他的父亲只是一名贫穷的油漆工，仅仅靠着微薄的打工收入供他念完高中。这一年，他有幸被美国著名学府——耶鲁大学录取，但是，他却因为缴纳不起昂贵的学费，而面临着辍学的危险。于是，他决定利用假期，像父亲一样外出做油漆工，以期挣够学费。他到处揽活，终于让他接到了一栋大房子的油漆任务。尽管主人是个很挑剔的人，不过他给的价钱不低，不但能够缴清这一学期的学费，甚至连生活费也都有了着落。

这天，眼看着即将完工了。他将拆下来的橱门板，最后再刷一遍油漆。橱门板刷好后，再支起来晾干即可。但就在这时，门铃突然响了，他赶忙去开门，不想却被一把扫帚给绊倒了，绊倒了的扫帚又碰倒了一块橱门板，而这块橱门板又正好倒在了昨天刚刚粉刷好的一面雪白的墙壁上，墙上立即有了一道清晰可见的漆印。他马上动手把这条漆印用切刀切掉，又调了些涂料补上。等一切被风吹干后，他左看右看，总觉得新补上的涂料色调和原来的墙壁不一样。想到那个挑剔的主人，为了那即将得到的酬劳，他觉得应该将这面墙再重新粉刷一遍。

终于，他累死累活地干完了，可第二天一进门，他又发现昨天新刷的墙壁与相邻的墙壁之间的颜色出现了一些色差，而且越是细看越明显。最后，他决定将所有的墙壁重刷……

最后，就连那个挑剔的主人也对他的工作很满意，付足了他的酬劳。但是这些钱对他来说，除去涂料费用，就已经所剩无几了，根本不够交学费的。

屋主的女儿不知怎么知道了事情的原委，便将事情告诉了她的父亲。她父亲知道后很是感动，在女儿的要求下，同意赞助他上完大学。大学毕业后，这个年轻人不但娶了这个屋主的女儿为妻，而且还走进了这个人所拥有的公司。十多年以后，他成为这家公司的董事长。他就是如今拥有世界五百多家沃尔玛零售超市的富商——萨姆·沃尔顿。

看完了这个故事，也许有人会觉得那个青年做事太死板了，那个屋子又不是自己的，何必那么辛苦地来回折腾呢。的确，这个青年的做法在有些人眼里是愚蠢的表现，但也正是一种负责任的表现。假如他当时只是为了赚钱，而敷衍了事，把那个屋子的墙随意地粉刷一下，那么，他或许只能赚得粉刷的钱，那就不会有屋子主人后来对他的资助了，更不可能会有自己的事业。屋子主人之所以要资助沃尔顿上大学，是因为他从一件小事中看到沃尔顿是一个具有责任感的人，而具有责任感的人是每个人都喜欢的。

世界各地的妈妈们为了把自己的子女培养成有责任感的人，寻找着各种方法。在许多家庭里，妈妈希望通过日常琐事来找到这个问题的解决方法，例如倒垃圾、做饭、给草坪割草、洗盘子等等，而且许多妈妈相信这些行为对培养宝贝的责任感是有效的。但事实上，这些日常琐事尽管对持家很重要，但对培养责任感可能并没有积极的影响。如果强制坚持让子女做这些日常家务，子女虽然是顺从了，厨房、院子更干净了，但是，这样做对子女责任感的塑造毫无作用，甚至对性格的塑造可能有不良的影响。

很明显的事实是责任不可以强加。责任感只能从内心产生，由从家庭中和社区中吸取的价值观中慢慢培养和指导。没有积极的价值观来支撑的责任感可能会危害社会，具有破坏性。

尽管孩子可能很礼貌，把自己和房间都收拾得很整洁，家庭作业也做对了，但是他们还是会作出不负责任的决定，特别是那些整天被告诉该干什么的孩子，他们很少有机会去实践自己的判断能力，很少有机会自己做出选择、培养自己内心的标准，因此更容易作出不负责任的决定。

另一方面，那些有机会自己作决定的孩子，在成长中，精神上会变得自立，他们能够像成年人一样选择适合自己的伴侣和工作。

子女们究竟能学到多少我们希望他们知道的东西，取决于他们内心对我们教导的情感的反应。价值观不可以直接传授。子女们只会被那些他们爱戴、尊敬的人同化，通过模仿他们，孩子们吸收了他们的价值观，并且成为孩子自己价值观的一部分。

这样一来，培养子女们责任感的问题再次回到了妈妈身上，或者更精确地说，回到了妈妈的价值观问题上，所以，如果妈妈想让自己的子女从内心产生责任感，在对子女教育的过程中一定要表达正确的价值，这样的效果会比较显著。

把价值观纳入责任感教育中来

一位爸爸对儿子说：“今天奶奶在的时候，你真是一个好帮手，我很高兴你能扶奶奶从沙发上站起来。”

“真的?”8 岁的金惊讶地看着爸爸，没想到爸爸会注意到他的行为。当时他根本没注意到这些小的细节。爸爸让儿子知道这些和善、关怀的举止，对一个人来说很重要。

这种家庭价值观，可以随时从生活中取得，随时教育孩子，一代传给一代。

有时候，妈妈们可以有选择地教导孩子他们可能疏忽的好行为。比如，如果女儿刚学会一种新的编织手镯法，她的所有好友都很喜欢这种手镯，于是女儿就开始做手镯送给她们，并为她们挑选适合的颜色。

对于这件事，妈妈可以表达几种不同的看法。她可以赞赏女儿的艺术天赋——你做的手镯真好看，你对颜色也很有品味。也可以说些比较有商业眼光的话——这些手镯做得太好了，简直可以卖给那些工艺店了。但是这个妈妈却充满爱意地说：“你真是个善解人意的女孩，能送给每个朋友她们所喜欢颜色的手镯。”妈妈让女儿觉得，她特别欣赏女儿的善解人意及一颗为别人着想的心，进而为女儿的价值判断铺路。

当然，不同的家庭有不同的价值观，对事情的允许程度也各不相同，但重点在于，妈妈应影响孩子，让他们喜欢自己并建立起是非辨别的能力及正确的道德观。

即使我们没把话说出来，孩子就明白我们的意思，但这并不表明他的认知就能和行为画上等号。等他们长大成熟后，必然会有自己的风格和价值观。虽然孩子的价值观不一定绝对会和妈妈的一样，但只要孩子能为自己的行为负责，妈妈都应该感到高兴才对。

特别是在青少年阶段，隐约出现的压力会逐渐成为影响孩子生活的主要因素。妈妈不可能永远陪在孩子身边，也不能永远为他们做正确的选择，这也就是为什么要教导孩子伦理道德方面价值判断的原因。因为这样，当他们走到十字路口时，就会有坚韧的信心重新振作，去做正确的事。

妈妈的行为其实更重要。告诉孩子说谎不对，所以要受罚，但是孩子们会怎么想呢？把话当耳边风！如果要孩子遵守规范，妈妈们就得先以身作则。希望孩子做自己，有自我形象，绝非取决于别人的赞同与否，要他们一切全凭本事，去判定自己是否成功。

10 岁的罗潮常到隔壁的杂货店去买东西，有时候是去帮妈妈买东西，有时候是自己去买饼干、汽水。他发现，当店员很忙时，有的小孩就会趁机偷东西。有一次，罗潮急急忙忙跑进杂货店买饼干，口袋里却只有妈妈给他买牛奶和鸡蛋的钱。他知道如何趁店员埋头看杂志时偷东西，但罗潮不打算这么做。他知道爸妈会因他的偷窃行为伤透了心，正是因为爸妈的不赞同，降低了他的行动力。

10 岁的罗潮就已将家规融为内在道德，知道偷窃是不对的。虽然环境让他有做坏事的诱因，但在他内心深处，是拒绝诱惑，拒绝偷窃的。

而且打造孩子的责任感，需要做妈妈的能清醒地意识到这一切都应从小事抓起，树立孩子正确的人生观与价值观，才能最终让孩子遂着妈妈的心愿健康成长。

所以妈妈对孩子进行责任感教育的时候，不妨把对孩子的价值观教育纳入进来，这样一来，就能更好地促进对孩子责任感的认识。

孩子的责任心要从小注意培养

责任感是一种高尚的道德情感，是一个人对自己的言论、行为、承诺等，持认真负责、积极主动的态度而产生的情绪体验。例如，实现了承诺，完成了任务时感到满意，心安理得；由于客观原因未能达到要求，但尽了主观努力时，感到遗憾、问心无愧，未尽到责任时则感到惭愧、不安、内疚等等。责任感一旦产生，就会成为一种稳定的个性心理品质，可以有效地提高学习积极性，自觉加强意志锻炼，促进个性的全面发展。

孩子的责任感是从对具体事物产生喜爱开始的，起初表现为对他所敬爱的人交给的任务有责任感，而对其他人交给的同样任务没有责任感；对他爱做的事有责任感，对他不爱做的事没有责任感；以后发展为能对自己说过的话、应该完成的任务负责，对同伴、集体负责；到青少年期便能形成更抽象、更概括的责任心，对国家负责，对人民负责，对事业负责。

责任感的培养应当从幼年时期开始，从孩子懂事起，妈妈就可以注意着手培养了。例如，可以让孩子做自己力所能及的事，做一些简单的家务，首先让自己负责自己；入学以后，可以让他们帮助邻居分发委托，为他人或集体做些有益的公益性劳动时，通过自己的劳动获得肯定的评价，在产生满足和愉快的内心体验的过程中，才能培养起强烈的责任感。

有一位德高望重的教师，曾谈到他的“育儿观”：“我很少过问孩子的学习成绩，我只要知道他有兴趣，肯用功就够了。但是，对于他的习惯，为人处世，我是一点儿也不敢马虎。”他谈到在德育方面的教育以责任感为最重要。如要一个人连起码的对父母、对朋友、对子女、对社会的责任感都没有，这个人肯定要走向犯罪。

妈妈可以从以下几方面培养孩子的责任感：

1. 要教育孩子自己的事情自己做。凡是孩子力所能及的事，例如穿鞋、穿衣、刷牙、洗手等都要他自己去做，妈妈不要全部都包办代替，使他们产生什么都不管，什么都不负责的心理。

2. 要教育孩子关心自己的亲人和家庭。妈妈应该要求孩子主动关心家里的老人、病人和比自己年幼的弟、妹，要做一些力所能及的家务劳动，让孩子在家庭生活的磨炼中形成责任感，进而上升为对家庭、对父母负责。

3. 在学习过程中培养孩子的责任感。要让孩子了解父母等亲人对他的期望与信任，把学习当成自己必须完成的任务。当孩子在学习过程中遇到困难思想动摇时，妈妈要鼓励孩子克服困难坚持下去；当孩子完成学习任务、成绩有了进步时，妈妈要及时肯定、鼓励，让孩子体验到完成任务时的满足与喜悦。

4. 在社会活动中培养孩子的责任感。妈妈可有意识地安排孩子帮助孤寡老人、残疾人做点事，带孩子参加居民区的卫生、绿化劳动，鼓励孩子在幼儿园、学校做好值日工作等等。在社会活动的实际锻炼中，使孩子逐渐感受到自我存在的社会价值，不断增强他们的社会责任感。

5. 树立起他们勇敢承担责任的态度，在孩子闯祸或犯错误时，能有“我要怎么来补偿?”的心理，而不是用推诿的态度来对待，尽找一些客观原因说：“那不是我造成的。”只要是孩子独立行为的结果，就要鼓励孩子敢作敢当，不逃避责任，勇于承担后果，妈妈不要一味帮他承担一切，以免孩子丧失处事为人的责任感。

每一个人格健全的孩子，责任感是十分强烈的。一个没有责任感的孩子什么事情也难以干成，任何事情也做不好。培养孩子的责任感要从点点滴滴的小事抓起，使他们逐渐做到对个人负责，对班级负责，对家庭负责，最终培养起对国家、对民族的强烈责任心，将来成为建设祖国的有用人才。

帮孩子丢掉依赖，是培养孩子责任意识的开始

有一位妈妈领着四岁半的儿子去游玩，遇到一个土坑，儿子非要下去玩。当儿子玩得高兴时，妈妈躲到不远处的地方，不让儿子看见。儿子玩够了，要上来，开始喊

妈妈。妈妈却一声不吭，装作没听见。儿子开始直呼其名，她还是不理。于是，儿子连哭带骂："坏妈妈，大坏蛋！呜呜……"可无论怎样哭喊都不见妈妈露面，儿子只好自己想办法。他发现土坑里有一个小阶梯，便手脚并用地爬出了土坑。当他发现妈妈就在不远处蹲着时，便惊喜地扑上去，高兴地举着小拳头自豪地说："我是自己爬上来的！没有妈妈，我自己也能爬上来！"

孩子由于小，妈妈出于对孩子的关爱，无微不至地照料孩子吃穿住行、安排和规定好孩子的学习生活、让孩子听家长的命令行事，这种做法在孩子很小的时候是可取的，但随着孩子年龄的增长、自立能力的增强，妈妈就不能拘泥于这种方法了，因为这样容易使孩子产生严重的依赖心理，影响孩子独立自主地成长。妈妈这时的主要任务就是要锻炼孩子们的自理能力，渐渐帮助他们改掉依赖的习惯。其实改掉依赖的习惯也是培养孩子责任意识的开始。

如果孩子什么事都依赖妈妈，那他自然不会想要自己做自己的事，自然也就不会有自我责任感，这是人类惰性的使然。而妈妈不可能让孩子依赖一生，真正的爱是要培养其独立自主的能力。帮助孩子改掉依赖的习惯，做妈妈的就应该从自身做起严格要求自己，不能什么事情都代替孩子做。因为孩子本身就是一个独立的个体。孩子也有独立的人格、尊严和决定自己未来的权利。

每个孩子都有自身的特性和幸福、快乐。有的妈妈不顾孩子的天性和意愿，以过来人自居，越俎代庖地为孩子一生画下明确的路线，让孩子按照自己制定的目标和路线去努力。而有些妈妈让孩子完全脱离集体这个大环境，在与世隔绝的状态下按自己的方式教育孩子，给孩子的心理造成难以消除的阴影，造成孩子性格扭曲，孩子成了满足自己心理愿望的工具。这样的做法看起来似乎是为了孩子的将来，实际上不利于孩子责任意识的养成和培养，也是妈妈极为自私和残酷的体现。

鲁迅先生曾说："子女是即我非我的人，但既已分立，也便是人类中的人。因为即我，所以更应该尽教育的义务，教给他们自立的能力，帮助他们改掉依赖的品行，锻炼他们的责任意识；因为非我，所以也应同时解放，全部为他们自己所有，成为一个独立的人。"鲁迅先生的话正表达了这样一种现代教育观念：子女，是我的孩子，又不完全等同于我，他从母体出来后，已与母体分开，成了人类中的一个独立的人。因为还是我的孩子，作为妈妈就有教育他的义务，而这种教育主要是教给他自立的能力，而不是任何事情都帮助他们处理，因为他不等同于我，所以要解放孩子，使他们完全成为独立的人。

孩子告别依赖，一个重要的表现是独立地生活。要独立生活，就要做到自己的事情自己负责。孩子在面对生活中的各种事情时，只有明确了自己的责任，并勇于承担自己的责任，才能成为真正独立的人。

所以，平常就要让他们养成自己的事情自己做的习惯。从现在开始，让他们自己动手做他们自己力所能及的事情：自己收拾、打扫自己的房间，整理自己的衣服，学习上遇到了困难要自己多想办法解决，不要依赖别人的帮忙，妈妈工作忙的时候要学会做饭，等等。这些小事，都可以成为锻炼孩子自理能力的机会，不能再事事让孩子依赖妈妈。只有这样，孩子才能更好地掌握本领，将来外出求学，走上社会，就不会依赖别人，就能自己照顾自己。这样，在人生的道路上就会走得很辉煌。

妈妈除了教会孩子自己的事情自己负责，让孩子生活能自理之外，还要让孩子从思想上做到不依赖成年人，这就要加强对孩子独立思考能力的培养，让孩子做到能独立地提出问题、思考问题、解决问题，养成自觉的好习惯。自觉的培养比起让孩子能生活自理则更进一步了，它是孩子全方位发展的体现，只有做到了自觉，才谈得上尽量不依赖成年人。

另外，妈妈在教育孩子的时候，要让他们懂得自己未来的道路是靠自己的力量走出来的，要他们学会依靠自己，这样才能在成功的道路上越走越远，越走越开阔。

培养孩子责任感的几个有效方法

责任感是一种高尚的道德品质，是人对自己的言行持认真负责的态度。每一位做妈妈的都应该重视培养孩子的责任感。因为人的一生所有重要习惯、倾向、态度多半是在幼儿时期培养起来的，所以，妈妈要从孩子幼年时期开始，就着手培养孩子的责任感。妈妈可以采用一些符合孩子幼小心灵的方法来培养孩子的责任意识：

1. 用妈妈的责任感培养孩子的责任感：孩子的观察模仿力很强，妈妈的言谈举止中所透露出来的责任感和责任行为往往对孩子起着强有力的潜在影响。因此，妈妈首先要率先示范，用自己的责任感来培养孩子的责任感。如果妈妈希望孩子能信守承诺，妈妈就首先要说到做到；如果妈妈希望孩子自己的事情自己做，妈妈就得认认真真完成自己的任务；如果妈妈希望孩子能对小宠物有责任感，妈妈就要对宠物表现出爱和关注，总之，孩子会跟着妈妈学，有责任感的妈妈才能培养出有责任感的孩子。

2. 在游戏中培养孩子的责任感：妈妈和孩子一起玩角色游戏，让孩子在游戏中通过扮演不同的角色，体验承担不同的责任。例如，妈妈可以扮演病人，孩子扮演医生，让孩子承担医生的责任，询问病情，认真给病人看病，打针拿药；当妈妈扮演学生，而孩子扮演老师时，孩子就要认真给妈妈上课、批改作业，担当老师的责任。通过各种各样的游戏体验，孩子的责任意识就会萌生，就会意识到每个人都有自己的责任。

3. “与孩子拉钩”，用承诺来培养责任感：拉钩，对孩子而言是游戏，但也具有良好的约束力，在孩子看来，拉钩就是最大的承诺，和孩子拉钩约定好一件事情，孩子就会为了实现自己的承诺而愿意为之做出努力，这就是孩子责任感的一种最初体现。

对孩子责任心的培养，仅仅是开始得早、花心思多是不够的，妈妈还要把握尺度，以免过多的说教或者不良的方法造成孩子的厌恶或是抵触。所以，培养孩子的责任感，需要把握以下原则：

1. 注重孩子的爱心培养，让孩子学会关心他人，善待他人，这是培养孩子对社会的责任心的基础要求。让孩子主动关心老人、病人和比自己小的孩子。妈妈生病的时候，让孩子学会照顾妈妈；让孩子知道妈妈的生日，鼓励孩子给妈妈送上一份生日礼物。

2. 对孩子采取民主的态度，鼓励孩子独立思考，允许他们表达自己的观点和看法，有利于孩子形成责任心。让孩子绝对服从的教育方式只能培养出唯命是从、毫无主见、不敢负责的人。

3. 可适当地让孩子了解一些妈妈的忧虑和难处，提出一些问题，引导孩子独立思考和选择，大胆发表自己的见解。让孩子感到家庭的美满幸福，要靠爸爸妈妈和自己的共同参与，进而增强孩子对家庭的责任心。

4. 在大处着眼，从小处着手。让孩子在生活中感受责任的分量，哪怕只是倒一次垃圾，洗一块手帕，一次维护公共财物的举动，一件表示同情心的事情。孩子积极主动时应给予表扬鼓励，疏忽或漠视时应给予批评和修正。只有这样，才能让孩子超越“以自我为中心”，了解自己周围的世界，从而强化自己对他人负责，对周围环境负责的责任心。

5. 鼓励孩子做事情要有始有终。孩子好奇心强，什么都想去摸摸、去试试，但是随意性很强，做事总是虎头蛇尾或有头无尾。所以交给孩子做的事情，哪怕是很小的事情，妈妈也要有检查、督促以及对结果进行评价，以便培养孩子持之以恒，认真负责的好习惯。

6. 别让孩子找借口。找借口几乎是人的天性，孩子也不例外。生活中孩子常常会找出这样那样的理由和借口，来推托自己所做的事情。妈妈应及时而理性地纠正孩子这种不良的行为习惯，清除滋生“不负责任”的土壤。

小测试：看看自己的孩子有没有责任心

以下题目测试你的孩子的责任心，每题答“是”或“否”。

1. 与人约定见面，通常准时吗？
2. 你认为孩子可靠吗？
3. 孩子懂得未雨绸缪而储蓄吗？
4. 发现朋友犯了错，会告诉老师吗？
5. 出外旅行，找不到垃圾桶时，会把垃圾带回家吗？
6. 经常运动以保持健康吗？
7. 没有偏食、挑食等不良饮食习惯吗？
8. 永远将正事列为优先，再做其他休闲运动吗？
9. 积极参与班级体育活动吗？
10. 你告诉他同学有事找他，他会立刻回电话吗？
11. “既然决定做一件事情，那么就要把它做好。”孩子相信这句话吗？
12. 与人相约，从来不会耽误，即使自己生病时也不例外吗？
13. 曾经违反过社会规范吗？
14. 经常拖延交作业吗？
15. 经常帮忙做家务吗？

测试结果：

“是”记1分，“否”记0分。

分数为10～15：是个非常有责任心的人。行事谨慎、懂礼貌、为人可靠，并且相当诚实。

分数为3～9：大多数情况下，都很有责任心，只是偶尔有些率性行为，没有考虑得很周到。

分数为2以下：是个完全不负责任的人。有些父母可能会对你的孩子有成见，力劝儿女少跟孩子来往。孩子会一次又一次地逃避责任，做事不能持之以恒，手上的钱也老是不够用。

让孩子在跟他们有关的事情上有发言机会

在餐厅点菜、买衣服、买鞋帽时，让孩子从小就有发言和选择的机会。妈妈不要一味地把自己的意志强加给孩子："这个味道不错，吃这个吧!""这个更可爱""这件很适合你，买这件吧!"这样，男孩会逐渐失去自己的主见。

妈妈担心孩子会做出一些不正确的事情，因此有意无意地把自己的思维强加给孩子。妈妈当然是为自己的孩子好，但他们的这种做法往往得不到孩子的认同和理解。倔犟的孩子会在这个问题上和妈妈争辩，相对软弱的男孩往往一言不发，却在心底里产生抵触情绪，对妈妈的安排毫无热情可言。

还有一些妈妈往往会不自觉地把自己年轻时没能实现的理想寄托在孩子的身上，希望孩子能够帮助自己实现。如果这一愿望与孩子自己的愿望相同，那么这种寄托就会成为督促孩子奋斗的动力。但如果这种寄托并不符合孩子的愿望（这种情况更容易出现），妈妈的这种寄托就会成为孩子成长的负累。如果妈妈无视孩子的愿望，将这一寄托强加在孩子身上，那就有可能毁了孩子的一生。

一位中考刚结束的学生，在选择高一级学校时，与妈妈发生了分歧。爸爸妈妈是知识分子，希望自己的男孩将来也能像自己一样当个教授或医生什么的，因此他们坚持让男孩上高中。但儿子酷爱艺术，想考音乐学院。最后妈妈占了上风，私自给他在一所高中报了名。妈妈以为给男孩报了名，男孩就会死心，乖乖地在学校念书。然而事情并不像他们想的那样，在上学期间，儿子经常逃课，深夜与其他同学一起翻出学校围墙到网吧上网，最后被学校开除了。

被学校开除，男孩显得很高兴。有人问他为什么被开除了还高兴，这个男孩说道："我根本不喜欢这所学校，我想上音乐学院，可妈妈坚决反对，我只好逃课、上网借此消磨时光。现在我被开除了，他们就得把我送到音乐学院了。"

这个故事对我们的家庭教育有什么启发作用呢？作为妈妈又应该从中悟出些什么呢？

其实，道理很简单，那就是在家庭教育中，孩子的事情让他自己决定，妈妈自己只提出参考意见，即不要让男孩一味地跟从妈妈的决定，应让孩子用自己的意志取舍或选择事物，令其有自我决定的机会，并在决定事物的过程中，培养出肩负责任的自主性与积极性。另外，独立性与自律性，也可从中培养。

作为父亲，美国前总统西奥多·罗斯福曾写信给自己的儿子小西奥多，信的大概内容是：

在你做决定的时候，最好的情况是你选择了正确的决定，其次是作出了错误的决定，最差的就是你什么决定都没做。我们每个人都是独立的个体，所以做人要独立，要敢于作出决定。即使失败了，也没关系，因为你已经能做自己的主人了。记住：只要学会独立，总有一天你会取得成功的！

让孩子学会如何作决定。当然，在培养孩子自己做主的能力时，也应注意：

第一，不要给孩子太多的选择，如“你想穿什么颜色的毛衣?”孩子可能会提出家中没有的东西，若妈妈不能顺从时，反而会使孩子对妈妈失去信任。而应该问：“你想穿这件绿毛衣，还是那件红毛衣?”

第二，不能让孩子选择有害、不安全的事，因为孩子不知什么有危险。例如，冬天一定要穿棉衣，这没有选择余地，必须执行，但可给些其他的选择：“这棉衣由爸爸给你穿？还是妈妈帮你穿?”而不能说：“要不要穿棉衣。”

第三，孩子做决定时，不要给很大压力。如果孩子的决定不太合理、恰当，大人可给些提醒。如果孩子作决定后，遇到挫折，产生了失败感，妈妈也要给予帮助。孩子作决定的机会不可太多，以免给他太大压力。

第四，根据孩子的愿望，运用大人的经验和知识，帮助孩子做一些决定。这是大人与小孩共同做出的决定，是帮助孩子作决定的好方式。如“要下雨了，在图书馆里避雨比操场上好些”，这是大人进入孩子的选择中去。在判断正确与错误的选择时可说：“我们已答应某某去展览馆，不遵守诺言是错误的。”应该让孩子知道作决定就是要其负责任。

让孩子知道，只要尽力而为做出比较合适的决定就可以了，不一定要十全十美。但如果强调可以随意作决定，可犯错误，孩子就会随随便便地作决定。该让他知道作决定的后果，从而不断学习，不断提高判断能力。如果小孩坚持穿裙子去操场玩，结果不小心弄破了皮肤，你不应说，“瞧，我叫你穿裤子对吗”，而应说，“你想一想，如果我们下次再来操场玩，我们怎么保护好自己呢”。随着孩子长大，经验增多，作决定的能力与技巧会渐渐提高。

所以，妈妈提高孩子责任感的另一方面，就是让孩子在跟他们自己有关的事情上有发言权。

在处理家务活中培养孩子的责任感

洪某是湖南怀化学院的一名在读大学生，在11岁那年家庭突发重大变故：父亲疯了，亲妹妹死了，父亲又捡回一个遗弃女婴，母亲和弟弟后来也相继离家出走。洪某稚嫩的肩膀过早地压上了生活的重担。从读高中时，洪某就把这个和自己并没有血缘关系的妹妹带在身边，一边读书一边照顾年幼的妹妹，靠做点小生意和打零工来维持生活，并把妹妹带到自己上大学的异地他乡上学，如今已经照顾妹妹整整12年！

洪某所表现出来的责任感和爱心，是现在大多数学生所缺乏的。他积极进取的精神、乐观向上的人生态度以及强烈的责任感，都值得现在的孩子们学习。也许大多数孩子不曾经历洪某那样的遭遇，但是他们也需要像洪某那样勇于承担起对家庭的一份责任。所谓的承担起家庭的责任，并不是让孩子们放下学业，接替父母的重担，而是在力所能及的基础上，替父母分担一些家务劳动，多理解父母的苦心，跟父母做好沟通，把自己的事情做好，不让父母为自己的事情过多地操心。

妈妈培养孩子的责任意识，处理家务活是一种很好的方式。家务活是家庭中的事务，是和孩子的生活密切相关的。适当让孩子做一些家务活，可以让孩子意识到他在家庭中的身份，使他在做家务活的过程中形成自己对家庭的责任意识。

妈妈在家务中培养孩子的责任意识时，要注意以下几点：

1. 分配给孩子的家务活应当符合孩子的年龄特点。比如，分配给 2～3 岁的孩子收拾玩具，帮助传递一些小物品；分配给 4 岁的孩子摆放碗筷，帮大人拿包；分配给 5 岁的孩子自己取食物吃，做一些简单的卫生清理工作；分配给 6～8 岁的孩子存取衣物、接待小客人等。

2. 让孩子尽早地了解并且参与家庭的日常生活模式。妈妈要告诉孩子，有什么样的计划，有哪些家务要做，要以什么样的顺序来安排家务，随后再进行家庭分工，分配爸爸妈妈和孩子各自的工作。

3. 不要将物质报偿作为树立责任心的动力。千万不要让孩子养成这样的习惯：他自我服务或服务家人，是为了得到某种“好处”。要淡化有形的物质奖赏，代之以精神的爱抚和勉励。

4. 多给孩子一些夸奖。不要总是试着挑毛病、找缺点、说哪儿做得不够，要对孩子所完成的家务事表现出你的欣喜。如果孩子帮你倒垃圾，你可以把他搂到怀里说：“这些天你帮我倒垃圾，妈妈很高兴。”

5. 给孩子责任范畴内的事情定一个最后时限。孩子经常会由于贪玩而把大人交代的事情拖延或者是遗忘，所以，妈妈要记得给孩子安排任务的时候，也要给他一个期限，但是这个期限要根据孩子的能力来定。

6. 别因孩子做得不够完美而越俎代庖。孩子第一次尝试做事，总有不完善的地方，妈妈可以帮助他“完善”他的计划和方案，但绝对不要亲自动手。聪明的孩子一旦发现他“表现无能”就可以逃避做家务、整理房间，他就会有意地表现得无能，以此来逃避责任。

7. 让孩子帮忙做家务时，要给予信任。当孩子帮妈妈做家务时，妈妈总是担心孩子会帮倒忙。这种担心无意识地通过妈妈的语气和态度以及不耐心透露出来，让孩子觉得他们的帮助是不重要的、附加的。比如，孩子动作慢一点，我们就会露出不耐烦的神情，尤其是当我们着急的时候，总是说：“算了，让我来吧，这个你做不了！”由于妈妈的不信任，孩子备受打击，从此没了帮忙的兴致。

8. 跟孩子讲明后果，并让其承担“后果”。一旦确定某个责任是孩子的，妈妈就一定不要插手。要对孩子的疏忽持“熟视无睹”状，让后果来教育孩子不负责任的坏处。

如果孩子承担了养鱼的任务，妈妈就不要帮孩子喂鱼食和换水，也许牺牲一条小鱼，会让孩子深刻体会到因为自己不负责任而带来的损失。

帮助孩子认识到对他人和社会的责任

王伟是六年级一班的大懒鬼，同学们都不喜欢他，老师也对他很头疼。轮到他们小组值日时，他总是磨磨蹭蹭，敷衍了事，或者是偷偷跑掉，把活儿全丢给其他同学；班里举行春游，需要带着炊具和食材到野外去做饭，王伟专挑轻的东西拿；王伟妈妈出差时，王伟每天都不换衣服袜子，臭烘烘地就来上学了；每次交作业时，王伟不是忘了写就是没有带作业本……他的懒惰事迹数不胜数，大家对他都很有意见，当老师同学给他提意见时，他总是振振有词："我在家里就不干活儿，我妈妈都不让我干，说我不会做。我不会做怎么能在学校做呢？我怕事情搞砸嘛！"渐渐地，同学们都不愿意和王伟相处了，王伟变成了一个"孤家寡人。"

王伟的问题，其实不只是懒惰的问题，还是责任感的问题，他没有对他人对集体的责任感，因而招致同学的厌恶。当一个人缺失对他人的责任感时，就会损害别人的利益，给他人带来不便，自然就会引起别人的不快。而一个懂得责任感的孩子，能够深刻地体会到自己对他人、对社会的意义和价值，会具有更强的生存能力。这个世界需要一种深深的责任感，我们不仅对自己负有责任，我们还要对别人负有责任，正是责任把所有的人联结在一起，任何一个人对责任的懈怠都会导致整个社会链的不平衡。所以，妈妈应该帮助孩子认识到他对他人及对社会的责任，责任感才是孩子今后在社会立足的基本点。

美国女作家，《汤姆叔叔的小屋》的作者斯托夫人有自己的教育经验，她认为，一些妈妈在对孩子进行早期教育时，只注意孩子的智力和爱好的发展，重视拓宽孩子的知识面和学习的某种技能，而忽略了诸如责任心等重要品质的培养。这种做法是错误的。

妈妈要培养孩子这方面的责任感，就应该把他们放在具体的社会环境中，让他们自然地学会如何建立与他人的关系，处理好自己的事情。

从幼儿园开始，孩子们就要轮流担任老师的助手，帮助老师组织各种班级活动，以锻炼责任感和能力。小朋友们也都很愿意参与，并且会为自己日渐增长的能力感到很自豪。刚开始，妈妈可与孩子一起做，让孩子当助手，分派给他一些简单的很快就能做完的小事，让孩子从中体验到一点成功的快乐。接着妈妈应有意识地将自己和孩子的角色慢慢互换过来，同时，妈妈要教育孩子帮助别人，因为每个人都有需要别人帮助的时候。孩子有麻烦的时候，往往需要他人的帮助，同样，当别人遇到困难时，也需要孩子伸出援手，提供帮助。当孩子感受到被帮助人的感激之情时，孩子会体验到自身的价值，提高责任感。

当孩子勇敢而积极地完成自己的任务时，妈妈要给予积极肯定，因为妈妈的表扬与肯定会让孩子体验到成功的喜悦，树立自信心，增强其成功感和自豪感，使孩子明白自己能做很多的事、自己应该做很多事并且能做得很好。

妈妈的包办行为会使孩子失去责任心。孩子长期在妈妈全力照顾、凡事准备的情形下成长，就必然会失去自己计划、安排的能力和敢作敢当的勇气。要培养孩子的责任心，妈妈就要在孩子的学习、生活中纠正他的不良习惯，让孩子学会自己的事情自己做。只有懂得责任，才能具有更强的生存能力，也更能体会到自己对他人、对社会的价值和意义。

怎样训练孩子养成自己的事情自己做的习惯呢？专家建议从小事开始练习。比如，送孩子自己上学下学，如果路途远需要接送，那么至少他的书包应该由他自己来背。特别是要明确地让孩子明白学习是他自己的事，不是妈妈的事。让孩子处理自己的事情，目的就是要克服孩子的依赖性，培养其独立性，让孩子独立思考问题、独立解决问题、独立去处理自己应做的事。

在现实生活中，妈妈要试着把孩子生活中的每一项责任都放到他自己的身上，让孩子自己承担。比如，当孩子遇到麻烦的时候，你应该说："这是你自己选择的，你想想为什么会这样？"而不要对孩子说："你已经努力了，是妈妈没有帮助你。"虽然只是一句话，却反映出了观念的不同。如果你无意中帮助孩子推卸了责任，孩子将会认为自己无须承担责任，这对他以后的人生道路是很不利的。

平时，在家中应让孩子练习做自己能做的事情，如洗手帕、袜子、整理自己的小房间等。这样孩子也慢慢地学会了对自己的行为负责。孩子只有学会了对自己的事情负责，才能逐步地发展为对家庭、对他人、对集体、对社会负责。

有时候，孩子在集体中会吃点小亏，做妈妈的内心也会在爱与公平之间摇摆犹豫，但是不能因为孩子的借口而一味地迁就他的喜好，让他逃避责任。要知道，责任感是孩子今后走向社会的通行证。

缺乏责任心的孩子没有未来

一个人到瑞士旅游的时候，在一个洗手间里，他听到隔壁小间里一直发出一种奇怪的声音，由于这响动时间过长，也过于奇特，不由得引起了他的好奇心。

于是，他通过小门的缝隙向小间探望。这一看，让他惊叹不已。

原来，他看到一个只有七八岁的小男孩正在修理马桶的冲刷设备。一问才知道，这个小男孩上完厕所以后，因为冲刷设备出了问题，他没有把脏东西冲下去，因此他就一个人蹲在那里，千方百计想修复它。他的妈妈、老师当时并不在身边。

一个只有七八岁的小男孩，竟然有如此强烈的负责精神，但相比较之下，有些孩子的责任心就令人担忧了！

有的妈妈任由自己的孩子一点责任感也没有。比如孩子玩着玩具，转而看电视，任凭玩具扔得满地都是也不收拾，差点让家人摔跤；有的孩子则是把老师通知妈妈开会的事情抛到脑后，或者是书包不收拾，做错了事情躲在大人身后等，这样的例子有很多。

在孙云晓写的《夏令营的较量》一文中，孩子责任心的缺失更是可见一斑：为了让自己更轻松些，孩子们纷纷将背包扔进马车，一路上，他们的东西随处乱放……

为什么孩子缺少责任心?

妈妈朋友们，先看看自己的教育。为了让孩子专心学习，妈妈们通常不让孩子们参与任何家务劳动，有的孩子甚至遇到了"三不准"的规定，即刀不准动、电不准动、火不准动，在这样的情况下，就更别提什么野炊、探险这些活动了，很多孩子长大以后连火柴都不会划，原因不在于他们不想干，而是不会干，因为妈妈不让干。

很多妈妈认为这些都是小事，即使帮着去做也没什么大不了的，举手之劳，不费什么劲，因此也就满不在乎，乐而为之。但是，这些妈妈并不知道，自己的"一片好心"却在一定程度上影响了儿童责任心的形成和发展。

为什么穷人的孩子早当家?为什么他们很早就懂得了柴米油盐，那是因为他们不得不去替妈妈考虑那些生活中的事情。吃饭的时候到了，而妈妈可能还在地里干活，这些孩子只能靠自己。他们也在一件件事情的磨炼当中体会了妈妈的辛苦，从而逐渐树立起责任心。

孩子做任何他可以做的事情，这是我们对于孩子的责任，也是教育孩子具有责任感必不可少的环节。

一个人所处的位置决定了他的责任心大小，在一个需要承担责任的位置，他自然不能逃避；而在一个万事不用操心、衣来伸手饭来张口的位置，他就很难培养起责任心。

奥巴马为什么能够当选为总统?那是因为他把自己放在了总统的位置，他的心里装的就是成为总统所应该思考的问题，这一切得益于他的家庭教育。同样，妈妈们，如果你想让你的孩子能成为国家总理，就要把他放在总理的位置，让他思考国际局势、发现民间的疾苦，并且提出自己的想法来，让他感受国家总理应该负的责任。

可以想象，一个关注美国大选、关注民生经济的孩子，他的内心一定充满着对国家、对民众的责任，这样的孩子，谁还会担心他的前途?

所以，妈妈们，一定要让孩子坐在一个被需要、有责任的位置上，这样他才能发现自己身上的责任，才能有责任心。

第九章　培养好习惯是培养成功人士的第一步

行为决定习惯，习惯决定性格，性格决定命运。孩子的习惯就像是走路，如果人们选择了一条道路，就会一直沿着这条路走下去。因此，从小培养孩子良好的习惯将影响孩子的一生。

为孩子的未来选择好路径

孩子的习惯就像是走路，如果人们选择了一条道路，就会一直沿着这条路走下去。因此，从小培养孩子良好的习惯将影响孩子的一生。惯性的力量会使孩子不自觉地强化自己的选择，并让他不会轻易地走出自己选择的道路。这种现象就称为“路径依赖”。

这种现象有点类似于物理学中的“惯性”，日常生活中普遍存在着这种自我强化的机制。一旦人们选择走上某一种路径，就会在以后的发展中进行不断的自我强化。关于“路径依赖”的一个广为流传的例证就是现代铁路两条铁轨之间的标准距离是怎样确定的。

这要从古罗马说起。古罗马时代，牵引一辆战车的两匹马的屁股的宽度恰好是4英尺又8.5英寸，因此，罗马人以4英尺又8.5英寸为战车的轮距宽度。

当时的整个欧洲，包括英国的长途老路都是罗马人为他们的军队所铺设的，因此，4英尺又8.5英寸成了英国马路的宽度。任何其他轮宽的车子在这些路上行驶的话，轮子寿命都不会很长。所以，如果马车用其他轮距，它的轮子会很快在英国的老路上被撞坏。

最先造电车的人以前是造马车的，所以电车的标准是沿用马车的轮距标准。而早期的铁路是由建电车的人所设计的，因此，4英尺又8.5英寸成了现代铁路两条铁轨之间的标准距离。

更为奇妙的是，这个习惯影响到美国太空梭燃料箱两旁的两个火箭推进器的宽度。这是因为这些推进器造好之后要用火车运送，路上又要通过一些隧道，而这些隧道的宽度只比火车轨道宽一点，因此，火箭助推器的宽度是由铁轨的宽度所决定的。

所以，“路径依赖”导致2000年前两匹马的屁股的宽度决定美国太空梭火箭助推器的宽度的现象产生。

在某种程度上，人们的一切选择都会受到“路径依赖”的影响，人们过去做出的选择决定了他们现在可能的选择。因此，“路径依赖”理论被总结出来之后，就被人们广泛应用在选择和习惯的各个方面，包括妈妈该如何培养孩子习惯。

对于孩子的未来，同样需要做好路径选择。妈妈应该培养孩子正确的路径选择观点，让他们从小就懂得取舍，追求生活的真正意义。

同时，由于家庭是一个人一生中的第一所学校，妈妈则是子女的启蒙老师，因此，妈妈往往成为子女效仿的模板。妈妈的言行举止和教育方法，对子女的成长有着重大影响；妈妈的性格特点、处事风格，甚至包括夫妻间的相处模式，对子女的性格塑造都有潜移默化的作用。

人的所谓情商中的绝大部分都是后天培养成的。在每个孩子成长的过程中，都会遇到对他（她）产生最重要影响的人，并且这个人长时间与其发生密切互动关系，这样，这个人的各种行为特征就会成为未成年人效仿的模板，他（她）会有意识或无意识地效仿、习得此人的行为方式和思维模式。而在现实生活中，总是妈妈处在这种与子女密切的互动关系之中，所以，妈妈往往是对子女产生最重要影响的人，成为了塑造子女的模板。所以，子女会依赖妈妈的思维和行动特点，形成自己的性格、气质。

所以妈妈一定要为孩子的未来选择好路径，同时自己也要树立一个好的榜样。

不好的习惯是缠在身上的铁链，无形地限制着孩子的行为

不好的习惯就像缠在身上的铁链，它无形地限制着孩子的行为，阻碍孩子突破自己，走向成功。

在印度或泰国随处可见这样的情景：一根小小的柱子，一截细细的链子，拴得住一头千斤重的大象。人们也发现：牵一头大象，用一条细绳就可以了；而牵一头小象，却要用粗绳。

这是因为那些驯象人在大象还是小象的时候，就用一条铁链将他绑在水泥柱或钢柱上，无论小象怎么挣扎都无法挣脱。小象渐渐习惯了不挣扎，直到他长成可以轻而易举地挣脱链子的大象，他也不挣扎，细小的绳子就可以使他听话。而小象则不同，他没有形成被约束的惯性思维，尽管力量小，却比成年大象更危险。

大象已被约束惯了，他没有想过自己的力量足以挣脱绳子的控制。约束大象的不是那截细细短短的木桩，而是他用奴性建造牢狱，用惯性打造的枷锁。所以说，小象是被链子绑住的，而大象则是被习惯绑住的。

孩子时时刻刻都在无意识中培养习惯，这是人的天性。因此，妈妈们应该时刻注意，孩子们平时正在培养哪些习惯。当孩子出现不好、甚至怪异的行为时，当然要受到惩罚，但不是体罚。以下有几个方法，妈妈可以帮助孩子改正不好的习惯。

1. 通过故事、儿歌、童话等文艺作品使孩子意识到自己的不良习惯。孩子缺乏判断是非的能力，如果爸爸妈妈一味要求他改正不良习惯而不讲清为什么要改正，孩子会出现逆反心理，使不良习惯得到强化。因此，成人发现孩子的不良习惯，不要急于

求成，可以针对性地讲一些故事、童话使孩子认识到自己的不良习惯。比如，孩子喜欢挖鼻孔，成人可以讲“猪八戒的鼻孔是怎样来的”，让孩子通过这个夸张的故事，明白挖鼻孔所带来的危害，从而激发他改正的愿望。

2. 身教重于言教，有些孩子的不良行为习惯是在成人的影响下，潜移默化形成的，如往阳台下扔东西，起床后不叠被，饭前不洗手等。当成人要求孩子改正时，孩子往往以成人也是这样为理由。这时，成人应该检点、反省自己的错误行为，并及时改正，使自己在孩子心目中树立良好形象。

3. 适当增加刺激，及时转移孩子的注意力。孩子的不良习惯往往是无意识的行为，所以爸爸妈妈常发现孩子“屡教不改”。这时，爸爸妈妈可以根据孩子好问、好动的特点，及时转移孩子的注意力。如出现孩子吮手指时，爸爸妈妈可以让孩子帮助做一些力所能及的事，或引导孩子观察某一种物体，或参加某一游戏活动，及时转移孩子的注意力，使孩子在不知不觉中改正不良习惯。

在生活中，爸爸妈妈要做有心人，可以尝试着在家中的床头、电视机、饭桌等明显的地方贴些简单明了、富有情趣的图画，使孩子时时得到提醒。

4. 及时表扬，增加孩子的自信心。爸爸妈妈在纠正孩子不良习惯的过程中，要发现孩子的点滴进步，及时进行表扬，使孩子在愉快的心境中增强改正不良习惯的信心。这样，孩子就比较容易改掉不良习惯。

坏习惯会透过不断重复，由细线变成粗线，再变成绳索，最后又变链子，直到成了难以改变的习惯与个性，这时，妈妈再想改变小孩的习惯就需要付出加倍的努力了。

所以，习惯有时是很可怕的东西，孩子95%的行为是透过习惯做出来的，所以，妈妈一定要时刻关注孩子的习惯与行为，以免造成不良的影响。

培养好习惯，就是在寻找一种成功的方法

成功教育从养成好习惯开始。教育的核心不只是传授知识，而是学会做人，养成好习惯。习惯是一个人存放在神经系统的资本，一个人养成好的习惯，一辈子都用不完它的利息；养成一种坏习惯，一辈子都偿还不清它的债务。

哈佛大学教授皮鲁克斯说：“好的习惯是绝大多数人迈动双脚的动力，它对成功的影响力不可小觑。对于孩子来说，一定要及早养成更多的好习惯，驱除坏习惯的侵扰。”

1998年5月，华盛顿大学请来世界巨富沃伦·巴菲特和盖茨演讲。学生们问道：“你们怎么变得比上帝还富有？”巴菲特说：“这个问题非常简单，原因不在智商。为什么聪明人会做一些阻碍自己发挥全部功效的事情呢？原因在于习惯。”盖茨表示赞同。是好的习惯造就两人辉煌的人生，缔造了财富的王国。

研究证明，一个人的日常活动，其中90%是通过不断地重复某个动作，使之在潜意识中转化为程序化的惯性，也就是不用思考，自动运作。这种自动运作的力量，即习惯的力量。对孩子而言，习惯的力量对他们产生的影响更大。著名的“铁娘子”、英

国前首相撒切尔夫人在谈及习惯与生活细节时说："有时事务太忙，我也可能感到吃不消，但生活的秘诀实际上在于把90%的生活细节变成习惯，这样你就可以习惯成自然了。毕竟你想都不用想就去刷牙，这就是好习惯。"

著名教育学家马卡连科曾经说过：教育孩子，首先要对孩子提出尽可能高的要求，对孩子要尽可能表现出发自内心的尊重。孩子智力开发与艺术素质从小培养固然重要，但生活习惯的教养也绝不能忽视，且教育必须从生活细节开始。

实际上，教育就是由一个个细节组成，而细节串联起来就成了习惯。儿童教育最重要的就是培养好习惯，幼儿时期是养成生活习惯的最佳时期，小学阶段可能是养成品德习惯的最佳阶段，中学时期可能是养成学习习惯的最佳时代。但是，容易的并非可以自然形成，困难的未必就不能做到，最佳的也仅仅是一种可能。所以准确地说，人的一生都是不断养成好习惯和改正坏习惯的过程。

对妈妈而言，她们的第一责任是教育孩子。而教育孩子的第一位就是培养孩子的好习惯。教育孩子，先从做一个好妈妈开始。做好妈妈，应该从身边的小事做起，以身作则。在学习、读书习惯方面，妈妈也要和孩子一起养成。如共读一本书，可以教孩子看，可以讲成故事给孩子听，还可以让孩子"教"你看，讲成故事给你听。看一本好书，可让孩子获得成长的快乐。

科学家曾发现，一个好习惯的养成仅需要21天的时间，一旦孩子养成某个习惯，就意味着他将终身享用它带来的好处。正如奥格·曼狄诺所说："事实上，成功与失败的最大分界，来自不同的习惯。好习惯是开启成功的钥匙，坏习惯则是一扇向失败敞开的门。"注重习惯的力量，从小培养孩子良好的习惯吧！这对你孩子的一生都有重要影响。

"习惯真是一种顽强而巨大的力量，它可以主宰人生!"对于孩子来说，要成就学业、事业，要拥有美好的人生，必须养成一种好的习惯。孩子的未来，其实就掌握在妈妈手中。如果你希望教育好孩子，那就先从做一个好妈妈开始。如果你渴望去做好妈妈，那就先从培养孩子好习惯开始。

孩子的好习惯不是一朝一夕就能形成，而是长期的培养过程。当孩子从生活细节中获得了良好的习惯，会给他今后的学习、生活、工作奠定扎实的基础，还会帮助他树立自信。所以，长期培养孩子的好习惯，即是在寻找成功的方法。

良好的习惯是可以透过教育来实现的

拿破仑·希尔说过："习惯能成就一个人，也能够摧毁一个人。"好习惯是成功的基石。它于经年累月中，影响着我们的品德，塑造着我们的思维方法和行为方式，并且左右着我们的成败。所以说，让孩子培养良好的习惯是十分重要的。

一个好的习惯也可以产生巨大的力量，如果你反复地重复着一件有益的事情，渐渐地，你就会喜欢去做，这样一来，所有的困难都显得微不足道了。习惯的力量是巨大的，它可以冲破困难的阻挠，帮助你走上成功的道路。

让孩子培养良好的习惯最有效地方法就是透过日常的教育来实现。

北京有个孩子，特别喜欢吃橘子。他妈妈买橘子，总是以3的倍数买，如15个，21个，吃橘子时，就由孩子来分，一人一个。有一回，橘子只剩下3个了，他把橘子拿在手里，没像往常一样送过来，而是用眼睛看着爸爸妈妈，意思就是说，就剩3个了，你们俩还吃呀？

妈妈给丈夫使个眼色：吃。结果爸爸妈妈一边剥橘子，儿子一边流眼泪。他妈妈事后说："天呀，我把这个橘子吃下去，一点味儿也没吃出来。但要让孩子心里有别人，有好吃的大家一块分享，要让他从小就有份额意识和与别人分享的习惯，我必须那样做。"

孩子长大后考上了北京大学，亲戚朋友很高兴，这个给50块钱祝贺，那个给100块，一共给了500块钱。过春节时，妈妈惊讶地发现，他把500块钱装了一个红包给奶奶，这让她有一股欣悦之情。

这个大小伙为什么变得这么有孝心，一般孩子看见老人给的压岁钱不多还不高兴，哪有给老人压岁钱的？这就是从小培养起来的习惯。

要孩子形成一个好的习惯，妈妈就要先有一个好心态，不要期望着今天告诉孩子应该怎么做，明天孩子就能如你所愿表现出你所期望的行为。妈妈要明白"欲速则不达"的道理，要有充分的耐心，加上科学的方法，才能帮孩子养成良好的习惯。

有一个培养习惯的方法叫做"21天习惯养成法"。行为心理学研究表明：21天以上的重复会形成习惯；90天的重复会形成稳定的习惯。即同一个动作，重复21天就会变成习惯性的动作；同样道理，任何一个想法，重复21天，或者重复验证21次，就会变成习惯性想法。所以，一个观念如果被别人或者自己验证了21次以上，它一定已经变成了你的信念。这正是人们常说的"21天习惯养成法"。

"21天习惯养成法"把习惯的形成大致分成三个阶段。

第一阶段：1～7天左右。此阶段的特征是"刻意，不自然"。你需要十分刻意提醒自己改变，而你也会觉得有些不自然，不舒服。

第二阶段：7～21天左右。不要放弃第一阶段的努力，继续重复，跨入第二阶段。此阶段的特征是："刻意，自然"。你已经觉得比较自然，比较舒服了，但是一不留意，你还会回复到从前。因此，你还需要刻意提醒自己改变。

第三阶段：21～90天左右。此阶段的特征是"不经意，自然"，其实这就是习惯。这一阶段被称为"习惯性的稳定期"。一旦跨入此阶段，一个人已经完成了自我改造，这项习惯就已经成为他生命中的一个有机组成部分，它会自然而然地不停地为人们"效劳"。

中国青少年研究中心副主任、著名青少年研究专家孙云晓研究发现，培养良好习惯一般需要6个步骤：认识习惯的重要、制定行为规范、榜样教育、持之以恒的训练、及时评估引导、养成良好的集体风气，其中，最重要的一步就是：持之以恒的训练。可见，好习惯都是训练出来的。

妈妈不妨采取"21天习惯养成法"，对孩子加以训练，循序渐进，培养孩子的好习惯。举例来说，如果孩子在学校比较胆小、不爱积极回答老师的问题，妈妈可以给孩子进行阶段性的训练，帮助孩子进行完善。

第一阶段：由爸爸充当老师，孩子和妈妈当“学生”，回答“老师”提出的问题，孩子每次主动举手发言 1 次，可以奖励 1 分，到 20 分的时候，可以得到爸爸妈妈给的一份奖励。

第二阶段：请几个孩子的同学来家里，由妈妈来当“老师”，几个孩子一起上课，回答“老师”提出的问题。

第三阶段：把“老师”换成家里的其他亲戚或者朋友，给孩子和爸爸妈妈一起上课，回答“老师”的问题。

当孩子当着同学和其他人的面前也敢于主动举手回答问题时，他也就在不知不觉中改掉了上课不敢回答问题的习惯了。

训练的方法还有很多，要因人而异，因材施教，要根据孩子的不同的年龄，不同的性格气质采取不同的训练方法，这样才能事半功倍达到理想效果。

好习惯的养成需要妈妈和孩子双方面的努力

史密斯夫妇有 3 个可爱的孩子，3 个孩子乖巧伶俐，学习课业很是自动，史密斯夫妇因此深得邻居羡慕。

其实，孩子们良好的学习习惯是在史密斯夫妇的用心教育下逐渐养成的。史密斯夫妇很注意培养孩子的良好习惯。大儿子还很小的时候，史密斯夫妇就经常和儿子围坐在一张桌子上，教孩子画画和识字，养成一起愉快游戏并学习的习惯。

在他们有了第二个孩子以后，一起学习的好习惯仍然保持着，哥哥读书时，弟弟就在旁边学画画，爸爸妈妈一有空就围在桌边跟他们一起学习。

当又一个小妹妹出生并渐渐长大后，也跟着哥哥们开始自觉地学习。

看到哥哥每天独自一人学习，弟弟妹妹们也有样学样。没过多久，老二也自己找了一张专用的桌子，每天主动的学习。之后，最小的妹妹也在两个哥哥的榜样作用下，找了一张自己的桌子，开始独自学习起来。

年幼时养成的这些生活习惯，都是很“顽固”的。妈妈如果能像史密斯夫妇一样，静下心来，多花费些时间和精力，和孩子们一起围坐在桌前娱乐一番，不久就会养成孩子平心静气学习的自觉性。

任何一种习惯的培养都不是轻而易举的，都要遵循循序渐进、由浅入深、由近及远、由渐变到突变的原则。

因此，妈妈要明白，习惯要从小开始培养。在孩子幼儿期，帮助他们形成良好的基本生活习惯，这一点对妈妈和孩子同样重要。否则等孩子们到了自我意识渐渐形成的年龄，妈妈过多的指令就会比较容易遭到孩子的反抗。

重视孩子们良好习惯的养成、培养他们健康的性格是重视生命、以人为本的一个具体体现。从小注意孩子良好习惯的养成，是妈妈们的一种责任。但是，好习惯的养成并不是一件容易的事，它需要妈妈和孩子双方面的努力。

首先，妈妈必要时要强制和约束自己的孩子。好习惯不是与生俱来的，很多时候都是靠我们“强制”出来。

其次，好习惯的养成要靠孩子自己的努力和决心。除了制度的约束、教育的陶冶外，孩子需要依靠自己的决心和勇气，而决心和勇气的来源就要归结于家庭文化，即一个好的家庭环境。

最后，文化是一种更为强大的自然整合力，超越了制度的强制力、习惯的恋旧性，它强大得无需再强调或者强制。它不知不觉地影响着每个人的心理和精神，最终成为一种自觉的群体意识。

试想一下，在一个积极向上的文化环境中，孩子怎么可能总是睡懒觉？在一个团结合作的文化环境中，孩子怎么可能自以为是、目中无人？在一个开拓创新的文化环境中，孩子怎么会唯唯诺诺、人云亦云呢？

良好的习惯和健康的个性之间有着十分亲密的关系，正如印度谚语所说：“播种行为，收获习惯；播种习惯，收获性格；播种性格，收获命运。”为了孩子的未来，妈妈应该更加关注，和孩子一起为孩子养成良好的习惯作奋斗。

习惯的培养要靠恰当的教导和表扬

妈妈关注、奖赏孩子的恰当行为是增加孩子正向行为、减少负向行为的有效手段。这比只关注孩子的错误行为要好得多，并会增加孩子的竞争意识、自信和自尊，激发孩子积极向上的意愿。关注孩子的正向行为，并给予恰当的教导和表扬，你会发现孩子正在朝着你希望的方向发展。

李伟的妈妈最近因为儿子的坏毛病头疼不已。不知道从什么时候开始，李伟经常忘记把牙刷放到漱口杯里，每次刷完牙，他总是顺手就放在洗手台边，既不卫生，也不整齐。

而且，最令她气愤的是，每次当她指出李伟的错误时，李伟总是一副满不在乎的样子，一边继续自己的问题，一边心不在焉地回答：“知道了。”

第二天，李伟刷完牙后，照例正要顺手把牙刷往旁边搁，突然想起了妈妈的话，于是他认真地把牙刷放到杯子里去，并且还特意摆了摆位置。

不巧的是，妈妈根本没注意到今天这个小小的细节，她把儿子做对摆牙刷的事看做一件很正常的事情。妈妈这样的表现令李伟感到很失望，很没有成就感。以后，李伟再也没有主动把牙刷放在杯子里。

李伟妈妈的失误在于没有对李伟主动把牙刷放到杯子里的行为进行表扬和给予重视，所以打击了李伟这样做的热情与积极性。

妈妈应该懂得去发现孩子的正确行为，而且予以重视和嘉奖，不要在孩子表现良好的时候漠然处之。表扬孩子的正确行为比责备他们不正确的行为更有效。妈妈要知道，孩子的每一个好的行动都应受到鼓励，哪怕他做得不是很完美。

在一家州立医院，青少年病房是有等级之分的。一级最低，往上依次是二级、三级、四级。等级越高，享有的特权就越多，例如第三等级的患者有更多的自由，他们可以回家过周末、有较多的自由活动时间、可以在患者商店购物或打工。而当他们升入四级以后，他们就可以出院了。

这家医院的患者基本都是十几岁的少年，当他们刚进入病房时，通常被编入一级，如果表现良好，就会升入二级、三级。但是新上任的院长发现，有很长的一段时间里，大多数患者都在一、二等级，只有少数几个孩子在三、四等级。他一直不明白这是为什么，直到他参加了几次每周的例会。

他发现，在每周的例行大会上，医务人员只是花大把时间指出孩子们的不当行为，而那些遵守规定、行为得当的孩子则只简单地得到一句“保持你的好成绩”便打发了事。于是有些没有得到表达的行为得当的孩子，只是按照原来的方式行事，当然不可能再往上升了。

于是这位新的院长改变了大会的内容，在例会上讨论前一天每一个人的进步。这些十几岁的孩子都被集中在一个房间里，院长用相当长的时间来表扬那些遵守纪律、与医务人员合作的好行为。此后两周不到的时候，60%的孩子都升到了三、四级。

这家医院的成功，仅仅是改变了关注重点，从关注负向行为转为关注正向行为。

当孩子意识到自己存在的问题，下决心改正时，妈妈一定要表示赞赏，给予鼓励，进行强化。不要用过于严苛的态度来应对孩子的错误，更不要讽刺他，同时对孩子改正错误的行为也绝不要失去信心，需要给他们多点耐心和宽容。

赏罚一定要分明：好习惯奖赏坏习惯惩罚

当孩子做错了事情时，而且事先有声明他要对自己的行为负责，那么妈妈绝对不可以姑息迁就，否则，言行不一致的妈妈无法在孩子面前建立威信，孩子也无法养成好的习惯。

同时，如果孩子的行为值得表扬，妈妈绝对不要吝啬，也许只需要你说句话而已，但对孩子来说，那将是他们继续前进的动力。

克鲁兹夫妇想要好好庆祝他们的结婚10周年纪念日，打算单独外出就餐。当他们正准备出门的时候，3岁的孩子开始为自己被留在家里哭哭啼啼。为了让孩子停止啼哭，克鲁兹先生就给了他一包口香糖。不幸的是，克鲁兹先生的举动恰恰没能让孩子安静，却奖励了他的眼泪。当下一次他和克鲁兹夫人再要外出时，孩子变得更加喜欢哭泣了。

克鲁兹夫妇行为的失败在于，当孩子哭的时候，给他一包口香糖，既不算是表扬他的行为，也不算是给他受责骂的补偿。而如果克鲁兹先生在孩子还没有开始落泪时就给他一包口香糖，鼓励他与妈妈合作，结果就会大不相同了。

对好行为、好习惯进行奖赏，对错误的行为、坏习惯进行惩罚，让它消失是培养孩子好习惯的核心。只有对孩子的行为真正做到赏罚分明，才能帮助他们培养良好的习惯。

达芙夫人有一个聪明可爱的女儿，为了培养女儿良好的习惯、杜绝不良习惯对女儿的影响，达芙夫人在女儿很小的时候就开始使用一种“仙女”法则。“仙女”法则是达芙夫人经常告诉女儿“有一个美丽、公正的仙女每天都会在全国各地的上空飞呀飞，看到表现不错或者做了好事的小孩，就会乘这个小孩晚上睡觉的时候，在他枕头上放上好吃的点心；如果他做了坏事或者有了坏的习惯，第二天早上起来就不会得到任何东西。”

女儿在“仙女”的关注和鼓励下，努力在做一个好孩子，每天睡觉前都要把衣服折叠好，游戏结束后也把玩具收好，这样，第二天早上醒来，就会看到“仙女”送来的点心。但女儿也有做错事的时候，有一次，女儿把玩具娃娃扔在草坪上，就赶着回家吃饭了。

结果，家里的小狗把娃娃咬破了，女儿哭着来找达芙夫人，但达芙夫人说：“娃娃破了是因为你把它扔在草坪上，如果我把你放到野外，被老虎和狮子吃掉的话，我会多悲痛啊！唉，它真是太可怜了！”但是，绝对不说给女儿再买一个新的。

女儿渐渐长大，达芙夫人谨记自己的行为要保持一致，并且奖惩分明，不随意使用自己的权利，力求为女儿做一个好的榜样，培养女儿良好的生活习惯。

常常听到妈妈这样教育孩子：“别哭了，宝贝，妈妈给买好吃的!”“别乱泼水，要是你听话，我给你买巧克力。”也许当时很有效，孩子马上不哭不闹了，但是，事实上，这是妈妈在用“奖励”的方式来换取孩子停止不良的行为。

短暂的安宁后，孩子可能会形成不良行为可以换来“奖励”的观点，到时就为时已晚了。

在奖励时，要抓住时机，掌握分寸，不断开导；在惩罚时，用语要得体、适度、就事论事，使孩子明白为什么要受罚和怎样改过。

奖励和惩罚是对孩子行为的外部强化或弱化的手段，它透过影响孩子的自身评价，对孩子的心理产生重大影响。

好习惯在于强化

科学家们曾做过这样一个有趣实验：有一类梭子鱼特别爱吃鲤科小鱼。如果把这些梭子鱼和它的小猎物们一起放到水槽里，水槽里很快就只剩下梭子鱼了。然而，当科学家们在水槽里放进一块玻璃板，把梭子鱼和鲤科小鱼隔开，有趣的事情发生了：梭子鱼看不见玻璃，每次当它追逐自己美餐的时候，都会结结实实地撞到玻璃板上。开始时，梭子鱼会一次又一次游向玻璃，撞得头晕脑胀。后来，梭子鱼懂得了这些小鱼是可望不可及的，于是，它改变了自己的行为。这时，再把玻璃板从水槽里拿走，结果却变成：这些鲤科小鱼居然可以十分安全地绕着它们的天敌游来游去。梭子鱼再也不想去吃掉它们，因为它“学习到”这些小鱼是吃不到的。令人吃惊的是，最后，这些大型的梭子鱼竟然饿死了，而它所喜爱的食物还时不时地游过它的嘴边。

这就是心理学上著名的“强化/消失定律”。梭子鱼的猎食行为没有得到强化，因此它慢慢地消失了，这同时证明了人或动物的本能，如果没有得到强化，最后也会消失。强化/消失定律是孩子和动物学习新行为的一种心理机制。

对于成长期的孩子来说，日常生活中的好习惯和坏习惯都同时存在，如何鼓励孩子保持好习惯，矫正不良习惯，一直是困扰妈妈的一个难题。如果适当地运用“强化/消失定律”，事情就会变得容易多了。比如，妈妈如果在处理孩子的事情上奖惩分明，关注孩子正确的行为，使之强化；责备孩子的坏习惯，使之消失，孩子好习惯的培养一定会变得更为容易。

王彭从小脾气不太好，很容易生气，而且一旦不高兴就会乱砸东西，在地上打滚。

有一次王彭的一家人带着王彭到朋友家玩，就因为一辆玩具火车发生了状况。汤玛斯是大宝最喜欢的一辆火车了，王彭拿着汤玛斯，大宝想拿回来。王彭的父亲见状就让他把汤玛斯还给大宝，他可以玩其他车。王彭一下子爆发了，哭着把火车砸到墙上，王彭的外婆去劝他，他又把其他车捡起来砸向外婆。

那个朋友家的孩子大宝见状有点吃惊，估计他从来没有想过可以这样来出气。朋友赶紧把大宝抱出这个房间（怕他学坏），然后，对其他人说：“我们来冷处理。大家都不要去理他。”于是他们都在客厅讲话吃东西，让王彭自己待在那个房间里。这个孩子东西是不砸了，但是躺在地上哭，然后越哭声越小，慢慢听不见了。他妈妈看他差不多平静下来了，就进去和他讲道理。最后让他说“对不起”的时候，他也说了。

以后每当出现这种情况，王彭的爸爸妈妈就进行冷处理。几次之后，这个孩子乱发脾气的行为因为没有得到强化而逐渐消失了。

需要注意的是，不管是对脾气急躁的孩子，还是对性格安静的小孩，强化/消失定律都不会一次奏效，妈妈要学会坚持，不因孩子哭闹而心软，不和孩子讨价还价，最终孩子的不良行为得不到强化，自然就会慢慢消失了。

此外，孩子也会本能地使用“强化/消失定律”。有时候，他们会本能地透过强化某些行为或是消除另外一些行为来训练他们的妈妈，而不是他们的妈妈训练孩子。比如，当一位母亲教训她女儿时，年仅 5 岁的女儿会说：“妈妈不再爱我了。”

大部分的孩子都知道他们的妈妈渴望表达爱。因此，他们利用了这个微妙的问题来消除妈妈的惩罚行为。这样做的孩子通常能够取得成功。

当妈妈带着孩子去到一些令人激励的地方时，比如迪斯尼乐园，小孩子常常会表现出令妈妈非常满意的行为：他们很乖、很配合、也很好商量。这是孩子的一种不自觉的企图，其目的正在于强化或奖励妈妈的行为。所以，作为妈妈，一定要意识到自己的不当行为可能对强化具有反作用，要确保自己在孩子的学习环境中处于控制地位。

比如，当孩子以“你不爱我”的理由企图逃避惩罚时，你可以告诉他：“我在任何时候都爱你。但是我必须告诉你，你做的这件事让我觉得很失望。你做错了事情不要紧，只要能改，你都是爸爸妈妈的孩子，爸爸妈妈永远爱你。”

在快乐的心情中养成好习惯

人总是有趋善、趋乐的趋势，总是向着一种喜欢的、有兴趣的、感觉好的方向走，趋利避害，孩子更是如此。夏洛特·梅森说：“我们对孩子的态度，决定着我们和孩子的关系。”让孩子高兴就是养育孩子的原则。如果孩子快乐，他在很大程度上就会成为好孩子。

妈妈无论做什么，都要让孩子始终保持快乐的心情，否则就会令孩子失去快乐的感觉，以及在他们身体中保持的一些力量和新鲜感。青少年是人生最快乐最美好的时期，但同时也是最脆弱最天真的时期，妈妈要尤其注意保护好孩子的快乐，让孩子在快乐中学习、成长。

哈佛大学的心理学教授、教育家塞德兹就十分注重对孩子的快乐教育。在有一次旅行中，小塞德兹就毫不费力地掌握了一个物理学原理。

坐在火车车厢里的小塞德兹指着窗外说道：“那些树木在飞快地向后面跑，爸爸。”

“不，那不是树木在向后跑，而是我们坐的火车在向前跑。”塞德兹笑着对儿子说。

“不，我认为我们坐的火车并没有动，而是窗外的树木。”儿子天真地说：“因为我在这儿坐了很久了，但并没有发现火车有什么变化，反而发现外面的东西都变了。这不是说明窗外的东西在动还能说明什么？”

“那么，假如现在你不在火车上而是在窗外的话，你会怎么想呢？”

“这个嘛……”小塞德兹想了想说，“一定是我也会向后跑，就像那些树木一样。”

“你能够跑那么快吗？”

“是呀，我能跑那么快吗？这可有些奇怪了。”小塞德兹充满疑问地说。

“虽然你不能回答这个问题，但我仍然向你表示祝贺。”

“什么？祝贺我什么？”

“你今天发现了一个物理现象，当然应该祝贺啦。”

“我发现了一个物理现象？”儿子不解。

“你刚才发现的，正是一个参照物的问题。”于是，塞德兹耐心给他讲解，“你之所以说窗外的树木在向后跑，是因为你把火车当成了参照物，也就是说相对于火车来说，树木的确是向后移动了。反过来，如果把树木当成参照物，火车就是向前跑了。”

“噢，我明白了。怪不得我会认为火车没有动呢！这是因为我把自己当成了参照物。火车带着我向前行驶，我们一起在运动，当然就不会感到它也在动！”小塞德兹说道。

这样类似的讨论在塞德兹父子之间发生过许多许多次，也正是这种看似闲谈般的讨论使小塞德兹在轻松和有趣之中学到了那些在书本上显得极为晦涩的知识。

同样，妈妈在训练培养孩子行为习惯的时候也应如此，切忌让训练成为孩子的一件“苦差事”，要时刻谨记让孩子在快乐的心情中得到体验，获得成长。

北京市十佳班主任郑丹娜老师为了帮一年级的小学生们逐步建立起礼仪意识，把各种礼仪规范编成了童谣，如：课上礼仪儿歌“上课时，做正直，两手放平看老师，要发言，先举手，老师允许再开口”；文明礼貌儿歌“春风吹，阳光照，自觉排队进学校，见到师长问声好，见到同学说声早，这样才是有礼貌”；课间礼仪儿歌“下课时，看课表，先把用具准备好，楼中走路靠右行，不打不闹不追跑，安全礼让记心间，学校纪律要记牢”……

除此之外，为了强化学生的规则意识，郑丹娜老师还和孩子们共同创编了一些礼仪口令，如排队时老师说：“快静齐”，学生接着答：“让我们的队伍静悄悄”；在楼中行走老师说：“靠右行”学生接着说：“不跑不跳不打闹”……

郑丹娜老师曾指出：儿歌的诵读，口令的强化，能够帮学生们逐步建立起礼仪意识，但要真正形成习惯，还需要一个训练的过程。

要想训练收到好的成效，妈妈就要保证孩子能够快乐的接受训练。如果只是在训练中一味地强调“苦练”，而忽视了孩子的兴趣，那孩子往往会因为妈妈太过“严格”而产生“逆反情绪”，就会在过度的限制中，厌恶抵抗习惯训练，逃避习惯培养。

因此，妈妈要想出一些巧办法，让孩子在快乐的心情下接受训练。比如要培养孩子热爱家务劳动的好习惯，就可以让孩子帮忙洗碗，开始的时候如果妈妈不引导，孩子就有可能只能感受到洗碗会造成满手的油腻，很不舒服，因而对洗碗会产生抵触的情绪。但如果在孩子洗碗的过程中，妈妈在一旁及时给予适度的表扬，诸如“一点不怕脏，真棒”、“东西收拾得真干净”，那么孩子就会从大人那里得到极大的快乐和满足，而这些快乐和满足就完全取代了因为洗碗把手弄油所造成的厌恶和痛苦，孩子今后就还会持续地主动做出同样的行为，形成热爱家务劳动的好习惯。

所以，在孩子培养习惯的训练中，调动孩子的积极性和主观能动性非常重要，让孩子在愉快、生动有趣的氛围中接受行为训练，从而达到事半功倍的效果。

同一时期，只培养一种习惯

如果我们对“习惯”下一个定义，所谓的“习惯”，就是人和动物对于某种刺激的“固定性反应”，这是相同的场合和反应关系反复出现的结果。所以，如果一个人反复练习饭前洗手的话，那么这个行为就会融合到他更为广泛的行为中去，养成“爱清洁”的习惯。

习惯是某种刺激反复出现，个体对之做出固定性反应，久而久之，形成了类似于条件反射的某种规律性活动。它包括生理和心理两方面，即能够直接观察及测量的外显活动和间接推知的内在心路历程——意识及潜意识历程。而且，心理上的习惯，即思维定式一旦形成，则更具持久性和稳定性，在更广泛的基础上，就成了性格特征。

孔子在《论语》中提到：“性相近，习相远也”、“少小若无性，习惯成自然”。意思是说，人的本性是很接近的，但由于习惯不同便相去甚远；小时候培养的品格就好像是天生就有的，长期养成的习惯就好像完全出于自然。

成功是从良好的习惯开始的，习惯成自然，从小养成的习惯可以比较轻松、毫不费力地做得到。看看我们自己，看看我们周围，看看芸芸众生，好习惯造就了多少辉煌成果，而坏习惯又毁掉多少美好的人生！

想想看，习惯一旦形成，它就极具稳定性，心理上的习惯左右着我们的思维方式，决定我们的待人接物；生理上的习惯左右着我们的行为方式，决定我们的生活起居。日常的生活本身就是习惯的反复应用，而一旦遇上突发事件，根深蒂固的习惯更是一马当先地冲到最前面，所以，习惯虽小，却影响深远。你可以遍数名载史册的成功人士，哪一个没有几个可圈可点的习惯在影响着他们的人生轨迹呢？

虽然我们要注意培养孩子的好习惯，但俗话说，不能一口吃成个胖子。古往今来，凡是卓有成就的人，他们都有一个共同点，那就是将精力用在做一件事情上，专心致志，集中突破，这是他们做事卓有成效的主要原因。著名的效率提升大师博恩·崔西有一个著名的论断："一次做好一件事的人比同时涉猎多个领域的人要好得多。"富兰克林将自己一生的成就归功于"在一定时期内不遗余力地做一件事"这一信条的实践。

史蒂芬·柯维在为一些经理人做职业培训时，有一次，一位公司的经理去拜访他，看到柯维干净整洁的办公桌感到很惊讶，他问史蒂芬·柯维说："柯维先生，你没处理的信件放在哪儿呢？"

柯维说："我没处理的信件都处理完了。"

"那你今天没干的事情又推给谁了呢？"这位经理紧追着问。

"我所有的事情都处理完了。"史蒂芬·柯维微笑着回答。看到这位经理困惑的表情，史蒂芬·柯维解释说："原因很简单，我知道我所需要处理的事情很多，但我的精力有限，一次只能处理一件事情，于是我就按照所要处理的事情的重要性，列一个顺序表，然后就一件一件地处理。"说到这儿，史蒂芬·柯维双手一摊，耸了耸肩膀。

"噢，我明白了，谢谢你，史蒂芬·柯维先生。"

几周以后，这位公司的经理请史蒂芬·柯维参观其宽敞的办公室，对史蒂芬说："柯维先生，感谢你教给了我处理事务的方法。过去，在我这宽大的办公室里，我要处理的文件、信件等，堆得和小山一样，一张桌子不够，就用3张桌子。自从用了你说的法子以后，情况好多了，瞧，再也没有没处理完的事情了。"

这位公司的经理，就这样找到了处理繁重事务的办法，几年以后，成为美国社会成功人士中的佼佼者。这个道理同样适用于对孩子习惯的培养上。作为妈妈，我们在同一个时期，只培养孩子的一种习惯，你会发现孩子的好习惯更容易形成。若想要一下子让孩子培养多种习惯，他反而会一事无成。

教育就是培养习惯

在当前社会竞争激烈的大环境下，培养孩子的良好习惯对孩子的身心健康和谐发展有着深远的意义。

幼儿期是培养习惯的最佳期，在这段时间内，培养孩子良好的行为习惯和生活习惯更为容易。古代家教思想中提出了“教子婴孩”“早论教”，这些思想都显示在孩子无知、无所疑的时候，进行教育是容易的。

家庭是孩子成长的第一环境，是孩子习惯形成的摇篮，6岁前的儿童与家庭的关系更为密切、长久，家庭对孩子的影响也更多更大。妈妈培养孩子养成良好的习惯也就更为重要和有意义了。

芳芳的爸妈在外地工作，芳芳自小生活在爷爷奶奶身边，备受宠爱。就算芳芳上幼稚园的时候，两位老人也天天陪着孙子上学，一步不离，为孙子服务：帮上厕所的孙子脱裤子；帮孙子冲奶粉，一勺一勺的舀给孙子喝；中午吃饭，爷爷奶奶一个喂菜一个喂饭，数着米粒往孙子的嘴里添；睡午觉时爷爷奶奶要给孙子脱下衣服、鞋子，盖上被子，哄孙子睡着后，才轮着打个盹……

直到有一天，幼稚园举办了开放妈妈参观的活动，看到芳芳不会洗手、不会用杯子接水喝、不会脱鞋子、不会擦鼻涕……总跟着别人后面拖拖拉拉，老人才真正意识到娇惯对孩子的危害。

可见，作为儿童第一任老师的妈妈，更应该积极为儿童创造适宜的家庭环境，通过日积月累，让儿童的良好生活习惯在不知不觉中形成。

美国学者特尔曼从1928年起对1500儿童进行了长期的追踪，发现这些“天才”儿童平均年龄为7岁，平均智商为130。成年之后，又对其中最有成就的20%和没有什么成就的20%进行分析比较，结果发现，他们成年后之所以产生明显的差异，其主要原因就是前者有良好的学习习惯，强烈的进取精神和顽强的毅力，而后者缺乏。

正如爱因斯坦所说：“一个人取得的成绩往往取决于性格上的伟大。”而构成孩子性格的，正是日常生活中的一个个好习惯。好习惯养成得越多，个人的能力就越强。养成好的习惯，就如同为梦想插上翅膀，它将为人生的成功打下坚定的基石，孩子的一生都会受益；养成好的习惯，孩子的人格魅力便会自然得到提升。

习惯是日积月累的细节，培养孩子良好的习惯和高尚的道德情操，应从“大处着眼，小处着手”，在一举一动、一言一行中逐渐养成。习惯在不知不觉的成长中经年累月影响着孩子的品德，左右着孩子的成败。

教育的目的是帮助孩子取得成功，所以，教育就是要培养习惯。所谓习惯，就是经过重复练习而巩固下来的思维模式和行为模式，例如人们长期养成的学习习惯、生活习惯、工作习惯等。常言道：习惯养得好，终身受益。少小若无性，习惯成自然。可见，习惯是由重复制造出来的，并根据自然法则养成的。

其实，生活习惯和学习习惯的培养是一脉相承的，一些学习习惯不良的孩子，往往在生活上也有许多不良习惯。因此，培养习惯应该从点滴生活小事做起。儿童正处于生理、心理快速发展的重要阶段，处于形成各种习惯的关键时期。从小养成良好的习惯，一辈子受用不尽。

培养孩子的自制习惯，等于孕育孩子成功的未来

贝利从小就显现出非凡的足球天赋，他常常踢着父亲为他特制的“足球”——用一个大号袜子塞满破布和旧报纸，然后尽量捏成球形，外面再用绳子捆紧。贝利经常在家门前那条坑坑洼洼的小街，赤着脚练球。尽管他经常摔得皮开肉绽，但他始终不停地向着想象中的球门冲刺。

渐渐地，贝利有了些名气，许多认识不认识的人常常跟他打招呼，还向他递烟。像所有未成年人一样，贝利喜欢吸烟时的那种“长大了”的感觉。

有一次，当贝利在街上向别人要烟的时候，父亲刚好从他身边经过，父亲的脸色很难看，贝利低下头，不敢看父亲的眼睛。因为，他看到父亲的眼睛里有一种忧伤，有一种绝望，还有一种恨铁不成钢的怒火。

父亲说：“我看见你抽烟了。”

贝利不敢回答父亲，一言不发。

父亲又说：“是我看错了吗？”

贝利盯着父亲的脚尖，小声说：“不，你没有。”

父亲又问：“你抽烟多久了？”

贝利小声为自己辩解：“我只吸过几次，几天前才……”

父亲打断了他的话，说：“告诉我味道好吗？我没抽过烟，不知道烟是什么味道。”贝利说：“我也不知道，其实并不太好。”说话的时候突然绷紧了浑身的肌肉，手不由自主地往脸上捂，因为，他看到站在他跟前的父亲猛地抬起了手。但是，那并不是贝利预料中的耳光，父亲把他搂在了怀中。

父亲说：“你踢球有点天分，也许会成为一名优秀的运动员，但如果你抽烟、喝酒，那就到此为止了。因为你将不能在90分钟内保持一个较高的水准。这事由你自己决定吧。”

父亲说着，打开他瘪瘪的钱包，里面只有几张皱巴巴的纸币。父亲说：“你如果真想抽烟，还是自己买比较好，总跟人家要，太丢人了，你买烟需要多少钱？”

贝利感到又羞又愧，眼睛里涩涩的，可他抬起头来，看到父亲的脸上已是泪水纵横……后来，贝利再也没有抽过烟。他凭着超人的自控能力和不懈的勤学苦练，终于成了一代球王。

柏拉图说：“就人本身而言，最重要和最重大的胜利是征服自己，而最可耻和最可鄙的莫过于被自己的私欲所征服。”人贵在自制，自制是一切好习惯之本，当一个人有了自制的习惯，便不会因为懒散而养成拖拉的习惯，不会因为没有耐心而养成做事有头无尾的习惯，也不会因为虚荣心作祟而养成撒谎的习惯。所以，孩子要养成好习惯，就首先要会自制。

而有自制习惯的孩子，才能在人生的大海中扬帆远航，到达胜利的彼岸。因为任何人要成就大的事业，都不能随心所欲、感情用事，必须对自己的言行有所克制，这

样才能使自己的错误、缺点得到抑制，为自己的成才之路扫清道路。

高尔基说："哪怕是对自己的一点小小的克制，也会使人变得强而有力。"德国诗人歌德说："谁若游戏人生，他就一事无成，不能主宰自己，永远是一个奴隶。"一个人要想成为能够主宰自己命运的强者，成就一番事业，就必须对自己有所约束、有所克制。因此，对孩子的自控教育是家庭教育必不可少的内容之一，培养孩子的自制习惯也是妈妈育子的一大重要环节。

但是人的自制能力和自我管理能力并不是天生的，它和人的其他能力一样，都是后天开发出来的，每个人的自我管理能力都是可以不断提高的。尤其是孩子，他们的自控能力在日常生活中会逐渐提高。作为妈妈，要有意识地提高孩子的自控力，要培养起孩子自制的习惯，可以从以下几个方面做起：

第一，从日常生活小事做起。人的自制力是在学习、生活、工作中的小事中培养、锻炼起来的。许多事情虽然微不足道，但却影响到一个人自制力的形成。如早上按时起床、严格遵守各种制度、按时完成学习计划等，都可积小成大，锻炼自己的自制力。

第二，告诉孩子要对自己多分析，找出自己在哪些活动中、何种环境中自制力差，然后拟出培养自制力的目标步骤，有针对性地培养自己的自制力；然后是对自己的欲望进行剖析，扬善去恶，抑制自己的某些不正当的欲望。

第三，进行暗示和激励。自制力在很大程度上就表现在自我暗示和激励等意念控制上。意念控制的方法有：在孩子紧张时，为孩子念一些建立信心、给人以力量的话，时时提醒、激励他们；在面临困境或诱惑时，利用口头命令，如"要沉着、冷静"，以组织孩子自身的心理活动，使其获得精神力量。

第四，要孩子经常进行自省。如当他们学习时忍不住想看电视，让孩子马上警告自己管住自己；当遇到困难想退缩时，马上警告自己别懦弱。这样往往会唤起孩子的自尊，战胜怯懦，成功地控制自己。

是聪明还是笨，成功还是要勤奋

尼克松的家境并不富裕，一家人只能靠种地糊口。父亲在自己的菜园里辛勤劳作，供养着一家人。母亲则是一个有着文化修养的伟大母亲，更多地承担了教育子女的责任。自尼克松出生后，她就用自己的智慧和耐心教育他。在尼克松 6 岁上学之时，母亲早就教会他读一些书籍了。

尼克松 9 岁时，父亲卖掉了屋子和菜园、果园，把家搬到了惠特尔。父亲十分勤劳，靠自己的双手辛勤耕耘，努力改变全家人的命运。终于，他有了属于自己的加油站，后来又办起了杂货店，并专门出售自家制的馅饼和蛋糕，将尼克松母亲的手艺绝活推向了市场。

妈妈的勤劳对尼克松产生了很大影响。他很早就帮忙操持家务，做些力所能及的事，妈妈经常拿《圣经》中的"你必须汗流满面，才得糊口"这句话来教育他。尼克松把这句话牢牢记在心底。尼克松很快就成了家里的得力帮手。在父亲和母亲辛勤劳动的带动下，尼克松充分认识到只有劳动才能创造一切，才能满足自己的需求。给家人帮忙让尼克松深深体会到了劳动的快乐和成果。尼克松回忆到，他每天早晨4点钟就起床，5点赶到洛杉矶第七街菜市场。他自己挑选水果和蔬菜，把价钱还到最低，选购好的货物用马车送回家，等这些货物洗净、分级，放到店铺后，接着在8点钟去上学。尽管很辛苦，但每次劳动后，尼克松都感到一种轻松和快乐。因为他靠自己的努力，得到了收获。

童年的经历使他一生都保持勤劳，尼克松终生都谨记妈妈教给他的那句话，靠自己的付出来实现人生的目标。

尼克松的妈妈告诉他说："人生的目标要靠自己的付出才能实现。"在妈妈的带动下，尼克松也养成了勤奋用功的习惯，这为他以后的成功打下了坚实的基础。

在一个学校或者是在一个班级中，通常有两类学生是容易受到老师喜爱的：一种是非常聪明又非常勤奋的，另一种是不算聪明却非常勤奋的。可见，勤奋的孩子，走到哪里都会招人喜欢。在人生的旅途中，有许多聪明的人常常在最后变笨了，而原本被认为是笨的人，却常常在最后变得聪明了。勤奋的人不一定会成功，但是如果人要取得成功，就永远离不开勤奋。

所以，作为妈妈，我们不应该为孩子的低智商而气馁，也不要为孩子的高智商而沾沾自喜，而是应该将视角转移重视自己的孩子是否努力勤奋，把这种理念传递给孩子，让他们感受到只有努力才能获得妈妈的认可和夸奖。

美国近期的一项研究得出结论：如果一个孩子总是自认为自己很聪明，很有可能在面对挑战的时候想回避。在一项实验中，老师让幼儿园的孩子们回答问题，她对其中一部分的孩子说："你们答对了8道题，你们很聪明。"而对另一半的孩子换了种说法："你们答对了8道题，你们确实付出了巨大的努力。"接下来，这个老师分别给两个部分的孩子布置新任务让他们自己选择，一种是他们在完成的时候也许会出现一些差错但是最终可以学到一些东西，另一种是他们有把握一定可以做得好。结果那些被夸奖为"聪明"的孩子大多都选择了后者，而那些被夸奖为"努力"的孩子则大多数选择了前者。

夸奖自己的孩子聪明，会有一个缺陷：孩子在潜意识中认为是由于自己聪明才会一帆风顺，逐渐对自己的感觉良好，想着自己的将来一定是只会成功，不会失败。时间长了之后，就容易对自己的评价不那么客观了。如果他把事情做得很好，他就会认为只是他聪明罢了，一旦他受到了挫折，他的第一反应很可能就是"我并不聪明"，随之对一切都失去了兴趣。这样的孩子将来走上社会之后就会感觉自己有点输不起，甚至会导致终生一蹶不振。

所以，妈妈最好是赞美自己的孩子"勤奋"，当我们在夸奖他勤奋的时候，其实就是在鼓励他继续努力去寻求更多的挑战，这样可以帮助孩子在遇到挫折的时候不会气馁，他会始终认为自己不懈努力去做的事情是一件值得的事。

懒惰者永远不会在事业上有所建树，永远不会使自己变得聪明起来。唯有勤奋者，才能在无垠的知识海洋里猎取到真知实才，使自己变得聪明起来。任何目标都是需要经过认真地付出才能够实现，勤奋努力的习惯最好是从小就培养，越小越好。妈妈在夸奖孩子勤奋努力的同时，也就是在鼓励他继续努力去挑战更高的目标，通过这样的方式启发孩子认识到对自己的责任，开阔人生。

珍惜时间的习惯，是通往成功的捷径

在美国现代企业界里，与人接洽生意能以最少时间产生最大效益的人，非金融大王摩根莫属。为了珍惜时间，他招致了许多怨恨，但其实人人都应该把摩根作为这一方面的典范，因为人人都应具有这种珍视时间的美德。

摩根每天上午 9 点 30 分准时进入办公室，下午 5 点回家。有人对摩根的资本进行了计算后说，他每分钟的收入是 20 美元，但摩根说好像不止这些。所以，除了与生意上有特别关系的人商谈外，他与人谈话绝不在 5 分钟以上。

通常，摩根总是在一间很大的办公室里，与许多员工一起工作，他不只是一个人待在房间里工作。摩根会随时指挥他手下的员工，按照他的计划去行事。如果你走进他那间大办公室，是很容易见到他的；但如果你没有重要的事情，他是绝对不会欢迎你的。

摩根有极其卓越的判断力，他能够轻易地判断出一个人来洽谈的到底是什么事。当你对他说话时，一切转弯抹角的方法都会失去效力，他能够立刻判断出你的真实意图。这样卓越的判断力使摩根节省了许多宝贵的时间。有些人本来就没有什么重要事情需要洽谈，只是想找个人来聊天，而耗费了工作繁忙的人许多重要的时间，摩根对这种人简直是“恨之入骨”。

苹果电脑公司的创始人史蒂夫·乔布斯在斯坦福大学上曾对新生做了如下的演讲，他说在他 17 岁的时候，曾经读到一句格言“如果你把每一天都当成生命里的最后一天，你将在某一天发现原来一切皆在掌握之中”，这句话对他日后产生了深远的影响。对于每个人来说，时间都是平等的，谁更能够抓住时间，谁就可以得到时间老人的奖赏。但是孩子们由于年龄尚小，还不知道人生的目标和使命，往往缺少时间的紧迫感，也不懂得如何科学地来利用时间。对于孩子来说，时间是财富、是资本、是命运，是千金难买的无价之宝。教会孩子合理、充分地分配利用时间，是妈妈的一项重要任务。所以，作为妈妈，我们应该重视培养孩子安排时间、运用时间的能力，培养孩子珍惜时间的习惯。

建议一：培养孩子良好的时间观念。养成良好的时间观念是一个人做事成功的基本前提，但并不是意味着全部。父母在与孩子朝夕相处的岁月中，向孩子渗透时间可贵的概念。妈妈有意无意在孩子面前所表露出的一举一动，都会对孩子行为习惯的形成起着至关重要的作用。

建议二：应该教育孩子尽量提高效率。为了提高效率，所以要强调科学用脑。用脑的时间过长，大脑就会变得迟钝，这时要适当地休息。此外，大脑的不同区域所负责的功能是不一样的。比如左脑主要是负责抽象思维，而右脑则是负责形象思维。因为，我们可以辅导孩子交替学习不同的内容，使大脑得到充分地休息。

建议三：教孩子善用整块时间干件大事。有些事情需要用比较集中的时间来完成，如果用零碎的时间，就容易造成时间的浪费。

建议四：杜绝孩子“磨蹭”的坏习惯。孩子只有在体会到磨蹭会给自己带来损失之后，才会自觉地快起来。因此，让孩子为自己的磨蹭付出代价，也可以说是改掉孩子磨蹭毛病的好方法。

建议五：教孩子用“倒计时”的方法来安排时间。有的事情是硬任务，必须在某个时间内完成，这就需要妈妈教会孩子用“倒计时”的方法来安排时间了。比如一件事情在10天之内必须要完成，这就需要规划一天应该完成多少，如果当天没有完成的话，就应该要及时补上，保证按时完成。

建议六：增加孩子的紧迫感。缺乏适当的紧迫感是许多孩子做事磨蹭的主要原因。所以，妈妈可以在孩子的生活中“制造”点紧张气氛，让孩子的神经紧绷些，使孩子的生活节奏加快。

放弃时间的人，时间也会放弃他。善于利用时间的人，永远找得到充实的时间。时间是最不值钱的东西，也是最宝贵的东西，因为有了时间，我们就有了一切。

珍惜时间的好习惯是做事成功的基本前提，成功与失败的重要分别在于怎样分配和安排时间。教你的孩子学会将时间利用到极致，那将是一笔珍贵的财产。如果一个孩子懂得珍惜时间、利用时间，应得的回报早晚会如期而至。

创造机会的习惯比等待机会的习惯离成功更近

有人对包括比尔·盖茨在内的世界上500位有影响的成功人士进行过研究，发现对每个人的人生事业有重大影响的机遇只有六七次。但是，人们往往抓不住第一次，因为太年轻；最后一次也抓不住，因为太老了。在剩下的几次中一般又会错过两次，最后只有两三次机会！由此可见，机遇对每个人都是公平的，但是对于渴求成功的人，机遇的质量重于数量。

一个成功者，不但要善于选择对自身成长最有效用的机遇，主动放弃那些对成长帮助不大的机会，而且对机遇的到来必须要有敏锐的嗅觉和判断能力，一旦把事情审查清楚，计划周密，就不再怀疑，敢于当机立断、果断行事。这样，当别人对机遇的到来还麻木不仁时，你已经捷足先登，抢占先机，从而大获成功。

遗憾的是，现实生活中总有这么一类人，他们做人做事缺乏主见，干什么事情总要依靠别人在旁扶持，哪怕遇到一点小事，也得东奔西走地去和亲友商量。愈商量，愈打不定主意，愈东猜西想，愈是糊涂，弄得大半生都消耗在犹豫不决之中，最终错失良机，也就失去了成功立业的机会。

“幸运之神会光顾世界上的每一个人，但如果她发现这个人并没有准备好要迎接她时，她就会从大门里走进来，然后从窗子里飞出去。”在某种意义上，时机就是一种巨大的财富，抓住机遇，就能成功。而善于抓住机遇，则需要锐利的眼光。

里根常常引用“机遇只偏爱有准备的头脑”这句话来教育他的子女们。他还解释说这里的准备主要有两方面的内容：一是知识的积累。没有广博而精深的知识，要发现和捕捉机遇是不可能的。二是思维方法的准备。只具备知识，而没有灵活的思维方式，就看不到机遇，只能任凭它从你身边默默溜走。我们平时能看到许多这样的事例。比如：牛顿见苹果落地，触发了灵感，发现了万有引力；伦琴在实验时，从手骨图像中，发现了X射线；耐克鞋受人喜爱，一部分归功于采用了“华夫糕式”鞋底，使鞋子变得轻巧美观。这项设计上的革新来自鲍夫曼，他说：“那天我看见妻子的蛋奶烘饼烤馍，想到鞋底也可以做成华夫糕模样。”

可见，机遇不是没有，也不是只靠等就能得到的。唯有智慧锐利的眼光，才会看到它时刻在向你招手。至于如何培养孩子具备这种抓住机遇的能力，并没有固定的模式和准则可循，但过人的洞察力和判断力无疑是可以通过训练得到的。

亚历山大在打完一次胜仗后，有人问他：“假使有机会，你想不想攻占下一个城邑。”“什么？”他听完居然怒吼起来，“即使没有机会，我也会制造机会！”世界上到处需要而恰恰缺少的，正是那些能够制造机会的人！

伟大的成就和业绩，永远属于那些富有奋斗精神的人们，而不是那些一味等待机会的人们。应该牢记，良好的机会完全在于自己的创造。所以，妈妈要培养孩子主动创造机会、把握机遇的习惯，而不是等待机会的习惯。比尔·盖茨曾说过，如果将等待机会变成一种习惯，这是一件危险的事。对任何事情的热心与精力，就是在这种等待中消失的。对于那些不肯付出努力而只会胡思乱想的人，机会是可望而不可及的。只有那些勤奋主动的人，不肯轻易放过机会的人，才能看得见机会。

心胸开阔的习惯，是成功人士的基本素质

所谓胸怀是指人的理想、见识、气度以及待人的态度。胸怀是人格的重要体现，具有宽广胸怀的人是人格高尚的人。

胸怀不是天生的，它是环境和教育的产物。由于独生子女所处的独特地位，极易造成胸怀上的弱点：自私，狭隘，嫉贤妒能，批评不得，失败不得。

一个能够成就一番事业的人一定是一个心胸开阔的人。妈妈如若想要自己的孩子成大事，就一定要培养孩子开阔的胸怀，只有养成了坦然面对包容一些人和事的习惯，才会在将来取得事业上的成功与辉煌。

胸襟开阔的人，虽然没有雄厚的资产，但其在事业上成功的机会，较之那些虽有资产但缺乏吸引力和缺乏“人和”的人要多，因为他们不仅到处受人欢迎，而且到处能得到别人的帮助。

一个只肯为自己打算盘的人，会到处受人鄙弃。其实你可以将自己化作一块磁铁，来吸引你所愿意吸引的任何人——只要你能在日常生活中，处处表现出爱人与善意的精神。假使你打算多交些朋友，你一定要宽宏大量。

具有宽大心胸的人，看出他人的好处比看出他人的坏处更快。反之，心胸狭隘的

人，目光所及都是过失、缺陷甚至罪恶。轻视与嫉妒他人的心胸是狭隘的、不健全的。这种人从来不会看到或承认别人的好处。假使那一个人众望所归，而他的好处也无人可以否认，心胸狭隘的人仍会用“不过”、“假使”等措辞去表示他对于那个受人敬仰的人的行为表示怀疑，希望能降低那人的声誉。而心胸开阔的人，即使憎恨他人时也会竭力发现对方的长处，并由此而包容对方。

那么，妈妈应如何培养孩子心胸开阔的好习惯呢?

首先要让孩子明白心胸开阔的重要性。妈妈可以通过向孩子讲有关胸怀方面的故事，引导和教育孩子。

其次，妈妈不能把孩子圈在家里，拒绝和别人接触，而应当经常鼓励、督促孩子与别人友好交往。教育孩子在与人交往时热情大方，慷慨待人。尤其教育孩子不因强而谀、不因弱而欺、不因残而讥、不因贫而笑、不因后进而轻视、不因先进而嫉妒，而应富有正义感、同情心、博爱精神和肚量。对于一个能顶天立地的人来说，照顾别人，与人分享和宽容厚道都是自身品格的自然流露。

再次，妈妈应要求孩子关心热爱他的集体，积极参加文体活动，为集体出力，以自己的才华为集体增光添彩。遇到个人利益和集体利益发生矛盾的时候，个人利益服从集体利益。心中有他人，有集体，有祖国，孩子的心胸该是怎样的广阔啊!

最后，还要教育孩子有自知之明和自我批评的精神。人无完人，金无足赤。处于成长阶段的孩子，缺点、错误在所难免。要帮助孩子找到自身存在的不足，不能让孩子认为自己十全十美。看到自己的短处才能看到别人的长处，才能接受别人的批评和意见。能自我批评是心胸开阔的标志之一。

在培养孩子心胸开阔的习惯时，妈妈的身体力行绝不可少。一个自私狭隘的人，是不会培养出心胸开阔的孩子的。所以，妈妈要知道，孩子的习惯多数来自妈妈的感染，身体力行是最重要的!

“马上去做”的习惯，是现代成功人士的做事理念

从前，有一个优秀的女孩叫莎丽·安东尼奥，她是大学艺术团的歌剧演员。在一次校际演讲比赛中，她向全校的师生展示了一个最为璀璨的梦想：大学毕业后，先去欧洲旅游1年，然后要在纽约百老汇中成为一名优秀的主角。

当天下午，莎丽的心理学老师找到她，尖锐地问了一句：“你今天去百老汇跟毕业后去有什么差别?”

莎丽仔细一想：“是呀，大学生活并不能帮我争取到百老汇的工作机会。”于是，莎丽决定1年以后就去百老汇闯荡。

这时，老师又冷不丁地问她：“你现在去跟1年以后去有什么不同?”莎丽苦思冥想了一会儿，对老师说，她决定下学期就出发。老师紧追不舍地问：“你下学期去跟今天去，有什么不一样?”

莎丽有些晕眩了，想想那个金碧辉煌的舞台和那只在睡梦中萦绕不绝的红舞鞋

……她终于决定下个月就前往百老汇。

老师乘胜追击地问："1 个月以后去，跟今天去有什么不同?"莎丽激动不已，她情不自禁地说："好，给我 1 个星期的时间准备一下，我就出发。"

老师步步紧逼："所有的生活用品在百老汇都能买到，你 1 个星期以后去和今天去有什么差别?"

莎丽终于双眼盈泪地说："好，我明天就去。"老师赞许地点点头，说："我已经帮你订好明天的机票了。"

第二天，莎丽就飞赴到全世界最巅峰的艺术殿堂——美国百老汇。当时，百老汇的制片人正在酝酿一部经典剧目，几百名各国艺术家前去应征主角。按当时的应聘步骤，是先挑出 10 个左右的候选人，然后，让他们每人按剧本的要求演绎一段主角的对白。这意味着要经过百里挑一的两轮艰苦角逐才能胜出。

莎丽到了纽约后，并没有急于去漂染头发、买漂亮的衣服，而是费尽周折从一个化妆师手里要到了将排的剧本。这以后的两天中，莎丽闭门苦读，悄悄演练。正式面试那天，莎丽是第 48 个出场的，当制片人要她说说自己的表演经历时，莎丽粲然一笑，说："我可以给您表演一段原来在学校排演的剧目吗？就 1 分钟。"制片人首肯了，他不愿让这个热爱艺术的青年失望。

而当制片人听到传进自己鼓膜里的声音，竟然是将要排演的剧目对白，而且，面前的这个姑娘感情如此真挚，表演如此惟妙惟肖时，他惊呆了！他马上通知工作人员结束面试，主角非莎丽莫属。就这样，莎丽来到纽约的第一天就顺利地进入了百老汇，为自己的梦想穿上了红舞鞋。

有一位心理学家多年来一直在探寻成功人士的精神世界，他发现了两种本质的力量：一种是在严格而缜密的逻辑思维引导下艰苦工作；另一种是在突发、热烈的灵感激励下立即行动。

当可能改变命运的灵感在世俗生活中喷发时，绝大多数人习惯于将它窒息，而后又回到原来的生活常轨：什么时候该做什么照常做什么。他们并没有意识到，内在的冲动是人类潜意识通向客观世界的直达快车。

威廉·詹姆斯说："灵感的每一次闪烁和启示，都让它像气体一样溜掉而毫无踪迹，这比丧失机遇还要糟糕，因为它在无形中阻断了激情喷发的正常渠道。"

如此一来，人类将无法聚起一股坚定而快速应变的力量以对付生活的突变。

世间永远没有绝对完美的事，"万事俱备"只不过是"永远不可能做到"的代名词。一旦延迟，愚蠢地去满足"万事俱备"这一先行条件，不但辛苦加倍，还会使灵感失去应有的乐趣。以周密的思考来掩饰自己的不行动，甚至比一时冲动还要错误。

所以，妈妈要教育孩子马上去做！亲自去做！这是现代成功人士的做事理念，任何规划和蓝图都不能保证孩子的成功，而只有孩子养成"马上去做"的习惯，才是真正在向成功出发。

天下最可悲的一句话就是："我当时真应该那么做却没有那么做。"

孩子如果只是沉浸在不切实际的幻想中，梦想着天上掉馅饼儿，而不是脚踏实地地付诸行动，那么幻想恐怕永远都是幻想。正所谓一分耕耘一分收获，天上掉馅饼儿的事的确有，但它不一定偏偏就掉在你头上。要想获得成功，只有辛勤地耕耘、劳作，只有从现在开始，马上做！

一张地图，无论多么翔实，比例多么精确，它永远不可能带着主人周游列国。一个人生规划，不管多么周密，也不可能永远指挥着孩子向前迈进。只有行动才能使地图具有现实意义！只有行动才能赶得上超出计划的变化！

所以，妈妈要让孩子知道，很多事业有成的人之所以能取得今天的成就，不是事先规划出来的，而是在行动中一步一步经过不断调整和实践出来的。因为任何规划都有缺陷，规划的东西是纸上的，与实际总是有距离的，规划可以在执行中修改，但关键还是要马上去做！根据孩子的目标马上行动，没有行动，再好的计划也是白日梦。让孩子现在就动手做吧！让孩子养成“马上做”的习惯，迎接成功的到来吧！

第十章 跟“再苦不能苦孩子”唱唱反调

每个孩子的身上都蕴藏着巨大的能力，但这个能力存在孩子的身体里时，就如盘古开天之前的那团混沌。挫折，正是那柄引爆“小宇宙”的开天之斧！生活太安逸的孩子，则无法爆发出强大的潜力。所以，要让孩子发挥最大能力，妈妈要正确对待挫折教育。

舍得让孩子去吃苦

据说在日本的北部生存着一种狐狸，当母狐狸生下幼崽后，狐狸家庭的生活是充满温馨和幸福的。狐狸崽儿刚开始蹒跚学步，狐狸妈妈便会迫不及待地教它们如何捕猎食物，再稍大一点，狐狸妈妈便狠心地把小狐狸咬走，逐出家门。当依恋家庭温暖的小狐狸偷偷地回家时，狐狸妈妈便会毫不嘴软地再咬，哪怕咬得鲜血淋漓，伤痕累累，也绝不容许它们返回家门。狐狸妈妈深知，小狐狸不可能靠自己养一生，在激烈的生存竞争中，只有学会高强的生存本领，长大才会潇洒自如地生存下去，而高强的生存本领只能靠从小锻炼才成。

无疑，狐狸妈妈的教子方法是很聪明的，大狐狸狠心地把小狐狸咬出家门，让小狐狸在吃苦中成长，久而久之，锻炼出小狐狸较强的生存能力。事实上这正应了我们中国的一句古话：“庭院里训不出千里马。”为了孩子能成为“千里马”，妈妈千万别把“小马驹”圈在庭院里保守地“饲养”，而应该让他们冲出庭院，到艰苦的环境中修好另外一门必修课——吃苦。

但是，“谁舍得孩子吃苦?”这种思想，存在于万千中国家庭，尤其是城市家庭中。由于只有一个孩子，很多家庭普遍存在 6 个大人（爷爷奶奶、外公外婆、父母）关注一个小孩的情形，长辈把所有的“爱”都倾注在一个孩子身上，不让他饿着、不让他冻着、不让他为家庭分一丝忧，只需他按照家庭的规划、要求上好学。这些孩子在养尊处优中度过自己的童年与少年时代，完全不识苦滋味。

可是，即使是温室里的花朵，他们也会遭遇成长过程中的寒风冷雨。当他们能够勇敢面对的时候，他们便会获得成功，当他们在困难面前一蹶不振的时候，就失去了继续向前的勇气。伟大的发明家爱迪生说过，厄运对乐观的人无可奈何，面对厄运和打击，乐观的人总会勇敢地迎接！而要让孩子能够乐观地勇敢地面对挫折，妈妈就要“舍得让孩子吃苦”。就算生活条件再好，吃苦成长也是一种必然，尤其是在竞争日益激烈的社会，作为孩子的妈妈，还是需要对孩子进行一点吃苦教育的。这一点上，中国的妈妈可以像美国的家长学习。

美国家庭，无论多么富裕，也十分舍得让孩子“吃苦”，不让孩子“炫富”。一些“富豪”，平时给孩子很少的零花钱，反而鼓励孩子去海滩为别人抹防晒霜、在街边为他人擦皮鞋挣零花钱，这种“教育”，不但培养孩子的自立意识、自立能力，而且，更让他们懂得劳动没有高低贵贱，每个人人格平等，靠自己的劳动获得回报是值得尊敬的，把依靠父母生活视为不耻。世界巨富比尔·盖茨和巴菲特把他们自己绝大多数财产捐献给了社会，比尔·盖茨说：“我不会给继承人留下很多钱，因为我认为这对他们没好处。”巴菲特也认为：“我希望我的3个孩子有足够的钱去干他们想干的事情，而不是有太多的钱却什么都不做。”

知心姐姐卢勤说过：“吃苦是一种心理承受力”。人在艰苦的环境中，战胜的不是环境，而是自己。21世纪是充满竞争的世纪，要做到敢于竞争、善于合作、富于创造，就必须从小加强心理素质教育，着力培养品格健全、意志坚定的精神。

过于平坦的路途练不出好的赛车手，妈妈在孩子的成长过程中要让他们吃点苦，这样他们才能够有承受挫折的能力。在孩子成长的过程中，适当让孩子吃点苦是好事儿。但是很多妈妈都舍不得让孩子接受吃苦锻炼。有些妈妈总是给孩子准备最好的食物和衣物，为孩子提供最好的生活条件。妈妈们都认为孩子要星星就一定要给他星星，要月亮就一定要给他月亮，自己辛苦一点没有关系，但是绝对不能委屈孩子，其实这样的妈妈是不明智的。一旦妈妈的所作所为让孩子感到理所当然了，孩子就不会再有感恩之心了。尽管妈妈为孩子付出了很大的代价，但孩子会觉得这一切都很容易，他会认为这是本来就应该拥有的。

所以，在某些时候，妈妈应该学会给孩子创造一些吃苦的条件，让他们学会吃苦，给他们一些经受挫折的机会。妈妈应该让孩子争取自己所需要的东西。当孩子通过努力获得他所需要的东西时，他才会知道在妈妈的爱和保护下是幸福的。

小测试：孩子应对挫折的魔法

带领你的孩子认真思考以下题目，它能帮助他们了解自己承受挫折的能力。

测试一：孩子承受挫折的能力有多强？

1. 碰到令人担心的事：

A. 照干不误

B. 无法安心进行自己的学习

C. 两者之间

2. 碰到讨厌的对手时：

A. 能控制感情，应付自如

B. 感情用事，无法应付

C. 两者之间

3. 失败时：

A. 努力寻找成功的机会

B. 不想再干了
C. 两者之间
4. 学习成绩下降时：
A. 可以冷静地想办法
B. 焦躁万分，无法思考
C. 两者之间
5. 学习感到疲劳时：
A. 耐住疲劳继续学习
B. 脑子不好使
C. 两者之间
6. 学习环境比较混乱时：
A. 克服困难创造条件，进行学习
B. 无法专心学习
C. 两者之间
7. 在绝望的情况下：
A. 力挽狂澜
B. 任命运摆布
C. 两者之间
8. 碰到困难时：
A. 开动脑筋
B. 失去信心
C. 两者之间
9. 遇到很难解决的习题时：
A. 千方百计攻破它
B. 放弃，等待老师的讲解
C. 两者之间
10. 困难落到自己的头上时：
A. 欣然努力克服
B. 厌恶至极
C. 两者之间

测试结果：

选择A得2分；选择B得0分；选择C得1分

在17分以上，说明承受挫折能力很强；

在10～16分之间，说明对某些特定挫折的承受力比较弱；

在9分以下的，说明承受能力比较弱。

测试二：面对逆境，孩子将如何选择？

假如有一天你背着降落伞从天而降，你最希望自己在什么地方降落？

A. 青葱的草原平地

B. 柔软的湖畔湿地

C. 树木繁茂的山顶

D. 高耸的华厦顶楼

测试结果：

选择 A 的人：你期盼自己有个平凡顺遂的人生，即使在运气不佳的时候，你也会尽其所能地使自己维持在正常的轨道中，重新寻找一个平衡、规则的生活步调。你是个墨守成规的人，适合规律的生活。

选择 B 的人：你的个性略为保守，面对人生的不如意时，能够逆来顺受。你会在运气不好的转折中，寻找改变自己的方法，偶尔也会希望打破成规，重新调整生活步伐，但是改变的幅度不会太大。

选择 C 的人：你是个喜欢大刀阔斧，让自己改头换面的人。你认为人生就是要不断注入新的体验，才能够进步，所以运气不好的时候，你都会将危机化为转机。你拥有相当积极的人生观。

选择 D 的人：你追求的是功成名就。处在逆境时，尽管你心中百般恐慌，但仍会凭着自我的机智与耐力渡过难关。千方百计想让自己更上一层楼，正是你迈向成功的最佳原动力。

积极认同孩子的挫败经历

霍英东找到的第一份工作，是在一艘旧式的渡轮上当加煤工。可是他的身体实在太单薄了，顾得上铲煤就顾不上开炉门，刚上班就被辞退了。不久，霍英东找到了第二份工作，日本占领军扩建启德机场，需要大量劳工，但工资非常低，每天只给半磅米和 7 角 5 分钱。而霍英东从他家所在的湾仔乘车到机场，路费就得要 8 角钱！霍英东没有办法，只好多吃苦步行，省下这笔交通费。他每天天不亮就起床，步行赶到码头，花 1 角钱渡过海，然后骑车赶到机场上班。劳工们干的都是苦力活，挖石抬土，消耗很大，但食物却很少，一天只能吃到 1 碗粥和 1 块米糕。霍英东总是感到又累又饿。有一天，工头让他去搬重达 50 加仑的煤油桶，结果被砸断了一根手指！工头也是中国人，出于同情，把霍英东调去学做汽车修理工。可是没过多久，喜欢冒险的霍英东自己试开汽车，结果把车撞坏了，又被炒了鱿鱼。

对于霍英东经历的这一切，母亲从来没有责备过他，而总是极力鼓励和支持，使得霍英东有了继续奋斗的勇气和信心。经历了无数挫折和艰苦，霍英东，最终成为人们眼中的超级成功人士。他是国际著名的房地产产业的巨头，亿万富翁。由他创办的霍兴业堂置业有限公司，现设有“有荣公司”“立信置业”“信德企业”等 60 多家公司，拥有香港建筑所必需的国产海沙的输港专利权，形成了一个遍布海内外的庞大工商业体系。

霍英东之所以能够取得成功，不仅仅是因为他有一个聪明的大脑，合适的机遇，还跟他个人的努力分不开。但是最重要的还是妈妈对他的支持，对他挫败经历的认同和鼓励。

不少妈妈认为，儿童年龄小，心理承受力差，只能接受良好的环境，并且以为“挫折”只能给孩子带来痛苦和紧张，所以把挫折看成是有百害而无一利的事情。这种观念成了他们对待孩子的态度，也会间接地影响孩子的发展。其实，让孩子从小就遭受一些挫折是很有好处的。作为孩子心目中偶像的妈妈，应正确地看待挫折的教育价值，把它看成是磨炼意志、提高适应力和竞争力的有力武器。

妈妈可从以下几个方面提高孩子承受挫折的能力：

1. 树立孩子的自信，给予其克服困难的勇气。生活不是理想中的世界，生活中充满失败与挫折，应该让孩子从小就懂得这一点，并培养他们在失败与挫折中奋进的勇气。妈妈可以通过古今中外许多历史人物或现代成功名人的例子，让孩子知道“失败”并不可怕，可怕的是一蹶不振和永远地放弃自我。要让他们从小知道，失败并不可耻，只要肯努力，总会成功的。

2. 教育孩子坦然面对挫折。有道是“人间没有不凋谢的花，世上没有不曲折的路”。妈妈要教育孩子坦然地面对挫折，把挫折看做是前进道路上必经的关口，从而增强心理的韧性。同时妈妈还要指导孩子调整努力的目标，扬长避短，努力发挥自己的优点和长处。

3. 有意设置障碍，培养抗挫折能力。任何人的成长都要经历无数的挫折。如果孩子总是一帆风顺，那么一旦遇到困难，就会情绪紧张，束手无策。因此，妈妈在平时应有意识为孩子创设挫折情境，为孩子打下勇于面对困难的预防针，让他获得应对挫折的适应能力。比如妈妈可以让孩子负责去做某件事情等，但要注意，障碍设置难度要适中，否则屡次失败，容易引起孩子的自卑。

4. 及时疏导，正确应对挫折。当孩子真的遇到挫折时，妈妈不能置之不理，采取“无视”态度或者指责、谩骂孩子，而应帮助孩子认真分析挫折产生的原因，采取正确的方法战胜挫折。同时还应让孩子认识到挫折本身并不可怕，最重要的是要敢于面对挫折。因此，妈妈在孩子遇到挫折时，适时地扶他一把，给予鼓励，才能帮助孩子学会忍受暂时的焦虑与不安，加强对困境和压力的容忍力，并且有信心和方法去克服困难。

挫折是人生的一部分，接受它，就是接受成长。所以，妈妈要认识到，孩子一生中不遇挫折是不可能的，要想让孩子在竞争中立于不败之地，必须对孩子进行挫折教育，在适当的环境下放开手脚，留给孩子一个生活自理的空间，让他在摔倒中逐渐增强抗挫的能力；使孩子能始终保持积极心态，形成执著的品性。

苦难教育是不可少的，因为苦难是不可避免的

一个研究《塔木德》的犹太学者，刚刚结束他的学习生涯，到艾黎扎拉比那里，请求给他写封推荐信。

“我的孩子，”拉比对他说，“你必须面对严酷的现实。如果你想写作充满知识的书，你就必须像小贩那样，带着坛坛罐罐，挨门挨户地兜售，忍饥挨饿直到40岁。”

“那我到40岁以后会怎么样？”年轻的学者满怀希望地问。

艾黎拉扎比鼓励地笑了：“到了40岁以后，你就会很习惯这一切了。”

这一则小故事流行于犹太人之间，他们用这样的故事教育后代苦难是不可避免的。苦难教育对一个人的一生影响深远，很多人总是逃避苦难，不愿意去品尝，但要知道，只有经历苦难，才能从苦难中汲取动力和能量，只有真正懂得苦难的含义，才能品出苦难赋予它的甜。

妈妈要让孩子自小接受艰难困苦的磨炼，教会他们敢于面对挫折，不怕失败，以培养他们坚忍不拔的意志和毅力。经过在逆境中千锤百炼成长起来的孩子才能更具生存竞争力，这也是妈妈应为孩子尽到的义务和责任。

让孩子的心理上经得起挫败，关键就是要他能“缩小”自己，不要有唯我独尊的意识，在看问题的时候能够从别人的角度来看，那么他就不会轻易被一件小事情打败了。

然而，现在的很多家庭，妈妈不舍得孩子吃苦，他们动辄“宝贝宝贝”地叫着，恨不得为孩子做一切。在这样的教育下，孩子好吃懒做、娇气任性，还缺乏责任心、感恩心。站在孩子的角度想一想：很多事情没有经历，不知道生活还有不如意的一面，很多东西从来都是像天上掉下来的一样容易，不需要费一点心力，这个时候，他怎么有机会、有能力去承担生活给他的各种考验呢？

现在的孩子，尤其是那些家境优越的孩子，他们从来没有认真努力过，总认为一切都不用愁，自有妈妈安排。这样的孩子就是缺乏了危机的意识，相信当真正的困难来临的时候，他们会被彻底打败。在任何情况之下都保持着高度的警惕，才能更好地掌握自己的命运。

给孩子进行苦难教育，孩子才能真正强大。如何培养孩子的危机意识呢？可以有以下的几种方法：

1. 妈妈不用担心给孩子的物质条件不够或者觉得自己孩子穿的吃的比不上别的孩子，应当明确告诉孩子，家里条件没他想象得好，妈妈挣钱不容易。如果希望得到更好的东西，那么要通过自己的努力来实现。

2. 在培养孩子危机意识的过程中，不应该一味地批评和限制，当孩子有一些进步时，比如懂得节俭了。妈妈也应当不失时机地加以表彰和鼓励。

3. 要使孩子的危机意识成为一种思考习惯。在孩子小的时候，就告诉他：“不努力马上就会有危机，你立刻就会得不到你想要的好东西。”先让他在脑子里形成这种条件反射和好的习惯。当他慢慢长大时，再不断地向他灌输奋斗、进取的意义。

不害怕孩子失败，教孩子正确面对失败

孩子在学习过程中遇到失败是难免的，而面对孩子的失败，往往最难受的就是妈妈，他们对孩子的失败比对自己的失败更加痛苦，有些妈妈往往采取掩盖和安慰的方

法去让孩子逃避失败。殊不知，她们这种害怕孩子失败的心态，可能会导致孩子一蹶不振，毁了孩子的未来。

每个孩子都渴望成功，但由于年龄小、能力有限、经历和经验缺乏以及各种因素的影响，难免会遭受失败和挫折。一次小小的失败，对成人来说是微不足道的，对孩子来说却是一个不小的打击。

在我们的生活中，有许多这样的孩子，他们本来拥有聪明的头脑，以前也曾是全班甚至全校的尖子生，但往往因为一次考试不理想或是老师某一句话对他的打击，就变得消沉起来，学习成绩下降、上课精力不集中，甚至是逃学。

在这种心态的影响下，这样的孩子就可能变得精神萎靡，消沉慵懒，做事没劲头，完全一副颓废的模样。这种心态如果得不到调整，他的一生就只能是碌碌无为，不敢面对一点困难。

凯丽是小学生，新学期刚开学时，他们班开展了“一帮一”活动，凯丽的任务是帮助一位考分总在60分上下的男生。

班里只有10个人被分配了任务，刚接到这个任务的时候，凯丽又得意又紧张。她对这个任务很上心，每天一放学，她就留在班里帮那个男同学解答难题，回家后还不忘打电话提醒那个男同学背单词。

可是这个学期快结束了，那个男孩的各科成绩还是在60分左右。因为这个，老师在班会上当着全班同学的面批评了凯丽，说她没能帮助同学共同进步。在随后改选班干部时，当了1年多小队长的凯丽落选了。

这件事对凯丽的打击很大，她哭着对妈妈说不想在这个学校读书了，想转到别的学校去。妈妈对她说：“妈妈知道这件事情你受委屈了。”

听了这话，刚刚忍住不哭的她眼泪又落了下来。妈妈接着问：“告诉妈妈，你尽最大努力了吗?”凯丽使劲点了点头。

“这就可以了，你要知道，世界上很多事并不是你尽力了就一定能成功的。但只要你尽最大努力就可以了。”这以后，凯丽深深记住了“凡事尽最大努力就好”这句话。

现在妈妈们面临的最大挑战，就是如何面对孩子的失败而仍然有信心去鼓励和支持他。每个妈妈都希望孩子能获得更多的成功，从中体验竞争和胜利带来的快乐。但是，任何成功都来之不易，需要不断进取和努力，更需要面对挫折和困难。

还有些妈妈喜欢对孩子使用空洞的说教，比如“失败是成功之母”、“不吃苦中苦，怎做人上人”等这样的语言，一来没让孩子得到真实的体验和帮助，二来孩子也无法理解其中真正包含的意义。

正确的做法是和孩子一起分析失败的原因，帮助孩子认识到哪些导致失败的原因是自己可以改变的，哪些是改变不了的。

很多时候，给孩子带来最大打击的往往不是失败本身，而是他对失败的理解。作为妈妈，帮助孩子正确面对失败很重要。一般可以这么做：

1. 妈妈应尽早训练孩子正确对待失败。妈妈要告诉孩子失败在人生的道路上很难避免，让孩子在思想上要有准备，如果准备好，失败就会小，即使遇到失败也容易承受，将失败的损失降到最低程度。鼓励孩子勇于承担风险，如果孩子总是躲避风险，他就会缺乏自信心，因为躲避风险会使他无法获得真正成功的感觉。那么，就鼓励他去做以前从未做过的事，在成功中寻找自信。对孩子的尝试要多加赞扬。

2. 防止孩子的消极态度。有的人在失败后，消极、颓废、自卑、沮丧，从此一蹶不振，失去对生活的希望，或引起不恰当的对抗行为等，这是对待失败的消极态度。妈妈应教育孩子防止这种消极态度，以积极态度来对抗消极态度。如果你的孩子在某一件事上失败了，绝不能责怪他、讽刺他，更不能嘲笑他，而要安慰他、鼓励他、开导他，激起孩子重新奋起的决心和自信心。

3. 教孩子变失败为成功。如果能从失败中吸取教训，砥砺人的意志，就能使人更成熟、坚强，激励人从逆境中奋起。妈妈训练孩子正确面对失败，就是使孩子勇敢地面对失败，变失败为成功之母。

4. 告诉孩子不必太在乎外界评价。应该告诉孩子，谁都不可能总是在辩论会上得第一名，也不可能总是得奖章。要让孩子知道，就是在没有外界奖赏的情况下，他也应坚定地走自己的成功之路。

因材施教，给孩子一个遭遇挫折的机会

一位美国儿童心理学家说：“有十分幸福童年的人常有不幸的成年。”很少遭受挫折的孩子长大以后会因不适应激烈竞争和复杂多变的社会而深感痛苦。孩子早晚都要自己面对激烈的社会竞争，而许多妈妈却不敢把孩子放出去，怕他们经验不足，怕他们上当受骗，什么都不敢让孩子自己去做。这样做的结果是孩子的心理承受能力相当脆弱，经不起一点挫折。

现在很多家庭都是只有一个孩子，所以妈妈们就把孩子当做掌上明珠，不肯让孩子吃一点苦。他们千方百计为孩子打点一切，使孩子生长在非常安逸的环境下，孩子在成长中很少或根本就没遇到过挫折，表面上一帆风顺，其实非常危险。孩子没有机会经历挫折，严重缺乏抗挫的能力和经验，一旦遭遇困境就会引发种种问题……

孩子应付挫折的能力与素质，只有在挫折中才能锻炼出来，任何理论的说教都不可能产生好的效果。因此，妈妈要适时地为孩子提供适度的挫折情境，从而让孩子从挫折经历中学会应付挫折的方法，增强耐挫力。

6岁的豆豆活泼可爱，由于她的妈妈是她所在幼儿园的教师，所以她在上幼儿园期间一直被老师“特殊照顾”，没有经历一点点挫折。可是当她结束幼儿园的生活进入学前班以后，因为没有了以往的“特殊照顾”，她便产生了一种失落感。

生活中，还经常出现这样的现象：如果孩子第一次系鞋带的时候打了个死结，妈妈们便不会再给孩子买有鞋带的鞋子；如果孩子第一次洗碗的时候弄湿了衣服，妈妈们就不再让孩子走近洗碗池。这样的孩子永远也学不会系鞋带，学不会洗碗。他们长大后遇到困难也会想办法绕开，因为他们没有学会克服困难的方法。

其实，孩子这种脆弱的心理，与妈妈的教育方式有着密切关系。由于现在的孩子

大多是独生子女，爸爸妈妈生怕委屈了孩子，在很多事情上都小心翼翼。孩子能做的事不让做，孩子能参加的活动不让参加，长此以往，孩子好奇、好玩、敢于冒险的天性慢慢被泯灭，养成了胆小和懦弱的个性。

同时，妈妈的纵容娇惯磨灭了孩子的坚强意志。比如孩子摔倒了，妈妈赶紧把孩子抱起来一味地怨天怨地；孩子在学校摔破了皮，有的妈妈会不惜一切代价去“讨个说法”……妈妈的娇惯使孩子根本不知道什么是苦、累，什么是挫折，斗志在慢慢消磨，稍遇到一点挫折就不知所措，甚至意志消沉。

心理学研究表明，有两种人能经受考验：一种是在逆境中成长起来的人；另一种虽没有逆境可言，但从小受过良好的教育，心胸开阔，有坚强的个性。现在的孩子由于生活条件的改善，大多没有逆境。要想让这些孩子成材，让他们学会正确地应挫，更成了挫折教育的重点。

时下，妈妈们更多地关注孩子的早期智力开发，而较为忽略非智力因素的培养。大多数孩子“娇”、“骄”二气严重及阳刚之气不足，很大程度上是由于对他们性格、意志等非智力因素引导训练不足而造成的。

所以，妈妈必须适当地对孩子进行“逆境教育”，有意地创设一些困难与挫折的情境，或提出一些严格的要求，使孩子得到情感、意志与适应性的训练。可以试着把这种“挫折教育”深入到孩子的游戏中进行，并作为妈妈对孩子教育的一大指导思想与内容。

学会用“劣性刺激”来磨砺孩子

在一个苹果园，宋乔看到一个奇怪的现象，就是每棵苹果树的树枝上都垂着根绳子，绳子的一端系在树枝上，一端牢牢地绑着石块。

宋乔就问果农，这样不怕把树枝压断吗？

果农笑笑说：“现在不压着它，等到了秋天，满树都是苹果，那就真的要被压断了！”

初看，不禁满口赞叹果农的超前意识，细想，这是果农长期实践得出的经验。

孩子就像苹果树，不断地成长着，在成长的过程中，接受着妈妈源源不断的爱。只是有时，妈妈的爱就像一张大网铺天盖地张开，为了防治病虫害，为了阻挡风雨侵袭，为了让它尽快成长，结出漂亮的果实，妈妈甚至剥夺了果树生长的自然环境，违背了它的成长规律，拼命地浇水施肥不说，还拿来了塑料布，搭起了大棚，将果树包得严严实实，只为了让它免受伤害。妈妈认为，这是爱孩子，孩子就可以无忧无虑地茁壮成长了。这时，如果有人试图给果树拴上石头，一定有人会大叫：“你这不是疯了吧！”

不知道你们有没有听过这样一个故事。

动物园里，铁丝网之内的猛虎们威风凛凛。一只母鸡和一只兔子先后被扔进铁丝网内，老虎三两下就笑纳了。

老虎似乎意犹未尽，于是一头牛被赶进了网内。与前面的兔不同，这只牛毫无怯意，只见它尾靠铁篱，严阵以待。而另一边的老虎们，似乎也气定神闲。

它们慢慢靠近了，周围是一股浓浓的杀气，围观者们也屏住呼吸，等着看好戏。老虎与牛，就像两个武士，用目光开始厮杀。牛眼睛当然比老虎眼睛大了，不知道是不是这个原因，几只老虎突然潇洒地转身，留给观众背影。

驯养人员开始介入其中，显然人们不想看它们"和谈"。可驯养师怎样驱赶都无济于事，有一只老虎被赶急了，竟钻进一根横在地上的粗水泥管子，灰头土脸地躲了开去。

这哪里是兽中之王的本性？

我们的教育是不是无形之中也在培养着这样一只只养尊处优的"老虎"？

从来没有忍受过寒冷、饥饿和失败的孩子们，将来会以一种怎样的面目走进社会？

有的妈妈跟我抱怨他的孩子胆小娇气，有的妈妈跟我抱怨孩子耐挫能力差，平时说两句就哭鼻子，更不用提批评了，还有的孩子动不动就跟妈妈怄气，全然不在乎妈妈对他的爱。

这不是孩子的错，因为自从生下来，他就没有权利选择妈妈对自己的教育方式，他们对饥饿、寒冷、委屈、挫折很少有机会体验，这时又怎能苛求他对这些有巨大的承受能力？

老虎没有在深山野林生活，就没有狂风暴雨的洗礼和林海雪原的磨炼，取而代之的是自幼得来的无微不至的关怀照顾，无形中，老虎就没了锐气、软了筋骨。我们的孩子也是一样。

所以，妈妈在对待孩子成长时，必须改变原有的意识和方式，必须给孩子一些"劣性刺激"，让孩子在令人不快或不舒服的外界刺激下得到适当的磨炼，以提高对各种环境的适应能力，相比较温室教育，这才是孩子成长必需的良药。有 4 种常用的"劣性刺激"：

1. 饿饿他。很多孩子偏食、挑食、食欲差，这其实是因为妈妈的溺爱让孩子从来不缺好吃的，他想吃啥就有啥，自然就感受不到饥饿的滋味，吃饭时也就没胃口。俗话说："欲求小儿安，应忍三分饥与寒。"知道饿的滋味，"饥不择食"也就理所当然。因此，让孩子适度饥饿，这是改变孩子不良饮食习惯的最好办法。

2. 累累他。孩子懒惰，没有责任心，妈妈再辛苦他也无动于衷，要想让"白眼狼"有变化，妈妈就要对"饭来张口，衣来伸手"喊停，而且不要再上学车接车送，过度的呵护会让孩子认为妈妈就是自己的双手和双脚，辛苦也是理所当然。妈妈不妨鼓励和督促孩子干一定的家务劳动和参加各种有益活动，自己的事自己做，妈妈不要什么都包办。

3. 难难他。很多孩子意志薄弱，因为妈妈总是为他安排好了一切，这样就会导致一个结果：孩子有啥事都去找妈妈，一旦离开妈妈，他们就会变得"不堪一击"。妈妈这时应该有意识地为他设置一些必须经过努力才能克服的困难和挫折，给他以克服困难和战胜挫折的勇气和方法。

4. 批评批评他。孩子人虽小，脾气却挺大，这也怪不得他们，如果谁一生下来就听着“甜言蜜语”，谁都容易养成以自我为中心的不良性格。这就需要对孩子进行适度的批评。对那些学习拔尖，容易骄傲的孩子，在表扬和鼓励的同时更应不失时机地指出存在的不足和努力的方向，让他们体会到失败和受批评的滋味，化阻力为动力。

良药苦口利于病，妈妈们，多给孩子一些“劣性刺激”吧！

孩子克服困难需要妈妈的鼓励和支持

当孩子处于挫折中时，不仅要鼓励他，使他拥有战胜挫折的力量与勇气，而且要告诉他：当自己力不能及的时候，最好积极调动别人帮助自己。要么是寻求妈妈的帮助，要么找其他朋友，甚至是找陌生人。在这个过程中，孩子不仅会战胜了挫折，而且他会懂得如何与他人交流，懂得如何体谅与关怀别人，如何增强团队凝聚力。

所以，作为妈妈，既不可对孩子过分溺爱，更不能对孩子放手不管，惟要善于引导，及时指导以及在必要时的帮助和鼓励，才能促使孩子鼓起勇气，正视面前的困难，从而勇敢地去克服它。理智的爱，可以使孩子紧张的情绪得以松弛，可以使孩子增强与困难拼搏的勇气；妈妈的关心、同情，能够帮助孩子渡过难关。孩子在慈爱而不是溺爱，严格而不是严厉，诱导而不是包办的环境中生活，会得到莫大的安慰和力量，激发起正视困难的勇气。反之，如果没有妈妈的鼓励、引导和帮助，孩子遇到困难后，感到孤立无援，往往会表现出沮丧、恐惧、萎靡不振，并想躲避困难。

妈妈和孩子诚挚坦率地交谈，有利于孩子树立信心，战胜困难。交谈，可以使双方更加了解，做到知己知彼。孩子从小就与妈妈在一起，每天都有机会进行语言交流，妈妈要抓住时机，多和孩子推心置腹地谈论周围发生的事情，讨论遇到的问题。成人的观点，会使孩子耳濡目染，在不知不觉中受到熏陶。如果孩子遇到困难，他们首先就会想到有妈妈的关心和支持，继而勇敢地把自己的见解大胆陈述出来，而妈妈给予恰如其分的同情和开导，引导孩子用正确的途径去解决困难，那么，孩子会从小树立战胜困难的信心。

有的孩子在逆境中易产生消极反应，往往会垂头丧气，采取退避的方式。要改变这种现象，就必须在孩子遇到困难时，教育孩子要采取正确的态度，勇敢地向困难发起挑战。例如，当孩子登山怕高、怕摔跤时，妈妈就应该鼓励孩子说：“别怕，你行的！摔一跤算什么！”“你真勇敢！”许多小女孩害怕走平衡木、害怕游泳时，妈妈就应该鼓励孩子说：“别怕，你准行！”孩子走路不好摔倒了，应自己爬起来，妈妈尽量不去拉扶和安慰，这样，孩子就会逐步树立起信心，努力地去战胜困难。当孩子一次次战胜困难时，他们便会增添勇气，激起对战胜困难的愿望，害怕的心理就会消失，自信心就会增强，这时孩子会对自己说：“我行。”“我可以。”

依依是一个五、六岁的孩子。有一次，她在外面玩的时候，一不小心，被一块石子绊倒了，大概是太疼了，她趴在地上放声大哭。她妈妈想过去扶她，但是想了想，还是把心狠下来，只是走到依依跟前，蹲下来鼓励她：“宝宝，自己爬起来，好吗？你真勇敢！”依依终于自己爬起来了，妈妈仔细一看，孩子的膝盖被石子磕破了，血珠渗了出来。那一刻，妈妈的心很疼。不过，看到依依脸上的坚毅表情，妈妈觉得自己的狠心很值得。因为她相信这件事让依依承受挫折的能力更强了。

正如这个例子里的妈妈一样，妈妈要以信任和鼓励的态度，引导孩子独立解决困难。信任和鼓励，是刺激孩子奋发进取、战胜困难的有效方法，而且会使孩子身心愉悦。谁都明白，一名运动员在最后的冲刺阶段，往往会在观众的叫喊加油声中，创造出优异的成绩。教育孩子也是如此，当孩子遇到困难解决不了时，妈妈切忌采用不闻不问、讽刺嘲笑、过多的批评、大声呵护和粗暴责问的方式，这会使孩子精神更加紧张，不仅不会缓解孩子沮丧的情绪，反而会使孩子感到束手无策，从而失去解决困难的勇气和信心。

不放手让孩子面对挫折，等于让孩子失去适应环境的能力

飞飞是家里的独生女，从小被当成小公主养着，妈妈的心思全放在她身上，所有的事都帮她做，更不会让她受一点儿委屈。所以飞飞从来就习惯了“饭来张口，衣来伸手”的生活，而且在妈妈的照料下，没有什么困难需要她去克服，生活舒适极了！

而今年，飞飞升入了寄宿制的初中，一离开妈妈的照顾，她就完全不适应了。首先，她不会自己系鞋带，每天早上学校都要早锻炼，要穿球鞋，她都要系很久鞋带，因为是胡乱瞎弄上的，所以鞋带经常散开把她绊倒；其次，学校里的食堂要求学生吃完饭后，要将自己用过的快餐盘洗干净还回去，而飞飞不会洗，她经常因为洗不干净被退回去重新洗；还有，初中的课程难了很多，飞飞有的学不懂，以前都是妈妈手把手交，但现在没有人这样教了，她也不会主动去问老师同学，只好这样拖着了，而不懂的内容越来越多……

和上文中的飞飞一样，现在的孩子大多数是独生子女，在他们身上集中了好几代人的希望，受到好多人的关注，很多妈妈无条件地满足孩子的要求，让孩子很容易就得到了许多物质享受，根本不懂得什么是苦，什么是累，不懂得什么是困难，什么是挫折。其实，孩子总有一天要离开父母，走向社会，面对生活，为了孩子健康地成长，妈妈应该让孩子知道什么是苦，什么是累。努力培养孩子适应各种环境的能力，使孩子从小具有良好的意志品质。

大人总是担心小孩子没有能力去解决困难，因为过度担心而把孩子封闭保护起来，其实，孩子远比你想象中承受能力强，因为每个人天生就有适应环境、面对挫折的能力。这就是心理学上所说的“自适应心理”，它是指人们自我调节，应变适应环境的能力。这种能力与生俱来。保加利亚学者佩尔努曾作过一段描述：“婴儿被相当于20公斤的力，从温度为37度的温暖母体腹水中被抛了出来。在那个环境中，他像宇航员处于无重量的状态，现在来到空气温度为20度左右的寒冷环境中，而且在这个环境中还必须呼吸。”从他的这段论述中，我们不难看出，新生婴儿从脱离母体的那一刻起，就

已经用他天生的自适应能力来积极回应母亲子宫之外广阔的生活。他不仅能够适应这种内外温差，而且很快便开始在这种环境中健康成长。接下去，他会积极地适应家庭生活，以后还要适应复杂的学校生活，继而要适应更复杂的社会生活。

孩子不仅天生能够自我调节，适应外界环境，而且也确实应该主动去适应，这无疑对他们的未来产生极大的推动作用。心理学家认为，那些自适应心理素质好的孩子，他们对未来有着强烈的求知欲，他们会有选择地接受未来发生的事情，理智地分析生活中的变化。他们有主见，不盲从，明白想要的未来轮廓。因此，他们能够用“未来”的要求来规划自己的行为和思想，不断地为成长增值。

在孩子向尚未经历过的事情挑战时，一般会饱受失败的折磨。不过，忍耐这种痛苦也是一种必需的经验。如果妈妈总是为孩子提供“善意的帮助”，剥夺孩子独立的处事能力，那么孩子长大后势必无法把握自己的生活。妈妈不如放开手，让孩子去接受挫折的存在。孩子在这个过程中，会调用内心深处的“自我帮助系统”来协助自己处理挫折与失败，从中得到各种各样的处理事情的方法。从而使稚嫩的“羽翼”渐进丰满。

一定程度的挫折，可以激发人克服困难的勇气和力量，如果妈妈剥夺了孩子应对挫折的机会，不仅不利于孩子良好意志品质的形成，还可能会使孩子长大后难以适应复杂的社会生活，产生自卑、抑郁、厌世等不良心理。因此，妈妈们一定要认识到，要想让孩子健康地成长，在竞争中立于不败之地，必须对孩子进行挫折教育，让他们自小接受艰难困苦的磨炼，教会他们敢于自己面对挫折，不怕失败，以培养他们坚忍不拔的意志和毅力。

给孩子“挖坑”，让他成长加快

四十得子的一对农民夫妇对儿子非常宠爱，儿子要风得风，要雨得雨，从小便爱发脾气，做事却毛毛糙糙。

儿子上学了，从来也不知道爱惜衣服，回家时不是弄脏了衣服，便是把书包忘在田里，回家后就只知道哭鼻子。母亲即使每天跟在他身后，也没有办法。

一天，父亲拿着铁锹，在儿子回家的必经路上挖了很多坑，又在坑上搭起一座座独木桥。孩子回家时，走到桥边，不知所措。田野里没有人，只有风从树林中吹过，孩子想哭，却不知道哭给谁听。没有后路，孩子只好小心翼翼地走上桥，他胆战心惊地走过一座座独木桥后，学会了认真对待小桥。

回家后，孩子得意洋洋地告诉父母当天的经历。母亲不理解。父亲解释说：“他走在平坦的大路上，当然不会注意脚下，现在路途艰险，他自然会集中精神走好路了。”

这是个聪明的父亲，他明白孩子如果从小能经历挫折，那么他长大后，就不会轻易被困难打倒。

费烈德先生是一位著名的外科医生，他发现一个奇怪的现象：病人患病的器官并不像人们想象的那样糟，相反在与疾病的抗争过程中，这些器官为了抵御病变，在与病毒的斗争中，功能反而不断增强。他在给一些美术学院的学生治病的过程中，又发现了一个奇怪的现象，这些搞艺术的学生的视力大不如他人，有的甚至还是色盲。后来，他把自己思维的触角延伸到更为广泛的社会层面，发现了这类现象很普遍。于是，他提出了心理学上的一条定理——跨栏定理，即挫折越多，人的成长就越快。日本本田机车创始人本田宗一郎说过："世上的人都知道我的成功，其实都不知道我有99%是失败的，开始搞本田机车，就是搞摩托车，差点做不下去。今天我成功了，那些人只看到我1%的成功，却没有看到我99%的失败"。

许多人的伟大，都来自他们所经历的大困难。而很多具有"大有作为"才智的人，由于一生中没有同逆境搏斗的机会，没有经过苦难的充分磨炼，潜能难以发挥出来，从而终生无所作为。

逆境不是我们的仇敌，实际上却是我们的恩人。逆境足以燃起一个人的热情，唤醒一个人的潜力而使他达到成功。凡是环境不顺利，到处碰壁的青年，往往日后会有出息，而那些从来没有遇到困境的人，却常常"苗而不秀，秀而不实"。同时，逆境也是心灵的刺激品，可以锻炼我们的身心，使得身心更坚毅、更强固。

身为教育孩子长大成人的妈妈，你必须知道，孩子在成长的道路上，不可能是一帆风顺的，成功往往是与艰难困苦、坎坷挫折相伴而来的。未经锻炼的翅膀难以搏击人生的风雨，难以在未来的竞争中取胜。要想让孩子成长更快，拥有更强的竞争力，妈妈必须让孩子自小接受艰难困苦的磨炼，让他们学会勇敢面对挫折，锻炼出自己不畏艰难困苦的勇敢精神。

其实生活中会存在大大小小的逆境，都可以磨炼孩子的意志和毅力。但如果有些孩子十分聪明，加上家庭环境优越、经历比较单纯等因素，在生活中遭到挫折的机会可能很少。这种一帆风顺的生活一旦发生变故，可能会造成孩子一蹶不振，对生活失去信心。对于这样的孩子，妈妈应有意地设置一些障碍、制造一些挫折，以训练其对逆境的忍受力，更好地发展其适应能力。比如，可以选择一些有难度的竞争让孩子去参与。孩子可能费了很大的劲却无法获胜，但在遭受挫折的同时，孩子也增强了能力，丰富了经历。这对于培养孩子忍受挫折的能力是很有帮助的。

在孩子经历挫折的过程中，妈妈要引导孩子用正确的态度应对挫折，使之长久地保持"我一定能把困难搞定"的热情和信心。对于在生活中遭到的挫折，妈妈要帮助儿子总结，以便从中学到一些经验和教训，为其以后所用，帮助他不在同一个地方再跌倒。倘若做到这点，"跤"就不算白跌，挫折才真正是孩子的一笔财富。若孩子能把总结经验养成习惯，日后的挫折必将越来越少。

给孩子苦难，让他品出其中的甜

对于苦难，每个人都会有一种不由自主想要逃避的心理，殊不知，经历了苦难之后的生活才能更甜，而在所有成就面前，苦难也是值得骄傲的。所以，交给孩子品苦难的本领，他才能够明白究竟什么才是真的甜。

“逾越节”是为了纪念摩西带领犹太人出逃埃及而设立的，通过讲祖先的艰难历程和吃特殊的食品，进行忆苦思甜和认识生命的艰难。在逾越节的时候，每家桌上都会摆着三块无酵饼、五种食物和四杯酒，当然，这些食物都具有各自的寓意。

先说三块无酵饼，当年犹太人逃离埃及时，来不及准备路上的干粮，只能吃不发酵的饼，三块的说法是为了纪念犹太人的三位祖先。

五种食物是：烤羊腿、烤鸡蛋、哈罗塞斯、一碟苦菜、一碟盐渍芹菜。烤羊腿是“逾越节”的祭品，犹太人失去圣殿后，无处献祭，于是就在宴席上用烤羊腿（或烤肉）代替。烤鸡蛋，逾越节的鸡蛋是烤的，烤的蛋很坚韧，很难咬碎，犹太民族就像烤的蛋，受的苦难时间越长越坚强，就像烤蛋烤得越久越坚硬一样。哈罗塞斯，这是一种水果、香料和酒混合的食品，呈泥状。以色列人在出埃及前，法老为难他们，命他们做砖，又不给草料，借此责打他们，哈罗塞斯让人想起做砖的泥。一碟苦菜，是纪念犹太人在埃及受的苦。一碟盐渍芹菜，犹太人出埃及时，喝过红海带苦涩味的海水，是盐渍芹菜，意思是要犹太人永远记住出埃及之苦难。

再说四杯酒，逾越节家宴的程序由四杯酒串联，中间会讲一些有关犹太人出埃及的故事，这些故事不仅说明逾越节上所有食品的含义，还讲述了犹太人在埃及所受的主要苦难和出埃及的艰辛旅程。

著名哲学家斯宾诺莎从小就受到这样的教育，父亲讲述犹太人苦难的历史，这在斯宾诺莎幼小的心灵中留下了深刻的印象。童年的斯宾诺莎常常一个人站在犹太怀疑论先驱阿古斯塔的坟墓前凝神冥想，一种为真理而献身的热望油然而生，这种热望也紧紧伴随了他一生。

不仅仅犹太人对苦难有深刻的认识，中国的圣人们也大多受到过苦难的教育和熏陶。

《论语》中孔子讲过一段话：“吾少贱也，故多能鄙事。君子多乎哉？不多也！”意思是说：我的童年是很苦、很卑贱的，所以会干许多下贱活儿。那些养尊处优的上等人（君子），能有这么多本事吗？不能吧！易中天在《先秦诸子百家争鸣》一书中讲《实话孔子》时说：“许多人只知道孔子是个大圣人，不知道他小时候是个苦孩子。事实上，为了谋生，孔子当过季氏的家臣，看仓库，喂牲口，做会计，一步一步升上去，有机会就学习，终于自学成才，成为当时顶尖的大学问家。”易中天认为孔子做学问能够融会贯通，古为今用，很大程度上与他懂得民间疾苦，懂得世事艰难，曾经亲身实践有关。

所以说，苦难是人生的必修课，也是人生的一笔财富。它能磨炼人的意志，让人和善，让人坚强，让人奋斗。经历过苦难的洗礼，孩子才会更加珍爱生活，珍惜生命，因为苦难让他们懂得生命的价值，让他们对生活的认知更多。因此，要想让孩子将来有一个辉煌的人生，就必须让他们从小经受苦难的洗礼。妈妈应该试着给孩子苦难，才能让他真正强大。

让孩子知道生活的艰辛

让孩子从小适度地知道一点忧愁，品尝一点磨难，懂得生活的艰辛对孩子来说不是什么坏事，这是为孩子的长远利益考虑，同时，对培养孩子的承受力和意志，对孩子的健康成长或许更有好处。

俗话说："穷人的孩子早当家。"要让孩子了解点家情，让他知道你在做什么样的工作，从而学会体谅大人持家的不易。现在的社会，由于企业经济的不景气，妈妈下岗已成为一个社会问题。妈妈就更应让子女了解自己的家庭情况，甚至是经济情况，让他知道妈妈工作的艰辛。

即使你是一个清洁工，也应该明明白白告诉你的孩子，不必有任何的自卑，不必怕孩子知道了在同学面前抬不起头来。有必要的话，做妈妈的还可以带自己的孩子去看看自己的工作环境与工作情况，让孩子亲眼目睹你工作的辛苦与劳累，告诉孩子这样做一天可以赚多少钱，让孩子更懂得珍惜所拥有的一切，这不是一次活生生的教育吗？

张曼曼是小张村张思田、王桂英夫妇12年前领养的一个女儿。就在抱养张曼曼2年之后，69岁的张思田便相继得了肺炎、肺心病、心脏病、脑血栓等多种疾病，丧失了劳动能力，已经有10年的时间没有迈出自家的大门，常年靠药物来维持生命。

由于张思田失去了劳动能力，家中的6亩责任田退掉了5亩，只留下1亩地由张曼曼和母亲耕种。张曼曼的母亲王桂英今年已经71岁，患有脑血栓和胃炎，张曼曼便挑起了支撑这个家的重担。

张曼曼家的收入主要来自她耕种的1亩地和她养的18只鸡下蛋卖的钱。

另外，王桂英与张曼曼母子俩捡破烂也是这个家庭一项重要的经济来源。由于王桂英年龄大了，走不远，每次捡到的只是一些农药瓶、塑料布，一个月下来还卖不了20块钱。平常家里吃的菜基本上是靠张曼曼放学后在村内集市上捡来的菜叶子。

为了能省一点钱让张曼曼上学，张思田现在吃的药基本上全是王桂英老人自己拿着样品到田地里去挖，实在挖不到的才到药店里买一点。

无论生活多难，张思田、王桂英夫妇还是让张曼曼和村里的其他小伙伴一样按时上了小学。"穷人的孩子早当家"，别看张曼曼只有12岁，但是地里种、收、管理，张曼曼样样在行。

由于家中没有牛耕地，她就用小铁锨翻；锄地拿不动锄头，她就用镰；家里没有钱买肥料，她就去拾粪。为了做到干活学习两不误，张曼曼每天早上5点钟就起床开始做作业，做完作业再到2里外的地方用脚蹬三轮车拉水，然后做饭、喂鸡、给父亲熬草药，再去上学，放学后再到地里干活或者去捡破烂、拾菜叶子。

"我们这个家能维持下来，多亏了这个孩子，都12岁了还连个雪糕也没吃过！人家这么大的孩子到处跑着玩的时候，她还要考虑怎样让我们俩吃饱。"提起这些事张思田已经泣不成声。"这些事都不该是一个12岁的孩子该干的事啊！"

张曼曼很聪明，学习成绩从小学1年级到6年级一直名列前茅，用班主任张震的话说："从未下过前三名"。无论学习多忙、地里的活多累，张曼曼的脸上始终挂着微笑。

也许和同龄的孩子相比，张曼曼显得非常成熟懂事。虽然这个例子有些极端，可是我们不能不承认，明白生活的不易的孩子更懂事，跟妈妈更贴心，对日后的生活更能应对自如。

现实中有些妈妈尽管自身有许多生活艰辛和身体病痛，但他们总是竭力在孩子面前掩饰，错以为这是爱孩子，却不知在害孩子。

生活中有苦才有乐，妈妈不要刻意去掩饰生活的另一面，而应让孩子从小学会分担你的痛苦艰辛，理解生活的不易，长大后她才会珍惜眼前的生活，才会以真诚之心关爱别人。

生活并不是一帆风顺的，是有艰辛的。作为妈妈，当遇到不如意的事情时，应该把实际情况实实在在地讲给孩子听，让孩子明白生活的艰辛。让孩子直接面对，和妈妈共同承担起家庭生活的艰辛。要通过活生生的事实告诉孩子，生活就是这样，它既会造就幸福，也会带来痛苦。

我们生活在这个世界上，唯有直面人生，通过自己最大的努力，才能掌握命运，创造美好的未来。妈妈要教育子女从小懂得这些，这才是对子女最大的关心和爱护。

引导孩子用乐观心态应对挫折

在家庭教育中，妈妈要让孩子知道，他们面临的是一个充满竞争的社会，"物竞天择，适者生存"，"优胜劣汰"是普遍现象，只有经历磨难的勇者，才能在未来的竞争中取胜。妈妈必须明白，要想让孩子在竞争中立于不败之地，就得对孩子进行挫折教育，让他们自小接受艰难困苦的磨炼，教会他们如何面对挫折，培养他们坚忍不拔的意志和毅力。在逆境中经过千锤百炼的孩子才能更具生存竞争力。

生活并非都是一帆风顺的，在我们的生命中总会遇到这样或那样的困难和问题。妈妈应该让孩子明白，在逆境中开放的花更美，就像冰山上的雪莲那样的纯洁、美丽！妈妈要让孩子相信：挫折和困难是上帝给予他们的试金石，它淘汰懦弱和无能者。坚强者更懂得人生，懂得如何完善自己，从而获得更多的经验和教训。

逆境能让孩子获得更好的成长机会。顺境可以出人才，但是逆境、挫折更容易磨砺意志。在逆境中经过挫折千锤百炼成长起来的人更具生存力和竞争力。因为，在逆境中奋斗过的人既有失败的教训又有成功的经验，更趋成熟。他们能把挫折看成一种财富，深谙只有失败才可能成功，成功是建立在失败基础上的，因此更具有笑对挫折、迎难而上的风范。

"宝剑锋从磨砺出，梅花香自苦寒来！"孩子在逆境中成长是一笔财富！妈妈要引导孩子以一种积极乐观的心态面对挫折。

乐观像一股永不枯竭的清泉，乐观像一首没有歌词却永无止境的欢歌。它使人的灵魂得以宁静，使人的精力得以恢复，使美德更加芬芳。孩子以乐观的心态生活时，他们的精神、灵魂、美德都从这种愉悦的心情中得到滋润，尽管烦恼和不安时时吞噬着这种美好的心情，各种挫折和磨难会一点一滴地消耗它，但这如清泉甘露般的美丽心情永远不会枯竭，历久弥坚。

让孩子保持乐观的心态，微笑着面对生活是很必要的。妈妈在生活中该如何引导孩子乐观地生活及面对生活中的各种挫折呢？必须注意以下几个原则：

1. 要朝好的方向想。有时，孩子变得焦躁不安是由于碰到自己无法解决的问题。此时，妈妈应该让他们面对现实，然后设法创造条件，解决问题。此外，还可以引导孩子把思路转到别的事上，诸如回忆一段令人愉快的往事。

2. 不要过于挑剔。乐观的人往往是“憨厚”的人，而愁容满面的人总是那些不够宽容的人。他们看不惯社会上的一切，希望人世间的一切都符合自己的理想模式。妈妈要尽量让孩子避免挑剔的恶习。挑剔的人常给自己戴上是非分明的桂冠，其实他是在消极地干涉他人。怨恨、挑剔、干涉是心理软弱的表现。

3. 偶尔也要屈服。孩子遇到重创时，会变得浮躁、悲观。但是，浮躁、悲观是无济于事的。妈妈要告诉孩子如何冷静地承认发生的一切，并放弃生活中已成为他们负担的东西，终止不能取得成功的活动，并重新设计新的生活。大丈夫能屈能伸，只要不是原则问题，不必过于执著。

4. 及时将挫败的消极情绪发泄出来。当孩子遭遇挫败时，妈妈要注意排解孩子的消极情绪，做孩子的倾听者和安慰者，让孩子知道这次失败并不是什么大不了的事，以后还有机会做好，妈妈对他仍然充满信心。将不良情绪及时发泄出来，有助于孩子摆正面对挫折的心态，能够在今后继续乐观自信地应对挫折。如果妈妈非但不帮孩子发泄情绪，反而还对孩子进行责备或羞辱，这将对孩子造成巨大伤害和影响，也许孩子经过这次打击和伤害，变得悲观没有自信，面对挫折时就会畏畏缩缩。可见，孩子的心态对其应对挫折的能力有多么大的作用，所以，妈妈一定要尽力引导孩子用乐观的心态来挑战挫折！

第十一章　孩子的理财能力装在妈妈的钱袋中

小孩子需要有零用钱，更需要有支配管理零用钱的理财能力。妈妈与其把小孩的零用钱控制得牢牢的，不如把控制零用钱的权利交给小孩，让他自己在处理零用钱的过程中得到理财训练。

给孩子金钱前，首先给予他驾驭金钱的能力

一位经济学家说过："孩子不能在金钱无菌室里培养。"在当今社会，对孩子进行金钱教育是不可或缺的。明智的妈妈懂得从小就开始培养孩子的财商，在给孩子金钱之前，教给他们理财的能力是他们成长过程里重要的一步。

在理财规划越来越受重视的今天，孩子的理财教育也逐渐为广大家长所关注。"授之以鱼不如授之以渔"，理财专家认为，与其送孩子一个玩具或带孩子外出游玩，还不如送给孩子一份理财礼物，培养孩子的理财意识，让孩子的财商与德商、情商、智商"共同发展"。

如今，教育显得比历史上的任何时代都要重要。工业时代里，孩子们只需要好好学习，顺利毕业，并在毕业后找份安全有保障的工作，就能一生过安定、舒适的生活。但在信息时代，"上学、拿高分、找份安全有保障的工作"的规则已不再适用，信息时代的规则变成了"上学、拿高分、找工作，在职位上接受再培训，然后，再找个新公司，换个工作，再接受培训……"显然，信息时代的人要比工业时代的人活得更累，因为你必须不断接受培训，以适应新岗位。"一生一份工作"的生活在信息时代已不可能再现。如果父母不想让自己的孩子终生为生活奔波，就应关注孩子的财商教育的发展。

什么是财商？如何采用技术手段测定一个人的财商指数呢？有些人用银行存款数额、个人拥有的净资产量来衡量，有些人则用开的车型的好坏，买的房子的大小来衡量一个人的财商。他们认为，财商就是你能挣多少钱的能力。

实际上，这是一种十分片面的看法。有人曾对财商下了一个定义，他说："财商与你挣多少钱没关系，它是测算你能留住多少钱以及让这些钱为你工作多久的指标。"进而，他说道："随着你年龄的增加，如果你的钱仍然不断给你买回更多的自由、幸福、健康和人生选择，那么就表示着你的财商在增加。"由此可见，财商与你拥有和挣多少钱没有多大关系，财商可以经过培训和教育而得到增加。

财商人人都有，只不过有些人的财商比较低，所以他们一生都在为钱工作，在财务困境中苦苦挣扎；而另一些拥有较高财商的人可以终其一生快乐、健康、富裕、不用为金钱问题担忧。

培养孩子的财商十分重要。如前所述，信息时代的规则在发生变化，如果你希望自己的孩子终生幸福而且不为金钱问题所扰，就应从他们幼年时开始培养他们的财商。

对孩子的财商教育可分为以下几步进行：

1. 注意自己和孩子的语言。不要在孩子面前说或者允许孩子说“我买不起”等诸如此类的话，正确的语言是“我怎样才能买得起”。

2. 让孩子做有关财商的家庭作业。孩子除了完成学校的家庭作业外，还要做有关财商的家庭作业。因为我们知道，现行的学校教育已不能满足孩子们未来的需要，所以应在学校之外接受有关财商的教育。孩子们的课外财商教育作业可包括玩“现金流”游戏，用假钱模拟参与股市交易等。

3. 了解并掌握至少1000个财经、金融词汇。这对于希望增加自身财商的成年人也很必要。我们知道，如果一个人想致富，最好从自己熟悉的领域开始。倘若你连资产、负债、净利润等词汇的含义都不甚了解，还谈什么致富以及拥有高财商。

4. 帮助孩子设计成功“赢配方”。每个人的成功都需要一些内外在因素的结合才能实现，孩子也不例外。成功的“赢配方”可使孩子拥有一生的幸福、舒适、富裕、健康和自由。孩子幼年时，极易受到来自学校和社会各方面的伤害和打击。始终让孩子拥有自信，留住他们与生俱来的天赋和才华是父母最光荣而伟大的职责。在此基础上，帮助孩子设计使他们一生成功的学习赢配方、职业赢配方和财务赢配方。

今天的孩子是幸福的，他们没有战乱之扰、饥饿之忧、贫穷之苦，他们生活在电脑、网络、牛仔裤、麦当劳的时尚潮流之中。但我们又深深地担忧：父母除了给予他们舒适、富足的生活和足够的零花钱外，还能给他们什么呢？今天的孩子所受的财务教育是否能迎接高速发展的信息社会的挑战？所以，对孩子进行财商教育最为重要的一步是：在你给孩子金钱之前，首先给予他们驾驭金钱的力量。

莫让孩子一哭闹，就能满足欲望

每次4岁的强强与妈妈去超市买东西时，他总是要棒棒糖。妈妈说：“不行。”几分钟后，强强又开始要糖，妈妈仍然坚持说：“不行。”走到第3个过道时，强强开始耍赖，妈妈依旧说：“不行。”强强的小脸涨得通红，他踢着腿，摇晃着购物车，妈妈便开始吓唬他再闹下去就打他的小屁股。可是强强并没怎么样，走到第5个过道时，他已经开始大哭大闹，赖着不肯走了。妈妈找了个地方藏起来，强强更是一发不可收拾，连踢带打，商场里的人都看着这情景。妈妈没法子，只好屈服，给儿子买了棒棒糖。

妈妈最后的屈服，使之前所有的拒绝都失去了效用，并告诉了孩子3件事：

1. 家长的话是没用的。妈妈先是说不，而最后又变成了好吧。孩子就知道了一旦妈妈再也忍受不了时，妈妈就会说“行吧”，就像变魔术一样，一下子“不行”就成了

“行”。所以，妈妈在说不行时，并不是真的不行。只要一而再，再而三地磨妈妈，妈妈就能答应，并且可以要求得到更多的东西。

2. 孩子知道了耍赖是有用的。“如果哭喊的声音足够大。我就能得到棒棒糖，耍赖的‘奖赏’是棒棒糖，耍一次赖可以得到根棒棒糖——我得手啦!”妈妈让强强知道大喊大叫是有效的，尤其是在人多的场合，妈妈碍着面子，比较容易屈服。

3. 孩子知道了妈妈并不会执行她说的话，她吓唬孩子但并没有真的像说的那样打他。她告诉强强安静下来，不然就打他的屁股，但事实上她怎么做的呢？她给强强买了只棒棒糖。强强也许会想：“妈妈 2 年前就说过‘安静下来！不然我就打你!’这句话，直到今天她也没这么做过，第一次听她说这话我还会害怕，现在我一点也不怕了，下次还可以用大吵大闹要东西，反正妈妈是不会真正打我的。”

每天，有许多妈妈就是这样处理与孩子之间的问题，她们相信满足孩子的需要是阻止其耍赖的唯一的方法。事实上，只要有一次妈妈屈服于孩子的大吵大闹，你就会听到孩子一而再、再而三的要求。在这种情况下，你该怎么做呢？

儿童教育专家帕特里夏·埃斯特斯说：“适当地拒绝孩子很重要，即使你完全可以满足他。必须让孩子知道，不是想要什么就能得到什么的。”如果孩子在家中大声吵闹，你可以对他采取“冷处理”的办法，随他吵闹，不理他，他吵闹一会儿觉得没意思，也就不再吵了。如果孩子在公众场合哭闹，也不要因为怕别人注意而软化，就让他吵个够，或者走开一会儿，当他平静下来再回到他的身边。孩子觉得哭闹没有用，自然不会再使用这个伎俩了。刚开始实行对孩子的“冷处理”时会有些困难，因为孩子的哭闹往往使人不耐烦，或者让妈妈觉得心痛。但是这个时候，你必须硬起心肠才行。为了孩子长远的未来，短暂地委屈一下孩子是必需的。

另外，除了适当地拒绝孩子，妈妈与孩子一起购物时还应该遵循以下这个方案：妈妈不要带孩子做长时间的购物，可以开始带儿子去附近的便利店做短时间的购物。在离开家之前，妈妈可以将要买的东西拉个单子拿给孩子看，在单子的底下，妈妈可以写上一种给儿子的奖赏，比如一小块蛋糕，或者问孩子想要点什么。在去购物时，让孩子拿着购物单，这样可以给孩子一种购物时的主动权，让他有点事儿做。每购得一种东西就让孩子从购物单上把它画掉，如果孩子表现得出色，他就可以买一块蛋糕。而且，在与孩子一起购物时，一定不要吝惜对孩子的鼓励：“孩子，你按照单子上所列的做得很好，谢谢!”

人总有贪恋，如果孩子的要求都得到满足，欲望就会愈来愈强，对孩子成长后的人格必然有深远的负面影响。只有遏制孩子贪婪的心理，他才能控制好自己的行为，妈妈们，该出手时就出手，有一种爱叫做“冷处理”。

给男孩“金山”不如给他“点金术”

汉朝的刘邦打下天下之后，为 100 多个功臣分封土地，并且分给他们很多田宅。在分封土地的时候，丞相萧何要了一块很贫瘠的土地。因为土地贫瘠，如果不辛勤耕作就没有饭吃，并且后代的子孙也会懂得勤劳节俭。汉朝建国100年之后，有一位史学家做了个考察，想了解一下最初被分封的这100多个功臣，如今他们的后代都怎样了，结果这个史学家非常吃惊，因为这些功臣的后代，基本上已经都没落了，而丞相萧何的后代还生存得很好。人们不得不佩服萧何的深谋远虑，留财产给子孙的做法是最愚蠢的，重要的是留下做人的智慧给子孙，留下做人的榜样给后代，这才是他们取之不竭的财富。

一般人富贵了之后自然想到封妻荫子，给子孙留下一笔可观的财富。但是，我们从历史上看，留下财富越多的人家，越容易养出不成气候的败家子，于是就算是富可敌国，传到第二代，也就破产了。电脑大王王安有数亿美元的财富，传到第二代也就破产了。所谓“富不过三代”，这是一种比较普遍的社会现象。

其实，有钱并不是养育孩子的弊端，问题在于这些有钱人把钱的作用扩大化了，把钱看做是万能，因而只重视给孩子充裕的物质享受而忽视了孩子的教育以及独立生活能力的培养。积累财富任其消费，以为这样就是爱心的充分体现。实际上，这是危害子女的普遍做法。“坐食山空”，即使有金山、银山也会花完的。

“金山”“银山”都不是留给孩子最好的靠山，妈妈究竟应该给孩子留些什么呢?林则徐做出最好的回答：“子孙若如我，要钱干什么，贤而多财，则损其志；子孙不如我，留钱干什么，愚而多财，益增其过。”

曾国藩写信给儿子说：“银钱田产最易长骄气逸气，我家断不可积钱，断不可买田，尔兄弟努力读书，绝不怕没有饭吃。”

经常听说某某官员铤而走险给子女安排一份好工作，谋求一个好职位，用心可谓良苦。这些人总是“聪明一时糊涂一世”，把老祖宗“财富不长宜子孙”的忠告置于脑后。就算你现在可以保护他享受特权，但一旦离开你的庇护后，孩子怎样才能站住脚?

妈妈假若不下苦心培养子女的一技之长，在当今乃至今后“凭本事吃饭”竞争日趋白热化的社会里，你的孩子的那个饭碗如何能端得牢靠?你纵然财大气粗富甲一方，给你的孩子留下一座金山，也架不住子孙坐吃山空、挥霍一尽。

养尊处优并不是妈妈送给孩子的最好礼物，恰恰可能埋下祸根。倒是那些从小就挣扎在社会最底层的人们，没有别的出路，没有任何指靠，常常可以出人头地建功立业。理性的妈妈一定要学会用金钱为孩子健康成长提供基本条件，而不是让孩子在挥霍金钱中消磨意志，自毁前程。不要用金钱财富作为给孩子的礼物，而要培养他自力更生的能力，为他找到一条最好的出路!

小孩也要学理财，理财教育不可缺

在竞争日趋激烈的社会环境中，金钱观和理财能力是不可忽视的基本素质。理财教育是与少年儿童成长的各种问题息息相关的。可以说，在现代生活中，理财能力是生存能力的重要组成部分。对于成长中的少年儿童来说，学会理财，不仅仅是学会如何用钱，其中包含了多方面的教育内容和多种能力的培养。

一位心理学家曾经对100名学前和小学儿童进行调查，询问他们钱是从哪里来的，结果得到3个答案：大部分孩子认为，钱是从爸爸的口袋里拿出来的，或是银行送给他们的，只有20%的孩子说，钱是工作挣回来的。

从理财能力的角度看，处于少儿时期的孩子呈现出如下几个突出特征：一是不具备固定的收入；二是不具备成熟的金钱和经济方面的意识；三是不具备熟练的理财能力；四是具有强烈的消费要求和欲望。这几个方面的特征导致孩子在理财方面极易出现错误，这些错误直接影响他们的成长、发展和前途。

所以，小孩子也需要学习理财，妈妈要趁早对孩子进行理财教育。从小进行理财训练，可以教给孩子正确的理财观念，帮助孩子减少无谓的花费，避免陷入债务危机，甚至可以避免孩子走上违法犯罪的道路。再者，孩子一旦了解理财投资方面的知识后，便会明白世上没有免费的午餐，长大后就不会轻易受骗而相信那些少投资、多回报的骗局，从而减少被骗的机会。总之从小进行理财训练，将会使一个人终生受益。在市场经济和商品社会中，一个人的理财能力直接关系到他一生的事业成功和家庭幸福。进行理财训练，将有助于培养孩子独立生活的能力，树立正确的道德和劳动观念，让孩子知道勤奋努力与金钱之间的关系，激发孩子工作的欲望和社会责任感。

从小对孩子进行理财训练，帮助孩子养成理财习惯，还能让孩子学会为自己的未来投资，从而提高孩子对社会的适应能力和竞争能力。

像学习其他东西一样，孩子学习理财也需要不断尝试和失败，才能走上成功之路。所以，妈妈要坚持对孩子进行理财教育，就像坚持对孩子的培养一样。那么妈妈应该怎样对孩子进行理财教育呢：

1. 严格按照财务计划花钱。一个有力得当的财务计划，能够使孩子清楚地认识到自己当前的财务状况，以此来把握金钱流向并作出消费决定，以达到控制金钱的目的。

让孩子坚持每天记账，这样容易知道每个月的金钱流向。按照消费记录，建立计划。决定该买物品的具体钱数，然后严格按计划执行，并要求孩子随时查看他的计划，如果他有别的需要，及早作出更正。月底评估执行计划的成果。教会孩子在计划与实际花销的对比中，积累经验教训。长期下来，你就会发现孩子改变了许多，他可以量入为出甚至游刃有余了。在计划之余，最好准备一部分钱让孩子自由支配，以便让他们学会如何在花钱时作出正确的选择。

2. 给孩子钱的数额应当把握在孩子有能力支配的范围之内。无论孩子的年龄多大，家庭经济条件如何，为孩子花钱都不要没有节制，给孩子多少零用钱一定要心中有数。零花钱的多少并没有一个定值，主要依据孩子的年龄及其一周的消费预算来确定。千万不能给孩子太多的钱，千万不能任其无节制地使用，这样非常不利于孩子养成理财的习惯。

3. 让孩子学习管理经济事务。让孩子从小接触钱、了解钱并学会如何合理使用钱、管理钱，有利于培养孩子的经济意识和理财能力，以适应未来经济生活的需要。所以，妈妈要给孩子适当的零花钱，并让孩子自己处理。

越早进行理财训练，孩子便能得到越多的锻炼机会。孩子越早学会理财，长大后就越会赚钱，更会为自己的未来进行投资。所以，妈妈们记得尽早给孩子进行理财教育，理财也是他们成长过程中必不可少的一门功课。

别用金钱表扬孩子

刚刚上小学了，成绩一直不是很好，有一次期中考试，竟然考进了全班前 10 名，妈妈欣喜若狂："我们家宝贝太厉害了，一下成绩就这么好了！真让妈妈开心，给你 100 元作奖励，以后要好好考啊，考好了，妈妈还给钱！"原本没有想到妈妈会给他钱的刚刚接过 100 元，心里高兴极了！他还从来没有得过这么多钱呢！看来，考试考好真是有用，嗯，以后我还要考进前 10 名，我还要领奖金。刚刚自此在心里深深埋下了这个信念，每次考试都期望着拿着好成绩来领取奖金。这不，昨天，在妈妈出门上班前，刚刚一本正经地提醒她："妈妈，明天学校就发期末考试试卷了，我要是语文、数学成绩都超过 90 分，你就得给我 100 元钱作为奖励！"而且，在刚刚妈右脚跨出门的一刹那，刚刚还一本正经地加上一句："少了 100 元，坚决不干！""这孩子怎么要挟起我来啦！学习是你自己的事啊，又不是妈妈的。妈妈不给你奖励了。"妈妈觉得孩子的这种心态不好，就对他怒斥道。"反正我考好了你就得给钱，为什么以前都给现在不给？如果妈妈不守信用，以后我就不好好考了！"妈妈听到这话，生气极了，但是又怕刚刚以后真的不好好学习，只好答应了他。

用"钱"作为奖励的手段，初衷是好的，是想表达对孩子努力的一种认可，虽然可以取得一时效果，但长久下去贻害无穷。从短期看，用金钱奖励能够使孩子产生高度积极性，但从长远看，这种手段可能产生不利影响。当一个小孩受到多次金钱奖励后，他们会变得依赖金钱奖励，甚至做点普通的事也是如此。

当孩子尝到金钱奖励的甜头后，金钱可能成为孩子努力追求的首要目标，从而冲淡甚至替代其做家务和学习的内部动机。心理学家认为，内部动机是由个体的自尊心、责任感、义务感、荣誉感、求知欲等内在因素引起的，俗称"我要干"、"我要学"；外部动机则是由外力逼迫（包括金钱刺激）而引起，俗称"要我干"、"要我学"。孩子做家务、努力学习，应该是其内部动机在起作用，因为，只有内部动机才是长远而有效的动机。

奖励，是以奖赏激励人，进一步调动被奖励者的内部动机，去争取更大的成绩，而用金钱奖励孩子，充其量只能调动孩子暂时的外部动机。"得到一笔钱"，这只是一个短期目标，金钱刺激也就只能是一个短期激励，学习却是需要日积月累的，在这项旷日持久的活动中，金钱的刺激会很快失效，学习又会很快回到常态之中。学习是一辈子的事，只有让孩子真正懂得了学习本身的价值和意义，能从学习本身得到乐趣，学习才是可持续的。

另外，学习成绩并非可以随意提高，再大的悬赏，没有能力的支撑，目标也无法达成。在奖励面前，孩子往往是心有余而力不足，实在达不成，还是只有放弃。放弃得多了，不仅斗志没有激起，反而产生挫败感，越发不自信，越发没有上进心。

用金钱来表扬孩子的弊端是显而易见的。所以，妈妈不能用金钱表扬孩子，以免孩子只看着金钱收益，在精神上不能成长，就像一个人的两条腿一长一短，是不能匀速稳当走路的。妈妈要保护好孩子的童心，让他在精神上成长得健健康康，这就需要妈妈用精神财富来鼓励孩子。

王夫之又叫王船山，是历史上的大学问家，曾经组织过反清复明的运动，晚年在湖南西部的石船山上写书。他们家世代为官，家境很好，也很有名望。

他嫁女儿的时候，人人都想看一看王家的家底到底怎样，以为他会准备什么稀奇嫁妆呢。结果，新娘子上轿之前，王夫之拿出一个小箱子，交给女儿说："这是我为你准备了几十年的嫁妆"。媒婆打开一看，里面全是书和纸稿！

王夫之说，别小看箱子里的东西，那是他一生研究的学问，说的是怎样做一个有骨气、有出息的人，什么金银财宝也比不上有用的知识。

女儿明白了父亲的用意，顿时觉得非常骄傲，风风光光地上了花轿，热热闹闹出嫁了。

王夫之把书籍当成女儿的嫁妆，用精神财富来鼓励孩子的方法，是每个妈妈都应该学习的。

当孩子取得进步的时候，给孩子一本不错的书，带给孩子的收获远不止书本这个礼物这样简单。或者，给孩子留一张字条，和孩子交流最近的心情、分享自己年轻时候的故事，这种精神奖励，比物质奖励更能打动孩子的心。

给孩子精神上的鼓励，胜过任何物质上的奖赏。因为物质的东西总能弥补上，但是精神上的迷茫、孤独是阶段性的，等孩子过了青春期，他们就会自我蜕变，那时候孩子就不再需要妈妈的贴身帮助了。妈妈想要表达感谢、鼓励，也就不如现在这样自然有效了。

如果妈妈总是想着在物质上满足孩子，现在就来想一想，如何从精神上补给孩子、奖励孩子。精神上的奖赏，也许只是一句话、一段文字，却能让孩子久久回味。可以说这是一件"一本万利"的事情，也是最经济实惠的奖励。

把节俭当成习惯

玲玲是一名小学 5 年级的学生，长得乖巧，学习又好，深得全家人的喜爱。但是她有一个改不掉的坏毛病，就是喜欢浪费。比如说她很喜欢浪费纸张，往往不到学期结束，一本好好的笔记本就被她撕得只剩下两张皮。家里人对她的这种做法非常反感，常常告诫她不要这么浪费，可她却不以为然："这有什么，反正爸爸、妈妈会给我买，浪费几张又怕什么？"又比如她花钱大手大脚，妈妈给她一个星期的零花钱，她一早上就把它花完；她跟妈妈上超市买东西的时候，都是挑贵的东西买；穿衣服喜欢穿名牌，班上同学有什么名牌衣服，她都逼着妈妈买；她还经常洗完手后不关水，晚上睡觉不关灯……

现在有很多小孩和玲玲一样，奢侈浪费成性，妈妈对此睁一只眼闭一只眼，甚至持纵容鼓励态度，因为她们认为现在的生活条件好了，孩子没有必要像自己以前一样生活节俭，能享受就应该享受，何必委屈了孩子。

但是，虽然现在的物质生活日益丰富，人们的生活方式和消费观念也在不断变化，但这与提倡节俭并不矛盾，节俭是任何一个时代都不可缺少的美好品质，因为它是许多优秀品质的根本。古人云："俭，德之共也；侈，恶之大也。"

节俭可以提升个人的品性，是一个人在许多方面都卓越不凡的一个标志。节俭是人生的导师。也是一个人事业取得成功的重要保证。很多成功人士身上都有一种共同的特质——节俭。很少见一个生活奢侈、浪费的人能取得什么成就。

节俭的习惯表明人的自我控制能力，同时也证明一个内心强大的人不是其欲望和弱点的不可救药的牺牲品，他能够支配自己的金钱、主宰自己的命运。

美国著名的成功学家拿破仑·希尔认为，节俭是人生的导师。一个节俭的人勤于思考，也善于制订计划。他有自己的人生规划，也具有相当强的独立性。

如果孩子在生活中养成了节俭的习惯，那么就意味着他具有控制自己欲望的能力，意味着开始主宰自己，也意味着他正在培养一些最重要的个人品质，即自力更生、独立自主，以及聪明机智和独创能力。

所以，在物质富足的今天，在欲望横生的社会中，妈妈更应该培养孩子的节俭的品质。那妈妈该如何把节俭的美德传达给孩子呢？这就需要妈妈根据社会和生活的需要，要有与时俱进的意识，首先自己要明白，讲节俭就是要珍惜人类有限资源和人类自身的劳动成果。节俭不单单是要节衣缩食，节俭在更大的程度上是对社会资源的一种节约和保护。要让孩子懂得煤矿、天然气这些都是不可再生资源，要有节约的意识。

此外让孩子在树立一种正确的金钱观念的过程中认识到节俭的好处。花钱要有一定的技巧，学会用最少的钱买物美价廉的东西，在花钱之前要认真思考，避免盲目消费。要懂得量入为出，不在攀比中失去自己。有些孩子之所以一踏入社会就花钱如流水，胡乱挥霍，是因为他们从不知道金钱对于事业的价值。他们胡乱花钱的目的只是想让别人觉得自己"阔气"，或是让别人感到他们很有钱。他们总是在服饰和日用品、饮食上比时髦，很少有克制自己花钱的意识，也不考虑自身的修养。只有去掉孩子攀比的毛病才能养成勤俭节约的好习惯。

总之，节俭是一种不应被大家忽视的美德，随着社会的发展它有了更丰富的内容。妈妈需要在生活中懂得节俭更新鲜的内容和信息。在当下的生活中懂得如何去节约我们有限的社会资源，反对浪费的可耻行为。此外，让孩子在富足的今天，养成节约的良好生活习惯，养成正确支配金钱的习惯。

想杜绝浪费，先要让孩子知道金钱的珍贵

刘明今年13岁了，刚刚上初中。不久前，他滋生了一种和别的同学比阔气、比花钱大方的想法。比如，学校组织校外参观，他听说有的同学带了20元零花钱，就要妈妈给他30元；以前，踢足球穿一般的足球鞋就行，现在则嚷着要买名牌球鞋，还说：

“不少同学穿的是进口名牌，我买国产名牌已经是低标准了。”为了他上学方便，家里去年专门给他买了辆轻便自行车，结果没骑多长时间，他就又缠着要买变速车。

很显然，这是青少年的一种攀比心理，是虚荣心在作祟。法国哲学家柏格森说：“虚荣心很难说是一种恶行，然而一切恶行都围绕虚荣心而生，都不过是满足虚荣心的手段。”如果妈妈不趁早教育孩子摆正心态、认识到实际现状，而是一味满足孩子的过分要求，将会导致孩子虚荣心的进一步膨胀。现在的纵容，最终会伤害孩子。

现在很多孩子都过着饭来张口、衣来伸手的生活，只要想要钱，就可以毫不费力地从父母处要到钱。可是，很多孩子往往不知道父母的钱是从哪里挣来的，并对父母给予的钱抱有一种无所谓的态度。而父母因为孩子是全家的宝，所以孩子要什么就买什么。这无形中使孩子变得花钱大手大脚，一点也不知道节约。久而久之，乱花钱的行为就会根深蒂固，孩子也就养成了浪费金钱的坏习惯。

出现这种情况，主要是由于孩子不了解家庭收入的来源和支出。很多孩子不知道钱是从哪里来的，以为父母挣钱很容易。有专家曾对小学生做过一次调查，调查发现，只有20%的孩子知道钱是父母辛辛苦苦挣来的，有很多孩子以为钱就是直接从爸爸妈妈的钱袋里拿出来的。这样的金钱观就导致很多孩子花钱大手大脚，没有节制。

大人对金钱的诱惑都缺乏抵抗力，更何况是不明事理的孩子。要让孩子养成爱惜金钱的习惯，首先要让他们认识到金钱的来之不易和珍贵。因此，树立正确的金钱观对他们来说尤为重要。那么，在家庭教育中如何培养孩子的金钱观念呢：

1. 让孩子懂得钱的价值。让孩子了解父母的收入来源、开支、储蓄等经济情况，并通过上街购物等机会，做一些物品价格的比较。比如买东西时可以连续逛几家商店，买回物美价廉的商品，然后把省下来的钱给孩子买他向往已久的物品。

2. 让他了解家庭的收入。让孩子了解家庭的收入，提醒他不要和别人攀比。让他明白要想生活得更好，就必须付出辛勤的劳动，将来要自食其力。父母可以给孩子一些机会，让他们去买菜、交电话费等，使孩子知道家里的钱是怎么花出去的，父母每个月都需要支付哪些开支。这样，孩子有了了解家中“财政”的机会，就会更加懂得钱的重要性。

3. 带他去商场、菜场，让他知道生活成本。去菜市场买菜时，不妨带着孩子，告诉他各类蔬菜的价格，给他算算一家人一顿饭的成本等。让孩子“实地考察”比苍白无力的说教更具教育意义。比如，当你和孩子上街时，孩子要买3元钱一个的冰淇淋，这时你不妨告诉他3块钱可以买1斤黄瓜（6角）、1斤西红柿（1元）、半斤豌豆（8角）、3斤小白菜（6角），这些菜一家三口两顿也吃不完。从这样的比较中，他也许会恍然大悟：“原来3元钱可以买这么多的菜呀！”当他了解了3元钱在生活中意味着什么，也许会主动对父母说：“那我还是别买冰淇淋了吧！买根便宜的冰棍吧！”

通过这些，知道钱是从哪里来的，知道钱是来之不易的，知道钱是重要的，孩子会反思自己的消费行为和消费习惯，不会再为满足自己的虚荣心而一味攀比，也就不会再给父母增添负担了。

让孩子自己处理压岁钱，但是妈妈要当顾问

今年小琼的压岁钱也是“大丰收”，往年的压岁钱都是全部“上交”给妈妈，现在自己上初中了，是不是应该自己保管并支配自己的压岁钱呢？小琼决定和妈妈好好“协商”这件事。

妈妈笑道：“嗯，可以。不过，你打算怎么支配这笔钱呢？”小琼想了想，回答：“我把3/4的钱存起来，剩下的钱买些书。这样可以吗？”

妈妈很赞赏小琼的计划，就放心让小琼支配自己的零花钱了。

压岁钱是我国的传统习俗，长辈借此向晚辈表达关爱，现在更成为孩子们过年的重要“精神动力”。过年的时候，孩子们最高兴的事情之一就是收到许多压岁钱，兜里装着各种各样的红包，心里乐开了花。可是，这些压岁钱应该怎么处理呢？

小琼对压岁钱的分配还停留在储蓄和买书的阶段，是非常规矩的选择。其实孩子也可以用压岁钱自助游，或者买一辆单车，或者报一个自己感兴趣的业余学习班……孩子的想法有很多，家长不一定能察觉。当他拿到压岁钱的时候，正是展示自己想法的时候，家长正好可以借此机会了解孩子的愿望。不论是好是坏，都会有很多收获。

有的孩子想去旅游，说明他想换一个环境，对生活充满好奇，这是值得家长支持的；有的孩子想买一双名牌的球鞋，这时家长也不必敏感，想想自己平时是不是有名牌情结，影响了孩子，或者孩子在学校受到一些影响，一切都可以交流；有的孩子想报名学绘画，家长也不一定要抱着孩子会成为艺术家的想法，也许孩子只是想尝试。

不管是怎样的想法，都有它存在的原因，家长千万不要停留在孩子的愿望表面理解，体贴地想想孩子的生活情况，才是最佳的选择。对孩子来说，事物没有绝对的善与恶，家长不能拿成人的标准来衡量孩子的梦。每一种想法，都值得小心翼翼地对待。最可怕的不是孩子有不好的想法，而是孩子一点想法都没有。有的家长认为，完全没有支配意愿的孩子才是最单纯最乖的孩子，但生活是需要人自己打理的，完全不愿意参与，与逃避有何异？

庆幸的是，绝大部分孩子都有支配欲望，并且坚持压岁钱是属于自己的私人财产，“神圣不可侵犯”。但是，面对想要花钱的孩子，家长会分为两类：绝对没收型和绝对放任型，大部分家长属于前者，认为孩子的压岁钱是大人之间的人情，因此应该收回；或者担心孩子挥霍，就不给他花钱的机会。不管孩子的计划怎样合理，都弃之不顾，要求孩子按照自己的安排生活。也有一部分家长持西方的“民主”观念，任由孩子自己安排，完全不闻不问。等到孩子将钱花在不合适的地方后，才大发雷霆，但为时已晚。

孩子是简单的，所以生活得无忧无虑。面对亲友送给孩子的压岁钱，家长不妨将它理解成长辈对孩子的关照，让这份钱成为简单美好的礼物，带着爱意走向孩子。既然压岁钱是给孩子的，就该让孩子自己保管，如果丢失了，孩子也能吸取教训。

将钱交给孩子后，妈妈还有后续工作要完成，那就是与孩子交流，倾听他们的心

声，并协助孩子做一个财务计划表，监督孩子执行、评价和总结。相信在坦诚的沟通中，孩子会听取妈妈的意见，也会渐渐懂得花钱的学问。

把节俭的美德留给孩子，而不是留下财富

商场中，一个女孩拉着妈妈走进一家服装专卖店，二话没说就上前挑选运动服。妈妈说："你家里还有好几件新的运动服呢，怎么又要买啦？"孩子说："我那些买了很久了，再穿就会落伍。我同学都买了这种新款运动衣。"妈妈听到了，一边掏银行卡一边说："现在不少妈妈以孩子身穿名牌为荣，孩子穿得体面妈妈脸上也有光，做妈妈的苦一点不算什么，再苦不能苦孩子。我这一辈子就这样了，不能让孩子也像我这样，看着孩子穿得体面、吃得舒服，我心里高兴。"

看来，要帮助孩子增强节俭意识，首先应该纠正部分妈妈的教育观念。很多妈妈对孩子有求必应，是担心有求不应会让孩子受委屈。出于对自己清贫童年的补偿心理，也有很多妈妈想让孩子生活得无忧无虑。其实，节俭并不是宗教式的修行，要在压抑欲望和肉体痛苦中超脱；节俭也不是耻辱，让孩子感到委屈和受伤。相反，节俭是对生活的理智态度，也是对自己行为的一种高要求，让孩子明白只有高尚的人才能够做到节俭，孩子不仅不会感到羞愧，还会感到光荣。

贝多芬曾说，"把美德、善行传给你的孩子们，而不是留下财富，只有这样才能给他们带来幸福"。节俭既是美德也是善行，节俭看似简单，实则是一种高尚的生活态度，非纯真富有的心灵不能到达。节俭不同于吝啬，节俭是为了避免浪费，而吝啬是为了积攒更多的财富，吝啬的人心灵太贫穷。

现在有很多孩子，生活在衣食无忧的环境里，即使家庭困难，妈妈也承担了一切压力，粉饰出太平盛世。孩子从来不知道生活的艰辛，花钱大手大脚，吃饭挑肥拣瘦，再完好的衣服也不肯多穿。孩子养成浪费的习惯，妈妈的反应往往是抱怨过后，迁就继续。妈妈还有一种观点，认为孩子不能比别的同学差，应该显出富家少爷的派头，所以尽量满足孩子的要求，让孩子越来越任性，越来越虚荣。

"成由勤俭，败由奢"，孩子一掷千金，将来事业难成，甚至日常生活都难以打点。孩子手中的钱来源于妈妈，从根本上看，孩子的浪费是妈妈约束不力造成的。妈妈如果不从孩子小时候就培养孩子节俭的意识，那么孩子就会养成浪费的习惯，到孩子的铺张浪费给他的生活带来不良影响的时候，你再想教育孩子要节俭，那是没有效用的了。所以，妈妈要趁早抓好孩子的理财教育，让孩子形成良好的消费习惯。

为了培养孩子勤俭节约的习惯，妈妈们可以参考以下的建议：

第一，把增强孩子勤俭节约的意识作为塑造良好品德的开端。美学大师朱光潜曾经说："有钱难买幼时贫"，这并不是让孩子过"苦行僧"的生活，而是为孩子创造俭朴的家庭环境，让孩子继承中华民族的俭朴传统。

第二，让孩子在小事上养成节约的习惯。生活中处处有增强节约意识的细节，比如爱惜粮食、随手关灯、节约利用水资源、节约时间等。学习用品是孩子经常打交道

的消耗品，可以从节约文具上入手，不要因为写错一两个字就撕掉一大张纸，也不要总是碰断铅笔芯。

第三，让孩子学会衡量支出。孩子虽然很小，不会理财，但是妈妈可以将家里的收支情况讲给孩子听，和孩子商量节省又适用的生活小妙方。如果孩子提出一些建议，一定要支持鼓励，孩子自己也会以身作则。妈妈要经常给孩子讲勤俭持家的道理，使孩子懂得一粒米、一滴水、一度电都是辛勤劳动换来的，妈妈供他的衣食住行的所需费用都是费心血挣来的。动之以情，晓之以理，对孩子的教育才更加有效。

不要让孩子太富裕，让孩子有意识花自己的钱

中国人常常说“富不过三代”，这句话不仅仅在中国得到印证，而且放在世界各地都是真理。美国的一份调查报告显示：在继承15万美元以上财产的小孩中，有两成左右会放弃进取，多数会一事无成。他们得到的越多，反而会越不满足。“好好对待你的小孩，不要给他们太多的财富。”在美国最新的《商业周刊》中首次出现了“富裕病”这个词，指的是那些由于妈妈给予的太多而使小孩过度地沉湎于物质，生活失去了目标。这个词是由“富裕”和“流感”两个词合成。

在美国的家族企业中，到第二代还能够存在的只有30%，到了第三代还能存在的只有12%，到了第四代还能够保持旺盛生命力的就只剩下3%了。在美国的破产族中有超过七成是来自于中产阶级或是高收入的家庭。这些破产者失败的原因并不是因为他们资源太少，而是他们在成长的过程中资源的供给非常充裕，甚至是太过充裕了。

妈妈无偿地给予一切，导致孩子从来不去想东西是从哪里来的，也不懂得珍惜眼下所得到的一切。不懂得珍惜也就会浪费，以后走到了社会上，就容易导致事业的失败。明智的妈妈确实要想一想如何让孩子的生活少一点富裕，让他们体会到自力更生的喜悦。

许多人都会认为得到的物质越多，人就会越满足。事实上，耶鲁大学的罗伯·连恩教授在“幸福的丧失”这一研究中就已经发现：当人的需求与供给刚好对等的时候，满足感与愉悦感是最高的。而过多的供给反而让人比物质匮乏的时候更为失落。而现在美国很多物质过剩的白金小孩中就有很多是“被满足感剥夺”的一代。哥伦比亚大学也曾经进行过相关的研究，认为富有的小孩比较容易出现物质滥用、焦虑、抑郁等问题。很多出生在富裕家庭的孩子会一生孤独，出现不同程度的精神问题甚至会做出违法乱纪的事情。

明智的妈妈确实要“思身后之身”，为下一代的考虑不仅仅是如何让他们的生活更舒适，而是怎样让孩子们的生活能够少一点富裕。这方面，中国的妈妈可以向美国人学习。

美国的百万富翁在10年的时间内增长了400%，使得如今的美国人对财富出现了反思的浪潮。在全美国，在320万名百万富翁中约有60万人因为担心会宠坏孩子而捐出大笔的财产。他们只将其中很有限的一笔钱留给子女，可以够他们来买房子，受教

育，如果还想得到其他的就要靠自己去挣。

连续13年蝉联全球富人排行榜第一名的微软创办人比尔·盖茨，他的身家有500亿，而他只会留其中的1/500给自己的孩子，剩余的财富全部用于捐献给慈善机构和社会福利事业。

让孩子有意识花自己的钱，教导孩子树立正确的用钱观念，做到自己对自己负责，是给孩子最大的财富。

其实，“富不过三代”，并非是打不破的魔咒。深入了解一些能够富好几代的家族就可以发现他们对如何与财富相处都有非常严谨的方式。比如德国最老的投资银行梅兹乐家族富过三代的秘诀就是：不让孩子关进“金鸟笼”。他们的小孩上的是同地区最普通的学校，每天是走路或者搭公交车去上学，与所有的同学一起玩耍，一起生活，吃同样的食物。

世界上最富有的家族——沃尔玛集团的沃尔顿家族的财富教育核心理念就是“劳动让人有价值”。老沃尔顿从来不给孩子零花钱，他们的4个小孩很小就开始打工，在商店里擦地板，帮助修补仓库的房顶，晚上帮助装卸简单的货物，老沃尔顿则根据一般工人的标准付给他们工资。现任的沃尔玛掌门人罗布森·沃尔顿说：“这些儿时的锻炼让我喜欢自力更生的感觉。”

可见，对孩子进行正确的财富教育才是最好的良方，让孩子认同自力更生的价值观才能够使他们的一生处于不败之地。现代的妈妈应该教育孩子具有3大财富能力：正确运用金钱的能力、处理物质欲望的能力、了解匮乏与金钱极限的能力。这些能力形成的背后使孩子懂得了自己对自己负责，自己可以自主解决自己的问题。

妈妈对孩子的爱是无条件的，不过这种无条件的爱弄不好就会在早期误导孩子。应该有意识让孩子感觉是在花他自己的钱，这样就会懂得俭省，懂得自力更生，懂得自己为自己负责。

零花钱也是妈妈教育孩子的手段

引导孩子正确地对待零花钱，让孩子管好自己的零花钱，其实是培养孩子理财能力一个很重要的细节教育。妈妈给孩子零花钱的目的并不是让孩子感到满足和高兴，而是要教育孩子有独立的财政意识，甚至是让他们懂得为自己的未来积累资本。

教孩子使用零花钱是为了让孩子学会如何预算、节约和自己做出消费决定的重要教育手段。妈妈尽可能将孩子的零花钱控制在与他的同伴大致相当的水平上。至于零花钱的使用，则由孩子全权负责，妈妈不直接干预。如果孩子一旦因为花钱大手大脚而出现“财政困难”的时候，妈妈不要轻易帮助他们渡过难关，因为只有这样，孩子才会懂得过度消费所带来的严重后果，从而学会对自己的消费行为负责。

美国的洛克菲勒家族拥有的财产难以数计。但是老洛克菲勒每个月才给儿子几美元零花钱。有人问他：“你这么多钱，为什么还要如此吝啬？”

洛克菲勒回答说：“这不是吝啬，而是责任。我之所以这样做，是要让他从小就知道，钱来之不易。只有养成节俭的习惯，长大后才能有所作为。”

其实管好孩子零用钱，是孩子理财教育的一个重要细节。有些妈妈担心，给小孩零用钱会养成他们浪费的习惯，或拿去做不正当的活动，不仅会影响学习，而且会使孩子走入歧途，造成一生的遗憾。因此，对给零用钱一事应十分慎重。事实上，在孩子的成长过程中，金钱的运用是一项很重要的社会学习，它深深影响孩子一生的人际关系与人格、心理的发展，无论采取过度限制还是过度放任的做法，都不太妥当。给孩子零用钱，并非只是为了满足他们的需要，而是能够教会孩子具有经济头脑，也能够训练孩子养成良好的理财习惯，而且这类教育宜早不宜迟。受到良好金钱观教育的孩子长大成人后才能对金钱抱有正常的心态，才能处理好人与金钱的关系。

因此，和孩子商定零花钱的数目有着很大的学问。

1. 零用钱要给得适当。一是数额要适当，要根据家庭经济状况和孩子的合理需要统筹考虑。一般以够支付孩子合理的开支为限，不宜多给，也不宜少给。多给，容易养成孩子大手大脚的习惯，使孩子不知钱来之不易，不珍惜妈妈用血汗换来的金钱；少给，又不能满足孩子正常合理的需要，弄得不好，还可能引发孩子私自拿钱或偷窃行为。

2. 时间要适宜。零用钱可以选在一个有纪念意义的日子开始给，如小孩上学的第一天等，告诉孩子这笔钱的用处，并使他懂得自己在家庭中的地位和责任，之后可以定期发给。根据孩子的年龄，对不同阶段的儿童零用钱发给的数目与时间可以不同。

3. 零花钱的数额必须适合孩子的不同身心发展阶段和生活范围。孩子入小学就可以给零花钱，低年级时孩子的活动范围和特点，一般以自己为主，因此只考虑孩子本身的需要；而到了高年级，孩子的思想范围和活动范围逐渐扩大到亲属、邻居、朋友，花销也就相应的增加。究竟给多少合适呢？这需要认真调查研究，考虑到家庭收入、当地经济生活水平和物价等各种因素，总的原则是比孩子所需数额稍低一些为佳，定期发给较合适，1 个月 1～4 次。其原因是，如果孩子要多少给多少，想买啥就买啥，一切都能随心所欲，孩子就不会懂得金钱的价值和财富的宝贵。反过来，自己的愿望得不到满足时，孩子就会感觉到钱不能乱花，东西也不能乱扔，开始领悟到钱应该省着点儿花，动脑筋少花钱多办事，或者为了买到自己喜欢的东西而积攒零花钱。

4. 让孩子从小体验到因没钱或钱不足而买不到自己迫不及待想要的东西而感到惋惜和无可奈何的情绪。这种情绪，使人不容易忘却，很长时间都会影响着人。这不仅使孩子进一步认识到金钱的价值和重要性，而且还能对想象力起着催化剂的作用，为追求更有价值的和美好的东西进行设计、策划，增长智慧。

智慧地给孩子零用钱，不仅可以让孩子从小懂得金钱的价值、使用技巧、正当投资、节俭等正确的积累方式及金钱与人格的关系等，还能帮助孩子树立健全的经济意识，将来成为有经济头脑和管理能力的人。

孩子“摆阔”是恶习，妈妈千万要留意

孩子没有固定的收入，不具备成熟的金钱意识，他们不懂得如何管理自己的钱，但对金钱的要求和欲望是很强烈的。这很容易使孩子在用钱的时候犯一些错误，而这些错误会影响孩子的成长。所以妈妈应该从小对孩子进行严格的金钱教育，要教孩子如何使用钱，这是一种素质，它关系到孩子一生中的发展和幸福。孩子对金钱的诱惑缺乏抵抗力，所以，让他们树立正确的金钱观尤为重要。

一些孩子喜欢花钱，而且滥用妈妈的钱去享受，只是把钱当成买东西的工具，没有养成存钱的习惯，买东西的时候喜欢一次把钱花光。花钱时有满足感，容易轻信别人的承诺。金钱本身并不可怕，可怕的是不能正确地认识金钱。孩子驾驭金钱的能力较低，时常是在相互攀比中、在商品广告的诱导下决定自身的消费行为，购买“儿童不宜”的用品、进入“儿童不宜”的场所，陷入盲目消费、高档消费、炫耀消费的误区。所以，经常有小孩喜欢“摆阔”，似乎花钱大手大脚是一种光荣和骄傲。

孩子的“摆阔”，问题好像看似是出现在孩子身上，实际责任是在妈妈。因为孩子“摆阔”用的钱，是由妈妈来提供。即便是孩子自己通过打工挣来的钱，却用在了吃喝穿戴上以显示自己的“阔气”，这其中主要是受到了妈妈的价值观念的影响。所以妈妈一旦发现孩子有“摆阔”的现象，一定要提高认识，检查一下自己的价值观念，再来引导孩子。

爱摆阔的孩子表面上看来是显示了自己的“阔气”，其实反映出的是对待物质生活的态度。我们不是苦行僧，物质条件好点可以适当让自己过得更加舒适。但是如果刻意地追求享受，甚至是故意追求“阔气”的效应，就是有点庸俗了。

在美国社会最受人尊敬的，是那些所谓的“白手起家”的富人们。即便是在美国的富贵家庭中，妈妈也非常注意让自己的孩子懂得吃苦自立。在他们看来，让自己的孩子从小就养尊处优，等于剥夺了他们自己白手起家的机会，这对孩子来说是不公平的。

罗拉是美国一个大学校长的女儿，生了孩子之后，全家都靠丈夫一个助理教授的工资生活，日子过得紧紧巴巴。双方的妈妈都是大名鼎鼎的人物，每周都是兴高采烈地来看自己的孙子，但是看完之后一拍屁股就走人，谁也不会接济一下。罗拉的爸爸曾经把家里的一辆破旧车，以优惠的价格转卖给了罗拉。这种“穷相”，实在是让人看了着实有点吃惊。美国的富家子弟常常会露出“穷相”，但是富起来却是长盛不衰，这其中的道理，值得深思。

妈妈有义务让孩子明白大手大脚地花钱是多么的不应该，当他明白了这一点，也就更懂得今日的生活是多么的来之不易，也就懂得了要感恩妈妈，也懂得了要自己去创造美好的生活。要想让孩子改掉“摆阔”的坏毛病，改掉大手大脚花钱的作风，除了妈妈要对孩子的“财源”加以适当控制之外，还要让孩子懂得钱的价值。让孩子了解家庭的收入来源、开支、储蓄等经济情况。

孩子往往不知道妈妈的钱是从哪里挣来的，并对妈妈给予的每分钱持一种无所谓的态度。但是，当他参观了妈妈工作的场所，特别是体力劳动者流血流汗的挣钱场所，情况就大不一样了。妈妈的劳动会对孩子的心灵产生一种震撼效果。看到妈妈为了这个家，为了自己，不辞辛苦地工作，用汗水甚至是血水换取生活必需的钱，他会为自己的大手大脚而惭愧。慢慢地，他就能够学会心疼妈妈，尽量减轻妈妈的负担，做个明事理的孩子。

孩子“摆阔”这个恶习是可以改变的，只要妈妈用点心来引导孩子对金钱形成正确的认识。

穷不能成为孩子的自卑，而要成为孩子的财富

如今社会的分化已经是越来越严重了，不同的阶层，在生活水平方面都相差甚远。孩子在很小的时候也能感受到这样的一种“阶层差距”。有钱家的孩子或许穿的衣服都是高档名牌，玩的玩具全部都是电动化，居住的环境舒适明亮；而普通人家的孩子就没有这样优越的待遇了，同龄的孩子们平时在一起交流玩耍，却发现彼此原来是生活在两个世界的。面对这样的状况，也许妈妈难免会多少有些担心：担心孩子知道自己穷之后会丧失做人的自信心。但是，妈妈也要知道，孩子观察世界的眼光和成人相比有着多大的差别。他们并不在乎自己是否穷苦，他们在乎的是满足和情感，他们在乎的是生活中是否可以玩得尽兴。

实际上，妈妈只要保证自己不会感到有差距，也不必掩饰自己的穷，孩子就完全不会产生自卑的心理。我们在教育孩子的时候也要注意抛弃自己的角度，努力从一个孩子的眼光来看世界，并且及时地教给他一些基本的人生价值观。

作为妈妈，我们没有必要掩饰自己的穷。如果让孩子观察出来我们在掩饰，反而会暴露出妈妈的心虚，觉得穷是件丢脸的事情，这才会真正打击他的自信心。家庭条件不好固然是个劣势，如果妈妈善加利用也可以变成优势。比如妈妈可以让孩子了解到他想要的东西妈妈要付出多大的努力才能帮他得到，这样的话妈妈对他的爱会让孩子很满足，觉得自己虽然拥有的物质很少，但是拥有的感情很多，这样他就会自信而不是自卑。再来，我们还可以告诉孩子，现实要坦然接受，但是不是一成不变的，一切都要靠自己来努力，相信在这样的环境下成长起来的孩子，一定是快乐而上进的，怎么会自卑呢?

自卑对孩子的心理发展有很大的负面影响。心理学家阿德勒认为，每个人都有先天的生理或心理欠缺，这就决定了每个人的潜意识中都有自卑感存在。但处理得好，会使自己超越自卑寻求优越感，处理不好就将演化成各种各样的心理障碍或心理疾病。另外，自卑容易销蚀人的斗志，就像一把潮湿的火柴，再也燃不起兴奋的火花。如果一旦发现自己的孩子有自卑感，妈妈也要让孩子懂得，凡事都应有必胜的信心，自信是消除自卑的最好方法，因为自信会使人获得更多的成功。但在自信的基础上，要有符合自己实际情况的抱负水平。自卑者应打破过去那种“因为我不行——所以我不去

做——反正我不行”的消极思维方式，建立起“因为我不行——所以我要努力——最终我一定会行”的积极思维方式。要正确而理性地认识自己，以坚强的勇气和毅力面对困难，以自信扫除自卑。

只要社会给予的机会公平，穷孩子和富孩子在面对竞争时并没有太多的优势和劣势。从培养孩子的角度来看，穷恰恰是很好的教育点，可以让孩子领悟很多道理。从教育孩子这一个角度来看，“穷”实际上是一笔无形的财富，会带来很多的优势。如果妈妈能够在贫苦的环境中充满自信地生活，一定可以感染孩子，并有助于树立孩子正确的价值观。同时，妈妈利用好这一教育资源，反而会使亲子间更加融洽。

所以，“穷”到底是成为孩子的自卑，还是成为孩子的财富，关键在于妈妈如何进行引导和培养。

餐桌是节俭教育的上佳场所

现在的孩子，大多生活在衣食无忧的环境里，不知道生活的艰辛，他们花钱大手大脚，吃东西挑肥拣瘦，漂亮的衣服穿不了几天，再也不肯穿了。“成由勤俭败由奢”，培养孩子的节俭精神尤为重要，比如餐桌，就是教育孩子具备节俭精神的上佳场所。

董必武这位饱经风霜的革命老人，当过上了和平安稳的生活之后，仍念念不忘那食不饱腹的艰苦日子，经常教育子女：“生活好了，不能忘记过去。”

一次，董必武大病初愈，家里人为他准备了一桌可口的饭菜。全家人围着桌子，正要举筷时，却见董老神态严肃地扫视了一下在座的儿女们。然后，他拿起筷子缓缓地拨动碗中的米饭，口中吟诵起唐代诗人李绅那首著名的《悯农》诗：“锄禾日当午，汗滴禾下土……”尤其吟到“粒粒皆辛苦”一句时，那浓重的湖北口音抑扬顿挫，更是感人肺腑。

接下来，董老冲着孩子们说：“‘粒粒皆辛苦’，你们懂不懂？农民一年的劳作，从耕到种，除草、施肥、灌溉，如果风调雨顺，没有虫害，春种才能秋收！”董老看见孩子们会意地点着头，又以平和的口气对小女儿楚清说：“这首诗只有四句，很好背，我教你好不好？”他生怕女儿没有引起重视，又加重语气说：“吃了饭就到办公室来，我教你！”从这以后，董老在饭桌上当着孩子们的面，多次提起这首诗，几乎成了他的“传统节目”。

有一天，董老的孩子吃完最后一口饭，丢下饭碗刚要离开饭桌时，突然被董老叫住了：“你看，你看。”等孩子回过头来，董老面带笑容，语调不无严肃地说：“碗里、桌子上有多少饭粒？粒粒皆辛苦，粒粒不能丢啊！”直到孩子把剩下来的饭粒都一粒粒地拾起来吃了，董老才满意地点了点头。

当看到孩子有浪费粮食的现象时，作为妈妈是否能够予以重视，很郑重地批评他，帮助他改正过来。也许妈妈会认为，孩子浪费点粮食没有什么大不了的，可实际上，浪费粮食的孩子会养成暴殄天物的习惯，以后他可能会对任何东西都不珍视，他不在乎别人劳动的所得，也不会在乎别人辛苦的付出。俗话说“勿以善小而不为”，小小的坏习惯如果不加以纠正，也会塑造孩子很不好的心态。

清代的康熙皇帝是节俭的表率，虽然贵为皇帝，依然保持节俭的作风。康熙皇帝在平时吃饭的时候，一日三餐只是吃几样简单的小菜，从来不会大吃大喝。并且，他还教育自己的孩子："中国历来的传统，只有在这三种情况下才会吃肉。第一是祭祀的时候可以吃撤下来的祭品，第二是在奉养妈妈的时候可以吃肉，第三是远方的朋友来了，款待朋友可以吃肉。"

在中国的古代，社会上尊崇节俭，并把节俭看做无上的美德，而今天的实际情况与过去相比大相径庭。

不少孩子花钱如流水，生活奢侈，经常谈论谁家阔气，有汽车，有大房子等。某个同学刚穿出一件新衣服，没几天不少同学也换上了这种新装。而且穿要进口，戴要名牌，"耐克""阿迪达斯"已成为许多中小学生的行头。儿童电子宠物，开始只有少数孩子玩，现在许多孩子都有。孩子们认为，不管花多少钱，别人有的我也要买，我不能比别人差。

很多孩子每天都有很多零花钱，口香糖、瓜子、话梅等小吃，总是随身携带。不合口的，虽是刚买的，也会毫不吝惜地扔掉，浪费本、纸的现象更是比比皆是。

勤俭节约既是对创造财富的劳动者的尊重，也是对用自己的血汗钱购买物品的家长的尊敬。帮孩子克服铺张浪费的不良行为，刻不容缓。所以，妈妈必须在生活的点点滴滴中培养孩子的节约意识，你可以像董老学习，从小小的餐桌上开始对孩子节俭教育。

仇富的妈妈，预约了孩子贫穷的未来

一位男士，年纪轻轻就获得了创造了巨额的财富。于是，电视台邀请他去做节目，主持人问他："您如今已经是亿万富翁了，取得目前的成绩，您最想感谢谁？"

成功人士毫不犹豫地说："我妈妈。没有她，我不可能有今天这样的成绩。"顿了顿，他继续说道："小时候，我家的生活条件很差，因为爷爷奶奶身体都不好，经常生病，爸爸妈妈的工资大多用来给他们看病了。那时候，看到别的孩子吃零食、穿新衣服，我都很羡慕，但是家庭条件不允许，我只能暗暗地在心里想一想。

"初中二年级，有一次下大雨，有不少同学都没带雨伞，放学后我们都在教室里等着雨停，没多长时间，我从窗户看到我妈给我送伞来了，她是走着来的。看到我妈来了，我收拾好书包下楼了。当我们走到校门口的时候，看到那儿停着两三辆小轿车，其中有一辆我知道是班上李炜爸爸的，他爸爸是商人，家里很有钱。我看见李炜很自豪地坐上那辆车走了，愤愤地说：'看他那神气的样，不就是他爸爸有钱吗，经常拿着些新玩意儿在教室里跟大家炫耀，好像就他能买得起似的。'

"妈妈听了我的话：'怎么那么生气呢，他的钱也是他爸爸挣的，跟他没关系，你自己长大后努力赚钱不就可以了吗？'妈妈的话让我恍然大悟。

"虽然我妈妈没教给我太多的文化知识，但是她教给我乐观、积极的生活态度，还有对待金钱的态度，这让我在后来的生活中受益匪浅。”

不是因为这位成功人士天生乐观，也不是因为他很聪明，而是因为他有一个好妈妈，妈妈从小就给他灌输了一种对待金钱的理念，让他在日后的生活中受益匪浅。

在家庭教育中，妈妈对金钱的态度，对孩子的影响是巨大的。妈妈仇富，不能实事求是地看待别人的财富，从这样的家庭中走出来的孩子很容易跟着仇富，而且还有厌世的消极思想，这样的孩子就算长大后成功了，也不能体验到快乐，这是多大的悲哀啊！

为什么有钱的人越来越有钱，而穷的人越来越穷，往往就是因为对待金钱的态度——能否以一颗平常心来客观地看待别人的财富。有的人看别人开着名车，住着别墅，心里很不是滋味儿，心想他那些巨额的财富指不定是怎么“坑蒙拐骗”来的呢！总之，他的钱肯定来路不正，而不去反思自己的现状，在这种消极思想的影响下，他们往往只能生活在贫困当中。有的人看到别人过着富裕的生活，见“富”思齐，自然而然会产生一种与他一争高下的念头，于是在以后的生活中，努力奋斗，他们的未来也往往是光明的。

现代社会，有很多人或多或少地存在一些仇富心态。实际上，仇富是一种不好的心理。看见别人开着名车，住着豪宅，不是想着自己也努力赚钱，而总是想着别人一夜之间财产消失殆尽，这种心理，从小的方面说，不利于自己的素质提高，不利于自己的奋斗进取；从大的方面讲，会妨碍社会进步。看见别人富裕，“不如退而结网”，通过自己的劳动和智慧，过上富裕的生活。

妈妈对孩子的影响，就是从这样一件件小事情中体现出来的，妈妈对世界的态度，是孩子的一个范本，妈妈给了他怎样的一个范例，他就会跟着在后面成为一个怎样的影子。妈妈仇富，对别人的财富没有一个客观公正的认识，孩子也会跟着仇富，在这样的家庭中长大的孩子，只懂得对别人的财富愤愤不平，而不懂得通过自己的努力去过上富裕的生活。所以，提醒那些具有仇富心态的妈妈们，一定不要在孩子的面前展露出你仇富的一面，千万不要因为你的仇富，而让孩子有一个贫穷的未来。

第十二章 智慧妈妈顺利开启孩子EQ之门

生活中，情商高的人往往具有明显的优势，甚至有人说，成功与否80%取决于情商。孩子在学校里可以通过学习各种不同学科来提高思维水平，但是却没有任何一个课堂专门教孩子如何提高情商。所以，这个重任就毫无疑问地落到妈妈身上。

做孩子健康积极的情绪启蒙老师

楠楠是个刚满月的女婴，她长得白白胖胖，但却额头突出，下巴翘起，三角眼显得越发凹进去，这张脸如果是个男生脸的话还勉强能凑合，但安在一个女孩身上实在是有些不美。由于长得丑，楠楠并不像其他婴儿一样受到大人的喜欢和疼爱，没什么人愿意逗她，也没什么人喜欢抱她，甚至她自己的爸爸妈妈也经常对着她唉声叹气："咱家孩子怎么那么丑呢?"在她面前，充满爱意的笑脸是极其少见的，而经常是些或许诧异、或许蔑视、或许嘲弄的表情，而楠楠也越来来少出现笑脸，即使有人逗她，她也经常只是呆呆地观察着对方，而不轻易作出反应。对于一些不太友善的表情，她经常一眼就能够看穿，并用哭声表达害怕。

孩子的观察力是极其惊人的。他往往能直觉地察觉到对方的情绪变化和心理真实感情，而对方的情绪也会直接作用到孩子的情绪上。像楠楠一样，如果别人看到她时带有厌恶等负面情绪，她的情绪也会比较低落，婴儿是不会敷衍地挤出笑脸的。看来，孩子的情绪是深受大人影响的，妈妈一定要从一开始就注意做好孩子健康积极的情绪启蒙老师，不仅自己要保持良好的情绪，对待孩子时更要有好的情绪。因为，妈妈是孩子最亲密的人，她对孩子情绪的影响最大，这样的影响从怀孕时期就开始了。

胎儿在妈妈的肚子里，能听见的声音都来自妈妈：妈妈说话的声音；心脏的跳动声；气管的呼吸声；血液流动声；以及吞咽口水的声音等。如果胎儿在妈妈肚子里透过羊水听见的都是和缓、轻盈、愉悦的声音，那么他出生后，就会有个健康开朗的好情绪。反之，孩子就容易有一个消极灰色的情绪。

当小宝贝来到这个世界之后，他最熟悉的气味和声音自然还是妈妈，而他对情绪的种种敏感反应也源自妈妈。别以为小婴儿不懂得感受，其实不然，他完全懂得，只是不会表达。例如，当妈妈给孩子喂奶时，不管是母乳喂养或奶瓶喂养，宝宝的小脸蛋贴着妈妈的胸膛，一面吸奶，一面听着妈妈的心跳、呼吸、血液流动声。这是他最熟悉的声音和气味，所以他安全地吸着，并沉沉地睡着。

可如果在喂奶时，妈妈心里还在为刚才的不愉快生着气，心脏怦怦地跳；呼吸急促地响着；血液哗哗地流着，身体还释放着高亢肾上腺素的气味。此时小宝宝贴着妈妈的胸膛，小小的耳朵捕捉了所有的声音和情绪，他发觉不一样了，知道妈妈生气了，他很害怕，很不安全，所以紧张的他不能再好好地消化乳汁，也不愿安静地躺在怀里继续听着让他害怕的声音。于是，他不安地哇哇大哭。

宝宝慢慢长大后，他对妈妈情绪的捕捉已不再限于气味和声音，他学会了察言观色，他喜欢妈妈温柔的笑脸，害怕妈妈严峻的眼神，他知道妈妈高兴了，也知道妈妈生气了。他通过妈妈的脸部表情、肌肉收缩、声音气味，来辨识妈妈的情绪，并且对这些情绪作出反应。如果妈妈开心的时候，他会跟着妈妈哈哈大笑，因为自己把妈妈逗乐而感到更加兴奋和欢乐；当妈妈不快的时候，孩子会感到不安；妈妈流露出悲哀神情时，孩子也会随之变得忧郁起来。

所以，妈妈，不是爸爸，也不是爷爷奶奶或外公外婆，是孩子最初情绪的启蒙老师。孩子透过妈妈来探索世界，也学习妈妈怎样去表达情绪。如果妈妈希望孩子有个健康积极的情绪智商，除了自己要有个健康积极的情绪之外，在对孩子表现出任何情绪的时候，都要小心。

孩子的良好情绪，来自妈妈稳定的情绪

莎莎是一个胆子很小的姑娘，她从小生活在爷爷奶奶身边，爷爷奶奶对她呵护有加，关爱备至。那时的莎莎性格活泼，常常逗得爷爷奶奶哈哈大笑。

莎莎 6 岁的时候回到父母身边生活，妈妈脾气比较暴躁，莎莎在她面前经常吓得什么都不敢说，不敢做。

一天，家里来了客人，妈妈让莎莎给客人倒水，一不小心，茶杯摔在了地上，妈妈当着客人的面劈头盖脸地骂道："你真是个笨猪！"生性敏感的莎莎羞愧得无地自容，眼泪大滴大滴地往下掉。当天晚上，莎莎做了一个噩梦，梦见妈妈恶狠狠地用眼睛瞪着她，并用手指着她的鼻子大骂。从那以后，莎莎只要看到妈妈就紧张，越紧张越是出错，每当这时，妈妈都毫不留情地对她加以训斥。莎莎最后患了恐惧症，每天晚上都做噩梦，一点风吹草动都紧张得不行。

莎莎的妈妈是爱她的，这一点毋庸置疑，但是她无法控制自己的情绪，常常以粗暴的打骂来发泄情绪。生活在这样的家庭中的孩子，他们一般是在父母阴晴不定、时好时坏的情绪中惴惴度日。父母不高兴的时候，可能毫无原因地就对他们大发雷霆，高兴的时候，又可能对他们有求必应。在这样反复无常的生活中，孩子变得敏感多疑，时刻生活在对父母脸色的察觉之中，于是，他们最早学会的是预测父母的态度，在这个察言观色的过程中，他们也学会了犹豫，以此来观察危险信号。

妈妈在家庭生活中的行为，尤其是情绪，会对孩子的心理健康发育产生重要的影响。研究表明，妈妈在家中情绪友善平和，接人待物谦虚礼貌，有助于孩子的心理健

康发育；而如果妈妈在家里经常情绪恶劣，则会让孩子经常处于紧张和恐惧之中，对于孩子的心理发育极其不利。

从孩子的心理健康发育角度出发，父母在日常家庭生活中要特别注意情绪控制，谨防孩子因自己的不良情绪而影响正常的心理发育。尤其是妈妈，与孩子相处的时间长、事情杂，更要保持一种积极的情绪。为了孩子的心理健康发育，以下几点情绪控制特别需要妈妈们注意：

1. 不要在孩子面前吵架动粗

爸爸和妈妈在孩子面前任何的吵架动粗，都会让孩子产生紧张心理和恐惧感。父母经常在孩子面前大吵大闹，会让孩子精神高度紧张，心里滋生不安全的感觉。因而，妈妈们必须谨记不要或尽量不要在孩子面前吵架动粗。

2. 不要在孩子面前抱怨生活或表露颓废的情绪

妈妈是孩子的最大靠山，妈妈对生活的态度直接影响孩子的生活安全感和成长信心。如果妈妈经常在孩子面前抱怨生活，或者经常表露颓废的情绪，会使孩子过早接触到社会或生活方面的压力，会让孩子心理产生不安全感。对生活怀疑或颓废的生活态度可能会因此伴随孩子的成长，会让孩子身心过早地感受到不该承受的压力。因而，特别需要提醒妈妈们的是，无论你暂时遇到多大的困难和挫折，为了孩子的健康成长，请一定不要在孩子面前抱怨生活或表露颓废的情绪。

3. 不要在孩子面前责骂或批评他人

有的妈妈经常毫不避讳地在孩子面前责骂或批评他人，很多妈妈以为，孩子年幼不懂事，在他们面前责骂或批评他人对孩子没有什么影响。事实上，这不仅是一种非常不好的处世方式，更是一种有害于孩子健康成长的不良教育方式。这样的行为会让孩子对于妈妈日常的正规教育产生怀疑，也会使孩子因此学到这种不良的处世方式，会扭曲孩子的心灵，使孩子的心理健康受到极大的影响。

4. 不要在孩子面前用偏激的语气来表达对事物的看法

有的妈妈性格比较极端，对于事物的看法也比较偏激，往往会在孩子面前无所避讳地说一些过激的言语。心理专家认为，妈妈过激的言语和情绪会让孩子的心理也往偏激的方向转化，会对孩子的性格塑造和心理发育产生不良影响。因而，为了孩子的心理健康发育，不要在孩子面前用偏激的语气来表达对事物的看法。

妈妈的情绪对孩子成长的影响是深远的，只有一个情绪稳定的妈妈才能教育出一个乐观、活泼、开朗的孩子。为了孩子的明天，妈妈们应该以一种良好的情绪来面对孩子！

坏情绪，不“疏导”，就“决堤”

王女士曾遇到过这样一件有趣的事：一天深夜，她突然接到一个孩子打来的电话，对方的第一句话就是：“我烦死他们了！”

“他们是谁？”王女士问。

“他们是很多人，我的同学、老师、爸爸妈妈。”

王女士感到突然，于是礼貌地告诉她：“你打错电话了。”

但是，这个孩子好像没听见似的，继续说个不停：“我学习不好，老师非常不喜欢我，同学们也都挺疏远我的，爸爸妈妈听不进去我说的话……”

尽管这中间王女士一再打断孩子的话，告诉孩子，她并不认识她，但是孩子还是坚持把自己的话说完。最后，她对这位素不相识的王女士说：“阿姨，您当然不认识我，可是这些话已被我压了多时，现在我终于说了出来，我舒服多了。谢谢您，对不起，打搅您了。”

原来王女士充当了一个听筒的角色。

案例中的小女孩举动看似错乱，实际很正常。它形象地说明了小孩子也会有很多烦恼，有很多复杂的情绪，需要有一个倾诉、宣泄情绪的地方，而且消极情绪往往是蓄之越久，越沉重压抑。

实际上，我们每个人在一生中都会产生数不清的意愿、情绪，但最终能实现、能满足的却并不多。那些未能实现的意愿、未能满足的情绪如果被压制，就会产生一种心理上的能量，这种能量如果没有释放出去，它自身不会丝毫地减少。即使你在压抑、克制阶段意识不到它的存在，也只说明它从“显意识层”，转移到了“潜意识层”，它对你的潜在影响依然存在，而且一直在找机会真正发泄出去。

消极情绪得不到宣泄与缓冲，不仅会影响人的心理健康，还会引起身体上的一些疾病，像高血压、心脏病、胸闷等都是由于消极情绪长期累积而致。其实只要把那些不愉快的事情说出来，心情就会感到舒畅，因此表达能起到一定的情绪安定作用。我国古代，有许多人在他们遭到不幸时，常常有感赋诗，这实际上也是使情绪得到正常宣泄的一种方式。

对于消极的情绪，最好的办法是疏导，而不是堵塞。因为堵塞只能是暂时的，到一定程度就会造成“决堤”，那时情况失控，就更严重了。而很多家长在孩子情绪消极时，不但没有给以关心和正确的引导，反而运用家长权威强迫孩子收拾好自己的情绪，就算是假装，也要表现出积极的情绪。

梅梅是个成绩优异的小学生，偶然有一次，她考试失常得了历史最低分 80 分，她心情十分沮丧，回到家后，妈妈一询问，梅梅就伤心地哭着告诉妈妈，谁知妈妈当场大怒，指着她说：“那你还好意思哭，居然考这么低分，不准哭了，看着我心烦，赶紧擦干眼泪回屋学习。”梅梅的眼泪被迫止住了，但是心里却永远有了一道伤痕。从此，她考试时情绪特别紧张，害怕考不好被妈妈骂，因而，考试失常的几率更大了。

坏情绪对孩子影响本来就很大，如果家长不给以理解，帮助疏导，甚至用强权手段进行“堵塞”，那孩子受到的影响将更大，后果更严重。

孩子的消极情绪是一定要宣泄出去的，但是“宣泄”不是让情绪的“洪水”到处泛滥。作家罗兰在《罗兰小语》中写道：“情绪的波动对有些人可以发挥积极的作用。那是由于他们会在适当的时候发泄，也会在适当的时候控制，不使它们泛滥而淹没了别人，也不任它们淤塞而使自己崩溃。”因此，帮助孩子宣泄情绪一定要有度，比如，允许孩子一有怒气就大动肝火，一有痛苦就大哭大嚎，一有冲动就蛮干一通，这些不正确的宣泄方式反而会激起新的不良情绪。宣泄一定要合理，尽量不要指责别人，而用诉苦的方式，更容易博得别人的理解。或者引导孩子将消极情绪转移到另外一些对任何人都无害的事上，比如听音乐、做运动、写日记、游玩等。

孩子的人际交往能力大多来自妈妈

罗恩的妈妈是一个慈善活动家，她关照社区的孩子和老人的生活，并且常常带着罗恩参加各种活动。妈妈常常给罗恩讲教义，告诫他要做一个诚实、勇敢、富有同情心的人。虽然妈妈的要求都是正确的，但妈妈因为事务繁忙，常常以命令的语气与罗恩交流，她不能容忍孩子有一点点异议，否则就会歇斯底里地痛哭，在孩子面前表现出受伤者的样子。

妈妈的反应让罗恩不敢有一点反抗意识，他也不愿意和父亲交流。罗恩的同学们常常取笑他是一个古板的人，毫无生趣。罗恩甚至连看自己喜欢的女孩子的勇气都没有。

很明显，罗恩已经在人际交往上出现了一些障碍，而这不得不归咎于他妈妈错误的教导方式。因为孩子在与人相处的时候心态如何，与他和妈妈相处时候的心态有很大关系。能够与妈妈随时进行有效的沟通、交流感情的人，从小会在感情表达上比较明确、稳定，这也是决定他能否与他人自如交流的关键。

我们遇到过那种人见人爱的小孩，也见过那种惹人生气的小孩。有的孩子在你还没有开口之前，就已经领会了你的用意，这样的孩子被认为是冰雪聪明的；有的孩子比较被动，有问才有答，但是有问必答，虽然有点羞怯，也不乏令人怜爱的气质；但是，有的孩子就完全不能或者不愿意配合他人，就像是封闭在自己的世界中的小动物，处处提防，充满攻击性。很多人将这样的区别归结为天性，就像双胞胎中有静如处子的，也有动如脱兔的。但事实上，这些不同的反应都在一个框架里，反映的是孩子的同一种能力，即人际交往智能。

人际交往是每个人必须要面对的现实。哈佛大学发展心理学家霍华德·加德纳指出，在社会活动中，人际交往智能的核心是留意他人差别的能力，特别是观察他人的情绪、性格、动机、意向的能力。人际交往智能使人能够了解他人，更好地与他人一起工作。这些属于非智力因素，取决于后天的培养与开发。孩子从一出生就开始了与他人的交往，随着年龄的发展，他们与人交往的意识不断增强，交往策略也不断丰富。

妈妈在儿童早期成长的过程中所进行的精心培养，将促进孩子在人际交往方面有良好的发展，对儿童将来走向社会、进行工作和学习打下坚实的基础。妈妈在培养孩子与人相处的能力方面，发挥的影响尤为重大。

孩子从一出生，妈妈就与他有亲密的接触，孩子最初的触摸记忆和声音记忆都来自妈妈，妈妈是与孩子的身体和心灵靠得最近的人。等孩子长大以后，其他的孩子是否接纳他，关键在于他怎样去接纳别人、适应社会，而这种接纳他人的能力就是从模仿妈妈开始的。当孩子做错事情的时候，往往是妈妈给他安慰和鼓励；对于孩子在学校里发生的不愉快的事情，妈妈也会耐心地倾听并关注孩子的情感。所有这些对妈妈和孩子来说，似乎都是理所当然的事情。如果一位妈妈可以做到善意地倾听孩子的诉说，让孩子体会到被尊重、被珍视的快乐，孩子也就会模仿妈妈的口气和神态，去分享他人的喜悲，这样的人很容易就能交到朋友。一般来说，一个热情的孩子往往有一位温柔慈爱的妈妈；一个性格古怪的孩子的妈妈往往性格也比较古怪。

结交朋友是孩子人生中的重要内容，要求孩子做到最基本的交往原则，妈妈们首先应该看看自己能否做到耐心倾听、及时回馈赞美等。具体来说，首先要让孩子在家庭中学会沟通，在沟通中学会理解；其次，要尽量支持孩子与同龄人交往，如果孩子有成年人朋友，也千万不要过于担心，不妨看成是证明孩子社交能力的好征兆。

让游戏帮你塑造孩子丰富的情感

3 岁的贝贝喜欢自己玩，她常玩的游戏包括过家家、打扮洋娃娃、学妈妈出门去上班等。贝贝的妈妈一开始很高兴孩子会自己玩耍，不会打扰大人。但有一次妈妈仔细观察贝贝的游戏模式，赫然发现她反复模仿和演练的竟是妈妈的日常活动：买菜、做饭、梳妆打扮、电话聊天、匆匆忙忙出门去上班等，甚至会边穿衣服边拿东西，嘴巴里还会忙不迭地喊着："来不及了！来不及了！贝贝再见！要乖……要听话……"

孩子惟妙惟肖的动作、表情，令平时忙碌的妈妈哑然失笑，孩子竟然从游戏中体验到照顾他人、安排事情的乐趣。

想要让孩子有更多的情感体验，就需要抽出时间来陪孩子一起玩游戏。妈妈可以在家中模仿幼儿园的教学模式，设置一些特殊的"游戏角落"，布置玩具。玩具不一定要有多精巧多高科技，家中安全的废弃物也完全可以利用起来，比如大纸箱、旧布、坏掉的门把，都可以变成孩子的宝贝，在孩子的游戏中变身成各种各样的角色，创造出各种不可思议的效果来。例如纸箱变城堡、火车；旧布变云彩、巫婆斗篷；门把变喇叭、假鼻子……孩子的想象力一旦被开启，往往连大人也望尘莫及。在玩的过程中，不但孩子的动手能力会得到很大的提高，他对感情的理解也会越来越丰富、深刻。

游戏，除了交流感情，还有一个重要功能，那就是培养孩子的健康心理。游戏的功能不在于让孩子知道多少知识，那是课堂上应该完成的事情，家庭游戏的重要作用在于，让孩子有众多的情感体验：快乐、幸福、激动、紧张、恐惧、同情、宽容等，也就是在模拟的世界中成长，逐渐塑造出丰富、成熟的不同情感特点。

另外，户外活动对孩子来说，也是必不可少的。孩子是属于大自然的，在美丽的自然中游戏会让孩子感触到壮阔、沉静、真实等在家中无法体会的情感。

多让孩子和其他人接触，多让孩子和其他人玩游戏，也是培养孩子丰富情感的好方法。与陌生人交流会为孩子创造更多玩耍学习的机会与空间，迈出社交的第一步。

多种方式综合运用，孩子的情感心理会有很大的进步，这就需要妈妈看到这种进步，正确地理解孩子体验情感、表达感情的方式。例如，陪孩子玩耍，除了创造多元机会与空间，更应确切掌握幼儿的听觉与理解特性。许多妈妈会用“大人”的角度，和“小孩”互动，间接或直接安排甚或命令孩子怎么做、怎么玩、玩什么。其实小孩就是小孩，并不是“小大人”，他们是独立的个体，也拥有自己的想法，像是一个隐藏的“神秘宝盒”，我们只能逐步开启和循序引导，不能掌控。

一味争强好胜的孩子情感并不健康，不能坦然面对失败的孩子日后也会因此承受更多压力和痛苦。想让孩子成为出色的人，妈妈首先让他成为情感健康的人；要想让孩子拥有宽阔的心胸和坚强的意志，就需要从转变妈妈的游戏态度开始。

孩子的社交恐惧症病原在于妈妈，药方也在于妈妈

凯凯今年 4 岁了，原来一直都是爸爸妈妈带他，后来随着工作日渐繁忙，照顾孩子的时间也越来越少，于是爸爸妈妈将他送到了幼儿园，想让他适应一下集体生活。没想到几周后，幼儿园老师打电话来，告诉凯凯的父母，说他们的孩子可能有社交恐惧症，建议进行心理辅导。爸爸妈妈很是诧异，每天上下学接送，凯凯一看见父母就笑逐颜开，回家也不停地说在幼儿园学到了什么新东西，没看出任何异常。于是爸爸决定请一天假，到幼儿园看个究竟。

在老师的陪同下，爸爸来到了凯凯的班级，躲在窗外观察。他发现，无论是上课还是自由活动，凯凯总是一个人躲在小朋友们的后面。老师上课提问叫到他，他低着头、红着脸，不知道嗫嗫嚅嚅的在说什么；自由活动时，大部分小朋友都聚在一起玩，但凯凯却一个人搬着小板凳在边上独自玩积木。同时，父母注意到，晚上带凯凯散步，见到同院的叔叔阿姨，他从来不叫，要么装没看见，要么死命地拽着妈妈的衣角，往身后躲。而且也不常和同院的小朋友一起玩耍，有时候妈妈把他送去楼下的儿童乐园，让他和别的小朋友一起玩，不一会儿，他就自己回家了。

其实，这样的现象在许多孩子身上都很常见。我们知道，孩子由于缺乏独立生存能力和社交经验，在离开父母，独自面对陌生人的时候，会产生焦虑。随着和陌生人交往次数的增加，焦虑逐渐降低，最终会成为“熟人”。但如果长时间、反复出现持续的焦虑情绪和回避行为，就表示有社交恐惧症的嫌疑了。

社交是生活中人人不可缺少的活动，但有的孩子怕见生人，甚至与熟人谈话时都感到紧张和脸红，不愿到人多热闹的场合；有时还会口齿不清、口吃、不敢抬头看人；严重时，在与人交往中出现惶恐不安，出汗、心跳加快、手足无措等现象。这些现象称之为“社交恐惧”。这些孩子常常被某些家长误认为孩子老实、听话、不顽皮。其

实，这些孩子的心理出现了一定的问题，社交恐惧实际是孩子自卑的一种外部表现。

孩子社交恐惧根源其实在于妈妈。这些孩子，生活中常受到妈妈的批评，有时只是因为一个小小的过错而遭到妈妈过分严厉的训斥，甚至受体罚，有时则因为妈妈情绪不好而毫无道理地发泄到孩子身上。孩子在这种家庭里，便产生惧怕心理，孩子甚至不能辨别该做什么，该说什么，什么是对的，什么是不对的。孩子大多数时间生活在恐惧和焦虑之中，他们从妈妈的行为中得出这样一个结论：自己很无能，总是做错事，是个一无是处的孩子。这类孩子长大后，可能会有程度不等的社交恐惧倾向，严重者会成为社交恐惧症患者。患了此病，无法建立稳定的人际关系，他们会变得内向、孤独，人也会变得消极、悲观。

孩子害怕与人交往，不敢与陌生人说话，不愿意到人多热闹的场合……孩子的这些行为让妈妈感到很烦恼，那么该如何提高孩子的社交能力，避免孩子患上社交恐惧症呢？妈妈可以从以下几方面来鼓励孩子。

1. 要关心孩子的感受并且帮助他

遇见老师、同学、叔叔、阿姨，孩子无视打招呼的人，会令妈妈感到不自在，此时，妈妈应该考虑孩子的感受，只能看在眼里，放在心中，不能外露，不要强迫孩子。如孩子因羞涩而不愿与别人交往时，妈妈首先要接纳这一点，然后给予具体的帮助，以克服这种胆怯。千万不要给孩子贴标签，如说："不要对别人这样粗鲁，太没礼貌了。"因为这样会将标签永远贴在孩子身上。当有人打招呼时大人可代替孩子回答，如果邻居问："小明，今天和爸爸妈妈去哪儿了？"大人代之答："我们去看电影了，是吧，小明！"小明也许会回答："是的！"这样可以自然地帮助孩子进入谈话的角色。孩子需要帮助指导，但首先要尽量让他自己开口说话。

2. 做些角色扮演游戏，帮孩子在家中练习社交技巧

家是孩子最熟悉的地方，在家里孩子可以无拘无束。因此，在家的时候，妈妈可与孩子做一些角色扮演的游戏，例如：大人当乘客，孩子当售票员，进行乘公交车游戏。如果他迟疑不决，还可以交换角色，或换一种角色游戏。平日要鼓励孩子回答常问的问题，如"你的玩具娃娃叫什么名字？""我们到外婆家去，你要穿花衣服，还是红衣服？"要多鼓励孩子回答问题。

3. 让孩子有学习社交的机会

妈妈可以给孩子提供一些学习交往的机会，如每次带孩子出门，可与其他妈妈打招呼，去商店买东西与售货员交谈，拜访亲友，在家中招待客人等，都是让孩子学习如何与人交往的机会。不但要为小孩子树立榜样，还要教会他交往技能。交往技巧不是天生的，而是学来的，要让孩子有学习的榜样，这样他就会慢慢地学会与人交往了。

让孩子融入集体，收获来自群体的快乐

津津本来是一个活泼外向的小女孩儿，但是上小学以后，她却慢慢地变得内向起来。这是因为妈妈对她管得太严，每天放学都来接她回家，不让她在学校逗留，也不让她和小朋友们一起玩儿。津津对妈妈抱怨过很多次："妈妈，为什么其他同学可以在学校玩一会儿跳皮筋、踢毽子，我就不能呢？我想和他们玩一会儿，就一小会儿都不行吗？我现在都没有朋友了，大家都知道我不能跟他们一起玩，所以都不和我玩了……"无论津津怎么抱怨，妈妈都雷打不动。"放学就是让你回家的时间，在学校有什么玩的？再说了，这多浪费时间啊，而且玩多了就贪玩了，就不喜欢学习了，你愿意做他们那样贪玩的坏孩子吗？"所以，就这样，津津远离了同学们的课外活动，也疏远了同学，她慢慢地变得内向起来，跟同学老师的沟通也慢慢地困难起来。

世界著名潜能大师博恩·崔西说："一个人的幸福快乐80%来自于与他相处的人，20%来自于自己的心灵。"所以，如果妈妈希望孩子多一些快乐，最便捷的方式是鼓励孩子参加课外活动，无论是参加各种俱乐部、各种运动会、各种公益组织，在参与的过程中不仅培养了孩子的领袖才能、团队意识、社会责任感和服务精神，进而使孩子的品质趋向完美，还让孩子收获了朋友之爱、团队之情、集体之义，丰富的情感体验大大增加了孩子的幸福和快乐之感。

在团体活动中孩子容易寻找到热情和快乐。一个正面、积极的团队是孩子热情的源泉，妈妈可以召集孩子一些思想积极的朋友、同学，每个月聚会一次，一起讨论达到目标的方法，彼此激发脑力。团体活动能为孩子提供更多与人交流的机会，许多性格和能力要在集体生活和游戏中才能养成，如团结、大方、礼貌、遵纪、自尊自爱、竞争意识、牺牲精神、合作意识、组织协调能力、集体观念和服从精神等。这些品质和能力是集体之外的活动所不能够培养的。

为了鼓励学生身心的全面发展，美国的学校通常都会组织各种活动，鼓励学生多多参加，即便像表演舞蹈这样要求条件比较高的表演项目，只要本人愿意参加，学校一定欢迎，绝对不挑不拣，以维护学生的积极性和自尊心。平时老师除了教文化课之外，还会与同学们一起打球、练操、做游戏；万圣节，老师也会扮鬼脸与学生一起参加晚会；圣诞节，老师与学生互相赠送自己制作的贺卡，写上真挚的祝福；学年末要放假了，大家会在一起共进午餐，每个学生带一份具有本国特色的食品共同品尝，一边用餐一边娱乐，其乐融融，像是一个大家庭。学生们在这样的气氛中学习和生活，没有压力，既有利于培养他们的团队精神和参与意识，又有利于丰富孩子的情感体验，让他感受到与人相处的乐趣和快乐。

集体是成长的动力，会渐渐培养孩子的组织协调能力、语言表达能力、团结合作能力，并磨炼出坚强的意志和良好的为人处世技巧，而这些恰恰是以后的人生道路上所需要的。也许这些不像好成绩能让人们看到立竿见影的效果，但是从长远来看，在集体中磨炼出来的高情商，会成为孩子今后人生道路上最有力的保障。

所以，如果想让孩子有良好高尚的品质、优秀的人格魅力、高超的情感智商等，妈妈就要积极鼓励孩子融入到集体中，参与到集体的课外活动中。妈妈可以教育孩子从为集体做好事开始。例如，在学校主动打扫卫生、为朋友打开水、帮老师擦黑板等；要让孩子知道自己是集体中的一员，应该为集体争光。遵守集体规则，维护集体荣誉。如果轮到自己的孩子做值日生，妈妈不要认为会累到孩子，一定要他们早点到学校去，不要迟到；妈妈也不要阻拦孩子参加班级活动。集体因为每一个人的存在才成为了一个有机整体。集体活动中缺少了谁，都是不完整的。你的孩子参加一次班级篮球赛，在赛场上会学到团结与合作；参加一次班级春游，会发现因为有了同伴的陪伴而使春天更加灿烂；参加一次班级合唱团，能知道他所在的那个音阶对整首曲子来说是多么的重要。而这些，都是孩子一个人玩球、一个人爬山、一个唱歌时体会不到的，是从集体活动中获得的。看似是简单的参与，实则体现了教育中“培养完整的人”的思想。

人，都是离不开群体的，孩子也不例外。所以，让孩子融入他的集体吧！他有权在集体中收获他本该拥有的快乐。

天才儿童更需要情商培养教育

15 岁的美国中学生杨格，在 10 年级还没有结束就已经自学完高中所有的数学与科学课程。他决定提前申请大学，而且是申请美国一流的大学。没有想到的是，杨格竟然会连中三元，美国最顶尖的三所学校哈佛、麻省理工和加州理工同时都看中了他。

不管有如何的天赋，15 岁的杨格毕竟还是个孩子。如果杨格决定当年就进入大学读书，就会出现一个很有趣的难题：因为他没有修完高中毕业所需要的学分，所以无法获得高中毕业文凭，但是在 4 年之后他可以得到美国最一流大学的毕业文凭。不过杨格想延后一年进入大学，先把高中毕业证书拿到手。至于选择哪一所大学，杨格自己也拿不定主意，他甚至孩子气地说，如果实在无法抉择，那就会用扔硬币来决定。

杨格的妈妈是一位普通的办公室文员，一名普普通通的美国女性。她对于儿子能被哈佛大学录取，心理自然也是满欢喜的，但她没有显得很骄傲，也没有觉得自己高人一等。这位“神童”妈妈说了一句很令人深思的话：“这个孩子好奇心很强烈，冲劲也很足。我唯一担心的是，他好像不明白一生的青少年时期只有一次，将来还有很多时间慢慢成长，我希望他早日了解这一点。”

这位美国妈妈讲述的是一个成长中很深奥的道理，那就是不论一个人如何有才华，在他的少年时代心理素质依然脆弱。什么才是妈妈不应该忽略的子女教育呢？那就是孩子的心理建设。孩子的心理建设非常重要，会影响到他的一生。在现实的生活中，有更多的天才不是笑傲天下，而是一无所成且非常压抑。因为聪明的孩子往往被同伴孤立，或者是对过于简单的学业不屑一顾，结果他们的辍学率竟和普通的学生是一样的。对于过分聪明的孩子，培养出健康的心理更重要。所以这位美国妈妈不怕孩子没机会读大学，而是更注重让孩子在青春期有充分的体验并培养出健康的心理。

曾经有一位华裔妈妈谈到他 14 岁的孩子上大学的故事，这位妈妈是个过来人，她很有感触地提到，孩子从中学跳级到了大学之后，要立即面对大学课程，同学又都是比他大三岁或者四岁，想法都差了一截，除了讨论课程之外，根本难以沟通，无法交往。孩子感觉自己无法享受到多姿多彩的大学生活，最终只得辍学在家。

研究表明，天才们大多也会被同样的烦恼所困扰，波士顿大学的心理学教授艾伦·文纳在他的著作《天才儿童：神话与现实》一书中说到了天才儿童必然要面临一个残酷的事实："在一个个人魅力和性格更能决定失败的世界，他们的考试成绩不再重要。新的认识可能会让人感到措手不及。"

被广泛引用的例子是在 20 世纪的 20 年代，美国的心理学家特曼曾经做过的一项大规模的研究，他首先使用智力测验来鉴别超常儿童。通过测试，他筛选出了 1200 个天才儿童，在美国政府的支持下为他们提供了最好的教育条件，给他们提供尽可能多的知识积累，精心进行培养，希望从他们中间出现像爱因斯坦那样伟大的人物。50 年后，特曼的追随者们寻找到了其中的 800 人，调查的结果发现，在他们中间，大师级的科学家并不多见，对国家有杰出贡献的一组人，是具有坚强的意志品质和良好人格特征的人。

"情商"看起来和成功密切相关。美国儿童心理和行为矫治专家们的一系列新研究已经证实，正是神童的超常智力，有可能成为他们在社交生活中意想不到的一大障碍，尽管他们的智商很高，但"情商"未必一定高，心理上也远未发展到成熟的阶段。

14 岁的美国人罗伯特·枚瑟是人们所说的超级天才，他在穿着尿片的时候就和母亲在超市里讨论应该买什么牌子的衣物柔顺剂，他躺在摇篮的时候就已经思考转世轮回的问题，可是他有的时候却对自己的天赋充满着诅咒，因为巨大的天赋往往伴随着巨大的期望。再加上媒体的大肆追捧，使得他畏惧失败，在沉重的外界压力之下，从而导致了心理疾病。

什么样的教育对天才儿童才是最好的呢?

美国加州的"天才教育"理念被越来越多的人所认同，它的特点是，从与社会隔绝的"精英教育"转向根植社会，从重视学生单方面的才能转向多种能力的均衡，从只重视学习成绩转向重视学生的社会情感需求。天才儿童的教育，不仅仅是单方面的智力培养，而应该是全方位的发展和培养，尤其是人格和情商的培养。这种"全人教育"的思想，更适合超常儿童的教育。

稳定的人际关系是孩子今后的人脉来源

人是社会的动物，必须拥有别人的信赖才能取得成功，因此，建立稳定的人际关系显得尤为重要。而当今社会最讲究的就是互助与合作，那些善于在自己的生活中组织各种人际关系、做人比较成功的孩子，一般将来在事业上也会比较成功；而那些无法创造出稳定的人际关系，甚至与人在相处过程中出现障碍的孩子，一般将来在事业上也会比较失败。

有些妈妈认为孩子不能和其他人愉快相处没什么关系，只要自己的孩子学习好，人聪明就可以了。可是我们的社会不是独立的个体，一个再聪明的孩子，如果不懂得如何与人交往，也只能是一个“孤家寡人”式的神童。当今世界越来越需要人与人之间的合作与互助。那些以自我为中心，不懂得社会交往规则的孩子不可能在将来有所作为，因为一个人只限于自己的知识，而不懂得与人相处，那么他的潜能也根本无法施展出来。即使他是个所谓的神童，也不会做出什么惊天动地的事。更何况大多数孩子都是平凡普通的，谁拥有人脉，谁就能赢得胜利。善用人脉关系，已经成为社会的一种“潜规则”。

众所周知，美国前总统克林顿成功竞选正是由于他拥有众多高知名度的朋友，而这些朋友在他竞选中扮演了举足轻重的角色，具有不可估量的作用。这些朋友包括他小时候在热泉市的玩伴，年轻时在乔治城大学与耶鲁法学院的同学，以及当学者时的旧识等。当演说家罗安数年前应邀在阿肯色州热泉市为旅游业年会作演讲时，他才深刻地体会到这些人对克林顿的支持，明白了克林顿在总统竞选中的人气。

大人物很多都是依靠他们所拥有的人脉成功的。

美国石油大亨洛克菲勒在总结自己的成功经验时曾表示：“与所有的能力相比，我更关注与人交往的能力。”正是洛克菲勒这种卓越的人脉沟通能力成就了他辉煌的事业。

与人相处的能力，也是考察孩子的一种综合能力，它包括很多因素，比如和小朋友在一起，他要考虑应该怎样和人家说话，怎么样才能够表达清楚自己的意思，怎么样别人才不会讨厌自己，不但要求有语言表达能力，还要有一定的理解能力，想到了这些，你还能忽视孩子的人际交往能力，觉得这是件可有可无并不重要的事情吗？

为了孩子能够与别人和睦相处，为了让他成为有很多朋友的人，我们应该要求孩子做到最基本的人际交往要求：友爱、协作、大方、开朗、公道、礼貌、自尊、责任心、组织能力等，目的是让他以这些作为与他人相处的准则，让他能够与别人以适当的方式交往。那么妈妈们怎样才能有效地培养孩子与人交往的能力呢？妈妈们可以从以下几个方面入手：

1. 不要限制孩子的交往

有些妈妈只希望孩子学习好，其他的人际交往都不让孩子参加。家里来了客人，孩子刚跑过来，妈妈马上训斥：“去去去！小孩子不要多事，做功课去。”如果孩子有其他活动要和伙伴们外出，妈妈就横加干涉：“有什么好玩的，待在家里看书。”在限制交往中成长起来的孩子，在与陌生人交际时，就会显得畏首畏尾，甚至连一句话都说不出来。

2. 教孩子学会关心他人，为他人着想

人际关系很大程度上是人际彼此相互作用的结果。若希望得到别人的关心，首先就应关心别人。妈妈平常应该多教育孩子关心身边的人，同学生病了，可以去看望一下；邻居需要帮助的时候，教育孩子给予邻居必要的帮助；自己有的东西，也可以让

他和小朋友们一起分享。学会关心他人，是人际交往的基础。

3. 鼓励孩子多参加团体活动或团体游戏

孩子在和小朋友合作游戏的时候，往往能体现出与人相处的能力，以及对人际关系局面的控制能力。多让孩子和其他小朋友一起玩，不但能够在游戏中锻炼孩子的团体合作意识，还能够训练孩子对人际关系的协调处理能力，孩子的性格也会变得开朗活泼，容易与人相处。

4. 加强孩子自身素质的提高

注意加强对孩子能力的培养，如运动能力、歌唱能力、知识面的扩张等，只有提高多方面的能力，才能产生信心和勇气，在与人交往的时候就能底气十足。

总之，一个人的成长、发展、成功，都是在人际交往中完成的，甚至一个人的喜怒哀乐也都与他的人际关系息息相关。妈妈只有让孩子拥有了交际的能力，才能让他们在人生的舞台上自如地起舞。

孩子不仅要有家庭小圈子，也要有属于自己的圈子

《钱江晚报》联合搜狐女人社区做了“你的宝宝有圈子吗”的儿童社交情况调查，共有289人投票，其中父母为独生子女的64.58%，非独生子女的35.42%；宝宝年龄在0～3岁41.67%，4～6岁36.81%，7岁以上21.53%。近半数的人认为，自己的宝宝不太会和人相处，近七成的家长认为自己的小孩会孤独，需要伙伴。

其实，孩子和妈妈的交流无论多么充分，终归也比较单一，因为孩子无法从中学会社会内容，也很难学到有关的社会技能，这样的小孩很难成长也很难快乐起来。所以妈妈要鼓励自己的孩子不要总是待在家里，而是要走出去，建立属于自己的人际圈子。

在人类这个大集体中，存在着某种内聚力，这种内聚力不能单纯地以个体力量简单相加来计算。正如戴尔·卡耐基说：“狼的力量只存在于狼群中。一个人事业的成功只有15%取决于他的专业技能，另外的85%要依靠人际关系和处世技巧。”从小就不会与人相处的小孩，长大很难成功也很难快乐。

卡耐基认为，社会交往能增强一个人的能力。一个人接触面越广，那么他的知识、道德将长进得越快。如果与人断绝来往，那么他的一切能力都有可能会减弱。所以，人应该不断从他人的身上学习长处，参与各种团体活动，获得精神上的食粮。所以妈妈应该鼓励孩子建立自己的小圈子，如果不去和他人合作，有些潜伏着的力量是永远发挥不出来的。很多人以为，不需要别人的帮助是一种实力，事实上真正有实力的人，是能够凭借别人的帮助实现梦想的人。

让孩子建立属于自己的小圈子，维护自己的圈子，是对他人际交往能力的一大考验，也是为他将来走向社会铺下了一个扎实的基础。在训练孩子交往能力之前，先要

说明的是，家庭是孩子一个很重要的成长环境。妈妈与孩子本身就是一个小圈子，和孩子共同经营好这个圈子，是迈入人际交往的第一步。要想让孩子成为一个乐于交往的人，要想让孩子变得更加乐观、开朗，首先就要把家庭这个小圈子营造好，让孩子在健康的圈子中学会基本的与人相处打交道的本领。妈妈们可以从以下几个方面做起：

1. 让孩子学会感恩：当孩子向妈妈说谢谢的时候，很多妈妈会说，不用谢，这是妈妈应该为你做的。也许，正是你的这些话让孩子真的以为你为他做的一切都是应该的，不用心存感激，也不用报答。久而久之，孩子不仅仅对父母没有感恩之心，对其他人也不会有谢意，孩子自私自利、不懂感恩的性格就这样形成了。而一个不懂感恩的人，在社会上是无法立足的。所以，妈妈要让孩子从小学会感恩，从家庭中学会感恩。当孩子向你致谢时，坦然接受；当孩子为你做事时，放手让他表现爱。让他在感恩妈妈的过程中，学会感恩别人。

2. 教孩子学会分享：人是群体动物，必然离不开分享。一个不会分享的孩子，必然在社会群体中会遭到排斥。妈妈想让孩子在人群中合群且具有人格魅力，那学会分享是孩子必须学习的课程。每个妈妈都可以把家里的好吃的都让给孩子吃，但是千万不能这么做，而是应当着孩子的面，将东西平均分配，让每个家庭成员都享有，让孩子从小就知道，东西都是需要分享的。

3. 教孩子学会宽容：妈妈如果宽容对待孩子、对待爸爸、对待家庭里的每一个人，孩子自然也会学习宽容对待别人。每个人都会犯错，都需要得到别人的谅解和宽容，这是孩子必须知道的道理。妈妈可以通过宽容对待孩子的错误来让孩子深刻感受到宽容的力量，让他把这份力量传递出去。

家庭这个小圈子是孩子最先接触也是最多联系的圈子，妈妈一定要让孩子在这个圈子里快乐健康地成长，并积累为人处世之道，以帮助他去创造属于自己的更大的圈子。

“伙伴危机”会对孩子的健康成长造成不良影响

有一个孩子两三岁时，家住在楼上，他经常要求下楼去玩，因为楼下有许多小伙伴。每当妈妈让他下楼玩时，他就像飞出笼子的小鸟一样，高兴极了。有一次下楼之前他从家中选了两件有趣的玩具带下楼去，原来，楼下的孩子们都比他大些，他这个“小不点儿”来到楼下，不会引起玩兴正浓的小朋友们的注意。为了引起小朋友的注意，他便把玩具放在显眼的地方，尽力吸引那些孩子们的注意。当他发现这样做也未能引起别人的注意时，便将玩具摔一下，发出响声来引起别人注意。从这些举动中便可看出幼儿是多么渴望与伙伴交往和玩耍。当他独自一个人游戏的时候也常会假想有伙伴与他同玩，他一面动作，一面口中念念有词，有问有答，玩得十分投入。

有一项社会调查显示：几乎所有的孩子都喜欢有同伴与自己一起玩耍；但有46.7%的孩子缺乏玩伴，经常一个人玩；平时只有9.7%的家长经常和孩子玩，节假日也只有15.6%的家长能陪孩子玩。近50%的孩子找不到玩伴，这种“伙伴危机”会对孩子的健康成长造成不良影响。

人的实质是社会关系的总和。孩子应该在朋友圈中长大成人，这对于今天的独生子女来说，尤为重要。现在，我国城镇的家庭幼儿基本上都是独生子女，孩子在家中没有兄弟姐妹，又多居住在单元房的封闭环境里，往往是在家中一人独玩或看电视等。这种环境使得许多孩子缺乏与人交往的机会，造成交往能力低下，这是个应该重视与解决的问题。

孩子主要是在与小伙伴交往中成长，逐步实现社会化的。他们在与伙伴的交往中可以相互交流知识、经验与技能；在与小伙伴交往中认识自己、了解他人；在儿童小社会中体验各种欢乐与苦恼，培养起诸如同情、分享、合作、友爱等良好的社会情感和行为。总之，培养孩子交往能力是幼儿社会性发展的重要内容，它关系到孩子的身心健康与生活的幸福，并将影响孩子将来走上社会后人际关系的好坏与事业的成败。

在交往方面大体有这样 3 类孩子：一类是善于并乐于和小朋友交往，共同游戏，而小朋友们也都愿意和他玩；另一类是喜欢参与伙伴游戏但不受欢迎，因为这类幼儿常出现不友好行为；还有极少数幼儿则表现孤独，他们不会也不愿和小朋友交往与共同游戏，总是一人独处。第一类孩子大多具有活泼开朗的性格、善于交往，一般生活得非常愉快，而后两类孩子，特别是第三类孩子，生活就不会很愉快，身心也就不可能健康发展。因此，应注意培养幼年子女与小伙伴交往的能力。

很多妈妈认为培养儿童交往能力，改善其人际关系是学校教育的事，便忽视了家庭教育在这一方面的作为。国内外大量研究说明，学龄前期是儿童接受社会化的最佳时期，而这一阶段儿童在家庭中接受的早期生活经验，将深刻地影响其一生。学龄前的儿童最初是在与妈妈、家人接触中学习交往的，所以妈妈和家人要经常与孩子交谈、玩耍，在家庭这个群体中培养孩子交往的能力。

但孩子与家人之间的交往与和小伙伴的交往是不一样的，孩子的交往能力更需要在儿童小社会中培养，而伙伴交往对幼儿发展具有很大的必要性，是幼儿的一种心理需要。孩子从两三岁起就有了与小伙伴交往的愿望，此后，这种愿望不断增长，成为他们强烈的心理需要。因为幼儿最喜爱游戏，而小伙伴就是他们最理想的游戏伴侣，幼儿与小伙伴在游戏中交往可使他获得许多欢乐与满足。良好的同伴关系能使孩子具有安全感和归属感。这种归属感只能在群体中获得，它能减轻孩子由于孤独而出现的焦虑和恐惧。

二战期间，有 6 个孩子的妈妈都被纳粹分子杀害了，他们被关在集中营内达 3 年之久。在这没有成人照顾的日子里，6 个孩子紧密地团结在一起，相互之间形成了强烈的忠诚和依赖。正是这种依恋感情，才促使他们相互依赖、相互支持，最终都发展成为身心健康的正常人。另外，在良好的同伴关系中，当孩子知道团体中的其他人赞同或肯定自己的某些方面时，他将愿意与他们共享群体的规范，取得群体的认同，这对孩子的自尊感具有积极的影响，孩子易表现出友好、谦虚的品质和低焦虑，能顺利适应环境。

孩子同伴的经验有利于自我概念和人格的发展。在孩子与他人的相互作用中，孩子才能根据自己与妈妈、老师、伙伴的交往经验确立他们的自我，从而促进人格的健康发展。而不良的同伴关系有可能导致孩子对将来学校生活的不适应，甚至会对以后的社会适应造成消极影响。

另外，幼儿在与伙伴交往中往往更有利于促进其发展。孩子与家人交往不能代替与伙伴交往，因为成人与幼儿不是一种对称型关系，如成人绝不会与孩子争抢玩具、食品等，在很多问题上成人与幼儿不可能“一般见识”。而小伙伴在一起有着差不多的心理发展水平、兴趣、需要等，会遇到许许多多和成人在一起不可能遇到的矛盾，而处理这些伙伴间的矛盾，学习协调人际关系，正是孩子实现社会化不可少的“课程”。

允许孩子发发小脾气，孩子才能健康成长

看见自己的孩子在众人面前“脾气发作”，对妈妈来说是很件难为情的事。一般情况下，当孩子当众有异常表现时，妈妈首先想的是自己的面子，却很少有人真正地去关心孩子此时的心情与情感需要。

其实，这样做是不对的。作为训练有素的成人，在妈妈的脑海中有成套的清规戒律，什么样的行为是可以接受的，什么样的行为是不应该发生的。在情感表达上妈妈也有明确的概念，什么样的情感是值得赞扬的，什么样的情感是不应该存在的。

而孩子却没有形成这样的概念。比如，孩子在 2 岁左右爱发脾气是一种正常现象。因为这一年龄段的孩子易冲动，自制力差，对挫折的容忍程度是有限的。孩子要到外面玩，妈妈不允许，为什么不允许，他不明白，有可能就要通过发脾气的方式表达自己的感情。而 4 岁以上的孩子，对挫折有了一定的控制能力，初步明白了一些事理，如果还频频哭闹、经常发脾气，那么其原因大多会在妈妈身上。

妈妈应该明白：发脾气是孩子正常的情绪宣泄，要允许孩子发发小脾气，但更要找到孩子发脾气的原因和安抚孩子。

彩彩一向很固执，对自己认准的事情决不回头。如果不如意就发脾气，找理由哭闹，妈妈对此十分头疼，总是提防着她的坏脾气爆发。

妈妈常常对朋友说：“我家彩彩一般都很乖，就是脾气一上来，怎么说，怎么劝都不行，真是软硬不吃。”一天一位朋友说：“她总是有原因的吧？不会无缘无故就哭闹吧？”

妈妈留心观察，发现彩彩总是在妈妈不耐心或有恼怒表情后开始“发怒”，而且纠缠不清。妈妈翻开一些育儿书来看，其中讲到孩子对归属感的寻求，不禁有些醒悟。也许彩彩看到妈妈生气，会想到妈妈不再爱她，所以有危机感，因恐慌而暴怒。

找到原因就好办了。有一次彩彩又闹起来，这次妈妈没有训斥或表现出厌烦，而是和颜悦色地拥抱着彩彩说：“妈妈知道你心里难过，能不能告诉妈妈为什么难过呢？”这样问了一阵，彩彩终于吞吞吐吐地说：“我看你刚才生气，以为你不喜欢我了。”

“傻孩子，妈妈怎么会不喜欢你，刚才妈妈情绪不好，所以对你态度也就不好了。可是妈妈是喜欢你的，你要相信妈妈。”这样以后每当彩彩有迹象要发怒时，妈妈首先

向彩彩声明她喜爱彩彩。这的确使彩彩平静了许多，不再没完没了地“找麻烦”了。

孩子脾气发作，不仅严重损伤孩子的情绪和生理状态，而且也使妈妈狼狈不堪，感到很棘手。所以妈妈要想方设法制止孩子哭闹、发脾气。怎样制止呢？一定要根据发脾气的原因“对症下药”，方能奏效。

1. 给孩子发脾气的权利：假如孩子正为某事在气头上，要允许他发脾气。妈妈不妨先坐下，安静地等待孩子，安静地看着孩子，不去打断他的怒气，全神贯注地关注孩子，这等于告诉孩子：你是被我在意的，我在认真地注意你的感觉或问题。给孩子发脾气的权力，有助于孩子宣泄心里不满，也是对孩子关爱的表达。

2. 妈妈自己不要经常发脾气：当妈妈火冒三丈时，要注意孩子很可能会模仿这种处理问题的方式。如果妈妈动辄勃然大怒，又怎能期望孩子控制好情绪呢？因此，为了培养孩子良好的性格，不乱发脾气，妈妈一定要以身作则，为孩子创设一个良好的家庭环境氛围，让孩子保持积极情绪，学会控制不良情绪的爆发。

3. 转移孩子的注意力和进行松弛训练：孩子生气时，妈妈除了表示对他的理解和关怀外，还要尽量转移他的注意力，引导他做些愉快的事。对大一些的孩子可通过各种体育活动来达到其精神和身体的放松。有规律的深呼吸也有助于孩子松弛身心。

4. 让孩子有适当发泄的机会：如果孩子的坏脾气已经形成，第一可以采取冷处理方式，在其发脾气时故意忽视不理，让他慢慢冷静下来。第二可以选择适当的方式让他发泄出来。如通过交谈帮助他把怒气宣泄出来，或者让孩子去跑步，或去大声地唱卡拉 OK 等。

孩子的喜怒哀乐等情绪体验是毫无掩饰的，他们敢爱、敢恨、敢说、敢笑，这是孩子心理的一种优势，一种使得孩子能及时宣泄各种情绪能量的优势，他们自然流露这些情绪并不是什么可耻的事情，只要不扰乱别人的正常学习和生活，不伤及别人，就没有什么对和错之分。并且妈妈要鼓励孩子这样做。妈妈只有细心地观察孩子，理解孩子，允许孩子自由地表现，在理解的基础上进行引导，才能保证孩子的健康成长。

偶尔，也要忘记发火的孩子

一对夫妇最近为儿子的坏脾气很头疼，虽然儿子锦元只有6岁，却脾气暴躁，稍不如意就大发雷霆、大喊大叫。为此，他们对自己的小叛逆者用尽了各种各样的方法。他们打他、罚他站墙角、逼他早点上床、责骂他、呵斥他，但这些都不起作用。小锦元的暴躁脾气依然如故。

这天晚上，一家人都在客厅里，锦元在看电视，老张夫妇在看报纸。锦元突然说想吃冰淇淋，已经很晚了，商店都关门了，老张夫妇试图跟他解释，劝他明天再吃。然而，锦元的脾气又上来了，便倒在地上大哭大闹。他尖叫，用头撞地，挥手踢脚。这次，父母被彻底激怒了，但却一时不知所措，于是他们便置之不理。他们一声不吭地继续读他们的报纸。

这恰恰是这个小叛逆最不期望的情形。他站了起来，看着他的父母，又倒下去把先前的“好戏”上演了第二遍，但是父母对此仍然没有任何反应。这一次，他们心照不宣地看着对方，然后惊讶地打量着锦元。

锦元突然又倒在地上上演了第三遍，锦元的父母仍然不理睬他。最后，锦元大概也觉得自己趴在地上哭叫实在太傻了。于是自己爬了起来，回房间睡觉去了。

从此，锦元再也不朝别人乱发脾气了。

锦元的暴躁脾气是因为没有得到“强化”而自然消失的。

这个事例说明人为了达到某种目的，会采取一定的行为，当这种行为的结果对他有好处时，这种行为就会得到强化，在以后重复出现；当这种行为对他没有什么好处时，便会逐渐消失或淡化。案例中的锦元就是如此，当他发现发脾气会迫使妈妈花更多的时间去关心他时，他的这种行为便得到强化，反复发作。而当他发现妈妈对此不理不问，总是忽略他的脾气时，他这种行为便是徒劳的，自然而然会减弱或消失。

在家庭教育中，恰当地运用“强化心理”可以鼓励孩子保持好习惯，矫正不良习惯。当孩子有了进步时，妈妈要给予一定的奖励，肯定他的行为，使这种好行为得到强化；当孩子犯错时，可以去责备、批评，也可以用“故意不理会”的方法，这样，他的错误得不到强化，自然会消失。

但是，运用“强化心理”也是有技巧的。如果不适度使用，便容易弄巧成拙。有些妈妈总是试图用“喋喋不休”的语言，来“强化”孩子的好习惯，比如每天早上就开始那些琐碎的批评：早点起、整理好书包、上学别迟到、不要偷懒……事实上，每天重复同样的语言，不但达不到“强化”的效果，而且还会使孩子麻木。如果想给孩子传递真正重要的价值，就要改正批评琐碎事情的习惯，只强调重点。针对性地对重点进行强化，既不给孩子过多压力和厌烦，又能有效解决主要问题，其他小问题自然跟着迎刃而解。

对于那些任性、撒娇的孩子们来说，妈妈不断用唠叨来表达“疼爱”的方式更是不可行的。任性的孩子之所以总也改变不了撒娇的习惯，是因为他们从妈妈的屡次“重视”中，得到一种心理的满足感，进而这种撒娇行为得到强化。对付这样的孩子，妈妈不妨“狠狠心”，不去唠叨他们，忘记正在撒娇或争吵的孩子们，使他们尝尝“被忽略”的滋味。

为孩子提供更多的社交帮助

美国心理学家卡耐基认为：“一个人的成功30%靠才能，70%靠人际关系。”妈妈应该帮助孩子学会人际交往，注重培养孩子的人际交往能力。未来社会需要下一代具有社会交往和活动的能力，然而今天的许多孩子恰恰缺乏与人交往合作的能力，他们身上或多或少地有着自私、不合群的表现。为保证下一代的良好素质，妈妈应当重视孩子交往能力的培养。

一户新邻居搬了过来，布朗太太注意到他们家有一对活泼可爱的双胞胎，于是，她对自己的女儿梅莉说：“宝贝，你要有新朋友了，你为什么不出去向他们打个招呼并带他们到周围转转，帮他们熟悉一下环境呢？”

梅莉歪着头想了一会儿，出去了。

但她站在篱笆旁看着那两个孩子忙忙碌碌地整理东西，试了几次没有开口。

最后，梅莉回到了房间，很遗憾地对妈妈说：“我很想成为他们的朋友，但我不知道该怎样跟他们搭腔。”

妈妈立刻意识到，自己需要为孩子的交往提供一些必要的帮助。妈妈没有说话，而是以实际行动来说话——她做了女儿没有做到的事。

事后，女儿说：“以后我知道该怎么做了。”

现代中国儿童由于多是独生子女，或是太“独”而不利于与人交往，或是缺乏一定的社交锻炼而不会主动与人交往。这就为孩子今后的生活与发展带来很大障碍。作为妈妈，你能否帮助孩子与人成功地交往呢？

在平时，妈妈是否会关注孩子有没有朋友，与同龄伙伴来往得亲密与否？当自己的孩子与伙伴交往出现问题时，妈妈是否帮助孩子寻求解决的办法，并分析原因？

人的社会化只有在人际交往中才能得以进行和实现。随着孩子的成长，交往的形式日趋多样化。孩子的交往性质和交际水平，直接影响着他们社会化的水平。

孩子对自己的认识总是以他人为镜，需要通过与他人进行比较，把自己的形象反射出来而加以认识。孩子在交往过程中，往往以同龄人为参照系，吸取更多的信息，更清楚地确定自我形象。

积极的交往活动是孩子个性发展和完善的条件。

孩子的个性除受先天遗传因素影响外，更重要的是后天环境的影响，长期生活在友好和睦的人际关系中，就会乐观、开朗、积极、主动。儿童时期是人的个性定型时期，积极的社会交往，有助于个性的发展和优化。

孩子人际交往的时间和空间越大，精神生活就越丰富，得到支持与帮助的机会就越多；而交往得不到满足时，孩子的情绪低落，心理失衡得不到调整，就容易导致身心疾病。

人际关系还涉及个人潜能的发展。因为人际关系好的人，表示他的感悟性好。人际关系好的孩子既能够善解人意，同情别人，又能把握住人际交往中的分寸。

孩子到七八岁时，开始脱离妈妈，越来越看重同学和朋友对他的态度。尽管他的感情食粮理所当然地要从家里得到，但从朋友身上也能得到帮助。

在社交方面妈妈可以为孩子采取的措施有：

1. 要为孩子营造“休戚相关”的家庭氛围。妈妈和爸爸之间应相互体恤，乐于奉献。若孩子耳朵里听到的总是“谁干多了，谁干少了”之类的相互埋怨，孩子就只能体会到付出的痛苦，无形中他会形成“要索取不要付出”的观念。

另外，可以通过让孩子参与一些事，使其与家庭融为一体。还可以让他做些力所能及的家务，以培养孩子的合作意识。

2. 教孩子学会分享。孩子难免都有自私的倾向，我们可以教会孩子与人分享，并体会分享的快乐。比如让孩子和小伙伴一起玩游戏就是一种分享。当然，一起玩并不是简单地凑在一块，而是共同参与一项活动。

3. 指导孩子识别他人的情绪。识别他人情绪的能力又叫移情，即能够通过他人发出的细微信号，敏锐地感受他人的需求和欲望。要让孩子学会利用察言观色等手段，洞悉、辨别、评价别人的情绪，这是理解他人、与他人沟通并建立良好人际关系的前提。

4. 教会孩子理解他人的情绪。在感知、觉察他人情绪、想法和感受的基础上，培养孩子理解他人情绪的能力，即建立同情心，使孩子能够设身处地地为别人着想，体会他人的情绪并产生共鸣。理解是正常交往的前提。仅从“我”的角度看待他人的行为，这是现代独生子女教育的一大弱点，因此要帮助他们养成一种换位思考的习惯。

5. 教孩子学会宽容。当他发现朋友的缺点而发生矛盾心理时，妈妈应帮助他分析朋友的特点和自身的优缺点，使他懂得金无足赤、人无完人的道理，还应让他懂得友情的可贵，使他珍惜已培养起来的友情，在不违反做人原则的基础上接受对方的缺点，伸出友谊之手，帮助对方改掉缺点。

6. 教孩子学会关心别人。人际关系是人们彼此之间相互作用的结果，若希望得到别人的关心，首先就应关心别人。妈妈应注意培养孩子对他人感兴趣，乐于了解他人，乐于帮助他人，使孩子在助人的过程中获得愉快的情感体验，获得自我肯定后的自信感和乐趣。

孩子的人际交往能力不是生来就有的，是要在后天的人际交往实践中培养出来的。孩子需要妈妈给以指引，需要妈妈提供社交帮助，才能磨炼出良好的人际交往能力。

鼓励孩子与不同年龄的朋友多多接触

五岁的豪哥性格开朗，喜欢交朋友。有一次，他跟随妈妈去野餐，在他们的大本营旁边，也有一个家庭。看到那边有一个小朋友，豪哥的社交能力就开始显露了。他冲着小朋友挥手示意，那边的孩子看到有人挥手，也兴高采烈地回应起来。两个孩子就那样挥来挥去，乐此不疲。就在这个时候，对方的家长看到了豪哥，小朋友的妈妈一边制止自己的孩子，一边冲着豪哥叫道：“你敢打他，我就打你。”

相信很多妈妈在理智上都是支持孩子认识新朋友的，但是当自己的孩子在和陌生人交流的时候，保护孩子的强烈意识往往会遮蔽妈妈的理智，就像上面那位小朋友的妈妈一样，对任何外来的事物都充满敌意。这类妈妈抚养的孩子，从小就被灌输高度警觉的自卫意识，将来也会很难与人坦诚地相处，不容易融入社会。也正是因为妈妈常常会因为爱而作出错误的判断，才更加需要让孩子接触到别的人，接受不同的观念。如果他开始和“豪哥”这样的孩子玩耍，发现原来陌生人身上也有很好的地方值得学习，与人相处可以得到快乐，就会易于打开心扉，接纳他人。

孩子的成长不仅需要家庭的尊重和认可，更需要去接触不同的人，提高自己的情商。人类是群居的动物，依靠集体来抵御侵袭，创造语言，传播智慧。在现代社会，是否有组织能力和团体意识，是衡量一个人能力的重要标准。因此，让孩子接触到不同年龄的人，是孩子成长过程中必不可少的。

对一个幼儿来说，适合他们成长的小社会中并不特别强调不同职业的成年人出现，因为他们对新事物的接受和感知能力是有限的，而是鼓励不同年龄幼儿间的互动，这对幼儿的智力，特别是思维能力发展是非常有意义的。例如，当不同年龄幼儿间发生认知冲突时，年长幼儿充当了“小老师”的角色，给弟弟妹妹讲解他们掌握的知识。这能促使他们更深入地理解知识，牢固地掌握技能技巧，同时也训练了他们的思维能力和表达能力，以及因此感受到的“人气”和“威望”，这会极大地鼓舞他们的信心。

这也是蒙台梭利的一个教育主张——混龄教育。

在混龄教育活动中，不同年龄的幼儿在一起玩耍，增加了群体互动的复杂性和层次性，与异龄同伴交往带来的角色、心理体验和沟通方式的变化对幼儿提出了新的人际挑战。同时，随着年龄的增长和环境的变化，幼儿个体的角色也在不断变化，在这里是弟弟或妹妹，在那里可能就是哥哥或姐姐，这种变化促使他们不断适应和接受新的角色。混龄教育为幼儿创造了一个较为复杂的、动态的小型“社会环境”，为幼儿情感的发展提供了动力和源泉。

混龄教育为幼儿提供了丰富的情感体验的机会。由于年龄差异和能力差异、经验差异，每个幼儿都拥有区别于以往的角色和地位，不得不面对复杂的关系情境。在混龄教育活动中，一名幼儿既可以是老师的学生，又可以是其他幼儿的弟弟妹妹或哥哥姐姐，还可以是同龄人的伙伴，这些角色变化既让幼儿体验到了年幼幼儿对年长幼儿的尊重、敬畏、钦佩或嫉妒，又让幼儿体验到了年长幼儿对年幼幼儿的关心、爱护或轻视等，这些复杂的情感体验给幼儿带来了巨大的冲击。因此，在混龄教育活动中，我们既要为幼儿提供情感体验的机会，培养幼儿对各种情感的敏锐性，丰富幼儿的情感世界，又要防止幼儿过多地体验不健康的情感，如嫉妒、傲慢、轻视等，把幼儿的同伴关系引向关怀、互助的方向，为幼儿健康人格的形成打好基础。

混龄教育增强了幼儿对积极情感的敏锐性和对消极情感的承受能力，锻炼了幼儿的情感控制能力，扩展了幼儿情感体验的范围。年长幼儿的积极行为为年幼幼儿提供了良好的榜样，并由于年龄的相近而更具感染力；年幼幼儿通过与年长幼儿的交流，可逐步克服自己的消极情感（如胆怯、任性等）；年长幼儿也因为榜样的自我心理暗示，愿意在与年幼幼儿交往的过程中自觉展现积极情感（如谦让、耐心等），克服任性、霸道等不良的消极情感。同时，教师和家长也需要积极引导，帮助幼儿克服消极的情感体验，加强幼儿对积极情感的认同和渴望。

妈妈应该多关心了解孩子，让他们多和不同年龄阶段的朋友接触交流，生活在“水泥森林”里的儿童更需要亲情友情的关爱。愿我们的孩子不再孤单，都能拥有丰富快乐的美好童年！

第十三章　妈妈，和孩子谈谈生命

生命只有一次，生命是一切价值的前提，热爱生活、珍惜生命是人最基本的素质；开展生命教育则是家庭教育的重要内容和职责；妈妈通过生命教育帮助孩子认识生命、珍惜生命、尊重生命和热爱生命，为提升孩子的生存能力和生命质量奠定基础。

给孩子一次涤荡心灵的“生命教育”

孩子的心理健康非常重要，每个妈妈都希望拥有一个活泼健康的孩子。孩子成长的过程中，或多或少会遭遇危险的威胁。那么，爱孩子，就对孩子进行一次生命教育吧。

提到生命教育，不得不提到2008年的汶川大地震。

汶川大地震发生后，伤亡惨重，但有一个中学全体师生幸免于难、全部逃脱，这就是桑枣中学。该校共2200多名学生、上百名老师在地震发生后仅用了1分36秒的时间就全部冲到操场，以班级为组织站好，无一伤亡，创造了一大奇迹。

这得益于2005年开始，桑枣中学每学期都要在全校组织一次紧急疏散演习。他们的应急工作做得非常仔细，每个班的疏散路线、楼梯的使用、不同楼层学生的撤离速度、到操场上的站立位置等，都事先固定好，力求快而不乱，井然有序。这是桑枣中学重视生命教育的一个重大成果。

那么什么是生命教育呢？

生命教育，就是教会孩子尊重与珍惜生命的价值，热爱与发展每个人的生命，并将个人的生命融入社会之中，使孩子树立起积极、健康、正确的生命观。其最终目的在于，通过教育使孩子掌握必要的生存技能、增强承受挫折的能力、培养起坚定的理想信念，学会关心自我、关心他人、关心社会，从而树立积极的人生观、尊重他人生命和自我生命的意识，以博大的胸怀和坚忍的毅力去实现个体的生命价值，为社会造福。

长期以来，我们的教育一直为升学所左右，“生命教育”成为教育盲点，常年缺席，正因为“生命教育”的“缺席”，孩子们才不知道生命的宝贵，才不知道爱惜自己的生命。其实，人最宝贵的是生命，健康是一个人最大的财富，生命都没了，还谈何教育？

某小学4名女生因为看了电视中特殊的自杀方式，便商议一起尝试起来，最终2人死亡；

某市第九中学一位名叫文婷婷的女生因为喜爱的偶像去世而自杀；

一名13岁学生文文从家里偷出300元钱偷偷去见网上认识的男友，最终被骗失身；

河南信阳一名高中女生，半夜把一杯硫酸泼到同学的脸上，原因让众人大吃一惊——她比我学习好；

……

以上案例让人胆战心惊，然而都是事实，都在生活中真真切切地发生或存在过。这些21世纪的青少年，这些担负着祖国未来和妈妈期望的“花朵们”，其观念和行为竟然如此不可思议。

面对这样的事实，妈妈们和教育人士不禁要问：这些孩子们到底怎么了？

“人生天地间，忽如远行客。”生命属于人只有一次，相对于天地之悠悠，一个人的生命是短暂的，失去了就无法挽回。

人和动物的区别之一在于人类有着明晰的死亡意识，也正由于这种意识，人才对生命倍加珍惜，努力成就自己的一生。

那么，怎样对孩子实施生命教育呢？妈妈可以在诗意的环境中讲述“死亡”。我们现在的教育在有意无意地回避“死亡”这个话题。但实际上，对于死亡，再小的孩子都会有自己直接或间接的体验，回避死亡话题，反而会压抑其对自然生命的体验和感受的认识。

生死学大师库伯勒·罗斯在《关于儿童与死亡》的书里提到，透过绘画、游戏过程，有助于儿童理解或面对死亡。因此，当我们向孩子讲述死亡这个话题的时候，应该尽可能把这个话题放在一种诗意的环境中，让孩子既认识了死亡又不会感到恐惧。

对孩子进行生命的自我保护过程也是不容忽视的一个环节。孩子要有生命安全的意识。泰戈尔说：“青少年学生应该有教育的目的，应当是向人传递生命的气息。”生命的价值首先是基于生命的存在，在此基础上才能发展和提升。作为孩子成长的守护者，妈妈不仅要关心孩子知识的获得、精神的成长，还要教会孩子懂得如何保护自己、呵护自己的生命，防止任何可能伤害生命的行为发生。

作为妈妈，应该教孩子欣赏并尊重生命。生命教育的一个重要方面就是尊敬生命、欣赏生命。人们不仅要珍惜自己的生命，还要珍惜其他人的生命。不应该无视生命价值，任意践踏生命。生命是宝贵的，孩子们要学会善待他人，善待自然，善待生命。

妈妈还应该帮助孩子正确认识世界，逐步建设美好的人生蓝图。要做到这一点，就应该让孩子明白，生命的意义和价值所在。要告诉孩子，虽然生命中有坎坷挫折，但生命的本质是光明的，是积极向上的。帮助孩子为实现理想而排除悲观、厌弃自身生命的可能，要做到这一点，妈妈首先要把家庭塑造成一个充满幸福和快乐的园地。

每一位妈妈都有责任把“生命至高无上”这样的话告诉孩子，都有责任时时关注孩子的心理，培养他们“珍惜生命和健康”的意识，都有责任呵护孩子，使其快快乐乐地长大。

孩子对人生的理解是从妈妈开始的

诺贝尔生理学和医学奖的获得者班廷同，在年轻时是一个神学院的学生。他与母亲的感情深厚，当他刚学完一年神学时，就接到了母亲病逝的噩耗。为了帮助那些像母亲一样的病人，班廷同毅然决定从医。每当他遇到一些学习上的困难时，看看床头母亲的相片，看到母亲在病痛中依然保持着的微笑，就什么困难都能克服了。

观察一下你身边，就可以发现，那些阳光自信、充满乐观情绪的孩子们，几乎无一例外地都拥有一位极其疼爱他们、并乐于赞美他们的母亲。父亲的爱或许更多的是含蓄的与深沉的，他在潜移默化中教会孩子形成正确的价值观与良好的品性，而母亲的爱与热情，正好将这种力量激发出来，使之发挥出最大价值。女人天生注重表达情感和想法的特质，让母亲更易于夸奖孩子、关注孩子情绪的变化、在意孩子心情是否愉快等。父亲让孩子感受到勇敢和进取，但是让孩子在生活中深刻体会到这种品质的，还是与孩子形影不离的守护神——母亲。

母亲教育研究所所长王东华教授在他的《发现母亲》中说："对母亲的依恋是人的精神赖以存在而不致崩溃的基础，也是人不断扩大自己生存疆域的依据，人所有的信仰，都是对母亲的信仰的一种替代形式。"这话一点也不夸张，母亲能够带给孩子生命的动力，是难以估计的。

战国时期齐国的王孙贾，15 岁入朝侍奉齐闵王。一年，淖齿谋反刺杀了齐闵王，齐国人却不敢讨伐逆臣淖齿。王孙贾的母亲看到这一切，极为痛心。她对儿子说："你每天早上出去，晚上回来，我总在家门口等你，如果你晚上回来得晚，我还要到外面张望。你是闵王的臣子，怎么能够在闵王失踪生死未卜的情况下，安然回家呢?"母亲的话让王孙贾非常惭愧，他走上街头，号召人民起来讨伐淖齿，当时就有 400 余人响应，最后终于平息了叛乱。

母亲的鼓励帮助孩子克服了恐惧，选择了正义这一边。母亲自身对美好的追求，也能感染孩子走上同样的道路。

居里夫人的丈夫很早就去世了，政府提出帮她抚养两个女儿。年轻的居里夫人谢绝了，她说："我不要抚恤金。我还年轻，能挣钱维持我和我女儿们的生活。"

在养育女儿的过程中，居里夫人没有把小孩子扔在家里，不愿以科学之名推脱自己身为母亲的责任。在笔记本上，居里夫人像做实验一样每天记载着小女儿的体重、吃的食物和乳齿的生长情况。"伊蕾娜长了第七颗牙，在下面左边。不用人扶，她可以站立半分钟。3 天以来，我们给她在河里洗澡，她哭，但是今天她不哭了，并且在水里拍手玩水……"

在一本食谱的空白处她写道："我用 8 磅果子和等量的冰糖，煮沸 10 分钟，然后用细筛过滤。这样得到 4 罐很好的果冻，不透明，可是凝结得很好。"

居里夫人第二次获得诺贝尔奖时，特地带上了女儿伊蕾娜，让她与自己一起分享这份荣耀。一战爆发以后，居里夫人征求孩子们的意见，是否同意将保障她们生活的财产捐给国家，两个女儿都欣然同意了。随后，她们又加入战地救护的队伍当中。居里夫人用自己的专业知识，亲自创设并且指导装备了 20 辆 X 光汽车和 200 个 X 射线室。没有司机的时候，她就自己开车到外面营救伤员，遇到故障，她就下车自己动手修理。

作为一个年轻的母亲，居里夫人并没有比别人有更多的优势，她有科研项目，还是一个寡妇。但她坚强的意志和乐观勇敢的生活态度，使一切都不能将她击倒。这种品格，也影响着她的女儿们，最终，伊蕾娜也成了诺贝尔化学奖的获得者。

很多人担心，不知道怎样去教育孩子珍惜人生、积极进取。其实，只要你自己是一个积极进取的母亲，孩子自然就能拥有阳光的心态和性格。孩子对人生的所有理解，都是从母亲的身上慢慢感悟到的。正因为如此，妈妈们才更有必要去改变自己，提高自己。妈妈的生命觉悟高，孩子才会有一个好的生命观。

妈妈善待自我，孩子才能珍惜生命

据国际预防自杀协会主席布莱恩·米沙拉说："全世界每年死于自杀的人数超过了 100 万人，比死于战争、恐怖袭击及谋杀这三者的总数还多。也就是说，自杀者多于他杀者。"

想一想我们身边的人与事，就会被这种说法深深地触动。我们都面对过一些痛哭流涕的家长，他们失去了心爱的孩子；也有父母选择了轻生，留下一个残缺的家庭，孩子的性格变得孤僻。自杀给家庭造成的伤害是无法计量的，尤其是白发人送黑发人，更让我们的社会多了一些没有欢笑、没有依靠的人！

据统计，自杀已成为我国 15～34 岁人群的首位死因，每年至少有 25 万人自杀身亡，200 万人自杀未遂。这些数据的背后，都是一个个鲜活的生命啊，他们有家庭，有亲人，也就是说，每一天都有人要面对亲人自杀的巨大悲痛。

为什么有这么多人选择这条路？世界这么大，难道就没有一个人的容身之所吗？其实不是世界容不下那些轻生者，是他们的内心中不想再给自己一次机会，他们厌倦了人世，很多孩子则是对世界彻底绝望，然后走上了绝路。

难道生命真的不值得人多给自己一次机会吗？当然不是的，只是很多人没有发现生命的美妙，在他们眼中，生命是一种痛苦，是一种沉重的负担。

一所名牌大学新闻系有一个男孩，二十多岁，研究生快毕业了，在一家时尚杂志社工作。但是因为导师给他的压力太大，他跳楼了。很多人都觉得这是导师压榨研究生的一个缩影，他是现代教育制度的牺牲品。但也有人说，这个孩子的心灵太脆弱了。

谁来告诉孩子们珍惜生命？要回答这个问题，先要知道，是谁让孩子有了生命意识。如果这个人能够在第一时间把积极的生命意识传达给孩子，告诉他们在任何时候生命都是很宝贵的，那么社会上就会少很多一时冲动酿成的悲剧。有的孩子因为老师的一句"胖得像猪"跳了楼，如果她能意识到这句话在生命面前多么不值一提，就不会这样做了！

孩子的生命老师是谁？当然还是我们的妈妈。那妈妈自己的生命意识怎样呢？怎样看待生命是一种生命观，这种观念直接影响着孩子。那么珍惜生命的母亲，该怎样把这种生命观传达给孩子呢？答案就是要善待自己。但是在现实生活中，妈妈总是把温暖留给家人，把辛苦留给自己。用一个全职妈妈的话说："全职妈妈就是老公和孩子的高级保姆，只是这个称呼听起来好听一些而已。"那这些在家庭第一线终日忙碌的妈妈们，不知不觉就进入了一个"保姆"的角色中，事情永远做不完，谈何善待自己？

妈妈们总是会把最好的东西留给孩子，也给孩子补充各种营养，但不要忘了，我们自己也需要很好地调理，越是觉得自己的责任重要，越有必要照顾好自己的身体。很多妈妈认为保养就是吃营养品，喝各种口服液。其实并非如此。早上起床的时候喝一杯蜂蜜水，晚上睡觉之前一杯牛奶，偶尔喝一点红酒，一点也不奢侈，反而能让孩子和家人看到自己用心调理，留下很好的印象。

妈妈们整天要处理家务，因此常常穿得很随意，这也不是在善待自己的青春和美丽。韩剧中大部分都是居家生活，但是我们看到那些漂亮的围裙和居家的衣服时，都会觉得赏心悦目。为自己挑一个可爱的围裙，或者一双可爱的拖鞋，既能提高自己的生活质量，也能让家人眼前一亮。

妈妈们平时没有时间娱乐，但是可以读书看报，和家人交流自己的感想。如果你从来都是默默地做事情，可能会被孩子当成一个"家务机器"，但是如果你能和他说说最近发生的新闻，谈谈你的感想，就会让他认识到一个有想法、有深度的妈妈。

有了家庭，并不意味着要放弃社交，放弃朋友。如果有条件，把朋友请到自己家里，和大家开开心心地聊天，说一些过去有趣的事情，这在孩子的心中有很重要的意义。他会看到友情的美好，意识到每个人都能有几个好朋友。他也会积极主动地去认识新的人，并且申请带回家来。有了很多朋友，我们就不用担心孩子太孤独、太悲观了。友情能让人的生活变得丰富很多。

人生不应该只有一种颜色，也不应该只有一个角色。你是妈妈，同时也可以是学生、姐姐、密友、咨询师……每一个新的角色，都会带给你新的感情体验，缓解单一的角色带来的压力。同样，孩子也会去积极扮演不同角色，珍惜这丰富的生命。

妈妈善待自己，这并不是自私自利。如果你连自己的生命都不能善待，孩子又怎么会感受到人生的美好呢？

勇于与命运做抗争的妈妈，给孩子顽强生活的勇气

曾有这样的一位妈妈，她凭着坚定的信念与命运抗争：

一个周末的晚上，松树堡的寡妇正和她5个年幼的儿女围坐在火堆旁。虽然和孩子们说笑着，但她心里却愁云密布。在这个广大却寒冷的世界里，她没有一个朋友，没有任何人可以依靠。这一年来，她一个人用那双瘦弱的双手支撑着整个家庭。

如今正属寒冬，森林早已披上了洁白的银装，北风吹得松枝哗哗作响，连她的小屋也颤动起来。屋内的火堆上正烤着一条青鱼，这是她们全家唯一的一点食物。当她

看到孩子们欢笑的脸庞时，心里便充满了无限的凄楚和焦虑。是的，她相信上帝一直保佑着她，并了解她的疾苦和贫困，她也知道上帝曾经答应帮助那些孤儿寡母，上帝绝不会食言。

尽管几年之前，上帝带走了她最大的儿子。他离开家庭，到遥远的地方去寻找宝藏，从此便杳无音讯，再没回来过。不久，上帝又派死神带走她的伴侣和依靠——丈夫，但她从来都没有沮丧过。

上帝跟她开着一次又一次的玩笑，即便是这样，她也没有失去对生活的信念。她坚信等自己把孩子带到能够劳动的年龄，他们的生活也就越来越好了。最终，孩子们也都发挥了自己的所长，找到了适合他们生存的工作。母亲也苦尽甘来，享受到了天伦之乐，最使她感到幸福的是，她丢失的大儿子也回到了自己的身边，尽管他经历了各种各样的磨难，但是最终也赢得了巨大的财富，他们一家人从此过上了快乐的生活。

作家列夫·托尔斯泰说："人生不是一种享乐，而是一桩十分沉重的工作。"人生不可能永远一帆风顺，人生旅程中，如同穿越崇山峻岭，时而风吹雨打、困顿难行，时而雨过天晴、鸟语花香。当苦难来临时，我们不能自怨自艾，意志消沉，一蹶不振；而应该与苦难作斗争，成为生活的强者。作为孩子的妈妈更应该如此，因为只有这样才能让孩子坚信命运是掌握在自己手中的，才能有与命运抗争的勇气和力量。

妈妈不仅仅是和命运抗争的人，也是给孩子希望的人。只有自己相信黑暗之后一定能看到黎明的曙光，孩子才能相信风雨之后一定能看到彩虹。生活会给我们制造各种各样的磨难，但你要相信并且让孩子相信：苦难只是我们生命中的插曲，只要尽自己最大的努力，把经历的事情做好，就不会给人生留有遗憾，并且还能获得一个辉煌的人生。

作为孩子的妈妈，不一定要给孩子留有多少物质财富，也不一定要让孩子的生活有多大的优越感，但是一定要给予孩子能够生存下去的精神力量。妈妈要让自己的孩子明白：生活总是有好有坏，一味埋怨是没有半点用处的，也无法改变现状。印度前总统尼赫鲁曾经说过这样的话："生活就像是玩扑克，发到的那手牌是定了的，但你的打法取决于自己的意志。"

艾森豪威尔年轻时喜欢和家人一起玩纸牌游戏。一天晚饭后，他像往常一样和家人打牌。这一次，他的运气特别不好，每次拿到的都是很差的牌。开始时，他只是有些抱怨，后来，他实在忍无可忍，便发起了脾气。

一旁的母亲看不下去了，正色道："既然要打牌，你就必须用手中的牌打下去，不管牌是好是坏。好运气是不可能都让你碰上的！"

艾森豪威尔听不进去，依然愤愤不平。母亲又说："人生就和打牌一样，发牌的是上帝。不管你的牌是好是坏，必须拿着，你都必须面对。你能做的，就是让浮躁的心情平静下来，然后认真对待，把自己的牌打好，力争达到最好的效果。这样打牌、这样对待人生才有意义！"

艾森豪威尔听到母亲的这些话后平息了自己的怒气，此后一直牢记母亲的话，并激励自己积极进取。就这样，他一步一个脚印地向前迈进，在生活中遇到困难后不再气馁，而是勇敢面对、迎难而上。最终他成了美国第34任总统。

当然，每个人尤其是未经世事的孩子都希望获得一副好牌。但是，当他们不得不去面对一副不是很好的牌时，要让他们懂得除了接受没有更好的选择。妈妈这个时候所要做的是让孩子有一个平和的心态面对所发生的一切，然后引导他们如何将手中的牌优化组合，并力求把每张牌打好！一副好牌固然更容易赢得胜利，但是能够把一副坏牌打好，更需要他们的智慧和勇气。如果妈妈能够做到这一点，孩子就会很努力，并且在努力中获得更大的快乐和幸福。

孩子的一生当中难免会碰到许多问题，遭遇不少挫折，在面对问题和挫折时，妈妈就是孩子的导航，要排解孩子的怨气，因为怨天尤人解决不了任何问题，让孩子积极调整好生活态度，勇敢地迎接挑战才是最佳的选择！

孩子要有生存能力，生命需要生存训练

“物竞天择”、“适者生存”，乃自然界和人类社会的普遍规律。综观之下，我们的不少孩子在生存能力这方面却越来越缺乏。他们犹如温室里的花朵，生活自理、自控自救、自我防范等方面的能力很差，所以屡屡发生孩子被拐骗、触电而死、溺水身亡等悲惨事件。据《羊城晚报》报道，2002年广东省青少年学生非正常死亡的840多件个案中，光校外溺水突发死亡数就占了个案的一半。学生溺水事故频频发生，让人感到无比心痛。

从表面上看，溺水悲剧缘于学生的安全意识薄弱、自我保护意识不强，然而学生溺水事故所占比重如此之高，且很多溺水者是已经成年的大学生，又说明并非仅仅是个“安全意识”问题。它至少还从一个侧面表明，家庭、学校对于学生生存能力的培养是不成功的，学生溺水事故频发给我们的“生存教育”敲响了警钟：过分的呵护只会让孩子失去基本的生存能力，不理性的爱只会弱化孩子天赋的潜能。

教育专家赵忠心教授在他的调查报告中，曾讲到这样一个真实的故事。

在某省城宽阔的大街上，一清早就停放着一辆威严的警车和一辆豪华轿车。警车上坐着警察，可轿车里坐的却不是犯人，而是佩戴红领巾的少先队员。轿车周围簇拥着黑压压的一大群前来送行的人，男女老幼约有上百人。

只见车下的人一个劲地往车上递大包小包各式各样的食品，还喋喋不休地千叮咛万嘱咐：“别到处乱跑”、“不要喝生水，别吃不干净的东西”、“水杯、饭碗用自己的，不要用老乡的”、“睡觉盖好被子，别着凉”、“晚上上厕所带好手电筒”……

警车拉着警笛、闪着警灯开动了，直到消失在大街的尽头，送行的人们仍旧站在原地，眼含热泪，眼巴巴地望着车开去的方向，很久都不愿离去，此情此景颇为“悲壮”，犹如生离死别。

其实，这只不过是某单位组织的一次小学生社会实践活动：从省城挑选20名小学生到边远山区学习生活一周，同时从边远山区挑选20名小学生到省城学习生活一周，即进行短期的“易地留学”。

城乡的学生分别住在对方学生的家里，到对方的小学学习。让城里生活条件优越的孩子亲身体验一下农村比较艰苦的生活，促使他们更加珍惜自己优越的生活和学习条件，增强社会责任感。

看到眼前这种情况，观众无不感叹地说："现在的孩子养得也太娇了，将来他们怎么能独立生存呢?"

这种担心绝非杞人忧天。其实，许多孩子的妈妈，千方百计地给孩子创造安逸舒适的生活条件，致使有的孩子到了中学，甚至到了大学，离开了妈妈就不会独立生活，处处表现出懦弱、畏缩、无能，这些妈妈很不重视孩子生存能力的培养，将孩子护在怀中，便限制了他们发展能力的空间，使他们在未来的社会中束手无策。同时，妈妈过于紧张的保护意识，也容易使孩子对生活产生恐惧感，认为外面的世界充满不可抗拒的威胁，形成怯懦的性格。

一个缺乏独立生存和自理自立能力的孩子，就很难成为生活中的强者。妈妈的责任应该是培养孩子有生存和自我保护的本领，使他们有勇气去面对生活中可能出现的危险与挑战。

云南弥勒县14岁的女孩被强盗扔进20多米深的山洞，但她却凭着坚强的意志力和良好的生存能力，靠吃洞中的青苔和岩洞水，在暗无天日的山洞中度过半月之久，最后终于获救；哈尔滨10岁的女孩莹莹遭遇绑架，一路上她假装昏迷、记住路标，趁"拐骗犯"不注意，终得逃脱……

这些典型事例都是我们对孩子进行生存教育的生动素材，只要妈妈们舍弃短视、功利、肤浅的教育方式，将爱孩子的眼光放得更长远些，切实地在生活中注意培养孩子的生存能力，赋予孩子坚强的品质，便一定能收到最佳的教育效果。

启发孩子从平静的生活中体会快乐

人是一种追求新奇的动物，小孩如此，大人亦然。如今的孩子生活给予了他们太多的选择和刺激后，孩子们反而变得麻木起来。他们总觉得生活无聊，周末让他出去玩玩，他有时会懒得动，说没有啥好玩的，待在家里，在书柜里翻出一堆书，翻翻又扔到一边说没啥好看的；打开电视，不停地调台，最后说没啥好节目……

妈妈们应该启发孩子从平凡的生活中去发现美和快乐，这样快乐的源泉才可以说是最丰富、最自足和最不可穷竭的。

又是一个星期天的上午，10岁的女儿麦莉做完了作业，在书架前转了几圈，看看有没有能吸引她的书，她抓起几本看了看，开始嘟囔上了："还是这些书，还是这些书，就不能来点别的。"

妈妈忍不住了："家里的书还不算多？这十多架书，你到底看了多少?"

"没有小孩书!"

"小孩书？你都快是中学生了，还小孩书呢！你就最喜欢看那些武侠、侦探小说，寻求刺激，可是好的武侠、侦探小说就那么多，你都看过了。"

麦莉知道自己理亏，不吱声了。她转到自己房间，打开电视，马上听见她不断换频道的声音，没过多久，只听“叭”的一声，电视关掉了。

女儿转到了爸爸身旁，求爸爸和自己玩会儿。

差不多每周，这样的事情都会发生。麦莉总觉得没有朋友陪自己玩，而且生活无聊，没有好看的小说、没有好看的电视。

也许很多小孩都曾遇到过这样的情况。孩子总是希望每天都有新奇的事情发生，觉得那样的生活才算真正的有意思。

可是，生活真的是那样才有意义吗？

正如英国哲学家罗素《走向幸福》里所写的：“追求兴奋的欲望深深扎根于人类的心灵之中，这种欲望在人类早期的狩猎时代很容易得到满足，随着农业时代的到来，生活变得比过去枯燥多了。今天工业社会中的人排遣厌烦的手段则比过去多得多，但他们也更害怕厌烦……然而，就像一切伟大的著作都有令人沉闷的章节一样，哪怕是伟人们的生活，也有许多看来乏味无趣的时候。就连那些精彩的小说也都有令人乏味的章节，要是一本小说从头到尾每一页都扣人心弦的话，那它肯定不是一部伟大的作品……”

精彩的日子再多再好，最终也将归于平静。生活的实质还是平静的生活。所以，真正懂生活的美好之处的人，往往就是那些能够在平静的生活中体会到快乐的人。而现如今社会风气日益浮躁，能真正体会到生活美好的人便随之日益减少。

现代的妈妈可能时常会感慨，现在的孩子很幸福，有那么多好玩的玩具、好吃的食物、好看的衣服，甚至可以体验形形色色的感觉。为了能让孩子快乐，大人们甚至不惜用金钱来衡量给孩子们爱的多少。

但也许就是因为提供给孩子过多被动的娱乐活动，诸如电影、戏剧、电脑游戏等，会让孩子很少有机会和心灵对话；如果当孩子了解世界的方式，更多的是通过电视与电脑，而不再依赖个人的感受、体验或是那些需要转化成个人经验的文字的时候，孩子们将变得越来越肤浅，而这对他们一生的事业也没有任何作用，也不会从平静的生活中体会快乐。

妈妈们应该从儿童时期开始就培养孩子对单调生活的忍受能力，让孩子能够在平静的生活中锤炼出一颗远离浮躁和喧嚣的心，因为只有沉寂下来的心灵才能指引着孩子找到自己的方向，激励着孩子向着梦想的道路勇往直前。尤其是在现今日益浮躁的社会中，沉寂干净的心灵愈显珍贵！

当然，这一切的前提，是妈妈要有一颗去除浮华的心，是妈妈要有从平静的生活中体会到快乐的能力。

学会应对危险的孩子才最安全

孩子从呱呱坠地睁开眼睛看到这个世界起，就充满了好奇。孩子总是不断地探索着周围的世界，这不仅是学习的方式，也是生命的本能。而在这个广阔的世界里，既有美好的阳光鲜花，也会有伤害我们孩子的危险。作为妈妈，当然希望自己的孩子能够健康快乐地成长，所以妈妈们总是不忘教给孩子们安全的知识。

但是，不是让孩子远离危险就安全了。危险其实并不可怕，可怕的是不知道危险的存在，一旦遭遇危险，后果不堪设想。

在一次火灾里，一家人都逃到了安全地带。但是在浓烟中，他们失散了。当孩子在安全地带找不到妈妈时，孩子又回到了火灾现场找寻妈妈，结果葬身火海。当亲人们重聚的时候，他的妈妈悔痛不已。

在灾害性的事件中，有很多人本来有逃生的希望，结果因为缺乏逃生的知识，对危险无知而丧失了宝贵的生命。正如上述例子里的孩子一样，真的让人觉得痛心。

所以，妈妈在对孩子的安全教育里，只有学会应对危险的孩子才真正安全。

人生下来都有求生的本能，为了个体的生存有些行为是不学就会的。例如，孩子在摔倒时，自然会两手撑地，抬起头部免受伤害。人在遭遇危险的时候会极力保护自己的头部和胸部。疼痛是生理警告对人的保护，哭泣和喊叫是求援的措施。孩子已经有了这些能力，现在妈妈们要教他们的是识别危险，并在危险中采取正确的保护措施。

在英国的一所幼儿园里，教师为了让孩子明白颜料的用途，让一两岁的孩子任意使用颜料。孩子们坐在地上，把颜料涂在地板上、墙壁上与自己身上，甚至放到嘴里尝尝味道，孩子的妈妈对幼儿园采取的新的教学方式很支持。但是如果在中国，采取这样的教育方式，一定会遭到不少妈妈的反对，他们担心孩子会被颜料弄脏、颜料吃到嘴里有损孩子的健康。其实那些尝过味道的孩子很少再把颜料当果冻吃，孩子在实践中已经知道了这些东西的正确用途，知道了它们有很难吃的味道，不适宜做食物。

当然，并不是每件事都要孩子亲自去尝试。妈妈在孩子小的时候就要让他们明白，妈妈警告过他们的危险是存在的，遭遇危险会对自己造成伤害，在危险出现之前，一定要想办法躲开它。

每位妈妈都会对孩子进行安全教育，警告他们这个不许、那个不准……但是，在进行安全教育前，作为妈妈自身也要具备一些应付危险的常识，而且也有一些事项需要注意：

1. 对危险做准确的定义。例如，妈妈总是告诫孩子火很危险，但孩子看到火柴或者蜡烛的火苗那么小并不会真的能认识到火可能带来的危险。妈妈可以带孩子参观一些消防知识展览，让他们明确火一旦失控，对我们的财产乃至生命都有很大的危险，所以要安全用火。

2. 对“不许”的禁令说明原因或给出期限。例如，不要随便给陌生人开门，这是基于对安全的考虑。

3. 要根据孩子的年龄和他接受知识的能力，循序渐进地给孩子进行安全教育。例如，教育两三岁的孩子吃饭不要讲话；教四五岁的孩子迷路了怎么回家。

4. 教会孩子正确地使用工具。为孩子选择适当的工具和文具。例如，教孩子正确使用水果刀、裁纸刀、剪刀等工具。

5. 平时不要用不存在的伤害来恐吓孩子，以免造成孩子对危险和正常情况的认知失调。

6. 巧用示范。在为孩子指出什么是危险行为或什么会导致危险时，要告诉孩子或者示范怎样可能避开危险。还可以和孩子讨论其他行之有效的方法。例如，发现火灾应该立即拨打 119 或 110 报警，没有消防措施不应该进入火灾现场，既保护自己，也为救火人员省去不必要的麻烦。

在安全教育里，妈妈应该多教孩子学会应对危险才最安全。

有些孩子更容易遭到危险，妈妈要用心保护

可爱、有礼的孩子并非完全与危险绝缘。所有的孩子都有可能受到犯罪引诱，但是太过顺从的孩子们更容易成为受害者。妈妈们常教导孩子，行事无礼是一种失礼的行为；但这并不会帮助他们发展出应对安全的技巧，应付可能伤害自己的施虐者。

心理学家兼儿童发展专家潘妮洛普·里奇表示："我们必须试着不要规范自己的孩子只能听命行事。"无论别人说什么都照办。孩子服从大人，不应该只因为对方是成年人。里奇强调："如果孩子们要学习如何保护自己免受伤害，便需要对于不了解的命令表示疑问，以及感觉有异的命令加以拒绝。"

感觉不到疼爱或者觉得孤单的孩子们，更容易陷入险境之中。也有许多资料显示，骚扰孩童的性侵害者找上的都是渴望关爱的孩子，因为这种孩子比较好下手。在孩子渴望关爱的时候，他们会把侵害者可疑或令人困惑的行为加以合理化。许多恋童癖者与拍摄儿童猥亵照片的人，成功利用许多不同的受害者，因为他们投注时间与心力，以求赢得孩子们的信任。恋童癖者成为孩子最好的伙伴，"最能明白"孩子苦恼所在。有时候，渴望关爱的孩子会欣然接受施虐者的拥抱与亲吻，并当成不过是诸多大人都有的怪异的举动，或者当成获得糖果与请客的公平代价。

那些被侵犯的孩子往往具有天真、正常的好奇心、被爱的需要、保守秘密的能力与意愿等特质。防范性虐待的最佳方法，就是及早启发孩子的自尊心，而且我们的妈妈必须在家中建立自由开明的沟通模式。

1. 找寻适当的用词与方式

儿童并非一生下来就知道要如何叙述不容易说明的事情。他们需要大人教导说话的用词与方式。家人之间如果不讨论犯罪及其他敏感主题，那么孩子们很可能会推论，这种事情是说不得的。

在每个家庭之中，都存在着含蓄的共识，没有明讲的规矩，通常与可否讨论的事情有关。这些"规矩"规定了家中的开明程度，同时也像是某种家规，指明何种话题应该划入禁区。

正如对于性侵害，孩子从未获得过任何有关的资讯，而且孩子也不会告诉妈妈。更有甚者，性侵害者深信孩子会觉得自己有付出的义务，因为性侵害者对孩子付出了关心，也送了小礼物。孩子之所以长期保持缄默的原因在于，一旦友谊关系建立，性

虐待者便运用吓唬孩子的手法，胁迫或恐吓孩子不得告诉妈妈。

既然孩子们过去没有性经验或性虐待的体验，便需要妈妈告诉他们正确、健康的资讯。如果我们不去讨论这些话题，就如同孤立自己的子女，使他们更容易受到伤害，从错误的人身上了解何谓“适当的”性接触。

2. 言行要一致

不论我们嘴上的说辞是什么，或者我们看起来有多么开明，到头来，使他们愿意与我们分享多少心事的决定性因素，还是子女的观察所得。子女会接受暗示，辨别什么事情可以放心讨论，什么事情是危险话题。比方说，假如孩子冒险表现出脆弱、私密的感觉之后，面对的是严厉的批评指责，他们便很快地学会把这些感觉放在心里。或者，倘若妈妈常常反应过度、急切行动，却忽略子女的需求或愿望，孩子便学会了闷不吭声。

如果你的孩子对于结果屡屡不满，那么以后他便不会向你吐露心事。如果你让孩子做错事时坦承以告，然后对他们发脾气或者处罚，那么孩子也许宁愿冒着被你发现的危险，也不愿走上前来面对你的愤怒。理想状况下，你会希望孩子明白，如果他勇敢承认，就没有什么好怕的，不论发生什么样的麻烦，你们都会一起解决。所以，如若想要孩子真正的远离危险，还是需要妈妈采取正确的方法的。

恰当保护被欺负的孩子

一个冬天的下午，2年级的一个男生走下校车，嘴角上还流淌着鲜血，小脸蛋上满是泥土和泪痕。他告诉妈妈，刚才一个“可恶的小孩”在车上打了他，还说，有一次那个小孩还在学校的操场上将他绊倒，对着他的鼻子打了一拳，而老师却没有看见。

一位12岁的女孩，长得漂亮，是学校女子网球队的“明星”。一天，她愁容满面的回来，脸上挂满了泪，说学校有一个男孩只要一见到她，便骂她：“你这个大肥猪，真是丑八怪!”还有许多不堪入耳的下流话……

这些情况都说明了一个问题：您的孩子受到欺负了。

对于这种问题，妈妈可不能轻视，因为受人欺负的小孩往往会留下严重的心灵创伤：他们常常会变得抑郁、沮丧，甚至认为自己毫无用处……

曾有一位小女孩对妈妈说自己在学校经常被人捉弄、欺负，可是妈妈对此却毫不放在心上、不以为然，后来，这位妈妈发现自己女儿的成绩急剧下降，并开始用暴饮暴食发泄自己的苦闷和烦恼，而那些目睹同学遭受欺负而无人过问的小孩，也会从此变得胆战心惊，害怕有一天这样的遭遇也会落到自己的头上。

那么，面对这样的遭遇，妈妈和孩子应该怎么办呢?

1. 要理直气壮地加以阻止：仅仅对恃强欺弱的人视而不见还很不够，因为他们常常会纠缠不清。许多小孩子不知道如何才能既不用打架而又可以保护自己。对恃强欺弱的团伙，最好在他们各自分散时与之独个论理，因为“成群结伙会让他们有恃无恐”。

当几个3年级的学生不断合伙欺负一个害羞的1年级男孩时，他学着勇敢地面对他们，盯着他们的眼睛，并以斩钉截铁的口吻命令他们住手，然后转身走开。随后他发现这一招真的很奏效。

2. 不要报以情绪反应：许多被捉弄的小孩子对欺负他们的人只能以泪水相对。心理学家大卫·G·佩里说：“受欺负的人的眼泪只会让欺负他们的人变得愈发肆无忌惮，甚至变本加厉。”

五年级学生迈克因身材矮胖遭到高年级学生的围攻，回到家后，他因此闷闷不乐。可是他的妈妈告诉他，如果你因为这事闷闷不乐的话，正中了那些欺负你的孩子的下怀。从此，迈克学会了镇定自若，对他们的嘲笑、捉弄不加理睬。那些人自讨没趣后，很快便停止了对他的欺负。

3. 采取出其不意的行动：我们可以在家与孩子一起轮流扮演欺负与被欺负的角色，教会他们如何疾言厉色地呵斥想欺负他们的人，而不是低头或怯生生地含糊其辞。

4. 增强孩子的友谊：心理学家罗纳德·斯莱比说：“哪怕是只有一个小朋友站在你孩子一边，这时想欺负他的人都是一股强大的威慑力。”对那些腼腆、害羞或不善交际的孩子，妈妈可以在孩子放学后将他们的同学请到家里做客，帮助他们建立友谊。对于大一点的孩子，我们可以鼓励他们多参加体育锻炼或其他活动，以便结交朋友。

5. 寻求学校、幼儿园的支持：大多数孩子都不愿被同学称为“爱打小报告的小人”，他们即使遭人欺负也不愿向学校和老师告发。许多妈妈则担心，如他们将自己孩子被人欺负的事反映给学校，会被视为干涉学校的工作或是“小题大做”、对孩子“过分溺爱”。但是，我们完全有权利要求校方对此采取强硬、有效的措施。不要试图直接去找对方小孩的妈妈，因为那样做效果一般不大。直接将情况反映给老师或校方，由学校出面干预。这样，老师也可以注意观察孩子双方的行为，如证据确凿，对方小孩及其妈妈也难以抵赖。

面对欺负，孩子采取正确的保护方法，需要妈妈、老师还有孩子自己三方面的努力，才会奏效。

冒险不一定危险，生命需要适当冒险

一家三口正在不声不响地吃饭，儿子突然开口说话了：“我找到一个鸟窝！”

母亲抬起头，瞪大了眼睛，父亲也聚精会神地听儿子说话。男孩很高兴，指手画脚地讲了起来。他说，今天放学回家的路上，看见一只金翅雀从一棵大白松树树冠里飞出来。他就在浓密地树枝里搜寻，终于发现在高处一根树杈上有一团乌黑的东西。

他把书包放在地上，开始往松树上爬。巨大的松树又粗又高，他那小小的身子紧紧贴在树皮上，慢慢往上挪动，每一回都要分两次进行：先用胳膊抱住，接着两条腿尽量往上蜷，最后才停下来，四肢牢牢抓住坚硬的树干，用了很长时间才爬上去。

父亲和母亲惊呆了，谁也没有吱声。就这样，两个人战战兢兢、一声不响地听着。

上房揭瓦、下河摸鱼、爬树、登高、从高处往下跳、溜冰、滑雪等，这些在妈妈看来很危险的行为，却是有些男孩最喜欢的运动。孩子好像总是那么精力充沛、一刻都不想停下来。因此，有些妈妈经常不由自主地叹气：淘气的孩子真麻烦，他好像时时刻刻都在设法让你提心吊胆。然而，很少有妈妈从源头上分析，我的孩子到底怎么了？为什么总是做这些危险的活动？为什么他的精力总也用不完？

孩子的天性就是喜动不喜静，他们有使不完的精力，其实，我们并不能完全责备这些精力充沛的孩子。实际上，我们应该为孩子天性中的冒险因子欢呼，因为世界上没有一件可以完全确定或保证的事。很多在事业上获得成功的人都是那种胆大心细、敢于冒险搏一把的人。这个世界上没有人可以一帆风顺，成功者往往需要做出挑战和冒险。妈妈在日常的生活当中也要有意识给孩子提供冒险的机会，让孩子去独辟蹊径，收获挑战自我的乐趣。

冒险对孩子来说是一种证明自我的机会。而爬树是诸多冒险行为中最受孩子尊崇的一种。

这在妈妈看来是一种危险，而对孩子们来说却是有价值的危险。首先，孩子可以通过观察树的整体，判断自己是否能爬上去。如果认为能爬，就会想到下一步的方法，确定从何处往上爬，那个树枝能否支撑自己的体重，需要确认的项目很多。这样，当孩子们根据自己的印象判断能够爬到树顶时，便决定进行实际爬树，当然有时也会从树上掉下来受伤。但这是因为自己的判断不得法而产生的失败，这将成为下一次成功爬树的反面经验。

成功者与失败者的区别并不在于能力或意见的好坏，而是在于是否相信判断、具有适当冒险与采取行动的勇气。没有尝试者、冒险者，就没有成功者。冒险是一切成功的前提。冒险越大，成功越大。

1752年7月的一天，富兰克林在野外放风筝进行捕获雷电的试验。

他的风筝很特别，用杉树做骨架，用丝手帕扎成菱形的样子。

风筝的顶端安了一根尖尖的铁针，放风筝的麻绳末端拴着一把铁钥匙。当风筝飞上高空不久，突然大雨降临，电闪雷鸣。

富兰克林对全身被淋湿毫不在意，对可能被雷击也不畏惧，他全神贯注于他的手。

当头顶上闪电的瞬间，他感到自己的手麻辣辣的，他意识到这是天空的电流通过湿麻绳和铁钥匙导来的。

他高兴地大叫："电，捕捉到了，天电捕捉到了！"

和富兰克林一样，很多发明家都是最富于冒险的人。因为，他们敢于做许多次试验，直到成功才罢休。冒险不等于蛮干，人们要在冒险中不断地总结、思考、突破。否则，纵然有成功的欲望，但是却不敢冒险，又怎么会实现伟大的目标呢？

所以，妈妈要给孩子提供冒险的机会，让孩子去尝试新的东西，独辟蹊径。对孩子们来说，冒险可以为他们的生活带来一场全新的体验，或者可以这样说，在他们的眼中，冒险的体验就是生活中快乐的本源。对于未知的事物他们根本就不懂得恐惧，所以也喜欢做更多的尝试。可以想象，如果在孩子的生活中只是面对同样的学习生活，总是重复着同样的内容，那该有多么的单调乏味啊，那又会有什么收获呢？

初生牛犊不怕虎，孩子们在做事的时候往往有更强的锐性。不妨试着培养孩子的冒险精神。勇于尝试和开拓的豪气会让孩子有更新鲜、更活泼的生活。

激励孩子，把勇敢注入生命

一天，7 岁的孩子李洁趴在地上玩一个玩具，突然连声喊爸爸妈妈。妈妈以为出了什么事，赶紧跑去，一看才知道是一只大土鳖。妈妈对李洁说："你为什么不抓住它呀！快抓呀！"但儿子却抱着妈妈的腿不放。

这个时候，妈妈把李洁带到土鳖跟前，说："去，逮住它，男孩子要胆大！记住，你是一个男子汉。"

李洁一开始的时候还趴在妈妈身上耍赖，可土鳖要逃了。妈妈把卫生纸塞到他的手里，抓住他的手，强制性地让他去抓土鳖。

万般无奈，儿子只好硬着头皮捏住了土鳖。妈妈在旁边连声说："好，这还有点儿男子汉的样子，快点儿，一鼓作气把它扔到垃圾桶里去。"

李洁哆哆嗦嗦地捏着土鳖，胳膊伸得笔直，快步向厕所走去。在妈妈的鼓励下，他把土鳖扔进了垃圾桶。

有了这样的经历后，他再也不怕土鳖之类的小东西了。

孩子的一些恐惧只是莫名的本能反应，这是很正常的。妈妈只需正确引导和鼓励孩子，就能消除孩子心中的疑虑和惧怕，孩子就会变得坚强、勇敢。

勇敢是人的重要品质，一个人如果失去了勇敢，那就把一切都失去了。具有勇敢品质的孩子，一般都有如下特征：

1. 意志坚强、勇于进取

意志坚强、勇于进取的孩子在困难面前，比一般的孩子显得顽强得多。有个孩子曾在日记中写道："摔倒了并不可怕，可怕的是摔倒后不能爬起来；惊涛骇浪不可怕，可怕的是在惊涛骇浪面前失去了镇定。要知道，在希望与失望的决斗中，如果你用勇气去面对挑战，那么胜利必属于你。"这是一位具有勇敢品格的孩子写的，可以看出他在学习、生活的困难面前所表现出的顽强勇气。

2. 开朗直率、敢说敢做

这样的孩子能与人正常交往，没有心理障碍，做事不优柔寡断、瞻前顾后，学习效率较高，在成人面前，敢于发表自己的观点，较受同龄人的敬佩。在他人遇到困难时，能见义勇为，乐于助人，有崇高的道德情操。他们的勇敢不同于鲁莽、粗暴、出风头，往往表现出机智、灵活、沉着、冷静，行为动作具有明确的目的性。

3. 富于激情、敢于创新

具有勇敢品质的孩子，往往不满足已有的知识、成绩，不墨守成规；他们的思维总是处于兴奋、活跃状态，善于抓住新的知识，归纳出自己独特的见解。

孩子作为未来世界的主人，需要具有勇者的气质，敢于面对一切强手，具有无所畏惧、不屈不挠的心理素质和竞技状态。因此，要想让孩子在学习、生活中获得成功，就应该从小培养他们勇敢的品质。

妈妈首先要对孩子有信心，相信他们，相信他们的能力，相信他们会成功。这就需要妈妈们敢于放手，敢于让孩子面对困难，不断地鼓励和激励孩子。在生活中，妈妈要根据孩子的实际能力，适当提高对孩子的要求，让他们面对挑战，学习如何接受并战胜挑战，在不断战胜挑战的过程中感受成功、树立起信心。

让孩子感受大自然之美，从中感受到生命的美好

“让孩子归于自然”是德国《卡尔·威特的教育》的作者老卡尔·威特的教育主张，在儿子刚出生不久，他就带着孩子去外面呼吸新鲜空气，给孩子讲古老的传说，让孩子对自然充满亲近之情。

天生的好奇心会驱使孩子去大自然中发现生命，但是妈妈往往担心孩子受到意外的伤害或者过敏，加上城市远离自然，孩子接触自然的机会就非常有限了。

这其实是孩子童年的一种遗憾，孩子不仅可以在大自然中开阔眼界，丰富知识；而且可以认识到自然的美，欣赏自然的美，陶冶性情，培养高尚的情操。大自然是人类的母亲，也是孩子童年重要的组成部分。

大自然不仅对培养孩子高雅的审美情趣、超人的创造才能独具意义，而且是发现与培养艺术神童的最佳途径。

在让孩子参加各种审美活动时，妈妈能及时发现蕴藏在孩子身上的艺术天赋与才能，还能让这些天赋与才能得到及时的培养和发展。

例如，在孩子进行音乐活动或美术活动时，妈妈能发现那些对音乐或美术具有异乎寻常的兴趣和表现能力的孩子，这样的孩子在专家、教师和妈妈的培养、训练下，有可能成为音乐或美术领域的优秀人才。

当大自然毫无保留地呈现在眼前，天空的高远、流水的清澈、小鸟的欢快歌声、山峰的绵延磅礴都能激发心灵的愉悦。

《蓝色多瑙河》《月光奏鸣曲》《沁园春·雪》等杰出的作品，无一不是在大自然的感触下创作而成的。然而，并不是所有的人都能感受到自然的魅力，能够听懂伯牙的高山流水的人，也只有子期一个，因此，知音才难能可贵。

要激发孩子对大自然更深的体验，需要妈妈创造良好的条件，将孩子引入自然中，只是最基本的一步。只有调动孩子的情感，才能体会到大自然的美妙。

首先，妈妈自己要能够体会到自然的美丽，用自己的情绪去感染孩子，引导孩子领略大自然的美，使他从兴奋、愉快这些单纯的情感发展到更高的情感层次——美感，并产生热爱大自然、热爱家乡、热爱生活的高尚情感，以及用自己的创造性工作表现这种大自然之美的欲望。

其次，在引导孩子欣赏自然景色时，要学会一语道破的本领，用简练的语言向孩子仔细描述景色，帮助孩子去接触形容词，比如“辽阔”“宽广”等，让孩子在看到景色的时候，能够与相应的感情词汇联系起来。

在孩子观赏自然风光时，也可以用儿歌来启发孩子的情感，使艺术语言和眼前的风光景致融合在一起，进一步启发孩子的灵感与想象，加深孩子对大自然之美的体验，把他的思想感情带到优美的境界中去。让孩子专注于一只蚂蚁、一堆石头，既可以培养他的注意力，又能让他对各种物体的记忆深刻。

另外，妈妈也可以带着孩子到接近大自然的农村去，让他了解播种和收获，看到劳动之美，并且认识各种粮食、蔬菜，避免“米是一袋一袋地长在田里”的常识错误。

让孩子投入大自然之怀抱，呼吸清晨的新鲜空气；看到山间的雾霭、小草上的露珠、漫天的彩霞、袅袅炊烟；听到小河的水声、牛羊的叫声、虫鸟的鸣啼；闻到荡漾在田间的泥土清香，庄稼、草木散发的芬芳；品尝新鲜的瓜果蔬菜，帮助孩子全身心地感受大自然之美，感受生命的美好，以此促进孩子智能的发展，培养他良好的审美能力，以及热爱农村、热爱家乡、热爱大自然、热爱生命的情感。

第十四章　走出坑人的教育误区

教育误区是必然存在的，但是却不一定能被妈妈们发现。如果你有意无意地走进坑人的教育误区中，你的孩子就或多或少要遭殃了。所以，妈妈们请睁大眼，迈开教育孩子路上的“坑”，让孩子的成长少走一些弯路。

“慢养”才能育出“大器”

源源今年上三年级，班里的很多同学都在外面上了特长班，妈妈开始着急了：以前一直觉得让孩子自由成长对她比较好，所以孩子长这么大还没上过任何特长班呢，但是，不能让孩子与其他孩子相比时落后啊！而且，我家宝贝那么聪明，一定会赢过他们。所以，妈妈一口气给孩子报了绘画、钢琴和英语 3 个特长班，周一周二学英语、周三周四学绘画、周五周末学钢琴。突然间暴增的学习让源源一时手忙脚乱，无从适应，被强逼着学了 1 年，什么也没有学好，源源的学习成绩反而下降了，她也不像以前那么快乐活泼了，开始对什么都提不起劲来。

正如源源的妈妈一样，决定一时抛弃功利心去教育子女，可能并不难；但是要自始至终地秉承关照孩子心灵的教育思想，对很多妈妈来说并非易事。因为非功利的教育首先关注的是孩子本身的成长节奏和需求，可能不会让孩子在短期之内有学识上的进步。而社会会给妈妈诸多压力：特长生潮流、高分名校情结、就业竞争激烈等，在讲求效率和速度的现实面前，妈妈未必能够稳住阵脚。

我们相信，心胸的大小决定一个人事业的大小。在决定孩子心胸和视野的宽度和深度的少年时期，孩子最大的收获关键不在于有多少荣誉证书，而是学会今后做学问、做事情的道理和方式。因而早期教育就需要妈妈接受一个事实：非功利教育的成果不会立竿见影，但是它是成功的基础。

据统计，1500～1960 年间，全世界 1249 名杰出科学家和 1928 项重大科研成果的创造者在年龄上有一个阶段划分：科学创造的最佳年龄区是在 25～45 岁，最佳峰值年龄在 37 岁前后。更为精准的数据是，在诺贝尔奖的大部分获得者中，物理学家的平均年龄为 35 岁，化学家的平均年龄为 39 岁。

当然，科学家只是社会精英中的一类，但他们也是最能代表智商的一类人。普通人对科学家总有一种崇拜的情感，因为他们代表人类的思维精英，可以办到我们办不到的事情。上面的统计显示，科学家往往在青壮年才能够有所成就，还有更为典型的“大器晚成”的例子。

1859 年 11 月 24 日，达尔文在伦敦出版《物种起源》时，已 50 岁。他最早的科学著作，也是在 45 岁以后才开始出版的；易卜生的《玩偶之家》，在他 51 岁享誉世界；美国遗传学家摩尔根，他的基因学说是在 49～60 岁之间完成的，67 岁才获得诺贝尔奖……这样的事实让我们看到，人生在青少年时期可能没有什么重大的收获，命运的转机很可能在你已经成年、感到没有希望的时候到来。但是机遇只眷顾有准备的人，达尔文 22 岁就离家登上“贝格尔号”去环球科考，易卜生 21 岁开始自费发表戏剧作品，摩尔根 20 岁时以最优异的成绩获得了动物学学士学位，24 岁就获得了博士学位。他们从来没有放弃早年的努力，才会有后来的成功。

但是还是有很多人相信一个早年毫无建树的人，可能会在中年之后突然发迹，因而孩子的早期教育也并不是非得严格进行不可，如果孩子有“造化”，富贵荣华也会找上他的。这其实是妈妈推脱教育责任的一种思想，有哪位真正成功的人不是从一点一滴开始准备的呢？

司马迁的《史记》、宋应星的《天工开物》历时 18 年；司马光的《资治通鉴》历时 19 年；达尔文的《物种起源》历时 22 年；法布尔的《昆虫记》、李时珍的《本草纲目》历时 30 年；谈迁的《国榷》历时 37 年；马克思的《资本论》、摩尔根的《古代社会》历时 40 年；歌德的《浮士德》前后有 60 年……

这些著作问世的时候作者已经走进暮年，但是他们都是从很早就开始积累创作，经历了漫长的酝酿过程，到晚年才最终完成，绝非突然被幸运眷顾而成名。如果仅仅看到别人取得的成绩，而割断他们努力的过程，相信出人意料的奇遇，那他的一生也将在等待中度过。同样，如果放弃孩子教育的黄金时段，而盼望他日后自己成才的妈妈，也往往不能如愿。

成功不能一蹴而就，成才如是，教育亦如是。妈妈教育孩子的时候要有信心，只有相信孩子会向我们期待的方向发展，看到孩子未来的发展，才会有耐心，教育的目标也才能慢慢实现。妈妈的耐心有多大，孩子的进步空间就有多大，记住：“慢养”才能育出“大器”！

教育不能抢跑，学习不能揠苗助长

最近，思琪上课没精打采，注意力涣散，总打瞌睡，成绩有下滑趋势，班里学生也反映说她平时不怎么爱和大伙玩。其实，思琪刚入学时成绩在班里也比较好，比较懂事、守纪律，和同学相处融洽。而自从她的妈妈给她加负后，她就像变了一个人似的。

妈妈每天给他安排了大量的课外作业，还给她报了奥数、剑桥少儿英语等好几个学习班，她完全没有休息和玩的时间，每天晚上都要念书做作业到 11 点多，这自然会使平时课堂表现和学习成绩受到牵连。

其实，才 1 年级的孩子，妈妈还是不要给他们过重的学习负担，否则只能将孩子稚嫩的肩膀摧垮。

妈妈都希望自己的孩子在班上名列前茅，于是超前教育十分盛行。但其实，教育抢跑本身是一种犯规的行为，违背的是孩子成长发育的自然规律。抢跑式的超前学习必然导致过量学习，给孩子造成过大的负担，对孩子身心的发展都带来巨大的伤害。正如上文中的思琪一样，过重的负担剥夺了她健康成长的权利，也剥夺了她应有的快乐！

一位儿童教育专家曾说过——智能的总量是相对守恒的，一种智力类型能量的升高必然伴随着另一种智力类型能量的降低。而这种降低往往体现在心理调节能力上。处于超前教育环境下的孩子，他们往往会有超人一等的优越感，而且周围亲戚朋友的夸赞和表扬也会令孩子产生虚荣心。于是，对于这样的孩子，求知不再是为了满足自己兴趣，而是为了超越别人、赢得荣誉。这些“聪明绝顶”的孩子，日后跻身于“尖子”之中一旦没能继续出类拔萃，或完成了辉煌的学业而在工作中无醒目的建树，眼前的境遇和昔日的辉煌形成的强烈反差，必将引发出各种不良的心理反应，甚至导致严重的后果。儿童的学习是由玩耍、休闲、睡眠所构成的，如果全是“学习”，没有玩耍、休闲、睡眠的消化、反刍时间的话，学习的过程就不可能完成。玩耍不仅是学习重要的组成部分，同时本身就是一种很好的学习过程。过量学习也必然占用玩耍、休闲、睡眠时间，必然对良好性格的养成、心理及生理健康带来影响。因此，多给孩子一些睡眠、玩耍的时间，减去过量的学习负担，反而有利于学习成绩和分数的提高，知识的增长，也有利于身心健康。我对妈妈的建议是，超前教育可以进行，但一定要适度，千万不能揠苗助长，事倍功半。

当然有一些超前教育的孩子取得了良好的成绩，但是这并不代表抢跑式教育就一定适用于每个孩子。孩子都有自身的特点，有些孩子5岁就具备了各方面的能力，比如自理能力、和小朋友交往的能力等，那么，提早入学也无可厚非。可有些孩子即使已经到了入学年龄，却还没做好准备。对于这样的孩子，如果妈妈让他学一些在他能力承受范围之外的东西，负担过重，不仅会影响孩子的身体健康，还会给孩子留下心理上的负担，使孩子长时间处于紧张、沉重的心理状态，对孩子的健康成长极为不利。

所以，妈妈要扪心自问，孩子做好准备了吗？自己做好准备了吗？如果妈妈都没足够的自信，那么，最好还是让孩子遵循规律顺其自然地成长。

其实，知识的学习积累不急，成绩的高低都是暂时的，只要让孩子不断地感受到学习的快乐，保持浓厚的学习兴趣，那么今后他一定会是优秀的学生。所以，妈妈们不如适当给孩子“减减负”吧，毕竟，让孩子有个快乐的童年，才是最重要的。

真正爱孩子的妈妈记住：教育抢跑不是成功的捷径，揠苗助长结不出学习的果实！

教育只怕停，不怕慢

媛媛的妈妈看到朋友小汪教育孩子学习钢琴很成功，于是下决心效仿。在这股热情推动下，她买来了许多教孩子钢琴的书，帮孩子订了学习钢琴的计划，甚至给孩子请了私人的钢琴教师……她以为自己用心培养，孩子会乖乖学，很快也会出好成绩。可实际上远不是这样。媛媛本来是对钢琴有一定的兴趣，一开始很认真地跟着老师学习，但是妈妈太急于求成，让老师加大教学力度和程度，并逼着媛媛增加练习时间，过大的压力让媛媛透不过气来，慢慢地，她开始排斥学琴，甚至干脆就不学，大人越教她越不学。老师教她弹钢琴的时候她总是心不在焉，眼睛望着别处，无论老师怎样用心教她，她总是似懂非懂。而且有时费了很大劲教会了她，可第二天就忘得精光；有时她还故意和大人作对，经常不愿意练习钢琴，有时赌气弹琴时就胡乱弹琴，气得妈妈打了她两巴掌，结果媛媛更加讨厌学习弹钢琴。就这样，媛媛学了半年，她的钢琴水平不见提高多少，叛逆心却大大加重了，与妈妈之间的矛盾也积得很深了。媛媛的妈妈又是惋惜又是失望，感叹地说："唉！我那孩子天生不是那块料，怎么教也不行！算了，不管她了。"最终，媛媛的钢琴学习就伴随着妈妈和孩子的两败俱伤结束了。

媛媛学习钢琴失败，主要归咎于妈妈太心急。"恨铁不成钢"这种急于求成的心态在不少家庭中都或多或少地存在着，尤其是现今社会竞争压力日益加剧，很多家庭只有一个孩子，妈妈就把所有希望寄托在独生子女身上，所以妈妈在教育孩子的过程中，难免因为过于担心而操之过急，事倍功半。

然而，"心急吃不了热豆腐"，妈妈为孩子的成绩干着急是没有任何好处的，只有平复急躁的心态，"不怕慢"，循序渐进，倾注全部的爱心、采取适宜的教育方法，才能提高孩子的学习成绩。另外，一旦确定了教育孩子的指导思想和方法，就"不要停"，应当持之以恒地坚持下去，不教出成果决不罢休。不要像媛媛的妈妈一样胡乱教学，又过早放弃。

教育最基础的也是最重要的，就是根据孩子自身特点，找到教育孩子的最好方法。小孩子天性贪玩，心性不定，兴趣爱好很多，特长天赋也深藏于体内，所以，对妈妈来说，必须下一番苦工夫对孩子进行透彻的观察和研究，摸索出适应孩子特点的教育方法。但是，有的妈妈在领悟一些正确的教育思想，学会了一些有用的教育方法后，却总是"三天打渔，两天晒网"，不能持久地坚持下去，甚至于放弃对孩子的正确教育，又或者因为孩子进步太慢或教育效果不显著，就轻易放弃或停止对孩子的教育，这些都是不成功的教育，对孩子会有严重的不良影响。所以，妈妈在拥有正确的教育方法后，必须具有耐心、信心和决心，坚持科学地、实事求是地教育孩子，帮助孩子受到良好教育的熏陶，是妈妈重要的责任。

教育家叶圣陶先生曾说过："教育是农业而不是工业。"众所周知，农业的最大特征不是产出速度快，而是产出物品对人类来说是最基本也是最重要的需要。教育既然是"农业"，就不能强调速度，而是强调产出物，妈妈就不要强调孩子学东西多快，而是要注意孩子真正学到了多少；教育既然是"农业"，妈妈就要做好持续投入，慢慢收获的心理准备，农民要通过一个生长季的时间对作物悉心培育，才能在收割时节取得收获，妈妈也要对孩子进行孜孜不倦的长期教育，孩子最终才能学到东西；另外，农民不能指望"农作物"一夜丰收，妈妈也不能指望孩子一时就成大器，必须要有等待孩子进步的耐心，如果妈妈没有恒心，放弃耕耘和培育，半途而废，就很可能导致孩子停止进步甚至不进而退。因此，妈妈要坚持耕耘，持续培育，孩子才会一点点成长，最终“结出果实”。所以，对孩子的教育，只怕停，不怕慢。

不要急于取得教育成果

几乎所有的妈妈都会特别关注孩子的学习成绩，认为学习成绩的好坏就是成功与否的标志，认为只要孩子取得了好的学习成绩，教育就取得了好的成果。这是不正确的，妈妈应该把眼光放得更长远一些，重视孩子学习能力的培养，而不要老盯着眼下的考试成绩。一个学习成绩好的孩子不一定有很好的学习能力，但一个有很好学习能力的孩子将来迟早会有所成就，而且可以为他的长期发展打下良好基础。

人生是一条漫长的学习之路。根据专家的分析：在农业时代，一个人只要 7～14 岁接受教育，就足以应付往后 40 年生活之需；在工业时代，求学时间延伸为 5～22 岁；而在目前的知识经济时代，由于科技急速发展，每个人必须随时接受最新的教育。要在这个社会中成功，不只靠一张名牌大学的文凭，而取决于不断持续的终身学习能力。

有报道说，在英国大约有 65%的毕业生毕业后从事的职业与他们在学校所学的专业无关，这种现象在我国也许更为突出。这是为什么？原因就在于当今世界信息和知识飞速增长，使灌输知识为主的教育已无法面面俱到。针对世界发展变化的重大趋势，著名的未来学家托夫勒在 20 世纪 90 年代早期预言：“未来的文盲不再是不识字的人，而是没有学会学习的人。”1999 年，美国教育部组织了 16 位著名的心理学、认知学专家，对近 30 年来学习科学领域大量涌现的研究成果，进行了两年的研究分析，他们得出的结论是：“20 世纪 90 年代以来，学习理论和教育研究发生了人类有史以来最本质与革命的变化。”并指出：新世纪的教育的目的要从传统的灌输知识为主的模式，转变为“帮助学生发展必要的认知（智力）工具和学习策略，使他们能够获得创造性地思考有关历史、科学技术、社会现象、数学和艺术时所需的知识，使他们成为自我维持的终身学习者。”

有位社会学家曾经调查了几十位诺贝尔奖获得者，发现这些获奖者大多认为，学生学习时期，并不一定是班上学习成绩最好的，而是掌握了学习的方法，这是学生获得学习能力的重要环节。伟大的科学家爱因斯坦回顾自身的教育经历，在一篇《论教育》为题的讲话中曾深刻指出：“发展独立思考和独立判断的一般能力，应当始终放在首位，而不应当把获得专业知识放在首位。如果一个人掌握了他的学科基础理论，并且学会了独立地思考和工作，他定会找到他自己的道路。”

事实证明，学习能力是决定孩子能否成为优秀人才的决定因素。学习型组织的倡导者、《第五项修炼》的作者彼德·圣吉说过：“因为未来唯一持久的优势，是有能力比你的竞争对手学习得更快。”为了让我们的孩子在未来社会立于一席之地，妈妈有责任培养孩子一生受用的学习能力，并着力培养孩子学习的浓厚兴趣。教育应该从教孩子接受知识，转向教导孩子全方位地学习，以满足终生学习和成长的需要。在注重孩子学业成绩的同时，妈妈更应关注全面培养孩子的学习能力，让孩子享受学习的快乐，拥有成功的学习经验。

心理学家研究发现，学习能力应该是学习时的注意力、写作业的速度和正确率、听课能力、计算能力、书写能力、语言表达能力，还有情绪的稳定性。这些能力又是相互影响的，上课注意力与前庭平衡能力、大脑对身体的控制能力、智商、情绪等因素都有关。写作业速度与智力、注意力、手眼协调性、情绪因素有关。听课能力与脑—耳协调训练有关。计算和书写能力与脑—手—眼协调训练有关。语言能力与本体感训练有关。情绪稳定性与触觉训练有关。也就是说，孩子的学习能力都是可以通过专门的训练提高的。因此我们妈妈千万不要因为孩子的成绩不好而不分青红皂白地批评他，如果盲目地以分数为标准来判断孩子的学习，那很容易让孩子的着眼点放在应付考试上，最终影响孩子的求知欲和学习兴趣。

妈妈不要用催促的态度让孩子提高成绩，这会让孩子很反感，此时他不喜欢妈妈干涉他的生活，凡事喜欢按照自己的计划进行。

教育的成果不是一朝一夕所能够显现出来。在对孩子的教育中，妈妈千万不要急于求成，无论孩子学得快一点或是慢一点都无关紧要，孩子取得的成绩是高还是低也不是最关键的，在这个时候妈妈最应该重视的是孩子的学习能力的培养，“放长线，钓大鱼”，才能取得更巨大的教育成果。

教育，讲究的就是说理

路路在爸爸妈妈眼里是个特别淘气的孩子，他总是和大人过不去似的，你叫他往东，他偏要往西，你叫他认真写作业，他偏偏在那里瞎混时间；你让他在学校老实点，他三天两头被请家长；你让他少玩一点儿，他想方设法跑出去玩，而且一玩就玩到很晚……“你这个孩子怎么这么不听话？快点！给我滚回家写作业！”“你把这个错字抄10遍，给我好好记住了！”“你下次再在学校闯祸，看我不收拾你！”……爸爸妈妈不知道怎么教育他，就采取绝对强硬手段来镇压路路的恶行，但是，这对路路起不了多大作用，最多被打被骂的当时路路会收敛一点，一会儿，这些警告就消失踪影了。于是，路路还是一如既往地惹祸，爸爸妈妈还是一如既往地头疼……

很多家庭和路路的家庭一样，采用的是权威式的家教，认为教育就是命令和要求。而懂得教育艺术的妈妈，在教育孩子的过程中会通过阐述道理来使孩子心悦诚服。

妈妈“直言不讳”的批评往往会给孩子咄咄逼人的感觉，使他难以接受而引发对立情绪。相反如果掌握说服的技巧，就能够让孩子心悦诚服地接受妈妈的观点，教育效果事半功倍。

所以，真正智慧的教育，即是正确的说理教育。妈妈在教育孩子时，不要一味使用命令的方式，而应以友善的态度启迪孩子，把道理给孩子讲清楚。如果妈妈在教育方式上不肯用心，只凭一时的喜怒赞扬或批评孩子，或只是发号施令甚至是训斥，孩子一时会被妈妈的威风吓住，作听话状，但他再稍大一些，则不会买妈妈的账了。我们不要苛求孩子立刻听从妈妈所说的每一句话，而是把道理讲清楚，给他们适当留有思考及情绪准备的时间，当他们感觉到妈妈所说的是对的，会更加尊敬妈妈，同时也可以有效地防止孩子的“逆反心理”和对抗情绪。

要对孩子进行说服教育，那么，如何跟孩子进行成功的沟通和说服他呢？教育专家给妈妈的建议如下：

1. 建立一种积极健康的家庭沟通交流关系，应该改变妈妈是决策人，孩子是接受者这样僵化的家庭角色的分配。妈妈在家庭教育中应该懂得进行角色交换，每一个家庭成员都可以对他表述的愿望予以积极的辩解。当孩子能够参与讨论家里的通常是成年人的问题时，他们方才能够更好地理解妈妈。

2. 做孩子的工作要细心，要顺着孩子的天性进行引导。妈妈和子女多沟通，应当把孩子看成一个独立的个体，给孩子一个私人空间。有进步及时表扬，提要求合情合理，纠过错讲究人情。

3. 跟孩子讲的道理应合情合理，不能信口胡说，也不能苛求孩子，因为大人信口胡说，孩子是不会服气的，大人的要求过分苛刻，孩子是办不到的。

4. 跟孩子说理时，孩子会为自己辩解，妈妈应给孩子申辩机会。申辩并非强词夺理，而是让孩子把事情讲明白。让孩子申辩，他才会理解你的道理，使教育收到良好效果。

5. 要了解孩子的情绪状况，因为孩子和大人一样，情绪好时比较容易接受不同的意见，不高兴时则容易偏激，所以跟孩子讲理，要在其情绪较好时进行。

6. 要孩子遵循的“道理”，妈妈首先要严格执行，再给孩子讲道理时，才能理直气壮。如果妈妈总找借口不去上班，在孩子赖着不上学时，给孩子讲“遵守纪律”的道理，岂能有说服力？

7. 适当的妥协会使孩子更容易听得进你的道理。通情达理的妈妈在孩子看来，比只会说“不许”的妈妈要可亲可敬得多。

8. 说理时不要一味采取教训的态度，“你必须……”、“不要……”。换种方法，及时肯定孩子做得不错的地方，“上次在姑姑家做客，你表现就不错，这次要再进一步啊。”孩子总是喜欢听肯定、表扬的话，及时鼓励他，会激发他的上进心，给他讲道理，他也能听得进去。

教育，讲究的就是说理。只要妈妈用对了说理方法，把正确的道理说给孩子听，自然会取得很好的教育效果。

教育没有固定的“教学大纲”，而要因变而变

萧萧成长在一个知识分子家庭，爸爸妈妈都是中学老师，爸爸是数学老师，妈妈是语文老师，从萧萧小的时候开始，爸爸妈妈就倾尽自己的全力为孩子制订了一个教育计划，并按部就班地将这个计划付诸实践。例如：每天写生字，萧萧必须每一个写20遍；学习算术时，萧萧必须用爸爸的“小棒计算法”来练习；学习英语时，妈妈非得用她蹩脚的英文给孩子指导；写作文，一定得向《优秀小学生作文》等经典书目学

习，用别人的优美语句来写一些不一定真实的事情……除了学习方法必须接受爸爸妈妈的指导，甚至连学习的内容也由爸爸妈妈来规定：先学什么，后学什么，必须学什么，不能学什么，全权由爸爸妈妈指挥。萧萧从来没有主导权，只有默默接受家长的安排，除了在学校接受老师的“教学大纲”的指导，回家还要受制于爸爸妈妈的“教学大纲”，萧萧一点学习的自由都没有，所以，在她看来，学习是爸爸妈妈的事，是老师的事，自己只是一个帮助他们实现目的的工具，学习自然没有一点乐趣！

很多孩子的成长过程，也就是一个戴枷锁的过程，妈妈的权威，是一个无法逾越的“框”，很多孩子的长大，有着和萧萧一样的经历，是在“这不许”“那不能”的一路呵斥中度过的。很多妈妈也习惯于让孩子服从自己为他们进行的选择，可是仔细想一想，一个不能脱离妈妈“操控”的孩子，怎么会超越妈妈呢？

大多数的妈妈认为：当我们的孩子“被教育”的时候，就是从“被认可”开始，尤其是被妈妈长辈认可。被长辈们认可、赞扬的一定是听话的孩子，是按照妈妈、老师的意愿来做的孩子。因此，妈妈们在教育孩子的时候不自觉地形成了一种规律：在教育孩子的时候往往把“服从自己”作为成功的目标，并不是把“服从道理”作为目标。

每个孩子都有自己独特的兴趣和爱好，有自己的学习习惯，而作为妈妈的任务是根据孩子的学习基础来因材施教、因势利导。妈妈对孩子的期望值很高是可以理解的，但是期望与目标的确定应该考虑孩子的具体条件和意愿，因为不管我们怎样期望，孩子将来的生活终归还是由他自己去做主、去实现。因此，作为妈妈不可以把孩子的目标定得过于理想甚至不切实际，而是要根据孩子的能力、志向和兴趣，以帮助孩子建立自信心为出发点，使孩子处于一个宽松的心理状态，从而轻松愉快地学习。让孩子体验到学习的乐趣，拥有自我管理的能力，对他将来一生的发展都会有积极的帮助。

很多妈妈在教育孩子的过程中，存在着许多不尽正确的观念。每个孩子都有自己的特点和志向，所以我们要懂得量体裁衣，因材施教，才能收获到最好的效果；如果想用一个固定的模子来塑造孩子，难免会出现“水土不服”的症状。其实，妈妈需要树立的一个观念就是：教育并不是按照自己的想法来引导孩子，而是要抱持和孩子一同成长的态度。妈妈们不能无视孩子发展的现实状况而强行执行事先已经计划好的“教学大纲”，而是要根据孩子的具体特点，不断进行改变和调整，达到我们教育的目标。

再好的教育专家，也代替不了妈妈对孩子的教育作用。因为只有妈妈才可以对孩子进行一种持续、深度的观察，并且根据自己对孩子的认识来随时调整自己的教育方式。认识孩子是一个没有穷尽的过程，孩子在不断成长，他们需要的爱也在不断变化，适应这种变化正是妈妈的智慧。

教育孩子不能太实际

如果一个孩子成天到晚只是想着自己的一己之私，无论任何事只要自己合适就可以了，那么他将永远不会成为对别人有用的人。而一个对别人没有用的人，将注定不会赢得别人的尊重，也不可能为社会做出贡献。要培养一流的孩子，就要为他树立一流的观念，所以，妈妈对孩子的教育不能太实际。

中国的很多妈妈在孩子一出生的时候就给孩子灌输功利的“一流意识”，让孩子从小就树立这样的理想：考上一流的大学，大学毕业之后可以进入一流的工作单位任职。而如果孩子从小就被妈妈灌输这样的实用哲学，就可能会导致孩子读书一切都是为了实际利益，他所有追求理想的空间都被封杀，从而，大大限制了孩子人生的发展空间，这样的做法，不知会有多少天才被埋没。

而在美国的学校，尤其是小学，特别强调个性、创造力和与人和谐相处能力，因为他们认为这是决定孩子未来发展潜力的主要因素。所有的老师和妈妈都不认为学习成绩是教育最重要的衡量标准，老师在教学中始终不把孩子学习成绩的排名情况公布给妈妈和孩子，成绩只是老师自我检验教学成果的一种方式。同时，老师在准备测验的时候不要求学生在考前做任何准备，也不要求学生做课前预习或是课后的复习，一切都在课堂上完成。老师甚至不希望妈妈给孩子安排舞蹈、音乐之类的课外学习，他们认为孩子放学之后就应该出去玩或者是参加社区活动。如果要学习舞蹈或是音乐之类的课程，也完全是孩子凭自己的兴趣来做决定。学校规定家庭作业只是把课堂上没有完成的功课做完，一年级的家庭作业时间不超过半小时，以后各年级逐渐增加 10 分钟，但是最多也不能超过 1 小时。

另外，在美国“常青藤”这样的精英学校，可以发现，那些不实用的专业往往是最具有人气的，人文学科一直呈现出越来越热的趋势。例如在著名的耶鲁大学，在近 20 几年来，历史一直都是头号热门专业；而在哈佛大学，最热门的是政治学专业。这种现象在我国来说，是想都不敢想的。大多数妈妈都会让孩子选择热门专业，而孩子在妈妈的教育和社会的影响下，也都抢着学习可以快速带来实际效益的知识。这对于孩子自身来说，是一种伤害；对于国家来说，是一种损失；对于教育来说，也是一种亵渎。

教育的目的在于培养对社会有用的人，学生不仅要掌握知识，更重要的是要掌握获取知识的方法，发展自己独特的个性，开发创造力，培养积极融入社会的能力。学生最重要的也不是要掌握多少知识，而是要培养对学习的兴趣和学习的能力，使孩子在今后成为终身学习者。最为关键的是，如果孩子缺乏参与社会的能力，发展成孤僻自闭的性格，不仅对自身发展不利，还可能对社会构成危害。

教育孩子不一定要有同样的一个模式，只要方法得当，相信孩子终归会成为“一流的人”。美国迪士尼公司的前总裁迈克·埃斯纳，他在大学期间学习的是英语和戏剧，从来没有学过工商之类的实用课程，然而却一样可以做到总裁。他对于大学教育有自己独特的理解，他认为：“学习文学对人的帮助是难以置信的，因为人在做生意的时候总是免不了要处理人与人之间的关系。但是通过学习文学可以帮助你了解如何说能够打动别人。”对大学教育比较理解的中高产阶层明白这个道理：来到大学学习是为了接受宏观而抽象的通才教育，扩宽对生活视野的认知，加深对人本情怀的理解，更好地从宏观上来把握世界。当受教育者有如此之高的着眼点，高度已经在众人之上，还怕将来不会成为成功的人么？还怕将来无法解决生活的实际问题么？

对于成功的理解，不同的人有不同的认知，但至少妈妈灌输给孩子的不是那样实际就好。一个人如果一天到晚只想着自己的那一点点个人需求，一定不可能成为对他人有利的人，也注定不会赢得别人的尊敬。那些只顾自己的人，又能体会多少人生的乐趣呢？

一个具有大气魄的人，必然会具备“家事，国事，天下事，事事关心”这样的素质，将来不仅可以成功，甚至可以成为领袖。“一流的孩子需要一流的观念”，确实如此，而那些期望孩子长大赚钱的妈妈，最后可能会所获无几了。

“学”前孩子不必早读书

薛涌的《一岁就上常青藤》一书对中国的教育提出了很多值得借鉴的观点，其中“孩子不必早读书”这一观点非常新颖且颇有道理。他认为，在学前阶段，孩子面临的最重要的挑战是发展感情和社会技能，即怎么和别人相处、怎么在陌生人的环境中保持情绪的稳定，而非读写算术的能力。当一两岁的孩子离开父母到了幼儿园时，这个孩子就等于走向了社会。对一个幼小的孩子而言，幼儿园构成了他的大世界；要理解和适应这个大世界，是一个非常大的挑战。而孩子在这一阶段的生活经验不需要读写、算术等技能。

他的女儿念的就是这么一家不教孩子读写算术的美国幼儿园，她每天的学习就是听老师念图画书。老师虽然不让孩子自己识字，但却让孩子在对着图画听故事的过程中，大大激发了想象力和对读书的兴趣，以致她从小听故事成瘾，而对电视缺乏兴趣。另外，这家幼儿园实行小班制，班级里不到10个学生，老师能够充分照顾到每个学生，而且学生也能在这种环境中能更好地与老师同学打交道，与人相处的能力得到了培养。虽然，他女儿从这个幼儿园毕业后，没有认识多少字，但是观察力十分强，而且情绪快乐、善于和别人沟通、适应能力强。在感情上的成熟和稳定，以及敏锐的观察力、想象力等能力使她在今后的学习中更加轻松容易，而她的学习成绩以及阅读水平也一直名列前茅，并且她还先后上了钢琴、芭蕾、中文、法文等大量额外课程，这么多的学习内容，对于她来说全无压力。对于这一切，该幼儿园早期的教育功不可没。

反思一下我们中国的幼儿园教育，相比之下，给孩子的压力确实大很多。基本上所有的幼儿园都很重视孩子的智力开发，所以不遗余力地对孩子进行知识教育。针对家长全方面教育孩子的愿望，幼儿园想方设法地开出丰富多样的课程，拼音、算术、音乐、美术、英语、蒙氏数学、经典诵读等等，每天上四五节文化课，让孩子提早进入填鸭式教育。教育孩子的初衷是对的，但是这种方法却不一定是有用。这其中最大的负面影响，就是孩子的天性被压抑了。孩子本来是活泼好动的，现在被强迫坐在教室里学习，无疑是对他们发展的最大束缚。另外，对于幼小的孩子来说，这些在大人眼里很简单的知识是很困难的，本来离开家进入幼儿园这个全新的环境对于孩子来说，就是很大的压力，再被逼迫学习些困难的知识，这不是雪上加霜吗？而且，老师对于学生来说，是高高在上的权威，很难接近和依赖，同学们也是互不相关的个体，这样的环境让孩子没有安全感和归属感，容易引起孩子的社交障碍和情绪的不稳定，所以，难怪孩子不愿意上幼儿园。而这样的幼儿园教育，其实就是小学教育的缩影，而学前教育顾名思义是“学”之前的教育，把知识教育提到学龄前，不是与学前教育的定义和宗旨相悖吗？

在薛涌看来，幼儿园的最大功能，是帮助孩子在感情上发育成熟，完成初步的社会化过程。从这个角度来看，中国的幼儿园并没有起到幼儿园该有的作用。在“学”的阶段之前让孩子读书，不仅不能让孩子真正学到知识，反而很可能压抑孩子的天性和创造力，使孩子的感情和心理受到挫折。如此而来，读幼儿园岂不是得不偿失。所以，妈妈千万不要迷信知识教育，孩子的一生有很多时间可以来学习知识，而不急于这一时。让孩子接受科学的早教，让他在顺应天性的寓教于乐的教育中身心得到良好发展，是学前教育的重点，也是孩子一生很好的转折点。

利用非正式的机会教育孩子

老师在阅读活动中，教小朋友认识红、黄、蓝3种颜色。活动一开始的时候孩子们看图的兴趣比较高，能够跟着老师进行阅读，不过能坚持到最后的小朋友就很少了。在和孩子进行分析颜色的时候，只有小部分的孩子能够根据分析说出颜色，大部分的孩子对于突如其来的3种颜色感到不知所措。当天，老师和孩子们一起在院子里玩滑梯的时候，老师指着滑梯说道：“看，红色。”接着，有个小朋友就跟着喊：“红色，这是老师说的红色。”通过这样的方法，让那些原本分不清颜色的小朋友分清了红色。老师则是利用了一个很好的观察机会，将教学转移到课堂之外，利用孩子在生活中的常识与兴趣，又对孩子们进行了颜色的巩固。后者可以这样对孩子们说：请穿红色衣服的小朋友先玩滑梯吧，其他的小朋友排在后面。

教育不仅仅只能在教室里进行，教育可以发生在任何时候，而发生在非正式教育场合的教育，其实能更好地教育孩子。因为非教条的教育，往往更能深入孩子的内心，为孩子所接受。所以，妈妈何不如在孩子的日常生活中，利用非正式的机会让孩子学习、锻炼。在生活中挖掘一些教学的内容，不仅可以让孩子们感受学习的快乐，并且使其在生活中得到发展。

对于孩子来说，只有他自己的生活才是对他有意义的、真正的生活。所以在生活教育的过程中，不应该让孩子成为别人生活的旁观者、评论者和模仿者，而应该成为他自己生活的实践者、观察者、体验者和反思者。在日常生活中到处都有学习的机会，生活中随处都有最好的教具。妈妈应该随时把教学与实际生活联系起来。只要把学习渗入到日常生活中，不论多少都会有效果。通过这些无意识之中提供的学习机会，无论多么讨厌学习的孩子，也一定会逐渐对学习产生兴趣的。

利用非正式机会对孩子进行技能教育：

比方说，妈妈想和孩子计划组织一次家庭旅行计划，引导孩子对地理产生兴趣。

为了完成出游的计划，就需要翻地图、查找参考书，将这些事情交给孩子来做，可以让孩子在不知不觉中学习地理知识，并且很有可能通过这次实践让孩子爱上地理科目。这就是教育的一种很好的方式。

利用非正式机会对孩子进行爱国教育：

有一位日本妈妈为了对孩子进行民族自豪感的教育，把孩子带到了一个大型的停车场，让孩子数一数在这么多的汽车中，有多少辆是日本制造的，占汽车总数的百分之几，孩子通过计算，统计出70%的汽车都是由日本制造的。在停车场里的这一幕，不知道胜过多少爱国主义教育的课程，强有力地增加了孩子的民族自豪感。这也是在生活中进行教育的极好范例。

利用非正式机会对孩子进行社会教育：

为了让孩子有环保意识，让他认识到垃圾堆环境的危害，一位妈妈带领着孩子走进了垃圾填埋场，在距离垃圾场很远的地方，孩子就闻到了一股臭气，捂住鼻子。这样的教育多么直接和生动，不需要妈妈再多说什么，孩子就都明白了保护环境是多么的重要，有哪个人愿意生活在这样的环境中呢?

利用非正式机会对孩子进行爱心教育：

有一次，在学到《同情和帮助残疾人》这节课，为了让大家都能体会到残疾人的痛苦，老师把学生分成为好几组：第一组同学只能用一只手写字；第二组同学只可以在轮椅上活动；第三组同学被蒙住眼睛在教室里走上两圈。这些真实的体验，让孩子们亲身体会到残疾人生活的困苦，也就很容易对残疾人产生同情和敬佩之情。

总之，生活才是孩子吸收知识的大课堂，非正式的教育才是孩子受到的最多的教育，妈妈们一定要学会好好利用非正式的机会教育孩子，让孩子在每一天里，随处都可以吸收很好的知识，然后，在空闲时间里，把吸收来的知识反复思考、反复咀嚼，就可以将那些零碎的知识整合成为更精湛、更有意义的学问。

如果妈妈能让孩子们在生活中找到感受生活、表现自己的平台，那样将会使教育成为轻松的事情；如果妈妈能让非正式的教育发挥到最大的功效，教育才能达到它最终的目的。

别人的育儿经验不是你的圣经

世界上没有两片相同的树叶，也没有两个完全相同的孩子，所以在教育上也没有一模一样的教育方式。妈妈在学习教育理论的时候，一定要懂得不能盲从，也不能死守教条。

“哈佛女孩”刘亦婷大家都不陌生，她在1999年被哈佛大学全额奖学金特招录取，2003年6月从哈佛大学本科毕业。在哈佛的中国本科生中，刘亦婷可能是名气最大的一位。有一本以她本人为主人公的书《哈佛女孩刘亦婷》曾经风靡中国，创下将近200万册的销售纪录，感动了不知多少中小学生和他们的父母。刘亦婷的成功被人们认为是家庭教育成功的范本，她的父母因著《哈佛女孩刘亦婷》以及《刘亦婷的学习方法和培养细节》，颇受欢迎，受到众多家长的热捧和青睐。

于是，社会上掀起一股“哈佛女孩刘亦婷”热潮，妈妈们都期望把自己的孩子教育成像刘亦婷那样成功的孩子。有的妈妈甚至按照刘亦婷妈妈的教育方式直接套在自己的孩子身上。一位妈妈说，每当提起“哈佛女孩刘亦婷”时，女儿就大哭起来。为什么在别人身上成功的方法在自己的孩子身上不成功？这就是个体差异。要知道，你的女儿不是刘亦婷，你也不是刘亦婷的妈妈，你们的家也不是刘亦婷的家。培养孩子是一个极具创造性的工作，因为每一个人都是唯一的，所以一切他人的经验都只能借鉴，不能照搬，要根据自己孩子的特点创造出一套适合孩子的教育方法。

教育的规律是一般的，而每一个孩子又是特殊的。每一孩子的成长都有其自身的特点，好的教养方法必须是“量身定做”的，人不可能在机械化的生产线上培养。作为妈妈很想教育好自己的子女，这种愿望是很好的。但是切不可把家教书中说的方法照搬无误地付诸实际。

很多妈妈认为，孩子从出生就有了优劣之分，只有本身优秀的人才能生出优秀的子女，一般的家庭也只能养育一般的孩子。但事实上，遗传对孩子智力的影响，远不如它对孩子身高、体重和外表的影响那样明显。几乎绝大部分健康的儿童，在智力上都是差不多的，即使存在天赋上的差异，经过妈妈带有创新意识的教育，这种差异是看不出来的。

以教育理念闻名的老威特有一个经典的运算例证：如果你很幸运地生下一个天赋为 100 的天才，那么普通孩子的天赋大概只有 50，低智商的孩子大概在 10 以下了。

要是孩子都接受相同的教育，那么他们所具备的天赋优劣就决定其命运。但是，目前孩子受到的教育各不相同，有 60 的天赋的孩子，结果也许只能发挥出 30；而如果对孩子进行可以发挥其天赋 80～90 的有效教育，就算生下来天赋只有 50 的孩子，也能比天赋有 80 的孩子优秀。

其实这笔账我们都会算，天赋的优劣是一回事，能否以创新的方式激发孩子的天赋是另外一回事。妈妈要做的，就是通过科学、适合孩子自己的方法来教育子女，尽可能地激发他们的潜能，培养他们的学习能力和处世方式，将他们引向精英之路。

孩子身上巨大的潜能和各种各样的特质，等待着妈妈去为他创造条件来施展。不同的妈妈教育出完全不同的孩子，不是妈妈对教育的方法和技巧孤陋寡闻，而是妈妈在教育孩子的过程中照本宣科，不懂得创新。

一个善于创新的妈妈，面对相同的食物总能变换花样做出不同的美味来，对于教育孩子也是如此。在熟悉的教育技巧和方法的情况下，要善于创新，这样才能培养出优秀的孩子。比如，当孩子偶然有一次成绩考的不理想的时候，你也许跟很多妈妈是一样的，让孩子认识到失败的原因，去鼓励他继续努力，争取下次考的更好，但是鼓励的话语孩子听多了也会厌烦，遇到这样的情况，曾有一个聪明的妈妈，逆向思维，突发奇想给孩子发了一个失败奖，结果收到很好的效果，孩子的成绩也稳步上升了。当妈妈发现失败奖对孩子的激励效果很大，很容易让孩子找到信心时，于是就把这种方法沉淀到了自己的思想意识中，不管遇到什么事情她都会给孩子发奖，就在这样特色的教育下孩子一步步获得了成功。

所以，作为当下的妈妈，一定不能墨守成规，要善于在教育孩子的过程中用心思考，来点创新，会创造的妈妈，就能培养出天才。

打破“思维定式”，才有“创新”的活泉涌出

这是一个德国普通学校的课堂，小学2年级的孩子们正在上艺术课。

老师并没有像我们想象的那样，给孩子一个物体，让孩子简单地去临摹，而是先给孩子们讲故事：一个小朋友搬到了一所新房子里，房子是用砖头砌成的，阳光射进屋子里面，房子的周围有一些小花，一条小河从房子的后面流过。给了这几个条件以后，老师要求学生们根据自己的想象把新家画下来。

于是，有的孩子在新家的前面添加了停车场，画上了汽车；有的孩子给新家画上了草坪，画上了飞翔的小猫小狗；有的孩子在屋顶画了栖息的小鸟；还有的孩子将河流画成了粉红色，非常漂亮。老师并没有埋怨孩子们瞎画，而是表扬了孩子们的创造精神。老师很欣赏那条粉红色的河流，简直漂亮极了！

孩子生来是一张白纸，他对世界万物的认识首先都来自天马行空的想象力。想象力是一切创新的源泉，但是却被大人遏制在现成的答案中。没有几个人会像上文中的老师一样允许孩子把河流画成粉红色，飞翔的小猫小狗更是荒谬滑稽。因为，他们不能接受对已有认识的颠覆，他们不敢向思维定式挑战。

一位公安局长在路边同一位老人谈话，这时跑过来一个小孩，急促地对公安局长说：“你爸爸和我爸爸吵起来了！”老人问：“这孩子是你什么人？”公安局长说：“是我儿子。”请你回答，这两个吵架的人和公安局长是什么关系？

这一问题，在100名被试者中只有两人答对！其实答案非常简单：“局长是个女的，吵架的一个是局长的丈夫，另一个是局长的爸爸。”

一个简单问题，为什么却有这么多人一下子答不上来？这就是“思维定式”效应：按照常规的经验，公安局长应该是男的。人们从这种心理定式去推想，自然找不到答案。

在孩子学习过程中，他们经常会迫于老师家长对自己的强制性“填鸭式”教育，去套用某些公式或者某些方法，或者之前做题的经验来解决问题，结果或者没有新意，或者没有用最巧妙的方法解决问题，致使思维变得越来越呆滞，大脑越来越麻木，聪明才智没有尽量发挥出来。这一切都是因为他们受到的教育就是机械地背诵复制，与原答案的一致是分数高的唯一标准，久而久之，孩子的思维就会被束缚，原本丰富的想象力就迸发不出来，创新就会离孩子越来越远。而只有打破这种思维定式，才会有创造的活泉涌出。

要想让孩子拥有更多的创造力，首先妈妈要切记不必努力去改变自己，或改变孩子，只需要使彼此回归本性。让孩子根据自己的喜好来进行创造，兴趣是引发创新的第一导火索。不必因为自己不喜欢或不同意孩子的爱好，而试图逼迫孩子转换兴趣。

其次，妈妈不必总是一副高高在上的样子，可以“童心未泯”地与孩子一起编故事、做小制作、做智力题、下棋、绘画、做趣味游戏……让孩子能在一种无拘无束的家庭环境下，在妈妈的引导和互动中，发挥出自己的创造力。

创造精神的一个明显特征就是孩子们总拥有极强的好奇心，刚对世界有了一个最初认知的孩子，对一切都充满了求知的欲望。有时他们的问题会特别多，多到妈妈不知道怎么回答。而妈妈们此时的责任，就是尽可能地开发、保护孩子的创造精神，不必把孩子的好问当做一种负担和麻烦而予以压制。也请妈妈允许孩子犯一些小的错误，并鼓励孩子自己动手去做更多的事，给予他们更多的勇气去创造……这些都可以培养有创造力的孩子。

孩子打破“思维定式”，才能发挥创造力；妈妈打破“思维定式”，则有利于帮助孩子发挥创造力。

孩子一时的好奇心不一定就是天赋

1935 年核物理专家伊蕾娜，与丈夫里奥因发现人工放射性物质共同获得了诺贝尔化学奖。世人对她投入羡慕眼光的时刻，也把焦点聚集在了她母亲的身上，原来她的母亲是两次获得诺贝尔奖的居里夫人。居里夫人不但是一位伟大的科学家，还是一位伟大的教育家。她对两个女儿的家教观念是以挖掘她们的某种天赋为主。

早在女儿牙牙学语时，居里夫人就开始对她俩的潜质进行了探索性的发掘。女儿刚上小学，居里夫人便让她俩每天放学后在家里进行 1 小时智力活动，以便进一步发掘其天赋。当她们进入赛维尼埃中学后，居里夫人让女儿每天再补一节“特殊教育课”——在索尔本的实验室里，由让·佩韩为伊蕾娜和艾芙教化学，保罗·朗之万教数学，沙瓦纳夫人教文学和历史，雕塑家马格鲁教雕塑和绘画，穆勒教授教 4 门外语和自然科学，这些人都是居里夫人科学上的好朋友、艺术上的知音。而每星期四下午在巴黎市理化学校里，由居里夫人教女儿物理学。

经过 2 年“特殊教育课”的观察鉴别后，她发现：大女儿伊蕾娜性格镇静、朴实、专注和自然，着迷于物理和化学，她明确自己的使命是要当科学家并研究镭，这些正是科学家所具备的素质。小女儿艾芙心灵跳跃、充满梦幻、情绪多变，居里夫人先培养她学医，再引导她研究镭，又激励她从事自然科学，可她对科学不感兴趣。艾芙的天赋是文艺。正是运用这种发掘孩子天赋的家教，居里夫人最终使大女儿伊蕾娜·居里因“新放射性元素的合成”于 1993 年荣获诺贝尔化学奖，也使小女儿艾芙·居里成为一位优秀的音乐教育家和人物传记作家。

居里夫人在挖掘孩子的天赋上用的功夫，是大多数妈妈难以企及的，所以，她也取得比其他妈妈更多的教育成果。

每个孩子都是一个独特的个体，都有一种或一种以上的特殊本能、技能或特质，有自己的智力强项和弱项领域。孩子的智力强项领域就是他潜在的天赋与才能所在，只是有待我们去发掘。所以做妈妈的首先要相信你的孩子是独特的，并以赏识的目光来审视他。然后，妈妈要在对孩子的密切观察中挖掘出孩子的天赋。

当孩子表现出一些兴趣苗头的时候，妈妈最好保持一种观察的姿态，或者提供条件让他们去接触，但千万不要急着给孩子报班。

其实，孩子在接触新事物的时候，都会表现出好奇来。他没有见过钢琴，自然就会对钢琴好奇；没有听过古筝，也会对古筝着迷。这种好奇与天赋是不一样的，但很多妈妈急于发现孩子的天赋，不知不觉就把自己的一厢情愿当成了孩子的前途。就算妈妈能帮孩子找到正确的路，孩子也未必会走得开心！在观察孩子的过程中，等待和引导才是让天赋涌现出来的捷径。

真正的天赋，是任何外在的环境都无法抹去的，是与生俱来的能力。妈妈如果急于把孩子的爱好当成天赋，要么毁了孩子的兴致，要么毁了孩子的童年，都是非常不值得的。

要想知道孩子在哪个领域有天赋，首先要给孩子提供尝试多种领域的机会和条件。不要以成人的眼光过早地把孩子定位在成人选择的某一领域，应给孩子提供在多种领域尝试的机会和条件。孩子在多种尝试中定会显现出不同程度的兴趣和能力，从而可以得知孩子的天赋所在。另外，如果妈妈给孩子够多的尝试领域和选择机会，孩子往往对他的优势领域感兴趣，有了兴趣自然就成功了一半。在这一领域的成功，能极大地提高孩子的自信心和学习热情，从而把这种信心和热情也会迁移到其他领域，使其他领域也获得发展，达到事半功倍的效果。

在给孩子提供多种领域尝试的同时，妈妈要勤于观察记录孩子的表现，以积极的态度，尽可能多地注意孩子积极的一面，记录他的优点和长处；在日常生活和游戏中，在不受干扰的情况下，观察孩子的表现，并记录下来，因为这时孩子往往会表现出真实的自我；从熟悉孩子的人那里听取意见，有时他人才能认清你作为妈妈所无法看到的特点；向老师询问，老师可能看到孩子在妈妈面前并不表现出来的方面。有了这些细心的观察和了解，你一定会发现自己孩子的天赋与才能，然后加以挖掘培养，我想你和孩子的生活都会充满愉快的成就感。

小测试：看看你的孩子有哪些方面的出色能力

在美国康涅狄州耶鲁大学任教的罗伯特·斯腾伯格博士致力研究一种“多方面”的测验，这种测验考虑到孩子的多方面才能。

1. 善于记忆诗歌和富有情趣的电视中的台词。
2. 很少迷路——尤其是女孩。
3. 能注意到别人情绪的各种变化。
4. 经常问像“这件事是什么时候开始的”之类的话。
5. 动作协调优雅。
6. 能很好地按调子唱歌。
7. 经常问雷鸣、闪电、下雨等宇宙间的问题。
8. 你改用了讲述故事时常用的一个词时，他会纠正你。
9. 学习系鞋带、穿袜、骑自行车很快，且不费力。

10. 喜欢扮演角色、编故事，且演得、编得蛮像样。

11. 乘车的时候会说："去年冬天奶奶带我来过这地方"。

12. 爱听不同的乐器演奏，并能根据音色讲出乐器名称。

13. 擅长画地图、绘物体。

14. 好模仿各种表情和各种体育动作。

15. 按规格、颜色收藏玩具。

16. 善于表达做某件事的感受，如"这样做我很高兴"。

17. 很会讲故事。

18. 喜欢评论各种声音。

19. 与某生人见面时会说出："他使我想起了小明爸爸的样子"之类的话。

20. 能准确地说出他能干什么，不能干什么。

测试结果：

如果你的孩子表现出如上情形的话，他可能已显露出出色的能力和才华。反映其能力和才华的具体对应如下：

语言能力——1、8、17；

音乐能力——6、12、18；

逻辑数学能力——4、7、15；

空间想象能力——2、11、13；

身体运动能力——5、9、14；

了解自己的能力——10、16、20；

了解他人的能力——3、10、19。

太听话的"好孩子"未必好

一位家长曾这样对心理医生说："我的孩子特别听话，很懂事，守规矩，从不惹事，对人有礼貌，做事比较认真，回家后能把老师教的东西告诉我们。可是，我们却发现这个孩子不像别的孩子那样活泼好动，对什么事情都兴趣不大，总喜欢做我们为他安排好的事。他对没有玩过的玩具、没有见过的事和没有接触过的人总是躲躲闪闪的。即使别人把他的玩具抢走了，他也只是站在那儿眼睁睁地看着不知该怎么办……我很担心他将来不能很好地适应社会。"

这个听话的孩子是妈妈心中的好孩子，因为人们总是认为，"好孩子"都是听话乖巧、循规蹈矩、从不调皮捣乱的。培养听话的"好孩子"，也是很多妈妈的目标。但是，这个"好孩子"，也给妈妈带来了很多担忧和苦恼，因为，太听话的"好孩子"未必好。

据统计，人们公认的"好孩子"中，超过10%的人存在"强迫症"症状。因为"好孩子"面临的压力大，妈妈及社会对他们的期望值高，当其从封闭的环境进入开放环境后，极易造成心理失衡，产生诸如失落、自卑、焦虑、抑郁等心理问题，甚至形成心理疾病。

太听话的孩子，他们从小生活的原则就是要成为妈妈心目中的乖孩子。在家绝对要听妈妈的话，在学校绝对要听老师的话，不敢越雷池一步。他们不敢表达自己的愿望，他们不敢反抗大人的意思，久而久之，使自我受到极大的压抑，往往会造成两个结果：孩子患上各种各样的心理疾病，或者是孩子产生强烈的逆反心理，变成一个坏孩子，甚至走上违法犯罪的道路。

孩子太听话，坏处不仅仅如此。如果孩子什么事情都听妈妈的，也就失去了自己。这样的孩子长大后墨守成规、唯唯诺诺、不求上进、缺乏创新意识。由于习惯性地依赖于妈妈，太听话的孩子就会没有责任感、不懂得用头脑，长大后也难有作为。另外，在家里被要求听话听惯了的孩子，难免会将这种人际交往方式迁移到与他人的交往中，总是处在一种人强我弱的位置上，就会变得十分懦弱。

孩子适度的“不听话”，是天性的使然，而如果过分逼迫孩子“听话”，即是压抑了孩子的天性，这对孩子是一种伤害，而对国家社会来说，这也是一种损失。美国总统尼克松写了一本书《领袖们》，他说，中国的教育制度可以为群众提供很好的教育，但却失去了中国的达尔文和爱因斯坦。因为中国的教育制度过分强调每个人要样样都好，样样搞统一，从小把他们训练得十分驯服，不允许有独立见解，更不允许有爱因斯坦称的“离经叛道”，这样只能培养出守业型人才。父母要真心热爱创造型孩子，就不要对孩子求全责备，不要用传统的观点把孩子训成“小老头”。

冰心老人曾经说过：“淘气的男孩是好的，调皮的女孩是巧的。”所以，允许孩子的“不听话”，才能发展孩子的个性，培养孩子的兴趣，激活孩子的潜质。因为，孩子们看到的世界是独特的，他们的想象力是很丰富的，如果用成人的思维方式对他们粗暴地干涉，就会扼杀他们的想象力和创造力。给孩子一点“不听话度”就是对他们创造思维、创造欲望的保护。所以，妈妈要容忍孩子“不听话”，可以保护孩子的想象力，激发孩子的创造力。

当然，允许孩子适度“不听话”，并不是完全放任孩子不加以管教，允许孩子“不听话”指的主要是思维上的“不听话”，孩子可以有自己的想法，但是行为上要基本听话，整天打架、骂人、不听话不行。孩子小时，以听话为主，要培养良好的行为习惯，孩子大了应给一点“不听话度”，甚至行为上也可以有自己的做法。

第十五章　别让孩子做条“小小鱼”

孩子的成长需要自由的空间。要想使孩子茁壮成长，就一定要给他们活动的自由，而不让他们拘泥于一个小小的“鱼缸”。随着孩子的成长，妈妈应给孩子越来越多的自由，克制自己的想法和冲动，给孩子充分的空间。

“鱼缸法则”：把孩子放到“水池”中去

走进美国超大公司纽约总部，首先映入眼帘的是办公室门口摆着的一个漂亮的鱼缸。鱼缸里十几条产自热带的杂交鱼开心地嬉戏着，它们长约3寸，脊背一片红色，头尤其大，长得很是漂亮。进进出出的人几乎都会因为这些美丽的鱼而驻足停留。

头大背红的小鱼们一直在鱼缸中生长着，它们过得相当自得其乐，时而游玩，时而小憩，吸引着众人欣赏的目光。两年过去了，小鱼们的个头似乎没有什么变化，依旧3寸左右，在小小地鱼缸里游刃有余地游来游去。

这一天，董事长的顽皮小子来找父亲，看到这些长相奇特的小鱼，很是好奇，于是非常兴奋地试图去抓出一只来，慌乱中，鱼缸被他从桌子上推了下来，碎了一地。鱼缸里的水四处散溢，十几条热带鱼可怜巴巴地趴在地上喘气。

人们急忙把它们捡起来，但是鱼缸碎了，把它们安置在哪呢？人们四处张望，发现只有院子中的喷水泉可以做它们暂时的容身之所，于是人们把那十几条鱼放了进去。两个月后，一个新的鱼缸被抬了回来。人们纷纷跑到喷水泉边捞那些漂亮的小鱼。十几条鱼都被捞起来了，但令它们非常惊讶的是，仅仅两个月的时间，那些鱼竟然都由3寸来长疯长到了1尺！

对于鱼的突然长大，人们七嘴八舌，有的说可能是因为喷水泉的水是活水，最有利于鱼的生长；有的说喷水泉里可能含有某种矿物质，是它促进了鱼的生长；也有的说那些鱼可能是吃了什么特殊的食物。但无论如何，都有共同的前提，那就是喷水泉要比鱼缸大得多！

这就是“鱼缸法则”。把这条原理应用于教育同样适用，孩子的成长需要自由的空间，而妈妈的保护往往就像鱼缸一样，孩子在妈妈的鱼缸中永远难以长成大鱼。要想孩子健康强壮地成长，一定要给孩子自由活动的时间，而不让他们拘泥于妈妈提供的“鱼缸”中。随着孩子的成长，妈妈应给孩子越来越多的自由来控制自己的生活。妈妈必须有意识地要求自己，甚至是克制自己，不要有那种什么事都为孩子做的想法和冲动，给孩子充分的空间，孩子才能长得更好。

但是现实生活中，妈妈却常常忽略了孩子最需要的东西，而把一些他并不需要的塞给他。很多妈妈把所有的业余时间都用在孩子身上，接送孩子、陪写作业、监督学习、找老师了解孩子情况等；把辛辛苦苦挣的钱也全部投到这个“成长股”身上，送他去最好的学校、报各种各样的兴趣班、找家教老师补课……往往这些妈妈牺牲了自己，却也没有能够成全孩子。结果使得自己身心疲惫，孩子不但没长进，反而也会变得脆弱不堪。

其实，作为妈妈，应该除掉多余的担心，尽可能地让孩子接触到各类东西，让孩子自己去体验各种各样的经历。每个孩子都有自己的选择方式，都有自己的想法，都有自己的定位，每个孩子的世界都是一个相对独立的世界。对生活的环境，孩子们已经逐渐形成自身的一套处事方式，妈妈不要过于强求孩子不愿做的事情。强制性的教育方式带来的只有孩子的逆反心理。

妈妈要让自己成为孩子的引导者，而不是强制者。给孩子一定的自由，表明我们信任和尊重孩子。得到信任和尊重的孩子也会因此更加尊重我们、爱我们。“黎巴嫩文坛骄子”纪伯伦在他的《先知》中谈到家庭时，写下了这样几段话：

你的儿女不是你的儿女。他们是生命对自身渴望所产生的儿女。

他们经由你出生，但不是从你而来，虽然在你身边，却不属于你。

你可以给他们你的爱，而不是你的思想，因为他们有自己的思想。

庇护他们的身体，而不是他们的灵魂，因为他们的灵魂住在你梦中也无法企及的明天。

你要向他们学习，而不是使他们像你。因为生命不会后退，也不会在昨日流连。

你是弓，儿女是从你这张弓里发射而出的活生生的箭。

弓箭手望着永恒之路上的箭靶，他会施全力将你拉开，使他的箭射得又快又远。

欣喜地在弓箭手中屈曲吧！因为他爱飞翔的箭，也爱稳定的弓。

他的看法是精辟而深刻的，他阐释了家庭教育中亲子关系的真相。孩子也是一个个体，他虽然是妈妈生命的延续，但他有自己的个性、思想、灵魂和生活。他需要自由，需要不断奔跑，需要梦想，更需要理解和爱。

小孩的隐私也是神圣不可侵犯的

一天，女儿放学回家，发现妈妈正在看自己写的日记，她十分生气，对妈妈抱怨道：“老师说日记是自己的秘密，任何人都不能偷看！你为什么要偷看呢？”“这怎么能说是偷看呢？妈妈看你的日记是为了多了解你，及时发现你有什么需要帮助的问题，妈妈好来帮助你。”

“我不需要你的帮助！反正老师说了日记不能让其他人看。”

见平时乖巧的女儿现在大声地和自己叫喊，妈妈也生气了："怎么这么说话呢？我是你妈妈，难道我把你养这么大，还没有资格看看你的日记吗？"

女儿哭着叫喊："那是我的秘密，是我的隐私。"

说完，女儿一把夺过妈妈手里的日记，跑到自己的房间里躲了起来。

很多孩子都会写日记，尤其是感情更为丰富、细腻的女孩儿。日记就如同一位亲密的朋友，它是孩子倾吐心声的对象，是孩子存放隐私的好地方。隐私是每个人心中不愿告诉他人的秘密。人人都有自己的隐私，孩子们也不例外。

但孩子有了隐私，许多妈妈总是千方百计地去侦察，如翻抽屉看日记、拆信件，甚至打骂训斥。因为在妈妈们看来，孩子的隐私都是些小事。可对孩子来说，再小的隐私对他们来说都是大事。妈妈不尊重自己的隐私，就是对他们不信任、不尊重，伤害了他们的自尊心，破坏了孩子的安全感。曾经有个小女孩的日记被妈妈偷看后，她心里一直有阴影和伤害，她再也不敢写日记，再也不敢告诉妈妈心里的小秘密了。更严重的情况下，孩子可能还会因为妈妈不尊重自己的隐私甚至产生对妈妈的敌意和反抗，导致妈妈与孩子关系恶化。

因此，妈妈应该尊重孩子的隐私，让他有种平等的感受，这是对孩子人格的保护，妈妈也会因此而赢得孩子的敬重和爱戴。

孩子的隐私不仅仅会藏在笔记本里，其实会存在于孩子生活中的方方面面，所以，生活中妈妈要给以孩子足够多的尊重，而不要有意无意地侵犯孩子的隐私。

一位母亲苦恼地对朋友说，不久前他儿子的门上挂了一个牌子，上面还写着"有事请先敲三下，允许，方可进入"。一次，母亲未敲门进入房间，孩子竟恼怒地大声问道："有什么事？为什么不敲门进来！"她十分伤心："白养这么大了，竟然这样对待我。"

对此，她的儿子是这样说的："我看书写作业时，有时写着写着，感到背后有喘息声，猛一回头，发现爸或妈正在偷偷地看我，每当这时，我就觉得自己像做错了事，气得跟他们吵。对他们不敲门进房间我特反感，每个人都要尊重别人，父母也不例外。"

孩子之所以要求妈妈"请勿打扰"，根本原因在于妈妈无视孩子的隐私，不尊重孩子的人格与自尊，"看"着孩子学习，引起孩子的反感。如同妈妈有属于自己的个人空间一样，孩子也需要属于自己的空间，就如同妈妈单独在自己房间中的时候不愿意让孩子看到一样，孩子们也有他们自己的情感世界，自己的隐私空间，他也不喜欢别人闯入自己的私人空间，盯着自己的隐私看。

孩子作为一个独立的个体，具有自己的隐私和敏感的自尊心。他渴望被尊重、被承认，妈妈就应该尊重孩子的隐私，保护孩子的自尊心。孩子得到了妈妈的尊重后自然也会懂得如何去尊重妈妈、尊重他人。懂得尊重孩子的妈妈在孩子心中也必定是有威信的，懂得尊重孩子隐私的妈妈，必定是孩子愿意告之一些隐私的妈妈。

给孩子自由思考的空间，就是给创造性思维生长的空间

对亨利先生而言，有一个孩子令他印象颇深，他是从中国来念书的贝贝。

亨利先生教学的特点就在于为孩子们提供一个可以自由思考的环境，他希望孩子们能够在思考问题的过程中逐渐建立起自由思考的能力，进而让孩子们学会一些独特的思维方式。有一次，他为班上的同学们出了一个讨论题目：传统文化和现代文化的关系。他让12名学生分成正方和反方以讨论的形式开展辩论，而贝贝则抽到了传统文化的那一组。

当对方的同学陈述了一番现代文化的繁荣之后，贝贝开始滔滔不绝地讲起了他所谓的“大树理论”：传统文化是一切文明的根，而现代文化只是建立在传统文化之上的叶子，如果没有根，哪里会有叶？所以，传统文化比现代文化更重要。同学们为贝贝的理论感到惊奇，觉得贝贝说的真是太有道理了。可是正当贝贝为此而沾沾自喜的时候，亨利先生宣布让双方来一个大对调，贝贝一下又成了维护现代文化派。

这一下，对方就直接质问贝贝：“你刚才不是陈述了大树理论吗？你说的根比叶子更重要，这下你要怎么解释？”没想到，贝贝立即反驳道：“树叶的光合作用就是为了维持大树的生命，如果没有了树叶，树根一定会死掉。所以如果没有现代文化的发展，古代的传统文化也就不会有光泽了。”全班同学都为贝贝的诡辩连声喝彩。而亨利先生也很欣赏这位有着独特视角的中国娃娃。

凡是善于引发灵感，能够形成创造性认识的人，都很会用脑。一般人以为显而易见的现象，他们产生了疑问；一般人用习惯的方法解决问题，他们却有独创。他们的特点是喜欢自由思考，遇事多问几个“为什么”，多提几个“怎么办”。任何创新项目的完成，都是自由思考和钻研探索的结果，因此就不能迷信、不能盲从、不能只用习惯的方法去认识问题，或只用已有的结论去解决问题，也不能迷信专家、权威，而是要从事实出发，从需要出发，去思考问题、探索问题，去寻找新的方法、新的答案、新的结论。

因此，要想让孩子有创造力，就不能束缚孩子的思想，就不能限制孩子自由思考的权力。

要促进灵感的产生，就必须多用脑，因为人的认识能力，是在用脑的过程中得到锻炼从而不断提高的。所谓多用脑，不是指不休息地连续用脑，而是要把人脑的创新潜能充分地发挥出来。爱因斯坦对为他写传记的作家塞利希说：“我没有什么特别才能，不过喜欢寻根究底地追求问题罢了。”在这个寻根究底的过程中，最常用的方法就是自由思考。他自己深有体会地说：“学习知识要善于思考、思考、再思考，我就是靠这个学习方法成为科学家的。”

“数字化教父”尼葛洛·庞蒂说：“我不做具体研究工作，只是在思考。”

从这些名言中我们不难得出这样一条道理：自由思考是一个人成功的最重要、最基本的心理品质。所以，养成自由思考的习惯，是要成大事的人必备的条件。

自由思考的能力是一个孩子走向成功最重要的品质，也是成功人士的必备素质。所以妈妈不能对孩子进行墨守成规式的灌输，而是要针对孩子日常碰到的一些问题帮助他思考，启发他通过思考了解周围的复杂的世界。

不仅提倡让孩子自由思考，妈妈还要鼓励孩子大胆联想，思想越“疯狂”越好，提出的设想越多越好。西方古谚云：“世上有5%的人主动思考，5%的人自认为在思考，5%的人被迫进行思考，而其余的人一生都讨厌思考。”这在某种程度上揭示了能进行主动、独立的思考并不容易。

此外，在学习的过程中要用发现的态度去学习，在有了自己的独立发现后，再与书上的发现进行比较。这种方法由美国心理学家布鲁纳首创，对培养人的自由思考能力有实际的效果。它有利于人们自己发现问题，扩展知识，从而推进创造活动。

毫无疑问，成大事者都是自由思考、具有创造性的人。为什么？自由思考可以引导成功。

善于思考是创新的首要条件，而善于创新又是财富的重要来源，所以财富是想来的。一个善于思考问题的人，他的生活和工作将变得更加丰富多彩。一个具有自由思考能力的人，一个具有创造性的人，也定会是个成功的人。有志成功的人，应该有着自由思考的习惯；尤其是要成大事的人，只有养成了自由思考的习惯，才能在风风雨雨的事业之路上独创天下。

所以，妈妈让孩子从小拥有自由思考的空间，即是让孩子拥有了创造性思维，拥有了成大事的可能！

只做军师，不当老大

国际象棋大师谢军的脱颖而出，与她的母亲尊重孩子的选择有密不可分的联系。

有一年，谢军面临着要么去棋队，要么继续上学放弃下棋的选择。她想上学更想去下棋，因为只有她自己知道，只要往棋盘前一坐，她就会无比地畅快、兴奋。而妈妈，这位毕业于清华大学自控系的电子工程师，为独生女儿考虑更多的是她的学业和前途。作为一个有文化素养的妈妈，既不愿因家长干预断送一个确有天才的棋手，也不愿女儿为此耽误一生。

于是，母女间进行了一次很严肃的交谈，那时谢军才12岁。“你很喜欢下棋，对吗？”小谢军看着妈妈，从没见妈妈这么严肃过，有点儿害怕，但依然点点头。“那好，不过你要记住，下棋这条路是你自己选择的，既然你选择了下棋，今后，就要对自己负责任！”

试想，如果当年妈妈硬逼着谢军读书，压制她对国际象棋的爱好，那么，现在谢军也许会坐在大学的教室里，而我国就会少了一位出色的棋手。

家庭的教养方式对孩子的影响很大。家庭教养方式主要有6种类型，即溺爱型、否定型、民主型、过分保护型、放任型、干涉型。其中，民主型家庭教养方式和否定型家庭教养方式对子女的自信心影响最大。一般来说，在民主型家庭中，妈妈们是孩子的朋友，她们经常和孩子商量事情，尊重孩子的想法和意见，经常给孩子表扬和鼓励。所以，孩子的自我接纳程度较高，相应的自信心、自尊感和成就欲望较强。而生活在否定型家庭中的孩子，妈妈经常打骂、批评孩子，对孩子的责罚多于赞扬，因此，孩子们的自信心相对较差，他们往往不相信自己的能力，总是甘居下游，对未来担忧，对前途充满恐惧。

谢军即是生活在民主型的家庭里，妈妈给她意见，同时也尊重她的想法，让她自己做决定，正是因为有这样一个“只做军师，不当老大”的妈妈，谢军才有了今天的成就。所以，妈妈们应该向谢军妈妈学习，学会尊重孩子，做事经常考虑孩子的想法和意愿，不把孩子当成“附属品”，而当成“独立人”看待。遇事和子女商量、沟通，多对孩子说“这件事爸爸妈妈想听听你的意思”，“孩子，这是个严重的问题，咱们商量一下看怎么解决好”这一类商量的话。受到这样的“邀请”，孩子会非常开心。他在家中的地位得到了体现，他从妈妈的重视中感受到了一份尊重，也不再觉得妈妈高高在上，反而有种亲近感。

商量的魅力在于，能使家庭关系变得和谐。商量，能使孩子得到大人的尊重，从而使孩子懂得尊重别人，并学会用商量的办法去对待妈妈和他人，避免冲突和对抗；商量，能使孩子学会从别人的角度来观察事情，思考问题，学会民主和平等、尊重和友谊。

妈妈在涉及孩子的问题上，尤其要和孩子商量，听一听孩子自己的意见，比如给孩子选什么才艺班、怎样花好零花钱、什么时间看电视、暑假时间怎么安排，怎么玩、去哪玩等，这些都关系到孩子生活能力、兴趣和爱好等的培养。如果不和孩子商量，独断专行，孩子容易产生逆反心理，或对学习丧失兴趣。

妈妈希望孩子“怎么做”，或“不要怎么做”时，都不宜采取强制方式。因为强制的结果，要么造成孩子被动心理和懦弱性格，遇事没有主见；要么使孩子产生逆反心理，脾气更犟，说什么都不听。例如，当孩子看电视或读小说正十分起劲而忘了已经到学习的时间，或知道该学习了，但不想停下来时，一般不宜立即强制孩子停下来，马上去学习；更不能采取夺下小说，关掉电视等“强硬”的行为。因为若这样做，要么孩子不愿意，和父母顶撞争吵，要么即使勉勉强强坐在了书桌旁，也不会专心。结果，既破坏了孩子的兴致，也没有使孩子安下心来学习。使孩子整个晚上烦躁气恼，一无所获，甚至到第二天情绪尚难平静。

而没有好的情绪，不可能有好的效率，这样下去只能是一事无成。其实在这种情况下你只需要轻轻提醒一句：“该停了”或“到学习时间了”，无需多说，随后就走开去办你自己的事，给孩子留下“自觉”的机会。往后，你越是相信他，他也就越是会遵守自己的承诺，会按时停下其他活动，及时地坐下来专心学习。

在此之后，明智的妈妈若想彻底改变孩子的不良习性及给予适当建议时，可以找个适当的时间和机会（例如在散步时），在轻松愉快的气氛下，给他讲明道理。说明一味凭兴趣，总任着性子干，成不了大事。建议孩子以后一定要以理智和意志支配自己的行动。这样孩子一般能愉快地表达“以后到时间，就去学习”的承诺。

多听听孩子的想法，不要剥夺孩子成长的空间

物质生活条件越来越好的今天，不少孩子的成长却出现了“三大三小”现象，即生活的空间越来越大，生长的空间越来越小；房屋的空间越来越大，心灵的空间越来越小；外界的压力越来越大，内在的动力越来越小。这些奇怪的现象，应该引起妈妈的注意，给孩子自由的成长空间，不是一句空话！

妈妈们纷纷感慨：“现在的孩子真是不听话，补习班昨天又没上”、“孩子们越来越不好教育了”、“电视上的那些学习机，对我们家孩子不管用”……

真的是孩子们越来越难教了吗？还是我们的教育方式出现了问题？

程君今年7岁了，刚开始读小学。

一次，程君在姨妈家认识了一个新朋友玲玲，她比自己小半岁，但是已经学习舞蹈3年了。玲玲在家长的鼓励下表演了一段拉丁舞，这下刺激了程君妈妈的神经。

“我们的女儿成天像个男孩子，和小区的孩子们打打杀杀，不成样子。我看见老马家的女儿去学舞蹈了，跳得很有气质，不然我们也送女儿去学习？”

和爸爸商量之后，妈妈马上就给程君报了舞蹈课的名。

但是天生好动的程君根本不听老师的指挥，不仅上课讲话，学习也不专心。不到两周，程君就说什么也不上辅导班了，妈妈在家里急得直跺脚，但眼前的“假小子”一点改观都没有。

妈妈将程君送进学校，本来是想早点培养女儿的气质，但孩子就这样被糊里糊涂送进了培训班，属于自己的课余生活突然被打乱了，因而学习的积极性不高，妈妈想要达到的效果也完全不能达到。

程君现在正是好动的年纪，要让她安静下来，除非把她的注意力集中起来，寓学于乐。不考虑孩子的兴趣，盲目地将孩子送进培训班，并不能解决问题。

送孩子上培训班是如今的妈妈为孩子安排课余生活的首选。的确，很多孩子从班上学到了知识，但孩子的心灵却没有因此而变得成熟丰盈，到头来心灵还是没有得到足够的发展空间。

许多妈妈将培养孩子的重点放在增长知识上，为了让孩子学习，妈妈们不惜节衣缩食，尽一切力量来改善孩子的学习环境。

妈妈纯粹的爱是什么？其实非常简单，如果你真的想要孩子成长和学习，就给她空间，让她朝着健康、能干和情绪稳定的方向发展，这才是爱的真正意味。

但是妈妈现在的情况是，以管教和约束为方式来养育子女，这与爱的本意背道而驰。

薇薇今年高考，成绩还不错，可以挑一所重点大学。

这本来是皆大欢喜的事情，但是她整个暑假都过得不开心。原来，一家人在填报专业上发生了很大的分歧：薇薇想学自己感兴趣的教育学，但是父母总觉得新闻专业更适合女儿，他们希望她成为一名记者，于是坚决主张薇薇报新闻专业。

“这是你的人生大事，爸爸妈妈有经验，你就听我们的，我们绝对不会害你。”妈妈开导薇薇。

“正是因为这是我的人生大事，我才一定要坚持学自己喜欢的专业。你们总是说我没有经验，但是你们给我锻炼的机会了吗？从小到大，哪一次不是你们决定的，这一次我绝对不让步！”

最终，薇薇还是没能拗过家长，双方各做让步之后，薇薇报了一所离家最远的大学的新闻专业。

薇薇的反问值得妈妈深思。很多时候，妈妈都是因为“为了孩子好”这个想法，剥夺了孩子成长应有的空间，让孩子在父母设计的世界里成长。

给孩子一个成长的自由空间，是现代教育家们共同呼吁的一项理念，其中就有著名教育家蒙台梭利。蒙台梭利将“自由教育”列入自己的基本理念，称这样的教育方法是“以自由为基础的教育法”。

正如蒙台梭利所主张的，让孩子拥有自由，首先是让他们领悟到纪律和秩序的重要性。怎样让孩子区别好坏，唯有说教显然是达不到目的的。

让孩子有自由成长的空间，让他有自己的想法和选择，是妈妈对孩子人生的负责。为了孩子健康成长，再疼爱孩子的妈妈也要学会说：“这是你自己的事，你自己决定就好了。”

不要代替孩子选择，因为你不能代替孩子生活

小洁今年上小学4年级，学校里开设了很多特长班，例如：美术班、书法班、音乐班、体操班、舞蹈班、体育班等等，让孩子们根据自己的喜好和特长来参加，以丰富孩子的课外生活，并培养一些有特殊才能的孩子。小洁很想上书法班，她特别喜欢用毛笔写字，每次上书法课时她都兴致勃勃，可是，妈妈不同意她上书法班，非得让她上音乐班。妈妈说道：“书法班有什么意思？学书法没有什么前途啊？还是学音乐好点，音乐特长对你长大以后有很大的帮助。”“可是我还是比较喜欢书法啊，再说我3岁你就让我学音乐了，学了这么多年了，可以换一个了吧！”“正因为学了这么久，才更不能不学呢！那不是害我花冤枉钱吗？”小洁说不过妈妈，最终她还是被逼参加了学校的音乐班，在音乐班里，有过几年学音乐经历的小洁并没有什么过人之处，她还是像以前一样心不在焉地学着音乐。

生活中，这种喜欢帮孩子做选择的妈妈很多。大部分妈妈在孩子的衣食住行上都倾尽全力，但却常常忽略孩子的理想、将来的人生等精神层面的问题。很多妈妈按照自己的意愿为孩子选择一个人生轨迹，无论是特长爱好，还是事业前途，妈妈都擅自“一把抓”，自以为是对孩子负责，为孩子好，殊不知这是对孩子变相地残害。这种温柔的束缚，妨害了孩子生命的完整，每个生命都需要自由，每个人都应该要独立。对于孩子的自由，为人妈妈者首先应该给孩子选择的自由，尊重孩子的选择，哪怕是多么的错误与愚蠢，因为每个人都希望自己有选择的权利。

有些妈妈会让孩子象征性地进行选择，但由于附加了苛刻的条件，孩子也相当于没有选择了。这种没有选择余地的选择被管理家西蒙讽刺为“霍布森选择”：

1631 年，英国剑桥商人霍布森做马匹生意，他对人们说：“我的马，无论是买是租，随你们的便，价格都很便宜。”

他马圈的马匹很多，但马圈只有一个小门能出去。高头大马出不去，出去的都是瘦小的马。买马人左挑右选，却总是瘦马或小马，因为选择只能在门口进行。

人们无法通过自己的对比和判断来主动地进行选择，而去被动地接受那些没有选择余地的选择。

现实生活中，妈妈们不仅会让孩子没有选择余地，甚至会使用命令的方式，强制性地要求孩子什么可以做，什么不可以做，让孩子陷入无奈的境地，导致他们更多的反抗。对于孩子自己的事情，妈妈要想法给予引导，将自己的要求隐藏在得体的语言引导上，让孩子看清楚事情的真实面貌，进而做出正确的选择。如果妈妈在自己的要求中带有尊重，维护孩子的自主性，给孩子自由选择的权利，孩子对妈妈的反抗就会少一些。

实际上，每个孩子都有自我管理和教育的潜在能力，妈妈给予孩子的机会越多，孩子就会成长得越快、越健康。替孩子选择，不如让他自己来选择。

在日常生活中多给孩子做选择或决定的机会，也有助于使孩子成为有主见、对未来充满信心的人，比如孩子到商店买什么衣服，选择什么玩具，送给朋友什么礼物等小事，可以让孩子自己去做决定，这样他会很高兴，主动性变强，逐渐变得果断起来。

此外，给孩子参与家庭会议的机会，妈妈在谈论家庭事务时，可以有意识地问孩子：“你觉得这个建议好不好？”“你认为这些东西该不该买？”等问题，久而久之，孩子必然会成为一个有主见的人。

如果不想让孩子留有遗憾，就给孩子自由选择的权利吧，你能代替他做很多事，但是不能代替孩子生活，让他们自由地选择如何处理自己生活中遇到的各种状况，妈妈要做的事是以自己的经验去给孩子一些建议，仅此而已。

支持孩子做自己喜欢做的事，而不是妈妈喜欢的事

刘丽是一名数学老师，但是她从来不要求自己的孩子学好数学，而是鼓励孩子花更多的时间用在自己感兴趣的事情上。刘丽的大女儿喜欢看小说，于是刘丽每周都会到书店挑选有意思但是也很有教育意义的书给她看，现在她的大女儿已经看了上千本书，而且语文成绩总是满分。刘丽的小女儿喜欢画画，于是刘丽就手把手教她如何用电脑绘图上色，并且把画出来的作品印成彩色的明信片，作为礼物送给亲友。现在她的小女儿获得了很多画画比赛的奖项，成为了学校的美术明星。

如果每个妈妈都能像刘丽一样支持孩子做自己喜欢做的事，也许这个社会就会多很多各行各业的能人。每个孩子自身都有着巨大潜能，但很多都在妈妈的压制下没有发挥出来。诚然，帮助孩子发展一项爱好是很好，但是一定要考虑到孩子的感受，如

果他并不愿意去学，那么这些课程对他来讲就是很折磨人的一件事情了。

每个人都是不尽相同的，唯有找到自己的兴趣，发挥自己的潜力，才能做出最好的成就。不要相信一个孩子成才是通过某种公式复制出来的，每个孩子独特的优点就是成功的源泉。

一个人的快乐和他是否能做他有兴趣的事情是有相当大的关系的。美国曾经对1500名商学院的学生进行了长达20年的追踪研究，得出结论：追随自己的兴趣并不断地挖掘自身潜力，这样的人不但更容易快乐，而且更容易得到财富和名利的眷顾。因为他们所做的事正是自己真正喜欢的事情，他们会更加有动力，有激情将事情做到完美的状态。即便是他们不能从这件事情中获取财富和名利，也会从中获得终生的幸福和快乐。

所以，妈妈一定要支持孩子干他最喜欢做的事情，当孩子按照自己的意愿去尝试着做一件事情的时候，他会想着尽力做到最好最出色，也最容易真切地体会到自己的才干。如果作为妈妈，我们也不了解孩子的兴趣点究竟在哪方面，可以让孩子先针对一项课程尽力学3个月，然后再让他自己决定是否愿意去学。作为妈妈，这时我们要给孩子自主选择的权利，然后帮助他们朝着兴趣方向去发展。

每个孩子身上都具有巨大的潜能，当孩子按照自己的意愿尝试着做一件事情的时候，总会想着尽力去做好，做成功。孩子在自主奋斗的过程中，才华和潜能也可以得到了淋漓尽致的发挥。相信每一个孩子都能成功，关键在于妈妈要帮助孩子找到自己的最佳才能区。只有找到了最佳才能区，孩子的才能就可以发挥到最大。作为妈妈，我们不可以对孩子的兴趣横加干涉，也不能区分对待，不要因为孩子的爱好是弹钢琴就热烈支持，而孩子喜欢美容美发就强烈反对。因为即使在平凡的服务行业中照样也能培养出身手不凡的能工巧匠，如饮食行业中的名厨、美容美发中的名师、服装行业中的设计师等。他们都以自身成才的成长经历表明：发展自己的兴趣，早晚有一天会成为同行业的佼佼者，成为一个对社会有用的人。

成功是让孩子做他喜欢的事情，而不是做你喜欢的事情。每个人的路都只能是自己去走，谁也代替不了，妈妈也不例外。

放开手，让孩子为自己负责

父亲赶着马车带儿子出去游玩。在一个拐弯处，因为马车速度很快，猛地把儿子甩了出去。当马车停住时，儿子以为父亲会过来扶他上车，父亲却坐在车上悠闲地抽烟。

儿子叫道："爸爸，快来扶我。"

"你摔疼了吗?"

"是的，我自己感觉已站不起来了。"儿子带着哭腔说。

"我不会帮你的，你得靠自己站起来。"

儿子挣扎着自己站了起来，艰难地爬了上来。父亲摇动着鞭子问儿子："你知道为什么让你这么做吗?”

儿子摇了摇头。父亲接着说:“人生就是这样，跌倒、爬起来、奔跑，再跌倒、再爬起来、再奔跑。在任何时候都要全靠自己，没人会去扶你的。”后来，儿子长大了，成了万人敬仰的美国总统，他就是约翰·肯尼迪。

有智慧的妈妈应该像肯尼迪的父亲学习，爱孩子并不是为孩子安排好一切，而是教他成为世界的主人，将他培养成为能够对自己负责的人。如果妈妈将一切都为孩子安排妥当，那必然使孩子失去自己组织自己生活的能力和敢作敢为的勇气，妈妈的包办只能让孩子的独立和责任意识薄弱，这样的孩子以后步入社会，生存能力也让人大为怀疑，所以妈妈要有站在一旁的态度，孩子的事情让他自己做。

美国的家庭在吃饭的时候，也注意培养孩子独立思维的能力，孩子吃饭，必须自己决定喜欢吃什么，不喜欢吃什么，或者自己是否吃饱。如果明明没有吃饱，而是因为贪玩而不再吃饭，那么过一会儿一定会挨饿，因为那是他自己的选择，他必须要自己承担后果，真正尝到了苦处，以后才不会再犯。美国的妈妈爱说，犯错误是一个不可缺少的学习过程，儿童教育学家对这一认识尤其重视。美国妈妈相信，孩子的生活是孩子自己的生活，不管是现在还是将来，孩子只能过自己独立的生活。

据介绍，美国孩子很小就与妈妈分开来住，单独睡一个房间。孩子到了18岁时，就得自己挣钱解决生计，妈妈并不是没有钱，而是让孩子自己挣钱早日独立。美国孩子从小就经常听到妈妈的口头禅:“要自己照顾好自己”，让孩子自己挣钱，是让孩子知道挣钱的辛苦和不容易，以及挣钱的价值。

美国的妈妈从小就注意培养孩子独立生活的能力，孩子依赖妈妈只是源于妈妈的过分帮助和保护。当孩子满怀热情，想自己动手尝试时，妈妈的一个“不”字只会打消孩子的积极性，久而久之，孩子不再想做，也逐渐地想不到去做了。如果妈妈总是习惯为孩子安排好一切，这样也向孩子传达着错误的信息，给孩子造成一种不需要自己做的印象，孩子得不到机会去学习照顾自己，依赖心理也就悄然而生。

那么，如何让孩子摆脱对妈妈的依赖呢?如何让孩子对自己负责呢?妈妈要做的，除了从对孩子的照顾中把自己和孩子解放出来，还需要注意哪些呢?著名的心理学家艾里克森给妈妈们提出了几点建议:

1. 鼓励孩子不断地进行尝试。比如洗衣服，有的妈妈担心孩子洗不干净，把水洒得到处都是，于是进行干涉，这样只会让孩子产生强烈的挫败感，这对孩子独立性的培养大为不利。妈妈不妨告诉孩子洗衣服的步骤和注意点，这样，孩子经过几次尝试之后，自然熟能生巧。

2. 不断强化孩子的适应能力。妈妈可以让孩子在家中做一些力所能及的事情，比如倒垃圾、叠被子、打扫卫生、洗菜等，这样能增强孩子独立做事的能力，摆脱孩子凡事都要依靠妈妈的习惯。千万不要想着孩子动作太慢，就不让他做家务，否则只会养成孩子依赖的心理，也更容易让孩子丧失对家务的参与和责任感。

3. 利用榜样的作用激励孩子，对孩子摆脱依赖及促进其独立自主也能产生一些积极的效果。可以经常告诉孩子一些名人独立的故事，让他从中吸取力量。在孩子做事的时候，积极地鼓励他，也能增强孩子的自信心和独立做事的热情。

每个孩子不可能永远生活在摇篮和温室中，终究是要走向社会的。而社会对人的要求是平等的，优胜劣汰是一个自然法则。自立作为孩子成长的过程，也是他们心理品质成熟和塑造的过程。所以，再疼孩子的妈妈也要放开孩子的手，让他摆脱对你的依赖，才能在更广阔的世界中发展自我，成为一个真正自立的人，他的人生只能由他来负责！

下篇

实用宝典

——妈妈解决育子难题的妙招集锦

第一章　如何说孩子才会听，怎么听孩子才肯说

妈妈的定义不只是一个担有养育教化责任的长辈，她也是孩子第一个也是最重要的朋友。良好的亲子关系，一定不是要让孩子惧怕你，而是要让孩子相信你、尊敬你。只有孩子相信你、尊敬你，你才能和孩子真正对上话，进行良好的沟通。

每天要有和孩子"单独在一起说话"的时间

读初中一年级的一个男生曾对老师说："我很害怕放假。"老师很奇怪，因为孩子们总是盼望假期快一点到来。在老师的追问下，他说："放假在家里，父母都上班了，只有我一个人在家，我很孤独也很害怕，没有人和我说话，爸爸妈妈根本不重视我，他们回到家里只会问：'作业写完了吗?''这一天你都干什么了?'他们从不知道我在想什么，也不和我聊天。晚上睡觉我从不拉上窗帘，因为我要和星星、月亮说话。我很想上学，因为学校里有同学，和同学在一起我感到很开心。"

一项"家庭教育大调查"显示，60％的妈妈每天与孩子相处的时间有 4 个小时左右：亲子共处时，最常从事的活动是：35％的在一起看电视，25％的妈妈在辅导孩子学习，剩下的则是游戏等。而妈妈每天和孩子说话的时间，则缩短在半小时以内，而且说的内容多是"教导性"的。

在这种情况下，家庭教育出现了"想要"和"需要"之间的落差，妈妈最想要的是：孩子功课棒、才艺佳、听话又乖巧。所以妈妈花时间与精力最多的，还是处理"课业与升学的压力"、"孩子学习的状况"等问题，然而对孩子最希望与妈妈分享的"心情和情绪"，他们的心愿就是妈妈能多和他们说说话，而不是总问："你今天的功课完成得怎么样?""今天你学会什么了?"

许多妈妈觉得给孩子吃好的、穿好的，关心关心他的学习，孩子就会感到很幸福。其实不然，要让孩子感到幸福，绝不仅仅是提供物质上的满足，更重要的是与孩子在精神上有很好的沟通。而每天抽出一定的时间陪陪孩子，就是与孩子进行精神交流的最好渠道。科学研究证明，最有威信的妈妈就是那些每天能安排一些时间和孩子说话的妈妈。

上班族妈妈们常常在跟时间赛跑，有时回到家时，孩子已经睡觉了，然而，聪明的妈妈仍能挤出时间陪陪孩子，和孩子聊聊天，分享他的心情、心事。即使能陪伴孩子的时间很短，但只要注重质量，仍然能让孩子感受到你对他的关心，建立良好的亲

子关系，而当孩子得到妈妈的爱与关怀的时候，孩子的稳定情绪与自信心就会持续成长。下面这个妈妈就想出了一个聪明的方法：

我把抽出时间与儿子交流，列为每天的工作内容之一。我回家晚，就强迫自己每天中午抽出半小时，作为与儿子固定的“煲电话粥”的时间，在这点时间里，我用电话与儿子联络，问儿子学习有什么困难？老师对他有什么要求？在学校表现出色不？需要妈妈给什么帮助？开始，儿子吞吞吐吐，不太爱讲，但经不住我启发和开导，他便把学校的困难，与同学的交往，甚至有哪个同学欺负他，等等，都讲给我听。我帮他分析原因，指点做法，引导他正确处理，使他感到每次与妈妈“煲电话粥”都很愉快、都充满喜悦和信心。慢慢地，每天中午，我不打电话去找他，他就会给我打电话，向我汇报学习上的困难，讲述生活中的趣事、思想上的困惑。他还调皮地称中午时间是“妈妈时间”，是“热线时间”。

另外，注重与孩子的情感交流，是妈妈与孩子成为知心朋友的前提，在与孩子交流的时间最好选在吃饭时和睡觉前，因为这是孩子情绪最为平稳的时候。一个母亲，她从孩子很小时，就注意和孩子的情感交流。每天在孩子上床时都要问问他：“今天过得开心吗?”孩子长大后，就形成了在睡前和妈妈沟通的习惯，有什么不顺心的事就像朋友一样告诉妈妈。有了这样的感情基础，孩子就容易接受妈妈的建议和忠告，很容易跟妈妈建立起朋友的关系。

职场妈妈在工作时，可以暂时把孩子交给保姆、老人或是学校，但是谁也取代不了妈妈在孩子心目中的地位，你一定要多挤点时间陪陪小孩，因为孩子需要和妈妈“单独在一起说话”的时间，他需要从和你的说话中知道你对他的爱，从而获得安全感和幸福感，同时，他也需要可以依赖的你来帮助他分担一些喜悦痛苦。如果缺少妈妈的陪伴与沟通，孩子就容易“情感饥饿”。“情感饥饿”的孩子特别喜欢撒娇、任性，偶尔还会做出一些古怪的行为，以引起妈妈对他的注意，又或者极端地自闭内向，郁郁寡欢。当孩子出现这些情况以后，妈妈才发现自己的失职，而后悔不已，但也许已经来不及了，因为弥补受到伤害后的亲子关系，赶走孩子的“情感饥渴”，大概要花很长很长的时间，甚至永远也不能实现了。

“蹲下来”和孩子说话

在一个圣诞节的晚上，一位年轻的妈妈，带着5岁的女儿去参加圣诞晚会。热闹的场面，丰盛的美食，还有圣诞老人的礼物……妈妈兴高采烈地和朋友们打着招呼，不断领女儿到晚会的各个地方，她以为女儿也会很开心。但女儿几乎哭了起来，妈妈开始还是很有耐心地哄着，但多次之后，女儿坐到地上，鞋子也甩掉了。

妈妈气愤地把女儿从地上拖起来，训斥之后，蹲下来给孩子穿鞋子。在她“蹲下来”的那一刹那，她惊呆了：她的眼前晃动着的全是大人的屁股和大腿，而不是自己刚才所看到的笑脸、美食和鲜花。她明白了女儿为什么会不高兴，她“蹲下来”的高度正是女儿的身高。这一次，她知道了，只有“蹲下来”和孩子一样高，妈妈才能理解孩子的感受，妈妈才能真正和孩子沟通。

众所周知，只有两头高度差不多，水才有可能在中间的管道里来回流动，如果一头高，一头低，水就只能往一个方向流了。孩子与妈妈的交流也是相同的道理。如果妈妈总是站着面对孩子，妈妈与孩子的距离，就不仅是身高上的几十厘米，而是一代人与一代人之间的距离，是一颗心与一颗心之间不能沟通的距离。所以，“蹲下来”和孩子说话，妈妈与孩子才有可能平等地交流。

“蹲下来”，不只是指在生理的高度上尽量地和孩子保持相同的高度，而更重要的是指在心理上的高度要平等，是以平等的态度和眼光，用认真而亲切的态度，把孩子看成一个需要尊重的独立的人。因为只有在心理上妈妈不再居高临下，与孩子完全处于平等时，孩子才会把他的真实想法告诉你。这就是孩子为什么喜欢把心里话对自己的朋友说，却不愿与妈妈说的原因。

其实，是否“蹲下来”与孩子说话，只是一种方式问题，重要的是在妈妈心中，是否把孩子真正当做和自己一样，是具有独立人格的个体，这才是问题的本质。

美国精神病学家威廉·哥德法勃曾经说过：“教育孩子最重要的，是要把孩子当成与自己人格平等的人，给他们以无限的关爱。”家庭内部民主平等的人际关系是孩子心理健康的“维生素”。尊重孩子，认识到孩子也是一个独立的人，有自己的情感和需要，放下做妈妈的架子，使孩子觉得妈妈和自己是平等的，这是妈妈为了孩子的健康成长而所应做的。

可是，在我们的生活中却常常可以看到妈妈站在那里，大声呵斥孩子：“过来!”“别摸!”“去！去！去！别烦我”。从说话态度来看，妈妈用居高临下、命令式的语言语调和孩子说话显得很威风，可在孩子心目中的妈妈，却并不可敬，这样的沟通效果自然不好，而且妈妈很容易在孩子心里失去威信，久而久之妈妈说的话孩子也不会听，甚至孩子还会在心中产生厌恶妈妈的情绪。

无数事例证明，妈妈以居高临下的姿态来关心孩子，反而会使孩子产生逆反心理。只有妈妈转变姿态，像对待朋友那样去关爱子女，才有可能让孩子感受到平等。

妈妈只有“蹲下来”和孩子说话，真正同孩子建立一种平等尊重的朋友关系，才能使彼此拉近距离，相互敞开心扉，更好地进行沟通和交流。

无论孩子的想法多么幼稚，也无论听起来多么没有道理，妈妈也要学会耐心倾听，让孩子尽情倾诉。妈妈还应该再学会多问一些为什么，比如孩子为什么会产生这样那样的想法，孩子为什么会认为自己的想法有道理，孩子为什么不赞同妈妈的看法等等。

只要这样做了，妈妈与孩子之间的沟通和交流才会越来越多，越来越通畅。也只有这样，妈妈对孩子的教育才会越来越容易，妈妈同孩子之间的紧张关系才会越来越改善，家庭才会越来越和睦。有句话叫“家是休息的港湾”，这句话不仅针对夫妻如此，针对妈妈如此，同样对于孩子们也是如此。

总之，“蹲下来”和孩子说话，是增强孩子独立意识的有效方式。“蹲下来”说话，不仅仅是一种行为的表现，还是一种教育观的体现。只有怀着崇高的责任心和热切的期望才能“蹲下来”；只有把孩子看做是平等的个体才能“蹲下来”。

而只有“蹲下来”，妈妈才能平视孩子，才能获得和孩子坦诚交流的机会，才能真正明白孩子心中所想以及他们行为的真实动机。

尊重孩子的说话权，做会“听话”的妈妈

露露是小学4年级的学生，最近，张老师发现露露变了。

露露以前活泼开朗、上课积极发言，现在却变得沉默寡言，总是一个人发呆，学习成绩也下降了。老师经过细心的了解，才知道了露露不爱说话的原因。

露露以前是个很活泼的孩子，每天放学回家后，都会把学校发生的趣事说给妈妈听，可露露的父亲是个对孩子要求非常严格的人，他把全部希望都寄托在露露身上，希望露露将来能考上大学，出人头地。

因此，妈妈对露露的学习抓得特别紧。他们觉得露露说这些话都没用，简直是浪费时间，因此露露兴高采烈地说话时，父亲总是会打断他：“整天只会说这些废话，一点用也没有，你把这心思放在学习上多好，快去做作业！”

一次露露说班里发生的一件事，正说得兴高采烈时，父亲说：“说了你多少次了，让你别说这些废话，你还说，再记不住，看我不打你！”吓得露露一个字也不敢说，回到自己房间里去了。

慢慢地，露露在家里话越来越少了，每天放学都闷在自己的房间里，因为父亲也不让她出去玩，渐渐地，她的性格也就变了。

从露露的情况来看，亲子之间的沟通交流是影响亲子关系、孩子性格发展的重要方面。许多妈妈都忽视了与孩子的交流。不重视对孩子的倾听，时间久了，不良的影响就会表现出来。

各位妈妈检查一下，平时的你是否有以下行为：

不注意孩子倾诉的需求，当孩子有话与你说时，总是以“忙”为由，不去倾听。孩子兴致勃勃地诉说时，你经常不耐烦地将其打断。

生活中，大多数妈妈对孩子在生活上十分关爱，可在真正平等地对待孩子、注意孩子自尊等方面做得却很不够。

孩子学习和生活上有什么问题，在向妈妈诉说时，稍不如意，就被打断。妈妈不让孩子把话说完，轻则斥责，重则打骂，对此，孩子只能将话咽回去。据某一项调查，70%以上妈妈承认没有耐心听孩子说话。

一旦孩子的想法得不到妈妈的重视，他们只能把自己的秘密埋藏在心里，做妈妈的也就很难知道孩子的所思所想，这样对孩子的教育就会无所适从。

孩子的说话权得不到妈妈的尊重，久而久之，孩子就会与妈妈产生对抗情绪，以至双方相互不信任，沟通困难。

妈妈不让孩子把话说完，一方面不利于孩子语言表达能力的提高，另一方面也使孩子产生自卑情绪。孩子对着妈妈诉说内心的感受，是提高表达能力、增强社会交往能力的极好机会。

孩子都渴望有人听自己说话，在大多数的情形下，孩子与妈妈不能沟通，就是因为只有人说话而没有人听。如果妈妈们能多尊重孩子的说话权，对孩子的倾诉多一点耐心，不急于打断孩子的话，那么孩子遇到事情时就会乐于向妈妈倾诉，与妈妈建立良好的沟通。

当孩子说话时，无论妈妈有多忙，一定要用眼睛看着孩子，不要随意插嘴，尽量表现得你听得很有兴趣。让孩子发表他的观点，完整地听他所讲的话，如果你在某一重要原则上表示不同意他的看法，应告诉他你不赞同他的什么观点，并说出理由。

在提出反对意见时不要过于武断，不应否定一切。即使孩子是在胡说八道，也要控制你的火气，不妄下定论，直到完全理解清楚。

妈妈应尽可能地与孩子交流。而且，应该试着用不同方法使得孩子愿意与妈妈交流。作为妈妈，在倾听孩子说话时，理应更加细心，更加富有同情心。妈妈应该努力地尊重孩子，从而营造出更加友好的语言氛围。

同时，妈妈应该学会正确“听话”，不打岔、不否定、不责备，以便孩子可以畅所欲言，也便于妈妈看清孩子的内心世界，在此基础上才能创造更多与孩子交流的机会。

每个孩子都有自己的心声，需要有个会“听话”的妈妈来倾听。妈妈尊重孩子的说话权，积极做个会“听话”的妈妈，才能够真正了解孩子的想法和感受，亲子之间才能良好沟通，建立和谐的关系。

80/20——与孩子对话的黄金法则

作为妈妈的你是否经历过这样的情况：当你拖着疲惫的身体，努力地打起精神，准备和孩子好好沟通沟通时，不是被孩子三言两语给打发了，就是被噎得半天回不过神来。不但不能达到了解孩子的目的，还惹得一肚子气，逐渐丧失了和孩子谈话的兴趣，以至于越来越不了解孩子，越来越不知道该怎样教育孩子。因此，妈妈一定要学会与孩子交谈的技巧，而这个技巧，就是有名的80/20法则。

1897年，意大利经济学家帕累托偶然注意到英国人的财富和收益模式。他发现，社会上的大部分财富被少数人占有了，而且这一部分人口占总人口的比例与这些人所拥有的财富数量具有极不平衡的关系。于是，帕累托从大量具体的事实中归纳出一个简单而让人不可思议的结论：如果社会上20%的人占有社会80%的财富，那么可以推测，10%的人占有了65%的财富，而5%的人则占有了社会50%的财富。这样，我们可以得到一个让很多人不愿意看到的结论：

一般情况下，我们付出的80%的努力，也就是绝大部分的努力，都没有创造收益和效果，或者是没有直接创造收益和效果。而我们80%的收获却仅仅来源于20%的努力，其他80%的付出只带来20%的成果。

显然，80/20法则向我们揭示了这样一个道理，即投入与产出、努力与收获、原因与结果之间，普遍存在着不平衡关系。小部分的努力，可以获得大的收获。起关键作用的小部分，通常就能主宰整个组织的产出、盈亏和成败。

所以，我们做事情应该要把自己的精力花在重要的少数问题上，因为解决这些重要的少数问题，你只需花20%的时间，即可取得80%的成效。而和孩子谈话，亦是如此。

妈妈和孩子能够顺利地交流思想，对于相互之间保持良好关系非常重要，妈妈都希望孩子和自己讲讲他们内心的感受，这样妈妈就可以理解和帮助他们。如果我们问妈妈："你经常与孩子交流吗？"

得到的回答常常是："当然啦，我们经常说，可他一点也不听。"

其实，妈妈所谓的交谈，其中很大一部分是唠叨、批评、说教、哄骗、威胁、质问、评论、探察、奚落……这些做法不管出发点是多么好，都只会使相互间的关系更加紧张和充满敌意。试想，如果孩子是你的朋友，你总是板起面孔不管不问地说一大堆，你们的友谊还能维持多久？

妈妈们常常犯一个重要的错误，就是她们说得太多。她们过早地对孩子进行长篇大论式的谈话，并且还常用一些孩子听不懂的词。那些在孩子很小的时候就开始对他们讲大道理的妈妈发现，随着孩子年龄的增长，他们变得越来越不好管教。当他长到十几岁时，他的妈妈又试图用严厉的惩罚来对待他们，但是已经听惯了大道理的孩子会比一般的孩子更不接受这种惩罚。

所以，要根据孩子的年龄和成熟程度把握好谈话的"度"。美国著名的成功学大师在教导人们怎样对话的时候，建议我们把80%的时间留给对方来发言，把剩下的20%的时候拿来提一些能够启发对方说下去的问题。可以说，对话的过程重在倾听，妈妈们更是要懂得这个法则。

一般而言，最好对年龄小的孩子侧重管教，而对大孩子则多交谈。例如，告诉2岁的孩子电源是危险的不能碰，就不如把他的手一把拉开并严厉地说"不能碰"，更能使他立即理解你的意思。

可是，如果你不对一个13岁的偷偷抽烟的孩子详细地解释尼古丁的害处，而是简单地责罚他，那么将不能收到好的效果。在这些青少年的世界中，他们需要大量的空间去表达自己、需要耐心的听众。妈妈们多多倾听，让他们说出自己的想法，并且及时解答他们的疑惑。这就像大禹治水，重在疏导，而不是想办法用东西堵塞。

当孩子厌烦了你的话语，甚至一听你的谈话就蒙着耳朵钻进被子里，不妨巧妙地运用80/20的黄金法则，作为妈妈的你就会发现其实我们可以花最少的力气取得最好的效果。

用好身体语言比说好口头语言更重要

妈妈与孩子之间的沟通障碍其实很大程度来自肢体语言。妈妈的表情、口气和交谈时的肢体动作传达感情的程度决定了亲子之间的沟通质量。

心理学家认为，在人际交往中，身体语言能比口头语言传递更多的信息。我们用语言所传达的信息不会超过所有信息的30%，而其余70%的信息是通过非语言的方式进行表达的。而在与年龄较小的孩子交往时，这种比重相差更加悬殊。据研究，在孩子语言能力没有成熟前，妈妈与他交流时，这种非语言的表达方式能占97%的比重。

其实孩子对于妈妈的表情的敏感程度，远远超过了妈妈的想象。曾经有这样一个实验：让妈妈面无表情地看着6个月大，正在笑的孩子，结果，不一会儿，孩子就不再笑了。当妈妈离开后，再次回到孩子身边时，他根本就不看妈妈，故意不理会妈妈。实验证明，面无表情或抑郁寡欢的妈妈会很容易刺伤孩子的心。孩子虽小，但他却能清晰地从妈妈的表情、动作上感觉到妈妈的态度。

大一点的孩子更不用说了，他们更善于观测妈妈那些语言之外的东西。因此妈妈在与孩子的交往中，不仅要留意自己的身体语言所传达的信息，也要学会读懂孩子的身体语言。

一个5岁的孩子撒了谎，对妈妈说："窗帘不是我弄脏的。"他很可能会在说完之后立刻用一只手或双手捂住自己的嘴巴；如果不想听父母的唠叨，他们会用手捂住自己的耳朵；如果看到可怕的东西，他们会捂住自己的眼睛。当孩子逐渐长大以后，这些手势依旧存在，只是会变得更加敏捷让别人越来越不容易察觉。而在教育孩子的过程中，妈妈可以适当地运用肢体语言，这样可以强化妈妈口头语言的使用效果。特别是对年龄偏小的孩子来说，妈妈的肢体语言可以使他们柔弱的心灵受到莫大的安慰，例如，一个鼓励的眼神、一个温暖的拥抱，都会使他们觉得温馨，具有安全感。

又如在一些日常的小事中，妈妈也常可以利用肢体语言缓解孩子的心情。

孩子想妈妈了、被别的小朋友欺负时，可以把孩子搂在怀里，脸贴着脸，缓缓地拍着他的背部，嘴里可以轻轻地说些安慰话，孩子那颗惊恐失措的心会渐渐趋于平静。同时，在和孩子谈话时蹲着，让孩子平视你，当他说话不着边际时，妈妈都微笑着等他说完再发表见解，可以伴些手势和面部表情，使孩子觉得自己像大人一样被尊重。

或者和孩子玩游戏时，调皮的孩子故意耍赖，妈妈要么刮他们的鼻子，要么摸摸他们的头，再不然就亲亲他们……这时候孩子们开心极了，他们会围着妈妈又蹦又跳，显得异常的开心。

总之，除了正常的语言交流外，妈妈给予孩子的一个适时的拥抱或者一个轻轻的吻，都可以很好地激发孩子的积极性，让他们体会到妈妈的可亲可敬。而且对于那些调皮捣蛋的孩子来说，当他们犯了错误的时候，妈妈一个严厉的眼神，也许比责骂更有效果。

妈妈的一颦一笑，甚至同一句话使用的不同口气，都可以成功地向孩子表达自己的感情。适当地运用肢体语言，多给孩子一份关爱，妈妈们就一定会多收获一份欢乐，就让妈妈们多用一些肢体语言拉近与孩子之间的距离吧！

做积极倾听的妈妈，耐心地听孩子把话说完

一位母亲问她5岁的儿子："假如妈妈和你一起出去玩时渴了，一时又找不到水，而你的小书包里恰巧有两个苹果，你会怎么做呢？"

儿子小嘴一张，奶声奶气地说："我会把每个苹果都咬一口。"

虽然儿子年纪尚小，不谙世事，但母亲对这样的回答，心里多少有点失落。她本想像别的父母一样，对孩子训斥一番，然后再教孩子该怎样做，可就在话即将出口的那一刻，她突然改变了主意。

母亲握住孩子的手，满脸笑容地问："宝贝，能告诉妈妈你为什么要这样做吗?"

儿子眨眨眼睛，满脸童真地说："因为……因为我想把最甜的一个留给妈妈!"

那一刻，母亲的眼里隐隐闪烁着泪花，她在为儿子的懂事而自豪，也在为自己给了儿子把话说完的机会而庆幸。

可以想象，如果上文中的妈妈开口训斥了孩子，那么她很可能听不到孩子的内心想法了，这样的误解和责怪不仅伤害了孩子的心灵，还破坏了良好的亲子关系。然而生活中，这样做的妈妈很多很多，所以才有那么多母子之间沟通有问题。其实，很多时候，妈妈多有点耐心听孩子把话说完，就能起到完全不同的效果。

耐心听孩子说完，是一种积极的倾听，但是积极倾听不完全是指默默地在一边听对方说话。积极倾听的核心是以平等的姿态，鼓励对方说出真心话。倾听者要暂时忘记自己或把自己的评判标准放一边，不管你对对方的言语或行为持赞成、欣赏还是批判、反对的态度，都要无条件地接纳对方，积极倾听关注更多的不是话语，而是对方的心理。积极的倾听不仅要感同身受地去体会对方的心情，而且要引导对方抒发情绪，宣泄不满、愤懑、悲伤、快乐、喜悦……

妈妈平日在生活上非常关心孩子，可在真正平等地对待孩子、关注孩子心理健康方面做得却很不够。孩子遇到一些问题，在向妈妈诉说时，不是经常被打断，就是不被重视，甚至是被指责。所以孩子只能将很多话咽回去。有时．妈妈只是机械地听孩子诉说，体会不到孩子在倾诉时的情绪，这种情况下，孩子的想法得不到妈妈的重视，他们只能把自己的秘密埋藏在心里，做妈妈的就很难知道孩子的所思所想，这样妈妈对孩子的教育就会无所适从。另外，妈妈不尊重孩子的说话权，久而久之，孩子就会对妈妈产生反抗情绪，导致亲子沟通出现问题。一份调查显示：70％～80％的儿童心理卫生问题和家庭有关，特别是与妈妈对孩子的教育和交流沟通方式不当有关。另外，妈妈不懂得倾听孩子，也会从侧面限制他语言能力和社交能力的发展。

要学会积极倾听，最简单也是最重要的就是当孩子说话时，无论你有多忙，一定要用眼睛看着孩子，不要随意插嘴，尽量表现出你听得很有兴趣。让孩子发表他们的观点，完整地听他所讲的话。对于青春期的孩子更是如此。

很多青春期的孩子往往有较强的逆反心理，他们不喜欢听妈妈说话，更不愿向妈妈倾诉心事。但是如果他们向您谈起自己的往事时，请千万要耐心、感同身受地去倾听。他告诉妈妈，证明他在努力向妈妈敞开心扉，试图缩小与妈妈的心理距离。当他们说出曾经所受的伤害时，就应当去接受，去理解，去发现更能治疗"伤疤"的方法。如果你在某一重要原则上不同意他的看法，应告诉他你不赞同他的什么观点，并说出理由。当孩子被积极倾听了，他也更加愿意倾听妈妈的话。

用孩子的眼睛看世界，孩子才会听你的道理

深冬的早晨，在一个犹太社区中心健身房外的走廊里，有个2岁的男孩突然大发脾气：他一下子趴到地下，又哭又叫，两脚乱踢，两手乱抓。而他的母亲就在他身旁却一句话都不说，放下手里的包袱，先蹲下，再坐下，后来索性全身趴在地上，使她的头和儿子的头成了一个水平线，两个人的鼻子也碰在一起。走廊里来来往往的人很多，大家都小心地绕开他们，尽量不去注意他们；母子两个旁若无人地趴在那里好半天。最后，孩子脸上的愤怒慢慢消失，显露出平静，哭叫声变成了耳语，终于把哭红的小脸靠在地板上，他的妈妈也同样把脸靠在地板上。孩子看母亲，母亲就看孩子。最后孩子站起来，母亲也站起来。母亲拿起丢下的包袱，向孩子伸出手来。孩子抓住了母亲的手。两人一起走过了长长的走廊，到了停车场。母亲打开车门，把孩子放在儿童座上扣好，亲了一下他的额头。孩子的情绪已经变得非常安稳甜蜜。而在这整个过程中，当母亲的居然没有说一句话。在一旁一直跟踪观察他们的作者，简直要情不自禁地为这位母亲鼓掌！

这是《一岁就上常青藤》这本书的作者薛涌讲述的发生在美国街头的一幕场景，母亲专心致志地趴在地上，仿佛要尽自己最大的努力从孩子的角度来理解他发脾气的原因。正是由于这一点点虔诚的努力，两个人建立了默契的沟通，孩子平静了下来，而这位母亲自始至终没有说一句安慰孩子的话。也许你会感到很奇怪：既然母亲一句话都没有讲，是什么力量安抚了孩子原本不平静的脾气呢？

这位妈妈的法宝，就是用孩子的眼睛看世界，与孩子感同身受。而与孩子交流，首先最重要的就是要懂得用孩子的眼睛来看世界。在日常的生活中，可能很多人都有这样的经验：当我们被人理解之后，内心就会感到温暖有助而心心相印，在这种情况下的人通常容易打开心扉畅所欲言。而当一个人感到自己不被人理解的时候，内心就会感到委屈孤独，什么都不愿意说，甚至是刻意疏远别人。成人都如此，更何况是孩子？所以，妈妈在爱护孩子、在教育孩子的时候，也应该设身处地地把自己放在孩子的角度考虑他是否可以接受。

很多妈妈为与孩子沟通感到头痛：孩子心里有秘密不会告诉你；孩子遇到了难过的事情不会找你诉说，甚至是孩子遇到了困难都不愿意找你来帮助。难道我们不爱自己的孩子吗？他们为什么却要对我们充满了敌意呢？你的至理名言，被孩子当成了耳旁风；你苦口婆心的训导，让孩子感到心烦意乱。这到底是为什么呢？作为妈妈，如果不懂得从孩子的角度来和他交流，那一定会使沟通出现重重的障碍。

有一位妈妈，对自己的孩子很是头痛，因为她的孩子深深迷恋于游戏机不能自拔。爱子心切的母亲怀着恨铁不成钢的心情，每当看到孩子总会劈头盖脸地训斥一番，可是她不曾想过，孩子怎么会甘之如饴地接受她的责骂呢？虽然妈妈是出于对孩子的爱护，但是却不可能收到良好的效果，反而会加重孩子的逆反心理。

但是另一位妈妈就很懂得教育的艺术，她在教育孩子之前用心体会了儿童的心态，

虽然对孩子沉迷于游戏的状况感到担忧，但是却使用了让孩子可以亲近的方式，比如用儿童式的语言问孩子："你今天的手气怎么样？有没有破纪录？"通过这样的问法，我们可以轻松得知孩子现阶段对游戏的痴迷程度，而且不会让孩子有所警觉。结果，这个孩子兴致很高，说："我今天打到了10000分。"这位妈妈的问话传递出的信息并不是对游戏的厌恶，而是好奇，所以让孩子觉得妈妈对游戏也很感兴趣，因为你们对同样的事物感兴趣而愿意和你交流，只要愿意和你沟通，以后的说服就会变得容易很多。

同时，当妈妈试图努力让自己用孩子的角度来看问题的时候，他们也会逐渐意识到应该学着用妈妈、老师的眼光来理解世界，这样，妈妈的价值观念，才能得以很好地传递给孩子。

如果妈妈细心地感受孩子的人生，不剥夺孩子自由的呼吸空间，那么孩子就能和妈妈好好沟通，就能听得进去妈妈的教导。所以，妈妈应该懂得用孩子的眼睛来看世界，努力让自己通过孩子的视角让他们掌握基本的做人原则，并鼓励他们用这样的原则来理解大人。

争辩有理顶嘴无罪，亲子沟通更容易

随着孩子年龄增长，到了3～4岁时，其独立欲望明显增强。他们开始意识到自己的存在，不愿处处被人压制，不满足于模仿成人，而是要求独立思考，独立行动。如果妈妈对孩子照顾过多，干涉过多，就会使他们特别反感。其突出表现是不听指挥，自行其是，经常跟妈妈顶嘴，令妈妈头疼。随着年龄的增长，大概到了7～8岁，孩子和爸爸妈妈顶嘴的事就多了起来，到了11～12岁时，孩子几乎会天天和妈妈顶嘴。所以，如果不能够从一开始就很好地解决孩子顶嘴的问题，以后做妈妈的就会更加头疼了。

现在的孩子接受教育较早，看书看报多，接受知识多，他们的知识面比妈妈当年要宽得多。这直接的结果是判断是非的能力强了，要求独立的心理强了。还应该看到，顶嘴也是他们表达自己的判断的一种特定方式。孩子追求独立性，强调自己判断是非的能力，这与孩子的"不良品行"是不能相提并论的。孩子表达自己的判断，不可能像大人那样圆滑和委婉。所以对孩子的顶嘴，妈妈不要一概斥之为不礼貌，不尊敬长辈，要区别对待。

其实，争辩是有理的，顶嘴也是无罪的，而且合理的争辩顶嘴有利于亲子沟通。孩子也是讲道理的，你与孩子争辩，孩子觉得你讲道理，会打心眼里更加爱你、尊重你、信赖你。你要孩子做的事，他通过争辩弄明白了，更会心悦诚服地去做。所以，孩子与妈妈争辩，不要怕丢了妈妈的面子，不要担心孩子不听话，不尊重你，与你为难。要鼓励孩子把真心话说出来，尽管会引起争执，但是也是有利于互相了解和沟通的，如果孩子不与妈妈争辩，而是把心里的想法隐藏起来，反而会造成两者之间的隔阂和沟通障碍。

另外，如果一个孩子从来不与人争辩，看上去总是一副与世无争的样子，那么这个孩子的勇气、进取心和正义感就很值得怀疑了。妈妈在教育孩子的时候，更要注重孩子是否以自己的观点来和妈妈进行争辩讨论，这样有利于判断孩子的独立思考、辩论的能力。

心理学家认为："能够同妈妈进行争辩的孩子，在以后会比较自信，有创造力，也会更合群。"试想，如果一个孩子处处、事事都按妈妈的话去做，按照老师的话去做，而没有自己提问题的心理空间，这样培养出来的孩子能有创新意识吗？能有创新能力吗？所以说，应该允许争辩，不要介意孩子顶嘴，这看起来是管教态度，实际上是教育思想和理念的一种反映。

但是，如果孩子顶嘴习惯成自然，也不利于他的学习和成长，甚至会影响长大成人后的人际关系。对于孩子的顶嘴，专家开出如下"药方"，"药方"的主旨是，要从妈妈自身做起：

1. 建立和谐的家庭氛围。如果家庭成员彼此间缺乏尊重，动辄脏话满嘴，或者互相说些"抬杠"的话，孩子一旦具备了一定理智水平，就会从心底里不尊敬妈妈，顶嘴便成了家常便饭。家庭成员之间要相亲相爱，互相关怀，即使存在分歧，也尽量不在孩子面前争吵，而是通过协商解决。

2. 尊重孩子要求独立的愿望。放手让孩子自己去干、去做、去想，妈妈尽可能为孩子提供活动机会，创造活动环境。不一味地要求孩子按照成人的模式行动，当孩子有了一个与众不同的设想，做了一件从来未做过的事，妈妈应积极支持，及时赞许。

3. 引导孩子说理，为自己申辩。固执地要求孩子按照自己的要求去做而不顾及孩子的感受，这样孩子会感到很委屈。发扬家庭民主，给孩子更多的发言权，首先要允许孩子申辩，鼓励孩子申辩。既然你批评孩子，就应允许孩子有这种权力。这样的好处是让孩子感到无论做什么，有理才能站稳脚跟，对发展孩子的个性很有利。

4. 培养孩子良好性格品质。妈妈要教育孩子尊重长辈，启发孩子对别人的意见要多动脑筋，认真考虑后再讲话，以培养稳重、忠实，善于克制自己的良好的性格品质。

5. 注重与孩子的精神交流。每个孩子都渴望得到成人的理解，妈妈应学会经常听听孩子的意见，努力理解他们的感受，并用"我想……"来表达自己的意见和评价，使孩子感到妈妈的温存、抚爱，从而乐于接受妈妈的意见。

6. 妈妈的教育方式不能简单粗暴。妈妈教育孩子时，不要用命令的方式，而应以友善的态度启迪孩子，避免枯燥的说教。如果只是发号施令和严厉训斥，孩子一时会被妈妈的威风吓住，做听话状，但他再稍大一些，则不会买妈妈的账了。

7. 批评教育孩子切忌唠叨。妈妈对孩子的不当言行，有责任作必要的提醒、忠告，乃至严肃的批评，但必须言简意赅，切忌一味重复，有的妈妈缺乏这方面的知识，说话抓不住重点，反反复复唠唠叨叨，让孩子十分厌烦，这也是引起孩子顶嘴的原因之一。

妈妈与孩子争辩，能活跃家庭气氛，在交流中，表现出一种亲情和友爱，拌嘴、争辩是重视对方的一种方式。所以说，应该允许争辩，不要介意孩子顶嘴。

让孩子服从你，不如让孩子理解你

最近，文文对新热播的电视连续剧很是着迷，为了让看电视和完成作业两不耽误，文文决定一边看电视一边做作业，结果她的作业本上到处可见醒目的叉叉。

“文文，不可以再看电视了，回屋里去写作业。”妈妈不得不对文文下“最后通牒”。

文文听了妈妈的话，心中很是不爽，唉声叹气地抱怨说：“我真是一个倒霉的孩子。”妈妈听了之后，诧异地推推眼镜仔细地看着自己的孩子，不知道她为什么要这样讲。

“实在是不公平，为什么你们大人就没有家庭作业？为什么你们白天在外面忙碌一天之后晚上回到家可以休息，我怎么就不行？”文文实在是想不明白，“做学生是最辛苦的，我也想和你们一样上班，这样的话我晚上就可以休息了。”

对于文文的话，妈妈一时不知道如何向她解释，因为工作并不是像她想象中的那样简单，也是需要承担责任和风险的。可是，文文从来都没有体谅到自己的妈妈，反而觉得自己是最辛苦的。

现在有很多孩子和文文一样，不知道自己的妈妈每天都在忙些什么，不知道他们吃的、穿的、用的东西是从哪里来的，反而觉得他们吃好、穿好、用好是天经地义。甚至有一些不懂事的孩子认为妈妈不需要去尊重。

很多妈妈总是认为只要孩子吃好穿好，听话懂事就行了，她们不愿意让孩子了解自己工作生活的辛苦，也没有给孩子理解自己的机会，自顾自地觉得自己为孩子撑起了天，孩子就应该服从自己，但是，孩子并不认同这个道理，他们并不会认为自己就一定要服从妈妈。其实，让孩子服从你，不如先让孩子从内心理解你，这对亲子沟通来说很重要。当孩子对妈妈付出的辛劳越是了解，就越是会从内心里理解和尊重自己的妈妈，也才能真正心服口服地听从妈妈的劝告。否则的话，孩子会觉得自己所获得的一切是理所应当。

《新文化报》的记者曾经在一地区的3所省重点中学发了280份问卷调查，结果令人震动：

问题一：你的袜子谁来洗？

95%妈妈或其他长辈洗；5%自己洗。

问题二：你认为妈妈辛苦吗？

22%一般；59%很辛苦；19%不辛苦。

问题三：你常与妈妈沟通吗？

22%经常；26%偶尔；52%几乎从不。

问题四：你给妈妈做过饭吗？

20.5%没有；66%有过一两次；13.5%经常给妈妈做饭。

问题五：你常对妈妈说感激的话吗？

39%是；20%只是偶尔；41%几乎从不。

问题六：妈妈不高兴时，你安慰过他们吗？

62.2%有；5.4%没有；32.4%有一两次。

问题七：你为妈妈洗过脚吗？

17%洗过几次；20%只洗过1次；63%从来没洗过。

问题八：你觉得应该回报帮助过你的人吗？

20%没考虑过；62%应该；18%不用。

问题九：遇见教过你并常批评你的老师，你会说话吗？

86%不理她（他），假装没看见；14%会主动上前打招呼。

在这份问卷调查中，有52%的孩子表示自己几乎从来不和妈妈沟通。对于“你认为妈妈是否辛苦”的这个问题，有19%的孩子觉得妈妈不辛苦。“我一点也看不出妈妈辛苦。他们每天早上起来给我做早饭，然后送我上学，晚上再来接我回家。天天如此，从来没有听他们说过自己很辛苦啊。”妈妈只是没有把生活的辛苦和沧桑挂在脸上，孩子们就以为自己的妈妈一点都不辛苦。而在对“你常对妈妈说感激的话吗？”这个问题上，41%的孩子选择从来没有，并且认为：“他们是我的爸爸妈妈，对我好是自然的。别人的爸爸妈妈也对自己的孩子很好啊，我又有什么特别吗？”

其实，当妈妈与孩子之间是相互尊重、相互理解、地位平等的时候，孩子就能更好地感受到妈妈对自己的爱，妈妈为自己做出的牺牲；当孩子完全从属于妈妈的时候，他们就会无视别人为自己做的一切了。确切地说是他们没有自己。

如果你的孩子也是这样，那就应该想办法引导自己的孩子认真考虑一下：妈妈每天不仅要做好自己的工作，还要费尽心思照顾全家人的生活，即使面临着工作和家庭的经济压力，也很少跟孩子提起，实在是很不容易。当妈妈空闲的时候，可以给孩子讲一讲他们工作的情况，让孩子了解妈妈工作的艰辛，做到心中有数。无论妈妈是从事什么职业，都是靠自己的双手在劳动，都是凭自己的本领在吃饭，都值得孩子敬重。当孩子对妈妈付出的辛劳越了解，才越会从心里相信和敬重妈妈，才会真正心服口服地理解妈妈。

或者，妈妈还可以试试以下的一些方法：

1. 教育孩子学会理解，凡事除了从自身的角度考虑之外，还要推己及人，以他人的观点观察一下，这样才能不失偏颇。

2. 和孩子建立亲密的沟通，让孩子了解妈妈的烦恼和辛苦。可以在晚饭的时候和孩子多聊聊天，让孩子也能了解自己在工作中遇到的问题。

3. 教育孩子珍惜妈妈的劳动，让孩子也参加到一些简单的劳动中来，在劳动的过程中让他体会到做任何事情都不是轻而易举的，必须付出努力，并让孩子理解妈妈对他的期望以及为此所做的一切。

当孩子不能理解妈妈的苦心时，妈妈应该静下心来与孩子进行交流，告诉他你的困难、辛苦以及工作的状况，让孩子去理解你、关心你，这样才能有利于孩子的健康成长。

凡事都要与孩子商量

英国教育家斯宾塞说过："对孩子要少下命令，命令只有在其他方式不适用或失败时才用。要像一个善良的立法者一样，不会因为去压迫人而高兴，而因为用不着压迫而高兴。"

商量的魅力在于，使自己学会从别人的角度思考问题。两代人的沟通，最重要的是相互理解、相互尊重。而实现相互理解、相互尊重的方法就是学会商量。

孩子也有受尊重的需要。如果妈妈喜欢与孩子商量，孩子就会非常乐意与妈妈交流，反之，孩子则会产生逆反心理，封闭自我。

学会与孩子商量，在子女的教育中还有更为重要的一个方面。那就是对孩子提出的要求，我们不能满足或不应满足时，不应粗鲁而简单地拒绝："不行！不准你去！"或者在妈妈提出的要求，儿女不同意时，你也不应简单地采用命令方式："这事已经决定了！"

妈妈学会与孩子共同商量既可以增加相互的理解，也可以避免家庭中一些无谓的争吵；而且更重要的是它可以教会孩子在社会上怎样做人和与人共事。因为我们在日常生活和工作中，只要与人相处，分歧是不可免的。

随着孩子年岁的增长，子女在喜好和兴趣，甚至交友诸方面看法都会与妈妈有分歧。这时妈妈对子女的一些喜爱与兴趣绝不能简单地禁止。而应在充分尊重的前提下与子女商量，以求得共识或找出正确解决的途径。美国成功学家卡耐基说过，用"建议"，而不下"命令"，不但能维持对方的自尊，而且能使他人乐于改正错误，并与你合作。

葛莹是一个喜欢与孩子协商的妈妈，对此，她非常自豪，她曾经在日记里写道：女儿好像从没撒过谎。因为她不必撒谎，在家里可以无话不谈，就是说得不好，也不会受到指责。我习惯和女儿商量她的事以及家里的大小事。我们经常坐在一起聊天，而且我们的观点竟是惊人的接近，很少有相左的时候。

"商量"这个词，在母子、母女之间的使用率一般应是不高的，而我们却是将其当做准则。面对任何事情，我不摆母亲的架子，她不使独生女的性子，商量的格局便形成了，还在孩子很小的时候，便约定俗成。比如她看中了一个玩具，我觉得不妥，便和她商量可不可以不要，强压她可不服，糊弄缺乏诚信，商量是最佳途径，她一般能接受，欢天喜地放弃初衷。

我家里的所有抽屉都没有锁，女儿可以翻着任何东西，可以随便拿到钱。她很小就尽知家底，我也不对她保密。信任是家庭宽松环境的重要因素。

我内心的不快也愿意向女儿透露，我拿不定主意的事情乐于征求她的意见，她还小的时候我便将诸如选择购房这样重大的事情和她商量。

喜欢与孩子商量的妈妈是民主的妈妈。在这样的家庭氛围中，孩子渐渐会养成民主的习惯，都愿意主动与妈妈进行沟通，这样的亲子关系是非常令人羡慕的。那么，妈妈应该怎样运用商量来促进亲子关系呢?

1. 多些商量，少些命令：妈妈不管要求孩子做什么事情，一定要注意用商量的口吻，而不要用命令的口吻。比如，提醒孩子做作业时，你可以说："你现在是不是该做作业了，做完作业就可以看会儿电视。"而不要说："赶紧去做作业!"或"还不去做作业呀?"

商量的语气对孩子来说非常重要，孩子会认为你尊重他，关心他的感受，从而对你产生好感和信任，促进亲子沟通。

2. 凡事都要学会商量：不管什么事情，尤其是涉及孩子的事情，妈妈都不要自作主张，要学会与孩子商量，取得孩子的同意和认同。

3. 孩子的事情一定要与孩子商量：随着孩子的不断成长，孩子的事情一定要放手让孩子自己去选择，妈妈不可替孩子包办，即使妈妈有自己的想法，也要通过商量的方式，把自己的意见传达给孩子，让孩子权衡利弊后再作出选择。

每一个孩子都会出现与妈妈意见不一致的情况，孩子们都希望妈妈能够尊重自己的意见，毕竟，许多事情都需要孩子付出努力才能实现。如果妈妈忽视了孩子的主观能动性，一味地用妈妈的威严来压制孩子，孩子即使口头上同意了，内心也无法产生努力的动力，在这种情况下，孩子已经感觉简直就是受罪，怎么还可能与妈妈和睦共处呢?

总之，妈妈凡事要学会与孩子商量，这样不仅可以增加相互之间的理解，避免许多无谓的争吵，而且还能够教会孩子为人处世，促进孩子健康成长。

第二章　不打不骂教出好孩子的妙招

打骂不是教育孩子的好方法，不打不骂照样能教出优秀的孩子。成功的现代妈妈应该是懂得拒绝打骂和暴力的妈妈，应该是能够给孩子的成长创造快乐天空的妈妈。

“有心无痕”的批评和表扬才能对孩子生效

明明早晨喝完牛奶，随手把空牛奶盒从教室的窗户扔了出去，正巧打着楼下的一位学生。事情反映到老师那里，乱扔盒子的明明被班主任叫到了办公室。

“你知道这种行为的严重后果吗?”班主任厉声质问。

“老师，我错了，我以后再也不往楼下扔东西了!”这时，明明眼里的泪水已在打转。

“幸亏你扔的是纸盒，如果是铁盒、砖块呢?还不把人家脑袋砸破?”

“万一砸出人命来怎么办?”

……

班主任连连质问、斥责，由纸盒而铁盒而砖块而人命开始，说了一大堆，越说越严重，越说越玄乎，似乎还不满足，仍想继续“发挥”，但这时，明明已变得充耳不闻，表情淡漠了。

生活中有很多妈妈也会像这位老师一样，唠唠叨叨地对孩子批评一番，她们经常抱怨，为什么孩子总是听不进去教诲，对批评一点都不能虚心接受。那是因为长篇大论的批评已经超出了孩子的承受范围，致使他们感到麻木或是厌倦了。这好比孩子一次只能吃 2 根雪糕，你非得一次逼他吃掉 10 根，那他自然因为吃腻了而从此对雪糕丧失兴趣。

当人的机体在接受某种刺激过多、过强或时间过长的时候，人会调动“自我保护”的本能，出现自然的逃避倾向。这种现象被人们称之为“超限效应”。

“超限效应”在家庭教育中时常发生。如：当孩子考试失败时，妈妈会一次、两次、三次，甚至四次、五次重复对一件事作同样的批评，使孩子从内疚不安到不耐烦最后反感讨厌。被“逼急”了，就会出现“我下次还这样，不学了!”的反抗心理。又或者孩子是一个大大咧咧的人，他偶尔会把房间弄乱，而妈妈时不时都在念叨孩子不爱整洁、邋里邋遢，久而久之，孩子心生厌倦和反叛，他故意不打扫不整理，以此来响应妈妈的批评。

其实妈妈的本意是好的，想通过强调这个问题，使孩子记忆深刻，下次不再重复犯同样的错误。可是妈妈这种喋喋不休的说教、嘱咐、训斥，最终导致孩子出现了“超限效应”，不但无动于衷，反而异常反感。孩子本身对自己的错误是有内疚之感的，但是如果妈妈咬住孩子的错误长久不放，过多重复的批评就会导致孩子产生厌倦之情。当厌倦淹没了悔恨自责，孩子就只记得对妈妈的不耐烦，而千方百计地为过错找借口，失去对错误的悔意。所以，孩子听不进去批评，妈妈要反思一下是否你对孩子的批评超限了。

在教育中，不光是多批评会引发超限效应，多表扬也是如此。表扬过多以后，孩子会变得麻木，对称赞丧失兴趣，从而失去上进的动力。过多的称赞不仅会变得不值钱，甚至会使孩子认为妈妈很“虚伪”。所以，无论是表扬还是批评，都要掌握一个度。过少是妈妈的失职，过多则是妈妈的失误。

在表扬孩子时，妈妈要善于抓住孩子的“闪光点”，及时捕捉孩子的每一次、每一点进步，“对症下药”地对孩子的行为进行表扬，并要适可而止。点到为止、暗香余留的表扬是对孩子有持续吸引力的表扬艺术。当批评孩子时，妈妈更要讲究艺术。要切记：孩子犯一次错，只能批评一次。如果他再犯同样的错误时，可以变换角度来说他。比如，孩子放学后写作业，每次写完后都不把书收拾到书包里，你可以批评他。但当他答应做到而又没有做到时，你可以和他一起想办法，比如建议他在“记事本”上记住每天要做的这件事。批评孩子，既要让他认识到自己的错误并心存自责，又要鼓励他下次积极改进，这才是批评的高级境界。

制定惩罚，不如先规定纪律

内科医师有一句座右铭，大概意思是：“首要原则是不伤害病人”。妈妈也需要类似的规定来帮助自己，在约束孩子守纪律的过程中，不要对孩子情感上的快乐造成伤害。

纪律的关键在于寻找惩罚的有效替代手段。

布莱克夫人要去给那些犯过过失的男生上第一次课，她很担心。当她轻快地走上讲台时，她绊了一下，摔倒了，课堂里爆发出哄堂大笑。布莱克夫人没有惩罚那些嘲笑她的学生，而是慢慢站起来，直起身子，说：“这是我给你们的第一个教训：一个人会摔倒趴下，但是依然可以再站起来。”教室里寂静无声，孩子们接受了这个教训。

这样的方法，所有的妈妈都可以仿效，使用智慧的力量，而不是用威胁和惩罚来影响孩子的行为。

当妈妈惩罚孩子的时候，孩子会怨恨妈妈，当他内心充满愤怒和怨恨时，是不可能听得进妈妈的话，不可能集中注意力的。在训诫孩子时，任何可能会导致愤怒的行为都应该避免，而那些会增强自信、增强自尊，并且尊重他人的方法应该大力提倡。

为什么当妈妈惩罚孩子的时候，会激怒孩子？不是因为她们不和蔼，而是因为她们不懂得方法。她们没有意识到她们的哪句话是有破坏性的。她们很严厉，是因为没有人告诉她们如何在不骂孩子的前提下处理棘手的问题。

一天，儿子贾宏从学校回到家，一开门就朝妈妈大声嚷嚷："我恨我的老师，她当着我朋友的面冲我大声叫，她说我说话扰乱了课堂秩序，然后她惩罚我，让我整堂课站在大厅里。我再也不要回学校了！"儿子的怒气让这位妈妈失去了平静，于是她不假思索地把心里所想的话脱口而出："你知道得很清楚，你应该遵守纪律，你不能想讲话就讲话，如果你不听话，你就会受到惩罚，我希望你已经得到了教训。"

当妈妈如此回应了儿子的烦躁情绪后，儿子也非常生妈妈的气。如果那位妈妈没有说上面那些话，而是说："站在大厅里多尴尬啊！当着朋友的面冲你嚷嚷也很让人丢脸！怪不得你要生气。没有人喜欢遭到那样的对待。"这样同情的回应说出了贾宏的烦躁情绪，会消除他的怒气，让他感到妈妈对他的理解和爱。

有些妈妈会担心，如果他们承认孩子的烦躁，提供情感上的急救，会给孩子传达出这样一个信息：他们不担心孩子的不良行为。但是，就像上面提到的妈妈一样，她儿子的捣乱行为是发生在学校里，而老师已经处理过了。她苦恼的儿子从她那儿需要的不是额外的训斥，而是同情的话语和理解的心情，他希望妈妈能帮助他消除心烦。

纪律就像外科手术，需要精确，不能随意下刀，不能草率地抨击孩子。不端行为和惩罚不是对立的两个方面，不能互相抵消，相反，它们会互相滋养、互相增强。惩罚无法制止不当行为，只会让肇事者在躲避侦查上更有技巧。当孩子受到惩罚后，他们会想办法更加小心，而不是更顺从，或更有责任心。

所以，妈妈们可以通过纪律使孩子自愿接受限制和改变某种行为。从这个意义来说，妈妈的训诫可能最终带来孩子的自律。通过认同妈妈和妈妈体现出来的价值，孩子内心会获得自我调整的标准。

对感受要宽容，对行为要严格

教育孩子的目标是什么？是帮助孩子成为一个正派的人，一个受人尊敬的人，一个富有同情心、能承担责任、关心他人的人。如何教化孩子？要使用人道的方法，在妈妈们努力教育孩子待人接物、为人处事时，要想有效果，就不能伤害他们的感情。

孩子从经验中学习。他们就像湿水泥，任何落到他们身上的话都能造成影响。因此，重要的是，妈妈们对孩子的感受要宽容，但对他们的行为要严格，要学会跟孩子谈话时不要激怒孩子，不要对他们造成伤害，不要削弱孩子的自信，或者让他们对自己的能力和自我价值失去信心。

对待孩子的不良行为要严格，但是，对所有的感受、愿望、欲望和幻想，应该宽容对待，不管它们是积极的、消极的、还是矛盾的。像我们所有的人一样，孩子无法禁止自己的感受，有时候，他们会感觉到贪婪、色欲、自责、愤怒、害怕、悲伤、欢乐和恶心。尽管他们无法选择他们的情感，但是他们有责任选择如何、何时表达这些情感。

无法接受的行为并不是无法容忍的。试图强迫孩子改变无法让人接受的行为，结果是令人失望的。但是，依然有许多妈妈问自己无效的问题：怎么才能使孩子做家务呢？怎么才能迫使孩子专心做作业呢？怎么才能让孩子打扫自己的房间呢？怎么才能说服孩子在外面待的时间不要晚于她规定的时间呢？怎么才能让孩子的日常表现正常呢？

妈妈需要知道唠叨和强迫是没有用的。强制性的方法只能导致怨恨和抵触，外部压力只会带来违抗和不从。妈妈不应该把他们的意志强加在孩子头上，应该理解孩子的观点，帮助他们专注于解决麻烦，这样，妈妈才更有可能影响孩子。

例如，刚刚的妈妈对他说："刚刚，你的老师告诉我们你没有做家庭作业，能告诉我们出了什么问题吗？有什么我们能帮忙的吗？"

不管 11 岁的刚刚怎么回答，妈妈已经开启了一个对话，将会找到难题的源头，这样，就可以帮助刚刚承担起做家庭作业的责任。

孩子需要一个清晰的界限：什么行为是可以接受的，什么行为是不可以接受的。没有妈妈的帮助，他们很难不依照他们的冲动和欲望行事。当他们知道被允许的行为的清晰界限时，他们会觉得更加放心。

对妈妈来说，限制比强迫执行这些规矩要容易得多。当孩子向这些限制挑战时，妈妈应该学会灵活处理。妈妈希望孩子开心，当妈妈不允许孩子违反规则时，孩子可能会觉得不再被爱了，会觉得内疚。

"今天晚上不许再看电视了。"当 12 岁的冰冰的电视节目将要开始时，她的妈妈说道。冰冰很生气，喊道："你真小气！如果你爱我，你会让我看我最喜欢的节目，它马上就要放了。"母亲想要让步，对她来说，很难拒绝这样的请求。但是她决定不能有这个先例，她强制执行了她的规定。

因为有很多规定很难强制执行，所以妈妈要把规定按优先次序排列，并且让这些规定越少越好，以保证规定能够得以顺利执行。

当出了问题：要回应，而不是反应

在许多家庭中，妈妈和孩子之间的激烈争吵有一个规律的、可预见的顺序。孩子做错了什么事，或者说错了什么话，妈妈对此作出无礼、侮辱的反应。孩子则用更糟糕的行为来回答。妈妈再反击，高声恐吓，或者粗暴地处罚。

这样的方式解决不了问题。当孩子出现问题时，妈妈们正确的做法是回应，而不是反应。

10 岁的雷特保证给家里洗车，但是他忘了。最后他才想起来，试图做好工作，但是已经来不及了，没有完成。

妈妈对儿子说："儿子，这车还需要再洗洗，特别是车顶和左边。你什么时候能做？"

雷特说："我可以今晚洗。"

妈妈微笑着点点头："谢谢你。"

雷特的妈妈并没有批评他，而是告诉了他一些事实，语气没有丝毫的不敬和贬低。这让雷特完成他的活，而不会对妈妈生气。想象一下，如果雷特的妈妈批评了他，试图教育他，雷特的反应会有什么不同呢？

妈妈问："你洗了车吗？"

雷特说："洗了。"

妈妈开始不高兴了："你确定？"

雷特撒谎道："我确定。"

妈妈生气了："你居然说你洗完了？你就是敷衍了事，你从来都这样。你只想玩，你觉得你能这样过一辈子吗？你要是工作了，还是像这样草率马虎，连一天都干不了。你太不负责任了！"

这样的结果，不仅伤害了雷特的自尊心，而且对他心身发展也不好。

从一些小意外里，孩子可以学到很宝贵的教训。孩子需要从妈妈那里学会分辨什么是仅仅让人不愉快、让人讨厌的事情，什么是悲剧和灾难。许多妈妈对打碎了一个鸡蛋的反应就像打断了一条腿似的，对窗户被打碎的反应就像心被敲碎了一样。对于一些小事，妈妈应该这样跟孩子指出来："你又把手套弄丢了，这很不好，很可惜，不过这不是什么大灾难，只是一个小意外。"这就是所谓的小意外，大价值。

丢失了一只手套不需要发脾气，一件衬衫扯破了，也无需像希腊悲剧里那样让孩子自己动手解决。

相反，发生小意外时，是传授孩子价值观念的好时机。

8岁的黛安娜把妈妈戒指上的诞生石弄丢了，她伤心地哭了起来，妈妈看着她，平静而坚定地说："在我们家，诞生石不是那么重要的。重要的是人，是心情，任何人都可能弄丢诞生石，但是诞生石可以重新替换。你的感受才是我最关心的。你确实喜欢那个戒指。我希望你能找到合适的诞生石。"

但是，当遇到孩子行为不当时，妈妈往往意识不到是因为不安的情绪导致了那样的行为。在纠正他们的行为之前，一定要先处理他们的情绪问题。

所以，当孩子遇到问题或遇到不开心的事时，这时候妈妈们最好的做法是回应孩子，让孩子心灵有慰藉，而不是作出反应、质问孩子。可大多数妈妈都没有养成向对方敞开心扉的习惯，甚至不知道孩子的感受以及如何去感受，

如果让孩子说出自己的感受很难，那么如果妈妈能够学会倾听在他们愤怒的外表下所隐藏的担心、失望和无助，将会有很大的帮助。妈妈不要只针对孩子的行为作出反应，而是要关注他们心烦意乱的情绪，帮助他们应付难题。只有当孩子心情平静时，他们才能冷静地思考，才能做出正确的举动。

所以，妈妈的批评对孩子是没有益处的，它只能导致气愤和憎恨。而更糟的是，如果孩子经常受到批评，他们就学会了谴责自己和别人；他们学会怀疑自己的价值，轻视别人的价值，学会怀疑别人，甚至导致人格缺陷。

给孩子指导而不是批评

批评和评定性的称赞是双刃剑，两者都是在给孩子下判断。为了避免下判断，心理学家不会发表批评意见影响孩子，而是指导孩子。在批评孩子时，妈妈会攻击孩子

的人品和性格。而指导孩子时，妈妈陈述问题以及可能解决问题的方法，但不会针对孩子本人发表任何观点。

一旦孩子说错了什么或是做错了什么，妈妈立刻摆出一幅严厉的样子对孩子指手画脚，同时带有无礼甚至是侮辱性的批评语言。结果不但没有让孩子心服口服地接受批评，反而引起孩子的反感和顶撞。

吃早餐的时候，7 岁的罗文在玩一个空杯子，正在餐厅看打扫的妈妈对罗文说："你会打碎它的，不要玩了，你不知道打碎了多少东西。"

罗文自信地说："放心吧，不会打碎的，我保证。"刚说完，杯子就从手掌间滑落在地，摔得支离破碎。妈妈生气地说："你应该放声大哭。真是个大笨蛋，屋里东西快要被你摔光了。"

罗文显得毫不罢休，他说："你也是个笨蛋，你曾经打碎了最好的盘子。"妈妈一听这话，气得从餐厅里冲出来："你竟敢说我是笨蛋？你太没礼貌了！"

罗文说："是你先没有礼貌的，谁叫你先叫我笨蛋的。"妈妈简直气得无话可说："不许说话，马上回到你的房间去。"

罗文看着妈妈生气的样子，来劲了："来啊！逼我啊！"

这种行为激怒了妈妈，她一把抓住他，狠狠地将他打了一顿。罗文一气之下离家出走，直到深夜才回来，把全家人急得一晚上没睡好觉。

也许，这件事情让罗文得到了教训，他以后再也不玩空杯子了。但是妈妈也应该得到教训，那就是应该用善意的语气指导孩子，使孩子避免再次犯错，而不是用暴力教训孩子。

其实，在孩子玩杯子的时候，妈妈完全可以提醒儿子"小心摔了杯子，割伤了手"，然后对孩子说："玩皮球是个不错的选择。"或者当杯子打碎时，妈妈可以帮助孩子处理玻璃碎片，顺带说："杯子很容易打碎，以后注意点哦"。这种和气的话很可能让罗文为自己的过错感到惭愧，继而会因为自己闯了祸而产生歉意。在没有斥责，没有巴掌的情况下，他甚至可能会在心里思考，并自己得出结论：杯子不是用来玩的。

当孩子出现错误时，批评对孩子往往是没有益处的，它只能导致怨恨和反感。而且，如果孩子老是受到批评，他就学会了谴责自己和别人，他就学会怀疑自己的价值，学会怀疑别人的价值，导致人格缺陷。所以，妈妈应该给孩子更多的指导而不是批评。妈妈可以从以下几个方面做起：

第一，孩子犯错之后，指导孩子处理问题。当孩子不小心碰翻了果汁，打破了杯子时，妈妈首先要做的不是批评孩子的错误，而是指导孩子怎样处理错误导致的问题，妈妈应该告诉孩子应该如何清理破碎的玻璃杯，如何把地板拖干净。

第二，孩子犯错时，不能辱骂孩子。无论孩子犯了怎样的错，你都不能辱骂孩子，如果你经常在孩子犯错后辱骂孩子，孩子就会朝你所骂的样子发展，假如你骂孩子是个坏孩子，他会慢慢变成真正的坏孩子；假如你骂孩子是个笨蛋，孩子真的会变成笨蛋。所以，如果你真的想让孩子在犯错之后改过自新，就要杜绝辱骂孩子，你只需实事求是地指出孩子的错误，告诉孩子怎么做就可以了。

第三，要及时和孩子交流，让孩子知道错误。孩子犯错了，你可能还不清楚原因。那么你需要和孩子进行交流，让孩子告诉你他是怎样犯错的，这便于你针对孩子的错误提供指导性的意见，最终帮助孩子改正错误。你可以对孩子说："现在没有必要惩罚你，而要搞清楚你是怎么犯错的，这样你才不会犯同一个错误。"让孩子明白，你并没有惩罚他的意思，他才可能放下心理包袱，和你进行交流。

每个人都希望得到指导而不是批评，孩子同样有这样的心理。这就要求妈妈在教育孩子的时候，多用善意的指导和关爱代替批评和责骂，这样孩子才会虚心地接受妈妈的教育和引导。

说教和批评产生距离和怨恨

2005 年，曾发生了一起轰动全国的杀母案。学生徐某，中午刚吃过午饭见母亲屋里开着电视，想看一下然后去上学。母亲一看见儿子脚步停在电视机前，便马上把脸阴下来说："马上就要大考了，你这次要考全班前 10 名。"徐某一听到排名，心里便咯噔一下。那是因为徐某初进高中时，排名第 44，到了高一下学期，一跃升到第 10 名，母亲很高兴，要他以后每次考试都不能低于前 10 名。谁知越是想考到越考不到，到了高二上学期，徐某期中考试成绩排在了第 18 名，母亲回家后用皮带把徐某狠狠打了一顿，还又哭又闹，说："以后你再踢足球，就打断你的腿。"

徐某一想到这里，心里就堵得慌，于是，便说："很难考的，这不太可能。"徐母声调又升高了几度："那还看电视？还不去用功学习？"徐某说："我已经够用功了。"徐母毫不让步地说："期末考试不考前 10 名的话，你自己看着办。你自己考虑，进不了前 10 名，以后怎么考重点大学？"接着便是不停地讲排名，讲重点大学一类的话，徐某被母亲搞得脑袋发胀。

他背起书包准备上学去，免得再听母亲唠叨。谁知母亲依然不依不饶地说个不停，徐某此时是又怕又烦，他走到门边时，突然看见鞋柜上有把木柄榔头，随着母亲的唠叨声，他心烦得血冲头脑，一下子失去了理智，他只想让母亲停止这种使他精神崩溃的唠叨，甚至是永远停止，他下意识地挥起了榔头……

悲剧就这样偶然而又不可避免地发生了。

在这个惨案中，孩子的残忍固然让人痛心，但徐母的教育方法同样值得我们反思。试想，如果例子中的徐母能够换一种谈话或者是聊天的方式引导徐某学习，而不是唠唠叨叨地逼着他必须考前 10 名的话，如果徐母细心一点，多注意孩子的情绪变化的话，或许悲剧可以避免。

妈妈常常因为跟孩子的对话而感到失望，因为他们毫无头绪，就像那段著名的对话所说的那样。"你要去哪儿？""出去。""干什么？""不干什么。"那些想努力讲道理的妈妈很快发现这样会让人疲乏不堪，就像一个母亲说得那样："我一直努力地跟孩子讲道理，说到我脸都绿了，但是他还是不听我说，只有我冲他喊时，他才会听我说。"

孩子经常拒绝跟妈妈对话，他们讨厌说教，讨厌喋喋不休，讨厌批评，他们觉得妈妈的话太多了。8 岁的大卫对他的妈妈说："为什么我每次问你一个小问题，你都要给我那么长的答案?"他向他的朋友倾诉说："我不跟我妈妈说任何事情，如果我跟她说，我就没有时间玩了。"

一个对此很感兴趣的研究者无意中听到一段妈妈和孩子的谈话，他惊奇地发现，他们两个人几乎都不听对方在说什么，他们的谈话更像两段独白，一段充满了批评和指令，另一段则全是否认和争辩。这种沟通的悲剧不是因为缺乏爱，而是缺乏相互尊重；不是缺乏才智，而是缺乏技巧。

所以，说教和批评只会引起孩子的逆反心理，而无助于问题的解决。妈妈应该注意运用聊天的方式和孩子沟通。同时应该重视孩子行为后面隐蔽的心理问题，因为孩子们发怒或者调皮捣蛋往往都是有其隐秘的心理原因的，当他表现出烦躁、故意顶撞妈妈或者说粗话等不良行为时，许多妈妈往往并没有注意到他这种行为背后所隐藏的深层心理意义，而只是厉声批评孩子。这种批评就不能对症下药。

因此，当孩子做出让人生气的事情时，妈妈首先要做到不是批评责骂，而是弄清孩子心里的想法。看看造成孩子这样做的原因是什么，然后再有针对性地给孩子以指导。

宽容比惩罚更有力量

宽容，有时候比惩罚更有力量。对人宽容，是做人的一种美德。而对孩子们宽容，则不仅是美德，还是一种教育艺术。

孩子涉世未深，难免会犯错，有时孩子犯错并非是有意的。儿童期是犯错误最多的时期，与成年人的犯错不同，孩子们大多不会明知故犯。也许，孩子出于好奇或无知，也许孩子不能像成年人一样控制自己的行为，这时妈妈需从心底里宽容孩子的过错。

此外，孩子在看待问题上，常常容易夸张或放大自己的问题，以为自己犯了错，妈妈再也不会喜欢自己了，如果妈妈再不能给孩子宽容，他可能会感到绝望。另外，如果因为一些无意的过错训斥、处罚孩子，不利于感化和教育孩子，成年人也会因此失去孩子们的信任。

格雷斯上初三年级的一个星期六，提出要去庆贺同学的生日，并在人家那里吃晚饭。虽然母亲不愿意女儿晚上出去，可又体谅她对友情的珍惜，并且答应了人家，一旦爽约是挺难为情的。所以，妈妈装作平静的样子同意了，问格雷斯几点回家，她答应晚上 8 点之前。当时她家刚迁入新址，妈妈不放心女儿夜归，与她约定晚 8 点在地铁车站等她。

那是一个寒冷的冬天。妈妈准时赶到地铁车站，等候女儿归来。不料，等了 1 个小时，也不见她的身影。妈妈又担心又气愤：言而无信，不知其可，今后再也不能信她了！妈妈伸长了脖子，冻僵了身子，心里却火烧火燎。

又过了 20 分钟，格雷斯终于出现了。隔着好远，可以听见她急促的喘息声。显然，她是跑着冲出地铁口的。

妈妈使劲儿克制住自己的情绪，平静地问："回来了。"

"对不起，老妈，我回来晚了。"格雷斯一脸愧意，一边走一边解释。原来，那位同学家又远又不靠车站，而女儿去时迟了，人家不让早走，加上归时又找不着车站，又等车又倒车，折腾下来就耽误了不少时间。

妈妈宽容地笑了，说："没关系，谁都可能碰上特殊情况，你回来就行了。"随后妈妈又与女儿分析，学生过生日，选在中午比晚上好，否则让多少人着急呀？而且大黑夜里东奔西走，也不安全，岂不扫兴？女儿听了连连点头，还夸妈妈很理解人。母女俩感情一下贴近了许多。

孩子做事不妥当或犯了错误，常常与他的生活经验不足有关，或者说与其社会化程度低有关。对于孩子做事的特点，妈妈们务必给予理解，做出合乎情理的分析，而不宜夸大问题的严重性，更不应曲解孩子的动机。

同时，孩子犯错误之后，往往有后悔自责之意，是接受教育的黄金时刻。此时，如果以宽容之心与和颜悦色，同其剖析事情原委及是非曲直，孩子可能字字入心、声声入耳，成为进步的一个推动力。相反，如果不问青红皂白，猛批猛打，不许辩解，孩子也可能因恐惧而撒谎、抗拒甚至出走等等，使问题复杂化，甚至演化为一场悲剧。

也许可以说，宽容是一种智慧，是一种特殊的爱，是一种胜过惩罚的教育。

当然，教育也需要惩罚，惩罚不是体罚，是教育惩戒，是让孩子学会为自己的过失负责任。没有批评和惩罚的教育是不完整的教育。当然，批评和惩罚要讲艺术，事实上宽容就是一种深层意义上的"惩罚"。

然而，现在的妈妈对孩子往往缺乏一种宽容的胸襟。孩子有了过错，要么责怪谩骂，要么讽刺、体罚，要么干脆撒手不管，这都是不能宽容孩子的表现，这样的教育也无法产生积极的效果。

如何化惩罚为宽容，在孩子心中留下更好的印象？给妈妈们提出以下建议：

1. 保护孩子的自尊心。适当的时候给孩子个台阶下，或者为孩子保守秘密。批评孩子时首先肯定其某些良好动机是十分必要的。

2. 鼓励孩子以后不要犯类似的错误。与孩子分析教训所在，适当提出希望，告诉孩子错在哪里，怎样改正。

3. 与孩子一起评论是非曲直。如确实是孩子的错误，应该帮助其认识到错误，然后促其改正；如果不是，妈妈应反思自己的教育方式和态度，心平气和地与孩子交流。

4. 不要操之过急。孩子改正错误需要一个过程，妈妈要有耐心，不要期望孩子立刻就能把错误改正过来，应该允许孩子在改正过程中有一定的反复，可以多多留意孩子在一段时期内的变化。

宽容的力量更强大，"恨铁不成钢"的妈妈们，选择以宽容之心对待您的孩子吧！您将看到孩子身上闪耀着比以往更夺目的光彩！

“打是亲，骂是爱”是最大的谎言

这周末，萌萌全家进行大扫除。小轩、可可都来帮忙。不过萌萌今天的心思可没在劳动上。她边干活边想着去划船的事。

不料，一个不小心，便闯了祸。爸爸最喜欢的大花瓶被她打碎了。萌萌一下子愣在了那里。她想：“这下闯大祸了，爸爸一定会骂我的！”爸爸一向比较严厉，想起爸爸接下来要拉长的脸，萌萌手忙脚乱地逃离了“现场”。

眨眼到了吃晚饭的时间，爸爸妈妈见萌萌还是没有回来，便分头去找。妈妈在小花园里发现了萌萌。她正和小伙伴们玩得不亦乐乎。

“萌萌，回家吃饭了！”妈妈柔声叫她，但萌萌不敢回家。

“今天是淘气的小轩打碎花瓶的。妈妈，咱们今天能不能晚点回家呢？”萌萌央求妈妈。

妈妈早看出了她的心思，便告诉她：“今天打扫卫生，你是咱家做得最好的，你爸还一直对你赞不绝口呢！此外，你爸爸最近一直嫌那个花瓶大，摆到哪都占地方，这下好了，家里显得不那么挤了！你爸爸说早就想扔了。不过呢，以后劳动的时候要注意啊！”萌萌听了妈妈的话，羞愧地低下了头，她想：“我以后可不会犯这样的错误了！”当她回到家时，爸爸并没有训斥她，而是说：“萌萌，把碎片打扫干净吧，否则扎到脚就不好了。”

萌萌飞快地去拿扫帚和簸箕。从此她无论是劳动还是学习都变得细心了。

萌萌妈妈的处理方式可以说是明智的，她没有因为孩子闯祸而愤怒，也没有让孩子承受闯祸后的“恐惧”，而是用一种温和的方式，让孩子记住“前车之鉴”。

而现实中很多妈妈每每发现孩子的错误，不分青红皂白，便冲着孩子大喊大叫，甚至对孩子拳脚相对。事实上，这种方式收效甚微，因为人们的情绪判断遵循“情绪判断优先定律”，孩子记住当时的“恐惧”，而忘了对错误的判断与反省。

所谓的“情绪判断优先定律”，即指情绪会优先于理性，影响人们的判断。无论是好情绪还是坏情绪都会首先影响到人的行为。当孩子闯了祸之后，他心里其实很痛苦，很内疚。在他这种糟糕的心态下，妈妈的打骂对他来说，只会感到反感，他会觉得妈妈并不爱他，爱的是那些已经损失的钱和物。在这种境况下，他根本就无心改正错误。暴力教育从来就不会让孩子变得顺从，也不会让他变得聪明和懂事，只会使他走向堕落和消沉。

所以，妈妈在与孩子交往过程中要学会“先处理情绪，后处理事情”。比如在孩子处于不愉快状态时，他就会将所有外界信息“拒之门外”，这时妈妈无论说什么，他都很难接受。但是，如果妈妈先处理体谅孩子的感情，宽容和安慰孩子，先处理好他的情绪，使他处于良好的情绪状态下，那么问题就会轻而易举地得到解决。

中国人历来信奉“棍棒底下出孝子”。其实，这种粗暴的家教方式只能摧残孩子的心灵。从表面上看，打骂可以使孩子暂时克服自已不正确的欲望和控制不正确的行为，但是，不能从根本上解决问题，弄不好还可能使孩子养成说谎的毛病，变得阳奉阴违，父母面前不做、背后做。同时，打骂会污辱孩子人格和扼杀孩子个性，还容易使孩子丧失自尊心，失去生活支柱，逆来顺受，畏首畏尾。那些被打骂的孩子，随着年龄的增长，虽然已看不见他们身体上挨打的伤痕。但在他们的内心，仍然保留着幼年时挨打的痕迹，这些痕迹会造成孩子的不自信、缺乏安全感等后遗症，对孩子的个性发展和人生发展都会产生消极的影响。

打骂孩子造成终生遗憾的事情时有发生，孩子不堪忍受打骂上吊自杀的有之，离家出走的有之，父母失手打死孩子的有之。事实证明，“打是亲，骂是爱”是最大的谎言。教育孩子只能说服，不能压服，只能用爱交换爱，用信任交换信任。打骂教育，是一种畸形的家庭教育方式，在现代的家庭中，应该避免出现。

吓孩子，吓出儿童神经衰弱

一个在解放军医院工作的医生说：“我们医院里，每年开学后一个月，都会有很多学生过来就诊，得的就是神经衰弱。”他介绍说，头痛、头晕、胃口不适是典型的儿童神经衰弱。孩子和成年人一样，一旦思想压力大，也会患上神经衰弱症。他接触过一些小学三四年级的儿童，要么头痛头晕，要么脾气暴躁、上课精神涣散，要么胃口不适。

医生的话让人很震惊，原来我们的孩子也正面临着神经衰弱的威胁，许多应该处于“无忧无虑”的童年的孩子，竟然患上了儿童神经衰弱症。这是为什么呢？

儿童神经衰弱主要产生原因是长期精神紧张，学习负担过重，成绩不良，家庭环境不如意，或患有贫血、传染病、中毒、体质弱及性格急躁、小心眼等。表现为入睡慢、睡眠浅、梦多、爱急躁、常常感到头痛或头部发热、头晕、食欲不振、怕声音、怕光、胸口发热、手脚麻木、容易疲劳等等。

精神紧张是最主要的原因，而孩子之所以会精神紧张，往往是因为妈妈的恐吓引起的。据统计，全世界有65%的神经衰弱症儿童患病都是因为妈妈的恐吓！小孩子生性爱动，马虎容易犯错，而妈妈往往就因为这些小事而责备孩子，或者是以某种可怕的后果来恐吓孩子，最终造成了孩子的心理疾病。

有一个小女孩成绩不好，老师说她上课听讲不太认真。回到家里，妈妈就开始说：“现在不好好读书，将来你就去捡垃圾好了。”下楼扔垃圾时，妈妈还故意让孩子去看看垃圾箱里有些什么，好好想想以后要怎么捡垃圾。孩子看到垃圾箱里面有很多剩饭剩菜、动物的粪便、各种生活垃圾，这些脏东西让她心怀恐惧，她心想这么脏的垃圾怎么捡啊！

于是孩子对垃圾箱产生了阴影，她从来不去扔垃圾，路上碰到垃圾箱她也远远地迈开，经常梦到自己在脏兮兮的垃圾箱里面捡垃圾，这简直成为了她挥之不去的噩梦……

其实，女孩的妈妈并不是想把孩子吓出毛病，只是想刺激一下孩子，让孩子警觉起来。可是，妈妈原本的一番好意却成了孩子的心病。因为这种过度的刺激，超过了孩子的承受范围，最终让孩子心理失衡，造成了孩子的心理疾病。

妈妈给孩子适当的压力是应该的，但前提是不能超过孩子的负荷，不能伤害孩子的心，更不要随随便便就恐吓孩子。要知道，孩子的压力本来就很大了，他在学校面对着学习、与同学相处的压力已经很大了，他需要妈妈对其进行疏导，而不是加压，更不是妈妈的恐吓和侮辱。

大人如果神经衰弱了，放轻松，减少压力是最好的治疗方法。孩子也是一样，当孩子神经衰弱时，妈妈要多给孩子一些温暖的鼓舞，帮助他们渡过成长中的一道道难关，要帮助孩子改变恶劣环境，减轻思想负担。另外，你还可以鼓励孩子积极努力学习，安排好学习、文娱活动，保证睡眠，多参加集体户外运动，增强体质，克服胆怯、心窄的性格，从而建立起克服困难的信心与勇气。但是最重要的，就是妈妈不要恐吓你的孩子！

多一点引导，少一点控制

控制是一种奇妙的东西，它是一种与生俱来的本能，隐藏在每个有思想的物种体内，人更是甚之。在家里，妈妈永远都想控制孩子，她们的初衷是对孩子的爱，这爱可以创造伟大的亲情，也可以创造家庭的不幸。因为，很多妈妈借助“爱”的名义来控制孩子。

总结家庭中利用爱的名义控制孩子，从而给孩子心灵成长带来不良影响的现象如下：

“你是我生的，你是我养的，所以你该……”

这种让孩子背上还债的负担，是最常见的控制。按照序位，序位高的妈妈，不能要求序位低的孩子按照自己的模式生活，孩子有选择权力的前提是没有心灵的沉重枷锁。

“你不听话，我养你容易吗？真不如当初不要你了……”

养育孩子等于受苦，还有威胁；迫使孩子以自己的命运进行补偿，威胁式的控制让孩子从小便没有安全感。

“我活得不容易，我的生命是悲惨的……”

这是隐性的控制，也是负面效应很大的控制。这种动力会迫使孩子将自己的生活变得更差以寻找心灵的平衡。或者“你不听我的话，我真命苦……”妈妈有时以自己多么“命苦”，来要挟孩子听话，孩子被迫进行补偿，往往带来孩子悲剧性的性格命运。

以上种种对孩子的控制，大多假借“爱”的名义。中国的多数妈妈总是认为什么都管，让孩子完全按妈妈的思路去做，便是对孩子最完全的爱。其实不然，在孩子年龄还小时，思想和经验还都不足以独立处理自己的人生大事时，妈妈是孩子的监护人，他们有责任也有权利来要求孩子按妈妈的思路去做一些事情，尽管有时候孩子并不情愿去做，但他们的能力不足以摆脱妈妈对他的控制。

那么，妈妈应该如何做才能使孩子“少一点控制，多一些引导”呢？

1. 妈妈应该克制自己的控制欲望。如果妈妈对孩子的控制欲比较强烈，建议妈妈首先应该把心态放平和。对孩子有期望是好的，但不要在孩子面前时时处处表现出来，不要急躁，有时候按照对的思路去做了，一时没看到成效，也不要太着急，继续做下去就行了。

2. 尊重孩子，给孩子自由。妈妈尊重孩子，孩子才能尊重妈妈。有的妈妈只希望孩子对自己言听计从，而不能有观点或者申辩一下，否则就对孩子大声训斥。这种孩子长大后很可能是一个人云亦云的人，没有自己的观点。

3. 给孩子一些成长空间。给孩子一些成长空间，离孩子稍远一点观察。孩子的成长应该顺其自然，不应该脑子里有个框框，孩子应该怎样怎样，更不能强硬改变，而应该利用一些生活场景，尽量提供一些孩子发展的外部环境，尽量正确的诱导孩子。

4. 培养孩子独立思考和判断的能力。独立性是一种习惯，是在生活中慢慢养成的，如穿衣穿鞋、吃饭洗手这类小事。孩子做任何事情，都会碰到次序、步骤的问题，也有效率和结果的不同，这就是因果关系，就是逻辑。更复杂的独立思考、判断的习惯是在独立意识的基础上，在感觉经验和知识的积累中形成的，或许孩子大一些妈妈才会比较关注这一点，但这种能力不是说有就有的，这更多的是长期训练之后形成的一种对环境和面对事情的反应习惯。如果孩子从小就没有这种习惯或能力，可以肯定地说，长大后也不会有。

5. 引导孩子的生活态度和价值观。当孩子逐步具备了事物的简单意识之后，几乎每时每刻都在对外界事物和信息进行着判断和选择。妈妈通过孩子在一点一滴的小事中的不同做法的选择加以引导，就可以逐步培养乐观、向上的生活态度和良好的价值观。

作为母亲，当然不能对孩子不加管教、听之任之，但是控制过严又可能压制孩子天真烂漫的童心，对孩子的心理健康产生消极作用。所以，要对孩子多些引导，不妨让孩子在不同的年龄阶段拥有不同的选择权。只有从小能享受选择权的孩子，才能感到真正意义上的快乐和自由。

永远用温和的态度对待孩子

妈妈的态度不仅影响孩子自己对生活的看法，还会影响孩子智力和能力的发展，影响孩子的行为和道德发展。妈妈会给孩子的成长提供大量的实践材料。孩子的各种行为都受妈妈态度的影响和强化。孩子处理事物的方式，对待人际关系的方式，自尊、自信、自主性、意志力等都与妈妈的态度有关。

妈妈对孩子的态度不仅影响孩子智力发展和学习，也影响孩子其他能力和人格的发展。如孩子的社会适应能力、人际交往能力、自主能力、独立能力等。人的这些能力是在童年时代奠定下基础的，妈妈对待孩子的态度，对孩子在这些方面能力的形成有巨大影响。妈妈是用温和的态度鼓励孩子去和其他孩子交往，还是限制孩子的交往；是有意让孩子在某种环境受到挫折，得到锻炼，还是把孩子保护起来，害怕孩子受到挫折；当孩子受到挫折是帮助、鼓励孩子，还是讽刺、嘲笑、忽视孩子，甚至让孩子在挫折面前逃避，都将对孩子造成重大的影响。

妈妈对孩子持有消极粗暴的态度，就会影响孩子的行为向不良或不健康的方面发展，妈妈对孩子持有积极温和的态度，就会影响孩子的行为向健康的方向发展。只有在妈妈温和的态度下，在妈妈的鼓励和帮助下，孩子在社会能力方面才能建立起较好的自我评价和自我意向，建立起自信心，从而很好的发展出自主能力、独立能力和其他社会能力，为一生奠定良好的基础。

当发现孩子犯了错时，妈妈要注意控制自己的情绪，从孩子的角度出发，用温和的态度对孩子讲清楚问题的后果，让孩子认识自己的错误，当然还可以用温和的语气进行适当的批评。

很多妈妈也想用温和的态度对孩子，但往往控制不住自己的情绪。那妈妈要怎么样才能控制自己的情绪？

1. 妈妈要控制情绪，平衡心态。当孩子犯了错误或做出一些令妈妈难以接受的行为时，有些妈妈一时过于激动，控制不了自己的情绪，打断甚至不听孩子的解释，就对孩子采取训斥或粗暴的打骂。的确，孩子在妈妈的大吼大叫下，或许会表现得听话、服从，但这样的手段会使妈妈逐渐无法控制局面。初期会让孩子的受到惊吓，影响稳定的情绪和心理发育。逐渐就会使孩子有错也不向妈妈说，采取隐瞒、撒谎等方法来逃避妈妈的斥骂，久而久之也会像妈妈一样以同样的手段对待别人。

2. 要学会对孩子的错误“冷处理”。妈妈打骂孩子往往是自己急了的时候，因此要学会“冷处理”，所谓“冷处理”就是在自己着急、上火、生气时不要教育孩子，自己先消消气，等心情平静了再教育孩子。而当孩子也处于生气、激动的时候，也不适宜进行教育，应该等孩子平静下来再用温和的态度进行教育。这样才能防止粗暴型教育，才能冷静地、客观地处理孩子的各种问题。

3. 不要让自己的坏情绪感染孩子。妈妈还应该注意自己日常生活中的情绪对孩子的影响。不要在孩子面前表现出消极的情绪，那样会使孩子处在一种不和谐的家庭环境中，受到妈妈的消极情绪影响而导致情绪上也发生变化。

总之，妈妈需要用温和的态度对待自己的孩子。当妈妈为孩子的错误烦恼时，不妨静下心来，平静地分析孩子的错误，用温和的态度耐心地对待孩子，只有用温和的态度对待孩子，孩子才能更健康茁壮地成长。

不用命令的口气跟孩子讲话

家庭教育专家卢勤女士认为，“成人世界”与“孩子世界”沟通的钥匙，不仅仅掌握在孩子手中，而是妈妈和孩子每个人手中都有一把，而最重要的是妈妈手中的钥匙。妈妈要想和孩子沟通，需要学会一件事——经常从孩子的观点上来思考，从孩子的角度来观察、决定事情，这是对孩子最大的尊重。她说：“与其用命令的方式对孩子指东指西，不如蹲下来好好和孩子说话。”

妈妈能在家庭中创造一种平等民主的“空气”，这是孩子的幸运。在这样的家庭里，孩子会觉得妈妈是自己的朋友，而不是高高在上的权威。

谢美娟就是个聪明的妈妈，她对这一点就深有体会。

有一天，女儿莉莉回家晚了，谢美娟帮女儿拿下肩上的书包，陪女儿吃饭，告诉女儿这是特意为她准备的。谢美娟告诉女儿，她已在窗口看了很多次，盼着女儿回来。女儿说，她陪同学买东西去了，所以回来晚了，并向妈妈道歉。

谢美娟说：“孩子，妈妈知道你是一个有责任心的好孩子，相信你不会惹麻烦，但妈妈牵挂你，担心遇到交通方面的问题或别的什么事情。以后，最好先打电话回来说一下。”

女儿高兴地亲了一下谢美娟：“妈妈，你真好！”

谢美娟从孩子的角度出发看待孩子的过失，使孩子能感受到妈妈对她人格的尊重，感受到她与妈妈在地位上的平等。在我们周围，有许多妈妈喜欢用成人的思维方式来看待孩子的行为，喜欢用命令的方式和孩子讲话，这是不科学的。

孩子本身就是一个独立的个体，有自己的思想，自己的人格和尊严，他们都希望妈妈能够给予他们尊重和平等。妈妈只有和孩子站在同一水平线上，孩子才有可能感受到平等和尊重。

平等地和孩子说话，是培养孩子独立意识的有效方式。

有的妈妈在家里总爱摆摆为人妈妈的架子，对孩子呼来唤去，常用命令的语气对孩子说：“把我的眼镜拿来！”“不要动那本书！”“今天晚上不准出去玩！”当时倒是够威风、够痛快的，可是这些妈妈逐渐地会发现，孩子们慢慢地不吃这一套了，而是常将妈妈的一道又一道的命令当耳旁风。

经常用命令的口气对孩子说话的妈妈，应该了解：命令并不是一种好的教育孩子的方式。

命令并不比积极的暗示对孩子更有效，而且命令让妈妈的教育行动不能留下回旋余地。

例如妈妈命令孩子去睡觉，偏偏孩子是置若罔闻，只管自己玩自己的，而妈妈一时也拿这些小淘气没办法。这样次数多了，孩子就觉得不听妈妈的命令也没什么，那下次也就更不会听了。如果妈妈明白孩子的心理，这样对孩子说：“呀，这东西真好玩呀！可惜时间不早了，乖孩子应去睡觉了。要不你再玩 5 分钟，就去睡觉，好吗?”这样既夸孩子乖，又是用征询的口气同他说话，孩子感到受到了尊重，也许到不了 5 分钟就乖乖地睡觉去了。而且这样为妈妈留下了余地，即使孩子暂时不听话，也不至于激得妈妈为了自己的威严而去与孩子大动肝火。但妈妈一旦向孩子发出了命令，那是一定得让孩子服从的，不然不利于以后的教育。

所以，妈妈对孩子一定要注意说话的语气，千万不要用命令的方式。在具体的家教实践中，妈妈首先要对孩子的心理进行一番“研究”，然后想想自己在孩子这样的年龄，遇到同样的事时是怎样想的、怎样做的。这样就可发自内心地理解孩子，而从更高的角度看问题，解决问题的方法自然会得到改善。

伤害孩子的话永远别说出口

也许你从来没想到过，自己随便说出来的一句话，会对孩子的心灵产生多么重大的影响。你所使用的语句可能让孩子更加乐于合作，更加自信，但也可能令他们感到挫败和失去信心。

因此，作为母亲应该多说能解决问题并让孩子快乐的话语，应该永远拒绝那些伤害孩子的话溜出自己的嘴唇。

经常遭受“语言伤害”的孩子，心灵会比其他的孩子更扭曲，即使成年之后也会出现较多的行为障碍和个性弱点，难以适应社会。为了孩子健康成长，妈妈要对不良语言的严重后果予以高度关注，不要以为区区几句过头话不会对孩子造成多大危害，气急之下就口不择言地说许多刺激孩子的话，对孩子造成了心理伤害，却浑然不知。

妈妈作为孩子的“第一任老师”和“最亲近的朋友”，要明白这样的心灵伤害甚至比肉体的伤害更严重，切不可让孩子感觉“最亲近我的人伤我最深”，因而疏远、躲避妈妈。

作为一位母亲和祖母，龚丽枚也面对过这样的尴尬和冲突。

有一次，她和女儿带着6岁的外孙到西班牙度假。在一家商店里，外孙非要买滑板，但妈妈说：“你已经有两个了，不能再买了。你这个人，怎么这样贪得无厌啊！”

小男孩一下就躺在地上尖叫起来：“我就要，现在就要！”

龚丽枚说：“作为一个孩子精神心理专家，我感到十分羞愧，我就走出去了。”

在外面站了一会儿，龚丽枚觉得自己应该做些什么，就进去对外孙说：“我知道你很伤心，很生气，有的时候生活就是这么让人沮丧。不过我有个好主意，你愿意试试吗？”

小男孩觉得外婆理解他，又想尽力帮自己，就停止了尖叫。

龚丽枚说：“你想要滑板，可我和你妈妈都不愿意给你买。我们可以到别的商店看看，有没有商店愿意把它作为礼物送给你。”

小男孩高高兴兴拉着外婆的手来到另一家商店，外婆把他介绍给售货员，问是否能满足孩子。售货员说：“不，我们没有。”

两人走了4家商店都碰了钉子，到了第五家，小男孩说：“我不买滑板了，我还是玩家里的那个吧。”

碰到案例中的情况，通常情况下妈妈的反应都是会说“你不应该尖叫”、“不许哭”。但是作为一个人，出现这些情绪是正常的。妈妈应该尊重孩子的情感，允许他们表达，否则，就会造成对孩子心灵和情感的伤害。

怎样才能避免对孩子造成情感伤害呢？其实，妈妈要避免对孩子的“语言伤害”，并不是件难事。

首先，要多鼓励孩子，采用积极性语言教育孩子，时时刻刻注意不对孩子说伤害他们的话，尤其是在“恨铁不成钢”或气急的种种情况下，更要保持理智，控制好情绪，努力做到和风细雨、循循善诱。

其次，要做好自我调整，以平常心看待自己的孩子，根据孩子的生理、心理特点，因材施教。避免说出诸如：“你怎么越大越……”“你都这么大的人了，竟然还……”“你怎么就不能像人家……那样呢?”“我刚才是怎么跟你说的?”之类的话。这些话语都会刺伤孩子的自尊和心灵。

再次，讲究批评的艺术，要以提醒、启发来代替指责、训斥。如用“我相信你可以做得更好”鼓励孩子有更努力的动机，用“没关系，慢慢来，尽力而为”帮助孩子调整焦虑、紧张的情绪，等等。

总之，“良言一句三冬暖，恶语伤人六月寒”，同样是语言，功效却截然不同。妈妈们若要科学地教育孩子、关爱孩子，就该多用“良言”，禁用“恶语”，以免对孩子造成“语言伤害”，酿成无法挽回的过错。作为妈妈，为了孩子，从现在开始，改变自己的说话方式吧。

不用权威的口吻指责孩子

有教育专家曾指出，责备孩子的声音越小，孩子听得就越认真，教育的效果也就会越好。

在现实生活中，有很多妈妈，时刻不忘自己的妈妈权威，动辄对孩子破口大骂，似乎只有这样才能表现出自己的妈妈地位。其实这是完全错误的。

还有些妈妈批评孩子时表情严肃，声音很大，以为嗓门越大，孩子越会记忆深刻，效果也就会越好。其实这是家庭教育的误区，这样不仅不能收到预期效果，还有可能引起孩子的逆反心理，结果是事与愿违。

据美国教育专家一项的研究结果显示，与肉体处罚比较起来，妈妈对孩子动不动就破口大骂，更有可能在以后的岁月给他们造成心理伤害。

哈佛大学医学院教授马丁·H·泰切在6月号的《美国家教研究》杂志上撰文指出：“每个妈妈都不应该低估对孩子责骂产生的后果。”泰切还表示，妈妈应该对孩子所遭受的各种不同的创伤给予细心的关注，因为与那些特定的身体上的虐待相比这或许更具严重性。

泰切在报告中指出，一直以来缺乏对孩子遭受口头责骂所造成的影响的研究。此前专家的研究只集中于身体或性虐待或目睹家庭暴力对孩子造成的长期性影响。

泰切还发现：只经历过情感虐待对孩子的心理影响和对那些只经历过性虐待的孩子或只经历过身体虐待孩子的影响是一样的。与身体和性虐待相比，情感虐待对精神分裂症状的影响要更为强烈，而那些经历辱骂和目睹过家庭暴力的孩子与那些经历家庭性虐待的孩子相比会表现出更多的分裂症状。经历过的虐待类型越多，精神病学方面的症状也就越多。

泰切最后得出结论表明：遭受责骂容易让孩子产生压力，心情紧张，这又影响了他们大脑中某些脆弱区域的正常发育，导致他们在精神病学方面出现许多严重后果。

孩子容易犯错，并经常犯同样的错误，妈妈的批评指责是必要的。但态度一定要诚恳，倘若大声训斥，结果收效甚微或适得其反。那么妈妈们在责备孩子时要掌握好以下技巧：

1. 指责要适时和适度。孩子有了缺点错误应及时给予责备，趁热打铁，不可拖拉。在责备孩子时，态度要严肃，语气要平和，摆眼前事实，讲错在何处，不要翻老账，拉三扯四地就会喧宾夺主。孩子听了烦，当做耳边风，会事与愿违，达不到目的。

2. 语速应缓慢，以低于平常的声调责备。有的妈妈一见孩子犯了错误，也不问青红皂白自己先激动起来，连珠炮似的数落孩子，孩子往往因惧怕而一句也没听清楚，更没听进去，说了也白说。如果说话时的语速放慢些，低而有力，让孩子听清楚你所表达的态度，则更有利于孩子明白自己的错误所在。

3. 以说明过失的后果代替责骂。如果孩子不慎抓破了同伴的脸，有的妈妈开口便责骂孩子："谁让你去抓人家的？看我不打你的手。"这样一来，反而强调了孩子的过失行为，孩子的注意力就会全部集中在与你的责备相对抗上，根本不会想到反思自己的行为，也就达不到教育的目的。遇到这种情况，妈妈可以用说明过失后果的方式来调动孩子的情绪体验，比如，可以对孩子说："你把别人的脸都抓破了，流了血，如果是你是不是会很疼呢"，从而唤起孩子的同情心，这样他才能反思自己的过失行为，并逐渐改正。

4. 要让孩子知道你是爱他的。有的妈妈责备孩子后，常常忽略了这一环节，把孩子冷落在一边，常常使孩子将委屈的情绪转嫁到妈妈的责备上，而产生抵触情绪。因此，妈妈应在孩子有悔过表现时，如：伤心、流泪、反省时，通过替孩子擦眼泪、搂抱、抚摸等举动，告诉他你是为他好，是爱他的，引导他说出对过失的认识。这样，你的责备不仅使孩子认识到了错误，也增进了和孩子之间的感情。

所以，妈妈们在指责孩子的时候一定要掌握技巧，千万不能用权威的口吻指责孩子。

不对孩子一味指责

在生活中，不少妈妈可以经常听到其他的妈妈这样说自己的孩子："我这个孩子，一点都不争气，学习不用功，在家里做作业慢吞吞的，一点上进心都没有，从来没有见过这样的孩子。你看某某家的孩子多好，学习用功，成绩又好，学习上一点都不用妈妈操心，我这孩子该怎么办啊？"

我们相信，这些总是抱怨、指责孩子，或总在孩子面前说别人的孩子是天才、别人的孩子是金子的妈妈，目的是激发自己孩子的上进心，结果却事与愿违。

成年人如若整天面对的总是批评，也会失去自信心，工作起来也没有兴趣。连成年人都尚且如此，所以批评对孩子的影响就更大了。

欣欣从小学2年级就开始练小提琴，已经十多年了。一方面出于自己的爱好，另一方面一直寄希望于文艺特长能对高考录取有利。

一次，欣欣正在练琴，妈妈在旁边监督，发现她的手形不对，就用一根小棍挑起她的手腕，大声训斥："跟你说过多少次了，手形不对，你怎么总是出错啊?"

欣欣马上改了过来，但是不一会儿，手形又不对了，妈妈又大声训斥她。这次欣欣也有点着急了，对妈妈说，"我练不好，我不练了!"说完就跑了出去。

其实刚开始练琴时，欣欣很有积极性，每天都主动要求练琴，并且很努力。但在妈妈一声高过一声的训斥中，弹琴变成了欣欣最讨厌的事情。后来，她对钢琴完全失去了兴趣。

有很多妈妈和欣欣的妈妈一样，她们经常会在孩子学习一项新事物时，密切注视孩子的一举一动，一旦发现有错，立即十分着急地加以纠正，甚至训斥、打骂孩子，非要让孩子做到分毫不差才行。其实，如果妈妈只是采取批评、挑剔的态度来矫正他们的错误，无形间将强化孩子的错误行为，甚至让孩子产生严重的自卑心理。

因此，妈妈对孩子应该多鼓励，经常告诉孩子，他是妈妈的骄傲，只要他努力一定能行。孩子取得成绩时一定要及时表扬。那对待孩子的错误，妈妈应采取怎样的措施呢?

1. 不要埋怨：妈妈如果只是一味地埋怨，致使孩子的心情越来越坏，焦虑不安，严重的会产生抑郁表现。还有些妈妈只顾自己嘴上痛快，怎么有理怎么说，甚至让话语偏离事实，对孩子很不公正。

2. 平静对待：有的妈妈看到孩子的错误，就大肆指责孩子，甚至不分青红皂白地罗列罪名，只要是平时做得不对的、不好的，有关无关的都扯进来。本来孩子心情就很沉重，这时妈妈非但没帮他们解脱，反而火上浇油，使孩子更加委屈，更加烦闷，甚至感到绝望。这对孩子改正错误不会起到任何作用。反之，妈妈应该和风细雨，帮助孩子调整心态。

3. 科学指导：对孩子的盲目冲动心理，要给予指出。有针对性地指导其正常活动。帮助他们理智地超越情感，培育高尚情操。

4. 把握尺度：在对孩子的教育过程中，妈妈应把握好度，既不要一味地乱指责，也不能盲目地瞎表扬。在发现孩子有问题时，千万不要再给他贴"标签"。因为，很多孩子自身有了缺点后，他们也感到矛盾、彷徨、痛苦，这个时候你还去给他贴"标签"，说他"自毁前程"、"完全不理解妈妈的苦心"等，事实上总是出现截然相反的效果，孩子要么更不理你、更烦你；要么马上离你而去，把他的房门关得更紧；更糟糕的是，有时还会冲着你吼："烦死人！不要你管!"

所以，妈妈们，面对孩子的错误，指责是不能解决问题的，只能增加孩子的心理负担。妈妈应该把埋怨教训的口气换一换，把训斥和苛责放一边，尝试着换用不同的方式与孩子交谈，努力改进亲子关系，这样才能逐步把孩子引导到正确的轨道上来。

罚小错才能免大过

妈妈教育孩子要赏罚分明，孩子做得好要给予奖励，但孩子做错事时也一定不能姑息，哪怕只是小错也要进行适度的处罚，这样孩子才能正视自己的错误，及时改正。

5 岁的欢欢虽然是个女孩子，但喜欢玩火，只要是与火有关的东西，例如火柴、打火机，甚至于家里的炉灶她都要去摆弄摆弄。

欢欢的爸爸自己也喜欢各式各样的打火机，从气体、电子式到机械式打火机，甚至于还有古老的“火镰”……对于欢欢玩火的行为，妈妈从来没有给过任何处罚，他们觉得玩火也不是什么大错，看着女儿熟练地使用各种打火机，欢欢的爸爸甚至还得意地说：“瞧，我的女儿就是像我！”

可是有一天，欢欢在家里玩一个爸爸刚买来的打火机时，一不小心把自己的帽子烧了个洞，脸上还蹭上了不少黑灰！欢欢的妈妈看到女儿的狼狈样，非但没有狠狠地教训她，反而笑得喘不过气……

几天后，妈妈带欢欢去农村的姥姥家，一不留神，欢欢居然和几个表兄弟一起玩起火来，不知什么时候开始，姥姥家的草垛已经燃起了熊熊大火！欢欢的爸爸跑来，怒发冲冠，拉过欢欢来就是一顿痛打！

通过欢欢的故事我们可以了解到，一些妈妈有时也会认为孩子的小错并无大碍，不用小题大做。

一般人认为，孩子犯了小错可以不问，犯了大错就必须加以批评，其实不然，小错更应该引起妈妈的重视。

孩子的判断能力远不及大人成熟，他时常会犯错误。但是，即使是孩子，也具有区分好坏的基本判断能力，如果犯了严重的错误，内心深处一定会有所察觉。虽然不知原因，他也会自问是否做错了。

除了及时指出孩子的过错，还要注意方式。如果妈妈在一旁呵斥，孩子刚刚萌发的反省心也会一下子化为乌有，进而产生反感，破罐子破摔，如此就会带来相反的效果。

当孩子遭到较大挫折，换句话说，当孩子处在成长的关键时刻时，妈妈当场数落，不如给孩子留下自我思考的机会，等事情过后，再慢慢“细问”：“那件事怎么样了？”“当时觉得很困难吧？”有了反思的机会，孩子才有可能从各个角度去检讨错误，并从中吸取教训。

相反，当孩子犯了小错误，就应“随时确认”，及时给予批评警告。有时，孩子未必能意识到自己的错误，如果不加以纠正，小错很可能演变成大错。因此，不断纠正小错误，才能做到防患于未然。

如果妈妈对孩子的一点小过错不断纵容，也会累积成大过。因此，妈妈在教育孩子时，一定不要纵容孩子的小过错，要不然只会害了孩子。

我们在这里对妈妈的忠告是：面对孩子的小错误，妈妈要立即纠正，正所谓“堵蚁穴而保千里之堤”。如果孩子犯下小错误，当妈妈的不能立即纠正，一旦孩子犯下大错误便后悔莫及了。

如果孩子犯了错误，在他的意识里，他会感觉到自己做了错事。此时，妈妈应当抓住孩子“我犯错误了”的心理，立即进行有效的教育和行为上的纠正，这样一来，孩子就不会再犯这类的错误。

在日常生活中，妈妈不要有觉得孩子犯些小错无妨的意识。在孩子已经犯错时，要及时提出批评，但切忌过于严重或夸大。妈妈在发现孩子犯下比较严重的错误时，不要“大发雷霆”地惩罚孩子，应该仔细帮助孩子分析错误的原因，让他意识到错误的严重性，自己在反省中得到教训，避免日后重犯。

第三章 怎样把学习变成轻松的事

学习并不如想象中那么难，凡是觉得学习困难的孩子，都是因为他没有遇到好的引导。只要妈妈用对了引导方法，孩子的学习就可以变得很轻松。

不要把学习暗示为“苦”事

很多妈妈从孩子小时候就向他灌输“学习要刻苦努力”的观念，以期培养孩子良好的学习态度，但殊不知，少有孩子会认同妈妈。因为人的天性是避苦求乐，妈妈将学习暗示为一种“苦”，孩子自然就对学习这件“苦事”开始回避。

杜威认为，“凡是所做的事情近于苦工，或者需要完成外部强加的工作任务的地方，游戏的要求就存在”。如果妈妈把学习暗示成一件“苦事”，或者给孩子强加了很多任务和压力，使得学习成了一件“苦事”，孩子就会想逃避，想玩耍而不想学习。所以，要想让孩子喜欢上学习，就不要把学习暗示成或者弄成一件“苦”事，因为没有一个人能在讨厌一件事的情况下把一件事做好。

所以，妈妈在督促孩子学习的时候，要让孩子学会轻松学习的态度，养成轻松学习的习惯！

首先，轻松学习需要劳逸结合，合理安排时间。心理学专家认为，每天要有充足的睡眠时间：初中生为 9 小时，高中生为 8 小时。为了更好地学习，每天至少要保证 8 小时的睡眠时间才能有充足的精力高效率地学习。

一个人的精力如同一根弹簧，你如果在它的弹性限度内拉开它，手一松，就会弹回去，恢复原来的状态。但假如你无限度地拉，超出了弹簧的弹性限度，当你再松手的时候，它就不会再恢复原状了。

如果孩子睡眠不足，每天“超负荷学习”，就好似超过“弹性限度”，时间长了，必定影响身体健康。同时，由于大脑连续工作时间过长，会疲劳不堪，从而孩子会感到学习很累，轻松更无从谈起，学习效率也会大大降低。孩子的大脑每天都处在兴奋和抑制的交替进行状态，即学习时大脑皮层兴奋，随着学习的进行，兴奋逐渐减弱，并出现抑制，这就需要使大脑得到休息。当孩子学习感觉到很累的时候，不妨就小睡片刻，这样精神就会很好，因为这时睡觉会马上进入梦乡，所以睡眠质量很高，可以马上补足精神，精神补足后，学习效率就会提高，学习也变得相对轻松起来。

妈妈可以帮助孩子养成学习中途休息不超过 10 分钟的习惯，因为超过 10 分钟，会较难收心。中午时分，如果能小睡一下，下午和晚上都会很有精神。另外，体育锻炼是休息的最佳方式，这是一种积极的休息方法，对提高学习效率非常有帮助。事实上，只有做到劳逸结合，学习才会变得轻松起来。

其次，轻松学习也要适合孩子的个性。在学习中，每个人的个性各有其优势，不必羡慕别人，别人的方法未必适合自己的孩子。丰富而自由的个性也是一个社会之所以具有丰富创造力的根本原因，没有个性的存在，没有个性表现的自由，就不会有创造力。

再次，轻松学习需要培养孩子的记忆力。许多妈妈认为，人的记忆力是天生的，无法培养。事实上，这种说法是错误的。没有一个人在生下来的时候就认识他的妈妈。他之所以能够认识自己的妈妈，是因为妈妈经常和他在一起。因此，人记忆力的好坏不仅与遗传因素有关，更重要的是和记忆的条件、记忆的方法有关。许多妈妈以为孩子记忆力不佳是资质比较愚钝，其实不然，大多数孩子记忆力差，是因为没有掌握记忆的规律，缺乏正确的记忆方法。只要妈妈有意识、有目的地加以培养，任何健康的孩子都是能够提高记忆力的，高效的记忆会提高学生的成绩。

最后，轻松的学习就要从压力中走出来！当自己的孩子感觉学习压力大时，告诉他们让他们自己彻底放松，从学习的压力中走出来。这时，可以听听音乐、做做运动，也可以出去散散步。

让孩子轻松地学习才会有快乐，同时，轻松地学习，也会使孩子的学习效率更高，学习效果更好。也只有在轻松的状态下学习孩子才能不被学习所奴役，才能发现学习的兴趣。

不规定具体时间，写作业心甘情愿

有一个妈妈曾介绍经验：她的孩子以前老是爱看电视，不知不觉就忘了写作业。等到想起来的时候已经很晚了，又害怕明天挨骂又想睡，结果哭了一场。

“哭也还是要写呀，不然明天老师就要批评你了。我们陪着你写，好不好。”妈妈主动提出来陪女儿写作业，好让她尽快投入到解决问题的行动当中，而不是把时间浪费在哭上。

“既然已经这么晚了，你写作业的时候要快也要好。如果草草写完，明天照样挨批，还不如现在就去睡呢。要写就把它写好了，这才值得。”女儿终于耐着性子把作业写完，安心睡了。

第二天，女儿回家，朝妈妈坏坏地一笑：“幸好昨天做完了，老师今天对那些没写作业的同学可凶了，罚他们回家把昨天的作业写10遍。”妈妈听了笑着说：“昨天的滋味不好受吧。往后我们规定一个写作业的时间，平时分成两个，为看电视前和看电视后，周六和周日，就在早上、中午和晚上之间选择。当然啦，这个是由你来做决定的，你挑吧。”

吃过昨天的亏了，女儿当然心甘情愿地选择看电视之前写作业，周末，她有时候会和朋友出去玩，所以都选在早上早餐后做作业。就这样，这个女孩每天都很自觉地在看电视以前把作业做完，周六日吃了早餐也不要父母催，乖乖回屋写作业了。

上面的这个妈妈，最贴心的地方就是让女儿自己选择做作业的时间。一个人只会对自己的选择心甘情愿，如果可以选择不做作业，孩子们多半会选择不做，但是他们没有这个权利。在做作业上，他们完全不能还价。所以，在何时做作业上，妈妈们不妨“放权”，让孩子们自由选一个做作业的时间。

可能有的妈妈会担心：让孩子自己选时间，他们肯定会选越晚越好，能拖就拖。其实这是不信任孩子的表现，在你放下权力的时候，孩子能感受到你对他的信任，这其实是在强化“作业必须做”的意识，他们自己去选择时间，自然就会按照那个时间来做。如果孩子真的“厚脸皮”，出尔反尔，那多半是因为以前家长在他的面前做过这种说话不算数的事情。

分析一下孩子的心理，我们就能明白为什么他们不喜欢做作业。中小学生的作业往往是“抄十遍”、“做两套试卷”这样简单、重复的事情，缺少乐趣，单调乏味。孩子们实在难以拿出热情来爱上这样的作业；另一方面，孩子们的自觉性不高，也不能认识到学习对自己人生的重要性，脑袋里面就想着玩，让他们去做作业，简直就是压抑天性，何况老师和家长都是以命令的语气来告诉他们，要做多少，怎么做，何时交上来，就跟交房租时的心情是一样的。

对很多孩子来说，家庭作业犹如一场战争，既要和自己的惰性较量，又要和家长、老师较量。作业做得不好，孩子要挨批，家长看着也生气。想要让孩子爱上写作业很难，但是想要让孩子自觉地做作业，不推三阻四，不敷衍塞责，也是有办法的。那就是让他自己选择做作业的时间，这一点很重要。

当孩子忘记做作业的时候，先不要提醒他，假装自己也忘记了这回事。等他自己想起来的时候，妈妈再出来“救场”，孩子才会教训深刻。如果他决定不做作业，那也不要紧张，明天他就会为自己的这个决定承受代价了。这是一种成长的经历，妈妈们就做一个冷酷的“看客”好了。

把学习的时间交给孩子去选择，是在鼓励孩子自己决定自己的生活。何止学习的时间可以让他们自己选择，穿哪种颜色的衣服、看什么样的课外书、参加何种兴趣班，这些都可以让孩子们自己去选择。我们都知道“强扭的瓜不甜”，也听孩子说“我的地盘听我的”，何不做个顺水人情，让他们自己安排生活呢！妈妈们也乐得清闲，不为写作业这件事发火闹心，自己做自己的事情。这样的方法才是一劳永逸的。

把学习做成一场表演，让孩子在角色中学习

歌德是德国最伟大的诗人，是德国乃至整个欧洲著名的作家，还是一位多才多艺、知识广博的艺术家和科学家，备受世人的尊敬。他 8 岁能阅读德、法、英、意大利、拉丁、希腊等多种文字的书籍，14 岁开始写剧本，25 岁用了 4 个星期完成了风靡全球的小说《少年维特之烦恼》。人们称歌德为天才，这个天才的出身很普通，不过他有一对不一样的父母。

1749年8月28日，歌德出生于莱茵河畔的法兰克福。父亲曾获法学博士学位，当过地方官。歌德小时候常和父亲去林中散步，背诵大自然的诗歌，认识动植物；稍大一些之后，父亲带他到各地旅游，走到哪里，父亲都能介绍出当地的历史、风土人情。

歌德家常有宴会，当然都是为孩子们举办的。这时歌德被允许站在椅子上，面对观众做演讲。他从结结巴巴、词不达意，慢慢变得口齿伶俐、声情并茂起来。

歌德的母亲是当地市长的女儿，她爱好文学，喜欢给孩子讲故事。有时到了关键处，妈妈故意停下来，要歌德设想接下来发生的事。母亲请人在家中演木偶戏，看完之后，歌德就和其他孩子兴致勃勃地排演这个剧目，他们背诵台词，准备道具，慢慢发展到自己写剧本，扮演角色。

歌德后来在回忆录上写道："这种儿童的玩意和劳作从多方面训练和促进了我的创造力、表现力、想象力以及一种技巧，而且是在那样短的时间，那样狭小的地方，花那样小的代价，恐怕更没有别的途径能够有这样的成就了。"

很多妈妈说，孩子学习很用功了，但就是记不住东西，于是怀疑是营养跟不上，买了很多号称"增加记忆力"、"提高学习效率"的营养品！但结果是孩子的体重上去了，学习成绩没有上去。

有没有不花钱但又能让孩子爱上学习、增加记忆力的办法呢？这也是有的，可以从世界著名的博学之人歌德的成长故事中得知。

无论是到林中散步，还是自己想故事或自己扮演角色，歌德所接触到的教育都是能够亲身参与、身临其境的。在学习的时候，他调动了自己的感情、语言、动作，全身心地投入其中，所起到的效果当然要比死记硬背好得多。歌德学习的时候并不是为了记忆知识，却达到了牢记知识的效果，这种高效的学习方式，未尝不可借来一用。

孩子们现在会接触到很多人文知识，从历史到政治、地理，信息量很大。而他们的人生经验很有限，也没有时间去名胜古迹旅游、去剧院一一观看历史剧，更不可能为了学一段历史就去守着相关的电视剧看，何况电视剧中有很多的演绎成分，会混淆孩子的历史观。这时候，妈妈们就可以和孩子做角色扮演的游戏，比如今天学了唐朝的藩镇割据，就可以找出安禄山、唐明皇这些角色，帮他们设计台词，给他们一个画地图、指点江山的地方。当然，还可以发动爸爸、爷爷、奶奶等一起参与其中，让整个故事更加丰富、复杂。

当然，孩子们要背诵的不仅是历史知识，还有政治上的一些常识。很多学校都会在学校展开"模拟法庭"，让孩子们扮演被告、原告、律师等，这也是一种角色扮演的教育方法。家长们在家里，可以把场景和道具都改变一下，比如从民事案变成刑事案，加深孩子对知识的理解，那样他们才能掌握更好地掌握一门学问。

事实上，在很多欧洲国家，以及日本、韩国，这种角色扮演的活动是学习的重点，很多家长都必须为孩子准备好表演的道具，有时候家长也必须到学校去参加各种表演。如果谁的家长没有去，校方就会认为家长不支持教育，孩子也会因此而感到自卑，在同学面前抬不起头。

如果妈妈觉得角色扮演的做法太可笑了，大人怎么能和孩子一起疯疯癫癫，那将会非常遗憾，孩子因为妈妈的这个想法，错过了一个好玩又有意义的学习过程。任何学习的方式，都比不上身临其境、设身处地地思考，他在背诵上花了好几个小时，不如花一点时间扮演一回大唐皇帝。而且整个家庭的氛围都会变得活泼、快乐起来。

很多妈妈为了孩子可以什么都不要，却不能为了孩子扮演一个虚构的角色。在成年人的眼中，很多事情都没意思、太可笑，但在孩子的眼里，恰恰是那些游戏最能带给他们快乐。如果你真的是一个爱孩子的妈妈，就要下决心去改变自己的想法，做真正能帮到孩子的事情。相比孩子记不住知识的沮丧和自卑，妈妈偶尔“疯狂”一把又算什么呢？

多向孩子请教，“小老师”进步快

有一个叫做小雨的孩子，平时学习成绩还不错，但是考试的时候总是不理想，妈妈分析觉得还是孩子的知识没有掌握牢固。

有一天，小雨正在背地理课本里面的地中海气候什么的，妈妈从外面进来，端了一杯水，笑着说：“喝点水吧。你背的这个地中海气候是什么意思啊？”

“这是一个气候术语，就是根据地理气候的特点，把全球分成了不同的气候类型。不过地中海的比较特别，集中在地中海沿岸，所以就叫地中海气候。”孩子喝水的时候回答道。

“哦？地中海和别的地方有什么不同啊，妈妈从来没有想过那么远的地方会是什么样子呢。”妈妈好像真的想去看一看。

“地中海在这里，”儿子指着地球仪，“它的气候特点是……”就这样，孩子把地中海的气候介绍了一遍，又和别的气候作了比较，还顺便介绍了中国的气候特点。妈妈听得津津有味。

“哎呀，你们现在的教材真有意思，可惜我们当年没有这么有趣的书读。”

“妈妈，你要是喜欢，我往后经常给你讲讲？”小雨竟然主动提出了给妈妈上课，妈妈当即说好，并且定下每个双休日选一个下午的时间给妈妈上课，从地理到历史，除了数学之外都行。孩子自由备课，可以拟定试题、抽查考试、判分数、写评语……

当然，这个妈妈在背后也下了不少工夫，为了提醒儿子不要犯同一个错误，妈妈故意在孩子出错的地方做错，让孩子“纠正”，这样一个学期下来，“小老师”的学习成绩提高了很多。

这种学习方法看起来是在增加孩子的负担，其实是在减轻孩子的心理负担。孩子一直处于一个被安排、被教育的地位，很容易产生厌倦情绪，如果不及时疏导，就会积累成厌学、偷懒的坏毛病。妈妈以一个求教者的身份来接近孩子，孩子的情绪就会适当排解。

两个孩子在一起玩弹珠，当然是其中最会弹的那个玩得比较积极，输的那个不用几个回合就会觉得没有意思了；两个孩子同时学习，当然是成绩好的那个比较积极，总是出错，老被别人比下去的那个积极性会差很多。

无论做什么事，孩子总是会在自己稍微有优势的方面表现得积极，比不上人家的方面就不积极。如果他老是没有邻居家的孩子考得好，学习起来自然觉得没意思，大人也是这样的。几乎谁都喜欢处在占优势的那一方，好控制局面。

但不是每个孩子的成绩都好，成绩相对较差的孩子怎么办？必须出现一个比他更弱的人，来增加他的自信心，这个人不是哪个倒霉的孩子，而是我们的妈妈。

当孩子在家学习的时候，妈妈总是以指导者的身份出现，告诉他哪个对哪个错，孩子的心里总是忐忑不安。如果妈妈能虚心向他请教，假装自己不知道，孩子的自信心反而会高涨起来了。

这里最需要的，是妈妈的决心和耐心。如果有的妈妈喜欢麻将、逛街等，自然就很难有时间学习了。所以，妈妈适当地作出牺牲才能成就这种学习方法。

当然还有别的方式，比如让孩子给表弟表妹当老师，辅导他们的作业等，不过，这没有让孩子直接复习自己刚学的功课有效。给表弟表妹上课时，大一点的孩子因为“有恃无恐”，可能养成没有耐心、急躁、伤害弟弟妹妹的行为习惯，所以要慎之又慎。

如果孩子觉得妈妈当学生很奇怪，你可以给他讲孔子不耻下问的故事，这个故事相信很多孩子也听说过。

孔子走在路上，听见两个孩子为太阳的远近争辩不休。一个孩子认为太阳刚升起的时候距离人近，但是到正午的时候距离人远，另一个孩子认为相反。

第一个孩子的理由是：太阳刚刚升起的时候像车篷般大，到了正午看起来就像盘子一样，这不是因为远的东西看起来小，近的看起来大吗？后一个孩子的理由是：太阳刚出来的时候感觉很清凉，到了中午就灼热起来，这不是因为越近感觉越热，越远感觉越凉吗？孔子听了他们两的话，不能判断谁对谁错，于是拜小儿为师。

太阳的远近究竟是怎样的呢？这也可以成为孩子和妈妈讨论的一个问题。连大学问大智慧的孔子都虚心向孩子求教，妈妈学习也是很正常的，而且，孩子也能学会“不耻下问”这个词的真正含义。

妈妈在向孩子请教的时候，一定要投入到请教的过程中，不能一看就知道是在“演戏”，那样孩子就没有认真教课的欲望了。如果妈妈能够提出几个有价值的问题来更好，挑战“小老师”，“小老师”再回去问老师，如此循环，孩子对知识就能理解得更透彻了。

学习遇到瓶颈时，多动心力而不是体力

张琦是某重点高中三年级的学生。他认为自己属于那种学习不很卖力又有些小聪明的学生。高一、高二学习马虎，对待老师、家长的批评是“虚心接受，坚决不改”，但成绩都能保持在班级10名左右，发挥较好时甚至能进入班级前5名。父母亲戚、老师同学都说他学习潜力很大，上高三后会进步很快，可望进入国内一流名牌大学，甚至可以向清华、北大冲刺。对此，他也颇感自负。

进入高三后，他真的洗心革面，抛弃以前的所有陋习，全身心拼了起来。可是，

暑期到现在，两个多月了，每次考试还是10名左右，最近一次考试排班级19名。这样的成绩，考清华、北大甭提了，就是进重点大学都有问题。家人着急，他自己也“头悬梁、锥刺股”，靠补品支撑着熬到深夜一两点钟。可是成绩并不呈上涨势头，而且一拿起书本头就嗡嗡直响，听课时也会莫名其妙地走神，注意力总集中不起来，好像有劲却怎么也使不上。张琦开始怀疑过去对他“聪明”的评价是对他的嘲讽，怀疑自己的潜力已挖掘殆尽。

张琦遇到的这种现象是一个很普遍的问题，很多孩子会在一段时间出现学习和复习效率停滞不前，甚至对已经学过的知识还感觉模糊，有时头脑昏沉，心情烦躁，学习效率降低，越学越没有劲头。这种学习进步的速度减慢甚至停滞的现象在心理学被称为“高原现象”。例如：当掌握的词汇量达到3500～4500的时候，就会出现第一次高原现象，平均滞留时间为8个月左右；达到6500～7500时，出现第二次高原现象，平均滞留时间为12个月左右；当词汇量达到了9500～10500的时候，第三次高原现象就出现了，平均滞留约18个月。

高原现象的产生也是多种多样的，具体来讲，当学习一段时间后，好奇心已满足，学习兴趣减弱，学习动力随之下降；也许目前使用的学习方法已不再适应这一阶段学习的要求；也许是生理与心理的双重疲劳；也许是原来形成的知识结构网络不适合进行新的学习……诸多因素，致使孩子的学习停滞不前。

高原现象是学习成绩一时性的停顿现象，它与生理的极限和工作效率的绝对顶点是不同的。当孩子学习成绩暂时停顿的时候，妈妈首先要明白，“高原现象”不等于“学习的极限”，是一种正常现象，如同运动员在长跑中会出现极点一样。妈妈不必慌张，不要逼迫孩子加大学习力度，更不要责怪孩子不够努力。你的不理解只会增大孩子的压力，起到阻碍孩子突破瓶颈的作用。

要想帮孩子不慌不乱地走下“高原”，妈妈首先要鼓励孩子再坚持一下，学会为自己加油，增强信心，这种感觉就会消失。用一种平和的心境看待它，告诉孩子在合适的时候学习合适的内容。比如，早晨可用于早读，中午休息，下午整理消化当天复习内容，晚上3门学科交叉系统进行。尽快把头脑中较为混乱的知识排序重新组合，通过比较、分析、归纳、概括等手段，使自己已有的知识系统化，这样可以避免在知识调用时出现混乱，人为造成“高原现象”。当然，更重要的是要陪孩子一起放松身心。可以谈谈心，一起打羽毛球、出去旅游等。

一时的停顿会让孩子有些泄气，但聪明的妈妈会帮助孩子走出困境，让他感受到学习中的突破带来的更大乐趣。走下“高原”后，孩子才知道学习并不是件困难的事，再大的瓶颈也是可以跨越的。

“减压”比“拼命学习”更重要

青峰的父母在社会上都是有头有脸的人物，他们对青峰倾注了很多心血，同时也为青峰设置了极高的标准。在学习上，青峰必须争第一，在父母眼里，第二都不是优秀，只有第一才是赢家。为了达到这个目标，青峰从小学习时间就长过其他孩子，他没有时间看动画片，没有时间出去游玩，放学后不是参加补习班，就是到钢琴教室弹钢琴。青峰是个懂事的孩子，为了自己能使父母感到欣慰，他卖力地学习，所以，从小学到初中，他成绩都很优异。但是，俗话说："打江山容易，守江山难"，好马也总有失蹄的时候，青峰偶尔也会失去第一名，而这种时候，父母就对他冷言冷语，怪他懒惰不知上进，逼他增加更多的学习时间……在越来越多的学习时间中，在越来越大的压力中，青峰的学习成绩反而越发不稳定了，第一名的次数越来越少，青峰的学习后劲也越来越不足，看着同学们进步非常，而自己却不进而退，他心里产生巨大的挫败感和失落感，同时，本已经受伤的心还要面对父母越发严厉的批评，青峰最终崩溃了，他变得暴躁不安，情绪波动很大，并且经常失眠。他听不进去父母的话了，也不跟同学老师来往，把自己封闭起来。这样的状态深深影响了青峰的身体和心理健康。最终，他中考一败涂地，没有考上高中。

俗话说，井无压力不出油，人无压力轻飘飘。适当给孩子施压是应该的。因为望子成龙是每个家长的愿望。可凡事有个度，过重的压力会让孩子感觉到生命所不能承受之重，出现逆反心理，反而事与愿违。父母给予青峰的巨大学习压力，是青峰身心受损的最根本原因。要想避免这种不良后果的产生，父母就该改变"压力越大，效率越高"的错误观念。因为如果人的压力过强，就容易变得紧张，思维局促，甚至在极端的情况下，大脑会一片空白，这样的情况，当然不利于发挥水平了。只有在压力适度，人比较放松的情况下，人的能力才会得到充分的发挥。

从前，在山中的庙里，有一个小和尚被派去买油。在离开前，庙里的厨师交给他一个大碗，并严厉地警告他："你一定要小心，绝对不可以把油洒出来。"

小和尚答应后就下山到城里，到厨师指定的店里买油。在上山回庙里的路上，他想到厨师凶恶的表情及严厉的告诫，越想越觉得紧张。小和尚小心翼翼地端着装满油的大碗，一步一步地走在山路上，丝毫不敢左顾右盼。很不幸的是，他在快到庙门口时，由于没有向前看路，结果踩到了一个坑，虽然没有摔跤，可是却洒掉了1/3的油。小和尚非常地懊恼，而且紧张到了手脚开始发抖，无法把碗端稳。等回到庙里时，碗中的油就只剩一半了。

厨师拿到装油的碗时，很生气地指着小和尚大骂："你这个笨蛋，我不是说要小心吗？为什么还是浪费了这么多的油，真是气死我了。"

小和尚听了很难过，哭了起来。

另外一位老和尚听到了，就问了是怎么一回事。知道了事情的经过，他就去安抚厨师，并私下对小和尚说："我再派你去买一次油，这次我要你在途中多观察你看到的人、事、物，并且回来后详细地描述给我听。"

小和尚想要推掉这个任务，说自己油都端不好，根本不可能既要端油，还要看风景。不过，在老和尚的坚持下，他只好勉强答应了。

在回来的途中，小和尚发现，其实山路上的风景真是美丽啊。远方有雄伟的山峰，不远处有农夫在梯田里种地。走不久，又看到一群小孩在路边的空地上玩得很开心，而且还有两位老先生在树下的石凳那儿下棋呢。小和尚就是这样边走边看风景，不知不觉地就回到庙里了。当小和尚把油交给厨师时，发现碗里的油依然满满的，一点儿都没有洒掉。

妈妈对孩子的教育也应该这样，给孩子要求，但是不要给孩子太大的压力，孩子才能心情放松地去学习和生活。心理学家认为人的各种活动多存在一个最佳的压力水平。压力不足或者过分强烈，都不是一种好现象。比如，一个整日混日子，没有什么理想的学生，很难有学习的兴趣；而一个对学习抱有太大的期待，过分追求学习功利性，学习压力过高的学生，势必会为自己制造巨大的压力，最终影响到他的学习效率，而学习效率的下降，反过来又会增加他的压力。

压力过强和过弱都不好，那么什么样的压力水平才是最适度的呢？美国心理学家耶克斯和多德森认为，中等程度的压力激起水平最有利于效果的提高。所以，当孩子的压力超过中等程度时，妈妈记得要帮孩子减压，可以从以下几个方面做起：

1. 当学校老师为孩子施加压力，让妈妈监督孩子学习时，妈妈最好不要让老师牵着鼻子走，而要做到“不管”和“不说”。孩子们已经够累了，就让他们在这种“不管”、“不说”中学会自我监督、自我放松吧！

2. 无论妈妈有多紧张，都应该尽量避免在考试期间，与孩子发生情绪上的冲突，增加孩子的压力。

3. 确保孩子作息正常。考试压力过大的孩子可能会在考试期间或者备考期间出现乱发脾气、头痛、发烧、肚子不舒服，甚至失眠等状况。调节孩子身心平衡，让孩子和平时一样吃好睡好，维持正常作息，孩子才能处于最佳状态。

4. 和孩子一起做运动。适当的运动，能够让孩子的紧绷状态松懈下来。几分钟的深呼吸，10 分钟的暖身操，花半个小时去游泳、跑步，到公园散布，都是很好的解压方法。

饭后学习效率低，不如轻松小憩

很多人一谈到读书学习，总是强调“勤奋是成功之母”、“手不释卷”、“一寸光阴一寸金，寸金难买寸光阴”之类的名言。不能说这些名言没有道理，但真理向前多跨一步就可能成了谬误。勤奋程度大小、学习时间长短在一定范围内与成绩成正比，但绝不是越勤奋刻苦、学习时间越长，成绩就会越好。

小海今年升入初三了，他刚吃完饭准备看一会儿电视，这时正在厨房洗碗的妈妈说：“初三了，学习这么紧张，不要看电视了，快去做功课。”小海只得无奈地走到书桌旁去学习。但是小海一看见书就发困，他强迫自己看书，但是眼皮却一直往下跌，实在困得不行了，小海就趴在桌上小睡一下，谁知道妈妈进来看见了，给小海劈头盖脸一顿说：“你这孩子怎么这么不上进，叫你别看电视争取时间学习，你就在这里睡觉，人家其他同学这个时候肯定都是抓紧每一分钟努力学习呢，你还在这里浪费时间，看你考不上高中怎么办?”小海听了妈妈的话觉得很委屈，对妈妈说道：“我又不是故意要睡觉的，但就是困啊！我已经尽力强迫自己看书了，你一点也不体谅我！”母子俩争执完后，小海继续看书，但是现在他更看不进去了，这一晚上的时间就这样浪费了！

很多妈妈盲目要求孩子抓紧时间学习，而不重视学习效率和学习状态，造成孩子的学习事倍功半，甚至引起孩子的厌学情绪和不自信。就像上文中的妈妈，逼迫孩子饭后立马学习，结果得不偿失，这不能怪孩子，因为事实上饭后马上进入学习状态是不科学的。生理学上说，吃完饭之后，胃部需要大量的血液来消化、吸收刚吃过的食物，由于大量的血液参与胃部消化，大脑就会缺少血液供应，处于不清楚的状态。人们就表现出想睡觉、犯迷糊。如果此刻坐在书桌旁学习，学习效率会很低。而长此以往，对身体健康也不利。

一般说来，孩子持续学习时间越久，则疲劳强度越重，要消除疲劳就越不容易。如果孩子感到累时适当休息，不但可以迅速消除疲劳，头脑清醒了，也更易于接受理解新知识，学习效果好了，孩子的心态、信心也会大大的振奋。反之，如果妈妈不忍心“浪费”这宝贵的时间，当孩子已经头昏脑胀了，眼睛干涩难忍了，还要他“坚持”学习，此时大脑反应迟钝，对知识的理解力差，不仅学习效果不佳，更令孩子身心受损。

列宁说过：“不懂得休息，就不懂得工作”。学习本身就是一项复杂的脑力劳动，而大脑是唯一能够进行学习和思维活动的器官。要使孩子的大脑保持清醒，并在学习中维持一种兴奋状态，就必须确保每天有充足的睡眠和休息时间，因为休息可以使脑的功能得到最大程度的恢复，这样才能最大程度地提高学习效率，而不会白白做一些无用功。

为了提高学习效率，让孩子的大脑保持清醒的状态，妈妈就要帮孩子平衡好学习与生活，为他合理安排适当的休息时间，让孩子做到劳逸结合，张弛有度。

1. 确保足够的睡眠时间。生理学家研究表明，中学生夜间睡眠必须保证8～9个小时。因为充足的睡眠对于学习最少会带来两个方面的益处：可以更好地巩固记忆，防止学习结束后带来的记忆干扰和记忆衰退；能更好地恢复记忆。

每天晚上早点睡觉，保证足够的睡眠，能让大脑得到充分的休息，第二天早起，早晨空气清新，头脑清醒，此时学习效率较高，而且，上课不会犯困，听课效果就会较好。这样才能为好成绩开一盏绿灯。

2. 学会间隙休息。休息可分为安静休息、活动休息和交替休息。安静休息是指睡眠和闭目养神。活动休息也称积极性休息，如散步、打球和轻微的体力劳动等，也可以是与他人聊天。交替式休息是指将各种不同性质的学科交叉在一起来学习，如文、理穿插复习，这样，大脑皮层的神经细胞不仅不会疲劳，而且还会有相互促进的作用。

3. 用体育锻炼来调节。给孩子制定一个体育锻炼时间表，或者利用好学校安排的优育活动。比如：认真上好课间操和体育课。这段时间就是专门用来锻炼的，既然无法做其他事情。与其马马虎虎对待，不如积极认真锻炼，达到健身的目的。周末假日，可以多带孩子到户外锻炼或野外踏青，和孩子一起打羽毛球、散步等。

4. 音乐可消除疲劳。在消除疲劳过程中，情绪因素很重要。积极向上、乐观、愉快的情绪能加速消除疲劳。优美的音乐能振奋情绪，引起轻松愉快的感觉。学生在学习间隙或学习之后，可以通过听音乐来达到消除疲劳的目的。

需要注意的是，所听音乐最好是没有歌词的。因为文字信息进入大脑，会影响大脑的休息；听音乐时不要想其他的事，必须陶醉于音乐中，这样才能完全放松，使疲劳得到彻底的消除。

及早学外语，让外语和母语一样容易

《时代》杂志曾经有一篇报道，马里兰大学的教授德凯泽通过研究认为：人只要超过了6岁，掌握语言的能力就开始下降了，而其中的原因尚不清楚。但有一些研究人类大脑的专家说，随着年龄的增长，大脑中的神经纤维覆盖了一层由脂肪和蛋白质构成的保护膜，这种保护膜一方面加快了信号经过大脑的速度，同时也限制了产生新连接的能力。

每个儿童都是语言学习的天才，如果在幼年时期得到合理开发，即便是在不努力的情况下也会至少掌握一门语言。儿童的语言学习不是通过刻苦努力获得的，也不是通过大人的谆谆教诲。他们以一种特殊的方式来学习语言，只要环境里有的语言他们都可以学会。所以如果有足够好的语言环境，儿童就能不费力气地学习两种、三种甚至是更多的语言。这些都可以归功于儿童的学习语言的能力和优势上，主要表现为以下几个方面：

1. 心理障碍小。大人学英语的时候，一般都会介意自己的文法和意思是否正确，总会在意如果自己说错了会没有面子，而小孩子的这种好面子的心理尚未形成，而且也不太分辨哪一个是自己的母语，哪一个不是自己的母语，自然就不会抗拒学外语了。

2. 发音尚未定型。人的发音器官，和身体其他器官的发展一样，在青春期前皆处于发展状态，具有相当大的弹性。一旦过了青春期，发展便会渐趋稳定，弹性也逐渐减小了。因此，就语言发音而言，若是一个孩子从小接触数种语言，有充分的机会使用这些语言，他的发音器官自然会配合这些语言发音系统调整形状，发出这些语言需要的各种声音，而过了青春期再学习另外的语言，由于发音上会有一些限制，于是产生了所谓的腔调问题。

3. 模仿能力强。小孩子的模仿能力一般来讲都相当强。孩子从出生之后，就能够从各种情境中不断吸收、记忆所有听到的声音、看到的影像，以及触摸到的东西，渐渐地组成了有意义的概念，到了一两岁的时候，孩子就能够模仿大人的发音、姿态、手势、自然的动作语言。

4. 增加积累。语言的学习，需要靠时间来积累词汇量，而语法的掌握，也必须在时间和经验中修正改进，这样一来，词汇量越丰富，孩子就越能将意思表达清楚，而掌握语法的能力越好，孩子越能流畅地说语言。

5. 加强细胞刺激。人的大脑中有几亿个细胞，连成了庞杂的网络，而这些脑神经细胞在幼年时期的发展达到高峰，如果在儿童早年的时候没有给予大量的刺激，部分脑神经细胞会因为无用而萎缩。

所以，在6岁之前给孩子适量的语言刺激，可以激发脑细胞成长，为日后的学习、发展储备能力。只要孩子对外语学习有兴趣，越早接触越能够正确地发音与使用。

人的大脑在儿童期的成长速度最快，如果妈妈在这一“得天独厚”的优越时期合理开发孩子的语言才华，可以使孩子轻松地掌握一门语言——即便是在不怎么努力的情况下，也可以使大脑这一智商“硬件”得到充分的开发利用。所以，妈妈们如果希望孩子能多掌握一门外语，不妨在孩子儿童时期就让他开始外语学习，和母语一起学习，有利于孩子像掌握母语一样熟练地掌握外语。早一步，孩子的外语学习就轻松一些！

学习计划，是把学习变得轻松有效的法宝

俗话说：“凡事预则立，不预则废。”学习也是如此。一个人如果有了学习计划，就有了奋斗的目标；就可以对整个学习过程的目的、内容、方法、时间安排心中有数；就可以排除干扰、坚持学习；就可以学得主动、学得有成效。

所以，妈妈要教育孩子养成制订合理的学习计划的好习惯。让孩子在轻松的学习氛围中找到适合自己的学习方法，能够在学习中抓住重点，以提高学习效率！

有个叫瑶瑶的同学，她的成绩非常好。她最常说的一句话是：“学习应该是快乐的事，学习是为了增加快乐，而不是让快乐越来越少。”

实际上，在班里她也是最爱笑的人，时不时还来点恶作剧。一到课堂上，她的眼睛就放光，举手最多的就是她。

别的同学看她学得这么轻松，非常羡慕，纷纷向她请教。她则拿出了一张计划表说：“我全是靠它。”

她的计划和别的同学不一样，每天都用荧光笔标出了大大的“休息”和“玩”，她说：“为了保证自己的自由活动和玩的时间，我必须提高学习效率，学得越快，玩的时间越多。”

在学习的部分，她从来不写学习的时间，写的是效果，最多的是“理解”、“运用”和“熟练掌握”等字样。

别人每天回家先写作业，她则先复习课堂上做的笔记，对照书里的例题，看明白了再写作业，这样就能非常轻松地做完了。

每天写完作业，她只用10分钟的时间，把新的和旧的知识点都画到一张结构图上，是完全不看书画下来的。画的时候就等于把以前的知识温习了一遍，同时把新知识和旧知识有机地联系了起来。

在计划表上，她每天还留出了半个小时的时间，用来补漏洞。她把所有测验和作业中错过的题，都单独抄到一个本子上，每天补漏洞的时候，就从里面挑题目做，故意挑那些看起来比较生疏、印象不是很深的题，做对一次打一个钩，做错一次打一个叉，当一道题目能连续得到3个钩，她就认为自己彻底掌握，就再也不会去碰它。

在孩子学习方面的培养上，妈妈要告诉孩子像瑶瑶那样为自己制订一个合理的学习计划，这样才能保证学习成绩的提高。计划合理就不会浪费时间，就会挤出很多的时间干其他的事情，这样对于孩子综合能力的提升是有很大好处的。

此外，妈妈在指导孩子制订学习计划的时候，要学会变通，当制订好的学习计划被打破时，让她学会及时地调整学习计划。

当学习过程中出现了偏科，就应该花更大的力气来弥补自己的不足；当因为生病等原因无法保证学习时间时，也应该对学习计划进行调整，尽快把落下的科目补上。

那么应该如何引导孩子制订合理的学习计划呢？

首先，妈妈告诉孩子在学习计划中留出机动安排的时间。在每天的学习计划中，应该至少留出半个小时，作为机动安排。主要是用来回顾与复习，把前一段时间学到的知识点串起来，整理成一个系统，以加深印象，更牢固地掌握，把基础打得更扎实。根据各科成绩，合理调整时间安排。学习过程中常常会出现个别科目拖后腿的现象，这时就需要在计划安排上有所侧重，在成绩差的科目上多花一些时间。最好是在不影响正常计划的前提下把机动时间用来查漏补缺，每天至少要解决一个问题。

其次，妈妈还可以要求孩子每个学期要对学习计划的执行情况作一次总结。学期结束，根据考试成绩，总结一下，原来的学习计划是否得到了很好的执行，有什么具体的问题，在新的学期应该如何调整。

轻松有效地学习，才不会被学习奴役。轻松有效地学习才会有快乐，同时，也会使学习效果更好，让孩子发现学习的兴趣。

营造爱读书的家庭氛围，轻轻松松熏陶出爱学习的孩子

犹太人从小就爱读书，据说在他们出生的时候，母亲会在《圣经》上滴一点蜂蜜，让小孩去舔，告诉他“书是甜的”。世界上没有哪个民族像犹太人一样爱读书，他们的书橱放在床头，要是放在床尾，就会被认为是对书的不敬。

犹太人爱读书的性格是整个环境熏陶所致，不仅孩子读书，父母都爱读书，他们对知识的喜欢，已经到了崇拜的地步。

“假如有一天你的房子被烧毁，你将带什么东西逃跑呢？”几乎每个犹太家庭的孩子都要回答这一个问题，要是孩子回答是钱或钻石，母亲将进一步问：“有一种没有形状、没有颜色、没有气味的宝贝，你知道是什么呢？”要是孩子回答不出来，母亲就会说：“孩子，你要带走的不是钱，也不是钻石，而是智慧。”

犹太人说，世界上唯有智慧是任何人都抢不走的，只要你活着，智慧就永远跟着你。所以他们把最宝贵的财富智慧代代相传。

但犹太人并不欣赏书呆子，很多犹太小孩回到家中，妈妈的第一句话就是：“你又提问题了吗？”犹太民族就像是一个企图揭示自然和人类秘密的哲学家民族，在他们的家庭教育中，有宏观、深入的思考和抽象、逻辑的思辨，这一点是我们家庭教育中最缺少的。

美国人说："全世界的财富在美国的口袋里，美国的财富在犹太人的口袋里。"犹太人的历史上有很多令人肃然起敬的名字：达尔文、爱因斯坦、马克思、弗洛伊德、海涅、卓别林、毕加索、门德尔松、大卫·李嘉图、斯皮尔博格、华尔街的超级富豪摩根、第一个亿万巨富洛克菲勒、股神巴菲特、钢铁大王卡内基……为什么犹太人可以这样优秀？犹太人与其他民族最大的生活区别不是在宗教信仰上，而是在读书上。

单从阅读量来说，我国国民阅读水平令人担忧。根据中国出版科学研究所发布的《2008全国国民阅读与购买倾向抽样调查报告》，我国的阅读主体是18周岁以下未成年人，他们因为学习，阅读率达到了81.4%，而成年人只有49.3%。成人人均年阅读图书4.72本。

超过6成的国民对自己阅读的情况表示不太满意或很不满意，但是大家都有各种各样的原因：工作太忙没时间读书、没有读书的习惯或不喜欢读书、因看电视而没有时间读书、文化水平有限，读书有困难、找不到感兴趣的书、不知道该读什么……你是其中的哪种情况呢？

很多家长牺牲了自己的休息时间来给孩子料理生活，却从来没有想过通过自己给孩子做一个爱学习的好榜样。妈妈们每天在琐碎的家务中脱不开身，但想要帮助孩子提高学习的积极性，就需要拿出时间来阅读，做给孩子看。

阅读并不一定要从四大名著、三言二拍这些古典小说开始，读报纸、看杂志也是一种阅读。如果孩子每天看报纸，那说明他还有读书的欲望，妈妈可以带他去书店，给他和自己都买点书来读；如果孩子连新闻都懒得看了，那就说明他的阅读兴趣已经大大被破坏了。这时候就需要妈妈根据他的爱好来刺激他的阅读兴趣。

如果他喜欢集邮，可以买一些邮票历史、常识方面的书；如果他喜欢玩三国游戏，可以买一本三国历史书，如此来开发孩子的阅读潜能。而妈妈们自己，可以挑选一些家庭养生的书、健康食谱的书、编织、园艺等，千万不要以为读书就是读康德、尼采、柏拉图，这只会打击自己和孩子的阅读积极性。

我们常说"书香世家"，可见我们相信，书有香气，可以浸染整个家庭的氛围。妈妈爱读书，孩子也会好奇是什么这么吸引妈妈，自己也会跟着效仿，找到读书的乐趣。

闲下来的时候，如果孩子在身边，先不要着急打开电视，看看书吧。一个人陷入阅读中的状态是美丽的，也是吸引人的。不管是为了孩子，还是为了自己，多多读书都是最明智的选择。

第四章 “反着干”培养出良好学习习惯

妈妈也许很苦恼，培养孩子的良好学习习惯怎么那么难，你千叮咛万嘱咐，孩子就是无动于衷。其实，妈妈不如换个思维，“反着”培养孩子的学习习惯，也许会有意想不到的效果！

想让孩子喜欢写作业，就不要让他写太多作业

甜甜从小喜欢吃鱼，尤其喜欢吃水煮鱼，每月妈妈都给她做一两次，甜甜每次都吃得津津有味。今年甜甜要考初中了，为了给她补充营养，妈妈就买了很多鱼来做给孩子吃，她心想：鱼营养价值高、补充脑力，而且孩子又喜欢，就让孩子多吃点吧！于是，每天的饭桌上都有香喷喷的水煮鱼，孩子高兴了没几天，却慢慢地食欲不振了，她连夹都不夹一下水煮鱼，甚至连其他菜她也兴趣全无了。妈妈看见孩子这样厌食，着急了，问她怎么回事，甜甜说：“我现在闻到鱼的味道就难受，我再也不要吃鱼了！”

太多好吃的会吃腻，写作业也一样。孩子天生不反感写作业，但是在学习过程中，过多的作业总让他们头疼，进而引起他们的厌恶，所以，想让孩子喜欢写作业，就不要让他写太多作业。

杜威说：“一切需要和欲望都含有缺乏”。反过来说，就是想让一个人喜欢和珍惜什么，就不要给得太多，更不能把它变成交换条件或惩罚手段，强行要求他接受。如果能适当地剥夺，让他拥有危机感和不满足感，便会使他产生珍惜感。

网络上曾流传过一个教育孩子爱学习的方法，就是告诉孩子家里没有能力让他上学，那他就会羡慕其他孩子去上学，他想上学的愿望就会越强，这时你再给他上学的机会，他必定会更加珍惜。且不说这个方法究竟有没有效，但是它还是有一定道理。为什么没书念的贫困孩子更加想要上学，而上着学的富裕孩子却不想学习？这其中不免有这样的道理：拥有太多就不珍惜，没拥有的就拼命想有。

所以，妈妈与其经常对孩子苦口婆心地正面教育，让孩子珍惜学习机会好好学习、认真完成作业，还不如适当剥夺他学习的权利、适度地减少他的学习任务，保持孩子对学习的热情。妈妈也许可以从以下这个故事中得到些启发：

三位无聊的年轻人，闲来无事时经常以踹小区的垃圾桶取乐，居民们不堪其扰，多次劝阻，都无济于事，别人越说他们踹得越来劲儿。后来，小区搬来一位老人，想了一个办法让他们不再踢垃圾筒。有一天当他们又踹时，老人来到他们面前说，我喜

欢听垃圾筒被踢时发出的声音，如果你们天天这样干，我每天给你们 1 美元报酬。几个年轻人很高兴，于是他们更使劲地去踹。过了几天，老人对他们说，我最近经济比较紧张，不能给你们那么多了，只能每天给你们 50 美分了。3 个年轻人不太满意，再踹时就不那么卖劲了。又过几天，老人又对他们说，我最近没收到养老金支票，只能每天给你们 10 美分了，请你们谅解。“10 美分？你以为我们会为了这区区 10 美分浪费我们的时间！”一个年轻人大声说，另外两人也说：“太少了，我们不干了！”于是他们扬长而去，不再去踢垃圾筒。

与其他人的直接劝阻相比，老人的说服工作不着痕迹，却有明显的效果。老人先通过“给予”，把几个年轻人的“乐趣”变成一种“责任”，降低了孩子的“乐趣”。然后，老人再通过减少支付，刺激他们对踹垃圾桶这件事产生逆反心理。最后，老人进一步减少支付，并且给出一个让他们不能接受的 10 美分，使他们在心理上对踢垃圾桶这件事产生排斥感，产生逆反心理。于是，原本令几个年轻人感到有趣的一件事让他们倍感厌恶，这时再让他们去做，他们肯定就不愿意了。

如果妈妈把老人说服孩子的智慧运用到引导孩子喜欢写作业上的话，一定会轻松地取得效果。老人是把孩子喜欢的事变成他们讨厌的事，而妈妈就要逆向思维，把孩子不喜欢的事变成孩子喜欢的事，即是要适当剥夺孩子做不喜欢做的事的权利，吊孩子的胃口，让他心生叛逆而偏偏要做本来他不喜欢的事。例如：惩罚孩子，不让他写作业，孩子就会想要写作业，这跟惩罚孩子不让孩子看电视，而孩子偏偏要偷着看是一样的。所以，妈妈一定要记住：想让孩子喜欢写作业，就不要让孩子写太多作业，甚至有时，适当地剥夺一下孩子写作业的权利。

“不陪”才能培养好习惯，不要包办孩子的作业

期中考试成绩下来了，平时的作业做得很好的明明被王老师叫到办公室，拿着试卷给他看，一一分析他出错的原因。看到很多原本会做的题目被扣分，明明也很懊恼。王老师问他：“你答完题目，有没有自己检查一遍?”明明说：“我也检查了，但只是看看，没发现有错误。”王老师又问：“我发现你平时的作业很少有错误，为什么一到考试就不行了”明明挠挠脑袋，不好意思地说：“平时，都是我妈妈陪我写作业，作业都是她给我检查的。”

原来，为了儿子能有个好成绩，明明的妈妈真没少花心思。从明明上学开始，妈妈每天陪着明明做作业，从来没有间断过。只要明明写完作业，就把书本一推，到一边玩去了。妈妈会为他检查作业，发现错误再让他加以改正。

明明对王老师说：“除了在学校，我从来没有自己检查过作业。妈妈说了，只要学习好就行，这些小事都不用我管、不用我分心。可是，一到考试需要自己检查时，我就不知道该怎么做了。”

很多妈妈会认为陪孩子写作业、帮孩子检查作业都是些小事，是为了孩子能有一个好的成绩。她们一厢情愿地认为自己是在尽义务，是为了孩子学习好，殊不知这样

的做法是极其错误的，对孩子的学习与成长会产生严重的影响。

当妈妈陪孩子写作业时，会让孩子觉得作业不是他一个人的事，是他和妈妈共同的任务，这特别不利于他自我责任意识的形成，而且时间长了，孩子还会在心理上对妈妈形成依赖，形成妈妈不在就不好好写作业的坏习惯；另外，妈妈坐在旁边总会忍不住对孩子说话，经常会提醒他认真写、快点写、把字写好点，又或者妈妈看见孩子不会做时，总是忍不住帮忙，剥夺了孩子自己思考的权利，这些都会打断孩子的学习，并且容易让孩子烦，时间长了孩子还容易在情绪上和家长对立，事情于是开始走向恶性循环。而如果妈妈总是怕孩子因为马虎、不仔细而在学习上出问题，总是习惯严格为孩子把关，每天都为孩子检查作业的话，孩子就会养成马虎不负责任的习惯，因为有妈妈来帮他把关，孩子就会投机地随便应付。

所以，妈妈这样做不仅不利于孩子养成良好的习惯，而且孩子的自理能力也得不到锻炼，还会使孩子变得眼高手低、好高骛远，做事虎头蛇尾。不良的行为习惯一旦养成，会很难纠正，这对孩子今后的学习工作都是很不利的。

因此，妈妈们应正确对待孩子的作业，不要陪孩子写作业，也不要包办孩子的作业，要认识到并且让孩子认识到作业是他们自己的任务，他们必须对自己的作业负责。

从低年级起，妈妈就应该帮助孩子提高对家庭作业的认识和重视程度。如果孩子作业工整，字迹清楚，就证明他做作业时心情比较平静、态度认真。如果字迹虽然工整，但却做错了许多道题目，那么可能是孩子对这一部分知识掌握得不够牢固，妈妈应该及时给予辅导。

不仅要让孩子自己认真完成作业，还要让他自己处理包括检查作业、收拾学具、整理书包等所谓的小事。妈妈要明白，做这些事情是对孩子自理能力、独立意识、良好习惯的培养和锻炼。

当孩子写完作业以后，妈妈可以要求孩子当着您的面自己检查作业，但是千万不能帮他检查作业。如果孩子实在不愿意检查作业，妈妈也不要去管他，当他的作业有错误时老师自会惩罚他，当他尝试过几次惩罚的滋味后，他自然会提高警惕、自觉认真起来。

而如果孩子小的话，妈妈可以和孩子一起检查作业，但在检查作业时，妈妈如发现孩子作业有错误的，妈妈不要直接教孩子怎么改正，要引导孩子自己思考，自己改正。作业是为了巩固孩子学习，检查孩子对知识的掌握情况。妈妈要在孩子的错误问题中帮助孩子更牢固地掌握知识点才是最好的处理方法。

另外，当孩子写作业出现错误时，妈妈不要大惊小怪，有错误是正常的事。孩子的作业做错了，就事论事、有错改错，而不要一味指责孩子，既挫伤孩子的自信，又打击孩子的积极性。

作业是孩子自己的任务，妈妈要端正自己的认识，还要引导孩子形成正确的认识。让孩子在自己独立完成作业过程中，培养出独立自主、认真负责的好习惯。

越渴望孩子取得好成绩，越不要向他要分数

欣茹今年上初二，上次英语测试，100分的题，她考了92分，孩子回来好像自我感觉还不差，可妈妈却问她："最高分多少？""98分。"妈妈听到后，脸色变差了，一句话也没说，欣茹看到妈妈的反应也一脸沮丧。晚上，妈妈接到欣茹老师发来的短信，95分以上的就有10个，这下妈妈脸色全变了，看上去非常恐怖。她把短信拿过去给欣茹看，欣茹不屑一顾的把手机放在了一边，回到房间独自伤心地哭了。为什么妈妈这么不体谅自己？为什么自己怎么做都达不到妈妈的要求？为什么我觉得考得不错还是要受妈妈这样的对待？妈妈没有开口骂欣茹，但是欣茹却被妈妈深深伤害了，她开始排斥学习，她放弃了对成绩的追求，反正妈妈不会满意的……

做学生的，都知道流传甚久的一句话："分，分，学生的命根。"在学校里，老师看重的是分数；回到家里，妈妈问得最多的也是分数；亲朋好友来了，问的还是分数。"最近考试了没有？得了多少分？""这次考试在班上第几名啊？"成绩好的孩子，倒觉得没什么；成绩差一点的，简直就无处藏身。

实际上，现在中国家庭妈妈对子女的教育，大都仍处于分数教育。孩子考了高分，妈妈荣耀。考试分数不仅成为孩子的命根而且也成为妈妈的命根。

在孩子们开始学习的那天，妈妈就要求孩子好好学习，考个好成绩。于是，高分成为了孩子学习的最重要目标。然而，庸俗的目标只能给孩子带来庸俗的刺激，不会产生良好的内在动力。从上小学就追求分数，会使孩子形成畸形学习动机，变得目光短浅，急功近利，反而降低学习兴趣，影响考试成绩。

其实，根据教育专家的理论，对于中小学生而言，两个方面的教育很重要：一个是培养孩子学习的兴趣，一个是教孩子掌握良好的学习方法。做到这两点，孩子的学习成绩自然会好起来。

分数不是衡量孩子能力的唯一标准。分数永远只是个形式和手段。它不能证明孩子真正学到了多少知识，也不能证明一个孩子的品格与才能如何。它不是衡量孩子聪明与否的唯一标准。

现在社会上，有很多人并没有很高的文凭，但是他们一样有所成就。不是说文化知识不重要，而是说，我们不能忽略了孩子的全面发展。除了分数，孩子的品德修养、性情习惯以及他解决问题的能力，都会影响孩子的一生。

家庭教育最重要的任务是建筑人格长城，可生活中看人常常是一白遮百丑。有了高分数、好成绩就被看做是好孩子。事实上，影响发展的因素中，分数并不是最重要的，起着制约作用的是品德、品格，是做人的快乐，而不是知识学问。

点点滴滴的影响，将会对人格的健全发展奠定厚实的基础。不少妈妈过多关心孩子学习，只要考出好成绩，什么要求都答应，什么愿望都满足。品德低下却不被关注，这样的教育理念、方式令人忧虑。

作为妈妈，引导与帮助孩子提高学习成绩，是应尽的义务。妈妈重视孩子的考试

分数是可以理解的，因为分数毕竟是学习状况的一种重要反映。但是，分数只是一个现象，妈妈应该动脑筋分析分数背后的诸多原因。

第一，分析孩子的学习水平。任何一门功课都有 3 个层面的水平——基础知识、基本概念（词语、定义、定理、公式、基本观点等）掌握的水平；基本技能水平（运用基础知识、基本概念解决基本问题的能力水平）；综合技能水平（解决比较复杂问题的综合能力）。通过考试卷子和平常的作业，可以分析出这 3 个层面水平的情况。哪方面差就重点解决哪方面的问题。

第二，分析孩子的非智力因素。学习成绩与非智力因素关系密切，一些孩子学习成绩上不去，有的是学习兴趣问题，有的是学习习惯问题，有的是意志品质问题，有的是情绪问题，有的是责任心问题。应该具体情况具体分析，找准原因。

第三，分析孩子的学习方法。有的孩子，成绩总在某一水平上，难以突破，学习态度、习惯也较好，这往往是学习方法问题。应该一科一科地分析学习方法存在什么问题，采取改进措施。

第四，分析孩子的智力因素。成绩上不去，也有智力方面的原因。我们在本书中对智力的几个基本因素——观察力、记忆力、思维力、想象力——进行了介绍，而每个孩子这 4 方面的能力往往发展不平衡。有的记忆力强而思维力弱，有的观察力强而记忆力弱。这就需要从孩子实际出发仔细分析，哪方面能力弱，应优先训练哪方面的能力，促进孩子智力的全面发展。

分数永远只是个形式，是一个非常抽象的东西，它并不是证明孩子真正学到了多少知识，更不能证明一个孩子的品格与所有才能如何。

妈妈要建立一种这样的信心：不提分数和名次的要求，不会影响孩子的学习成绩——孩子从妈妈的态度中知道，学习不是为了分数，不是为了和别人比，而是为了自己学会。孩子不对分数斤斤计较，才会最终获得好成绩。

不用“暴力作业”惩罚孩子，不让孩子的学习变无趣

怡姗是小学五年级的学生，一次，在上数学课的时候，老师搞了一个小小的测试，要求学生背写这两天学过的一条定理。其实老师并没有提前布置过背诵，这次突袭，又要求一字不差地背写定理内容，如果写不对的话要罚写 10 遍。

没有任何准备的学生们都非常紧张，他们交头接耳，偶尔还有沙沙的翻书声。老师非常恼火，他突然改变了主意，说只要写错 1 个字，便罚写 10 遍，写错两个字，罚写 20 遍，以此类推……

这次测试的结果是五十多个学生“全军覆没”。大家多多少少都有些错误，有的甚至被罚写 200 遍。

怡姗写错了 3 个字，被罚写 30 遍。回家后吃完晚饭，便一头躲进了屋里，开始写“暴力作业”。她从晚上 6 点一直写到 6 点。妈妈本来以为她今天作业多，后来才发现原来怡姗在重复地写定理！

“姗姗，给妈妈背写一遍吧。”

怡姗准确无误地背了出来，并且她还举了一些公式应用的例子。

聪明的妈妈对自己的女儿说：“你已经会用了，不用再写那么多遍了！学习是为了学会，既然已经达到目的，何必再浪费时间呢！明天如果老师问你为什么没有写完，你就说妈妈不让你写的！再不行，我去和老师沟通。”

怡姗有些犹豫，但她更不想面对那写不完的暴力作业，于是便同意了妈妈的建议。

怡姗的妈妈很聪明，但更多的妈妈可能做不到这点。她们通常的做法是一边抱怨老师，一边督促孩子赶紧写，以免明天受到老师的批评。甚至有些妈妈赞同这种做法，她们认为只要孩子在学习，什么样的方法都没关系。

但是，“暴力作业”实际上是一场教育事故。重复机械的作业使孩子身心疲惫，死记硬背严重伤害孩子的智力和学习能力，并且，无限制地让孩子做一些枯燥、乏味、重复的学习，孩子会对学习产生恐惧、厌恶的情绪，甚至开始厌学。

苏联教育家苏霍姆林斯基说过：“学生的那种畸形的脑力劳动，不断地记诵、死记硬背，会造成思维的惰性。那种只知记忆、背诵的学生，可能记住了许多东西，可是当需要他在记忆里查寻出一条基本原理时候，他脑子里的一切东西都混杂成一团，以致他在一项很基本的智力作业面前显得束手无策。学生如果不会挑选最必要的东西去记忆，他也就不会思考。”

如果妈妈让孩子一次性吃完 10 碗饭不合理，那么老师的“暴力惩罚”也是不对的。妈妈应该明白这样一个观念：作业不是用来惩罚的！孩子写作业是为了学到知识、发挥智力，而暴力作业不但起不到帮助学习的功效，还使孩子的大脑疲惫不堪，养成思维惰性。另外，暴力作业的“惩治”成分，会让孩子产生对“作业”的厌恶，降低对学习的兴趣，而一旦学习兴趣被磨灭了，要想孩子学习好就难上加难了。

现在的许多孩子在不同程度上都遭受着“暴力作业”，有的来自学校，有的来自家庭。大多数孩子迫于大人的权威，都只能对“暴力作业”照单全收，但是，得到的弊远远大于利。

哲学家弗洛姆在《为自己的人》一书中说，人可以使自己奴役，但他是靠降低他的智力因素和道德素质来适应的；人自身能适应充满不信任和敌意的文化，但他对这种适应的反应是变得软弱和缺乏独创性；人自身能适应压抑的环境，但在这种适应中，人发生了神经病。如果大人非要用暴力作业来“征服”孩子，孩子自然也是能适应的，但是，暴力作业中含有的奴役、敌意和压抑，对孩子的能力、人格和意志会造成难以估计的破坏。

所以，“暴力作业”是万万使不得的，妈妈不仅不能自己给孩子制造“暴力作业”，同时要和老师多多沟通，保护孩子不受“暴力作业”的侵害。

考好了不奖励，考坏了不批评

每次考试成绩出来的那天，小杰都非常忐忑不安，因为试卷上的分数将决定他回家后的命运。考得好的话，妈妈会给他奖励，奖励有 3 等：第一等，考第一名的话，可以任意提一个要求，妈妈都必须满足；第二等，考前三名的话，可以领取两倍的零花钱；第三等，考前10名以内，便被允许多看一个小时的电视。

相比起这些丰富的奖励，小杰更在意的是更严格的惩罚制度。如果跌下前10名的话，一个月内没有零花钱，不许看电视，每天看书时间增加2小时；而如果跌下15名的话，连自己喜欢吃的冰激凌、牛奶等都不能吃。

所以，每次老师发试卷时，小杰就像是等着听宣判一样，忐忑不安，当看到好成绩时，他欢喜雀跃地回家领赏去，而当成绩不好时，他就磨磨蹭蹭地不敢回家。由于长期对考试成绩怀有紧张的心情，小杰渐渐地害怕考试了，而越担心害怕，就越容易出错，现在，小杰的成绩经常不如意，他受到惩罚的次数就越来越多了。

很多妈妈为了鼓励孩子努力学习，就用奖励来刺激孩子取得好成绩，也许，短时间内或者偶有两次会取得一定的效果，但从长远来看，这是种极其错误的做法。

把奖励当做学习的诱饵，使得孩子的学习目的不再单纯，他们心里不是想着学习是为了自己的未来，而却认为学习就是为了获得妈妈的奖励，讨取妈妈的欢心。这使孩子急功近利、虚荣浮躁，很难单纯地、认真地学习了。

所以，对孩子的好成绩进行奖励是极其不妥的，容易误导孩子，得不偿失。然而，有些妈妈不同意，她们担心如果妈妈不在学习方面提醒或刺激，孩子就会不好好学习，这是多余的。

其实，孩子自己知道考试的重要性。从一上学开始，在老师的教导下，在与同学的相处中，孩子就天然地知道好成绩非常重要。人天生是追求美好的，每个孩子都想要好成绩，妈妈什么都不用说，孩子也会尽力去拿一个好成绩。而妈妈一旦对成绩进行奖励，反而会败坏孩子追求好成绩的胃口，因为好成绩不是那么容易就取得的，更不是那么容易就可以保持的，妈妈的奖励对孩子来说便成了巨大的压力，于是让孩子对好成绩兴趣降低。

也许有的孩子认为只有物质奖励可以让孩子快乐，可以对孩子形成刺激，但是，孩子和妈妈并不一样，好成绩本身就会给他带来巨大的快乐，已足以形成激励作用。他不需要妈妈的奖励就已经能够自发地燃起对好成绩的热情。

所以，妈妈不要对孩子的考试进行奖励。同时，妈妈更不要对其进行惩罚。一旦加入惩罚以后，无疑大大增加了孩子学习的压力，反而致使孩子容易紧张，容易发挥失常，从而自信心受挫，引起对学习的厌恶。

妈妈不奖励也不惩罚，这种坦然的态度，会让孩子在考试方面心理也比较坦然，使孩子的学习注意力不被分散，同时还可以平衡孩子在学校中的压力，对孩子的身心健康都有很大的作用。学习中没有压力，不但不会影响孩子的成绩，从长远的时间来看更能促进学习进步。

妈妈们应该记住：考试成绩本身就是奖励，就已经足够激励孩子再接再厉了。孩子不需要妈妈的奖励或惩罚，不需要妈妈帮倒忙！

越不让他学他越要学习，越让他看电视他就越看不进去

对于孩子来讲，喜欢看电视是他们的本性，电视以其特有的形象化的手段，吸引着孩子们，给孩子的童年生活带来了乐趣，通过电视孩子可以增长见识，学到许多东西；对于幼儿来说，还可以促进智力的发育。但凡事都有个度，过度地看电视，会给孩子的健康带来不小的影响。近来一些科学研究结果表明，长时间看电视，不但会养成孩子老坐着的习惯，还会打乱孩子的吃饭时间影响食欲，对孩子的心理健康也带来不利的影响。

所以，妈妈经常对孩子看电视进行限制和管理，尤其是孩子上学以后，孩子和妈妈常常在两件事情上讨价还价：看电视和写作业。看电视时，妈妈规定只看 1 个小时就睡，孩子肯定会看一个半小时；写作业时，妈妈说写两个小时，孩子肯定背地里就写一个半小时。孩子因为看电视而耽误学习，这是很多妈妈最不能容忍的事情。“你就不能少看点电视，多看点书?”“再看都成傻子啦！学习这么差还不抓紧时间学!”“看电视多了眼睛会近视，对身体不好啊!”……无论是从健康的角度，还是从孩子的学习角度，妈妈都能说出很多少看电视多看书的理由，但孩子就是不听。这时候怎么办?也许妈妈可以从下面这个例子中得到一些启示。

平时妈妈总是说九点半必须上床睡觉，不然就把电闸关了。可是儿子不听，有时候妈妈出门去吃东西，他就在家看电视。听到妈妈上楼的声音他就把电视机关了回房睡觉，妈妈一摸电视机就明白，还是热乎的。这简直就像地下工作者与敌人的斗智斗勇。

儿子看书的时候，妈妈说：“孩子，你今天多看会儿书吧，到 10 点睡，记得关上灯。”可是他每次关上屋门，根本就没有看书，而在里面看漫画或者睡觉。

看到打压行不通，妈妈就改变了策略。有一天晚上，孩子又在看电视。妈妈就对孩子说：“儿子，今天你随意看电视吧，好看就多看会儿，记得一会儿帮我关了电视机。”结果她在自己屋里听，孩子还没看到一小时就关了电视机，进屋自己玩了。然后，妈妈就走进孩子的卧房问：“怎不看电视啊?”“唉，今天的节目没意思。”孩子说。“那你今天看书吧，不许看到很晚，九点半一定要关灯睡觉，注意身体，别太辛苦了。”结果，孩子学到 10 点才睡。

显然上文中的妈妈让孩子多看电视少读书并非是“真情实意”，但是孩子哪管妈妈的意思，他就喜欢对着干，越是不让他学他越是要学习，越是要他看电视他还真就看不进去了。

孩子都有一种逆反的心理，并且会在这种叛逆的行为中找到满足感，这是非常正常的现象。妈妈越是说他，他越是不愿意去做；但是如果妈妈跟他说不要太努力了，他又会努力起来。易中天教育她的女儿时，就说“罚你出门玩”，把自由当成一种惩罚，让十分贪玩的女儿自觉地收敛起来，不再那么贪玩了。

所以，妈妈不妨也学着说些“言不由衷”的话，反向刺激孩子去做那些他们不喜欢做的事。要知道，人人都有惯性思维，与其花大力气去消灭它，不如因势利导地利用它。当你为你的孩子爱看电视不爱学习而头疼的时候，你不妨试试将对孩子看电视时和看书时说的话换过来，也许会取得大不一样的效果！

想让孩子坚持发展兴趣爱好，就不要把兴趣变成责任

心理学家说，人的动机可分为两种：内部动机和外部动机。如果按照内部动机去行动，我们就是自己的主人。而一旦被外部动机所驱使，我们就会为外部因素所左右，从而成为它的奴隶。

有一个妈妈说，以前孩子喜欢小提琴的，但是真的让他报了小提琴班，让他学习古典音乐的乐理时，他又没有兴趣了。这种妈妈，实在有点操之过急了，或者说叫做“打草惊蛇”。孩子有一点点兴趣的时候，千万不要急着让他去学习专业的课程，因为一旦他的兴趣变成了责任，就不再好玩了。

妈妈催促孩子去学习，看起来像是给孩子提供了进修的机会，其实，是把他们的内部动机强化成了外部压力，原本觉得好玩而玩的事情，一下子变成了自己一定要完成的任务，变成了甩不掉的负担，孩子哪里会高兴？

著名的音乐家贝多芬，小时候被当成“莫扎特第二”来培养，父亲希望他也能到维也纳惊动四座，于是在打骂中强迫他练琴。谁能说贝多芬没有音乐天赋呢？但是他一生都非常不快乐，长期处于黑暗、孤独之中，渴望被爱，渴望光明。

还有一个很有名的钢琴家，他是我们熟悉的傅聪，他的父亲是著名的翻译家傅雷。傅雷在傅聪小的时候，也采取高压的形式去打压孩子，有时候傅聪练琴练得不好，傅雷就揪起傅聪的头发往墙上撞，这种方式让傅聪的妈妈几乎崩溃。

傅聪长大之后，去了苏联留学，收到父亲的来信：“儿子，昨晚一上床，我又把你的童年重温了一遍。可怜的孩子，你的童年怎么跟我那么相似？”

“我也知道，从小受些挫折对你的将来多少有些帮助。然而，爸爸毕竟犯了很多很大的错误。自问人生，对朋友无愧，唯独对你和你母亲感到有愧良心，这是我近年来的心病。它一直像噩梦一样在我脑海里徘徊。可怜我过了45年，父性才真正觉醒。伴随着你痛苦的童年，度过的是我不懂做父亲艺术的壮年，幸亏你得天独厚，任何打击也摧毁不了你！”

傅雷的家书引起了很多家长的反思，我们为孩子选择道路，真的做对了吗？

孩子真正的兴趣爱好，是孩子生命能量和激情的一个重要来源，它是存在于孩子的生命中的，是不会轻易消失的，而妈妈急于把孩子的兴趣爱好变成孩子的责任，则会毁掉了孩子的兴致，也可能会毁掉孩子的一生！

所以，孩子成长过程中，最需要的就是妈妈的耐心。如果妈妈总是急于求成，孩子就像一个被催熟剂催熟的果子，品尝起来一点也不甜美。当孩子表现出好奇的时候，请给他好奇的权利和时间，这就是妈妈最好的体贴和关怀了；当孩子拥有自己的兴趣

爱好时，请给他自由发展的机会，这就是妈妈最智慧的引导和呵护了。

多看“没用”的书，培养出阅读的习惯

有一位上初中的男孩子，他总是怎么也写不好作文。他听从妈妈的嘱咐，每次去书店都会买一大堆作文指导书，他其实非常不喜欢读这类的书，他更想读那些优美的散文，情节一波三折的小说，但他妈妈认为那些书都是“没用”的书。她常对儿子说：“读那些小说和散文都是浪费时间的事情，一点用处都没有。这样吧，你读完这些作文书才可以去买其他的书。”孩子虽然当时答应了，但他依然很反感那些作文选。结果作文一直在抽屉里放着，孩子再没有提出过买小说和散文作品，他的作文依然没什么进步，并且阅读也搁浅了。

而另一位读初中的女孩子的妈妈则不同，她的女儿起初作文也不太好，但她并没有像男孩的妈妈那样，为孩子买一大堆的作文辅导书，她让孩子自己挑选感兴趣的书，这样，孩子选了一些小说、传记、历史、随笔等。不到一年的时间，她的作文水平突飞猛进，并且语文成绩也好了许多。当孩子上初三时，为了把握中考作文方向与要点，才买了一本作文辅导书。

两个孩子遇到了同样的问题，可是两个妈妈采取了截然相反的对策，结果使得两个孩子的语文水平拉开了差距。

男孩的妈妈认为凡是与学习有关的书都是“有用”的书，凡是与学习关联不明显的书是“没用”的书。在她看来，只有作文书和教科书是“有用”的，而武侠小说、传记、散文、随笔等，都是“没用”的书。现在，很多妈妈和这个妈妈一样，不关注孩子的课外阅读，只是热衷于给孩子买作文选。但是，作文选远不如小说等“没用”书的营养价值高，二者之间的差距就像应试教育和素质教育的差距一样，前者是古板教条枯燥的，后者是灵活生动有效的。

作为家长，我们应该去全面看待孩子的学习。了解孩子的兴趣所在。在引导孩子阅读方面，切忌用“有用”和“没用”来概括书籍。为孩子选书，应尊重孩子意愿，在选择中以孩子的兴趣为核心要素，不以“有用”为选择标准。

妈妈也可以推己及人地思考，对成人来说，持久的阅读兴趣也是源于书籍的“有趣”而不是“有用”。所以，孩子的阅读兴趣也是来自阅读的乐趣。乐趣才能产生兴趣，兴趣才能养成阅读习惯，有良好阅读习惯的孩子才能通过阅读学到更多有用的知识，所以，只要孩子有兴趣，“没用”的书也会教给孩子有用的知识。

事实上，“有趣”与“有用”并不对立，有趣的书往往也是有用的书。陶行知先生曾建议把《红楼梦》当做语文教材来使用。一本好小说对孩子写作的影响绝不亚于一本作文选。凡古今中外那些流芳万世的经典作品，不论它的内容是什么，其中一定包含着真善美的东西以及丰富的知识，这些真善美影响着一个人的价值观和思维方式，而这些知识在潜移默化中增加了人生的丰富性。

当孩子兴致勃勃地阅读时，妈妈万万不可因为书“没用”而责怪甚至阻止孩子的

阅读，这样不仅会影响孩子的课外阅读学习，还会影响孩子的阅读积极性。一位妈妈发现自己正在读初中的孩子爱读韩寒、郭敬明等一些青年作家的青春文学作品，大惊失色。虽然她从未认真读过这些人的作品，但她就主观地认定这些作品不健康，认为阅读这些作品浪费孩子的学习时间，所以她总是阻拦孩子去读。结果因此和孩子常发生冲突，孩子最终一概拒绝妈妈推荐的书，甚至不再看书。如果孩子不喜欢阅读，死抱着教材学习，那么孩子进入中学后就会越来越力不从心，到头来，原本认认真真看“有用”书的孩子，反而没有爱看“没用”书的孩子视野广阔，知识丰富、后劲十足。

妈妈如果怕孩子被一些不良图书影响，一定要让孩子到正规的书店买书，不要在地摊或一些不三不四的小店里买，以防买到内容低俗的书刊。凡在正规书店里买到的，并且孩子感兴趣的图书，应该都是适合他看的。让孩子课外多看看他感兴趣的有正规出处的“没用”书，才能培养出孩子爱阅读的习惯。

“温故”比“知新”更重要，不要等墙倒塌了再来造墙

初三一班正在召开学习经验交流会。

在一片热烈的掌声中，被同学们称为“才女”的小雪神采奕奕地走上了讲台。

“大家都说我聪明，其实不然，我和大家一样，我的学习靠的是不断地复习和练习，没有学习秘诀，只有熟能生巧。”

她顿了顿，接着说：“就拿英语来说吧，大家每天早晨都会在早读课上背单词、课文，学哪一课，就背诵哪一课，但是一下课就把什么都忘了。

“很多同学都很奇怪，我用来背诵单词、课文的时间可能比大家都少，为什么我能记住所学的内容，并且不容易忘记，考试前也不用费很多精力复习就能取得好成绩？

“其实，我的方法很简单，只有4个字：及时复习。比如英语，在一节课就要结束的时候，我会用几分钟的时间大致总结一下本节课的内容。晚上睡觉前我会用大约5～10分钟的时间背诵当天学过的单词或课文，第二天早上我会再用5～10分钟的时间试图回忆并背诵这些内容。到此，两个10分钟并不很长，但我已经完全掌握了所学的新东西。到早读的时候我会进一步复习，直到背得滚瓜烂熟。两三天之后、一星期之后、三星期之后，我都会再一次复习这些内容。其实每次复习只需用几分钟的时间，学习起来就很轻松。就这样，重复的次数多了，自然就不会忘记了。”

“温故而知新”是孔子教与弟子们的经典学习方法，大多学业有成的人，都受惠于此。“温故”是基本，只有基石稳固了，才能平稳地建造好“学习”这座宫殿。妈妈在教育孩子时，不要急切地逼着孩子学习新的知识，而是要首先把已经学到的知识吸收好。因为，不复习即会遗忘，最后就像“猴子掰玉米”，什么也捞不着。

德国著名的心理学家艾滨浩斯通过研究发现学习中的遗忘规律：遗忘在学习之后立即开始，遗忘的过程最初进展得很快，以后逐渐缓慢。例如，在学习20分钟之后遗忘就达到了41.8%，而在31天之后遗忘仅达到78.9%。他在实验室中经过了大量测试后，产生了不同的记忆数据，从而生成的一种曲线，是一个具有共性的群体规律。此

遗忘曲线并不考虑接受试验个人的个性特点，而是寻求一种处于平衡点的记忆规律，即艾滨浩斯遗忘曲线。

这条曲线告诉人们在学习中的遗忘是有规律的，即“先快后慢”的原则。这个规律就是在记忆的最初阶段遗忘的速度最快，后来就逐渐减慢了，到了相当长的时间后，几乎就不再遗忘了。观察这条遗忘曲线，你会发现，学得的知识在一天后，如不抓紧复习，就只剩下原来的25%。随着时间的推移，遗忘的速度减慢，遗忘的数量也就减少。

但是，记忆规律可以具体到我们每个人，因为我们的生理特点、生活经历不同，可能导致我们有不同的记忆习惯、记忆方式、记忆特点，所以，不同的人有不同的艾滨浩斯遗忘曲线。因此，妈妈要根据每个人的不同特点，寻找到孩子的遗忘规律，让他在大量遗忘尚未出现时及时复习，就能收到巩固成绩的效果。

俄国伟大的教育家乌申斯基曾经说过：“不要等墙倒塌了再来造墙。”这句话生动地描绘了遗忘曲线应用的精髓：及时复习。

孩子对新事物比较好奇，充满了求知欲，而对已经掌握的知识没有多少兴趣。这种特性导致绝大多数孩子当时学到了知识，可是不久后又会遗忘多半。我们可以在平时有意识地督促孩子及时复习。在刚刚学完新知识后立即进行复习，加强记忆，并且以后还要再复习几次，但复习的时间间隔可以逐渐增加。比如学习的第一天后进行第一次复习，三天后再复习一次，下一次的复习则可安排在1周之后，以此类推。不管间隔时间多长，都要在发生遗忘的时刻及时复习、克服遗忘。

妈妈可以和孩子一起回忆那些知识，在边玩边学的情境下，寓教于乐。使得整个过程成为一场轻松而愉悦的知识对话。

不“熬”时间，只“抢”效率

勤奋的人未必成功，在学习上尤为如此。有很多妈妈主张孩子学习时间越长越好，认为学习时间越长，熬夜熬得越晚说明孩子越勤奋，学的知识就很多。事实上这是错误，学习好的学生不一定就是学习时间长的或者经常熬夜的学生，学习成绩的好坏跟学习时间有一定的关系，但是这种关系不是绝对的，因为这有个效率的因素在里面。

教育学家们更注重的是如何提高孩子的学习效率，而不是强调孩子长时间地学习或者“开夜车”学习。所以，妈妈如果只是关注孩子是否花足够多时间学习，还不如花点心思在帮助孩子提高学习效率上。

因为学习效率才是决定学习成绩的重要因素。学习效率的提高，在很大程度上取决于学习之外的其他因素，如人的体质、心境、状态等诸多因素，这些都是与学习效率密切相关的。

那么，妈妈如何引导孩子提高自己的学习效率呢？

首先，一定要孩子自信。科学研究证明，人的潜力是很大的，但大多数人并没有有效地开发这种潜力，这其中，人的自信力是很重要的一个方面。无论何时何地，孩子做任何事情，有了这种自信力，就有了一种必胜的信念，而且能使他们很快就摆脱失败的阴影。相反，一个人如果失掉了自信，那他就会一事无成，而且很容易陷入永远的自卑之中。

其次，孩子学习的时候注意力要集中。学习的过程，应当是用脑思考的过程，无论是用眼睛看，用口读，或者用手抄写，都是作为辅助用脑的手段，关键还在于用脑子去想。举一个很浅显的例子，比如说记单词，如果孩子只是随意地浏览或漫无目的地抄写，也许要很多遍才能记住，而且不容易记牢，而如果他们能充分发挥自己的想象力，运用联想的方法去记忆，往往可以记得很快，而且不容易遗忘。现在很多书上介绍的英语单词快速记忆的方法，也都是强调用脑联想的作用。可见，如果能做到集中精力，发挥脑的潜力，一定可以大大提高学习的效果。

再次，要孩子保持良好的情绪。孩子在精神饱满而且情绪高涨的情况下，学习就会感到很轻松，学得也很快，其实这正是他们学习效率高的时候。因此，保持良好的情绪是十分重要的。

此外，要提高学习效率，妈妈还应尽量要求孩子做到以下几点：

1. 每天保证 8 小时睡眠。晚上不要熬夜，定时就寝，中午坚持午睡。充足的睡眠、饱满的精神是提高效率的基本要求。

2. 坚持体育锻炼。身体是学习的本钱。没有一个好的身体，再大的能耐也无法发挥出来。因而，学习再繁忙，也不可忽视放松锻炼。有的同学为了学习而忽视锻炼，身体越来越弱，学习越来越感到力不从心，这样怎么能提高学习效率呢？

3. 主动学习。只有积极主动地学习，才能感受到其中的乐趣，才能对学习越发有兴趣。有了兴趣，效率就会在不知不觉中得到提高。有的同学基础不好，学习过程中老是有不懂的问题，又羞于向人请教，结果是郁郁寡欢，心不在焉，提高学习效率更是无从谈起。这时，唯一的方法是，向人请教，不懂的地方一定要弄懂，一点一滴地积累，才能进步。如此，才能逐步地提高效率。

4. 注意整理。学习过程中，把各科课本、作业和资料有规律地放在一起。待用时，一看便知在哪。而有的学生查阅某本书时，东找西翻，不见踪影，时间就在忙碌而焦急的寻找中逝去。没有条理的学生不会学得很好。

赶走注意力分散，跟“磨”功课说再见

牛牛每天在家里做作业都有很多麻烦事相伴。当他拿出作业本，在写字台前坐稳，刚写上几个字，就感到铅笔尖太粗了，于是去找小刀削铅笔；写了一会儿，又喊饿了，去厨房找吃的东西；过了一会儿，又去打开电视机，看一看有没有动画片；做一道算术题，还没有认真思考，就问妈妈，而常常是妈妈还没回答完，他的眼睛又跑到电视上了。

作业总算在妈妈的再三催促和帮助下完成了，但这个过程拖得很长，而且字迹潦草，错误百出。

从心理发展的角度来看，这类孩子多半有意注意力差，在写作业期间不能精力集中地思考问题，经常做与学习无关的事情，表现得很不专注。写作业时又不善于动脑筋，表现出一种惰性。

学前儿童无意注意高度发展，有意注意逐步形成。他们的注意往往和周围的情境、个人的情绪相联系。他们对外界新奇的、强烈的刺激易产生注意，这种注意很不稳定。比如一个3岁左右的儿童正在玩心爱的小熊猫，忽然一个红红的小皮球滚过来，他会马上抓起小皮球玩起来，把小熊猫丢在一旁。随着年龄的增长，儿童的注意力会逐渐稳定。

对于孩子来说，长时间地集中注意力做某一件事情，实在是一件很困难的事情。但是，如果和同龄的孩子相比，孩子的情况更严重而且普通的教育方法也不见成效，那么就需要引起妈妈的注意了。注意力是决定智力高低的重要因素，只有注意力集中，才能较好地学到知识和技能。可是有些妈妈把孩子不集中注意力做功课当成是孩子的淘气，认为小孩子淘气好动是自然天性，所以对这一问题采取不重视不管教态度，久而久之，孩子就会养成注意力分散、做事拖拉懒散的习惯. 这对孩子的学习乃至整个人生都有很大的消极影响，而当不良影响充分显现出来后妈妈才意识到必须让孩子提高注意力，可那时候已经晚了，因为坏习惯一旦形成后，要想改掉就是件很费力的事了。所以，妈妈要趁早培养孩子注意力集中的习惯。但如果孩子已经形成学习时注意力分散的坏习惯了，妈妈怎样才能纠正孩子这一坏习惯呢?

1. 妈妈不要陪孩子读书。大多数教育专家都不赞成妈妈陪孩子读书，因为妈妈总会情不自禁地敦促孩子不要这样做，而要那样做。这些时断时续的语言刺激，更易于分散孩子的注意力。同时，也会让孩子对妈妈产生强烈的依赖性。

2. 给孩子一个明确的完成作业的期限。比如可以这样对孩子说：你可以不用心，但你必须在8点钟之前完成作业，否则，周末就不能做什么等。培养孩子的时间紧迫感，慢慢地让孩子形成学习规律。有了明确的任务，孩子学习时有了动力，才能保持紧张状态。但是不能要求孩子长时间做同一件事。

3. 为孩子营造一种良好的学习氛围。许多孩子注意力不集中，主要与家庭环境有关。因此，当孩子学习时，室内一定要保持安静。此外，要注意排除干扰孩子学习的因素。许多孩子习惯边听音乐边写作业，这是一种不好的习惯，是分散注意力的诱因。

4. 适时解除孩子内心的忧虑。当孩子心理压力比较重的时候，孩子的注意力就无法集中，尤其是临考复习时，所以妈妈要及时排解孩子内心的焦虑。

越严肃的学习，越需要乐趣的参与

美国小学教育的目标是以儿童的身体与心理健康发展为重，在教育的过程中注重挖掘个人的潜能。在学校中，课堂的样式也是活泼多样，学校强调互相尊重和彼此接纳，鼓励每个学生表达自己的观点看法。

在美国的小学，老师们通常不要求学生们背诵文章或者公式，而是努力发掘他们的学习兴趣，充分激发孩子的想象力和创造力。比如在美国，老师很少会给学生留抄写的作业，取而代之的是需要观察、操作、探索的作业。

在美国的学校，基本上每天都会给孩子们安排体育课，大约有1/3的时间都是在户外活动，篮球、排球和橄榄球等各项活动既让孩子们锻炼了身体，也让他们体会到了竞技体育的魅力。所以说，美国孩子所受的教育，并不是仅仅局限在课堂上。

除此之外，学校还会经常组织各种各样的课外活动，比如商店实习游戏、各种交易买卖会、各种拍卖会等等，保证任何一个学生可以在游戏和互动中检验学到的知识，同时增强了他们的交流沟通能力。美国的老师们也非常注重保护孩子的自尊心，在课堂上以表扬学生为主，尽量激励孩子，给孩子们信心。

由此可见，美国对孩子的教育是一种寓教于乐的快乐教育。让孩子们在学习的过程中健康快乐地成长，是这种快乐教育的中心。这种方法不仅有利于孩子更好地接受学习，也有利于孩子天性和人格的良好发展，值得我国的老师和妈妈们借鉴学习。

学习是件严肃的事，需要认真对待。但是越严肃的学习，越需要加入乐趣，以帮助孩子吸收知识。传授知识，如果只是死板地教，孩子就不容易记住。用比较活泼的形式教，孩子就喜欢听，并且容易记住。所以，在教育时，首先要把孩子当成是孩子，注重寓教于乐，注重孩子独特的天性，保证孩子玩耍的时间，让孩子们在学习的过程中健康地成长。

快乐的教育有很多方法，例如：运用讲故事的方法来教育孩子。快乐的故事教育也是最有效的方法之一，因为故事可以锻炼孩子的记忆力，启发孩子的想象力并扩展他的知识。故事形象易懂、切合实际，也便于小孩子记忆。同时，妈妈也可以边给孩子讲故事的同时，也让孩子自己叙述，这样既能锻炼孩子的语言叙述能力，还可以提高记忆能力。

在小维尼夫雷特还不会说话时，斯托夫人就给她讲希腊、罗马、北欧各国的神话。等她会说话以后，母女两人就表演这些神话。她还向女儿讲述圣经故事，有的还用戏剧的形式演出。斯托夫人的故事都是非常有目的性的讲述，对女儿讲神话是为了使她对天文学产生兴趣，让她看雕刻艺术是为了使她能够理解雕刻作品的内容。

还有一种方法妈妈可以采用，就是起初用讲故事的方法教，而后把它们编成纸牌，采用游戏的方式教。这样孩子们就能从游戏中读到一本有趣的书，并写出要点。比如为了让孩子牢记神话和圣经中的故事，我们可以把有关内容编写在纸牌上。在和孩子一同学习各国的历史时，让孩子不知不觉中感受到学习的乐趣。

还有重要的一点，妈妈需要非常注意，那就是在向孩子灌输各种知识时，这些知识一定是孩子将来用得着的。世间有些人，虽然读书破万卷，知道许多事情，但是仅仅是“知道”而已，这些知识对自己、对社会却都没有用。

最后，仅仅快乐对孩子的全面成长还不够，寓教于乐也要把握分寸。不能一味让孩子快乐，就对孩子放任不管，对孩子适当的束缚和正确的指导，是对孩子形成健康的人格、良好的品德有决定性作用的，所以，寓教于乐，让孩子快乐地接受教育，是必需的，但也是有限制的。

第五章 如何将学校教育与家庭教育配合好

家庭教育和学校教育，在孩子的教育中都是必不可少的两个部分。二者互相联系又互相影响，交互对孩子产生巨大的影响。如果妈妈把学校教育和家庭教育配合好，必定是对孩子教育的一大促进。

重视家教的妈妈也不该轻视学校

在过去，稍稍有点学识的母亲便充当孩子老师的角色，但是，在信息发展越来越快的今天，让妈妈仍然充当孩子无所不能的老师似乎已经行不通了。那种幻想只凭自己的双手便能构建孩子人生的想法已经显得越来越天真。由于学校在孩子知识教育中也起着十分重要的作用，这就要求妈妈不仅要懂得对孩子进行早期智力教育，而且还要懂得如何与学校教育进行教育上的协调。

在关于学校教育这个问题上，有时妈妈会表现出两种极端。一种是把孩子全权交给学校，而妈妈们不再承担任何教育的责任，而另一种极端就是认为学校教育无用，因此不加重视。而造成后一种类型的原因，多是由于自身对学校教育没有好感，甚至自身就是学校教育的打击对象。他们之所以成长，与其说是学校培养的结果，倒不如说是自学的结果。由于他们对学校充满了偏见，对自己孩子的学校教育自然不加关心。

有相当一部分杰出人物的后代为此而断送了他们的才华，碌碌无为地度过了他们一生。爱迪生的后代就是其中之一。

爱迪生是一个对学校没有好感的人，他对孩子的读书态度是“如果一个男子抱有雄心壮志，他不需要进大学。”他前妻的观念也如此。前妻同他生的3个孩子，由于无人管教，结果一事无成，甚至连自食其力的能力也没有，只能靠爱迪生给他们买的农场生活。而与其妻成鲜明对照的是其后妻对孩子教育极严，她不但把她同爱迪生所生的3个孩子送进了大学，而且其中的一个孩子后来还成为了该州的州长。

相同的父亲，重视与不重视教育，结果就如此迥然相异。

这一类型的妈妈，她们的错误在于对教育的轻视。他们忘了自己虽然没有受到良好的学校教育，但是却受到了良好的家庭教育这一事实。

像爱迪生，是当过老师的母亲承担着他的教育任务。当母亲发现他特别喜欢物理和化学后，便专程上街给他买了本《派克科学读本》，这本书当时极有影响，专讲物理和化学上的实验，有简单扼要的说明，有详详细细的插图，爱迪生也就是按照上面写的一个一个地做实验的。

而爱迪生之所以后来可以取得成功，正是由于他得到了这么好的家庭教育。所以爱迪生尽可以对学校有偏见，但决不应该对教育有偏见，不能将学校教育和教育混为一谈。

与爱迪生形成鲜明对比的，是那些不仅受到良好家庭教育，而且受到良好学校教育的伟大人物，他们在对待自己孩子的教育问题上就表现得大不一样，因为他们深知，这两种教育缺少任何一种，都难以让孩子取得重大成就。最典型的代表就是玻尔家族，他们家族不仅已经几代兴旺，出现了两代诺贝尔奖获得者，且新的一代也崭露头角，以至有人这样预言，如果再有家族获诺贝尔奖，最大的可能便是玻尔家族了！

虽然教育的主权不是在学校，而是在家庭，但是妈妈们要分清主职与助手的关系。也就是说，学校尽管不应该是教育的主导，但却是教育的助手。让助手顶替主职当然不对，但让主职包揽助手的事务也不正确。

忽视家庭教育而将教育的责任推给学校当然不对，但忽视学校教育而企图以家庭教育代替学校教育也同样不对，这种做法最后也会窒息孩子的成长。

因此，对于妈妈来说，当自己给孩子提供了最好的早期智力教育之后，就需要将孩子送进学校了。但这并不意味着母亲智力教育方面的结束，相反却是一个新的知识教育时期的开始，在这样一个时期里，妈妈虽然不需要授课、讲解，但是却需要她为尚不懂事理的孩子进行指导与协调，而这一工作也是孩子入学后母亲教育工作的新的重心。

所以，如果妈妈真的想让自己的孩子健康成长成才，学校教育是绝不能轻视的。

孩子需要妈妈帮助协调学校和家庭之间的关系

学校教育尽管不应该是教育的主导，但也绝不应该被忽视——那些自学成才者由于对学校的偏见常导致自己孩子的碌碌无为——这些人把对学校的偏见，倾泻到对教育的轻视上是不对的，他们虽然是学校教育的受害者，但却是家庭教育的获益者——重视教育的母亲也不应该轻视学校，而应将它看成是自己的助手。为了更好地培养孩子，妈妈应该协调好家庭与学校间的三大关系：

首先，妈妈要调节好老师同孩子的关系。

只有师生双方的关系融洽了，才能产生较好的学习效果。妈妈不能寄希望于老师能够找上门来同自己联系，最主动的做法便是自己经常与老师保持联系。

但是在现实生活中却很少如此。往往由于妈妈没有同学校协调好，孩子在学校违犯了纪律，老师便通报妈妈，有时还指定让父亲来，因为怕妈妈心软不好配合。父亲被老师的一面之词激得火冒三丈，个别的甚至当着老师的面打孩子，而这样做的后果只能使师生矛盾加深，同时也伤害了自己与孩子的感情，还会使孩子感到走投无路，甚至被逼到邪路上去了。

因此，这时真正的家庭配合应该是，冷静地帮助孩子分析自己的错误，启发孩子理解老师的心情，指出老师是关心和爱护他的。老师虽然生气，只要他认真改正错误，老师就会欢迎。同时，妈妈要把孩子改正错误的决心转告老师，让老师对孩子不抱成见，对孩子的进步充满信心。

其次，调节各科知识间的关系。

由于孩子对各学科的兴趣不同，常常出现偏科的现象。这种学习上的不全面发展，单靠老师是难以解决的，把希望寄托在孩子身上让他自行克服更是难上加难。学校老师只能在学习目的、学习方法上给予指导，但却不能完全控制学生对每一学科使用的时间比例，这就需要母亲在家庭自学时间上给予调解，并提供相应的学习条件。

历史上那么多著名的曾被讥为“笨蛋”、“傻瓜”的天才中，他们几乎都是由于这种偏科导致的，他们本质上其实是神童，但是由于母亲没有及时予以调节，结果导致这些天才学生失去很多成长的机会，甚至真的成为笨蛋。毕加索等的数学极差，他们之所以最后能够成大才，一部分来自他们的努力，更大的原因在于他们的家庭对他们提供的非个人品质方面的支持。

但是，即使是有家族背景做后盾，如果母亲不加调节，学校的环境也同样会对他们的性格造成极大影响。拜伦是个大诗人，但他在学校时却最讨厌诗歌，尽管他后来成为诗歌天才，但长期的压抑却让他行为怪异、生活堕落。

最后，母亲还必须调节孩子之间的关系。

孩子上学要么同知识产生矛盾，要么同同学产生矛盾。知识上有老师引导，而在同学关系上则要靠母亲的关心了。大多数母亲的眼光仅仅盯在分数上，常常忽略了孩子的交友，而一般孩子交上坏朋友后又千方百计地瞒着家里，等到产生不好的后果时妈妈才发现，却已经晚了。1951 年物理学诺贝尔奖获得者沃尔顿便是如此，他的母亲一连换了三所学校，朝夕相伴，最后才让孩子走上正轨。所以，母亲必须调节好与孩子之间的关系。

这三大关系，妈妈应协调好，才更有利于孩子的发展。

家长会的日子不能成为孩子的“受难日”

珍珍 5 年级的时候，妈妈有一次去参加家长会。在家长会上，班主任表扬了珍珍成绩优秀，但也反映了珍珍的不足——上课不认真听讲。

妈妈为了了解具体的情况，于是会后就找各科老师交谈了一下。有不少老师都反映珍珍上课不认真听讲，有时老师在上面讲话，她在下面嘀咕，甚至对老师的提问唱反调。

妈妈听到老师这么说，急了。于是回家后，妈妈就找珍珍谈话，向她反映老师说她上课不听讲的问题。可是珍珍却不这么认为，她觉得自己有时不听讲是因为自己对知识已经掌握了，但自己从未顶撞过老师。

妈妈不听珍珍解释，认为珍珍不愿面对自己的问题，把珍珍训斥了一顿，珍珍哭了起来。

从此以后珍珍上学，对老师都有点逆反情绪，而且也不太愿意与妈妈交流，成绩也一天一天下降了。

例子里珍珍的妈妈由于没有处理好老师、孩子之间的问题，把家长会的日子变成了孩子的“受难日”，才会最终导致孩子成绩的下降。如果当初珍珍的妈妈在向珍珍反映老师的意见时，也听听珍珍的解释，然后和珍珍一起分析问题的原因以及解决方法，也许结果会大不相同。

现在有不少孩子害怕开家长会，尤其是那些成绩不怎么优秀的孩子，对他们来说，家长会就像是“受难日”“成绩排名会”“老师告状会”，回来后少不了受母亲的训斥或打骂。

其实，家长会，本来是家长通过和学校老师的沟通有效了解孩子的途径，但却成为不少孩子的受难日。究其原因，在于听到老师反馈意见后的妈妈不知道如何将老师的意见转达给孩子。转达得不当，会对孩子产生干扰甚至打击，让孩子憎恨老师、讨厌学校、厌恶学习，甚至让孩子在自信、道德方面也会失去上进心和判断力，对孩子以后的发展都是极为不利的。

而有些粗暴的家长听到自己的孩子不听话，成绩不好后，回家就是对孩子一顿责骂或痛打，而不去反思自己对孩子的教育是不是也有问题，是不是不够关心孩子等。

孩子是敏感而脆弱的，对于老师提出来的问题，妈妈应该和老师好好分析一下，找出产生问题的原因，同时也要和孩子好好沟通交流，让孩子信任你，愿意向你倾诉他的困难和困惑，在妈妈的鼓励和支持下解决那些困难。

比如孩子的成绩下滑了，就要分析是不是自己的学习管理方案出了问题，和孩子交流学习上有哪些困难，帮孩子一起渡过难关。或者孩子不想上学了，就要向老师了解具体的情况，是不是因为受了老师的批评或受了同学的欺负处理不好和同学的关系，这时候更需要妈妈在一旁鼓励给孩子信心，而不能几句痛骂、几顿痛骂解决问题。

妈妈一定要慎重、冷静对待家长会上老师反映的各种情况，别让家长会成了孩子的“受难日”，而应该让家长会成为孩子成长的一个助推器，帮助孩子解决问题，让孩子更好、更健康地成长！

学校和家庭把孩子放在同一个位置上，不让孩子做“两面派”

有些孩子在学校表现较好，勤快、助人为乐，成了一个遵守纪律的好学生，而回到家中则表现得为所欲为，衣来伸手、饭来张口，成了个无法无天的“小公主”或“小皇帝”；在家里是个“四体不勤”的小懒虫，在学校里却是得了小红花的“劳动标兵”……

孩子居然变成了“两面派”，这可怎么办呢？

7 岁的娟娟今年上 2 年级了，她活泼好动，非常聪明。

平时，爸爸妈妈工作很忙，每天都是早出晚归，于是爸爸妈妈就让娟娟每天放学后，到同住在一个小区爷爷奶奶家吃饭，写作业。

渐渐地，妈妈发现娟娟到了爷爷家，就只看电视、玩游戏，很晚才写作业，又因为困的原因，作业总是潦潦草草。

于是这天，妈妈忍不住就对奶奶说："您应该先让孩子写作业，然后看电视，而且电视要少看。"

听这话，奶奶却不同意了，说孩子一天上学太辛苦了，回家得先让她休息好了，吃好了。娟娟的爸爸也为此和奶奶谈了好几次。

在一旁的爷爷看不下去了："我和你妈这种方式有什么问题吗？你们弟兄3个还不是照样给养大了？看看你们，哪个不像模像样的，我们教育孩子没问题！"

爸爸妈妈看在眼里，急在心里，只能暗地里抓紧教育孩子。可是，娟娟一旦在爸爸妈妈那里被批评，就跑到爷爷奶奶那里含冤告状。

等奶奶批评儿子的时候，娟娟就偷着乐。而且，娟娟还特别会哄奶奶，总是让奶奶心疼得不得了，更加卖力给孙女撑腰。

妈妈看到女儿小小年纪就懂得了两面派的做法，这让她特别着急，如果在家里，就这样为人处世，那等到孩子大了，步入社会该如何是好呢？

现实生活中，没有一个妈妈愿意自己的女儿是个"两面派"。可事实是，偏偏有许多孩子不以你的意志为转移地成了"两面派"：有的在家里是个多嘴的"小八哥"，在学校里却是个闷嘴"小葫芦"；有的在家被妈妈管得太严格，不准干这干那，一到了学校就成"小霸王"，让别的孩子望而生畏；有的在爷爷奶奶面前是个听话懂事的乖孩子，在爸爸妈妈面前却成了调皮捣蛋的"小恶魔"……

这究竟是什么原因呢？

有关专家分析指出：这些拥有"两面派"的孩子，其实掌握了老师、妈妈的心理。孩子常常按照老师、妈妈的喜好来表现自己，希望获得表扬。

当孩子面对的对象改变了，孩子就急于把自己的另一面变本加厉地表现出来。

孩子通过观察，知道老师不能容忍哪些行为，她就会避免做这些讨老师嫌的事情，多做老师喜欢的事情，自然就成了学校里的"好学生"。

同样，孩子也通过观察，知道妈妈能容忍她的哪些行为，所以她在家里就经常会做这些事情，因为知道你不会责罚她，仍然会爱她。

一般情况下，妈妈的容忍度要比老师大很多，再加上老师固有的权威性，使得孩子在学校里显得比在家里乖很多。

儿童心理学家说，孩子最要不得的，就是从小"两面派"。当面一套，背后一套，"两面派"将影响到孩子健全人格的培养。学校和家庭如果能把孩子放在同一个位置上，孩子"两面派"的现象会减少很多。

对此，妈妈可以一方面了解孩子在家里的表现，一方面和老师联系，了解孩子在学校里的表现。了解老师对孩子的要求，并与老师交流孩子在家中的表现，和老师一起共同教育孩子。大多数孩子都对老师言听计从，把老师的话当圣旨，只要是老师说的，孩子都会去做。

在这种情况下，妈妈可以和老师交流一下，请老师帮忙，通过老师约束孩子在家里的行为。另外，父母的教育也应一致。严父慈母或严母慈父，一个“唱红脸”，一个“唱白脸”的教育方法容易导致孩子对父母的态度不一样，也容易养成孩子“两面派”的性格。

要改变和预防孩子对父母态度不同，妈妈应做到对孩子存在的问题心中有数，在教育孩子时，父母应该互相配合，当其中一方批评孩子时，另一方不要袒护，尤其不要在孩子面前指责对方，应该互相配合、协调一致。此外，父母和老师对孩子所提的要求应一致，这样才不致孩子成“两面派”。

把家庭教育变成最高级的小班授课

教师被誉为“人类灵魂的工程师”，其实，妈妈更接近这个崇高的角色。在哈佛大学考察新生的15项中，好奇心及求知欲、创造能力、领导能力、责任感、自信心、为人热忱、幽默感、关心他人、活力、成熟、主动性、对挫折的反应这些都是在妈妈日积月累的影响下形成的品质。妈妈的教育比教师更能塑造人、影响人。因为妈妈身上有一个极容易被忽略的教育优势：在孩子成长的敏感期内与他（她）朝夕相处。在陪伴孩子成长的过程中，妈妈可以清楚地看到孩子变化的每一个细节。在日常的生活中，妈妈的言行举动都在潜移默化地影响着孩子，这些细节上的影响，会形成孩子日后待人处事的潜意识中的标准，可以说，妈妈的高度决定了孩子人生的宽度。

美国教育学家泰曼·约翰逊说：“成功的家教造就成功的孩子，失败的家教造就失败的孩子”。这句话说得不无道理，从这个意义上讲，家庭教育决定着孩子的命运，妈妈对于孩子的成长起着决定性的作用。所以，家庭教育比学校教育更重要，但天天肩负教育责任的妈妈，却往往把自己当成了“外行”，误认为教育是学校的责任。

妈妈们都知道，在学校教育中，小班授课效果好过大班授课，小班授课是精英教学，妈妈们都愿意把孩子送进小班授课的学校，甚至愿意利用周末的时间给孩子报名上个“小班”，帮助孩子提高学习成绩。而妈妈们都忽略了，最小的小班其实是在家庭中，妈妈和孩子是一对一的教学关系，孩子可以受到最多的关注。家庭在这一点上的优势要远远胜过学校。可以说，利用好家庭教育，可以收到比学校教育更好的效果。

而在进行“家庭小班授课”的过程中，妈妈一定要了解一些有用的关键词，它们分别是：辅导、指导、引导、教导和主导，可以针对不同的情景把握好分寸，利用这几种行动来教育孩子：

1. 辅导：这个意思就好比是过河时主要倚靠孩子的脚和腿，而妈妈需要做的就是在关键或是危险的时刻“牵”他一下而已。孩子在用他自己的生活方式行走着，我们只有在他需要的时候才给予他。

但是，大多数的妈妈并不知道这一点，好像妈妈的给予是在满足妈妈想给的这个需要，而并不是针对孩子的真正需要。很多妈妈在无意识中自以为是地给予了很多，却在一厢情愿的爱护中伤到了孩子。

2. 指导：在孩子成长的过程中，他们的意识里有这么一种需要，应该给予适度地满足，但如果指手画脚得太多就会导致孩子的依赖性和自我能力的弱化。所以，妈妈在给予孩子指导的时候要掌握好分寸。

3. 引导：这个词好像是领着孩子走路的感觉。我们帮助孩子的引导适可而止即可。孩子在他自身成长的“整体”中会有自己的“主见”和“能力”，这些已经形成的能力会知道他自己好好走路。只要妈妈给他提供好的滋养，人是有向上和向善本能的动物，就会像植物向着阳光生长一样。妈妈又何必事事躬亲呢?

4. 教导：这个词实际上已经露出一点点暴力的味道了。在教导孩子的时候一定要考虑孩子内心的感受。

5. 主导：这个词似乎有“主宰”的意味。妈妈要知道的是，孩子绝对不是你能够随意掌控的东西，如果你想主导孩子的思想或者是生活，那么你的孩子作为一个独立的个体就不存在了。

要把家庭做成最高级的小班授课，妈妈还必须了解与孩子沟通的重要性，要懂得和孩子交流的艺术。妈妈可以运用以下招式来打造与孩子的良好沟通，促进孩子更好地接受家庭小班授课的教育：

1. 主动交流。每天找一点时间，比如在饭前或者是在饭后，找机会和孩子聊一聊学校里的状况。每周可以定期把孩子叫过来和你们一起做一些事，比如做饭、逛街、打球、看电视等。一边做事情一边交流。

2. 认真倾听。当孩子发表一些异议的时候，不要急于反驳，而是先平心静气地听他把想法表达清楚，然后再针对他的观点和他进行交流。

3. 讨论问题。遇到某些事情可以和孩子进行讨论，听听他的建议并达成协议。比如你不希望孩子沉迷于电脑游戏，就需要和孩子一起讨论如何能在玩电脑和学业上保持平衡，并达成协议。通过这样的方法，问题和分歧就很容易解决了。

教育不仅仅局限于课堂之内，教育即是生活

陶行知说过这样一句话：“先生不应该专教书，他的责任是教人做人；学生不应该专读书，他的责任是学习人生之道。”教育绝不仅仅局限于知识方面，更重要的是教孩子怎样做人，学习人生之道。因为孩子最终将以一个社会人的角色迈入真实的生活，如果把孩子培养成读书的机器将注定失败。在瞬息万变的社会中，作为一个社会人，首先要学会的是在社会中生存和发展，所以妈妈培养一个孩子，不能把他培养成一个读书机器，不能让他成为脱离社会的人，妈妈更应当注重的是培养孩子的生活实践能力和良好的生活品性。

这不仅仅要靠老师或者妈妈来给孩子灌输道理，更需要妈妈将教育融于生活中的点点滴滴。著名的教育家杜威说过：“教育就是生活，生活就是教育。”教育不仅仅是通过书本和课堂来完成，妈妈更要想办法使孩子的心灵进入一个更大的世界中，培养

他出色的生活实践能力和良好的道德品性。下面这位妈妈的教育方法和心得体会也许可以给很多妈妈一些启发：

我家住在5楼，上楼时，女儿经常要求我慢点，好让她走到前面去，到了门口就自豪地大喊“我第一喽!”开始我一直是这么让着她的，后来我就觉得有些不妥：这样她虽然得到了快乐，但这种自豪与快乐不是她通过自己努力获得的，是别人让给她的，长此以往会不会给她一种错觉：成功轻而易举、唾手可得？于是再上楼时我对她说：“不行，妈妈会一直不停地走，不会再让你了，如果你想要得第一，就必须自己加油，走得比妈妈快才行!”当时她不大高兴，我故意淡化不加理会。几天后，她不再提不合理的要求了，总是以自己快步跑上楼来争取第一。我看见：通过自己努力获得第一后，她的欢呼更清脆，她的笑容更甜美。

孩子，不是妈妈不愿意让你，妈妈这样做只是希望，在以后的学习生活中，你都要明白一个道理：别人是不会停下来等你的，要想超越别人走到前头，只有自己努力加快速度才行。

生活是孩子最大的课堂，妈妈是孩子最重要的老师，当妈妈在生活中有心无痕地教育孩子时，往往会取得事半功倍的效果。然而，不是所有的妈妈都能当好孩子的生活老师，要想做孩子称职智慧的老师，妈妈应该注意以下几个关键词：

1. 配合：传统的教育观念是重视分数，而现在教育的王牌早就已经变成素质了。妈妈除了要注重书面形式的作业，同时对实践性的作业更要重视，积极配合孩子完成。

2. 放心：现在的孩子处处都在妈妈的关心和保护之下，孩子的唯一任务就是读书。殊不知，孩子终究是要长大，要离开妈妈走向社会，作为妈妈应该放手让孩子参与社会实践活动，凡是孩子能做的事尽量让孩子来做，以免在孩子长大之后无所适从。

3. 诚心：面对孩子的实践需求妈妈应该真心实意地支持。比如孩子需要搜集一些家庭信息，像妈妈、爷爷、奶奶的年龄、生活用水量、用电量等，妈妈应该如实相告，给孩子创设一个实践的空间。

4. 宽心：孩子在实践活动的过程中可能会产生一些垃圾、影响室内环境、破坏一些物品等，妈妈应该宽容孩子的过失，不宜经常训斥。切记宽容是民主的体现，训斥只能加剧孩子的逆反心理，抹杀孩子探索、实践的愿望。

5. 热心：当孩子萌发探索、实践的愿望的时候，妈妈应该积极引导鼓励，当孩子在实践生活中遇到了挫折，妈妈应给予关怀、帮助，历史的经验告诉我们，不少发明家从小就有爱动脑筋、爱动手的良好习惯，同时他们的成就也与妈妈的关心支持是分不开的。

如果妈妈们把握好在生活中对孩子的教育，当好了孩子的生活老师，这将是孩子的福分和幸运，因为，他比其他孩子有了更多受教育的机会。

上学不等于“全托管”，家校互补才能教育好

“老师，孩子送到学校，就交给你们了!”很多妈妈会对老师说这句话。这说明虽然现在越来越多的妈妈意识到家庭教育的重要性，并越来越重视家庭教育这一模块，

但依然还有少部分妈妈存有这种“把孩子完全交给老师”的意识，以为把孩子送到学校就如同送到了“保管箱”一样，由此以后可以完全不管，只留给老师教育就好。很多妈妈很想和这样的妈妈说一句——孩子上了小学，并不等于“全托管”。换句话说，学校不是幼儿园，小学老师除了教给孩子知识之外，还要教给孩子全方面综合能力和思想品德，要想孩子的教育出成效，妈妈就要全力配合，只有“三位一体”的教育才能出成效。

教育不是教师单方面可以完成的，这是一个需要社会、家庭通力合作的系统工程。真正富有魅力的教育，永远是教师—班级—孩子—妈妈的一对一。在这当中不难看出，没有家庭教育的学校教育，或是没有学校教育的家庭教育，都不是完整的教育，学校教育必须依靠家庭教育的配合和支持，家庭教育必须与学校教育协调一致。我们会通过家校联系QQ群、家校联系本、随机交谈、妈妈座谈会、电话随访加校联谊活动等多种途径，加强与家庭的联系，帮助妈妈遵循教育规律，加强自身修养，提高家庭教育的水平，使家庭教育和学校教育形成合力，让妈妈成为我们研究的有力支持者和协助者，使孩子在家中能及时巩固学校学到的习惯，从而真正养成良好的行为习惯。再有，教育好孩子，离不开妈妈的素质，更需要妈妈的直接熏陶。只有好素质的妈妈，才有好素质的孩子，所以作为妈妈，应通过与时俱进的学习提高自己的教育方法和道德素质，让孩子有一个好榜样。

那么，要配合老师做好对孩子的教育，妈妈应该如何做呢?

1. 关心孩子的学习，经常了解孩子的学习情况。孩子在学校的主要任务是学习，做妈妈的应该经常关心孩子的学习情况。帮助孩子制订学习计划，并进行督促检查，使孩子养成良好的学习习惯。每天检查孩子的作业，督促孩子复习巩固当天所学的知识。如发现孩子懒于完成应该做的作业，妈妈应该适度地督促孩子完成，孩子学习中有不懂的问题，妈妈不会回答的，应该及时督促孩子找老师。

2. 关心孩子的思想，经常和老师取得联系。小学阶段是孩子思想品德形成的重要时期，特别是小学一年级，是孩子从幼儿期到儿童期的一个过渡时期，这一时期是培养孩子的行为习惯和行为操守的关键时期，因此，妈妈就要采取措施，充分调动孩子在学习上的积极性和自觉性，尊重他们的正确意见，同时还必须要指导和监督他们的学习、生活，经常提醒他们，自觉遵守学校纪律和社会公德，并且亲身给孩子做好高素质的典范。

3. 关心和支持孩子参加学校组织的活动。妈妈应该积极支持和鼓励孩子参加学校组织的多项活动，特别是公益劳动等一些思想强的活动，不能因为怕影响孩子的学习而不让孩子参加。参加集体活动，有利于培养孩子的集体责任感和与人合作沟通的能力。

4. 支持学校的工作。老师每天向学生布置的作业，有时需要妈妈的帮助督促、落实，而妈妈帮助督促、落实了这些工作，既是对老师工作的支持，也是对自己孩子的教育和帮助。只有保持家庭和学校的教育的一致性，才能收到好的效果。

5. 必须加强与学校的联系。学校与家庭、教师与妈妈之间要建立起长效沟通的桥梁和经常联系的纽带，信息互通，作用互补，扬长避短，减少横亘在学校与家庭教育之间的一些漏洞和盲区。要实现家庭与学校教育的互补，就必须在日常施教过程中注意做好家庭与学校教育的有机结合和良好衔接，配合老师做好孩子的教育工作。每个妈妈都希望自己的孩子在校学习好、表现好、有出息，将来能够出人头地、成为有用之才。在这种情况下，交流和沟通就显得特别重要。通过交流和沟通可以对自己孩子的一切知根知底，全方位地进行了解，然后就可以有针对性地进行找平、补强。如果缺少了这一有效渠道和必要环节，就会使家庭教育陷入盲区，也会给教师开展学校教育工作带来一些被动。所以学校与家庭、教师与妈妈之间要通过妈妈见面会等形式常沟通、多交流，以便深入了解孩子学习表现情况，取长补短，学习他人先进经验，改进自己缺点与不足，以利于学校与家庭教育的全面、协调发展。

理解老师所作所为，消除“老师不喜欢我”的心理

班里的一个同学犯了个错误，老师严肃地批评了他，而且还给了一点小惩罚。本来这个同学已经认错悔改了，结果第二天妈妈带着他找到了老师，寻找了诸多推卸孩子责任的借口，弄得老师无话可说，最后这个同学再遇事便总是逃避责任，死不悔改。如果当时妈妈不是帮孩子推脱责任，而是借事说事让他充分认识到自己的错误，并真诚地改正它，那么他以后就不会成为一个对自己的错误和缺点不承认更不改正、“食古不化”的人了。

老师指出孩子的缺点、对孩子犯下的错误给点小警戒、小惩罚，自然是为了孩子好，为了帮孩子摒弃掉错误的行为方法。作为妈妈，对于老师所指出的孩子的缺陷还是虚心一点好，纵然每个孩子在妈妈眼里都是宝贝，但妈妈也应理智地看到孩子身上的不足。如果老师能够及时地将它指出来的话，妈妈应当感谢老师才对，并且要想法设法协助老师一起让孩子认识错误、弥补不足，而不是为了维护孩子在老师和其他同学面前的“形象”，去给孩子想借口应付老师。

中小学阶段是孩子形成良好行为习惯的关键阶段，妈妈的影响力无疑是最大的，但凡出现一次妈妈为孩子寻找借口的现象，那么孩子就会有一学一，开始懂得为自己犯下的错误或缺点寻找这样或那样的借口，这就是一种责任的逃避，无论对孩子良好行为习惯的养成、还是为人处世能力的发展都是极其不利的。当老师给孩子指出错误时，妈妈要教育孩子感谢老师的指点，如果孩子对此有不良情绪的话妈妈要及时疏导，让孩子摆正心态，客观地寻找自身的原因而不是去责怪老师，更要警惕孩子出现“老师对我不好”之类的错误想法。再说，老师肯给孩子指出不足之处，正是老师负责任的表现，所以身为妈妈应当为此庆幸，庆幸孩子能遇上一个如此负责的好老师。

现在大部分妈妈很开明，具有良好的教育背景，而且都注重孩子的综合素质和实际能力的培养，能够很好地配合老师的教育，但是不理解老师的妈妈也依然存在。总有一些妈妈不能正确地看待老师对孩子的行为，总是把一些莫须有的罪名安在老师身上，同时将自己对老师的埋怨情绪传递给孩子，这对孩子是极其不利的。

王萍的儿子刚上一年级的时候，坐在教室第二排。一个学期以后，老师就调整座位，把王萍的儿子换到了倒数第二排。王萍心理十分不服气，跑到学校去找老师理论："这么靠后的位置让孩子怎么听清老师讲课啊？我儿子平时上课是有走神、爱说话的毛病，可老师您这么做，是不是在故意变相惩罚孩子呢？"

老师给孩子换了座位，就是老师罚孩子，这是什么道理？妈妈一定要明辨是非，认识到绝大部分老师还是好的，没有老师故意那么"缺德"，故意整孩子，对老师要多多体谅和理解，并把这种观念传递给孩子。如果你让孩子觉得"老师不喜欢我"，这对孩子学习的积极性是种打击，同时还伤害了孩子的心灵，而如果孩子喜欢老师，赞同老师的话，他在老师上课时会更加集中精力学习，而且每天在快乐的心情中学习，这不是"一箭双雕"吗？

学校是孩子们学知识、学做人的乐园，各位妈妈，请不要在您的无意中让孩子对老师、对学校产生厌倦、恐惧等不良心理，最终受到损失的是孩子，而且这种损失永远无法弥补。老师毕竟不是完美的，老师跟老师之间也有不同的教育方法、教学方式，但是妈妈们要信任老师，与老师加强沟通，有任何不满或不理解都可以通过心平气和的沟通来解决，千万不要在孩子面前随意议论老师，曲解老师的意思，以免给孩子的心理投下永不消失的阴影。

及时疏导孩子对老师的消极态度

光光放学一回来，就气鼓鼓的，直嚷："偏心！"

"谁偏心了？"光光妈饶有兴趣地过来问。

"孙老师，我和赵婷婷课堂测验都得了98分，班里最高，可是孙老师光表扬她进步了，没表扬我！她真偏心，哼！"

孙老师是光光的数学老师，据光光妈了解，她是一个对学生很负责任的老师，为什么会令孩子觉得偏心了呢？"肯定有原因。"光光妈接着问道："赵婷婷平时数学成绩好吗？"

"以前不太好，不过她学习挺努力的。"

呵，小家伙能看到别人身上的优点，不错了！

"对啊，赵婷婷以前数学不好，可是你的数学成绩一直不是挺好的么？那这次她和你一样考到了班里的最高分，是不是说明她的进步很大呢？"

"嗯……对……"小家伙好像有点想通了。

"孙老师表扬她，是鼓励和肯定她的进步。你一直做得很好，所以老师这次主要表扬她，你也不用太在意。孙老师这样可不是偏心她，知道吗？"

小家伙用力点了点头。

"呵呵，小东西，弯儿转得还挺快！"光光妈在心里笑道。

这位妈妈的做法是极其明智的。既让孩子客观地认识到自己的问题，又消除了孩子对老师的不良情绪，保护孩子的心灵不受到伤害。值得很多妈妈借鉴，尤其是那些经常曲解老师意思的妈妈。

当孩子对老师不满意、有意见的时候，孩子的心里往往是非常焦躁和担忧的。焦躁的是对老师有意见却不能对老师说，说了，怕老师不高兴，对自己有看法；担忧的是自己碰见这样差的老师，自己的学习、生活都要受其影响。

所以，当妈妈发现孩子对老师有意见或情绪时，首先要控制自己的情绪，耐心倾听孩子的想法，既不能不分黑白地给孩子一顿责骂，更不能当着孩子的面和孩子一起指责老师，否则会进一步加大孩子对老师的不满。

正确的做法是，当孩子向妈妈诉说对老师的意见时，妈妈不要随声附和，而要镇静地、耐心地倾听孩子的所思所想，并且在听的过程中，要根据情况提出具体的问题，以便了解实情。例如当孩子说："我几次问问题，老师要么是不理不睬，要么是含糊其辞，一点都不负责任。"妈妈可以说："如果老师不给学生解答问题，那真是不负责任。你都什么时候问的问题？当时是怎样的情况？"这样一来能够让妈妈了解更多的信息，二来能够帮助孩子缓解焦虑等消极情绪。在倾听中，为了鼓励孩子说，妈妈要表现出专注、关心的神情和姿势，与孩子保持良好的目光接触，配合孩子的语言与非语言行为而调整动作与声调。如果妈妈一边听一边干着别的事情，或者面无表情的话，就会打退孩子倾诉的欲望。

孩子在看待老师的缺点时，经常出现两种思维偏差：一是过分夸大化，夸大老师的不足之处，忽视老师的长处；二是灾难性思维，当孩子感受到老师对自己微小的不利影响后，就预感老师会给自己带来灾难性后果，从而变得诚惶诚恐。所以，妈妈除了通过引导孩子倾诉帮助孩子释放消极情绪之外，还要及时发现、校正孩子思维上的偏差，帮助孩子减少忧虑。

当孩子对老师出现意见和不良情绪的时候，妈妈一方面要倾听孩子的诉说、纠正孩子的心态，另一方面还要与老师进行沟通交流，请老师协助帮忙一起打消孩子不良的情绪。

如果妈妈从孩子的叙述中感觉到老师出现的错误是经常性的、重大的，妈妈可以通过与其他妈妈交流，了解其他孩子的感受，弄清事情的真相。但是注意不要让孩子知道妈妈在怀疑老师、不信任老师。因为如果孩子知道妈妈在调查老师，反映老师的情况，他就会更讨厌他不满意的老师，使他的情绪会随着妈妈的言行而波动，进而影响到学校生活，尤其是当老师的不足无法改变时，孩子的心理困扰会越来越深，最终给孩子带来极为不利的影响。

第六章　学龄儿童常见的问题和建议

学龄儿童处于家庭和学校两大不同的环境中，心理总会出现些不适应，于是，学龄儿童总是出现很多问题，其实这些问题都很普遍，妈妈不用大惊小怪，只要好好地引导和帮助，孩子的毛病就可以被改掉。

孩子做事拖拉怎么办

四年级男孩李江，成绩一直很不错，但是，老师和同学都不喜欢他，因为他做事总是拖拖拉拉。他的作业经常不能够按时完成，导致老师经常生气。在生活中，同学们谁也不愿意跟他合作。他办事情像一个老太婆，和大家根本就不合拍。在一次晚会中，大家一起玩游戏。他和几个同学分在一组，结果因为他拖拖拉拉，使得他所在的那一组输得很惨。同组的几个同学都责怪他，不愿意和他交往。慢慢地，其他同学也不愿意理他了，觉得跟他合作既倒霉又没有意思……他在学校连个好朋友都没有，感到很压抑。妈妈最讨厌看到李江做事磨磨蹭蹭的样子，而且也为这件事情打了他不少回，就是不见效果。

像李江这样的孩子很多，做事拖拉、慢吞吞似乎不是什么大毛病，但融入集体，进入社会工作后，拖拉的恶习就会暴露出原本的弊端。

做事拖拉、磨磨蹭蹭是孩子常见的一种毛病。

孩子做事拖拉一般表现在：做作业时不专心，东看看西玩玩，一个小时可以做完的作业要用 2 个甚至更长的时间；从早上起床、穿衣、洗漱到出门上学的这段时间内，动作慢吞吞，不紧不忙地，经常导致迟到；因怕困难而把艰巨的任务、麻烦的事情拖到最后办理，或寻找借口一拖再拖；一般不善于整理环境，卧室、写字桌上乱七八糟；一般都缺乏进取精神，不愿改变环境，不愿接受新任务；老是不肯做作业，一直拖到每天的最后一刻，甚至点灯熬油开夜车；遇到棘手的事或考试，就装生病、找借口，企图回避；在受到不公正的待遇时，即使自己有理，也喜欢忍气吞声，以免和别人发生冲突；无论遇到什么事情都怨天尤人，从不从自身寻找原因；说起来一套一套的，想法很多，但从来不去付诸实施……

如果孩子在学生时期还没有克服掉这种毛病，就有可能形成懒惰的性格，在碌碌无为中度过平庸的一生。妈妈教育孩子，一定要注意帮孩子改掉这一陋习。

而妈妈要培养孩子绝不拖延的意识，最重要的是必须让他学会珍惜时间，懂得

“一寸光阴一寸金，寸金难买寸光阴”的道理。这首先要求妈妈自己是一个珍惜时间的人。

《朱子家训》开篇说：“黎明即起，洒扫庭除，要内外整洁。”一天之计在于晨，当孩子醒来，发现妈妈已经把屋子收拾得干干净净了，周围空气清新，精神自然百倍。相反，如果家里乱糟糟的，一片狼藉，人也就没什么激情开始一天的学习生活了。

所以，勤劳的妈妈往往能保持好家人的积极情绪，而且，也能教育孩子珍惜一天的时间，认真对待每一个黎明。

早晨时间有限，看着孩子从起床、吃饭到准备上学，样样拖拖拉拉，三催四请还是慢吞吞的，让你忍不住扯开嗓门责备他。结果你发火了，孩子却泪眼汪汪地站在那儿发愣，坐在那儿发呆。这样会比较快吗?

妈妈气急败坏地呵责，孩子仍然慢吞吞。当心——你的气急败坏造成错误的身教，孩子长大后会变得跟你一样脾气不好。另一方面，孩子的挫折感和当时的惊吓，也会带来更多的抑郁和适应上的困难。

慢吞吞已经够你心烦了，若再加上教导不当，衍生其他冲突或心智成长上的问题，那就更令人困扰了。许多孩子的问题像滚雪球一样，越滚越大，随着年龄增加，将有更多的困扰。

孩子做事慢或者磨蹭，有的与孩子的性格有关，有的和孩子的生活习惯有关，妈妈应具体问题具体分析，对症下药，力争药到病除。

吃饭慢，这是小问题，只要孩子没有一边吃一边玩，而是在细嚼慢咽，就是可以容忍的；做作业慢，那是因为他没有什么有趣的事情等着去完成，如果完成了作业可以看电视，孩子就会积极一点，但是，不能拿这个作为交换条件，防止孩子的速度上来了，质量下去了。

有一个妈妈非常大胆——让孩子在看电视的广告时间做作业。孩子很感谢妈妈的宽容，作业写得又快又好，这种方式，也许值得妈妈们借鉴一下，因为这样给孩子的不仅是宽松的时间，更是莫大的信任。

一般来说，有明确目标的人，做事情会很快。拖拖拉拉的孩子，也许缺少的是目标感。另外，孩子的惰性也是导致拖拉的一个原因。不给孩子惰性心理留任何滋生的机会，时时提醒孩子“明日还有明日事”是非常重要的。

对于孩子的拖拉，建议妈妈给孩子规定一个时间，让他限时完成。同时，妈妈还可以为孩子准备一个记事本，将要做的事情按重要顺序分类，养成孩子做事有条不紊的习惯。为了去除孩子对妈妈的依赖心理，让孩子自己承担做事拖拉的后果。比如要出门，提醒孩子准备妥当。若不改拖拉，就要丢下孩子，让他独自承担后果。

生命是由时间积累而成的，谁将该做的事无端地向后拖延，谁就会无端地浪费生命；谁重视时间，时间就对谁慷慨；谁会利用时间，时间就会服服帖帖地为谁服务。尽早培养孩子珍惜时间的习惯，即是教会了孩子珍惜生命。

孩子容易发脾气怎么办

李医生夫妇最近被儿子的坏脾气折磨得头疼。儿子奇奇7岁，才上小学二年级，却脾气暴躁得厉害，稍不如意就大发雷霆，大喊大叫；即使是跟他讲道理，他也听不进去，如果父母不按照他说的去做的话，他就一直吵闹、哭喊、在地上打滚，手里有什么东西都会顺手扔出去。

为此，李医生夫妇想尽了办法，他们打他，苦口婆心地教诲他，罚他站墙角，赶他早点上床，责骂他，呵斥他……这些都不管用，一有事情奇奇还是会大发雷霆，暴躁脾气依然如故。

这天，奇奇看到邻居家小朋友拿着一个变形金刚，奇奇觉得很好玩，就跟那个小朋友一起玩了起来，两个人玩得很开心。很快，吃晚饭的时间到了，那个小朋友被他妈妈叫回家了，奇奇也只好依依不舍地回家了。

回到家里，奇奇就跟妈妈讲："妈妈，你给我买个变形金刚吧。"

"你的玩具箱里不是已经有两个了吗?"妈妈很奇怪。

"我想要小朋那样的。"

"那等明天爸爸出差回来了带你去买吧。"

"我不！我就现在要!"奇奇的愿望没有得到满足，大声喊了起来。

"你这孩子，我晚上还得去值夜班呢，哪有时间去给你买啊。来，奇奇乖，咱们吃饭了。""我不吃，我就要变形金刚。"奇奇的倔脾气又上来了。

"快点吃饭！吃完了我要去上班!"妈妈生气了，说话的语气重了点。

"砰——"令妈妈没有料到的是，奇奇竟然把饭桌上的一碗米饭推到了桌子下，碗的碎片和米饭撒了一地。

妈妈很生气，拉过齐齐，狠狠地朝他的屁股上打了两巴掌。这下，可是捅了马蜂窝，奇奇躺在地上哇哇大哭起来。

妈妈又着急又生气，眼看着上班时间就快到了，可奇奇还躺在地上撒泼，她不知如何是好了。

"现在的孩子越来越难管了!"有不少妈妈抱怨说，"稍不如意，牛脾气就上来了。打也不听、骂也不灵，哄他吧，他还更来劲!"生活中，确实有不少这样的孩子。

心理学家认为，孩子爱发脾气是由于家庭教育不当引起的。特别是独生子女，如果从小家人就事事以他为中心，孩子要什么就给什么，久而久之，孩子就会养成遇事爱发脾气的习惯。比如，他想要一个玩具，而妈妈不想买给他，他就会大哭大闹，此时，妈妈既想管教，又怕孩子受到委屈，结果可能就会对孩子"俯首称臣"。这样反而会让孩子形成一种错觉：只要我大哭大闹，他们就会让步，我的愿望就能实现。如此下去，就会形成恶性循环，孩子逐渐就养成了乱发脾气的坏习惯。

此外，有的孩子乱发脾气，可能是从妈妈那里学来的。妈妈是孩子最早的启蒙老师，也是孩子最好的老师。妈妈日常所表现出来的好品质，孩子会受到潜移默化的影响。但是，一些妈妈却没有给孩子做好示范作用，有的妈妈遇到不顺心的事情，常常会大发雷霆，甚至有时候还会将怒气撒到孩子身上。这种行为模式往往会被还缺乏辨别能力的孩子加以效仿，于是孩子就会翻版妈妈的处事方式，遇到问题或困难时，也会大发雷霆。

每个妈妈都不希望自己的孩子是一个随意发脾气的孩子，可事实上发脾气是孩子成长过程中的必经之路，如果妈妈引导得不好，孩子就会像奇奇一样，养成乱发脾气的习惯，变成一个暴躁的孩子；引导得好的话，孩子的脾气就会成为每一次教育孩子成长的契机。

那么，怎样才能改掉孩子乱发脾气的习惯，或者说对孩子发脾气采取什么样的对策才是可行的？

专家建议：一是不能向孩子“俯首称臣”；二是当孩子发脾气时，适当地采取“横眉冷对”的方式；三是妈妈“以身作则”，让孩子从榜样的身上学到正确的东西。

孩子发脾气就向他屈服是最不可取的教育态度和教子方法。当孩子乱发脾气时，妈妈要保持冷静，对孩子的不合理要求绝不迁就，要让孩子明白，无论他怎么发脾气，妈妈都不会“俯首称臣”，他始终都达不到自己的目的。当孩子已经“雷霆万钧”时，不妨运用冷淡计，妈妈及其亲人都不去理会他。事后，再当着孩子的面，分析一下他发脾气的原因，细心地引导、教育孩子，相信孩子会从一次错误的行为中吸取教训。

专家认为，妈妈在阻止孩子坏脾气发作的时候，既不要采取过于强硬的态度，也不能采取过于软弱的态度。最好是能够迅速而果断地将孩子的注意力转移到其他方面，以缓和紧张的局势。也就是说，当孩子正处于发脾气的时刻，妈妈不要一心只想到训斥孩子，因为孩子这时是听不进去的；也不要强迫孩子或者用武力威胁孩子马上停止发脾气。最简便的方法就是运用冷淡计把他撇下不管，或把他送出门外，让他一个人去发泄，去自我克服、自我平息。这样坚持一段时间后，孩子就会渐渐改正乱发脾气的习惯，因为他知道这样做是什么也得不到的。

如何让孩子主动不挑食

人和动物饿了就会吃，这是一种生理上的本能，但到了今天，我们的文明社会中出现了一个反本能的现象：孩子不爱吃饭、挑食。这种不正常的现象，在独生子女中蔚然成风。一个小区里肯定有很多家的父母为“骗孩子吃饭”做过各种努力，也交流心得，如何分散孩子的注意力，让他不知不觉就吃了一口饭；如何提高自己的厨艺，做孩子喜欢吃的饭菜；如何根据医生的建议，给不爱吃饭的孩子另外增加营养，等等。但这些从一开始就错了，因为它建立在一个孩子挑食的基础上，只要孩子挑食，有些营养就难以跟进，孩子的生活习惯、情绪、自我意识等，都会受到一连串不好的影响。

怎样让孩子不挑食呢？我们可以借鉴“潜能教育之父”老威特的教子之道。

老威特认为孩子养成不良的饮食习惯，责任完全在于父母。孩子挑食、厌食、贪吃等多种毛病都只是在父母的溺爱和纵容下任性自私的表现。然而不少妈妈在生活中不但没有丝毫悔悟，仍一味地满足孩子不合理的饮食要求，或者是诱骗孩子吃有营养的东西。事实上，只要改变了孩子对食物的观念，就能改变孩子不良的饮食习惯。

妈妈首先需要使孩子明白“粒粒皆辛苦”的道理。据说，有一个小学组织孩子们到田间地头，参加农民劳动，感受汗滴禾下土的滋味，从此学校食堂浪费的现象明显好转了。孩子们从来不知道食物的来源，觉得一切都理所当然，也就不会珍惜了。

如果妈妈能和孩子一起种一株黄瓜，看着它开花、结果、慢慢长大，这种等待的经历更能让孩子感受到食物的来之不易，不能随便浪费。每一个青椒需要一个夏天的成长，每一粒绿豆都可能成为一株豆苗，它们其实都有故事，这些是孩子不知道的。

只有在孩子尊重食物以后，再适当告诉他有关的营养知识，他才容易接受。

如果孩子厌食，首先确定他是否生病了。如果并非如此，而只是孩子的饮食习惯问题，妈妈就要想一想，是不是孩子平时零食吃得太多，扰乱了正常的进食规律，导致他在正餐时间里拒绝进食。杜绝孩子吃零食和适当采用饥饿疗法，都能很快纠正孩子不爱吃饭的习惯。

也有一种孩子与挑食、厌食相反，不知饥饱，贪吃成性。孩子养成贪吃的习惯多数是家长促成的。老威特和妻子都非常注意这一点，规定有固定吃点心的时间。为了让儿子懂得身体健康及饮食合理的重要性，凡有朋友的孩子生病，他都会带儿子去探望，让儿子更为直接地体会健康饮食的重要性，这对儿子是一种很实际的教育。老威特记载了这样一个故事：

有一次我带着儿子散步，遇见了一个朋友的儿子。

“你家里人都好吗？”我首先问候道。

“谢谢，都好。”他说。

“但是，你弟弟病了吧？”

“是的，您是怎么知道的呢？”他惊讶地说。

“因为圣诞节刚过。”

我并不是胡乱猜测的，因为我知道那孩子特别贪吃，圣诞节过后准会闹病的。

果然不出所料，于是我带着儿子去探望。到那儿一看，那孩子不喊肚痛，不喊头痛，只是叫个不停。

病从口入这一点在孩子身上体现得非常明显，如果孩子口不择食，就很容易生病。妈妈一定要管好孩子吃东西，尤其是不要让亲友们太宠孩子，背着自己给孩子很多好吃的零食，这样只会坏了孩子的胃口。

孩子挑食，就像洪水泛滥一样，重点在疏导，而不是怎样去堵塞。从根本上改变孩子对饮食的态度，除了加强孩子尊重粮食的意识和进食的控制之外，妈妈也需要“宠辱不惊”。不管孩子爱吃什么、不爱吃什么，都不要大惊小怪，表现得很高兴或者很失望。因为这样只会让孩子觉得，吃东西是为了讨欢心，或者是为了发脾气，这就背离了饮食的本意了。

另外，大人在吃饭的时候也要做好表率，不要表现得自己很挑食或者太讲究，这样孩子也就不会跟着学了。

当你发现孩子对某一种菜完全不动筷子的时候，先不要惊慌。把这种菜改良一下继续放在餐桌上。假装没有注意到她不吃这个菜，然后自己带头去吃，孩子也会跟着尝试。如果妈妈说："你不吃洋葱吗"，孩子就会意识到这个问题，就真的不吃了。

孩子说谎话怎么办

老师打电话来说孩子一下午没去学校，于是等孩子回来，你问他：

"下午上课怎么样啊?"

"恩，挺好的。"

"老师都讲什么了呀?"

"哦，讲的……讲的课文。"

这个时候，你明知道孩子说谎了，但是应该怎么做才能既不伤害孩子的自尊与自信，又不纵容孩子说谎呢：

1. 弄清楚孩子是否在说谎。当怀疑孩子说谎时，父母首先应该仔细地调查了解，弄清楚孩子是否真的在说谎，说谎的原因是什么。孩子的谎言，往往是把内心想象的事物和现实中的事物混同起来。特别是小朋友在一起时的"吹牛"更是没有边，许多话都是无知的语言，不必介意。比如，"我爸爸带我去动物园见到一个蚂蚁比皮球还大"等，这些都是孩子们的想象。小孩子说谎，是比较容易发现的，几句话就可以套出来。大一点的孩子说谎，往往能够骗得了父母，因为孩子知道父母喜欢听什么话，他们会制造谎言，说得天衣无缝。遇到这种情况，父母应通过仔细观察和进一步了解揭穿孩子的谎言，并用比较婉转的口气和迂回的方法教育孩子。

2. 证实孩子说谎后，应采取相应的措施进行教育。面对孩子的错误，妈妈往往火上心头，责骂不解心头之恨还会动手打孩子，这是不理智的。妈妈应该克制怒气，分析一下孩子错误的性质，对无意、初犯或较轻的说谎行为，切忌粗暴体罚，而应该耐心指导教育。首先要对孩子说谎的行为表示生气和不满，表明自己对说谎行为非常地反感，然后教育孩子以后注意自己的言行，尽量不要再说谎。

有些孩子已经习惯于说谎话，屡教不改，甚至有损人利己的行为，而且态度恶劣。对于这种孩子，除了严厉的批评教育以外，还可以进行适当的惩罚，来戒除孩子的恶习。例如孩子又因贪看电视而没有做功课却谎称做完了，妈妈发现后，就首先要求孩子赶紧做完功课，然后剥夺孩子 3 天看电视的权利，或者 3 日内不能出门玩耍。但是妈妈惩罚孩子时要注意，惩罚既要让孩子感到痛苦和认识到事情的严重性，又不要使孩子的躯体受到严重损害和摧残，那种要求孩子下跪或打骂孩子的方法是不可取的，不但收不到效果，反倒使孩子产生逆反心理。

值得一提的是，当孩子旧错重犯时，如果他能主动、诚实地告诉妈妈自己所犯的错误，那么妈妈在批评教育之后，一定要对孩子的诚实作出肯定，并适当减轻惩罚。

3. 以身作则，正确引导孩子。营造民主温馨的家庭氛围，让孩子拥有一个自由快乐的环境，对培养孩子诚实守信是非常重要的。因此，妈妈承诺了孩子的事情应该尽量办到，不要随便欺骗孩子。妈妈有意识地对别人说谎时，不要当着孩子的面，以免孩子效仿。而妈妈对孩子的说谎行为，应该进行正确的引导。例如，孩子模仿电影、电视中的人物而说谎，妈妈就应该告诉孩子，这是不对的。同时告诉孩子说谎会带来各种可能后果，教给孩子做人的道理，让孩子建立正确的是非观念。孩子恶意说谎的行为就会逐渐戒除，不经意的说谎也会逐渐减少，成为一个诚实的孩子。

事实说明，无论你如何教孩子，他们迟早会对你说谎。孩子越大，谎话越多越高明，而且说谎得逞又逃过处罚，谎会越扯越多。第一次说谎心中的犹豫最强烈，还会自问该或不该，但恶例一开，原先再三思量的能力就丧失了。

为了培养孩子成为一个真诚正直的人，妈妈应根据不同情况客观分析，对孩子进行正确的教育引导，应奖励孩子的诚实，即使孩子有了错误，只要说了真话，就应肯定他的做人之道，并引导孩子不断地完善自己。妈妈不用打骂、惩罚、斥责等消极方式对待孩子，避免孩子为保护自己而以谎言应付妈妈。要与孩子成为朋友，建立相互信任关系，如果是因为妈妈的原因造成孩子说谎，妈妈应检讨自己，进行自我批评，并对孩子做出合理的解释。

如何改掉孩子乱扔东西的坏习惯

有一个小孩子在家里的时候总是丢三落四，不停地找妈妈要东西，这也不见了，那也不见了，孩子一边放，妈妈一边收，结果谁都不知道东西去哪儿了。

但是很奇怪，孩子在学校里面从来不丢东西，从家里带过去的文具和饭盒，总能完璧归赵，从来不缺胳膊少腿。孩子的科目很多，教科书、参考资料、试卷、作业、强化练习等，也从来没有少过。这让妈妈很奇怪。

“聪聪，你们在学校都是怎样放东西的？”

“我们每个小朋友都有一个柜子，上面贴了自己的名字，大家都把东西放在自己的柜子里。其他的东西都是装在自己的书包里，别人我就不知道了。”

“哦，原来是这样。”妈妈开始考虑给孩子设计几个专用的柜子。

她给孩子买了一个雕花的大木箱，里面可以放很多东西。“这是你的魔法宝盒，我们把所有的玩具都放进去吧，娃娃留在外面。”然后妈妈给复印纸盒子贴上了好看的包装纸，上面写着“文房四宝”4个字，“往后，所有的文具就放在这个文房四宝盒里面好了。”然后买了几个大大的粘钩，贴在孩子房间的门背后，孩子够得着的地方，让孩子把书包都挂上去，随手可以拿走。

这个办法大大缓解了聪聪找东西的痛苦，而且他还觉得很有意思，自己又动手做了几个“多宝格”，仿照故宫中的多宝格样子，把大大小小的东西都放了进去，他的小世界便越来越清晰了。

聪聪上小学时，已经渐渐有了自控的能力。

有小朋友的家庭是很容易看出来的，往往沙发上放着玩具，桌子上有很多零食，孩子的用具随处可见，想让整个家庭保持二人世界的浪漫和情调已经成了一件不可能的事情。其实，从上述事例可知，只要方法得当，孩子的东西是能够很好地归类的。

对于那些低龄的孩子来说，妈妈们要培养其物归原处的习惯，先要自己做好示范。比如说，孩子要灰太狼玩偶的时候，妈妈最好能每次从同一个地方比如摇篮下面的储物层拿出来，这样孩子就能形成灰太狼放在储物层的概念，他自己就会动手拿。如果孩子忘了放回去，妈妈可以提醒他："灰太狼可能想要回家啦。"孩子就能明白妈妈的意思是要把灰太狼放回到原处，也很愿意帮助灰太狼回家。

如果妈妈常常在孩子面前说："看到我的水果刀了吗?""爸爸的公文包去哪里了?""怎么没看到那本小说了"……这无疑说明你还是一个不懂得收拾的妈妈。妈妈是生活的核心，一切家务都是围绕妈妈展开的，一个井井有条的妈妈才能保证家庭生活有条不紊地进行，不然就会制造出很多小摩擦来。好妈妈一定要首先是一个会收拾的人。

心理学家说，一个习惯的培养需要 21 天的重复，也就是说孩子要培养一个哪里拿哪里放的习惯，大概需要 3 周的时间。妈妈需要有耐心，不能 1 周之内总是大发脾气说"提醒了多少次你都记不住，真是没用的东西"这样的话，这只会打消孩子的积极性，对培养好习惯一点效果也没有。孩子一两次没有做好也没关系，当他有意无意地物归原处了一次之后，妈妈最好能表达一下高兴的心情："这次我很快就找到你的球鞋了，真好。"孩子也会因为觉得自己的行为给家人带来了方便，而感到骄傲。

其实人小时候的培养都是生活习惯的培养。记得有一个诺贝尔奖的得主在接受采访时，对方问他从小到大在哪一所学校获得的教育最深刻，他回答说："幼儿园，我在那里学会了对人有礼貌、遵守交通规则、自己的东西自己管理、按时吃饭等，这些我一直遵守到现在。"小时候培养了良好的生活习惯，孩子在独立之后，更能掌控自己的生活。这种投资是利益长远的，值得妈妈们耐心培养。

孩子遇到"小霸王"怎么办

下午放学回家后，妈妈发现小辉的鼻子红红的，眼睛也有些肿，似乎哭过了。妈妈急忙把小辉叫到身边，问他是怎么回事。小辉见妈妈问，委屈的眼泪在眼眶里打转。"是昆昆打的。"小辉说着抹了抹眼泪，"下午课间休息的时候，我和几个同学嬉闹，跑的时候不小心撞了他一下，我连忙跟他道歉，可是，他二话没说，就打了我一拳，把我的鼻子打出血了。后来，汪老师把我带到医务室帮我止了血。"

小辉吸了吸鼻子，说："我以后再也不理他了，他就是一个小霸王，班上的同学都怕他。"

听了小辉的述说，妈妈陷入了沉思，她之前也听小辉说过，昆昆是个霸道的孩子，有事没事就喜欢欺负同学。如果有谁惹了他，他就会动手打人，班上的好多孩子都被昆昆打过。有一次，他看到同桌张民从家里带来了一个有趣的玩具，他跟张民要，张民不肯给他，他就趁张民不注意，故意把那个玩具撞到地上，结果玩具摔坏了；还有一次，几个同学在操场里踢球，大家都不愿意和他一起玩，他冲上前去，一脚就将球踢到了校外；一次，方雨不小心将他的作业本碰到了地上，方雨赶快捡起来，并向他道歉，可他不仅把方雨的作业本摔到了地上，还打了方雨一拳……总之，昆昆在班上经常惹是生非，不是把这个弄哭，就是把那个打一顿。

显然，这时候去找昆昆的家长，恐怕意义不大；从昆昆日常在学校里的表现来看，从老师那里也没有解决的办法。于是，妈妈决定找到一个根本的解决办法。

一晚上，妈妈都在想该怎么办，突然她眼前一亮，想起自己从一本书上看到过一句："爱是最好的武器。"此时，用爱去感动他，不是很好的办法吗？

第二天早上，小辉上学前，妈妈告诉他："我下午去接你，顺便跟昆昆谈谈。"

下午，妈妈到小辉的学校门口等他。一会儿，小辉就出来了，他指着一个穿得有些邋遢的孩子，告诉妈妈："那个就是昆昆。"

妈妈将昆昆叫了过来，告诉他："我是小辉的妈妈，想跟你谈谈。"昆昆听说了，眼里流露出一丝害怕，但转而又流露出挑衅和不屑。

妈妈对昆昆说："你别紧张，阿姨只是想跟你谈谈，我们说会儿话好吗？"见校门口人很多，妈妈带昆昆来到了学校旁边的麦当劳，给昆昆买了一杯可乐。妈妈问昆昆："你说小辉是个好同学还是坏同学？"

昆昆回答："好同学。"

"那你愿意跟他交朋友吗？"

昆昆迟疑了一下，低声地说："愿意。"

妈妈把书放到昆昆面前，对他说："这几本书很好看，阿姨送给你。另外，小辉在家里还有很多好看的书，你要是想看的话，可以借给你看。"

昆昆接过书，点点头。

"好了，今天就先说这么多，你赶快回家去吧，要不你妈妈该着急了。"妈妈对昆昆说。

从那之后，昆昆再也没欺负过小辉，而且慢慢变得不再那么爱欺负人了，渐渐地，也有同学跟他一起玩了。

每个孩子在学校都可能会遇到"坏孩子"，这时，如果妈妈出面，目的应该是帮助孩子解决问题，化解矛盾，而不是去报复。爱孩子，就应该帮他创造一个和谐的氛围，而不要给他制造麻烦。上例中这位妈妈的做法很明智。随着年龄的增长，孩子的人际交往范围逐渐扩大。人际关系中的矛盾，会使他们产生"困惑"、"曲解"或"冷漠"等消极心理，并导致他们产生认识偏差，情绪偏差，进而会产生不适应、不理智，甚至极端的行为反应。因此，在孩子与人发生矛盾时，妈妈要及时指导孩子处理各种人际关系中的矛盾。

生活中，可能很多孩子都受到过别的同学的欺负，这时，家长可能有两种处理方式：一是告诉孩子"人不犯我，我不犯人；人若犯我，我必犯人"，要以牙还牙，甚至亲自出马，讨回公道；二是告诉孩子爱是化解矛盾最好的武器，教孩子去关爱别人。显然，第二种方法是可取的。

曾经有报道说，一个女孩的父母，因为女儿在学校和一个男孩子发生了一点小冲突，第二天就冲冲地来到学校找那个小男孩算账，将小男孩暴打了一顿，结果导致小男孩死亡。由于父母的不冷静，导致了两个家庭的毁灭。

孩子遇到“小霸王”是正常的事，妈妈可以针对不同的对象采取不同的处理方式，但是有一点必须要明确，那就是不能伤害那个“坏孩子”，同时也需要考虑所采用的方式对自己孩子人格行为的影响，以及对其今后人际关系的影响。

当孩子出现口吃毛病时怎么办

李浩是一个聪明可爱的小男孩，但他有个小毛病——说话结巴。其实，李浩开口说话挺早的，说话也较流利，可到了 3 岁的时候，却突然变得有些结巴了。从 5 岁开始，李浩接受了妈妈的言语矫正训练，妈妈自制了一套训练方案，播放教学录音让李浩模仿，但效果甚微。时间长了，李浩觉得妈妈是在折磨他，而妈妈却认为李浩“我……我……我……”是故意的，于是批评、苛责、一招接一招。结果妈妈越着急，李浩就越害怕，越害怕就越结巴。

后来，妈妈看了一篇相关的文章，上面说 2～7 岁的孩子结巴是正常的，就没有再苛求他，心想慢慢地会好的。谁知道上小学后李浩的结巴竟然越来越严重，一句话中间老是有不恰当的停顿，或某个字的发音拖得很长，如“我不……想睡觉”，让人听起来很吃力。

每当与老师谈话或上课发言时，李浩就结巴得更厉害；有时遭同学嘲笑，他说话就更结巴了，越是这样，他就越不爱讲话，因而，讲话就更加不流利了。

说话不流畅，是 2～7 岁儿童比较常见的生理现象。孩子对自己的口吃无自我意识、恐惧和害羞心理，算不上是“口吃”。2～3 岁的孩子思维迅速发展，想用语言表达一种思想，但往往找不到合适的辞藻，于是在找合适的词语来表达的过程中就会出现口吃，这种口吃一般只是阶段性的。在这一阶段，有很多孩子开始学会数数、念儿歌，但是说的技能赶不上思维的速度，以语言为基础的思维跑到语言功能的前头，思维和语言发展不同步，口吃就会更加明显了。但是随着孩子语言能力的进步，这种口吃就会慢慢地减少直至消失。

研究发现，孩子的口吃是后天形成的，与家长教育不当有直接的关系。一些妈妈见到孩子出现口吃，便会没有耐心地、严厉地责备孩子，时常提醒孩子注意。受到多次的责备和提醒之后，孩子就对讲话产生了不安、恐惧等心理，口吃现象反而会变得更加严重。妈妈不愿意听到孩子讲出“结巴”的话，急于纠正孩子的发音，这样孩子说“结巴”话的机会反而会增加，最后孩子真的成了口吃患者，把本来不是问题的事情弄成了问题。

口吃不仅影响孩子语言功能的发育，还会极大地损害他们的心理健康，使他们产生心理压力，自尊心受挫，容易形成孤僻、退缩、羞怯、自卑的不良个性。口吃的孩子往往情绪不稳，容易激动。他们害怕在大庭广众下讲话，害怕上课时老师提问，不愿意主动与同学交往。

所以，当孩子出现口吃的毛病时，妈妈应该做到以下几点：

1. 不让孩子模仿：模仿是口吃形成的主要原因之一，因此，在日常生活中，不要让孩子模仿电视里或者生活中的结巴。

2. 妈妈耐心倾听，不要指责：妈妈见到孩子口吃时，应保持平静、无所谓的态度，避免严厉的责备，不要逼孩子把话讲全，也不必提醒“你又口吃了，要注意”，以免增加孩子的紧张情绪，反而使他们更加结巴。

3. 慢慢地跟孩子说话：若孩子的口吃比较轻微，则不必采取任何措施，时间长了，口吃自然就会消失。若孩子的口吃现象比较严重，妈妈在同孩子讲话时，应该用缓和、拖长音的语气降低语速，孩子会逐渐模仿，用这种方式去讲话，口吃也会慢慢地得到缓解。

4. 及时给予鼓励：当孩子的口吃有一点改进时，妈妈应及时地给予表扬鼓励，这可增加孩子克服口吃的信心。

5. 寻找病因，消除病因：孩子本来不口吃，后来变得口吃，这其中会有很多原因：也许是智力负担过重，也许是家人当着孩子的面争吵、冲突，孩子受到惊吓或是孩子的习惯受到破坏等。只要能消除隐患，孩子的口吃一般会在几个月后自行消失。如果原因不明，就必须去咨询相关的专业机构，以便及早地解决问题。

孩子一旦患上口吃的毛病，就容易产生自卑的心理。所以，应该做一位耐心倾听的妈妈，让孩子认真地把每一句话都说完，相信孩子的毛病就会渐渐好起来。

如何转变孩子的厌学情绪

乐乐上初三了，马上面临着毕业考试，因此，父母对他管教得严厉了一点儿，尤其是学习方面。但是，父母发现，乐乐似乎是越来越不爱学习了，成绩也开始直线下降。父母着急上火，但乐乐自己却像个没事儿人似的。

乐乐的父母跟老师诉苦：“原来放学还知道看看书、做作业，可一上初三就连作业都不做了，书也不看了。要么看电视，要么就坐在电脑前，不是上网就是打游戏，反正就不看书做作业。你说他两句吧，他就‘嗯’、‘啊’，说一会儿就去，可过半个小时你再看，他还在那玩呢。”

“我们尽量去和他做朋友，逮住机会就做思想工作，可怎么说也没用，道理他都听不进去。问他为什么不学，他说‘不为什么，就是不想学’。孩子这么大了，我们不可能，也不想整天监督着他学，可他根本理解不了父母的苦心。”

“有时候早晨去学校的时候，他总是磨蹭再三，拖拖拉拉的，似乎是很不愿意去学校。”

很明显，乐乐有了厌学情绪。

厌学心理是对学习产生厌倦乃至厌恶，从而逃避的一种心态。这种心理状态直接影响到孩子的学习，并危害他们的身心健康。人们通常以为孩子厌学是因为孩子比较笨，或者是孩子懒惰成性而不喜欢学习，但是，厌学心理不仅仅是厌恶学习。

大多数孩子的厌学与他们是否聪明没多大关系，而与家庭、老师、同学以及自身的基础等因素有关。

家长对孩子的期望过高，加重了孩子的学习负担，当孩子无法承受这些重负时，会对父母的做法产生反感，进而发展到讨厌学习、讨厌上学。如上文中的乐乐就是一个典型，由于父母对其学习过于苛刻的要求，而产生厌学心理。

学校是学生学习的地方，也是孩子与人交往的地方，和老师、同学的关系，将会对孩子的学习产生很大的影响。老师对孩子的定位与品评将直接影响到孩子的学习，如果老师总是觉得孩子是后进生，总是批评孩子，那么他很容易产生厌学心理。与同学关系处得不好，也可能会让孩子产生厌学心理。

有很多孩子学习十分努力，但是却总是拿不到好成绩，无法从学习中得到满足感和成就感，多次受挫，逐渐形成“我是差生”的观念，又反馈到学习行为上。这样恶性循环下去，势必会产生厌学心理。

针对以上引起孩子厌学的原因，妈妈可以对症下药来拨正孩子的厌学情绪。

1. 不要过分给孩子施加压力。让孩子拥有轻松的心理是保证孩子正常学习的关键。因此，不给孩子加压是克服和消除孩子厌学的一个重要方法。另外，妈妈不仅不对孩子加压，还要学会给孩子减压。比如用温和的语言消除孩子心理上的顾虑和负担。

2. 帮孩子同老师和同学建立良好的关系。平时，妈妈要有意识地培养孩子与小朋友交往的能力，多带孩子参加一些集体活动，以改进孩子心理上对集体生活的适应能力。同时，也要帮助孩子消除“老师不喜欢我”的心理，积极消除孩子和老师间的隔阂。

3. 消除孩子对学习的痛苦印象。厌学的孩子大多都对学习感到“头疼”，他们厌倦书本，害怕作业和考试。在他们的心里常常把学习当做是一种折磨和痛苦。为此，妈妈必须尽力帮助孩子改变这种对学习的痛苦印象。首先要让孩子在比较轻松的氛围内学习，不要觉得学习是很重的负担。当孩子学习遇到困难时，要给以鼓励和安慰，让他有继续学习的勇气和力量。同时，要注意孩子的劳逸结合，张弛有度的学习才能让孩子保持良好的学习状态和兴趣。

不容忽视的儿童攻击性心理

佳佳和莎莎正在画画，佳佳缺一支红色的蜡笔，看见莎莎笔盒里有一支，伸手就去拿，嘴里还说：“这是我的。”莎莎不肯给他，佳佳气得把莎莎画画的东西全扔掉，还用脚去踢莎莎。

8岁的轩轩散漫、冲动、好斗，言行极具攻击性，一年级下学期闻名全校。成绩门门红灯高挂，调皮捣蛋得出奇。老师见他头疼，同学见他害怕，上课破坏纪律，下课欺负同学，一会儿把同学的球抢过来扔掉，一会儿把女同学正在跳的橡皮筋拉得有十来米长，一会儿又故意用肩去撞对面过来的同学。如果谁说他一句，他就会对他拳打脚踢。

亮亮学习成绩差，性情怪异，不讲卫生，手脸总是很脏；人际关系恶劣，总是欺负周围的同学，有时无缘无故打同学一巴掌或踢同学一脚，或者故意拿同学的东西。

他不尊重老师，对老师的要求不屑一顾，经常弄得全班同学哄笑不已，影响非常恶劣。

小孩也是有暴力倾向的，因为攻击性心理是一种本能。攻击性心理是指因为欲望得不到满足，而千方百计实施一些攻击性行为，以别人痛苦为乐的心理。它在不同的年龄阶段有不同的表现形式。孩子的攻击性心理在行为方面的表现为：幼儿园阶段主要表现为吵架、打架，是一种身体上的攻击；稍大一些的孩子更多的是采用语言攻击，谩骂、诋毁，故意给对方造成心理伤害。从性别攻击心理来说，男孩以暴力攻击居多，女孩以语言攻击居多。

儿童攻击性心理的形成大致有3方面原因：一是遗传因素。有些攻击性强的儿童可能存在某些微小的基因缺陷；二是家庭因素。家长对孩子的暴力惩罚，往往使孩子产生一种抵触情绪，并把这种恶劣的情绪“转嫁”到别的人身上，找别人出气。家长过度地溺爱也会铸就这种惹事“小霸王”；三是环境因素。美国心理学家班杜拉通过一系列实验证明，攻击性心理具有模仿性，如果儿童经常看暴力影视片、武打片，玩暴力电子游戏，接触具有暴力倾向的人，会强化这种攻击性心理。

攻击性心理甚至会影响到孩子的整个人生，如果这种行为没有得到及时纠正，那么等到他成年后，就会出现人际关系紧张、社交困难，甚至走向犯罪。妈妈要及时预防和化解孩子的暴力倾向，平时要多了解孩子的收视信息，了解暴力内容对孩子的影响程度。当发现孩子对暴力内容非常感兴趣和崇尚时，一定要教育他不能凭个人武力去解决问题。当然不能是严肃的说教，用活生生的事例来说服孩子更有效用。大部分男孩都对打打杀杀的场面很感兴趣，而且喜欢模仿，妈妈可以让孩子参加业余武术训练班进行训练，释放出在暴力内容刺激下活跃起来的体内能量。另外，孩子与朋友之间一定会有纠纷，教会孩子自己正确处理孩子之间的纠纷，比妈妈出面帮孩子解决纠纷更有意义。这样，既保护了孩子的自尊心，又教会了孩子怎么做人处事，消除了孩子的“暴力隐患”。

同是感冒，要用对症的药物才有效，而同属于“攻击性心理”，也要根据不同的诱因来“对症下药”。以下是几种“药丸”，请妈妈给孩子对症用药。

1. 停止那些攻击性的言行，创造一个良好家庭气氛，有充足的时间陪孩子玩。

2. 不让孩子看有暴力镜头的电影、电视，不让孩子玩有攻击性倾向的玩具。

3. 永远不对孩子的“攻击性行为”进行奖励，自己的孩子也有错。

4. 教孩子学会正确的“情绪宣泄”。

5. 饲养小动物，鼓励孩子的亲善行为，培养孩子的爱心。

6. 引导孩子进行“移情换位”，经常给他假设“你是被攻击的小孩，会有什么感受?”

孩子有“社交恐惧症”怎么办

玉蝶以前是一个懂事、听话的女孩，个性比较内向、敏感。两年前读高中时，有一天路上与老师相遇，她感到紧张，没有抬头和老师说话，便低着头匆匆走过。旁边有一同学看到这一情形，对她说："你不和老师说话，老师刚才一直都看着你呢。"

玉蝶听后深感内疚，第二天到学校时，不敢抬头看那位老师的眼睛。后来逐渐加重，连别的老师的眼睛也不敢直视，进而发展到连普通人的眼睛也不敢看。偶尔与别人的目光相遇，便感到特别紧张，心跳加快、全身冒汗，并认为自己的表情肯定很尴尬，会引起别人的耻笑。从此，在路上骑自行车或走路，总是低着头，唯恐看到别人的目光。由于紧张、心情不安，玉蝶上课无法专心听讲，学习成绩下降，结果没有考上大学。后来症状更加严重，以致不敢出门。她为此感到非常痛苦，不得不求助于心理医生。

玉蝶最初只是出现了轻微的社交恐惧心理，可是后来，这种心理状态不但没有调整好，反而变本加厉，发展成"社交恐惧症"。

"社交恐惧症"也被称做"社交焦虑障碍"，是以害怕与人交往或当众说话，担心在别人面前出丑，而尽力回避的一种恐惧感。恐惧的对象是某个人或某些人，甚至包括一些亲人朋友。

心理学家认为，"社交恐惧"这种不正常的心理状态与人在童年时期的某个行为印痕有直接的关系，而发病往往是在青少年期居多。例如，小时候本来想在众人面前表演一首歌。可没想到，他看到这么多人时，却忘了歌词，这使他尴尬至极。从那以后，他变得不敢当众讲话了。

有一个叫天天的小孩经常去邻居家玩，可有一次他无意中听到邻居朵朵的妈妈在警告朵朵："别让天天来咱家了，烦死人了，下次他再来你赶紧打发他走。"这个男孩悄悄地缩回了已经踏入门槛的一条腿，从此之后，他再也不喜欢与人交往了。

如果童年受过伤害的孩子，在以后的成长过程中，没有找到化解的方法，那么多半会在青少年时期伴有程度不一的"社交恐惧心理"，严重的便成为"社交恐惧症"。

此外，如果孩子看到别人或听到别人在某种交往情境中遭受挫折和拒绝，自己就会感到痛苦、羞耻、害怕。这种"间接经验"会不自觉地影响他们对人际交往的看法，甚至产生"社交恐惧心理"。

小孩的内心是极其敏感和脆弱的，任意一次再小的不顺都会对孩子造成伤害，而这样的伤害对孩子的一生都会有影响，因为人对生命的态度大多来自早期的生活体验。童年时期遇到的交往障碍如果没有得到消除的话，会对孩子一生的社交都造成影响。因此，妈妈要尤其注意小孩子的社交问题，及时帮孩子排忧解难。

社交恐惧症就像"流感"，最好在它没有来袭之前就做好预防。在孩子的成长历程中，妈妈尽量用多些时间陪孩子说话、游戏、散心，多带孩子去串门、逛街、走亲戚，哪怕牺牲赚钱的时间都是值得的。

如果孩子真的因为一些原因，出现社交恐惧心理或"社交恐惧症"，妈妈也不必恐慌，要知道您的恐慌会使孩子手足无措。这个时候唯一能做的就是"解决问题"。妈妈可以用一些事情分散孩子对"恐惧"心理的关注。妈妈还可以运用系统脱敏法，鼓励孩子先与妈妈敞开心扉，其次再和比较亲近的朋友和亲戚交往，再和关系一般的同学交往……

如果孩子生理上的不良反应比较严重，最好是去看看心理医生。不过“社交恐惧症”听起来好像比较可怕，其实它只是一只纸老虎而已。只要“治疗方法”正确，孩子很快就会好起来。

怎么才能带孩子走出自闭

穿一件玫瑰色T恤的阿珂气质清新可人，眉宇间却透出淡淡的忧伤。阿珂很小的时候，妈妈就感觉怀中的她跟别人家的孩子不一样。不管怎么逗，她都没什么反应，她很少和身边的小朋友玩耍，每天最喜欢做的事情就是把积木摆成长长的一排，推倒后再摆，如此反复；她还喜欢舔自己的手背，然后盯着上面的唾液发呆；她不会说话，也不会自己穿衣吃饭，更不喜欢跟别的小朋友玩。

进入高中后，她天天埋头学习，很少和同学交流，也没有知心朋友。大学4年，她也从不参加学校活动。

阿珂的父亲每晚在一家单位守门，妈妈在一家政公司做清洁工，每月的家庭收入还不到1000元。这无形中增加了阿珂的心理压力。想想父母的艰辛，再想想自己不能为家里减轻压力，阿珂心里很难受，看看同龄女孩有着爽朗的性格，家庭、运气、能力样样都好，阿珂心里好生羡慕。

她大学毕业顺利地进入成都一家公司，但工作一个月后，公司就以业务能力不强为由将她辞退。她又来到成都某广告公司工作，但感到工作很吃力，干了不久也离开了。踏出社会的两次努力都失败了，她变得沮丧起来，天天关在家里，不敢见人，不敢和人说话，最后连喊爸妈的勇气都丧失了。

她觉得自己是个累赘，拖累了爸爸妈妈，她甚至想到了自杀。

从阿珂的种种表现来看，她患了自闭症。自闭症也叫孤独症，属于先天性疾病，是在社交技能、认知和交流等多方面存在发育障碍。主要的障碍是认知的发展困难，表现出来的症状主要是言语发展障碍和社交发展障碍。其典型特征是语言发展缓慢，不知道如何与他人交流，不知道如何与他人交朋友，感知反应不正常，严重地偏离正常的社会关系。

自闭症通常在3岁前可以觉察得到。自闭症常常是源于早期心理，大多发生在儿童身上，并且难以摆脱，一直持续到成年。据美国《精神疾病诊断标准》数据显示，自闭症的患病率占全球儿童人口的0.02%～0.05%。一般来说，自闭症孩子在出生后和婴儿早期会出现一些症状，但由于很多妈妈经验不足，往往很难识别。也有一些孩子因为在生活中缺少爱和交流，或者因一些事件伤害了自尊心而在后天中逐渐发展成自闭。

儿童自闭症在发病以前往往没有显著的异常特征，因此容易被妈妈忽视，但这并不意味着自闭症不能早期发现。如果孩子出现以下情况，就需考虑请专业人员进一步评估和密切观察了：

第一，自闭症最核心的表现是跟家人不亲密。比如给孩子喂奶时，孩子跟妈妈之间没有眼神交流；伸手抱孩子时，他们没有有意的“伸手”迎接姿势，身体不会靠近抱他的人，不会对大人微笑。

第二，没有正常的情感反应，并存在社交障碍。他们对别人的痛苦无动于衷，遇到困难时不主动寻求帮助，不会通过眼神交流来表达感情和自己的要求；摔倒了不怕疼，对鲜亮的颜色、玩具没有反应；对父母不依恋，但对陌生人又不感到害怕，不喜欢跟别的小朋友一起玩耍，就算在一起玩，其方式也很奇怪，比如说，喜欢把别人推倒在地。

第三，语言发育迟缓。一般来说，自闭症患儿说话都比较晚，会说话的孩子喜欢模仿别人的语言，就像鹦鹉学舌。不会用手势表示“再见”，有的孩子经常会把代词用错，把“我要”说成“你要”，把自己称为“他”等。

第四，重复性的行为和奇怪的爱好。很多患有自闭症的孩子总喜欢重复做一件事情，比如重复给玩具排队，玩弄自己的脚趾。很多孩子拒绝接受变化，比如喜欢把东西放在相同的位置，一旦有变动就会变得异常不安。

第五，对某些奇怪的物体产生依恋。他们可能对一只杯子、一块砖头很依恋，走到哪都要揣在身上。正常的孩子听到好听或可怕的声音后，都有反应，但自闭症患儿就恰恰相反。

除此之外，他们还喜欢自行车轮、电风扇等能够旋转的物品，莫名其妙地发笑，特别好动或不爱动，不明原因的哭闹等。

有些妈妈虽然觉得孩子有问题，但往往希望只是暂时问题；有些妈妈甚至相信开口越晚越聪明，采用消极等待法；有些妈妈则带着孩子辗转各大医院，寻求名医确诊，结果往往错失早期最佳治疗期。其实对自闭症患儿，2～3 岁的早期干预对预后影响十分显著。因此，如果怀疑存在自闭症或其他发育问题的儿童，主动出击是制胜的重要法宝，妈妈应积极寻求早期治疗干预。

其实自闭者完全可以走出自己的“茧”，只要有积极的心态，良好的认知，完善的系统思维，超强的自我调节，那么自闭心理会随着成长而逐渐减弱，甚至消失。

对于那些有自闭心理倾向的孩子，重要的不是怎样苦口婆心地引导，而是和孩子一起成长。重新创造一个新的环境，用业余时间和孩子一起学习、听音乐、绘画、唱歌、做游戏，一起体验生活，并像朋友那样互相交流。这样长期下去，孩子的自闭状态可以得到明显改善，他会重新回归社会。

孩子喜欢吮吸手指怎么办

小勇的父母都在一家大型企业上班，加班是常事，于是小勇独自在家也成了家常便饭。小勇已经 6 岁了，长得虎头虎脑的，人见人爱，但是令父母忧心的是，小勇至今仍保留着吮吸手指的习惯。

这天，小勇和父母一起去姥姥家。小勇很喜欢去姥姥家玩，因为那里有小表哥浩浩和小表弟涛涛陪他玩。3 个小家伙有一段时间没见面了，刚一见面，浩浩就特别热情，还将他爸爸给他新买的玩具枪给小勇玩。看到浩浩的玩具枪，小勇爱不释手，玩起来就不想放下了。没多久，浩浩和涛涛也想玩，就央求小勇把枪给他们玩一会儿。但是，小勇不舍得把枪让给他们玩。浩浩和涛涛见小勇半天都不把枪给自己玩，于是两个人一起把玩具枪从小勇手里抢了过来，还把小勇推倒了。

"哇!"小勇大哭起来，父母闻声赶来，从浩浩的嘴里得知了事情的原委，爸爸批评了小勇。父母走后，浩浩和涛涛哥俩也不理小勇了，看着他们玩得起劲，小勇默默地在一旁看着，下意识地把手指塞进了嘴里吮了起来。

每次看到小勇咬手指，父母都会严加斥责，甚至打骂。然而，小勇至今仍难以改变这种习惯，不由自主地就将手指塞进了嘴里。如今，小勇的右手食指都已经有一些畸形了。

日常生活中，只要我们稍加留意，就会发现身边有很多像小勇那样吃手指或者咬指甲的儿童。心理学家指出，吮手指和咬指甲是儿童期发病率较高的一种心理运动功能障碍。美国的一位心理学家经过长时间的调查研究，发现在6～12岁的儿童中，有12%的儿童"经常"甚至"几乎整天"吮手指，而有44%的儿童经常咬指甲。

一般说来，大多数的婴儿都有吮手指的行为，特别是婴儿长牙的时候，这是正常现象。随着年龄的增长，大多数儿童吮手指或者咬指甲的现象就会逐渐消失，但也有少数会持续到成年。

心理学家认为，儿童吮手指、咬指甲的行为主要是因为儿童爱的需求得不到满足引起的。

吮手指、咬指甲，看似是很平常的现象，但是对孩子的影响和伤害却是深远的。因为，儿童从手指中吸到的远不止是病菌。

我们知道，人的手是接触外界最多的一部分，特别是孩子，出于好奇，总喜欢这儿摸摸，那儿抓抓，甚至会在地上爬。因此，孩子的指甲缝中和指尖上会沾有大量的细菌、病毒等。此外，一些儿童玩具、食品包装和学习用品等带颜色的塑料产品中含有大量的铅，孩子在吮手指、咬指甲时，无疑会把大量病菌和铅等有害物质带入口腔和体内，导致口腔、牙齿感染，儿童体内铅含量过高等。

另外，经常吮手指、咬指甲还会对儿童的牙齿造成伤害，造成牙齿排列不整齐，如牙齿外暴，门牙缺角，影响孩子的容貌。咬指甲还可能造成指甲畸形，破坏甲床，引发出血或感染，造成感染化脓等，给孩子带来痛苦。

此外，孩子吮吸手指常会遭到小朋友的耻笑，引发他的害羞、焦虑等情绪；再者，经常吮吸手指，总是把手放在口中，会影响孩子手指肌肉发育和精细动作的发展，从而对以后的工作、学习及生活也有一定的影响。

吮手指、咬指甲会对孩子日后的生活产生重大的影响，必须进行矫治。妈妈可以从以下几个方面做出努力：

1. 营造温馨和谐的家庭环境：大部分孩子之所以会吮手指或咬指甲，是因为父母关系紧张，经常吵架，或对孩子要求太严，经常打骂孩子。因此，只有营造温馨和谐的家庭环境，才能使孩子情绪稳定，使他改掉吮手指和咬指甲的毛病。

2. 关注孩子的心理需求：妈妈应当从百忙的工作、家务中抽出时间，多与孩子在一起，交流感情，并多进行肌肤接触，陪孩子做游戏，陪孩子睡觉，在睡觉前给孩子以抚摸等温情，使孩子有充足的幸福感和满意感。

3. 鼓励孩子多与同伴玩耍：给孩子安排一些合适的手工活动，尽量使他们不闲待着。如让孩子玩积木、玩沙子、画画、做游戏等，以把孩子的注意力引向快乐、活泼的活动中，让孩子忘记这种不良行为。

4. 对孩子要宽容：在矫正孩子吮手指、咬指甲的行为时，妈妈的态度要和蔼亲切，语言动作要轻柔，千万不要大声呵斥、恐吓、打骂，不要采取简单粗暴的禁止，因为这样只会强化这种行为，使孩子感到更紧张，甚至产生自卑感、孤独感等不健康心理。

5. 运用“厌恶疗法”：在不得已时，可在孩子的手指上涂点黄连素或胡椒粉，使他吮吸时产生一种厌恶感，可减少或逐渐消除这种不良行为习惯。

孩子有多动症怎么办

明明爸爸妈妈为不断惹事的孩子伤透了脑筋。老师几乎每周都会给家里打电话，向他们述说明明在学校里的种种“罪状”：学习成绩差，上课开小差，而且经常在课堂上随意走动，下课则在走廊上横冲直撞……就在前几天，明明把一个女同学撞倒在地，导致对方骨折。

在家里，明明更是行为乖戾，不是打碎玻璃，就是虐待小猫，或者拿着扫把追着家里的鸭子到处跑，就连看电视也不停地换频道，从来不能耐心地看完一个完整的节目。

更使人担忧的是，老师的教育、父母的训斥，对明明来说几乎没有什么作用，事后依然如故。“真是个不可救药的坏孩子!”爸爸妈妈已这么下断语了。但是，明明真的是不可救药的坏孩子吗？其实，他不是一个“坏孩子”，而是一个“病孩子”。他得的病就是“儿童多动症”。

活泼好动是每个儿童的天性，也是儿童的可爱之处。但是日常生活中有些孩子不是活泼好动，而是不听家长、老师的劝阻，不分时间、不分地点地乱动乱跑，这些儿童就是患上了儿童多动症。多动症又叫注意力缺陷障碍，以注意力缺陷和活动过度为主要特征的一种行为障碍，一般在学龄前出现，但 9 岁是儿童多动症症状最突出的年龄，患病率约为 3%～5%，其中男孩高于女孩。

多动症的主要表现就是多动（活动过度），多动症儿童经常是不分场合地过多行动；此外，注意力不集中也是多动症的一个显著特征，与正常的儿童相比，多动症儿童极易受外界刺激的干扰而分散注意力，做事常常有头无尾，总是不停地从一个转向另一个活动；情绪不稳、冲动任性，易激动、易冲动等都是多动症儿童的典型特征。有研究表明，80%的多动症儿童都好顶嘴、好打架、横行霸道、恃强凌弱、纪律性差，有的甚至还有说谎、偷窃、离家出走等行为。由于多动、注意力不集中，多动症儿童还伴有学习困难，但智力发育正常。

需要注意的是，儿童多动症不等于儿童好动。多动症儿童的活动是杂乱的、无目的的，而好动儿童的活动则是有目的的、有序的；多动症儿童是在各种活动中都表现得多动、注意力不集中，而好动的儿童则只是在某些活动场所或场合下有多动表现；多动症儿童的多动不分场合，一些举动难以被人们所理解，而好动的儿童，即使特别淘气，其举动也不离奇，能为人们所理解；多动症儿童不能专注于某一项活动，没有什么活动内容能使他们静下心来投入进去，而好动儿童对他们感兴趣的活动则能静下心来投入进去。

一项研究表明，目前在学龄儿童中有8%～12%的人都被诊断为多动症，这一数字比过去几十年都要高，而且仍有很多未经确诊的病例存在。

有专家指出，多动症如果不经治疗，它将会影响一个人生活的各个方面，包括学校、家庭及社会上的功能。由于患病儿童的行为存在障碍，如果不经治疗，青春期时，就会出现一系列问题，如物质滥用（违法药物及酒精）、反社会行为、逃学等。成年期时，虽然很多患者会发展出一套行为机制来隐藏他们的多动症症状，但是他们却依然无法避免多动症所造成的影响：他们很难较好地完成工作任务，因此无法维持固定的工作；很难与他人融洽相处，因此社会关系紧张；很难拥有良好的工作能力，因此收入低。

面对有多动倾向的孩子，妈妈应该怎么办呢？

对妈妈来说，要正视现实，给孩子更多的关心、教育和培养，最好带孩子去医院进行心理咨询和检查，听听医生的分析。倘若孩子确实患有多动症，而且影响学习成绩或产生一些异常行为，应该按医嘱坚持治疗，包括药物和心理行为治疗，切忌乱投医、滥用药。

如果孩子的多动不属病态，则要加强对孩子的教养，保证孩子有规律地生活，让孩子拥有融洽的家庭氛围，让他适度地参加一些社交活动并避免精神紧张与创伤，对孩子以表扬为主，鼓励他做一个好孩子。

然而目前有很多家长和老师对多动症还存在着认识的误区：一方面，他们认为孩子多动、注意力不集中只是儿童成长过程中的阶段特征，不足为奇；另一方面，有很多家长和老师都不愿意给孩子贴上“多动症”的标签，认为多动症是一种难以启齿的精神疾病。

为此，专家指出，多动症是一种慢性、终身性疾病，多动症儿童需要父母的关爱，关爱其成长的各个方面，并及时干预防止儿童多动症的发展。

为何家里“小话痨”，出外变“小哑巴”

小宇从小就是个胆小的孩子，很怕见生人，平时家里来了客人，他总是躲在自己的小房间里不出来。有时候妈妈带他到公园里散步，他不是躲开其他小朋友，就是一个人自顾自地玩。妈妈只当他是胆子小也未曾引起重视。

上小学以后，小宇上课认真听讲，老师布置的作业也都能按时完成，但是他上课却从不回答老师的提问，下课的时候也不愿和别的小朋友一起做游戏、交流，班里组织的各种集体活动，他也不愿参加。时间长了，小朋友都觉得他很孤僻、不合群，所以都不和他玩了。老师发现情况后，先让班长和他结成对子，可是当班长和他交谈时，小宇不是用点头、摇头等动作来表示，就是用笔谈的方式和班长交谈。

老师无奈之下，将小宇在学校的这一情况通知了他的父母。父母很惊讶，因为小宇在家的时候很正常，经常跟他们讲一些学校里的趣事。而且和从小一起长大的小朋友玩时也有说有笑的，并没有发现像老师说的那种情况。小宇的父母很纳闷，怎么小宇在家和在学校里判若两人呢，不知道他是怎么了。

很多孩子在家里会和家人唧唧喳喳说个不停，但是在学校或者陌生的场合却拒绝开口说话，变成了“小哑巴”。孩子这样，父母很着急，想方设法让孩子开口，但父母越是着急，孩子越是缄口不言。实际上，像小宇这样的孩子是患上了选择性缄默症。缄默症是指言语器官无器质性病变，智力正常，但表现出顽固的沉默不语。此症被认为是小儿神经官能症的一种特殊形式，多在 3～5 岁时出现。

根据儿童在不同场合的不同表现，缄默症可以分为两种类型：一是全面性的缄默症，就是不管在何种场合都不说话，或者是拒绝说话；另一种是选择性缄默症，是指儿童在获得言语功能后，因精神因素而出现的、在某些社交场合沉默不语的症状。缄默症并非言语障碍，而是一种社交功能性行为问题。

选择性缄默症多发生于儿童阶段，他们有正常的言语理解及表达能力，但在公众场合拒绝讲话，越鼓励他们讲话，越是缄默不语；有些儿童在幼儿园里不怎么说话，但回家就特别能说；见到亲人或其他儿童时，会与其说话，但有其他人在场时，立即低头不语，有时仅用手势动作来交流，如摇手、点头等简单的反应。他们的言语表达在场景上和对象上有鲜明的选择性，约 70％的儿童还伴有其他情绪和行为问题。

选择性缄默症多发生在敏感、胆怯、孤僻的儿童身上，女孩比男孩多。

研究发现，儿童患缄默症与儿童自身的性格、家庭环境、心理因素以及发育因素有关。平时父母过分溺爱、保护，初次离开家庭，环境变动均可引起缄默症，部分也与遗传因素有关。也有人认为，儿童是因为感到不安，为了保护自己而保持缄默的。

对于儿童缄默症，专家建议应该尽量以心理治疗为主，药物治疗为辅。

妈妈要为孩子创造一个良好的生活和学习环境，鼓励他们积极参加各项集体活动，逐渐消除孩子陌生、紧张的心理状态。

要尽量避免对孩子的各种精神刺激，培养孩子广泛的兴趣爱好和开朗豁达的性格。

当孩子沉默不语时，妈妈不要过分注意其表现，避免造成紧张情绪进一步升级，甚至出现反抗心理。可以采取转移法，如妈妈陪孩子游戏、外出游玩，分散其紧张情绪。

平时在情绪松弛的情况下，孩子刚张口讲话时就给予奖励和鼓励；也可以用孩子最需要、最喜欢的东西作为奖励条件，用行为矫正的方法让孩子说话。

此外，也可以运用药物治疗。对一些症状较重的患儿，可在医生的指导下服用小剂量的安定类药物或抗抑郁药物。

孩子特别害羞怎么办

好不容易盼到了周末，恬恬很开心，因为妈妈答应这周带她去游乐园玩。周六早晨，恬恬一改往常周末赖床的坏毛病，早早就起床了。恬恬麻利地洗漱完毕，吃完早饭，就和爸爸妈妈一起出发了。

游乐园里人可真多啊，各个游戏场所前的售票口都排起了长队。爸爸去排队买票了，恬恬和妈妈在一旁等着。正巧，妈妈的同事李阿姨也带儿子小冬来游乐园了，两个大人见面打完招呼后，小冬也热情地问了声“阿姨好”，李阿姨的目光落到了恬恬的身上。

“哟，恬恬都长这么高了，也越来越漂亮了。”李阿姨边说边准备拉恬恬，谁知恬恬却一下子躲到了妈妈的身后。

“来，恬恬，跟阿姨和小朋友打个招呼，问阿姨好。”妈妈边说边往前面拽恬恬。可是恬恬却紧紧地躲在妈妈的身后，说什么都不肯出来。

“这孩子，就是害羞，怕见生人，一见到生人就躲，其实她平时在家话可多了。”妈妈有点尴尬。

两个人又寒暄了几句，便各自走开了。这时候，恬恬才从妈妈的身后出来。妈妈不明白：孩子都10岁了，怎么还这么害羞呢？跟人说句话有什么好怕的呀？

在我们的身边，有很多这样的孩子，他们在面对新环境和陌生人时，常常会表现出腼腆、羞涩、忸怩不安、难为情或担心、犹豫等，这就是人们常说的害羞，害羞是一种很常见的心理反应。

一般来说，孩子在出生后6～8个月，便开始进入“认生期”，在这一时期，孩子会对陌生人表现出一定的害怕，随着时间的推移，孩子的认生现象会逐渐消退，但是，如果妈妈不给予正确的引导和教育，孩子害羞、怕生的心理便会越加严重。造成孩子害羞的原因主要有以下几个方面：

1. 遗传因素：遗传是导致孩子害羞的间接因素。从婴儿期开始，有的孩子就表现得比较敏感，这可能是由于母亲怀胎时的身体和心理压力所导致。如果妈妈本身性格内向，平时又不善于与人交往，相对地也会造成孩子害羞、怕生的个性。

2. 童年不愉快的经历：有的孩子在童年时期可能会有一些不愉快的经历，如搬迁、妈妈离婚、家人去世、转学、朋友的伤害等，这些不愉快的经验都会使他们失去较多的社会鼓励，以致变得畏缩、逃避，没有勇气与陌生人相交。

3. 成人的影响：很多孩子害羞，是因为从小受到成人所灌输观念的影响，有些孩子只是比较含蓄，但由于妈妈不断说他是个害羞的孩子，再加上亲戚朋友和学校同学的不断提说，结果，使他真的变成了一个害羞的孩子。

4. 妈妈不良的教养方式：有的孩子害羞是由于妈妈不良的教养方式导致的。比如孩子在小的时候，受到过妈妈或别人的恐吓；或者孩子有问题来问妈妈时，妈妈因为手头工作忙，不是被奚落一顿，就是被责骂，或者被不耐烦地拒绝，这些都会造成孩子日后遇事害羞。可惜的是，许多妈妈并没有意识到这一点。

从某种意义上说，害羞本身并不是一个问题，只有当孩子的害羞程度达到让他们无法参与到集体活动中时，他们的害羞才会成为问题。因为它会阻碍孩子交朋友、有碍学习进步和自尊心的确立，也会降低心理适应能力。害羞的孩子通常会神经过敏、疑惑不安、孤单、沮丧以及难交朋友。因此，必须予以纠正。

对于害羞的孩子，妈妈该如何帮他们走出害羞的阴影呢？

1. 要多给孩子以抚慰：离开母体，孩子就以一个独立的个体存在，他需要安全感来维持心理平衡，妈妈可以采用拥抱法来给予孩子抚慰。心理学家说过："成人每天要有 4 个深情的拥抱，孩子每天要有 20 个拥抱才能达到心理平衡。"

2. 要多给孩子以鼓励：每个孩子都希望得到别人的肯定和表扬。胆怯的孩子更需要，他们本身就自责、缺乏勇气，在做某件事之前，预见的是自己不行。如果这时给他一些鼓励，增加他的勇气，他会把事情做得很好。

3. 要给孩子一个温暖的家：平等、理解、温馨的家庭环境能给孩子勇气和自信。克服孩子的羞怯，要有这样的环境。在孩子面前不要滥用家长权威，尤其是对易羞怯的孩子。家里的事尤其与孩子有关的事，要多征求和尊重孩子的意见。

4. 要鼓励孩子交朋友：结交朋友是孩子社会化的一种表现。羞怯的孩子，担心别人瞧不起自己而不去交友。这时妈妈就应该鼓励他，首先让亲朋好友或比较熟悉的孩子与他一起玩，克服他交往的恐惧心理，然后再鼓励他在同学中交朋友。当孩子带朋友到家中时，妈妈要表现出热情，别不当一回事，以增加他的勇气。

孩子会"顺手牵羊"怎么办

小童今年刚上二年级，聪明伶俐，是个帅气的小男孩。这天下午放学后，妈妈把他接回家，督促他写完作业之后，就去厨房准备晚饭了。

客厅里响着轻柔的音乐，一向顽皮的小童，今天居然也安安静静地在屋子里看起了画册。妈妈从厨房探出头来，对他说："小童今天好乖啊。"小童拿起画册，告诉妈妈："妈妈，这本《福娃奥运漫游记》好好看！"

"你怎么会有《福娃奥运漫游记》呢？"妈妈的微笑突然一沉。

"我的！"小童理直气壮地说。

"瞎说，爸爸妈妈没有给你买过这本书。"

"我的……是爷爷买给我的。"

妈妈见小童这样的态度，没有再问他。爸爸回家后，妈妈将事情告诉了他。

晚饭后，爸爸对小童说："小童，我们去看看爷爷好不好？"

小童一听，似乎觉察到了什么，忙不迭地说："这么晚了还去看爷爷，我明天还要上学呢，不去了吧。"

"那怎么行呢？爷爷给你买了这么好看的画册，难道你不去谢谢爷爷啊？"爸爸追问小童。

小童见事情已经无法再隐瞒，羞愧地低下了头，向爸爸道出了事情的原委："今天下午，我看见小强的桌子上有一本非常精美的画册，我好喜欢，就趁他不注意，把它拿回来了。”

“爸爸，我错了，我不应该拿别人的东西，也不应该跟你撒谎。”小童耷拉着脑袋跟爸爸承认错误。

“这怎么得了，才7岁的孩子就学会说谎，学会偷别人的东西，长大以后还不知道会怎么样呢……”妈妈指着小童怒气冲冲地说。

生活中有很多小孩子都曾经发生过“顺手牵羊”的行为，但并不是人人最后都变成小偷。小童妈妈对孩子的话语太重了，因为她把这个问题夸大了。根据著名心理学大师皮亚杰的理论，2～7岁儿童的思维属于“前运算阶段”，是儿童从表象思维向抽象思维过渡的阶段。处在这一阶段的孩子，总是以为周围的人和事物都与自己有关。如看到妈妈皱眉头，会认为是自己惹妈妈生气了。根据皮亚杰的观点，这种思维的基本特征是“自我中心”。

同时，处于这一年龄段的孩子，往往也分不清“你的”、“我的”、“他的”这些概念，只要是自己喜欢的玩具，他就会理所当然地将它带走，年龄越小，这种现象就越普遍。

因此，我们不能简单地将孩子的“顺手牵羊”的行为归之为偷窃，并且认为小时候偷针，长大之后就会偷牛。因为这种说法，不仅会影响孩子人格的发展，而且也会对孩子的心理产生莫大的伤害。

如果孩子已经将他人的东西带回了家，这时候，妈妈应该怎么办呢？勃然大怒，将其痛打一顿，或者晓以大义？

实际上，这些都不是最好的办法，这时候，妈妈应该用冷静、温和的态度问明东西的来源，并且和他讨论：“福娃真的好威风啊！和电视里的一模一样呢。妈妈知道你很喜欢它，但是小强一定也很喜欢它，现在小强找不到他的福娃，肯定会很着急，也很难过，是不是？现在妈妈和你一起去把福娃还给小强吧。”然后带着孩子当面把东西还给对方。如此一来，不但不会伤及孩子的自尊，同时也能让他了解，东西有“他的”和“我的”之分，如果随便拿走别人的东西，他人也一定会很伤心的，就如同别人拿走自己的东西一样。

妈妈应该在孩子童真的世界里，建立“所有权”的观念——让孩子知道，福娃是邻居家小朋友的，玩具火车是表弟的，芭比娃娃是表妹的，那本画册才是自己的。同时应该让孩子知道，在拿别人的东西之前，应该征得对方的同意。如果妈妈本身就缺乏所有权的观念，今天说这玩具是哥哥的，明天说是邻居小朋友的，那就很难保证孩子也不如此。

因此，妈妈应该先学会尊重孩子的所有权，例如，拿孩子拥有的物品时，应该先告诉他一声；归还时也应该说声“谢谢”；进他们的房间，不妨先敲门；无意中弄乱了孩子的生活空间，应该向孩子道歉……一旦孩子感到自己的所有权得到了尊重，那么他也就学会了尊重他人的所有权。

所有权的观念，应该从什么时候开始训练呢？心理学家亨利·霍斯金认为，建立所有权的观念，应该从小做起。当孩子两三岁的时候，就可以告诉他哪些用具、物品是爸爸的，哪些是妈妈的；四五岁时，可以让孩子拥有自己的洗漱用具、房间、杯子、玩具等。当给孩子买了新东西的时候，可以告诉他："这是爸爸买给你的。"有了这些观念之后，孩子就自然学会了如何约束自己，不至于再随便拿别人的东西了。

另外，研究指出，孩子之所以会顺手牵羊，是因为他们所喜爱的东西，而家中没有。因此，平时妈妈要顾及孩子的需求，酌情买给孩子，不要因为担心孩子贪得无厌而逐一否决孩子提出的要求。

为何孩子很聪明，学习却很吃力

小海今年15岁了，就读于某私立学校的初中三年级。他生长在一个非常富裕的家庭里，其父亲是某集团公司董事长。

小海身体健壮，是学校的体育"明星"，跑步、跳高、跳远、游泳等许多项目都是全区冠军；小海积极上进，有组织才能，是本年级的学生会主席；人也很聪明，数学、历史、生物、地理等学科成绩优异。但令人惊讶的是，这样一个发展比较全面的少年，却有着一个使他和他的亲人、老师极为困惑和苦恼的问题——他记不住书上的字词，因此，语文和英语成绩较差。

为此，他的父母想了各种各样的办法帮他提高记忆力，但收效甚微，每次考试，他的语文和英语成绩还是上不去。最后，在老师的建议下，父母带他来到了心理咨询中心，希望心理医生能帮小海解决这一问题。心理医生经过仔细检查后发现，小海有严重的阅读障碍，因此导致他记不住字词，听写与拼音困难，阅读速度缓慢。

很多学生在智力发展上并没有异常，但他们有些学科的成绩与其他主要学科成绩差距过大，也许这并不是简单的偏科问题，而是学习障碍的问题。专家将这些智力上无障碍、但成绩没达到一定标准的、并且不能进行最基本的"读"、"写"、"计算"等的儿童称之为学习障碍儿童。

美国学习障碍儿童咨询委员会提出了学习障碍的定义："学习障碍儿童表现出一个或多个基本心理过程失调，包括理解或运用口语、书面语，可能表现在听、说、思维、阅读、书写、拼写、推理或计算方面的失调。这些情形可能与知觉障碍、脑损伤、轻微脑功能障碍、难语症等有关。但是它不包括主要由视觉、听觉或运动障碍、心理迟滞、情绪紊乱或环境不利造成的学习障碍情形。"

儿童学习障碍有三种不同的类型：阅读障碍、书写障碍和数学障碍。有阅读障碍的孩子阅读缓慢，理解力差，当要求他们大声朗读时，他们就会跳词、换词或者曲解词语；有书写障碍的孩子会典型地表现出大量的写作问题：段落组合不好，错误的拼写、语法和标点符号，不规范的书写；有数学障碍的孩子可能无法理解概念、识别符号或记住运算（如记数），无论什么情况，答案总是错的。

学习障碍的孩子和其他的孩子一样聪明，他们只是某一部分的认知能力有缺陷。学习障碍的孩子并不是因为笨或懒或不认真而导致学习困难，而是因为脑神经结构和功能的不同使得他们无法用一般人的学习方式学习，因此他们必须使用不同的学习方式。

妈妈们要区分学习障碍儿童与智力落后儿童的区别。首先，学习障碍不同于智力落后。在学校中，许多智力正常甚至是优等的学生在学业方面表现得极差，与其智商不相匹配。这些孩子的问题属于学习过程受到了妨碍，是学习能力的缺损，这些儿童的学习问题是内部固有的，可能是遗传的，表现为完成特殊学习任务方面的心理功能受损，这不是他们本人的错，也不是家长和教师的错，可以通过特殊的训练来减少这一缺损造成的损失。

其次，学习障碍不是生理残疾导致的，将那些因明显生理残疾而导致学习落后的儿童从学习障碍中划分出去，规定了学习障碍特定的问题主要是与学习有关的基本心理过程的缺损或失调。因为学习障碍者一般是智力正常，但因学习能力落后而导致成绩低下的现象。研究表明，大约5%～10%的在校孩子属于学习障碍儿童。

学习障碍并不可怕，最可怕的是爱的丧失、自信的丧失和进取心的丧失。只要妈妈对学习障碍的儿童充满爱心、耐心和信心，他们就会努力克服自身的能力缺陷，或用长处弥补短处，取得成功。只要得到适当的帮助，帮他们挖掘天赋潜能，他们也可以获得成功，如爱因斯坦、丘吉尔、洛克菲勒、李光耀、汤姆·克鲁斯等都是学习障碍者，但他们都获得了成功。

他们无疑是幸运的，因为他们得到了妈妈和老师的宽容和关爱。所以，妈妈应该给学习障碍的孩子多一些宽容和关爱。

妈妈要从内心纠正学习障碍是病态、是异常，是大脑的某种功能落后导致的这一错误观点，更不能认为有学习障碍的孩子要对自己的行为负责，要受到惩罚。正如妈妈不能对孩子的感冒发烧批评、愤怒一样，妈妈也不能对学习障碍表现出不平、不接受，障碍不会因为你的愤怒和批评而有所收敛。对待感冒要及时治疗，发现有效的治疗手段，同样对待学习障碍，也要及时治疗，找到有效的矫正方法。

孩子厌食怎么办

学校门外，家长们正在等待孩子们放学。几位妈妈在聊孩子的吃饭问题，一位妈妈担心地说："我家毛毛，每次吃饭都能吃一碗米饭，好多菜。平常还吃好多零食，现在已经很胖了，我怕他再这样发展下去，会长成一个小胖墩。"

另一位妈妈在边上随声附和道："我家彬彬也是，吃得太多，有点胖，我都担心他会得儿童肥胖症呢。"

这时，一直没说话的一位妈妈开口了："你们的孩子都还好，以后慢慢控制一下孩子的饮食就可以了。你们不知道，我们家芳芳，每次吃饭弄得跟打仗似的，这不吃那不吃的，米饭只吃一小口，我和她爸爸、奶奶每次都是追在她屁股后面求着她多吃一点，可就这样，这孩子每顿饭吃得还是很少，都4岁半的孩子了，看起来比人家3岁的孩子还瘦小呢……"

妈妈们正聊着，幼儿园放学了，孩子们一个个看到等在外面的家人，兴高采烈地叫着嚷着跑了出来。只有芳芳，一个人无精打采地、慢吞吞地走了出来。

生活中有很多像芳芳一样厌食的孩子，他们多是独生子女、生活富裕、娇生惯养，他们的妈妈担心自己的孩子长得不快，怕孩子营养不够，常常硬塞给他们东西吃，结果导致了这些孩子的厌食。

造成孩子厌食常见的原因有：常让孩子独自一人先吃，不与家人一起进食，没有饮食气氛。孩子进食时，妈妈或他人过分紧张地注视，造成孩子精神紧张。用种种许诺诱惑孩子进食或者用玩具逗哄孩子进食，降低了孩子的进食兴趣。有的孩子进食时注意力分散，边吃边看电视或画册，抑制了消化液的分泌，影响了消化功能。

“别说话，好好吃!”“快点吃!”“不要把饭粒撒到桌子上!”在妈妈的谆谆教诲中，原本愉快的进食氛围马上变得严肃起来，孩子必须时刻提醒自己按照大人的要求吃饭，运用较低的记忆力记住相当数量的规矩，这势必造成孩子兴奋遭受到抑制与弱化，导致消化腺分泌减少，食欲下降。对于偏食的孩子，妈妈们不断地给孩子下达命令：“这个必须吃完!”“这个不能剩下!”对孩子而言，“吃”就成了一种痛苦的经历。长此以往，孩子逐渐就对“吃”产生了厌恶之感，厌食的习惯就这样慢慢地产生了。

要想消除孩子的厌食，妈妈的心态一定要放平和，这是让孩子吃好、长好最关键的一点。同时要消除各种不良因素对孩子的影响，帮孩子建立进食时的愉快情绪，促进胃肠道腺体的分泌功能和消化功能，增加食欲。具体方法如下：

1. 通过解释疏导孩子不良的心理因素，改变不良的饮食习惯。孩子在自行进食时，妈妈不要训斥孩子或包办代替，更不要采用强制手段让孩子进食，不让小孩子边吃边玩边看画册，也不应给小孩子多吃零食。

2. 培养孩子进食兴趣，尽量提供孩子爱吃的色、香、味俱全的食物。对年幼儿童，可在大人协助下尽量让孩子自己进食，增加进食兴趣，促进孩子的食欲。还可安排孩子与年龄相仿的小朋友共同进食，并在进餐时给予适当的鼓励和表扬。

3. 进食前半小时不让孩子做剧烈活动或听紧张的故事，让孩子集中精神进食。

4. 当孩子不愿进食时，妈妈不必强迫其进食，等孩子饥饿而有食欲时再进食。

5. 对孩子进行鼓励和奖赏。妈妈可记录孩子每天的食物摄入量，这样能清楚地反映孩子进食情况，当孩子饭量增加，则给予奖赏，如带孩子郊游、看电视、讲故事等。

孩子的厌食都是有原因的，而治疗孩子的厌食也是有方法的，妈妈一定要找到孩子厌食的“病因”，才好“对症下药”，方能“药到病除”，养出一个健康的孩子!

如何减轻孩子的健忘

阳阳是个聪明活泼的小男孩儿，很讨大人喜欢，但是就是有一个缺点——健忘。妈妈告诉他说，去市场买花椒大料，于是阳阳一路就跑着去了，他怕自己忘了，一边跑一边在嘴里念叨：“花椒大料，花椒大料。”没想到被一块石头绊倒，重重地摔在地上。他站了起来之后，竟然忘记了自己当初念叨的是什么。还有很多次，阳阳放学回家时，忘记带书包回家，回家后也不记得老师留的作业，出门和小朋友玩的时候，又经常忘记把玩具带回家，甚至还把妈妈的名表带着出去弄丢了。阳阳妈妈很是不解：

听说只有老年人才会患健忘症啊，为什么像阳阳这样的小孩子也有健忘症呢？

妈妈都希望自己的孩子聪明、活泼、记性好，常有一些年轻妈妈诉说孩子“健忘”、“学了记不住”，她们常为孩子“健忘”忧心忡忡。有的孩子回答不出父母的提问，常常被骂“真笨”。其实，如果了解了孩子心理发展进程和年龄特征，采取相应的培养措施，幼儿的记忆力会有所发展与改善。

一般说，孩子记忆保持的长短主要受 4 种因素的影响：记忆对象的感知程度，凡对记忆对象感知得清楚、印象深刻的，在头脑中的保持就长久；对识访材料的理解程度，凡是容易和已有的知识有联系的内容就比较容易记住；情绪，孩子特别容易记住那些使自己高兴或者不高兴的富有情绪色彩的事情；兴趣，孩子对感兴趣的东西记忆力能够很好地发挥出来，对不感兴趣的东西，不管有多么重要，仍然保持漠不关心的态度，自然也就记不住。

所以，想让孩子记忆好，妈妈得针对这 4 种因素来帮助孩子记忆。此外，妈妈也要注意到：记忆也是心理过程的重要组成部分，所以平时不要老是对孩子说：“你的记忆力差，你的记性不好。”如果你经常给孩子这样的心理暗示，相信用不了太长的时间孩子就会真的变笨了。

妈妈还可以参考以下这些帮助恢复、提高记忆力的方法，帮助孩子把“健忘”的帽子甩掉。

1. 培养孩子积极健康的生活方式，让他平时有规律地生活。

2. 教孩子进行正确的自我调节，注意保持乐观的情绪和积极向上的心态。

3. 让孩子学会把物品放在固定的位置，使用后放回原处，对于一些重要的事情可以采用用笔记录的方式，养成良好的生活习惯。

4. 造成记忆力低下的元凶是甜食和咸食，多给孩子吃含维生素、矿物质、纤维质丰富的蔬菜水果可以提高记忆力。像玉米、全小麦、黄豆、蘑菇这些食物对提高记忆力很有帮助，要多食用。银杏叶提取物可以提高大脑活力和注意力，对记忆力也有一定的帮助。

5. 勤奋的工作学习往往可以使人的记忆力保持良好的状态，所以让孩子能够对新鲜事物保持浓厚的兴趣，敢于挑战自己，勤奋认真地学习。平时可以开展一些益智的活动，比如下围棋、象棋等，可以使孩子的脑细胞处于活跃状态、从而减缓衰老。

6. 孩子良好的情绪可以帮助神经系统与各个器官、系统的协调统一，使机体的生理代谢处于最佳状态，从而反馈性地增加大脑的活力，对提高记忆力颇有裨益。

7. 适量的体育运动可以调节和改善大脑的兴奋与抑制过程，能促进细胞的新陈代谢，使孩子大脑功能得以充分发挥，延缓大脑衰老。

8. 大脑一贯存在着管理时间的神经中枢，即我们常讲的生物钟，所以工作、学习、娱乐以及饮食要有一定的规律，以免造成生物钟的紊乱、失调。尤其要保证孩子睡眠的质量和时间，睡眠使脑细胞处于抑制状态，消耗的能量得到补充。

9. 探索一些适合孩子自己的记忆方法，对一定要记住的事情写在笔记本或是写在便条上，外出购物或出差时列一个单子，将必须处理的事情写在日历上，等等。

第七章　如何驱除孩子的心灵阴影

孩子也会有很多心理问题，而且由于孩子心智不成熟、承受能力差，他们很难自己来进行调整，他们需要妈妈来帮他们处理和疏导。所以，妈妈们，不要忽视孩子的心灵阴影，及时帮助孩子回到阳光中来是你的责任。

考试，不怕！帮助孩子战胜考试焦虑

某报曾经接到一位学生发来的“求救”信件：“我所在的学校是一所乡镇初级中学。虽然学校的条件差，升学率也不高，但每年总有1/4左右的毕业生考取县重点高中或中专、技校。

我初一、初二时的学习成绩都在班级前3名，在老师和同学们的心目中，我初三的升学考试是完全有把握的。可这次期中考试，我的语文、数学、英语成绩却大为退步，成绩跌至班级第15名。最近的一次复习考试，成绩依然不够理想。我担心这样下去，升学没有希望。

我的父母都是地道的农民，家境不好，他们供我读书很不容易。他们对我的学习成绩一直是很放心的，在那偏僻的乡村里，为有我这样的女儿而自豪。

可是，我现在……

想到这些，我的心就不能平静，经常吃不下饭，睡不好觉。现在正是初中复习的紧要关头，我越来越烦躁不安……”

还有一名学生，连续两年参加高考，均因在考场上过度紧张而落榜，而按平时的考试成绩，他是完全可以进重点院校的。第一次高考，考数学时，有一道题他平时没见过，因此紧张起来，心跳加快，呼吸急促，神情慌乱，双眼模糊，看不清试卷，结果以3分之差落榜。经过一年的刻苦学习，他又走进了高考的考场。但一进考场，他又被笼罩在一种无形的紧张气氛中，明明会答的题目，甚至平时熟悉的题目都变得陌生起来，结果又以7分之差落榜……

这两名考生显然陷入了“詹森效应”的怪圈，以至于小考“战果累累”，大考“一败涂地”。詹森是一名运动员，他平时训练有素，实力雄厚，每次测试成绩都很好，但是他一到了赛场上就连连失利，根本发挥不出平时的水平。心理学家把这种平时表现良好，但由于缺乏应有的心理素质而导致竞技场上失败的现象称为詹森效应。詹森效应是人的一种浅层的心理疾病，就是将现有的困境无限放大的心理异常现象。

詹森效应在学生群体中比较常见。有些名列前茅的学生在大考中或高考中屡屡失利，细细听来，“实力雄厚”与“赛场失误”之间的唯一解释只能是心理素质问题，但最本质的是得失心过重和自信心不足造成考试焦虑严重的。有些人平时“战绩累累”，卓然出众，久而久之，他们会形成一种心理定势：只能成功不能失败。再加之赛场的特殊性，周围人群对他的深切厚望，使他背负上沉重的心理包袱，自信心丧失，患得患失。被如此强烈的考试焦虑困扰，他们最终很难发挥出自己的真实水平。

其实，焦虑本身并不一定是坏的情绪。心理学工作者多次研究证实，在焦虑适中的情况下，工作和学习效率随着焦虑水平的提高而呈上升趋势。焦虑本身具有动力作用，它能推动人去积极工作，积极学习；焦虑具有激活作用，它能激发人的潜在能量，使工作和学习更有效率。考试之前适当的焦虑并非就是坏事，但一旦超过了心理承受能力，考试效率就将随着焦虑水平的增强呈不断下降的趋势。

当孩子出现过度焦虑紧张的症状时，妈妈可以采取以下几种方法缓解孩子的焦虑心态：

1. 音乐缓冲法。让焦虑严重的孩子听听舒缓、轻柔、优美的乐曲。平静一下孩子高度紧张的心情，也适当转移孩子的注意力。

2. 安排活动法。给孩子分配一些整理活动，让他自己整理好自己的生活用具、学习材料等；或者给孩子安排一些家务活，如洗碗、拖地、洗衣服。做点简单的活儿，也能减轻孩子的焦虑情绪。

3. 幽默娱乐法。跟孩子开玩笑，给他讲笑话，与孩子一起看看小品、相声、喜剧片，用欢笑冲淡孩子的焦虑紧张。

4. 重估后果法。考试焦虑的孩子往往对考试后果有错误的估计，认为少一分，天就可能塌下来。妈妈要让孩子对考试有正确的认识，一次考试虽然重要，但不能说明一切，这次考不好，还有下次。

5. 情绪宣泄法。妈妈要学会引导孩子将情绪宣泄出来，并倾听孩子的焦虑和不安，或者让孩子跟其他朋友、兄弟姐妹交流沟通，把焦虑紧张释放出来。

6. 自我“欣赏”法。让焦虑严重的孩子坐到镜子面前，看着自己焦虑的表情，对镜中的自己，倾吐心中的焦虑。

考试焦虑是孩子最常见的一种心理阴影，妈妈一定要给予足够重视，为了孩子能够发挥好自己的实力，更为了孩子的心灵健康发展！

笑出来，哭出来，走出忧郁的泥潭

张奕男患了严重的忧郁症，整天都感到情绪低落，心烦意乱，郁郁寡欢，注意力分散，思维迟缓，反应迟钝，干什么事情都缺乏兴趣，也没有了先前参加高考的勇气。

那还是在他刚记事的时候，妈妈在一场意外的车祸中不幸死亡，从那时候起张奕男就开始了和爷爷奶奶在一起的生活。每当张奕男看着别的孩子和爸爸妈妈在一起欢乐的样子，他不知道有多么羡慕。然而他逐渐地意识到这一切对他来说，永远是不能实现的。于是他开始有意地封闭自己，到了初中，凡是认识他的人都会说张奕男是个性格内向、文静、不爱交际的孩子。的确，中学时候的张奕男已经变得不愿意出头露面、孤僻、倔强。但是在张奕男心中，他的理想不会改变。

两年前，张奕男满怀希望地准备着高考，可是由于考前复习时用脑过度，常有头痛、失眠、恶心、食欲不振的感觉，在参加高考时又因心情紧张而出现心慌、脸色苍白、记忆力下降等症状。落榜后感到失落、烦闷。看着那么多的同学都步入了理想的大学，他深深地感到自卑、失望，心情极不舒畅。久而久之，他开始有了失眠、健忘、思维能力下降、多梦、腰酸、脖子疼等症状。

孩子的心理是极敏感也是极脆弱的，为了孩子能顺利成长，妈妈要密切关注孩子的情绪和心理发展，决不能让忧郁成为孩子健康成长和发展的暗礁。

美国自然科学家、作家杜利奥曾经提出过这样一条心理定律：没有什么比失去热忱更可怕，一旦失去热忱，人便垂垂老矣。人的精神状态不佳，一切都将处于不佳状态。人们管这条定律叫做“杜利奥定律”。

它揭示了一个本质性的问题：人与人之间只有很小的差异，但这种很小的差异却往往造成了巨大的差异！很小的差异就是所具备的情绪是积极的还是消极的，巨大的差异就是成功与失败。

情绪在人的心理活动中具有很强的动机作用。情绪是心理活动的伴随现象，在人类心理活动中的作用是其他心理过程所不能代替的。简单地说，情绪是人类认识和行为的唤起者和组织者。简单地说，心情不好，状态不佳的时候，人是不会主动去做很多事情的。孩子也是一样，甚至比大人更敏感，更容易受到情绪的摆布。孩子如果能够把自己所做的事当成了一件快乐的事，那么他就会积极主动地去完成。而如果是被动地去执行，尽管有惩罚的威胁，但作用不大。

对于妈妈来说，使孩子保持乐观的情绪状态是很重要的。妈妈在培养、教育孩子时应该注意观察孩子的情绪变化和心理状态。尤其是要注意正值情绪大幅度波动时期的孩子们。

专家认为，孩子忧郁症的高发期主要是进入中学之后，青春期，由于不成熟和不稳定的心理特点，这个时期的孩子还没有具备适当的能力和技巧去面对成长中的挫折，因此，犹豫情绪成了孩子生长发育的一部分，有的表现为叛逆心理，常常和家长老师做反抗；有的表现为心境多变、偏激或突然的情绪摇摆；也有的表现为没有安全感、易生气和烦躁；甚至有些表现为逃学、冒险、吸毒乃至自杀的念头……

当孩子有了忧郁表现时，下列方法能帮助妈妈带领孩子走出忧郁的泥潭：

1. 教导孩子要理智调节自己的情绪。当孩子情绪低落的时候，妈妈首先要保持自己的冷静，既不要小题大做、大惊小怪，也不能视而不见、置之不理，要主动地冷静理智地帮助孩子分析他们对事物的认识是否正确，考虑是否周到。然后帮助孩子调整自己的看法和态度，纠正认识上的偏差。用理智控制消极情绪，有助于使消极情绪减弱。

2. 教导孩子转移调节情绪。在孩子心情低落的时候，妈妈可以帮助孩子把自己的已有情绪转移到另一方面上，使消极情绪得以缓解。比如让孩子和同学讲讲笑话，打打球，或者出去散散步，做一些令孩子开心或是振奋的事情，让愉快的活动，积极的情绪来抵消消极的情绪。

3. 适时给孩子积极暗示。妈妈可以通过自己的积极暗示来减少或是消除孩子的低落情绪。当孩子忧郁的时候，妈妈告诉他："忧愁无济于事，还是面对现实吧。""办法总是比问题多，什么难题都是可以解决的"。在早上起床的时候告诉他："新的一天开始了，昨天的忧伤已经过去，你要开开心心地度过今天。"这些积极暗示，会悄然地改变孩子的心境。

4. 恰当的目标刺激。没有目标、没有方向，处于迷茫状态的孩子，容易失去生活的盼头而产生忧郁情绪。这时应该引导孩子为自己树立一个目标，一个在近期内可以完成的目标，使孩子有方向感，从而不会感到无事可做，不会因为空虚产生忧郁情绪。

5. 适当的情绪宣泄。当孩子心中有烦恼和忧愁时，妈妈要引导孩子向老师、同学、父母以及兄弟姐妹诉说，或者用写日记的方式进行倾诉；情绪低落时，可以大哭一场，在什么事情都不想做的时候，也可以适当地运动，使自己精神振奋。适当宣泄情绪对排解忧郁具有很大的积极作用。

忧郁情绪会出现在任何人身上，从这个方面来说，它没有什么大不了；而当一个人的忧郁情绪过重时，也许就会有很大的影响了。所以，妈妈要注意孩子的情绪变化，要及时引导孩子疏离忧郁情绪，让孩子在积极乐观的情绪中成长吧！

赶走堆积的压力，不让抑郁找上孩子

小静是家中的独生女，父母都是知识分子，对她抱有极高的期望。因此，小静从小受到的教育要比别人多些，智力开发也比别人早些，学习成绩一直很好，每次考试都是优秀。

但是，期中考试时，小静患了重感冒。由于身体不适，精神不振，再加上心情紧张，有一科没考好。受此影响，后面的其他科考试成绩也不好。尽管小静没有考好，但是爸爸妈妈没有怪她，反而鼓励她，但小静仍是不开心。而且从那之后，她就变得沉默寡言、闷闷不乐，有时候还精神不振，一副没睡醒的样子，在家学习时也打不起精神。而且，妈妈还发现，自那之后，小静的饭量明显地比以前减少了。

这几天，小静总说自己不舒服，不想去上学，妈妈要带她去医院，她也显得很不耐烦，不肯去，妈妈没办法，只好帮她跟老师请了假。在家里，小静也只是闷在自己的小房间里，只有吃饭的时候才出来。

妈妈看到小静这个样子很心疼，于是给班主任老师打了个电话，询问近期小静的情况。老师告诉妈妈，自从期中考试之后，小静就像是变了个人似的，整天沉默寡言、闷闷不乐的，下课也不和同学们一起玩耍了，而且上课的时候还经常走神，学习成绩也开始下降。

妈妈想不明白，不就是一次没有考好吗，小静怎么就突然变了一个人？

很多人都认为，如今的孩子不愁衣食，受到的照顾无微不至，他们怎么会抑郁呢？

其实，孩子在得到铺天盖地的爱的同时，却失去了随心所欲地玩的自由，失去了与父母拥抱、游戏和谈话的机会……这些都会使孩子产生压力，引发他们的抑郁。

在孩子的眼里，这是一个陌生的世界，每天都会有很多新的事物发生。孩子正以惊人的速度吸收各类不同的信息，结果他每天都发现很多不可理解的事情。爸爸妈妈可能会离开一段时间，不知去了哪里，还会不会回来？白天在街头看见一只大黑狗，晚上睡觉时就会想，狗会不会趁我睡觉的时候走进我的房间咬我呢？或者会不会有魔鬼躲在我的床底下呢？妈妈送我上幼儿园，爸爸、妈妈都不去，为什么我要去呢？幼儿园是什么地方？这些忧虑使孩子不安和恐慌。

有的孩子小小年纪就遇到了感情上的重大打击，如亲人去世、父母关系紧张或离异、考试失利（特别是未考上理想的学校）等，往往会出现情绪上的强烈反应。此外，学习成绩不好，长相不出众，总认为自己处处不如人，不受老师重视，不引人注目等，也会使孩子产生一种失落感。

成人抑郁，可以向人诉说、排泄，孩子感到压力时，由于语言表达能力有限，往往无法清楚地表达自己的情绪，因此，他们有时无法得到成人及时的帮助，而且他们由于自身的知识以及处世经验缺乏，处理问题的能力差，因而不能自己排解压力。所以，当压力过大或者持续时间过长时，孩子会产生很多生理或心理问题，这些将严重损害孩子的身心健康，这时，孩子就可能出现精神抑郁。

抑郁使孩子感到孤立、恐惧和不快乐。抑郁的孩子不知道自己哪里不对，只知道自己的感觉糟透了，不像以前的自己。当他感觉越来越糟的时候，会感到自己越来越没有力量，不能控制自己的心情和生活，好像有一种神奇的东西在控制自己。一些中小学生还通过饮酒、上网聊天、吸毒等来排解抑郁，但是这样的结果往往会使他们的抑郁加重，还有一些人试图自杀。

要想使孩子健康成长，最好的办法就是让他感到快乐。作为妈妈，如何帮助孩子驱走笼罩在他们心头的阴云呢？怎样才能帮助孩子走出抑郁情绪呢？妈妈可以从以下几个方面入手：

1. 真诚地鼓励孩子：对于孩子来说，没有什么能比妈妈真诚的鼓励更能激励他们去热爱生活和追求成功了。对于孩子在成长过程中不可避免的错误和缺点，要能够给予充分的理解和宽容。对于孩子的特长和获得的成功，要给予及时的肯定和鼓励。不论什么时候，都不能太苛求孩子的言行和举止。

2. 学会倾听：倾听不仅能帮助你真正地了解孩子，而且对于孩子来说，也会释放出他内心的压抑，从而消除顾虑。作为妈妈，在孩子紧张、不安，或者苦闷的时候，不妨试试耐心地听听他的诉说，让孩子感觉到妈妈能理解他，从而在内心产生欣慰之感，进而使紧张情绪得到缓解。

3. 让孩子合理宣泄：当孩子遇到困难，情绪压抑的时候，要告诉孩子，不要把烦闷锁在心里，有不开心的事情要说出来。此外，还可以教给他一些宣泄情绪的小窍门，比如让他大哭一场，或者做一件自己喜欢的事情，还可以和好朋友倾诉等。

4. 减轻孩子的压力：首先不要给孩子安排过多的任务，不要给他多大压力，而且当他压力大时，妈妈还要及时帮助孩子减压，可以带孩子去玩、或者和孩子一起参加劳动，让孩子从压力中抽离出来，重新调整好心态和状态来面对压力。

尽管并不是每个孩子都有患抑郁症的可能，但也应该引起妈妈的特别警惕，如果妈妈对自己的孩子有这方面的担忧，就应该及时带孩子去咨询或看心理医生。

"我怀疑全班同学都恨我"，那不是真的

苗苗是班上的纪律委员，自习课上当有同学讲话或是影响纪律时，她都得进行阻止。其实苗苗并不想这样做，因为人际关系很好的她怕与同学关系闹僵，但是迫于老师的压力，她又不得不这么做。

爸爸1个月前发现了苗苗的异常。一直在班级里名列前茅的她居然退到了中后的位置，而且人看上去也有些呆呆的，没以前爱笑了。

问了苗苗，她告诉爸爸，现在班上没有人和她说话，同学们都不爱搭理她，她怀疑全班同学都恨她。

但班主任的话却让爸爸大吃一惊。"哪有什么同学恨她啊，从来没有。也没有同学不理她，倒是最近苗苗上课注意力不集中，总发呆，而且下课老是一个人趴在桌子上。"

爸爸着急了，急忙向心理咨询师求助。心理咨询师给出的结论是：可能是孩子内心太矛盾了，来自老师和同学的双重压力让苗苗得了妄想症！

妄想是思维变态的一种主要表现。"妄想"是指整天多疑多虑，胡乱推理和判断，思维发生障碍，是精神疾病的一个重要症状。妄想症患者可能伴有幻觉，但无其他明显的精神症状。如果一个人坚持的信念是错误的，甚至与社会现实及文化背景相抵触，还毫不动摇，就基本上可以判断患了妄想症。妄想是一种在病理基础上产生的歪曲的信念，病态的推理和判断。它虽不符合患者所受的教育程度，但病人对此坚信不疑，无法说服，也不能以亲身体验和经历加以纠正。

妄想有历时短暂的，也有持久不变的。妄想的内容连贯、结构紧凑者称为系统妄想；内容支离、前后矛盾、缺乏逻辑性者称为非系统性妄想。

一般说来，妄想症主要是由于患者遭遇了意外事故、挫折或失败等精神刺激引起的。像上例中的苗苗，因为在学校受到来自老师和同学的双重压力，长期处在煎熬中，让苗苗渐渐地患上了妄想症。

孩子的想象力本来就很丰富，容易胡思乱想，尤其是青春期的孩子，特别在意别人对自己的看法，有时候会产生担心被别人加害的想法。所以，当孩子的想法过于奇特，或者很执著于这些想法的时候，妈妈则有必要怀疑孩子是否产生了幻觉或是妄想。

当发现孩子讲一些不着边际的话，丝毫不觉得自己的谈话内容古怪时；当孩子被一些只有孩子本人能够听见的命令所左右，并且伴有强烈的不安和焦虑情绪时，这时，就需要接受治疗了。

一旦发现孩子有了妄想的倾向，最好尽早去相关的机构进行检测治疗。

对于妄想症，目前临床治疗主要通过药物治疗，此外，还可以通过心理治疗来辅助进行。通过给予病人支援来改变他的某些行为，这一时期，要避免给予病人过度的压力。

妈妈可以在日常生活中帮助孩子走出妄想多疑，具体可以从以下几个方面做起：

第一，教会孩子理性思考，不要无端猜疑。当发现孩子开始妄想猜疑时，引导孩子不要朝着有利于猜疑的方向思考，而应问孩子自己：为什么我要这样想？理由何在？如果怀疑是错误的，还有哪几种可能发生的情况？在做出决定前，多问几个为什么是有利于冷静思索的。

第二，发现孩子的优点，增强孩子的自信心。每个人都不是十全十美的，都有自己的优点和不足。不要只看到缺点而灰心丧气，更重要的是发现自己的优势，培养自信心和自爱心，相信自己有能力，会给他人一个良好印象的。这样孩子就会充满信心地学习和生活。

第三，增强孩子对自我的调节能力。一个人在人生旅程中，难免遭到别人的议论和流言。妈妈要教孩子善于调节自己的心情，不要在意他人的议论，该怎样做还是怎样做，这样不仅解脱了自己，而且产生的怀疑也烟消云散了。

第四，加强交流，解除疑惑。有些猜疑来源于相互的误解，如果是这种情况的话，就应该通过适当的方式，双方坐下来交流。通过谈心，不仅可以了解各自的想法，消除误会，而且还避免了因误解而产生的冲突。

总之，妈妈要密切关注孩子的内心想法，尽早把孩子从胡思乱想中解救出来，别让孩子钻进牛角尖而不可自拔。

妈妈消除“红眼病”，让童心远离嫉妒

小茜和文怡从小就是好朋友，两家只隔着一栋楼，从上幼儿园开始，两个人就在同一个班，现在他们已上小学三年级了。平时，两个小伙伴经常整天腻在一起，晚上放学后也一起写作业，有了喜欢的东西也愿意和对方分享。

但是最近，妈妈发现，小茜似乎对文怡有些反感，平时放学也不和文怡一起走了，作业也是自己一个人写，也不去找文怡玩了，有时候文怡过来找她玩，她也是爱搭不理的。妈妈感到很奇怪。

这天放学后，小茜又是独自一人回来了，到家后，就不声不响地回到自己的房间里写作业。过了一会儿，电话响了，妈妈接起来后，是文怡打来找小茜一起出去玩的。

“茜茜，文怡叫你一起出去玩。”妈妈叫小茜接电话。

“我不去，就说我正在写作业呢。”小茜闷闷地说。

“茜茜，你怎么了？”妈妈握着电话不知道该怎么说。

“我都说了不去了，真烦。”小茜不耐烦地说。

“对不起啊，文怡，小茜她有点不舒服，今天就不去找你玩了，明天让她过去找你好吗？”妈妈只好这样告诉文怡。

放下电话后，妈妈进了小茜的房间，小茜正在玩铅笔，闷闷不乐的。

“茜茜，你怎么不理文怡了，你们不是好朋友吗?”妈妈和蔼地问女儿。

“没有呀，只是我今天心情不好。哎哟，妈妈，你让我一个人静会儿吧。”小茜说。妈妈只好出去了。

吃晚饭时，爸爸说：“小茜，听说文怡被评为‘市三好学生’了，怎么没听你说过啊?”小茜突然就放下了碗筷，一脸的不服气：“哼，那有什么了不起的！还不是因为她经常拍老师马屁，要不能轮到她这样的马屁精吗？谁还跟她做朋友……”

妈妈听到小茜这么说，忽然明白了，原来小茜因为嫉妒而不愿意与文怡交往了，但是小茜的话也让妈妈出了一身冷汗。原来前一段时间，有一次吃饭的时候，妈妈跟爸爸抱怨：“单位新来的小李这次被提拔为销售部副经理了，真是想不通领导是怎么想的，我们部门里能力、业绩比他好的人大有人在，为什么单单提拔他呀，还不就是因为他会拍领导马屁，经常给领导送些小礼物吗……”

妈妈没想到自己一次无心的牢骚竟然对小茜产生了如此大的影响。

有多少妈妈会在日常生活中去注意自己的言行呢？很多妈妈认为家是最安全的地方，因此工作、生活中的不满、牢骚都会在家里一一发泄。殊不知，在潜移默化中，孩子却习得了你的言行。

嫉妒是我们每个人都体验过的一种情绪，当然孩子也会有嫉妒心。嫉妒在每个孩子身上都有程度不同的反映。有嫉妒心的孩子，往往爱指责别人，或想办法让别人不如自己。

要想让孩子远离嫉妒，首先要给孩子提供一个良好的家庭环境。

在家里，最好不要当着孩子的面议论同事、领导或孩子的老师，尤其是不要贬低他们。每个人有每个人的长处和短处，贬低别人并不能抬高自己，还会对孩子产生不良影响。对于他人取得的成绩，心胸要开阔，以一种豁达的态度去对待，为别人的成绩而鼓掌。这样，孩子在潜移默化中就会受到影响，会正确地评价自己和他人，同时也能为他人取得的成绩而喝彩。

其次，要了解孩子嫉妒的起因。孩子对他人拥有自己不具备或得不到的东西，往往会产生一种由羡慕转化为嫉妒的心理，这是很正常的现象。妈妈平时应该多和孩子接触交流，及时掌握孩子的心理变化，了解孩子嫉妒的直接起因，如“文怡被评上了‘三好学生’而我没有”，“苗苗有一个我没有的布娃娃”等。只有了解了孩子嫉妒的起因，才能从具体事情着手解决孩子的嫉妒。

在了解孩子产生嫉妒的起因时，妈妈要耐心倾听孩子的心理感受。要知道，孩子的嫉妒是直观、真实自然的，它完全不像成年人那样掺杂着许多其他的社会因素，它只是孩子们对自己愿望不能实现而产生的一种本能的心理反应。因此，当孩子显露出嫉妒心时，妈妈千万不要严加批评指责，更不要冷嘲热讽。

要知道，当孩子在跟你诉说时，他正体验着强烈的不快甚至愤怒，此刻的孩子最需要的是向亲人将自己的愤怒、不安、烦躁等和盘托出，希望有人能听他诉说，并理解他，体谅他。

等你听完了他也许是语无伦次的诉说后，你不必加以评论；相反，你可以轻松地对孩子说："哦，我还以为有什么大不了的事情呢。"要知道，你的轻松和微笑可以有效地缓解孩子的嫉妒心。

在帮助孩子化解嫉妒心时，要为他正确分析与他人产生差距的原因。一般说来，孩子往往会将自己的嫉妒简单地归咎于自己或所嫉妒的对象，而不去考虑其他因素。此时，你要帮助孩子全面分析造成他们和所嫉妒对象之间差距的原因，这些差距能否缩短，以及缩短差距的途径和方法，以便使孩子能正确与他人进行比较，以积极的方式缩短实际存在的差距，最终化解内心的不平衡。

"嫉妒这恶魔总是在暗暗地、悄悄地毁掉人间美好的东西"。要想让孩子远离嫉妒，最重要的是妈妈要以身作则，豁达的妈妈，教育出来的孩子必然有一颗豁达的心，他们懂得为别人取得的成绩而喝彩。

孩子也会"心累"，需要妈妈帮助恢复"元气"

香薇是某重点中学的学生，上高一、高二时，她的成绩还不错。自从进入高三后，她总是抱怨学习负担过重、压力过大，心太"累"，各种测验、模拟考试不断，她开始对考试产生紧张、恐惧、抵触，似乎"忍无可忍"，她的学习热情一落千丈，不愿做作业，一提作业就发憷，一看书就犯困，不愿翻书本。她开始想方设法逃避考试，后来干脆连课也不去上了，早晨赖在床上不起，摸都不愿摸一下书本。面对父母的责备，她一会儿声言肯定能考上一个不错的大学，一会儿又说不想考了。

当父母问她为什么不想学习、讨厌考试时，她从不在自己身上找原因，总是找一些客观的理由：坐在最后一排，听不见老师讲课；老师留的作业是一天 24 小时也做不完的；周围同学太吵了；基础不好等。父母心里很不舒服，却又不知道如何是好。

其实，香薇的情况属于典型的对考试、学习的抵触而产生的心理疲劳。

科学家曾试图了解人脑能够持续工作多长时间才会感到疲惫，研究的结果令人吃惊：人的大脑持续工作 8～12 个小时之后，工作能量还像开始时一样迅速和有效率。

既然如此，那么我们为什么会疲惫呢？心理学家认为，我们所感到的疲劳，很大程度上是由精神和情感因素引起的，比如烦闷、不受欣赏、无用的感觉、太过匆忙、焦急、忧虑等情绪。

这就解释了为什么幼童总是精神饱满，大人却更容易感到心理疲倦。因为幼童大多时候都是无忧无虑的，而人越长大越容易受消极情绪的影响，尤其是对那些处于青春期心理变化巨大的青少年们，各种莫名的情绪和压力都会给他们带来困扰，因此本应生龙活虎的他们却时常感觉到心理疲劳，就像上面的香薇一样。心理疲劳不是病，没有药可以医治，但是如果不进行休整治疗，疲倦不会自动散去，反而会滋生更多的心理问题。

孩子和大人一样都会"心累"，只是孩子不懂得怎样去消除心理疲劳，他们需要妈妈帮助心理恢复"元气"。妈妈怎样做才能帮上孩子呢？

首先妈妈必须知道，一个人做喜欢的事，才不容易疲劳。当有人问沃伦·巴菲特他的成功之道时，他回答："我和你没有什么差别。如果你一定要找一个差别，那可能就是我每天有机会做我最爱的工作。如果你要我给你忠告，这就是我能给你的最好忠告了。"比尔·盖茨也曾说过："每天清晨当我醒来的时候，都会为技术进步给人类生活带来的发展和改进而激动不已！"所以，妈妈不要强迫孩子做他不喜欢的事。

但是对于一般的人来说，长时间做某一件喜欢的事情，也会感到一些厌倦。比如喜欢学语文，就把所有时间都用在上面，这种做法显然也会导致厌倦疲惫。如果把几个科目换来换去，脑子就不容易厌倦而麻木，头脑始终能保持比较活跃的状态。所以，妈妈可以帮助孩子做一个合理安排，让孩子在事情的搭配中保持头脑的灵活。

是否受到鼓励也是影响心理疲劳的重要原因。很多孩子得不到妈妈的鼓励、老师的赞赏，这样长久下去，孩子便会在情绪上浪费大量能量，从而感到非常疲劳。因此，妈妈的鼓励，是帮助孩子克服心理疲劳的良药。

最后，帮孩子摆脱"心理疲劳"状态最重要的是"减压"。妈妈不要对孩子抱有太高的期望值，而是要用不断取得的小成绩激励孩子，使孩子在愉快的情境中消除身心疲劳。不妨设个"记功簿"，将孩子的每一次小小的进步都记上去。您给他记的"功绩"越多，他越会感到愉悦和自信，长期下去，"心理疲劳"的现象便消失了。那些情绪上处于良好状态，没有什么压力感的人，很少感到疲劳。

取消不当的奖惩方法，赶走可怕的"考试瘾"

睿渊是北京一所重点高中高二的学生。他家离学校很近，他每天放学后，匆匆吃完饭，就钻进自己的卧室开始学习。晚上他通常学习到凌晨两三点，早上五六点才起床，妈妈劝他注意休息，但无论怎么说，都无济于事。因为他太爱学习了，不这样做就非常焦虑，甚至抓狂。

他的这种学习状态可以追溯到初中。那时，睿渊经常考全班第一名，但他对此很不满意，他一直以考全市第一为目标，对学习毫不懈怠。

睿渊上初三时，为了考上最好的高中，他开始更加疯狂地学习。初三本来就是很紧张的时候，所以睿渊的妈妈没有太在意孩子的这一做法，但上了高中后，睿渊还是很拼命，甚至在暑假期间，睿渊仍然每天都发奋学习，他对自己的要求是，在高一就要把高中三年的知识学完，以保证自己在这所全国重点高中拿第一。他妈妈当时觉得苗头不对，想带睿渊去看心理医生，但睿渊的爸爸反对，他认为这是孩子太爱学习的原因，不能批评，更不容另眼看待。

但后来，睿渊这个高二的孩子身体日渐瘦弱，神情过于亢奋，终于有一天承受不住，住进了医院。

目前的应试教育压力极大，学生们容易对此产生消极抵触心理，这比较能理解，而像睿渊一样，对学习有过度的激情，甚至到上瘾的程度，强迫自己超负荷学习而导致身心最终崩溃，这就属于不太正常的心态了。人天生就有"趋利避害"的心理机制，它包含两方面内容：人会对来自外界与自身的压力和不利因素本能性地进行反抗抵制和逃避；人会对自己所想要的东西有着本能性的向往，想占有，想获得，想取得，并采取一定的行动来实现它。这是一种健康的心理机制，而有一种与其相反的心理机制是“趋害避利”，即对于那些不好的东西却“趋之若鹜”，而对于那些有利的事物却“避而远之”。

睿渊的这种“瘾”其实不是“学习上瘾”，而是“考试上瘾”。学习上瘾的孩子，享受的是知识带来的快乐，是一种“趋利避害”的健康心理机制，而“考试上瘾”的孩子所追求的，不是知识带来的天然快乐，而是家长、老师等外人的奖励和认可。他们趋向于被别人控制，而逃避自我的快乐与自由。这其实是“趋害避利”的不健康心理机制。如果孩子在成长的过程中，任由这种心理机制发展下去，他最后一定会导致偏执型人格障碍，成绩将成为他唯一支柱，这个支柱一旦坍塌，他极有可能走向精神分裂。

妈妈往往害怕孩子有“网瘾”，但少有人会担心孩子有“考试瘾”。甚至有些妈妈还希望孩子能有“考试瘾”，认为只要孩子喜欢考试，他就会喜欢学习，就能学到更多的知识了。其实，这种“考试瘾”甚至比“网瘾”还害人。网络成瘾的孩子，在心理机能上，基本上是正常的。这些孩子大多在学校得不到老师的关注，在家里感受不到父母的爱，或者父母给的压力太大。这些孩子便本能地产生趋利避害的心理，逃避家庭学校，而进入网络世界寻找温暖。而“考试成瘾”的孩子则颠倒了这种本能的机制，几天没考试、不学习就非常难受，这是不正常的心态，干预起来也比较困难。如果这种“嗜考症”的不健康心态长期发展下去，孩子最后要么发展成偏执型人格障碍，要么发展成精神分裂症。

要防止孩子染上“考试瘾”，聪明的妈妈首先要懂得对待孩子的成绩看淡些，不要只根据孩子成绩好坏奖罚孩子。孩子取得了好成绩，不要给予他很高的鼓励，不要把物质奖励和外界赞赏变成孩子考试的动机。而当孩子没考好时，要给予理解而不是责骂。不要让孩子因为压力而强迫自己患上“嗜考症”。学校里对成绩的过分渲染对孩子本身已经造成负面影响了，妈妈一定要使孩子意识到考好考坏都是正常的，妈妈不会因为他的成绩而去片面地评判他，这样才能与来自学校的负面影响相互抵消，让孩子更健康地成长。

另外，妈妈要鼓励孩子发展其他爱好，或者让孩子适度参与家务活动，不要让孩子把所有精力和心思都放在学习上。当学习成绩不再是孩子的唯一精神支柱时，孩子就不会再有“考试瘾”了。

呵护孩子的自信，保护孩子远离自卑

小雯上五年级了，成绩一直都不错，一般都在班级前10名。一次小测试，小雯没有考好，老师一脸铁青地叫骂着：“你丢不丢脸啊！居然才考80多分，你看人家倒数的小飞都超过了你！”事后，小雯宛若一个泄了气的皮球，眼泪汪汪地坐在教室里。

之后的一个学期，小雯都闷闷不乐的。她比以前更加努力学习，特别害怕考试成绩差被老师骂，但是似乎她越努力学习成绩越吃力，她的成绩也是时好时坏，发挥不稳定。渐渐地，小雯觉得自己学习真的不行了，她认为自己再努力也不能像以前那么好了，因为现在好像自己越来越笨，而其他同学都越来越聪明。从此，小雯不再对学习有热情了，学习对于她来说变成一个折磨，而她的成绩也一落千丈，令人跌破眼镜。

毋庸置疑，小雯幼小的心灵，已经被老师深深地刺伤，她已陷入了深深的自卑之中，从而没有自信好好学习。

自卑是一种性格缺陷，自卑对孩子的心理健康会产生很多负面影响，更会对一个人的身心的正常成长起消极作用。心理学家认为，每个人都有先天的生理或心理欠缺，在潜意识中，都有自卑心理存在。一个人的自卑不是与生俱来的，大多是在后天的成长过程中养成的。在现实生活中，妈妈如果不能正确地对孩子进行教育和引导，就容易使孩子产生自卑心理。

事实上，孩子的自信是妈妈呵护出来的。那么，妈妈应该如何引导孩子走出自卑这种不良心理障碍的误区呢：

1. 要引导孩子正确认识自己，接纳自己。一个人要对自己的品质、性格、才智等各方面有一个明确的了解，方可在生活中获得较为满意的结果。既要看到自己的不足，也要看到自己的优点，人才能在挫折面前摆正心态，即使自己在这方面有些笨拙，但在另一方面自己也可以做得很好，这样平衡下来，人的自信就不会流失，也就不会陷入自卑的漩涡中。而只看到自己的不足，连自己都不信任的人，当然很难引起别人的兴趣和注意，这恰恰助长了自卑，如此形成了“恶性循环”，越发增长了羞怯和自卑。所以，妈妈要经常给孩子以鼓励，让他不但能认识自己，还要全面接纳自己。

2. 要让孩子学会正确与人比较。自卑感强的人往往拿自己的短处跟别人的长处比，其实，这样越比越泄气，越比越自卑，有的孩子因为学习不好而产生自卑就是这个原因。

如果自己的孩子学习不好，妈妈就不应该拿孩子与学习成绩好的同学相比。如有的父母经常说：“你看看隔壁的小刚，年级和你的一样，他的成绩就这么好，为什么你的成绩就这么差?”这种比较只能使孩子越比心情越糟，其实在比较中扬孩子的长、避孩子的短的方法往往更能增强其自信心。

3. 引导孩子对自己有合理的要求。有的孩子表现欲很强、野心也很大，总想在各个方面都做到最后，得到人人的称赞，所以对自己的要求十分高，而这些过高的要求经常让孩子尝到挫败的滋味，因而心理产生落差，容易形成自卑心理，认为自己不够强。所以，妈妈要让孩子对自己有合理的要求，不要给自己太大的压力和太高的设想。

最后，给妈妈们提供帮助孩子克服自卑心理的6条智慧：

1. 在生活中要注意并善于发现孩子的优点和点滴的进步，并不失时机地给予肯定和表扬。

2. 不要总拿孩子的缺点和别人的优点做比较，更不要贬低孩子。

3. 不管你的孩子表现如何，都不能随便作出“没有出息”之类的负面判断，也不能任意给孩子贴上“窝囊废”之类的灰色标签。

4. 不要单纯抽象地用貌美、聪明、学习成绩好等夸奖来满足孩子的自我表现欲，而要尽可能地在具体地不同层次上让孩子看到自己特有的优势，从而实现高质量的自我满足。

5. 要教育孩子重视自己每一次的成功。成功的经验越多，孩子的自信心也就越强。

6. 要让孩子知道，只要付出，就会有收获；付出得越多，收获的就越多。

妈妈不要吝啬你对孩子的信心，更不要伤害孩子的自信，要知道，孩子需要自信来赶走自卑，他需要妈妈来维护他的自信。

尽早处理孩子的恐惧，赶走孩子心中的“鬼”

菁菁今年10岁，是一名小学生。当醉人的春天百花盛开时，她的情绪就会非常低落，因为她对花有一种莫名其妙的恐惧。

她怕花的经历要追溯到她很小的时候。当她7个月时，她母亲抱着她去亲戚家参加婚礼，刚进新房，院里响起了鞭炮声，一只小花猫蹿上桌子，把插着花的花瓶碰倒在地上。见此情景，菁菁非常害怕，大哭起来。10个月时，奶奶抱她在院子里玩，一走近院里种的牡丹花她就大哭起来，怎么哄也不行，抱她离开花，就不哭了。1岁时，家里人又带她去串门，发现她一看见别人家床单上的花卉图案和花瓶里插的花就放声大哭。家里人这才意识到菁菁怕花，但并未引起家人的重视。

但是，随着年龄的增长，她对花的惧怕程度不但没减轻反而更加严重了。4岁时，她和院里的一群孩子跟在出殡的队伍后面看热闹，当她发现棺材上的大白花和人们佩戴的小白花时，立刻转身没命地往家里跑，跑到家里已经面无血色了。奶奶焦急地问她：“发生了什么事?”她惊恐异常地答道：“花追我来了！花张着嘴追我来了！”逗得全家人哄然大笑。

6岁时，她上了学前班，刚一去就赶上欢度国庆节，排演文艺节目。她们班女同学的节目是手持纸花跳舞，这下可触犯了她的忌讳，说什么也不肯参加排演。以后渐渐发展到只要是花她就害怕，无论是布上、纸上的花卉图案，还是纸花、塑料花、鲜花，她都怕得不得了。近几年，城市绿化有了进展，很多街旁绿地上栽种了各种鲜花，令人赏心悦目。可是这对菁菁来说却是件可怕的事，在上学的路上，为了躲开那些“可怕”的鲜花，她不得不绕道走未种花的偏僻路。时间一长，同学们都知道她怕花，常跟她开玩笑，故意往她身上扔花，经常吓得她面色苍白，手脚冰凉，甚至上课时她也不能集中注意力听老师讲课，总是东张西望，唯恐窗外有人把花扔进来掉在她身上。在她的心里，花是那么可怕，使得她生活不安宁，以致成绩下降。

有些人可能觉得菁菁怕花简直是不可思议，实际上，菁菁怕花已经是恐惧症的一种表现了。

每个人都有害怕和恐惧的经历，孩子也是一样。恐惧是孩子在心理发展过程中普遍存在的一种情绪体验，是他们对周围客观事物一种正常的心理反应。恐惧与儿童的身体大小和应付能力有关，反映了儿童的智力发展水平，恐惧的内容反映了儿童所处的环境特点及年龄发展阶段的特点。

许多恐惧不经任何处理，随着年龄增长均会自行消失。但是，也有一些恐惧，如果没有得到及时的干预，就会不断加强，并泛化到其他的情境。如有的儿童害怕一个人待在房间里，如果不加干预，可能就会发展成害怕电梯、小轿车等其他封闭的场所，这样的恐惧可能会逐渐发展成恐惧症。上例中菁菁对花的恐惧症就是因为小时候对花的恐惧没有得到及时的干预而导致的。

一般说来，恐惧症患者惧怕的内容比较稳定，持续的时间较长，不易随环境、年龄的变化而消失。孩子会由于恐惧产生回避或退缩行为，任何劝慰、说服、解释都显得无济于事，严重影响着他的正常生活和学习。

研究发现，儿童恐惧症主要是因环境、教育造成的，而其中又以父母的行为方式、教育方法的不当为主。比如，妈妈对孩子溺爱、过于保护、限制孩子的许多行动，或者用吓唬威胁的方法对待孩子的不听话，当着孩子的面毫无顾忌、绘声绘色地讲述一些可怕的事情。大人过严过高的要求，家庭成员关系不和睦或对孩子缺乏一致性、一贯性的教育也会诱发儿童恐惧症。

孩子的各种恐惧，都是成长过程中必然伴有的现象。但是，这并不意味着这些恐惧就无关紧要。妈妈应该从以下几个方面来帮助孩子克服恐惧，使他们能够健康成长。

首先，千万不要以成人的想法代替孩子的认识。成人认为没有一点神秘气息的东西，在孩子看来可能会成为孩子精神紧张的原因。如果妈妈不顾及孩子的特点，一味地给他看“恐怖片”或读让他觉得“可怕”的故事，孩子的恐惧感就会与日俱增。

其次，孩子的想象力非常丰富，无论何时都不要把他单独锁在一个陌生的、狭小黑暗的地方，不要因为过分的担忧而不由自主地给孩子带来恐惧，如“别靠近狗，当心它会咬你”，这样在无意中妈妈就会把恐惧灌输给孩子。

另外，不要简单地拿别人做榜样，要求孩子“不要怕”。如“××比你小都不怕，你比他大还怕什么？”这样做易使孩子产生负罪心理，好像“害怕”是一件很丢人的事。可以这样告诉孩子：“没关系的，我们大人也有害怕的事。”

不做安慰和解释就让孩子独自承担压力，是逼孩子硬充好汉。只有给孩子必要的知识和情感上的装备，让孩子独自面对困难，才能成为一种锻炼。

当然，为孩子创造一个没有任何恐惧的环境是不现实的，这个世界对孩子充满了太多的诱惑和新奇的色彩，“怕”是认知的前奏，了解得多了，自然也就不害怕了。如果孩子从来没有产生过害怕的感觉，也不是一个好现象，可带孩子去检查一下，看孩子是否存在心理发育上的障碍。

对一个健康的孩子来说，恐惧是他认识周围世界的自然反应。如果孩子的恐惧感非常强烈而且逐步升级，甚至影响到其性格与行为时，家长就应该给予重视，并应带他去看心理医生。

炫耀和自夸使不得，虚荣心旺盛要不得

赵女士下班后，一看时间，女儿贝贝马上就要放学了，得赶紧去接她。于是，她匆匆收拾了一下，就往贝贝的学校赶。

还好，到了学校，贝贝他们刚好放学。远远地，妈妈就看见别的同学都是三三两两的，有说有笑的，只有贝贝独自一个人，正闷闷不乐地往外走。看到了妈妈，也没有往常那么兴高采烈的样子。

“贝贝，你今天怎么了？不高兴呀？”妈妈问道。

“没什么……”贝贝吞吞吐吐地回答。

“哦，那赶快回家吧。”

妈妈带着贝贝离开了学校，可是一路上，贝贝都不像往常那么开心，一句话也不说。妈妈很奇怪：这孩子今天是怎么了？

到家后，贝贝一声不吭就进了自己的房间。妈妈感觉孩子今天有点不对劲，也走到了贝贝的房间，坐下来，轻声问道：“贝贝，今天是怎么了？怎么不高兴呀？是不是学校里不开心了？告诉妈妈好吗？”

“妈妈，这周末是我们班上李娜的生日，她要在比萨店过，而且她还请了好多同学一起去呢，下个月就是我的生日了，我也想和她一样去比萨店过生日。”

妈妈愣了一下，“要去比萨店过生日？你以前过生日的时候我和爸爸经常带你到动物园、游乐场去玩，一家三口这样过不好吗？”

“好是好，可是我们班上有好多同学都在比萨店过生日，还请了好多同学，就我自己和你们一起过，他们会笑话我的，以后他们就不理我了。”贝贝的话音里带了一丝哭腔。

“你先写作业，等你爸爸回来再说。”妈妈不好再说什么。

走出贝贝的房间，妈妈陷入了沉思：贝贝才10岁，小小的年纪，怎么就有了虚荣心呢？

人人都会有虚荣心，小孩儿也不例外。从心理学角度来说，虚荣心是一种性格缺陷，是一种被扭曲了的自尊心。虚荣心强的人不是通过实实在在的努力，而是企图通过贬损别人、打压别人的方式来获得成功。用跑步比赛来做一个比喻，那就是虚荣心强的人并不愿意真正与对手站在同一起跑线展开一场较量，他总是企图通过一些不可告人的方式让自己的对手因为“这样”或“那样”的意外原因而无法参赛。

现在的独生子女越来越多，妈妈总怕孩子受委屈，于是对孩子总是有求必应。自己孩子穿的、戴的都不能比别的孩子差，别人的孩子买什么自己的孩子也得买，绝不能让人家比下去。于是在妈妈无意识的纵容下，孩子的欲望无限地膨胀，孩子虚荣心的种子也被深深埋下。

另外，现在的很多妈妈，总爱讲孩子的优点，掩盖他们的缺点，甚至在亲朋好友面前经常夸耀自己的孩子，孩子听到的都是赞美的声音，很少有人指出他的缺点，而

妈妈又常常对别的孩子妄加指责。孩子对自己客观评价的能力本来就很差，再加上妈妈的夸耀，就认为自己什么都比别人强，孩子就从妈妈心中的“十全十美”变成自己心中的“十全十美”，再也容忍不了别人超越自己。

孩子一旦有了虚荣心之后，就喜欢和别的孩子进行攀比：看见别人穿了件新衣服，就要家长给自己买件更漂亮的；别人上下学由爸爸开车接送，我也要爸爸开车接送；看到别人夸别的孩子聪明，心里就很不舒服，动不动就说：“这有什么了不起的，我也会。”

这样的孩子，只爱听表扬，受不了批评，只能赢，不能输，否则就大哭大闹，失去心理平衡。

当然，一点虚荣心都没有是不可能的，适度的虚荣心是一种正常现象，不用过分担心。但虚荣心过强则不利于孩子的健康发展。这是因为：第一，虚荣心过强的孩子，不能忍受别人比自己强，处处想占上风，久而久之会受到同伴的嫌恶和排斥；第二，虚荣心过强的孩子，做事大多是为得到别人的赞许，达到自我炫耀的目的。

孩子过强的虚荣心会在平时的生活中流露出来，如果妈妈能够及时捕捉到这方面的苗头，那么就可以立刻采取相应的对策对他们进行教育和开导，具体可以从以下几个方面做起：

1. 正确的家庭教育方式：虚荣心过强的孩子多半是家中的“小太阳”，全家人都围着他转，这样就自然而然地滋长了他的自我中心和自夸欲。因而，妈妈对孩子提出的在合理范围内的要求可以答应，对于无理的要求应断然拒绝。

2. 妈妈的榜样作用：妈妈是孩子的第一任教师，喜欢炫耀和挥霍的母亲，可以想象她教养出来的孩子也一定爱慕虚荣。朴实谦逊的家风可以对孩子起到潜移默化的作用。

3. 客观地评价孩子：有一些妈妈常喜欢在他人面前夸耀自己的孩子。家里来了客人，总要让孩子表演一番，背诗、画画、唱歌等。虽然客人的赞扬能激发孩子的兴趣，但时间一长往往会使孩子失去对活动本身的兴趣，而仅仅对赞许给予关注。正确的做法是客观地评价孩子，不仅要表扬优点，同时对孩子的缺点也要及时指正。

通过以上几点，让孩子远离虚荣，孩子的身心才能健康发展。

引导孩子“正向心理循环”，远离消极情绪的困扰

一位老师在美国大学教书时遇到了这样的问题：一个学生在课上的表现相当地突出，而且有许多课程的成绩都是A，并且在学校中是个活跃分子，同时参与很多职位的竞选，还准备以后自己竞选公职。有一次，他的语文得到的成绩是C，就叹了一口气，说道：“我不是学文学的料。”

“你怎么知道自己没有学习文学的天赋呢?”老师问他道。

“因为从小我的文学成绩就不好，也实在是没有兴趣。”这个孩子很认真地说道。

“你怎么可以根据目前的现状，就认定将来也会学不好呢?”这位老师对学生展开

了心理辅导，“如果你很轻易地就形成了对自己的负面看法，你认定自己绝对不是学习文学的料，那么你就会不自觉地用行动来证明自己的言论了。长此下去，在你的心目中会形成一个负向的心理循环，最后就真的没有任何回旋的余地了。”那个孩子听从了老师的建议，以后试着暗示自己可以学好文学，结果成绩一点点有了起色。

消极情绪对一个人来说是有百害而无一利。一个人如果陷入了负面的心理，他能找到一万个理由说自己如何如何不如别人，比如：我个矮、长得黑、眼睛小、不苗条、嘴大、有口音、汗毛太多、父母没地位、学历太低、职务不高、受过处分、有病，乃至我不会吃西餐，等等，可以找到无数种理由让自己自卑。由于自卑而焦虑，于是注意力分散了，从而破坏了自己的成功，导致失败。即失败—自卑—焦虑—分散注意力—失败，这就是自卑者制造的恶性循环。一个人如果陷入了自卑，在人际交往中除了封闭自己以外，就有可能会奴颜婢膝，低三下四。

吴士宏被中国经理人尊称为“打工皇后”，她的一生颇具传奇色彩。她曾当过护士，通过自学获得英语大专文凭。1985 年考入 IBM 公司，从勤杂工做起，经过十载奋斗，终于成为 IBM 华南分公司总经理。就是这样一位传奇式的人物，也曾深深地被负向的心理循环困扰过。在 IBM 期间，吴士宏一开始做的是“行政专员”，几乎与打杂无异，什么都干。这段生活对吴士宏影响非常大，这并不是说“打杂”之类的工作对她有什么屈辱，而是身处一群无比优越的真正白领阶层中，吴士宏感到了巨大的压力：常常觉得自己真的没有能力，没有价值。这样一种强烈的自卑情绪，伴随了吴士宏相当长的一段时间。

吴士宏被这种自卑情绪困扰了很长的一段时间，最终她决心一定从这种阴影中走出来，虽然这很艰难。这种来自自卑感的不断刺激，当时就像不断有鞭子抽打着她。吴士宏后来回忆说：“和负面的情绪做抗争实在是一件痛苦的事情，后来我花了好几年时间才克服并超越了这种自卑。”

如果一个人从小就形成了对自己的某种负面观念，那将对其非常的不利，因为失败的信念会制造出失败的事实，而失败的事实又进一步强化失败的信念。而对自己的这种负面观念形成的越早越深刻就越是难以自拔。所以，当妈妈发现自己的孩子在某些方面出现消极情绪的时候，及时帮助孩子建立“正向心理循环”才是最终的解决问题之道。

先让孩子拥有成功的信念，然后成功的信念总会驱使人做出成功的事实，而成功的事实又使人更加认定成功的信念，如此循环下去，就形成了“正向的心理循环”。而当孩子形成“正向的心理循环”的状态后，就不用担心这个孩子不优秀了。

第八章　妈妈不能忽视的“小事儿”

在生活中，妈妈经常会有意无意地忽视一些“小事儿”，以为没有什么大不了，殊不知却对孩子的心理产生了很大的影响。为了减少在有意无意中伤害孩子的次数，妈妈必须得有意识地记住一些不能忽视的“小事儿”了。

尊重孩子的朋友也是尊重孩子

一位家长中午回家，打开家门，发现上小学五年级的儿子正和两个同学“大吃大喝”，碗筷摆了一桌，儿子见妈妈回来了，忙站起来，叫了声：“妈！”她没应声，两个同学站了起来，叫了声：“阿姨，您回来啦！”这位家长一声没吭，径直走进屋里，“砰”地关上门，半天没出来。吓得孩子和两个小伙伴慌忙溜走了。到了晚上，孩子回到家，没有吃晚饭。尽管父母轮番相劝，孩子还是滴水未进，而且一连几天食欲大减，情绪低落，打不起精神，没有笑容。母亲这才后悔不迭。

尊重孩子是培养教育孩子的最大前提，这也包括要尊重孩子的朋友，不能限制孩子结交朋友的自由。妈妈要知道，妈妈尊重孩子的小朋友，也就是尊重孩子本人，孩子会在妈妈的尊重中得到自身的欣慰和心理的满足，也会得到小朋友、伙伴的认可和接纳。显然，妈妈对孩子伙伴的冷落，不仅使孩子感到对不起“小朋友”，甚至感到“无颜见伙伴”，而且使孩子感到妈妈不给自己留面子，不尊重自己。所以，妈妈不尊重孩子的朋友，这会使孩子的自尊心受到严重的伤害。

孩子需要朋友，孩童时代的友谊是非常珍贵的。朋友的缺失不仅使孩子的童年极为孤独，而且对孩子的身心健康极为不利。因此，妈妈应该珍视孩子的朋友，尊重孩子的朋友，支持孩子的社会交往，这即是赏识和尊重孩子，不仅可以让孩子感觉到妈妈对他的尊重而更加信赖妈妈，而且可以促进孩子之间的友谊和交往，促使他们互相帮助、互相学习，还可以培养孩子团结友爱、协作互助的良好习惯和健康的心灵。既有利于形成孩子健全的人格，使孩子的心智得到全面的发展，也有利于孩子正常、自由地与人结交，汲取他人的长处，学到融入社会的技巧。

因此，妈妈应该鼓励孩子交朋友，当孩子有了朋友之后，应该通过赏识和尊重，促进孩子之间的交往。妈妈应该把孩子的朋友当成自己的朋友一样，采取热情欢迎的态度。当小朋友来家里时，妈妈应该说：“我们家来朋友啦，欢迎欢迎。”或者“你们能来太好了！不要客气，就像在自己的家一样！”而且还要鼓励孩子认真接待，让孩子的朋友感觉到你对他们的支持和赏识。

尊重孩子朋友的一个重要原则，就是妈妈切忌“戴有色眼镜”看孩子的朋友。很多妈妈喜欢孩子与成绩优异的孩子成为朋友，而对于一些学习不突出的同学就冷淡相对，这是不对的，这样不仅伤害了孩子的朋友和孩子自己，也会在无形中教给孩子“势利眼”的意识，污染了孩子纯洁的心灵。妈妈应该合理地看待孩子的朋友，发掘别人的优点，而不是老盯着别人的不足。学习成绩不好的同学，有的具有其他方面的特长，比如篮球打得好，美术突出，或者是写一手好字，有一颗善良的心，等等。因此，与成绩差的同学也可以交朋友，从不同的同学身上学到不同的优点，促进孩子的全面发展。妈妈需要做的，仅仅是教会孩子辨别，分辨出朋友哪些地方是值得学习的，哪些方面需要摈弃。

另外，妈妈对待孩子的朋友也应真诚，不能停留在表面上，而是要真心诚意。有的妈妈对来家里玩的孩子的朋友，表面上很客气，可等人家一走，就会向自己的孩子进行批评：“学习这么差你还跟他玩，怪不得学习越来越差!”这种做法，不但会损害孩子与朋友的感情，伤害孩子的自尊，也会影响妈妈在孩子心目中的形象，伤害母子感情!

所以，面对孩子的朋友时，妈妈要认真对待，千万不要轻易伤害孩子的友情，因为友情那头连着孩子的自尊。

当妈妈错了：真诚地向孩子道歉

“乐乐，我跟你讲了许多次要守时守约，否则会浪费别人的时间，也会给别人留下不好的印象，你不这样认为吗?”

“的确不好，不过，也没有什么大不了的。”

妈妈有些生气了：“怎么能说没什么了不起呢？你养成这样的毛病，长大会怎么样呢？还有谁会信任你呢?”

看见妈妈生气，乐乐也有些沉不住气了：“你是大人了，不是也过得很不错吗？没见你有什么麻烦呀?”

“你是什么意思?”妈妈没想到话题会转到自己身上。

“你大概忘记了，好几次你答应来参加我们学校的活动，我都跟老师说了你会来，可是临到活动结束也没见到你的身影。”

“那是因为我临时工作上有事，而且你学校的那些活动也不是非参加不可……”妈妈注意到儿子不屑的、甚至有些讥讽的表情，尴尬地停住了，她突然意识到自己错了。于是，她对乐乐说：“乐乐，我没有意识到自己的行为对你造成的影响，我当时的确有急事不能来，但我应当事先或事后向你解释一下，并去向你的老师解释，我真的很抱歉，你能原谅我吗?”

听到妈妈这么说，乐乐突然有些不知所措：“没关系，我知道你很忙。下次打声招呼就可以了。”

“你们下一次家长座谈是什么时间？我一定把工作安排开。当然如有意外我会和你联系，好吗?”

“好的，谢谢你，妈妈!”

每个妈妈都会教育孩子要勇敢承认错误，学会道歉，但是却不是每个妈妈都会道歉，尤其是在孩子面前承认错误。

不少妈妈认为自己是“一家之主”，需要保持自己的“形象”与“威信”，因此不愿意在孩子面前承认自己的缺点和错误。比如有的妈妈明明知道自己做错了事，冤枉了孩子或误导了孩子，还给自己护短，不当回事。这就违背了做人的基本原则，也是家庭教育之大忌，次数多了，妈妈就会在孩子心目中失去威信，更不用说教育了。

实际上，妈妈如果从不向孩子承认自己的缺点、过失，孩子就会产生“妈妈说的话永远正确，但实际上老是出错”的观念，久而久之，对妈妈正确的教诲也会置于脑后。妈妈如果在做错事后总能郑重地向孩子认错、道歉，孩子就会懂得承认错误并不是一件可耻的事，就会提高分辨是非的能力，尝到原谅别人的甜味。比如当孩子“闯祸”后有的妈妈由于一时气愤，往往会对孩子进行不恰当的、过重的批评或惩罚，事后又往往会后悔。这时，倘若妈妈能真诚地向孩子道歉，补救自己的“过失”，就能引导孩子往好的方向发展。

妈妈是孩子行为的榜样，当你犯错时，及时真诚地道歉是至关重要的，你可以从以下几个方面做起：

1. 犯了错误，虽然是不太严重的错误，但事后一定向孩子道歉。

2. 答应孩子的事情若做不到，马上向孩子说明原因，得到孩子的谅解。

3. 道歉时，态度郑重、真诚。

有一位母亲在教育孩子时，曾多次将自己在成长过程中犯过的错误告诉孩子，并详细地分析主客观原因，尤其是分析自己的一些缺点在产生这种错误中所起的作用，其目的就是让孩子在今后的人生道路上不再和她一样犯同样的“错误”。

有的妈妈害怕跟孩子认错会降低自己在孩子心目中的地位，事实上，这种担心是完全没必要的。要知道，人无完人，每个人都可能会犯错误，你也一样，每个人都要对自己的错误负责。通过道歉，你会让孩子明白，妈妈也会犯错误，犯错误并不可怕，只要真心道歉，就能得到别人的原谅，在以后的日子里，孩子犯了错误，也会主动地去承认错误。

事实上，做错事后向孩子道歉，就等于在教孩子相信他自己的洞察力。如果妈妈只是一味地批评孩子、辱骂孩子，孩子就会形成一种对生活本质和对世界的负面看法。

在教育孩子的过程中，要注意以下几个点：

1. 当孩子与自己意见相左时，要鼓励孩子表达自己的想法。

2. 发现自己处理问题不当时，要真心诚意地向孩子道歉。

3. 如果对孩子的表现很不满，直接对他讲出来，要比用隐讳的方式好。

每个妈妈身上都蕴涵着改变孩子命运的神奇力量。当你自己从内疚、自责和愤怒中解脱出来的时候，你也解救了你的孩子；当你终止了旧的家庭模式给你的束缚时，就等于给你自己和孩子一份厚礼。他会记住自己的妈妈是如何勇敢地对待自身的缺点，这种勇气与坦率会鼓励孩子做终生的探索与自我培养，而不至于迷失方向。

妈妈做错了事情，要勇敢地向孩子道歉。这不仅不会有损妈妈的威信和尊严，反而会让孩子学会做人的准则。只有当孩子由衷地感到妈妈是言行一致的人时，才会产生对妈妈的敬佩之心，妈妈的教育也才会真正起到应有的作用。

哄骗起不了教育的作用

“儿子，这回考试你好好考，要是能考进前10名，妈妈给你买变形金刚模型。”上个月初，家长赵女士对上二年级的儿子许诺。月考成绩公布后，儿子考了第7名，于是高兴地要求妈妈带着他去买变形金刚模型，但是赵女士却因为怕孩子只顾玩而影响学习而不同意买了。孩子听了之后很气愤，大吵大闹一番之后好几天都不和她说话，后来即使说话了，对她所说的话通常也是无动于衷。

美国著名心理学家大卫·艾尔金德认为：要想让孩子有教养，守道德，父母首先必须是一个品德高尚的人。俗话说，其身正，不令而行；其身不正，虽令不从。可见，妈妈的示范作用很关键，妈妈的承诺很随意，然后又不兑现，久而久之，妈妈在孩子心目中就没有了威信。所以，要想在孩子心中树立威信，就要对孩子做到言而有信，答应孩子的事情就一定要做到，而不能失信于孩子以后又摆出一副妈妈式的做派，认为这只是一件不值得一提的小事。要知道，在教育孩子的过程中，没有任何一件事是小事。

记得有一次，妈妈对我说要是我期中考试能考进前5名，“十一”放假时就带我去大连玩。我努力地去学习，期中考试考了第2名。可“十一”到了，妈妈却说节假日出门人太多，不如在家看书。我想不通为什么大人说变就变呢？

一位小学五年级女生把自己的不满发到了网上，引起了很多妈妈的议论，有位妈妈说道：“在教育孩子的过程中，对我们大人也是一个无形的督促，有时为了打发孩子，也曾经有过想随便找一个借口的时候，希望能蒙混过关，可是儿子不依不饶地跟我说：‘你还是妈妈呢，竟然说话不算话。’说得我很汗颜。所以最好的办法就是能从自身做起，注意言传身教，不让孩子挑出毛病。这样教育起孩子来，不仅省去了不少口舌，而且还培养了孩子诚信的美德。”

所以，妈妈对孩子一定要言而有信，这是培养孩子诚信品格的基础。欺瞒哄骗，是起不到任何教育的效果的。

“诚信”两个字几乎包含了所有与别人交往时应具备的品质，人与人之间相互交往的基本道德体系。一个人抛弃诚信的同时，他也就被社会抛弃了，他将被置于一个孤立无援的境地，从此他终将一事无成。诚信是一个人最起码的品德，一个人只有做到诚信才能在社会上立足，才能取得别人的信任。所以，每个人都应该具有诚信的品质。孩子的诚信品质在很大程度上取决于妈妈的教育。

有些妈妈为了让孩子高兴或是诱导孩子做某件事，常常随便答应孩子的要求，轻易地许诺孩子某些条件，说完后又立刻忘记，这样会在无意中伤害孩子。这时，孩子受到这种不守信行为的暗示，就会跟着模仿。那么，孩子的诚信品质就很难培养了。

家庭教育中的诚信教育很重要，会对孩子的一生有影响，因此，妈妈在教育孩子的过程中，一定要遵守诚信的原则，这既是表达对孩子的尊重，也是一种妈妈责任感的体现。具体来说，妈妈在要求孩子诚实的同时，自己首先要做一个诚实、守信的人，对孩子言而有信。“人无信不立”，对孩子也是一样。所以，在平时生活中，妈妈一定要对孩子“说话算数”，也就是承诺给孩子的事情就必须把它办好，要把“说话算数”当成内心深处强烈的责任感。妈妈履行诺言，既能保护孩子的自尊心，也能维护作为妈妈在孩子心目中的威信，同时又教育孩子学会诚信。

因此，但凡答应孩子的事情，妈妈无论如何都一定要做到，不能诸般推诿寻找借口，更不能在失信过后孩子怪罪时给孩子一通责骂，否则招致的后果会很可怕。再有，妈妈一定不要给孩子签“空头支票”，没有实现可能的事情，就不要答应孩子，如果承诺之后又因为某种原因而导致承诺无法兑现的话，要及时向孩子说明原因，真诚地向孩子道歉求得孩子的原谅，并且和孩子讨论出一套代替方案或尽快弥补他。只有这样，妈妈才能取信于孩子，才能做好诚实守信的典范，才能起到好的教育作用。

“唠叨”妈妈没有功效

小军家的早晨永远是这样的景象：

早晨6点，妈妈准时起床，一边收拾房间，一边为小军准备早餐。6：30，牛奶、鸡蛋、面包准时端上桌，然后妈妈就开始一遍一遍地叫小军起床。不知妈妈叫了多少遍，一直快到7：00了，小军才懒洋洋地起来，胡乱地刷刷牙，抹两把脸，然后坐到饭桌前用最快的速度对付着早餐。

这时，妈妈在为他叠被子，收拾凌乱的衣服、物品，嘴里还不停地唠叨着：“看看你，老是把哪儿都弄得乱七八糟，让人跟在你屁股后面收拾。每天让你起床都得喊破嗓子才动，早饭都凉了吧？总吃凉饭，还这么狼吞虎咽的，胃要坏的，天天跟你说也没用。要是妈一叫你就起来，不就不用这么紧张，也不会老是迟到挨批评了……”

此时，小军只顾把吃的、喝的填进肚子，对妈妈的话充耳不闻，吃了几口，一看时间来不及了，用手背抹抹嘴，抓起妈妈早已经为他放到客厅沙发上的书包，转身就往外走。妈妈追在小军的身后喊着：“着什么急呀，就吃这么几口呀，一上午的课呢，会饿的。上学的东西都带齐了吗，别又落下了什么，每天都得让人提醒……”

这样的情形，恐怕在很多家庭都上演过。妈妈担心孩子丢三落四，担心他上课不认真听讲，担心他写作业注意力不集中……于是，妈妈一遍遍地提醒孩子，但事与愿违，他总是将妈妈的提醒当成耳旁风。妈妈们可曾想过，正是自己过多的唠叨让孩子的耳朵起了茧子，对大人的话开始“免疫”。

心理学研究证明：老调重弹，反反复复说同样的话，会让人产生一种习惯性的模糊听觉，也就是明明在听，却根本不往心里去。这是长期重复听同样的声音而产生的一种心理上的不在乎。所以，妈妈们不要老是只怪孩子把自己的话当耳旁风，你们也该静下心来想想，自己是否真的太唠叨了。

虽然妈妈有责任对子女的不当言行及思想进行批评教育，但是一定要注意形式。不要没完没了地唠叨，实际上，唠叨不但不会起到作用，反而会产生很多负面影响：重复性唠叨只会让孩子心烦，同时对妈妈的唠叨产生依赖感，慢慢地，妈妈不唠叨，孩子的事情就做不好；批评性唠叨容易加重孩子的心理负担，让孩子对自己越来越缺乏信心，甚至产生强烈的逆反心理；随意性唠叨容易让孩子养成注意力不集中的习惯，孩子对需要记住的重要事情也常常当成耳旁风。

那么，妈妈该怎样做才能避免对孩子唠叨呢：

第一，不要信口开河。在每次对孩子讲话前要经过一番理智过滤，不能信口开河。比如说，规定孩子做好作业再开饭，但有的妈妈怕孩子饿肚子，在孩子做作业的时候过去问他："你饿不饿？快做快做，饭都凉了。你还想不想吃饭？"

第二，要给孩子选择的自主权。不要过分限制孩子的自由，或是总替孩子做决定，应该给孩子自由选择的空间，不应该给孩子下达硬性指令，然后靠不停地唠叨来督促孩子，那样的效果往往并不好。

例如：想让孩子收拾自己的房间，对孩子说："晚饭前必须把你的猪窝收拾干净！"这样的硬性指令，孩子多半是不会听的，而妈妈看到孩子不听自己的话，就会不断地反复催促，结果可想而知。但是如果换一种说法："孩子，如果晚饭前你有空，就把你的房间收拾一下吧。"这样的说法，则能给孩子以喘息的空间，不会让孩子反感，多半会达到预期的效果。孩子自觉自愿要做的事情，积极性和兴趣都会很高，根本就不需要你的催促和提醒。

第三，不要事事叮嘱，叮嘱时要有明确的目标。很多妈妈对孩子讲的话虽然多，但有许多话都没有讲到点子上。事无巨细，都反复强调叮嘱，搞得家庭上下不得安宁，大人为孩子不听话而气愤，孩子在繁杂的环境里静不下心来做功课。所以，妈妈要对孩子的学习、生活进行一些管理、指教，在对孩子有要求时，要尽量用简洁的、孩子听得懂的语言，把事情的前因后果讲清楚，并提出具体的建议、指导，让孩子真正明白妈妈的意思，并允许孩子对此提出自己的意见和想法，然后再去做。

第四，别只盯着孩子的缺点。很多妈妈，眼里只看到孩子的缺点，总是翻来覆去地说，却绝口不提孩子的进步。其实，绝大多数孩子已能分辨是非善恶，只是缺少改正缺点的自觉性和毅力。如果此时还有人在旁边喋喋不休地数落自己的缺点，反复教训自己，"我讲话你就是不听"、"怎么说你才能改呢"，这样的态度，孩子会视为不信任，甚至产生逆反心理。

第五，对孩子进行指导，而不是唠叨。指导不同于唠叨，唠叨往往含有责怪、批评的味道，是一种反复的单调的刺激；而指导是亲切的、言简意赅的，它能启发孩子独立思考，帮助他们处理问题，使孩子情绪稳定、心情舒畅。聪明的妈妈从不规定孩子应该做什么，不应该做什么，而是放手让孩子去做。如果没有做好，也会耐心地帮他分析原因，鼓励他不要灰心，尽力而为。

坦然接受孩子的“爱”，给孩子表现爱的机会

一个女孩正在家里写作业，妈妈下班回来了。刚刚在学校接受过爱的教育的孩子马上倒了一杯茶水，递到妈妈面前：“妈妈，请喝茶！”谁知，她的妈妈冷冰冰地回答说：“去，去，去，写作业去！别趁机跑出来玩儿！谁用你倒茶，多考个100分比什么都强！”

看到这个真实事例，让我们不由得替这位妈妈惋惜，因为她在辜负了孩子的一片爱心的同时，又把孩子的爱心捏得粉碎。

在孩子的世界里，爱是最可贵的，也是建立信任的基础。大家都知道孩子需要妈妈的爱，但有些人常却常忽视了孩子也需要向妈妈表达爱。所以，妈妈，要学着接受孩子对爱的表达。

嘉良上幼儿园中班的时候，有一次周日妈妈突然发起了高烧，家里只剩下妈妈和嘉良。嘉良先是从抽屉里翻出了退热贴，跑到妈妈身边，仔细地把退热贴贴到了妈妈的脑门上，然后又跑去厨房倒了一杯温开水给她。等爸爸回来之后，小家伙又急忙接过爸爸手里的药，打开后把白色的药片递到了她的嘴里，说道：“妈妈，你生病了，让我来照顾你！”

儿子所做的这一切，让嘉良的妈妈当时有点“受宠若惊”的感觉，她欣然接受了孩子的好意，而孩子也因为可以向妈妈表达爱而感到心满意足。孩子和妈妈之间，不只是单向的母爱的传递就够了，还需要爱的双向接力。

孩子们的爱，常常表现在细微之处，而且是直截了当的。它或许不像拿到满分、拿到奖状那样现实，但却是人生路上的丰碑，是妈妈辛苦付出后得到的最殷实的收获。尽管孩子的爱心在大人眼里显得有些幼稚可笑，但它是多么珍贵啊！

有个6岁的小女孩，有一天从外面气喘吁吁地跑回家，兴奋地冲着妈妈举起一枚银色的小金属片。女孩的妈妈很奇怪，问她这是什么？小女孩说，这是管邻居孩子借来的“银子”，是给妈妈打戒指用的，因为妈妈总是不舍得打扮自己，所以她要给妈妈添一件首饰。

遗憾的是，有些妈妈只知道为孩子奉献爱，对孩子给予自己的爱却视而不见，她们所在乎的仅仅是孩子考试的分数。这些急功近利的妈妈们，常常无意中就淡漠了孩子的爱心。有的孩子心灵的世界由爱变成恨，由荒芜变成沙漠，而妈妈们却全然不知，直到孩子变得心灰意冷，玩世不恭，不再关心别人，也不懂得爱别人时，妈妈才知道埋怨孩子为什么如此冷漠。很多妈妈总是埋怨现在的孩子冷漠，可是仔细想想，你有没有给孩子表现爱的机会呢？

真正爱孩子的妈妈，不妨在孩子面前表现得弱一点儿，给孩子一点表达爱的机会。因为，对于孩子来说，给予别人爱，别人能理解、能接受、能感悟到，比接受别人的爱更快乐。

孩子爱心是稚嫩的，你在乎它，它就会长大；你忽视它，它就会枯萎；你打击它，

它就会死去。如果你想拥有一个爱你的孩子，你一定要在乎孩子的爱心，并精心呵护、培育它，让它顺利成长。

“近邻”有着不可忽视的影响力

孟子是我国古代伟大的思想家、政治家和教育家。他幼年丧父，从小就是母亲一手抚养大的。孟母是一个有知识、有教养、很能干的女人。她为了抚养儿子，替人家洗衣服，纺线织布，省吃俭用，任劳任怨，一心想把孟子培养成人。

开始，孟子家距墓地很近，他常和邻居的孩子们一起到墓地里去看热闹，也许是看得太多了，他也和小朋友经常玩给死人送葬一类的游戏来。孟母知道这些事以后，觉得这种环境对孩子成长没有好处。于是，第二天，孟母收拾好家里的东西就搬家了。

他们母子二人搬到一个闹市附近住下来。这个市场人来车往，每天从早到晚叫卖声、吵嚷声不绝于耳。时间一长，孟子又学起那些小商小贩的吆喝声来了，孟母觉得这种环境也不利于孩子成长，便再次搬家。

这回，他们搬到一个学堂附近住下来，那些来学堂读书的人个个斯文讲礼貌，见面时或作揖或鞠躬。日子长了，孟子就照着那些读书人的样子拿书来读，和人见面时也仿照那些读书人行礼作揖，变得非常懂事有礼貌。孟母看在眼里，喜在心头，觉得这个地方对孟子的成长大有帮助，于是就一直住下。

后来，孟子博览群书，勤奋苦读，成为志向远大的学者，名扬四方。

孟母懂得孩子在成长过程中，会潜移默化地受到周围环境的影响。因此她 3 次迁家，为的是让孩子在一个良好的环境下受到一种好的熏陶。

按现在的话来说，其实她是运用了心理学上的“邻里效应”。所谓的“邻里效应”也就是指一个人的性格、品性会不自觉地被周围的环境感染和影响。

即使在人类文明高度发展的今天，人们仍然在“情不自禁”受到“邻里”的感染。就算对一个头脑冷静、自制力强的人来说，在自我控制的注意有所分散、自我控制的意志有所放松时，也可能被周围环境所感染。

在大多数情况下，邻里效应最直接的作用就是整合临近空间的人群，使人们之间的情感、行动趋向一致。但是“邻里效应”的产生是有一定条件的：相互影响的两方在社会地位、情感、态度、性格、价值观等方面有一定的相似点。比如，两个成绩相差悬殊的邻居小孩，因为在彼此身上发现了一些共同点（有共同的兴趣爱好，有共同的判断是非的标准等）而互相吸引，相互感染。而两个脾气不和，没有共同点的邻居小孩则很难产生“近邻效应”。

妈妈要学孟母，观察孩子周围环境对孩子的影响。在这个过程中，要善于强化良性“邻里效应”，鼓励孩子多结交一些好朋友，多和那些积极向上、品行良好、知识渊博的孩子来往，多去那些好邻居家串门，多接受周围环境的良性影响。

同时妈妈也要注意防止恶性“邻里效应”对孩子的影响，当孩子和一些有不良问题的孩子接触时，应该注意观察孩子对对方恶行的态度，如果孩子持反对态度，那就不要对孩子多做教导，他自己有正确的认识，妈妈的多余叮嘱有时反而会造成孩子的不耐烦和逆反心理，也许会弄巧成拙地“诱导”孩子学习不良行为，以此挑战妈妈的絮絮叨叨。

而当孩子对不良孩子的行为持赞成甚至崇拜心理时，妈妈就该多下工夫了。既要给孩子灌输正确的价值观，又不能直接批评孩子欣赏的朋友，以防伤害到孩子的感情引起孩子对妈妈的反感。

虽然说妈妈要帮助孩子避免受不良环境的影响，但并不是说妈妈要对孩子交友进行全权控制，如果剥夺了孩子的交友自主性，很可能激发孩子的叛逆，致使他们更容易受“不良环境”的影响。其实，大多数孩子有自己的认识和原则，他在生活学习中已经知道什么是好的，什么是不好的，让他自己进行判断，不仅仅对孩子是种尊重，而且也可以锻炼孩子的鉴别能力，这样也是从根本上消除孩子受恶性环境影响的可能性，因为妈妈不可能万无一失地控制住孩子身边的环境，也不能做孩子周边环境一辈子的清道夫。

孩子会因为妈妈的不良状态而“早熟”

林静今年刚刚35岁，过着一家6口人的日子，她与老公育有一儿一女。两个孩子一个上初二，一个上小学五年级，他们两个都很懂事，经常帮着爸爸妈妈做饭、做家务，以减轻家庭负担。林静还有年迈的双亲，其父患有心脏病，经常进出医院，而母亲患有高血压与糖尿病，也是常年吃药不断。她的老公39岁，在一家公司做职员，为了工作和照顾家庭，每天都很忙，常休息不够，又患慢性焦虑症。

林静为了照顾年老的双亲和教育年幼的孩子，精神压力过大，工作时间长，早出晚归，导致身心过度疲劳，晚上总是失眠，头发脱落，年纪轻轻，就长了很多白发。这样长年累月的过度劳累，使她经常感到腰酸背痛、眼睛疲劳，同时出现消化不良、记忆衰退、头晕、胸闷、脸色苍白的症状。虽然只有35岁却像50多岁的老人。

两个孩子看在眼里，痛在心里，他们虽然每天很用心地学习，很努力地做些家务，可是当看到妈妈因为家里沉重的负担，变成“老奶奶”时，心里很不是滋味。更可恶的是有些邻居小孩直接喊他们妈妈“老奶奶”，他们听后难过极了。

后来，林静在医生的指导下，尝试放松，保证自己充足的休息，降低工作量，调整心态，定时运动，使身心能愉快地承载工作负荷。她每次感到压力很大时，都会告诉自己：“我有这么可爱、懂事的两个孩子，他们帮了我很多忙，我真幸福！”每次想到这里，她倍感欣慰。就这样半年以后，她的身心得以调节过来，她变回了“年轻”的妈妈。

两个孩子看到妈妈又变回来了，他们的心情也轻松了不少。

林静因为身体、心情不佳，而导致身体也出现了一些症状。当她心情变好，压力减轻时，这些身体症状也随之减轻了。她的两个孩子看到妈妈恢复了从前的样子，自然自身情绪也轻松了不少。

恐怕我们每个人都遇到过类似林静的情况，就是心情不好的时候，身体也容易出毛病。比如心里上火、烦躁，往往会起一个火包；大考之前，偶尔会腹泻；遇上巨大灾难，会大病一场，等等。

为什么心情会影响到人的健康呢？这是因为身心是对相互影响制约的“手足”。人的生理、生化过程是物质活动，心理活动是非物质活动，这两者之间相互影响制约。身体疾患可以影响人们的心理活动，而强烈或持久的心理刺激，也会导致人的体质下降，甚至发生心理或心身疾病，如抑郁症、神经症、焦虑症、恐惧症、强迫症以及由心理因素引起的身体疾病，如哮喘、冠心病、胃溃疡等。

但情绪一方面可以导致人们身心出现一些疾病，另一方面，它也是可以治病的。据研究，好的情绪可以使生理机能健康运行，在一些身心疾病患者中，约有一半以上的人可以不用药物，而通过改善自身情绪，来调节身体机能，获得痊愈。因此，当我们出现一些身心疾病的时候，我们不仅要检查身体机能，还有从情绪方面进行审视，将致病的恶劣情绪消除在萌芽状态。这不仅是对自己负责，也是对孩子们的身心健康负责。试想，一个“药罐子”妈妈，怎么可能使孩子身心轻松地投入学习中去，怎么可能使他们心无挂念地去玩耍。这势必造就“早熟”的孩子。而“早熟”并不符合孩子心理健康成长的规律。

请不要让孩子们在本不应该负重的年龄背负过多的家庭负担，为了孩子的健康成长，妈妈也应该好好爱惜自己的身体，积极面对生活的压力与不幸，做最快乐的妈妈。

有身心症状的妈妈，不妨让音乐代替那些无休无止的肥皂剧。音乐在一定程度上能达到治愈疾病，舒缓情绪的作用。这样也能帮那些沉迷于电视的孩子摆脱电视的诱惑。同时音乐也非常有益于儿童的智力发展和心理健康。

但在选择所听的音乐时要注意：音乐中那些快的高音调会导致人紧张不安，而慢的低音调则会给人带来安详宁静的感觉，使人轻松舒畅。

因此，如果你喜欢听音乐的话，不妨根据你的心情调配一些适合当时心境的音乐。此外，给有身心疾病的患者提供几个音乐小“药丸”，对症下药即可。

高血压患者：贝多芬的《第八号钢琴奏鸣曲》。

肠胃功能失调患者：巴赫的《D小调双小提琴协奏曲》。

抑郁症患者：莫扎特的《剧场管理人》。

神经衰弱症患者：肖邦的《夜曲》。

此外，无论是你自己听音乐，还是和孩子一起听音乐，最好不要戴耳机，最好选择那些纯净、清晰、自然的纯正音乐。

妈妈的孤独情绪严重，孩子易得孤独症

五年前，白莉和丈夫离婚了，她悲痛欲绝，她恨丈夫的背信弃义。自那以后，她便陷入了一种孤独与痛苦之中。

她为了女儿考虑，没有再婚。但她经常觉得很孤独。本来以为时间长了，这些伤

痛和孤独应该会慢慢减缓消失，她也会开始新的生活。可事实并不是这样，白莉对婚姻一直都很绝望，她不相信自己还会有什么幸福的日子。她唯一的愿望就是抚养女儿，以后希望女儿嫁给个好人，过幸福的生活。

就这样，几年过去了，白莉始终没有从那场失败的婚姻中走出，她还是单身，带着一个女儿。

但这几年，女儿的变化很大，妈妈离婚的时候，她正上初三，那次痛苦的经历是可怕的阴影，始终笼罩着她的世界。她有着很强的自我防御心理，她总觉得世界上没有好男人，她比妈妈感受到的孤独更大，她从来没有感受过生活的快乐与幸福，她有时觉得全世界都在孤立她、抛弃她。

其实妈妈离异，最受伤害的人是孩子。而按照孩子的年龄段来说，上初中的孩子是最容易受到伤害的。他们在以后的日子里，往往变得性格怪异、偏执、孤独、内向甚至仇视妈妈，仇视他人。案例中，母亲的孤独情绪较为严重，可孩子则有明显的孤独症倾向。

孤独其实是人的自然本性，人既需要集体生活的欢娱，又需要偶尔的独处。但孤独也有个度，过犹不及。有些人，他们性格孤僻，不愿意和人交往，有时还会封闭自己，逃避社会。这种孤独便超过了“度”，心理学上把这种心理称为“孤独心理”。由这种心理产生的与世隔绝、孤单寂寞的情感体验，就叫做孤独感。这种过度的孤独是一种消极的情绪。

一般情况下，这种消极情绪的诱因有 4 种：一是由于自傲，认为别人都是低微平庸的，如果与这些人交往，自己就会没有“面子”，久而久之，人们自然会远离这种孤芳自赏的人；二是由于自卑，觉得自己不如别人，认为别人会因为自己的某些短处或缺陷而看不起自己，因此筑起“围城”自我封闭；三是由于愤世嫉俗，这种人处处追求完美，在他们心中，有个“理想世界”，而这种“理想世界”又与别人的现实世界格格不入。从而使得与他人缺少共同语言，内心孤独；四是曾经受到过伤害，正如文中的母女，在受到婚姻家庭伤害后，惧怕了伤害，从而在自己的世界，筑起一道围墙来保护自己。

其实孤独归根结底是当事人找到某种理由或借口将自己封闭起来，作茧自缚的原因。人都是社会动物，孤独虽然是人的本性，但是人不是天生就渴求孤独的，他需要在与人交往中找到自我和快乐，而患有孤独症的人，大都因为受到别人影响或伤害而强迫自己孤独过度，以防再次受伤，尤其是乳臭未干的孩子。他们没有形成成熟的人格，没有力量来应对外来的压力和伤害，没有能力来抵挡身边人的消极影响，所以，他们更容易陷入孤独中。

孤独虽然由多种原因引起，但是在“治疗”上却可以交叉运用几个药方，妈妈和孩子都适用以下这几个“小药方”：

处方一：感到孤独时，不妨给远方的朋友打个电话，或者约上三五个好友吃顿饭，你亲自下厨，炒上几道香喷喷的佳肴，大家开怀畅饮，自在谈心。

处方二：“忘记自己”，多为别人想想，要做一个“雪中送炭”的人。

处方三：享受孤独提供的闲暇时光。生活中有许许多多活动，都是充满了乐趣的，而孤独使你能够充分领略它的美妙之处。

处方四：在感觉孤独的时候，做自己最想做的事情。一个总是有喜欢的事情可忙的人极少会感到孤独。

处方五：忘记伤痛。忘记爱情的最好办法是开始一段新的爱情，而忘记过去的最好办法是开始一段新的旅程。对于四分五裂的家庭来说，妈妈与其和孩子一起沉浸于过去的伤痛中，不妨彼此重新开始新的生活。

帮助孩子排解孤独的重任首先落在妈妈身上，而妈妈，你自己不能比孩子还孤独，要知道，你的孤独会加深孩子的孤独，而孩子等待的是妈妈的救赎而不是加负！

小孩儿也是有性格的，不同性格需要不同教育方法

小伟的母亲属于性格外向的人，她精力充沛而富有活力，但是她的宝贝儿子却安静、严肃并且内向。小伟讨厌跟着妈妈到处串门见朋友。比如出门前妈妈会说：“儿子，今天咱们去李叔叔家，记得叫人哦。”可是到了李叔叔家，任凭妈妈在旁边怎么威逼利诱，小伟都像吃了秤砣铁了心似的就是不开口，急得妈妈差点没动手打他。

久而久之，妈妈认为小伟太内向，便给儿子报了舞蹈班，想让儿子变活泼一点。但是去了一次以后，小伟就再也不去了。母亲逼急了，往往是前脚刚把他送到少年宫，后脚老师就看不到他的人影了。打也打了、骂也骂了，小伟不但变得更加不爱说话，而且还处处躲着母亲。小伟的妈妈为此烦恼不已。

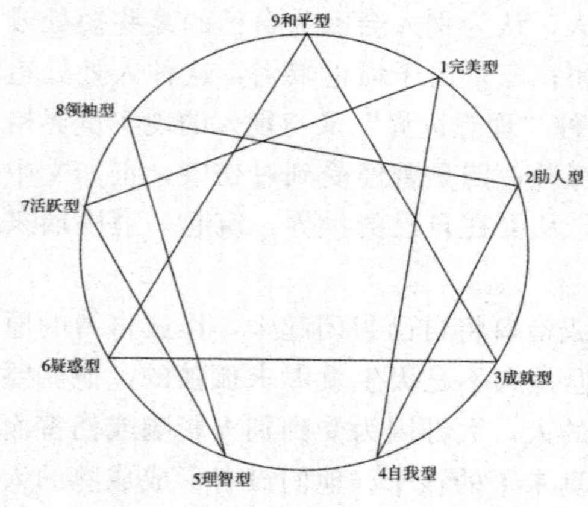

在这个世界上没有不爱孩子的妈妈，不管处于什么样情况下，妈妈总会把自己认为最好的东西给孩子。希望子女能在良好的成长环境中，形成健康的人格。但令人遗憾的是，很多妈妈并不了解孩子的性格，造成了很多误解，也让妈妈的心伤痕累累。

那么有没有一种能让妈妈轻松了解孩子性格的方法，将教育的“误伤”降到最低呢？答案是肯定的，九型人格学就是妈妈了解自己和孩子性格的途径之一。当妈妈了解了自己的性格和孩子的性格之后，就会因材施教，采用适合的方式对孩子进行成长教育。

九型人格是一种始于第三世纪的神秘远古智慧。它是一种性格分类，基本上把人的性格分成以下 9 种，这 9 种人格类型的优缺点表现如下：

分类	优点	缺点	主要表现
完美型	有条理，负责，能够自我控制，追求完美，注重细节	自我批判过度，爱钻牛角尖，苛刻	不玩稍有破损的玩具；作业字迹工整；要求自己必须考100分才能得到奖励；非常注重老师的表扬；容易内疚自责
助人型	有爱心，乐善好施，随和，善于处理人际关系	占有欲强，不懂拒绝，缺少主见爱随大流	喜欢小动物；爱帮助别人，但不考虑自己的实际能力
成就型	自信，适应力强，注意力集中，卓越，有干劲，察觉力强	自恋爱炫耀，争强好胜，逃避失败，害怕被人洞悉自己的内心	学习观察能力很强；在小朋友们面前非常注重自己的形象；爱在大人面前表现自己；喜欢出风头受到老师的关注
自我型	具有独特性、创造力强，有主见，自信	情绪变化无常，对批评过度敏感，易忧郁、妒忌	认为自己才是正确的；生活中我行我素追求独特；情绪变化很快，易激动；经常沉迷于自己的幻想当中；喜欢向老师妈妈提出奇奇怪怪的问题
理智型	遇事冷静，条理分明，观察敏锐，求知欲强，分析能力突出	沉默寡言，欠缺活力，反应缓慢，固执死板	喜欢和身边的同学保持一定的距离；不喜欢参加课外活动；对《十万个为什么》类型的书很感兴趣
疑惑型	做事谨慎负责，团体意识很强，务实，守规	不轻易相信别人，多疑虑，安于现状，缺乏创造力	对妈妈依赖性很强，不喜欢单独活动；在学校遵守校纪校规；对待学习踏实认真
活跃型	热情开朗，乐观，积极主动，具有感染力	做事欠缺耐性，易冲动，定力很差	贪玩，很容易对电子游戏机上瘾；多才多艺，喜欢带动朋友之间的气氛；不喜欢受老师妈妈的管教；学习特长时老半途而废
领袖型	果断，自信，不拘小节，独立，勇敢有闯劲	具攻击性、以自我为中心，报复心强	妈妈不让做的事情，偏要去做；爱指挥同学干这干那；经常成为班级活动的带领者
和平型	随和，接受能力强，有耐心，协调性好	做事缓慢，易懒惰、压抑，优柔寡断	怕见生人，害羞；没有爸妈的督促就完不成家庭作业；不喜欢和同学争辩，也不爱出风头

针对上述九型人格中展现出的优缺点，我们需要理解的是：每一个人由于家庭出身和成长的背景不一样，同一类型人格的人与人之间可能会有许多共同点，但是也有属于自己的东西。所以，没有哪一种类型比较好，也没有哪一种类型比较差。不应该给自己或者孩子贴上类型的标签，尤其是在教育孩子的过程中，不应该拿“类型特征”的借口来限定孩子，或者武断地认定孩子未来的发展状态。

九型人格是教育界的一大发现，它是一个工具。让妈妈更加了解自己，也更充分更科学地了解孩子的性格特征。在这个基础上采用相应的教育方式，扬长避短，最大限度地发挥出孩子自己的优势。在孩子成长的过程中，让孩子意识到自己性格中的优缺点，引导他们发扬自己的优点，完善性格中的缺点，从而走向一个理想的人生。

九型人格学说认为，人格是天生的，当孩子呱呱落地的时候，他们的人格就已经确定了。这可能是由在子宫内遇到的事件所决定的，也可能是由妈妈怀孕期间的精神状态所决定的。但是，亲子关系不能决定孩子的人格类型，但会影响孩子所属型号的健康程度。因为在孩子的成长阶段，他们将显现出大人意想不到的能力和处世方式，期间如果妈妈无意之中阻拦了他们的自然发展，孩子便会成为心灵扭曲的人或精神病患者。所以，妈妈必须观察孩子的类型，要从孩子细微的生活习惯中认真观察孩子的言行，并给予孩子人格类型准确的判断，最后以孩子所属型号的最佳发展程度来与他们相处、引导他们成长，而不是试图去改变他们。于是，当妈妈通过心理工具（如九型人格）去引导孩子发展自我时，便给孩子带来了最宝贵的礼物：情感健康的童年和更加愉快的未来。

不难看出，如果做妈妈的能够清楚了解 9 种性格各自的特点，明白是什么驱使孩子和自己产生不同的行为，如："孩子为什么喜欢安静？孩子为什么不肯开口叫人?"通过孩子的性格表露发现其内在的人格类型，完善孩子的性格也就变得非常简单了。不难看出，小伟的少言寡语，其实就是因为小伟属于九型人格中的理智型。他的思维模式和习惯决定了他沉默寡言、欠缺活力，甚至反应缓慢，所以他喜欢和陌生人保持一定的距离，不喜欢很热闹的场合。但妈妈只要仔细观察就会发现，属于这一性格类型的小伟在沉默寡言的同时，思维分析能力和求知欲会很强，而且他遇事一定能够从容不迫地应对。

当疑惑的妈妈明白了这些问题后，尊重孩子的性格类型，再加以恰当的引导，相信一切难题都能迎刃而解。

不追求完美的妈妈是最受欢迎的妈妈

有一只木车轮因为被砍下了一角而伤心郁闷，它下决心要寻找一块合适的木片重新使自己完整起来，于是离开家开始了长途跋涉。不完整的车轮走得很慢，一路上，阳光柔和，它认识了各种美丽的花朵，并与草叶间的小虫攀谈；当然也看到了许许多多的木片，但都不太合适。终于有一天，车轮发现了一块大小形状都非常合适的木片，于是马上将自己修补得完好如初。可是欣喜若狂的轮子忽然发现，自己眼前的世界变了，自己跑得那么快，根本看不清花儿美丽的笑脸，也听不到小虫善意的鸣叫。车轮停下来想了想，又把木片留在了路边，自个儿走了。

有时，失也是得，得即是失。当我们有所失落的时候，生活才更加完整。从这个故事我们也可以体会到，许多苦恼的根源来源自我们追求完美的性格，子女教育的失败也源于此。

现在的独生子女越来越多，独生子女就意味着100%的成功或失败。这就使得许多家长心态改变很大，不能再以平常心养育子女。他们不能接受孩子失败，特别是孩子的妈妈，由于受到攀比心理的影响，希望自己的孩子什么都是最好的，都是完美的。她接受不了孩子的任何失败和闪失。

其实，孩子在成长过程中遇到失败并不是一件坏事情，要多想想失败所带来的好处。以生产汽车、摩托车而闻名于世的本田公司的创办人本田宗一郎上小学时，在班里是"后进生"。无论让他做什么，总是失败，学习成绩也不理想。然而，对这段经历，本田先生本人是这样认为的："正是因为当时的失败，才培养了我能进行独立思考，具有灵活性和创造性的大脑。"他说："从别人那里学到的东西与自己经过深思苦想得来的东西相比较，其价值和应用的广泛性是大不一样的。"

另外，具有"完美"性格的母亲在潜意识中深深地浸透着一种无法驱除的"望子成龙"情结，她对孩子有一种"超值期待"。从生下孩子的那天起，妈妈就希望孩子是个天才，当孩子想做某件事情时，过高期待良好结果的她便会在事前经常对孩子说"弄错了可不行"、"别弄错了"。事实上，这样做不但没有起到鼓励的作用，反而给孩子增加了心理压力，让他们也对自己产生过高的期望，就这样，无形当中妈妈和孩子就一起陷入了完美的误区。日久天长孩子也会染上完美主义的特质，会严重影响孩子健康成长。

妈妈在教育孩子的过程中，一旦将其不健全的"完美"的性格特质传达给孩子，就意味着向孩子开启了一扇痛苦之门，带有完美主义特质的孩子，心里一定住着一位严厉的批评家，这个批评家时刻在提醒他们："失败是你自己的责任!"这让孩子的心灵备受折磨，甚至产生焦虑，不少完美型的孩子最难受的不是考试前和考试中，而是考试后的复查。这种类型的孩子记忆力普遍高于其他类型的孩子，自己做过的每道题是什么答案可以记个大概。于是估分的时候一旦发现很简单的题被自己做错了就捶胸顿足地说："怎么又少了1分!""我真笨，这么简单的题也做错!"这种懊悔的情绪一直要保持到考试成绩出来后很久才会散去。

受其家庭的影响养成完美特质的孩子，也极其容易把别人的错误拿过来折磨和惩罚自己。

小颖正在备战钢琴9级的考试，妈妈的朋友是这方面的专家，于是妈妈就把女儿送去请人家指导。结果下午小颖闷闷不乐地回来了，问其原因，说："老师不喜欢我。"

原来，那天接受指导的孩子很多，老师便让基础较好的小颖自己练习，偶尔给点意见。结果小颖看老师光顾着指导其他孩子，便认为是自己的水平不过关，把别人的错误引申为是自己不够好、不完美，从而陷入不必要的自我反省和自我否定中去。

"完美"的性格特质无端给孩子的成长增添了很多灰暗的色彩，给他们的成长经历增添了不必要的苦恼。所以为了孩子的健康成长，做妈妈的要时常回头看看自己的言行，检验一下自己是否把自己完美的追求，潜移默化地传给了孩子。一旦发现孩子有完美的倾向，要及时地给予疏导，避免孩子陷入完美的误区而不能自拔。只有妈妈及时取掉性格中"完美"的短板，孩子才会在一种正常的教养下，快乐地成长。

妈妈回答不出孩子问题的时候，切忌不懂装懂

孩子对新事物的好奇心十分强烈，尤其是到快要入学的年纪时，孩子会变成一个“十万个为什么”，遇到任何事情都喜欢问“为什么”。“为什么有的豆子是青色的，有的却是黄色的？”“为什么我早上刷牙在吃饭前，晚上刷牙在吃饭后？”“为什么妈妈穿裙子，爸爸从来不穿？”“为什么别人在看漫画，我却要在家里画画？”……妈妈一般都会不胜其烦，就算有耐心的妈妈，也未必有能力一一解答孩子的问题。当孩子提出你也不知道的问题时，怎么办？

我们总认为妈妈是神圣伟大的，如果在孩子面前暴露出无知，就会威严扫地，因此即使妈妈不知道问题的答案，也会编出一套说法，或者说“你以后就会明白了”，敷衍了事。

妈妈这样的心理虽然可以理解，但是不能提倡。其实，妈妈在孩子心中的威严并不完全建立在“博闻多识”这一条上，对事情的态度、对孩子的信任和尊重、在工作上取得的成绩、夫妻之间的评价都会影响到孩子对妈妈的认识。如果妈妈在平时的生活中很积极，面对家庭的困难也毫不气馁，对爸爸和孩子都呵护备至，常常得到邻居的称赞，那她在孩子心目中就会有很好的形象，即便遇到问题不会回答，孩子也不会因此改变对妈妈的崇拜。

另外，承认错误是一种勇气，承认自己的无知更需要勇气。当妈妈在孩子面前真实地说出自己也不知道的时候，孩子与你的距离会更近。让孩子明白世界上没有全知全能的人，即使是成年人也有很多不明白的事情，这样可以避免孩子从小过于崇拜妈妈、长大后对妈妈失望。

当然，承认自己不知道还只是回答问题的第一步，如果只说一句“我也不知道”就走人了事，会让孩子感到失望。怎么办呢？当孩子的提问兴致在没有回答的情况下大减时，妈妈不妨说：“虽然我现在不知道答案，但是我知道在哪里可以找到答案。让我们去图书馆寻求神秘的答案吧！”听到妈妈的这番话，孩子会马上兴奋起来，想去图书馆探个究竟。

陪孩子发现问题、探讨问题，答案是什么并不是最重要的，关键是让孩子练习独立思考、判断的能力，学会运用资源解决问题，这样，他才能享受明白事理的喜悦。

美国科学教育学者罗维在11岁时，跟着科学班去参观普林斯顿大学，他在喷水池前碰到物理学家爱因斯坦。

爱因斯坦伸出手指上下晃动，有好几分钟，然后转过头来问罗维：“你能这样做吗？能看出一滴滴的水珠吗？”罗维模仿爱因斯坦，伸出手指上下晃动。忽然间，喷水池的水柱似乎凝住了，成为一滴滴的小水珠。两个人站在那儿好长时间，练习频闪观察术。爱因斯坦离开时说：“千万别忘记，科学只不过是跟这差不多的探索和乐趣。”

随后将近半个世纪，罗维致力于把爱因斯坦的这句话转告给全世界的大人和儿童：“儿童本来是天生的科学家，直觉渴望研究周围的世界，你不需要许多科学术语或昂贵

的实验仪器，只要跟他们一起寻根究底就行了。”

妈妈总认为孩子什么都不懂，其实，孩子的心灵深处绝不是一片空白，尽可能地将你知道的道理用简单的话解释给孩子听，就能激发他心中的思维系统。当他有疑惑的时候，你可以告诉他：“为什么不听听老师的说法？你尽量去理解，不用着急，以后会有很多机会学习的。”这绝不是逃避责任，而是在为孩子缓解无知的焦虑。

独立解决问题的能力是拉开人与人之间的差距的重要指标，当孩子向你提出难以回答的问题时，不要回避或假装知道，尽管把真实的情况告诉他，让他学会独立解决问题，这样的他才能成长得更扎实、更健康。

孩子的破坏行为，妈妈不能一概而论

在刘老师的心理咨询室里，坐着小亮母子俩。

小亮是一个聪明伶俐，又很调皮的小家伙，讲起话来手舞足蹈，有意思极了。小家伙在咨询室里一点都不胆小，更是做出各种各样奇怪的表情，惹得刘老师哈哈大笑。

看着小亮的“表演”，妈妈觉得又好气又好笑，他说：“刘老师，我这孩子可能是有多动症吧？您瞧他这副样子，没有一刻能安静下来。我们家里所有的东西几乎都被他拆了个遍，弄得家里垃圾一大堆，简直就成了废品收购站。刚开始的时候，他只是拆拆闹钟，我们想闹钟是小东西，坏了再换一个就是了。后来，慢慢地，他变成了见什么拆什么，什么都爱问，我和他爸爸每天上班回家之后都挺累的，谁有空理他。可这小家伙的好奇心也太强了，前几天把我的电脑主机给拆了，还把一些主要零件也弄坏了，害我花了2000多块钱才修好。那次我狠狠地揍了他一顿，原以为他会改好，可是安分了几天又开始折腾了。我们这工薪家庭哪经得起他这么折腾啊。”

听完妈妈的诉说后，刘老师给小亮做了仔细的检查，排除了小亮有多动症的可能性。那小亮为什么这么爱搞破坏呢？

有很多孩子和小亮一样，常常会把家里的闹钟、收音机、电视机等拆开，想看看是什么让这些东西工作，会发出声音；有一些孩子经常扔他人的玩具、书本、笔盒、书包；还有一些孩子经常在墙壁上乱涂乱画、摔门、摔东西等。这一切都让妈妈们心焦不已。

其实，对于爱破坏东西的孩子来说，他们的心理比较复杂，有很多种类型，妈妈需要耐心、有心地去发现，不能轻易地以打骂来应对孩子的破坏。

有的孩子有很强的求知欲，他们看到闹钟能走、收音机在唱歌、电视里在播放好看的节目、电脑里有很多有趣的游戏，往往十分好奇，想了解其中的究竟。部分孩子可能愿意与妈妈共同探讨，有些孩子则愿意自己动手去弄明白。有些孩子向妈妈询问时却遭到了拒绝，就像小亮一样，于是孩子就可能选择这些在许多妈妈看来是极端破坏的行为。

在一些家庭中，孩子非常渴望得到妈妈的关爱与家庭的温暖，却由于某些原因，总是得不到满足，在这种情况下，孩子就有可能通过破坏物品来发泄心中的怒气，同时期望以此引起妈妈的重视。还有一些在专制或溺爱家庭中长大的孩子，长期受压抑或为所欲为惯了，也可能会通过摔门、摔椅子、撕衣服等破坏性行为来排解怒气。

有的孩子是因为遭到了别人的欺侮或讥笑而得不到公正的对待时，内心想反抗，又不敢付诸行动，于是就将怒气指向了物品，通过破坏物品来发泄自己心中的不满。

当发现孩子出现破坏性行为时，很多妈妈的反应首先是大怒，然后不分青红皂白地对孩子打骂一番，要知道，对孩子的这些行为，您应该做的不是惩罚，而是耐心地与孩子交流，了解孩子出现破坏性行为的深层原因。

如果孩子的破坏性行为，是出于好奇，妈妈就不应该责备孩子，以免抹杀了孩子的学习兴趣，而要与孩子进行共同商讨。可以与孩子一起订立规定，对于一些较为廉价的物品，妈妈可以提供参考书，让孩子单独进行探索；对于一些较为昂贵的物品，如电脑、电视等，妈妈可以抽出时间与孩子共同研究或是请这方面的专家与孩子共同探讨物品的内在结构，让孩子在成人的指导下进行研究。这不但可以增强孩子的兴趣，而且也可以让孩子学会适当地约束自己的行为。

对于那些通过破坏来报复、发泄内心不满的孩子，妈妈可以与孩子共同商讨解决问题的可行途径，使孩子明白破坏他人物品的报复行为不是解决问题的有效办法，从而学会采用更恰当的方式，既不破坏自己与同伴之间的关系，同时又能很好地表达自己内心的愿望。

有的孩子因爸妈未满足他的要求，他便赌气，故意损坏东西，发泄心中的愤怒。很多被溺爱的孩子常以此要挟大人，以达到个人目的。对这种故意破坏的行为，大人绝不能姑息迁就，既要严厉批评，也要让孩子对破坏物品的行为负责。例如摔坏了玩具，至少在半年内不买新玩具；砸坏了碗碟，告诉孩子两周内不买他最爱吃的冷饮，以省下购买新碗碟的钱。孩子受到一定的惩罚后，会留下深刻印象，就不敢再由着性子来了。

不做“权威妈妈”，避免孩子对妈妈产生“信仰危机”

美国人从小让孩子明白：妈妈并不是完全正确，妈妈和孩子的地位是平等的，当遇到分歧的时候双方完全可以通过讲道理的方式来说服对方。曾经有位律师到美国朋友家去帮忙照看他们3岁的儿子，那次经历让这位律师一直记忆尤新：“无论我要求他做什么事情，我自己一定要首先做到。不仅如此，我对他下的每一个命令，他都会问我‘为什么’，而我一定要给出合理的解释才行。我给他制定了一些犯错误的惩罚规则，但是这个小家伙却说，如果我犯规了，也一定要接受惩罚。所以，当他不听话拒绝睡觉的时候，我就把他关进了厕所。当他睡醒发现我还在看书，就要求把我也关进厕所，我只好‘接受处罚’，通过这样体现妈妈们在遵守规则。在美国的整个社会，妈妈和孩子之间的平等，老师和学生之间的平等，孩子们之间的平等，都是这样建立起来的。”

虽说美国和中国的国情不同，但是也反映出一个道理：不在孩子面前表现权威的妈妈才更容易获得孩子的信服。妈妈要相信自己不可能永远是正确的，也千万不要让孩子认为自己是唯一的“标准答案”。如果妈妈一味要在孩子的心目当中把自己塑造成为无所不知的权威，那将是非常危险的行为。一旦孩子发现自己崇拜的妈妈有很多的错误，就会产生幻灭感。

据了解，现在很多妈妈在不同程度上发觉，自己的语言在孩子心中已经不占分量，在孩子的眼里，妈妈显得实在是太“老土”了，什么都不懂。遇到这种情况的妈妈心里自然觉得很委屈，觉得孩子实在是不懂事，自己所做出的一切都是为了孩子，而他们却一点都不领情。但是孩子也有自己的一套理论，认为妈妈不理解他们，实在是无法沟通，干脆就谁也别理谁了。

妈妈们常常认为自己对孩子的命令就是正确的。其实，每个人都是有缺陷的，看问题的视野也容易受到经验和学识的限制，常常犯错误。既然如此，要孩子完全服从妈妈的要求，显然也并不是那样的近情理。妈妈如果习惯在孩子面前将自己塑造成一个权威形象，当孩子长大懂事之后，发现原来自己的妈妈并没有想象中的完美，也会犯错误，这样的心理反差会摧毁以往他们对妈妈的信任。

如果孩子对妈妈产生“信任危机”后，妈妈们不愿意在孩子面前失去自己的威严，不想被孩子看扁，采取一些什么办法补救好呢?

首先，和孩子像朋友一样平等对话。

很多妈妈觉得孩子的阅历浅薄，就不愿意和他们谈论正经事，这是许多妈妈的“通病”。也正是因为这个原因，许多妈妈在孩子面前会摆出一副专制的面孔，认为孩子听自己的没错，也没有什么好申辩的。很有可能就因为妈妈的专制，才让孩子越来越抵制，最后把自己封闭了起来，造成与妈妈无话可说的局面。妈妈们应该给孩子机会让他充分发表自己的观点，不要害怕输给孩子，当你“服输”的时候，也让孩子看到了你谦虚、宽容、不失尊严的一面。

其次，让孩子了解到你的苦心。

有些妈妈错误地认为要让孩子信服自己，就应该要有能耐，所以就经常在孩子面前逞能，动不动就说“我吃的盐比你吃的米还多”，希望通过这种方式威慑孩子，让孩子信服自己。实际上，一味强调自己的强悍，只会让孩子觉得自己的妈妈是铁是钢，没有烦恼，日子过得非常安逸。在这种心态下长大的孩子会觉得妈妈给自己的一切都是理所当然的，不需要领情。如果有条件的话，妈妈可以带自己的孩子到工作单位上看一看。这样孩子不仅可以体会到妈妈工作的艰辛，当他看到自己的妈妈指挥若定，把复杂繁琐的事情轻松搞定时，心里也会油然而生一种自豪感，他会为自己拥有这样的妈妈而骄傲。

再者，通过学习新的知识来提升自己。

孩子作为新生的一代，最容易接受新鲜事物，接受新知识。如果妈妈想与孩子进行更深的沟通，首先要尽量对他所接触的环境有一定的了解，这样才会有共同的话题。在这样的情况下，妈妈就有必要不断地补充新知识。如果作为妈妈对事物的认知总是停滞不前，生活在没有变化的环境里，久而久之，与子女的距离就会越来越大，产生所谓的“代沟”。长此下去，妈妈与孩子的交流只能是对牛弹琴了。

妈妈在孩子面前的威信，不是通过一味坚持所谓的“家长权威”来实现的，而是应该在与孩子的平等沟通和交流中建立的，只有孩子真正了解认可妈妈的观念和行为，他才会发自内心地信任妈妈。

孩子的破坏力很可能就是创造力

温帆是武汉科技大学电信系的大学生。在学校期间，他有4项发明获得了国家专利，“带打气筒的自行车”“可以转换多种锤头的锤子”等都是他的发明。这与他的妈妈从小就很注重培养他的创造能力有关。

在温帆很小的时候，妈妈花了两个月的工资买了一台收音机。一天妈妈下班回家，发现儿子把收音机拆了，于是便问：“你怎么把收音机拆了？”

温帆说：“阿姨在里面唱歌，我想看看阿姨在里面是怎么唱的。”妈妈一听，不仅没有生气，反而很高兴地对儿子说：“这个想法真不错！阿姨在很远很远的地方唱歌，不管在屋里、商店，还是在幼儿园，你都能听得见。这是为什么呢？得好好用你的小脑袋想想哦！”

温帆的想象力和好奇心就这样在母亲的鼓励下一点点培养起来，他对无线电、电子、电波越来越感兴趣，上大学的时候就报考了电子信息专业，想要探寻更加高深的知识。

创新活动不仅仅是一些科学家、发明家的事，它其实深入普通人的生活中。每一个孩子都可能进行创新性的活动，在他们学习、生活的各个方面也都可能迸发出创新的火花。尤其是那些爱搞破坏的孩子，创新能力不可小觑。

爱搞破坏的孩子看上去似乎有点不可救药，而实际上这是创造力萌发的一种体现。面对孩子的破坏活动，看似失去了可以估量的价值，但是换回来的是孩子一生都受用不尽的财富——思考力和创造力，从而培养出来浓厚的求知欲望。

其实，孩子爱搞“破坏”属于天性使然，是其创造力萌芽的一种体现。他们对社会中各类陌生事物充满新鲜、好奇，并且身体力行，欲用自己的双手来探索这未知世界。妈妈如果理解孩子的这种天性，加以引导、鼓励，使孩子的创造萌芽得到进一步深化，则有利于孩子的大脑发展及处理问题能力的提高，更重要的是能让孩子从小培养出一种浓厚的求知欲望，形成勇于创造的好习惯，为今后的事业道路奠定基础。

而那些被视为老实、文静、听话的乖孩子，家庭中虽少了“破坏”气氛，大人安心，但孩子的天性被抹杀了，长大后就会循规蹈矩，缺乏头脑，依赖性强，缺少创新精神，这实在不利于孩子的成长。

美国的妈妈尤其重视鼓励自己孩子的创造力，对于孩子一些“出格”的行为并不予以约束，反而支持孩子进行一些开阔思维的活动。

美国孩子特别喜欢在卧室的墙上为自己开辟一片领地：在墙上挂一个小画板；贴一些飞机、星球的图片；用艺术字写座右铭。这个天地完全由孩子进行布置设计，妈妈也鼓励孩子在这个天地里挂上他的想象画。

美国的爸爸妈妈有时会经常为孩子讲故事，不过方式方法也暗合了培养创造力的玄机：他们常常讲一段故事，然后就让孩子为所讲的故事起名字，所起的名字越多、越切题、越新颖、越奇特、越有趣越好。妈妈们认为，这些是训练孩子创造力的一种有效手段。

美国孩子在需要送别人礼物的时候，妈妈通常会鼓励孩子自己亲手制作，比如新年贺卡、祝贺节日和生日的小工艺品等。在日常的生活中，妈妈更是支持孩子做小实验、搞小制作、种花、植树、饲养小动物，甚至为孩子准备他自己专用的“家庭工具箱”。

美国的《教育文摘》曾就儿童创造力教育的问题，提出了8条对策：

1. 用儿童的读物和玩具创造一种环境，使儿童易于表达自己的思想，提出问题并可以自己找到答案。

2. 鼓励儿童自己去探索、去行动，从而树立起自己对自己负责的信心。

3. 对儿童提出的问题，即便是很荒唐的问题，也应该给予重视和鼓励。

4. 允许儿童对自己所做的事情表示后悔，鼓励他嘲笑自己所犯的错误，引导他从中吸取教训。

5. 给儿童布置一定的任务，并提出具体的要求。但完成任务的时间不能过长，应让儿童用大部分时间干自己喜欢的事情。

6. 给儿童定位高于同龄孩子所能达到的目标。

7. 面对同一个问题，可以提供多种答案，让孩子自由地挑选。

8. 对于儿童的任何想象力都要给予鼓励。

美国妈妈在培养孩子创造力方面，有着众多的心得和经验总结，值得中国妈妈学习和引用。

要想培养孩子的创造力，妈妈们首先应该做的就是保护好孩子的好奇心。面对孩子天真幼稚的行为，不能用成人的标准来判定，应发自内心地赞美孩子的创造力：“儿子真棒，我小时候可不如你。”温帆就曾经很有体会地说：“当我对一件事情感到好奇的时候，妈妈就让我多动手做实验，多观察别人的做法。看得多了，在做同样事情的时候，我就能从多方面切入，思考能不能做得更好，把它提高一个档次。于是，在发明创造时，我便不断有新想法冒出来。”随着孩子年岁的增长，在他探索这个世界上一切微小事物的时候，妈妈对他的鼓励应多于批评，孩子创造求新的脚步才会越来越快。

创新有时并不是人们想象的那么难，它往往来自于孩子小时候对最简单、最容易被忽略的事实的观察和理解，往往来自于孩子出于好奇本能的“破坏”以及“打破沙锅问到底”的探究，所以，妈妈一定要正确对待孩子的“破坏”，因为孩子的破坏力很可能就是创造力。

不要用孩子的弱去比另一个孩子的强

晓岚的妈妈和佳佳的妈妈是朋友，两家人又是邻居，所以，两个孩子从小就在一起玩，一起读书，一起上下课，形影不离，关系特别好。晓岚的成绩特别好，尤其是语文，她的作文总是全班第一，经常被老师当做范文念，而佳佳的语文却是班上倒数，她对写作文极其反感，妈妈总是抱怨佳佳的语文成绩差："天天和人家晓岚一起，怎么就一点都不像人家学习学习呢？和班里成绩最好的同学在一起，你不会觉得不好意思吗？"佳佳心里面既不服气，又觉得有点难堪。和晓岚在一起，她越来越觉得自卑，总觉得大家在看她的笑话，背地里和妈妈一样在羞辱她，慢慢地，佳佳对晓岚开始疏远了，总是一个人闷闷不乐地上课下课，放学回家也不再找晓岚玩了……

妈妈喜欢将自己孩子的弱与其他孩子的强作比较，这是种错误的教育方法，因为这极容易使孩子产生挫败感，不利于培养孩子的自信心。没有一个孩子愿意承认自己比别人差，他们希望能得到成人的肯定，他们对自己的认识也往往来自于成人的评价，而这种肯定式的评价对孩子自信心的培养亦是尤为重要的。妈妈总是强调孩子比别人差会使孩子在潜意识中自我否定，当孩子遇到困难就会恐慌、退缩，所以妈妈不正确的做法会对孩子的心理造成伤害。

有一位专家曾经谈到过这样一个奇怪的现象：有一次，几十个中国孩子与外国孩子一起进行某项测验，并且把自己的分数拿回家给妈妈看，结果中国的妈妈看了孩子的成绩之后，有80%表示"不满意"；而外国妈妈则有80%表示"很满意"。而实际上，外国孩子的成绩还不如中国孩子的成绩好。后来这位专家说，中国的妈妈总是习惯用挑剔的眼光来看待孩子，并且也用一样的眼光来看待周围的世界，而外国的妈妈则习惯用欣赏的眼光看待自己、孩子和世界。

妈妈将孩子与别的孩子作比较，是想给孩子树立个榜样，这样的家教模式在我国目前相当普遍，其实这是妈妈一种盲目的心态，一般来讲妈妈会有些不正确的认知：

1. 不了解孩子的发展动力。在孩子的成长过程中，作用于孩子心理的有外驱力和内驱力两种，外驱力来自环境，内驱力来自孩子内心深处的需求。孩子在成长的过程中固然有自己的价值观和追求目标，然而外在的压力剥夺了孩子自身的能动性，使孩子无法为自己的人生做主。

2. 妈妈往往忽略了孩子成长过程中的个性因素。每个人都是独立的个体，和其他的人没有什么太多的可比性。

3. 还有一点是妈妈一定不会意识到的，就是不同的家庭教养方式一定会培养出不同的孩子。

也许是因为很多妈妈望子成龙的心太过迫切，她们似乎容忍不了孩子暂时的落后与普通的成绩，往往把自己急躁的心情压迫在孩子身上，但是这样的做法常常会适得其反。妈妈应该感觉到自己的孩子永远是最好的、最优秀的。学会多想想孩子的优点，感谢孩子给你的生活带来了幸福和快乐，不要总是想着孩子这也不好那也不好，如果总是抱怨，对孩子而言、对妈妈而言，生活又有什么乐趣呢？调整好自己的心态，少责骂批评孩子，多给予他们一些赏识与鼓励，他们才会有信心继续向前走，最终获得精彩的人生。

每个孩子都是自然界最伟大的奇迹，以前既没有像他们一样的人，以后也不会有。由此，我们要让孩子保持自己的本色！不论好坏，你都要鼓励孩子在生命的交响乐中演奏属于自己的乐章。这是最大化孩子潜能的重要通道，也是最大化孩子自信的源泉，更是实现人生价值的必由之路。

任何一个孩子都是独立的个体，都有权力设计自己独特的人生。作为妈妈如果总是习惯拿自己的孩子和其他同龄的人相比较，不仅会让孩子失去自信心，而且还会导致他们在长大之后不敢对自己所做的决定有足够的自信，甚至不能与人自信地沟通。所以，妈妈要学会欣赏孩子，不要拿自家孩子的不足与别人的长处相比，让孩子做自己！

回答孩子的问题之前让他多思考一会

妈妈可以陪孩子发现问题、探讨问题，但是应由孩子自己解答问题，因为答案是什么不重要，重要的是，让孩子独立思考、判断的能力，他才能享受发现真理的喜悦。

水露 4 岁时，家门口新订制了一个大鱼缸。

一天午后太阳正斜照着，水露开心地向着鱼缸走去。突然，水露指着倒映在地上的彩虹说："妈妈，你看，亮亮耶！"

讲得有深度一点是说："怎么会有这种现象？"妈妈也充满疑惑地问她："真的耶，好奇怪喔，它是怎么来的？"

水露转着她的小脑袋，看着看着，然后说："是太阳公公让它亮亮的！"

妈妈问："为什么呢？"

水露说："对呀！太阳公公照到水里面，水再照到地上呀！"虽然水露不懂反射的原理，但是她已经在思考、观察并且推理，无形中已经启动了大脑的运作，为她日后培养对抽象事物的学习和观察能力做了很好的准备。

这个故事也许对妈妈们会有一些启发。妈妈们不如反思一下，每次你的孩子向你提问题时，你都是怎样应对的呢？孩子若问得多了，你有没有不耐烦的表现？也许就是你的不耐烦，你的急不可耐，磨灭了孩子的好奇心和解决问题的潜能。

其实，每个孩子都是天生的科学家，直觉渴望研究周围的世界。不要总认为孩子什么都不懂，其实，孩子的心灵深处绝对不是一片空白，不同年龄的孩子常常会向妈妈提出一串串精彩的问题。

我们在日常生活中常常看到这样的现象：有的孩子上小学时，在班上成绩很好，但是，上初中和高中后成绩下降，这种例子屡见不鲜。反之，有的孩子小学成绩不太好，进中学后成绩斐然的亦随处可见。

这是什么原因呢？

一些孩子成绩下降后，妈妈为此迷惑不解。"孩子怎么突然赶不上进度了？"这其中的奥妙，或者说，事情发生的主要原因，是小学功课比较容易，只要顺从妈妈"好好用功"，孩子就能获得好成绩。

初高中课程难度逐渐加大，需要个人思考的成分日益增多，这时是孩子本人的意志，而不是妈妈的意志，妈妈便无法再左右孩子成绩的好坏了。

这是因为单纯的死记硬背已不能解决学习中的一切问题，学科的功课越来越多地要求孩子独立思考。因而孩子对所学的课程不感兴趣，不肯动脑筋，就会学不懂、学不精，更不要谈做作业了。反之，如果孩子对新鲜事物能抱有强烈的兴趣、强烈的求知欲和好奇心，就会去自寻答案。

面对这些无休止的发问，妈妈应不失时机地帮助孩子找到比较满意的答案。培养孩子爱问的习惯，妈妈要有意识地鼓励孩子多思多问。

当孩子向我们提出问题时，应尽量让孩子自己思考，并不失时机地肯定、表扬孩子爱动脑筋的习惯。鼓励和表扬一方面满足了孩子的求知欲，另一方面更激发了孩子的好奇心。

如果孩子提出的问题较深奥，妈妈自己也弄不明白，遇到这种情况，也要正确处理，而不能打击孩子爱问的积极性。正确的做法应该是，谦虚地告诉孩子：“你提的问题真好，但这个问题我也不懂，等我查完书再回答你，或者你自己查书找答案，好吗?”

目前在家庭教育中，一些妈妈在无意中扼杀了孩子可贵的好奇心，这会直接影响到一个人创造性的形成。

保持孩子好奇心的诀窍是大人要有童心，要会换位思考。大人对孩子的好奇心不能理解，甚至不耐烦，是因为孩子问的问题，大人早就知道了，站在大人的角度，没什么可问的。

一旦妈妈发现孩子居于强烈的好奇心，建议妈妈首先要尊重孩子的好奇心，允许他提问，更要给他思考的时间。回答孩子的问题时不要敷衍孩子，要给孩子的提问以满意的回答，如果自己不懂，就带孩子一起去找答案。

妈妈要学会说这样一句话：“我真喜欢你提问题。”有时对孩子的提问，还可以不马上提供答案，而是进一步提出一个疑问和悬念，激起他更强烈的好奇心。如果妈妈一时不能提供问题的答案，但你的聆听和好奇，就能引发孩子的好奇和观察天赋。平时多指点、多给他时间思考，不要塞给他现成的答案。同时注意弹性思考。孩子跟你讨论问题时，避免脱口就说“对”或“很好”。

第九章 小心无意识间传递的错误信号

妈妈总以为孩子小，听不懂大人说的话，于是经常在孩子面前口无遮拦，总是在发现孩子被自己不良言语深深影响后才后悔不已。很多时候，后悔已经来不及了，不良思想在孩子心中已经根深蒂固。所以，与其将来后悔，不如事先提高警惕，注意在孩子面前的言行。

别让别人用你的东西——分享是一种损失

杨浩升初中了，考上的是一所寄宿制重点中学，周一到周六都在学校学习生活，只有周日才能回家，为了方便孩子与家里面联系，妈妈给他配了手机。开学的前一天晚上，妈妈嘱咐道："浩浩，别让同学用你的手机哦！省得人家占你便宜，用你的手机打长途之类的。妈妈每月只帮你交20元话费，千万别让别人花完了啊！"

期中考试以后，学校召开了第一次家长会，老师对杨浩妈妈说，这孩子适应能力不太好，与同学们相处关系不是很好，希望妈妈回去帮助孩子解决一下问题。妈妈问杨浩为什么和同学相处不好，孩子说："我不喜欢和他们一起，不喜欢他们有时借用我的手机，或者是文具、生活用品，反正我就是不想借给他们，他们现在就不理我了。"妈妈瞬间开始后悔了，是不是自己当初对孩子叮嘱不要让别人用手机，导致他现在变得这么自私呢？

很多妈妈舍不得让别人的孩子用自家的电脑，舍不得让孩子把好东西拿出来分享。这样的暗示，只会让孩子认为：分享是一种损失。于是无形中把孩子培养成一个自私自利的人。很多人抱怨现在的孩子自私，不懂得分享，其实，这不是孩子的错，是妈妈教育的错。

分享快乐，快乐就加倍；分享痛苦，痛苦就减轻。分享是现代社会的合作基础，在现在的社会，用一句通俗的话来讲，只有懂得往别人碗里夹菜的人，才能吃饱饭。懂得分享的人，才有人愿意帮助他、回报他，这样的人也许本身不优秀，但是他会有很多优秀的朋友帮助他提升自己。相反，一个自私自利的人，只会招人厌恶。

所以，妈妈要教育孩子懂得分享，这是他立足社会的根本。然而，有些妈妈认为，分享有选择性，只有自己不喜欢的，或者是不贵重的东西，才应该拿出来分享。这种狭隘的分享，并不是真正的分享，仍然是对孩子的一种误导。其实，越是贵重的东西，越是需要和别人分享，越是别人没有的时候，分享显得越是珍贵。在现代社会，只有"土财主"才会觉得自己的东西很珍贵，舍不得与人分享一下。10年前，有一部手机还是身份的象征，现在谁都有手机了；5 年前，家里有一台台式电脑也是了不起的事情，但是现在，大学生人人都有笔记本电脑。尤其是在中国，新事物的普及速度快得惊人，旧的东西不断被淘汰掉，数码相机、出国游都不是什么特别了不起的事情了。如果一时舍不得，等到人人都有了，也没有谁再觉得希奇了。

学会分享，懂得感谢，这是成功人士的共同特征。妈妈想把孩子教育成功，就得教孩子学会分享，这个前提就是妈妈自己要会分享。妈妈们将自己的工作经验与同事分享，将自家的特产拿给邻居，这些都是在告诉孩子们，要如何做人、如何做事。孩子会从你的一言一行中学会如何分享，正如从“别让别人用你的东西”中学会自私一样。

下次再去吧——拖拖拉拉没问题

妈妈下班回到家，躺在沙发上一边看电视，一边跟朋友打电话。“我现在很忙，没有时间，下次再去吧!”妈妈挂断电话以后，坐在旁边的孩子问她：“妈妈，你明明有时间，为什么不去呢?”“反正以后有的是时间，下次再去也无所谓啊!”“那我不想现在就写作业，想晚上再写行吗?”妈妈一听，表情严厉起来了：“你这个孩子真是懒，明明现在就有时间，你为什么要拖拖拉拉不完成作业?”“妈妈你还不是一样，你明明有时间，却不和阿姨出去办事情，为什么你可以而我就不可以?”孩子的回答让妈妈一时语塞，面露愧色。

妈妈们都知道，拖延是一个坏毛病，她们非常反感孩子做作业拖拖拉拉、做事情敷衍了事。但是，很多妈妈在生活中自己也总犯拖拉的毛病。有时候单位临时安排一个任务要加班，有时候突然遇到老朋友要叙旧，有时候碰上亲人朋友生病要去照顾，生活中的各种意外使很多事情都被忘了，或者只能被拖延。由于客观因素而导致的拖延，还能被谅解，而由于主观懒惰因素影响的拖延，就是一种大毛病了。

现代社会高度分工，要求每一个人能在规定时间里完成任务。拖延就是最大限制，所以，妈妈要从小培养孩子讲效率、不拖拉的做事风格，首先，就需要妈妈在孩子面前做好榜样。如果妈妈自己经常拖延，就是在暗示孩子，拖延并没有什么了不起的。妈妈们不要在孩子面前办事拖拉，也不要在他们面前宣传自己如何按时完成了任务，要让他们知道，守时、守信是本来就应该做的事情。

孩子的世界是很单纯的，大人们做的事情，他也会学着做；或者同学们都做的事情，他也就跟着做。如果他的妈妈是按照计划来做事情的，从来不今天推到明天、这周推到下周，他自然就会学习。如果他在学习的过程遇到困难，他就会思考：为什么妈妈可以做到而我却做不到。这时候他就会约束自己，安排时间，慎重地给出承诺，这些是连妈妈都要学习和练习的。

现在有的妈妈说教无力，最关键的原因，就是因为妈妈只要求了孩子，却没有要求自己，“只许州官放火，不许百姓点灯”的政策是行不通的，妈妈们说的是一套，做的又是一套，哪里有说服力。

有这样一个家庭，妈妈是一名歌唱家，爸爸是舞台效果的设计师。这家的孩子从来不会把自己袜子留到第二天洗，他当天换了，就用肥皂自己洗干净晾起来，作业从来不拖拉，也不着急赶完，每天安排好学习的时间，完成了任务之后就跟着妈妈学钢琴。

这家的父母都有自己的时间表，类似于台历，放在客厅里。孩子能从这张时间表上知道父母正在做什么，他们去了哪里，什么时候回来，有哪些约会。有时候他还会提醒父母不要忘了重要的活动。当老师请他向同学们介绍学习的经验时，他说，他的父母们从来不把该做的事情留到明天。

时间对每个人来说都是非常珍贵的，孩子学习的时间、玩耍的时间都是转瞬即逝的，在今后的人生中，他们面临的机会同样是转瞬即逝的，不拖拉是抓住机会最起码的要求，而培养这种好习惯的首要条件，就是妈妈用行动去影响他。

太难了，算了——遇到困难就放弃吧

前一阵，兴起一股绣十字绣的浪潮，很多妈妈在下班时候都兴致勃勃地绣，莎枝的妈妈看见其他妈妈绣出来的手工艺品挂在家里熠熠生辉，于是心里痒痒，就去买了一幅稍微简单一点的来学。其实，绣过十字绣的人都知道，十字绣看似复杂，但其实非常简单，只要人会穿针引线，就应该会绣十字绣。可是，莎枝的妈妈十分没有耐心，心情又很浮躁，看了看图纸上的图像就说自己的眼睛花了，看不清；随便绣几排以后，就懒散地说太难了，不干了！于是，这一副刚买来不久的未完工的十字绣就被妈妈扔下了。

这个小问题背后反映出了妈妈教育的大问题，随便说出“太难了，算了”的妈妈，会暗示孩子遇到困难就放弃吧，没有什么大不了的。这对于孩子的教育来说，是多么深刻的伤害啊！

孩子学东西都是一点一滴积累的，他们肯定会在学习的过程中遇到很多问题，慢慢解决，慢慢进步。有时候遇到一个超出他本人能力的难题时，他会怎么做呢？是放弃还是继续努力？这就要看妈妈平时是怎样做的了。

其实，妈妈在生活中有很多示范放弃的行为，比如，自己不读书，认为自己已经读不懂书了；老是说自己健忘，年纪大了记不住事情；把很多问题都归因于自己小时候环境不好，没有机会学习；说孩子们学的东西太难了，自己不能辅导了；抱怨工作上的不顺利，说别人的风凉话；教育孩子的时候动不动就责骂，甚至动手打人，等等。这些行为都是在为自己的放弃找借口，当然孩子也学会了这一招。

所以，想教育孩子坚持不放弃，妈妈自己不能轻言放弃，用你自身的行为告诉孩子，不管结果怎样，坚持就是胜利。

另外，妈妈还要认识到，培养幼儿坚持不懈的意志品质应从小做起，不要以为孩子小的时候没有坚持性，研究表明，2～3 岁的幼儿就出现了坚持性，但总体上，3 岁左右的幼儿坚持性发展水平是很低的，3 岁前幼儿往往很容易放弃有难度的活动。4～5

岁的幼儿坚持性水平获得了很大的发展，更愿意坚持做好每一项活动。所以，妈妈在为孩子制定目的、任务时，应尽量与孩子的实际活动能力相适宜，并与孩子的身心发展相一致。如果妈妈制定的目的、任务低于或高于孩子实际所能承受的能力和范围，均不利于孩子坚持不懈品德的形成和孩子可贵毅力的培养，都会影响孩子好习惯的养成。

既然孩子从小就有坚持性，他自然从小也就能听懂坚持的道理，所以，妈妈应经常告诉孩子，坚持就是胜利，坚持就能成功。妈妈要严格要求并督促孩子将每一件事情做完，不要一时心软或是放纵，导致孩子认为放弃也没有什么大不了。而当孩子形成坚持做事的习惯时，妈妈应给予及时鼓励。

最后，锻炼孩子坚持不放弃的意志，是一个长期的、循序渐进的过程，妈妈要有决心和恒心，并把这份决心和恒心传递给孩子。

再有几年就熬出头了——孩子是妈妈的负担

小雅的妈妈和小城的妈妈是高中同学，两人在一次同学聚会上见到了，就聊起孩子来。小雅妈妈问：“你儿子现在上高中了吧?”“对，今年读高一，快了，再有两年就熬出头了！等他一上大学我的任务就完成了，那时就轻松省心多了！”小城妈妈回答道。“你是快解放了，我就没你那么好了，我孩子才上初二，真不知道啥时候才能熬出头！”

生活中有很多妈妈会说这样的话，把教养孩子说成是一种煎熬，甚至有的时候当着孩子的面说。这在孩子心中，会形成这样一个意识：孩子是个沉重的负担，妈妈要时时刻刻为这个负担操心，这样的想法不断得到强化，最后就会根植在孩子意识深处，让孩子充满负罪感。同时，这也可能会传递给孩子这样一个概念：妈妈并不爱我，只是为了完成任务，她正等着把我赶紧养大，赶紧完成任务呢！

妈妈其实都是爱孩子，没有妈妈真心把孩子当成负担，然而，妈妈说出这样的话，只会增加孩子的不安全感和愧疚感，他们无法分辨你是否真心爱她，于是心生不安，闷闷不乐。另一方面，孩子非常相信妈妈说的话，容易把自己当成负担，于是便迫切地想逃离。

“爸爸妈妈一点都不爱我，我想离开家，离得远远的！这样他们就看不见我了，也就不会嫌我累赘了！”

“填志愿那天，我偷偷地改了志愿，我才不想去那个学校呢。他们不是希望熬出头吗，那我就索性走得远远的，这样他们就会眼不见为净了！”

当我们听到很多孩子这样的心声时，很多妈妈感到意外吃惊，甚至愤怒、心寒，自己辛辛苦苦地把孩子拉扯大，得到的却是这样的结果，其实，这不是孩子没良心，而是你的言行向他传递了一种观念，那就是：妈妈希望他们赶紧离开，妈妈迫切想要完成任务。

所以，责怪孩子之前，妈妈是否应该反思一下自己的言行。反思一下你自己对教育孩子的认识。

教育孩子的确是一件很辛苦的事情，需要每一位妈妈投入全部精力，参与到对孩子的教育中，但只要你用心体会，你会发现这也是一件快乐的、值得享受的事情。

孩子是你的宝贝，从一个娇弱的婴儿成长壮大，你看了生命的延续，你看到了他的变化，这是一个奇妙的过程，而这个过程，除了妈妈，任何人都无法代替。比起教育中的辛苦，这些是不是更让人欣慰？

孩子终会有振翅高飞的那一天，等到了那一天，孩子再也不会像小时那样依偎在你的身边，他们有他们的事业和家庭，他们有了自己的世界，那时，你是真正的“熬出头”了，但也失去了和孩子相处时的快乐。

我们经常在电视广告上看到这样的镜头，那就是老母亲做了满桌的饭菜等着儿女归来，可饭菜凉了，儿女还是没有来，最后一个人落寞地待在空荡荡的家里。还有的父母，孩子在家里一直反复唠叨，可一旦孩子走了又忍不住抹眼泪，一次又一次地数着孩子再次归来的日子。

有的妈妈就很明智，她们也有着各种各样的压力，但在她们的眼里，孩子带来的负担再重，也是甜蜜的，于是，她们从不对孩子说“熬出头”这样的话，相反，她们总是告诉孩子，孩子带给她们的快乐和享受，是谁也无法替代的。

所以，妈妈们不要让孩子觉得自己是妈妈的负担，爱他就要让他知道，妈妈是全心全意爱她的，无论养育孩子是多么辛苦的过程，妈妈永远心甘情愿、乐此不疲。

花钱读书是浪费——知识不值钱

佼佼今年上六年级了，由于升学压力比较大，老师提议让孩子们每天放学后补上1节课，周末也补半天课，因为是老师用业余时间来给孩子补课，所以要向孩子每月收取100元的补课费。佼佼回家问妈妈要补课费，妈妈没好气地说：“不是教了那么多学费吗？怎么又要交钱？”“老师说，这是补课，就得要另外交钱，不然不能补课。”孩子解释道。“那就不要补了，补了也没什么用，白白浪费钱！钱留着还可以给你买很多好吃的呢！”

有的妈妈为了孩子多学习，恨不得让孩子全天都上补习班，花再多钱也在所不辞，这种妈妈给孩子过大压力，对孩子的成长极为不利。而相反地，有些妈妈对孩子的教育很吝啬，多买几本辅导书、多上几节补习课，都像是要妈妈的命。这种妈妈对孩子形成不良的暗示，让孩子觉得花钱读书是浪费，知识并不值钱，这对孩子也是一种伤害，对孩子的前途也是一种打击和妨碍。

知识时代，最值钱的自然是知识，对知识的投资会有源源不断的收益。妈妈如果鼠目寸光，不对孩子的教育进行合理的投资，无疑失去了获得丰厚回报的机会。并且，如果妈妈不舍得投资孩子的教育，孩子怎么会有精彩的人生，爱孩子又从何说起？

其实小到孩子，大到企业、大到国家，都需要投资。世界500强企业为什么那么引人注目？其中重要的一条，就是人家注重投资和培训。

IBM向来以“魔鬼”训练著称，有人曾称IBM的新员工培训是“魔鬼训练营”，因为培训过程非常艰辛。除行政管理类人员只有为期两周的培训外，IBM所有销售、市场和服务部门的员工全部要经过3个月的“魔鬼”训练，这期间，10多种考试像跨栏一样需要新员工跨越，包括做讲演、笔试产品性能、练习扮演客户和销售市场角色等。全部考试合格，才可成为IBM的一名新员工，有自己正式的职务和责任。之后，负责市场和服务部门的人员还要接受6～9个月的业务学习。

还有微软。进入微软公司的第一步是接受为期1个月的封闭式培训，培训的目的是把新人转化为真正的微软员工。光是关于如何接电话，微软就有一套手册，技术支持人员拿起电话，第一句话肯定是：“你好，微软公司！”

微软还很重视对员工进行技术培训。新员工进入公司之后，除了进行语言、礼仪等方面的培训之外，技术培训也是必不可少的。微软内部实行“终身师傅制”，新员工一进门就会有一个师傅来带。此外，新员工还可以有3个月的集中培训。平时，微软也会给每位员工提供许多充电的机会：表现优异的员工可以去参加美国一年一度的技术大会；每月都有高级专家讲课，公司每星期都会安排内部技术交流会。在这里，除了技术培训，微软还提供诸如如何做演讲、如何管理时间、沟通技巧等各种职业培训。

另外，还有西门子、英特尔、宝洁、索尼、UPS……无论哪一个企业都是注重投资和培训的，而这些举措无疑是促使企业长久发展的关键力量。

企业需要投资，需要用心经营，我们的教育业也需要如此。一个企业最大的风险是未受过培训的员工，而一个家庭最大的危险就是没有投资教育的意识。所以，妈妈要对孩子的教育有正确的投资意识，记住“舍不得孩子套不住狼，舍不得投资养不出好儿郎”。

他打了你，你怎么不去打他——暴力要靠暴力来解决

小凯刚上幼儿园的时候，有一天回来时脸上多了个包，妈妈赶紧问他怎么回事。“小文用手打的?”“天啊！这个小孩怎么这么暴力，他为什么打你呢?”“我们玩游戏的时候两人都要拿一个机器人，他抢不过我，就打了我一拳把机器人抢走了。”“那你怎么不打他呢?”“我告老师去了，老师说有人打你就告老师。”“你这个小笨蛋，他打了你，你怎么不去打他呢? 记住，以后，人家打你你就要打回去，千万不能在外面受欺负!”此后，在妈妈的教导下，小凯确实不再受欺负了，他不但会还手，还渐渐喜欢上了打人，现在他成为了幼儿园里的“老大”，动不动就用武力威胁其他小朋友，老师对他感到十分头痛。

孩子都是家里的宝贝，妈妈自己都舍不得打他，自然更舍不得孩子在外面受欺负，于是，妈妈们就教育孩子在外面要强悍。其实妈妈的用意只是希望孩子不要被欺负，殊不知却把孩子教唆成为欺负别人的人。

也许是如今社会进入了竞争时代，孩子的妈妈也与时俱进，不再讲究“温良恭俭让”了。甚至有些妈妈把敢不敢与人对打看做孩子有没有竞争意识了。在她们看来，

太老实了容易受人欺负，一定要以其人之道还治其人之身！但是，照这样的逻辑引申下去可就不妙了：别人打你，你就打别人；别人不讲理，你就不讲理；别人偷你自行车，你就偷别人自行车；别人腐败，你就腐败……如此一来，孩子将会形成多么不良的价值观啊！一旦孩子变成一个暴力、自私、斤斤计较的人，那他的人格魅力从何而来呢？他在社会上又怎么立足呢？

其实说出这句话的妈妈，也不全是暴力的妈妈，她们自己也不一定崇尚以暴制暴，只是因为过度担心孩子受伤害，才出此下策。这样的妈妈应该知道，孩子的这种所谓的暴力行为，根本就不是侵害性的。小朋友打人，也许并不是真的要攻击人，可能是想引起对方的注意，还可能是他喜欢对方的一种方式，而且后果也不会很严重，我们大人不要刻意强化这种行为，如果你过度夸张暴力的后果，会使孩子对暴力产生恐惧，或者是产生崇尚之情，这对孩子来说都是不好的。

当孩子受到欺负的时候，妈妈要做的首先是安抚孩子的心灵，然后是询问孩子前因后果，客观分析双方的错误，然后可以通过老师和对方孩子的家长来解决问题，以达到既不伤害两个小孩，又对孩子进行正确价值观教育的作用。告诉孩子，暴力是解决不了问题的。要学会用时间来淡化冲突，用正确的方法来解决问题。

你滚吧，想去哪里就去哪里——妈妈一点也不在乎我

期末成绩出来了，晓红这学期成绩下降了很多，妈妈很生气，凶狠狠地对她说："你还好意思拿着成绩单回来啊！叫你少看点电视你不听，现在成绩这么差，你好受了吧？""我又不是故意考不好的，我是……""你当然不是故意的啊，你就是现在成绩不好，才考得差的，别找什么借口了！"孩子话还在嘴边，妈妈就打断了她的话。"你就是从来都不相信我，专门故意误解我的意思，你就是对我不好！""你说什么？你这孩子怎么这样了？我让你吃好的穿好的，花那么多钱供你上学，你居然说我对你不好，你还有没有良心啊？""本来就是，你从来都不关心我心里想什么，总是这样骂我，谁家的妈妈这样啊？""好啊，那你去找别的妈妈啊，你滚吧，想去哪里就去哪里，快点滚！"晓红生气极了，当真跑了出去，在街头流浪了两天，直到爸爸妈妈找到她，把她带回家来。

生活中，孩子离家出走的事件屡有发生。许多情况下，孩子是被妈妈的话逼出家门的。"你滚吧，想去哪里去哪里"这句气话有惊人的杀伤力，往往把孩子逼出家门，而且在心灵里留下永久的伤痕。

其实，妈妈说出这句最后通牒式的话来，无非是想逼迫孩子就范，或者是想以它来结束这场口舌之争，当然这话并不是当真的，然而这对孩子来说确实是巨大的伤害和侮辱。它会让孩子认为妈妈一点也不在乎自己，随随便便让自己走就是因为自己一点也不重要，所以，不少任性要强的孩子，因为忍受不了妈妈的嘲弄逼迫而离家出走。他当然不想离家出走，可一旦就此低头，便会显出自己的软弱，难道就这样屈辱地留在家里？那还有什么自尊可言？所以，他当然要逞一回英雄，"走就走"，就这样真的

离家出走了。就算孩子没有出走，也会在心里一直记得这个伤痛，从此，他就有个不安感和对妈妈的防备，认为妈妈还会不要自己。同时，也会埋下孩子反感妈妈、叛逆妈妈的种子，既然妈妈这么不在乎我，我何必要那么听她话，既然妈妈不喜欢我，我也不要那么喜欢她！

所以，无论孩子最后离家出走与否，这句话都伤透了孩子，妈妈千万不要逞一时口舌之快，而造成对孩子永久的伤害啊！

因此在任何情况下，妈妈都不应该用这句话来要挟子女，迫其改过。孩子有错，应该明确指出，即使在批评孩子的时候，也应该让他感受到妈妈的慈爱和深情的关切，从而产生自强、自信、向上的力量。否则，即使孩子一时屈服了，也于事无补。

你出去玩，我们大人要说事情——我好像不是家里的一分子

英英正在和妈妈玩办家家酒的游戏，妈妈装成一个感冒的病人，来找英英小医生看病，英英有模有样地给妈妈量体温、打针、喂药，玩得不亦乐乎。正在这时候，爸爸回来了，他跟英英匆匆打了个招呼便对她说道："你出去玩，我和妈妈有话要说。""不嘛，你们说你们的，我自己在这里玩。"英英嘟着小嘴，不愿意走。"不行，我们大人说话小孩子不能听，你赶紧出去吧，待会说完了你再进来玩儿！"英英百般无奈地走了，玩的兴致也被打断了。

有很多大人总是在准备谈话的时候，看到孩子在旁边，就会说："你出去玩，我们大人要说事情……"这种做法是最不明智的，这会使孩子对家长产生距离感和不信任感，他觉得自己好像不是家里的一分子，爸爸妈妈并不相信他，并不是最爱他，所以，他会因为失落和不安而对爸爸妈妈产生不信任感，他会觉得爸爸妈妈不愿意告诉自己他们的事，那他也不愿意告诉他们自己的事。于是，家长和孩子的代沟就加深了。

所以，很多人觉得不了解自己的孩子，不知道他们整天在想什么。同样，也有很多孩子不明白家长在想什么，甚至不知道家长除了居家生活之外，还有其他别的生活。家长与孩子在彼此的眼中都是"纸片人"——单薄、单调，但事实并非如此。

父亲是银行办事员，家里算得上县里面殷实的人家了。他有一个女儿，一直不怎么娇惯她，后来女儿从同学那里听说，自己家是班上最有钱的，所以觉得很奇怪，回家就问爸爸是不是真的。爸爸说不是，女儿很疑惑。

后来读高中的时候，她又从同学那里听说自己的爸爸犯事儿了，回家看出来父母有点异样，她就等着谁来解释一下到底是怎么回事，但没有人给她解释。最后她问起来，妈妈说没有这回事，其实，他们家那时候已经出现危机了。

大学毕业后，这个女孩才知道以前发生的事情，她非常怨恨自己的父母，因为她知道得太迟了。"也许当时我知道的话，并不能帮家里做点什么，但是那样我感觉好受一些，我觉得自己和家人在一起。"

也许很多妈妈觉得不让孩子参与到大人的烦心事中，是对孩子的保护，但其实，

孩子最想要的就是成为家里一份子的安全感，妈妈如果不想让孩子知道，完全可以用别的理由来支走孩子，或者，挑一个孩子不在场的时间说。这样明显地提醒孩子出去，反而激起了他的好奇心，也让他觉得，自己被排除在外了。

家人之间最重要的是分享，分享快乐，也分享痛苦。如果一个人觉得自己是被排除在家庭之外的，他就会感到孤独、不被关爱，并且形成多虑的性格。当孩子的心灵感到孤单和被冷落，之后做什么都不能挽救当时的伤害了。

妈妈求求你了——我是妈妈的老大

今天依依妈妈带着她去参加婚宴，开饭后，小依依还是到处跑来跑去，不愿意坐着吃饭，妈妈先是强制把她按在凳子上，给她夹菜让她吃，她看都不看一眼，尽想着怎么跑出去玩，妈妈只有把饭喂到她嘴边，她实在没办法了，就把饭吞到嘴里，但是却不往下咽，妈妈给她再喂饭时，她就说还有呢！趁着妈妈不注意，依依一溜烟跑了。妈妈真是又生气又觉得丢脸，于是赶紧去追依依，怕她丢了。“依依，乖，听话，跟妈妈回去吃饭好吗?”“不好，我现在不想吃饭。”“不吃饭怎么能行呢？有你最爱吃的小鸡呢，不吃就被别人吃了哦!”“吃就吃吧，反正我不吃。”“你这孩子怎么这样，不吃饭怎么能行！赶紧跟我回去吃饭!”妈妈看利诱是无效了，就试图用威逼。可是小家伙还是不买账，“我就不去就不去!”“好宝贝，妈妈求求你了，给妈妈个面子，去好好坐着，等着妈妈吃完饭再来玩好吗?”依依见不用吃饭了，而且妈妈已经屈服了，就给了妈妈这个面子，回去坐好吃饭了。

这场母女之战看似是妈妈胜利了，说服了孩子回去吃饭，但其实胜利的是依依，她赢得了妈妈的妥协和屈服。妈妈输就输在“妈妈求你了”这句话上。

“妈妈求你了”表示什么意思？它表达的含意是妈妈已经无计可施了，妈妈拿她没办法了，妈妈开始妥协了。

当一位妈妈向孩子发出这样的信号的时候，妈妈的威信就受到影响了，孩子会觉得妈妈也要求我，我才是家里的老大！这就可能造成孩子经常会为了逼妈妈说出“妈妈求你了”这句话而故意为难妈妈，以此来确保自己的老大地位，久而久之，妈妈的话对孩子变成耳边风，没有效用，甚至连“妈妈求你了”也会没有效用。到时候，妈妈想要教育孩子就难上加难了。

当然，“妈妈求你了”除了有很多不良影响，也还是会起到一些效果。一些孩子也许会马上停止任性，但是不久就会故伎重演。另外，一些孩子看似听了妈妈的话，可这真是因为他们听吗？还是他们觉得这样子很累了，玩够了呢？而有一些孩子，当他们接收到家长妥协的信息时更是会得寸进尺，更加的不可理喻。

所以，“妈妈求你了”是妈妈不能轻易用的一句话。妈妈最好不要用央求的语调同孩子说话，最好还是采用适当的语言、适当的表情、适当的手势给孩子讲道理，让他们主动停止胡闹行为。既保全了妈妈的威信，又正确地教育了孩子。

你不会，我来帮你——我很笨，我不行

刚刚今年 4 岁了，念幼儿园中班，在班上他的个头算是最高的，但是他却一直畏畏缩缩的。连自己穿衣穿鞋他都不会，什么事都等着老师来帮忙。老师对他说：“刚刚，你看其他小朋友都学着自己穿衣穿鞋了，你也自己学学好吗?”“我妈妈说我不会，都是她来帮我穿的。”

妈妈总是对孩子不放心，怕孩子出意外，她们常常对孩子说：“别乱动，我来帮你弄”或者“我来拿吧，你会打坏这只杯子”“我来帮你叠被子，你去玩吧”，等等。妈妈当然是好心，这么做是想保护自己的孩子。但是，诸如此类的警告反而更容易让孩子遭遇挫折。也许，就是因为妈妈的一句“你不会，我来帮你”，阻碍了孩子自己学习、尝试的机会，无意中给孩子发出了“我很笨，我不行”的信号，暗示了妈妈对孩子的不信任，也暗示了孩子很笨拙，对于一个正在努力走向独立的孩子来说，这样的信息无疑是一个沉重的打击。容易挫伤孩子的积极性，致使孩子心生自卑感和挫败感，以后再也不敢轻易尝试自己做事，对妈妈更加依赖。所以，妈妈的关心，反而成为绑住孩子成长的镣铐。

妈妈们不如暂时把“不行”放在一边，想想看，你为什么对孩子说不行？你是担心孩子受伤吃苦，还是根据经验判断孩子能力真的不行？是否存在“行”的可能性？要知道，人往往容易在心里设置障碍，所以，妈妈自然地认为孩子做不到，其实，只要解除了这个心理障碍，“行”并不是那么难，“奇迹”也可以出现。

孩子犹如一棵小树，想让他根深叶茂，成为栋梁之才，就不能在他成长初期告诉他这也不行那也不行，这无疑是一种变相的心理打压，在这样的打压之下，虽然树也长高了，叶子也绿了，但是，失去了小树应该有的蓬勃向上的气势。失去了自信，又怎能昂首挺胸、登高望远？不是小树不愿意如此，而是他失去了这种精神、这种抱负，因为他“不行”!

不要再给孩子局限，让孩子形成“我什么都不行”的思维定式，要知道，任何人都具有无尽的潜能可待挖掘，所以，让孩子从妈妈一味灌输的“不行”中解放出来，从一个满是自卑的世界走出来，告诉他，没有不行!

所以，妈妈更好的说法也许是：“出去玩之前一定记得把鞋带系好”“小心一点”“把杯子拿稳”，等等。这样你强调的是鞋带、是小心、是杯子，而不是孩子的笨拙，你表达的是对孩子的信任而不是怀疑，孩子就会觉得自己行，就会走得更好更远!

第十章　妈妈应该学习的十大权威教育方法

每个妈妈都有自己教育孩子的方法，但是都有利有弊。所以，妈妈可以多参考一些权威的教育方法，吸收其精华，找到适合自己孩子的教育方法。

卡尔·威特：全能教育法

把一个出生后被认为有些先天不足、痴呆的婴儿呕心沥血地培养成了一位举世瞩目的“神童”，这不能不说是教育史上的奇迹。创造这个奇迹的人就是老卡尔·威特。

1800年7月，在德国一个叫做哈萨克勒洛赫的小村庄，一个孱弱的小生命哭叫着诞生了。老来得子，本当欣喜若狂，可面对着一生下来就四肢抽搐、呼吸急促的儿子，孩子的父亲老威特却抑制不住地悲伤起来，很明显，这是一个先天不足的孩子。

面对着邻居们的议论和妻子的绝望，老威特渐渐镇定下来，在给堂弟的一封信中，他这样写道：“我52岁才得到一个儿子，怎么会不爱他呢？我要用我以为正确的方法去爱他。我已经制订出周密而严格的教育方案。现在儿子看起来虽然毫无出色之处，但我必将他培养成非凡的人。”

老威特在信中说到的他以为正确的方式，便是早期全能教育法。运用这套方法，老威特培养出了19世纪德国的一个著名的天才。卡尔·威特八九岁时就能自由运用德语、法语、意大利语、拉丁语、英语和希腊语这6国语言；并且通晓动物学、植物学、物理学、化学，尤其擅长数学；9岁时他进入了哥廷根大学；年仅14岁就被授予哲学博士学位；16岁获得法学博士学位，并被任命为柏林大学的法学教授；23岁他发表《但丁的误解》一书，成为研究但丁的权威。与那些过早失去后劲的神童们不同，卡尔·威特一生都在德国的著名大学里授学，在有口皆碑的赞扬声中一直讲到1883年逝世为止。

卡尔·威特的成才在当地引起了巨大的轰动，随后，老威特将卡尔长到14岁以前的教育写成了一本书，这就是《卡尔·威特的教育》。书中详细地记载了卡尔·威特的成长过程，以及自己教子的心得和独辟蹊径的教育方法。

老威特教育理论的核心是：孩子成为天才还是庸才，不是决定于天赋的多少，而是决定于出生后的早期教育；教育孩子应先从提高母亲的素质做起；催逼会毁灭天才；当孩子智力的光芒刚刚出现时，对他的教育就应该开始了。

在他看来，天才的教育就是让孩子内心潜藏着的能力发挥到十成。他坚信著名教育家爱尔维修的观点：即使是普通的孩子，只要教育得法，也会成为不平凡的人。

把卡尔造就成身体和精神全面发展的人才，让他从小就享受真理的滋味，比任何一个儿童都幸福，是老威特的教育理想。为了实现他的教育理想，老威特制订了严密的教育方案，发明了很多具体的教育方法。

老威特说："我只是想让卡尔能够成为一个接近完美的人，只是想让他的一生充满情趣，在幸福之中度过，仅此而已。"这是一个父亲对孩子的期望——完美，相信也是所有妈妈对孩子的期望。那么赶快行动起来吧，借鉴老威特的全能教育法，努力把孩子培养成全面发展的人才，让他的一生都充满快乐和幸福。我们可以从以下 5 个方面来了解学习老威特独特的教育法：

第一，为了让卡尔全方面地发展，老威特不仅教给他很多"有用"的东西，也教给他很多在别人看来无用的东西。

比如老威特教会卡尔认识了池塘水中的倒影、阳光下的阴影，他还会很有兴趣地注视自己的手的影子，小手一翻一翻的，非常有乐趣。

这些可以帮助卡尔扩大视野，扩展联想的范围，形成更多的情感，因为艺术在很大的程度上是抒发人的思想感情。

老威特对卡尔爱好的培养都经过了精心的安排，首先从住宅开始做起。老威特在住宅的房间中，决不放置任何没有情趣和不协调的东西。墙上贴着使人心情舒畅的墙纸，并且在上面挂上经过精心挑选的有边框的画，还尽力在室内摆设很有情趣的器具，决不摆设任何不合身份的东西。

如果有人赠送的礼物和家具的陈设不谐调，老威特决不会摆出来。在衣着上，全家人都极为讲究，不仅是老威特自己，他也要求家人衣帽整齐，打扮得干净利索。

老威特在住宅的周围修上了雅致的花坛，栽上那些各色各样从春到秋常开不败的花卉。他从来不会种植那些没有情趣和不协调的花卉。

另外，老威特还培养卡尔的文学爱好。老威特从小就给他讲一些有趣的故事，到他能够自己阅读之时，老威特把一些好的文学作品推荐给他。很小的时候，卡尔就成了一个了不起的文学通，他几乎能背下所有的名诗，像荷马、维吉尔这样伟大诗人的作品，他都非常喜爱，并且很早就会写诗。

这正是老威特在教育方面的独创，他摒弃以功利为目的的教育却让自己的孩子日后拥有了很多在他人看来可望而不可及的"荣耀"，原因就是非功利的教育更易调动孩子的兴趣，顺从他的自由本性发挥最大潜力，这一点，也是非常值得借鉴的。

第二，老威特认为教育之重要就在于不蒙蔽孩子的理性，不损坏孩子的判断力。威特父亲的教育方法是严格的，然而并不专制。所谓专制，是指强迫孩子盲从。威特的父亲反对专制，他不论在教育方法上还是在其他方面，都注重讲道理。所以他在批评孩子时，与那些不分青红皂白就斥责孩子的父母不一样，威特的父亲则努力弄清事实，避免错误地批评孩子。在斥责或禁止他做某事时，总是一一说明原因，使孩子先在思想上弄通。决不使孩子在挨了批评后仍不知道为什么。这一点非常重要，因为再没有比父母弄错了事实而错误地批评孩子更糟糕的了。退一步讲，即使父母的斥责和阻止是正确的，如果不让孩子知道其中的原因，那也是不好的。

老威特说，一旦孩子失去正常的判断力，那么他一生就不能正确地判断事物的正误好坏了。他在书中写道：

“如果卡尔对他人说了些鲁莽的话，我并不马上斥责他，而是先立即给对方道歉：‘我的卡尔是在乡下长大的，所以才说出这样的话来，请您不要介意。’这时卡尔就已省悟到自己可能说了不合适的话，过后他一定会询问个中原因。等他问我时，我才向他说明：‘刚才说的那些话从道理上来讲也没什么不对，而且我也是那样认为的。但是在别人面前那样说就不好了。难道你没有发现，当你说了之后，他的脸都怔得发红了！人家只是因为喜欢你，又碍着爸爸的面子，所以才没有作声。但他一定很生气，后来他之所以一直沉默不语，就是因为你说了那种话。’我这样对卡尔讲明道理，也不会伤害他的判断力。”

为了让父母真正全面地理解这种教育方法的好处，老威特对此作了进一步的论述：

“假设在我向卡尔提出批评以后，他继续反问：‘可是我说的是真的呀。’这时我就会进一步开导他：‘是的，你说的是真的。但是他很可能想：我有我的想法，你那么小的孩子知道什么。再说即使你说的话是真的，你也没有必要非将它说出来不可。因为那已经是人人皆知的事，你没有发现别的人都是沉默不语吗？如果你认为那事只有你才知道，那你就太傻了。再打个比方，大人指责孩子的缺点本来是理所当然的，因为孩子在成长过程中，有许多缺点，说出来也并不是什么可耻的事。即使这样，人们对你的缺点不是都装着不知道吗？如果你以为人们都不知道你的缺点，那就大错特错了。事实上，人们已知道你的错误但都沉默不语，这是因为考虑你的面子，为了不使你丢脸而已。这样你就明白了人们对你的好意了吧。而你在发现别人的缺点以后应该怎么做呢？也应当这样。圣书上不是说：己所不欲，勿施于人吗？道理就是这样。所以在人面前，揭别人的短是很不好的。’”

听了上面的开导后，孩子由于年幼肯定还是感到困惑，因为他们的心理还不像成年人那样复杂，而且这种处世方法很可能被视为不诚实或过早地世故。但老威特觉得父母这样做有他的道理，且听他是怎样对卡尔作出解释的：

“不，不能说谎。说谎就成了说谎的人，伪君子。你没有必要说谎，只要沉默就可以了。如果所有的人都互相挑剔别人的毛病和过错，并在别人面前宣扬，那么世界不就成了光是吵架的世界了吗？那我们也就不能安心地工作和生活了。”

威特父亲的教育方法就是这样的合乎人情。由于他的教育是合情合理的，绝不专制，所以没有蒙蔽孩子的理性，伤害孩子的判断力。当然老威特的这种“成人化”的教育，之所以能取得如此成效，还得益于他对卡尔的语言潜能开发。由于卡尔语汇丰富，通达词义，故一点就透。

世间的一般孩子，由于语汇的限制，父母往往在实施这种合理的教育时就会碰钉子。因此，我们经常发现父母见到孩子在这种场合的表现后，就会当面训斥，有的还拳脚相加，还怪罪自己的孩子不懂礼貌，但就是不检查一下自己的教育方法。这也从另一个侧面表明，为了使孩子更加明辨事理，必须尽早教给孩子以丰富的语言知识。

第三，老威特的教育理念，是要造就身体和精神全面发展的人才，所以他重视德、智、体全面发展，尽管他在书中没有着重写体育，但是卡尔从小就是一个健康，精神饱满的活泼少年，并且一生都是健康的。从这一点来看，他对卡尔的体育锻炼还是有一套办法的。

天气晴朗时，老威特和妻子把卡尔带到田野里，让他眺望绿色的原野。并且，老威特非常注意让卡尔的身体能自由自在地活动不把他包起来，以免妨碍他手脚自由活动，也不给他围围巾，以免把嘴和脸弄歪。天气好时经常让他在屋外睡觉，以便接受阳光浴，呼吸新鲜空气。当他在屋内睡觉时，在洁白的床上铺上鸭绒褥，便于他的手足自由活动。因为这种活动就是婴儿的运动，所以婴儿睡觉，决不能像布娃娃那样把他裹得紧紧的。因为一个健康的人需要的是自由而不是束缚，哪怕这种束缚看起来很舒适。

卡尔 6 周时，长得很大，像 4 个月的孩子，这是威特夫妇让他经常呼吸新鲜空气，进行运动的结果。这儿所说的运动是从他两三周时开始，比如让他在光滑的木棍上作悬垂运动。生物学的理论说："个体发育是整体发育的短暂重复。"所以婴儿是可以像猿猴那样在木棍上作悬垂运动的。当然，这不可以勉强地做，还有一种训练是让孩子抓住父母的手指，由于婴儿的"把握反射"，他就像吊单杠一样用力拉起自己的上身。等到两个月大反射消失时，他的胳膊已经活动得相当有力，这可以为提前进行爬行训练创造条件。

老威特还培养孩子喜欢洗澡的天性。"如果水温过高或过低，孩子就不愿洗澡，所以，我一开始就注意调节水的温度。我和妻子每天都给卡尔洗澡、按摩手脚，这样既能发展他的触觉，又能促进血液循环和肢体的灵活。"从卡尔 1 岁时起，老威特就教他洗脸、洗手、刷牙，一天要洗几次，早起和晚上睡觉之前都要刷牙，卡尔吃完食物后，也让他刷牙，并且从小就教他用手绢擦鼻涕。

老威特把卡尔是否能自由自在地活动看得非常重要，有一次甚至还为此而发脾气。

有一次，老威特和妻子去教堂做弥撒，家中只有女佣和卡尔。女佣是个非常善良的女人，她总是很细心地照顾卡尔。可是，当老威特和妻子回到家时，发现卡尔被严严实实地裹在被子里，满脸通红，"哇哇"大哭着，于是，老威特不顾他们的阻拦，揭开了包裹在卡尔身上的被褥，仍然让他在床上自由自在地活动，只是又往壁炉里加了一些柴火，这时，卡尔不再哭了，他显得非常高兴，非常满意。

愉快是健康的关键，老威特很注重为卡尔营造良好的氛围，周围的气氛阴郁，孩子必然会消化不良、身体不健康，因此，孩子居住的房间从最初起就应是令人心情愉快的。

这样，经过营养和体能两方面的精心培育，卡尔从体弱多病的婴儿长成了一个健康活泼的孩子。

人们常常以为，健身是成人的事情，襁褓中的婴儿还太小，他们连爬都不会，怎么能锻炼他们的体能。还有人认为婴儿骨骼脆弱，容易受伤。因此也不适合进行体能训练，如果进行锻炼，对他们的健康也没有什么好处。而老威特却不这么认为，他相信“健全的精神寓于健全的身体。”所以他从一开始就对卡尔进行体能训练，为其全面发展打下了良好的基础。

第四，充分发挥儿童的潜能是卡尔·威特教育法的目的，这也是老威特的教育理想。他认为世上天才不多的原因就是没有对儿童进行适当的教育，以至于孩子的潜在能力得不到充分的发挥。如果能尽早地挖掘潜能，并引导孩子发挥出这种潜能，这样就能培养出伟大的天才了。

儿童虽然具备潜在能力，但这种潜在能力不是一成不变的，而是遵循一定的规则在变化。在老威特看来，儿童潜能是递减的，比如说生来具备100度潜能力的儿童，如果从一生下来就给他进行理想的教育，那么就可能成为一个具备100度能力的成人。如果从5岁开始教育，即便是教育得非常出色，那也只能成为具备80度能力的成人。而如果从10岁开始教育的话，教育得再好，也只能达到具备60度能力的成人。这就是说，教育开始得越晚，儿童的能力实现就越少。这就是为后人熟知的著名的儿童潜能递减法则。

他认为如果一棵树以正常状态生长，它能够长30米高，那么这棵树就具有可以长到30米高的可能性。同样，一个孩子要是在理想的状态下成长，可以成长为一个智商高达100分的人，因此我们就认为这个孩子具有100分的高智商。具有这种智商的人就是天才，而这种天赋是人人内心都潜藏着的，因此只要对孩子进行适当的教育就可以让他成为天才。

根据儿童潜能的递减法则，某种智力发展的这个最佳期非常关键，它对人一生的智力发展都起着决定性作用，千万不要错过。对儿童早期智力开发的关键，就是抓住最佳期。

老威特指出，任何动物的潜能都有各自的发达期，而且这种发达期是固定不变的。倘若不让它在发达期得到发展，那么以后也很难发展了。

儿童潜能递减法则是实践经验的总结，所以教育孩子的第一要旨就是要杜绝这种递减。而且由于这种递减是因为未能给孩子发展其潜在能力的机会致使枯死所造成的，因此，教育孩子的最重要之点就在于要不失时机地给孩子以发展其能力的机会，也就是说要让孩子尽早发挥其能力。

儿童心理学指出，儿童的最佳发展时机是在婴幼儿期，即从生下来起到3岁之前。我们说，这个时期是天才核裂变的时期。

第五，为了把卡尔培养成全面发展的人，老威特尽自己所有的可能培养卡尔的好习惯，老威特坚信：一个孩子的精力若不用到有益的方向，就会成为破坏的力量，而只要养成了勤恳的习惯，恶魔便无机可乘了。

但是，在提倡陶冶孩子品行的同时，老威特也认为，如果一个人心底只有善良，只有同情心，那么这种善良的泛滥就很可能淹没他对是非的辨析能力。也可能让人变得懦弱可欺，甚至在无力维护善良的情况下最终走向善良的反面。

所以，真正品格教育的核心绝不是让孩子去无休止，不加辨别地奉献，而是在教孩子学会善良，更应让他们学会去维护善良。

小卡尔最终能够成为一个有爱心的人，与老威特的家庭教育密切相关。老威特在教育卡尔的时候，不是只让他记住一系列的规范，因为简单的背诵不会对他的行为产生影响，而是在平常生活的言行中去让他体会真正的爱心，真正的善良。

他告诉卡尔，做一个高尚的人是最大的幸福。高尚的人能够理解别人的思想，能够体会别人的情感，高尚的人能克制自己，能够减轻他的痛苦，能替他人分忧。

这样，卡尔很小就懂得，做一个高尚的人比那种单纯是学识渊博的人更能得到别人的尊重。

为了使卡尔培养善良的品德，他母亲给他绘制了品德表，一周一张，内容有：服从、礼节、宽大、亲切、勇敢、忍耐、诚实、快活、清洁、勤奋、克己、好学、善行。如果卡尔做了与这些项目相符的行为，就在那天的一栏中贴上一颗金星，反之，则贴上一颗黑星。每个星期六数一下，若金星多的话，下周内就可得到和金星数相等的书、鲜果、点心等，如果黑星多，就不能得到这些奖品了。

卡尔的母亲就是从生活中的一些小事开始，一点一滴地培养卡尔的善行，并教会他做人的道理。

如果家长希望孩子长大后具备爱心，同情心及责任心，那么不妨从现在开始，学习老威特的方法。

老威特不仅告诉卡尔：帮助别人是爱心的表现，是来自千万人心底里的善良，善良是人掌握在手中的最有力的工具，它具有无穷的力量，而且常常带卡尔接触大自然，他认为这能使孩子的心地善良，因为自古以来与大自然感情融洽的人都是心地善良宽厚的人。

而且，与大自然接触不仅可以使孩子身体健壮，还会让孩子的精神也旺盛起来。城市里的孩子多因远离大自然，很少呼吸新鲜空气而心情不佳或性格乖张。有鉴于此，老威特就带卡尔到森林中去玩。他在森林中教给卡尔诗人们歌颂自然的诗。在晴朗的天气中，呼吸着新鲜空气，立足于肃静的天地朗诵古人的诗，是非常愉快的。

凡与卡尔相识的人都夸他“像天使般纯洁”。他是个非常虔诚的富于情感、温和可亲的孩子，他从未与人争吵过。对待自然，不要说动物，就是一朵野花，也舍不得乱摘。这正是老威特精心而得法地对他进行教育的结果。

卡尔·威特的教育方法不仅把自己的孩子培养成了天才，还影响了很多人。其中包括美国著名心理学家塞德兹博士和宾夕法尼亚州大学语言学教授斯托夫人。他们在研读了《卡尔·威特的教育》以后深有感悟，开始借助书中的方法并加入自己的理解训练孩子。结果，小塞德兹 11 岁就考入哈佛大学，斯托夫人的女儿维尼夫雷特 3 岁就会写诗歌和散文，5 岁就已经在报刊上刊登文章了。而在 200 年后的中国，著名的“哈佛女孩刘亦婷”的母亲正是在这种教育方法的启迪和指导下，将女儿培养成为出色的人才。

蒙台梭利：特殊教育法

玛丽亚·蒙台梭利（1870 年 8 月 31 日～1952 年 5 月 6 日），意大利第一位医学女博士，继福禄贝尔后又一位杰出的幼儿教育家，也是世界上第一位杰出的女性学前教育家。蒙台梭利最初研究智力缺陷儿童的心理和教育问题，后来致力于正常儿童的教育实验，创办了举世闻名的“儿童之家”。她撰写的幼儿教育理论著作已经被翻译成为37国文字，对现代儿童教育的改革和发展产生深刻的影响。她坚信，心理缺陷和精神病儿童，通过运动和感觉训练活动，可以使身体协调，智力也能得到发展。

1894年，蒙台梭利毕业于罗马大学医科，成为意大利第一位女医学博士，名震全国；在任罗马大学精神病诊所助理医师期间，她开始对智力迟钝儿童的教育问题感兴趣。她接触到了白痴儿童（在当时白痴和疯子同被关在疯人院），对他们也由同情地帮助解决生活困难，转而开始研究智障儿童的治疗及教育问题，于是她开始阅读当时塞根关于特殊教育的著作与伊塔对这方面的研究报告。在精神病诊所的这两年工作中，她察觉到：“儿童除了食物之外，还会在屋子里面到处乱抓、乱摸，找寻可让两手操作的东西，以练习他们的抓握能力。”这种认识奠定了她教育理论中，“发展智力需要透过双手操作”的基本理论。并且由这两年的体验，她提出了对低能儿童教育的看法：“要克服智能不足，主要还得靠教育的手段；不能只用医药去治疗。”一改传统尽以药物治疗低能儿的偏执做法。

她认为，儿童心理缺陷和精神病患的主要问题是教育问题，而不是医学问题，教育训练比医疗更为有效。缺陷儿童教育的成功给了她新的启示：既然缺陷儿童通过教育能够达到正常水平，那么正常儿童通过训练和教育，不是可以达到更高水平吗？于是，她开办“儿童之家”，转而从事正常儿童的教育工作。这是她教育生涯中的一个重大转折。她以一个社会和教育改革者的面貌出现在儿童之家，尽最大努力打破传统的学校的教育方法，不带任何先入之见，一切从观察研究儿童及其家庭环境入手；并以儿童和家长的朋友的身份出现，热爱关心儿童，为儿童设计各种教育方案。经过不断探索和总结，她建立了自已独特的幼儿教育理论和方法，引起了社会的广泛而强烈的反响，促进了现代幼儿教育的发展。她对世界学前教育的巨大贡献不仅在于创立了蒙台梭利教育法，而且在于她以长期的宣传和实践推动了世界学前教育的发展。她的学前教育课程被后人称为蒙台梭利方案。

英国教育家赞誉她为“20世纪赢得世界公认的推进科学和人类进步的最伟大科学家之一”。在日益重视素质教育的中国，以她的思想为基础创立的蒙台梭利婴幼儿早期教育班也越来越受到家长的青睐。

蒙台梭利的幼儿早期教育主要可以归纳为以下几方面：

第一，从0岁开始的早期教育，是人的智能开发和训练的最佳时期。孩子年龄越小，智力发展的可能性越大。如果剥夺了孩子这一最佳时期受教育的权利，对孩子的发展就会事倍功半，甚至劳而无功；如果完全剥夺孩子这一早期教育的权利，孩子的智能将被无情地埋没。

第二，对孩子各种感觉训练和智力潜能的开发，有着（0～6岁）年龄段的关键期和敏感期。

第三，对婴幼儿的早期培养要坚持持续性，要把婴幼儿看做连续发展着的个性，要看到这个个体与环境的交互作用。

第四，把儿童的学习活动加入“工作”的含义。

第五，通过感觉教育（触觉、视觉、听觉、嗅觉和味觉等感官的训练），把感官作为心灵的窗户。

蒙台梭利认为干涉儿童自由行动的教育家太多了，一切都是强制性的，惩罚成了教育的同义词。她强调教育者必须信任儿童内在的、潜在的力量，为儿童提供一个适当的环境，让儿童自由活动；同时，对婴幼儿的早期培养要坚持持续性，要把婴幼儿看做连续发展着的个体，要看到这个个体与环境的交互作用；在蒙台梭利看来，从0岁开始的早期教育，是人的智能开发和训练的最佳时期，在这段时期，父母应尽量给宝宝提供多元感官刺激，有意识地训练宝宝的视觉、听觉、嗅觉、味觉、触觉和语言能力。

蒙台梭利教育的首要条件是给儿童提供一个适宜的环境，蒙台梭利在“儿童之家”精心创造了一个特殊的世界。她努力将儿童置于成人干涉最少，而自我教育机会最多的环境之中。这种环境不仅是物质的，还包括精神的。物质方面，在“儿童之家”每一样东西的大小都与幼儿的身材相称，并都轻巧，位置便于他们取用，用完后都小心依次放置，保持美丽、光泽与完美，对儿童富有吸引力。精神方面，教师是创造良好精神环境的使者，所以，教师必须进行准备。

第一，需要学会沉默的能力以取代表达的技能，必须用观察取代灌输式教学；必须以谦恭取代那种自誉为一贯正确的骄傲感。

第二，教师的仪表要有助于赢得幼儿信任和尊重，轻盈和文雅是对教师仪表的基本要求。

第三，关键是要激发儿童的兴趣，使他的整个人格都参与活动。为此，教师必须像火焰一样用它的温暖去振奋、活跃和鼓舞所有的儿童，要想各种办法吸引儿童做各种练习。

第四，不要给予儿童不必要的帮助。当儿童获得专心于某件事的能力之后，教师才可在实际生活的练习中向儿童呈现教具。一旦儿童对某种教育发生了兴趣，教师就一定不要打断他。

在蒙台梭利看来，儿童的兴趣不只是集中于操作本身，而通常是以克服困难的愿望为基础的。如果教师试图帮助他，他常会让教师去做，自己却跑开了。这种不必要的帮助实际上成为儿童天然能力发展的障碍。这些也就是传统教师与蒙台梭利式的教师的主要区别。蒙台梭利要求教师必须意识到在儿童内心深处隐藏着神秘的力量，它是儿童发展的源泉。

其次是提供适宜环境的前提。教师要观察儿童，要了解儿童的需要，要明确儿童其本身应有的能力，在对儿童及其发展的理解（儿童观和儿童发展观）的基础上，才能创造一个能给予儿童这种能力以“保护”并“培育”的环境。所以，蒙台梭利要求教师要首先学会沉默，在沉默中观察，在观察中了解，在了解的基础上为儿童创设最适宜的环境，给予最恰当的引导。

但由于这个“以儿童为本位的环境”其意义并不仅只是环境，而是儿童不久将要面临未来世界及一切文化的方法与手段，因此他必须具备如下条件：

1. 充分发挥儿童的节奏与步调。儿童与成人在心理和生理方面差异悬殊，成人在1小时内的认知和感觉与儿童所经验到的截然不同。儿童以其特有的步调感知世界，获得很多成人无法想象的事情。儿童特有的节奏已成为他们人格的一部分。成人在复杂、多变的文化环境中生存时，必须愈加保护儿童特有的“节奏或步调”所需的环境。

2. 给儿童安全感。人类的孩子比其他动物的成熟要来得迟，因此他们更需要庇护，当孩子的身体感到危险时，用温柔、鼓励的眼神关爱孩子，才能使他们自由、奔放地行动。

3. 可自由活动的场所与用具。儿童必须依靠运动来表现其人格，尤其是他们的内心一定要与运动相结合，才能够充分获得发展。因此，需要能让儿童持续接触能收集、分解、移动、转动、变换位置等可自由活动的用具与场所。

4. 美对儿童是非常具有吸引力的，儿童最初的活动是因美引起的，所以在儿童周围的物品，不论颜色、光泽、形状都必须具有美的感觉。

5. 必要的限制。儿童的周围不可有太多的教材或活动的东西。太多的东西反而使儿童的精神散乱迷惑，不知该选择何种教材或从事何种活动。以至不能将精神集中在对象上。为避免儿童做不必要的活动，而导致精神疲惫、散漫，教材及活动必须有某种程度的限制。

6. 秩序。儿童的秩序感以两岁为高峰，其后的数年间，儿童的秩序是极特殊的，这个时期秩序感与儿童的关系就像鱼和水、房子与地基。事实上，儿童会以秩序感为中心，运用智慧，进行区分、类比的操作，将周围的事物加以内化。要是没有秩序的话，一切事物将产生混乱，儿童会因而失去方向感。所以，秩序必须存在于有准备的环境中的每一部分。

7. 与整个文化有连贯性。所谓“秩序存在于有准备的环境中的每一部分”，就意味着秩序应包含于拓展儿童智慧的教材中。这种秩序可使儿童能真正认真地去进行“真实的生活”。能够独立专注于自己世界内活动的儿童，才能真正在下一个阶段的成人世界中活动。

蒙台梭利不赞同传统的教育理念——同龄的孩子在一起游戏或者学习更容易促进儿童的身心健康发展。因为他们的发展水平差距有限，教师更容易掌握儿童的发展状况，从而提供一个更合适的发展空间。而混龄班中不同年龄的儿童的角色是固定不变的，岁数大的儿童总是以哥哥姐姐的位置自居，一直是处于照顾别人、比别人强的地位；而年龄小的孩子则永远是弟弟妹妹。始终处于被照顾关爱弱者的地位。

她认为，不同年龄幼儿间的互动对其智力，特别是思维能力发展是非常有意义的。当不同年龄幼儿间发生认知冲突时，年长幼儿充当了“小老师”的角色，给弟弟妹妹讲解他们掌握的知识，这促使他们更深入地理解知识，牢固地掌握技能技巧。当然，这里所说的混龄教育仅限于幼儿园阶段。

在混龄教育活动中，不同年龄的幼儿在一起玩耍，增加了群体互动的复杂性和层次性，与异龄同伴交往带来的角色、心理体验和沟通方式的变化对幼儿提出了新的人际挑战。同时，随着年龄的增长和环境的变化，幼儿个体的角色也在不断变化，在这里是弟弟或妹妹，在那里可能就是哥哥或姐姐，这种变化促使他们不断适应和接受新的角色。混龄教育为幼儿创造了一个较为复杂的、动态的小型“社会环境”，为幼儿情感的发展提供了动力和源泉。

混龄教育为幼儿提供了丰富的情感体验的机会。由于年龄差异以及由此导致的能力差异和经验差异，每个幼儿都拥有区别于以往的角色和地位，不得不面对复杂的关系情境。在混龄教育活动中，一名幼儿既可以是老师的学生，又可以是其他幼儿的弟弟妹妹或哥哥姐姐，还可以是同龄人的伙伴，这些角色变化既让幼儿体验到年幼幼儿对年长幼儿的尊重、敬畏、钦佩或嫉妒，又让幼儿体验到年长幼儿对年幼幼儿的关心、爱护或轻视等，这些复杂的情感体验给幼儿带来了巨大的冲击。因此，在混龄教育活动中，我们既要为幼儿提供情感体验的机会，培养幼儿对各种情感的敏锐性，丰富幼儿的情感世界，又要防止幼儿过多体验不健康的情感，如嫉妒、傲慢、轻视等，把幼儿的同伴关系引向关怀、互助的方向，为幼儿健康人格的形成打好基础。

混龄教育增强了幼儿对积极情感的敏锐性和对消极情感的承受能力，锻炼了幼儿的情感控制能力，扩展了幼儿情感体验的范围。年长幼儿的积极行为为年幼幼儿提供了良好的榜样，并由于年龄的相近而更具感染力；年幼幼儿通过与年长幼儿的交流可逐步克服自己的消极情感如胆怯、任性等；年长幼儿也因为榜样的自我心理暗示，愿意在与年幼幼儿交往的过程中自觉展现积极情感如谦让、耐心等，克服任性、霸道等消极情感。同时，教师也需要积极引导，帮助幼儿克服消极的情感体验，加强幼儿对积极情感的认同和渴望。

自由是蒙台梭利环境中不可缺少的要素之一。蒙台梭利认为，自由是儿童可以不受任何人约束，不接受任何自上而下的命令或强制与压抑的情况，可以随心所欲地做自己喜爱的活动。

这里所谓的给孩子自由，不同于放纵或无限制的自由。蒙台梭利相信，要给予儿童所需要的自由就必须要儿童的人格先有健全地发展及建构，这其中包含的内容有独立、意志与内在纪律。首先，应该对儿童个人自由的积极表现加以引导，使他们经历这些行为而达到独立。无论是我们家长还是老师，总是习惯性的替幼儿做一些事情，害怕会出现什么危险，尤其是家长们总是不放心，不让孩子动这个，不让动那个，从而限制了孩子的独立、自由性，也就错过了很多对他们有益的自发性活动。所以，无论如何我们对儿童的责任就是帮助他们依照自身所需要做的事情来完成有益的活动。其次，我们必须帮助幼儿发展他们的意志，借助激励的方式来完成自己选择的事情，但我们成人必须注意，不能以自己的意志来代替儿童的意志，而限制了他们自己的选择。蒙台梭利环境给予儿童自由，儿童便拥有了独特的思想行为，能够确定自己的行为对自己或别人有哪些后果，增加了自信心，使幼儿整个身心得到放松，快乐。

最后，我们应该给儿童创设一些建构性的工作，让他们通过建构工作来达到纪律的发展。比如，我们在进行长棒与数棒进行建构时，孩子们的注意力是非常集中的，同时扩散了幼儿的思维，这样在无形之中就加强了对儿童的纪律性。为了建立纪律，必须帮助幼儿建立对善恶的分辨，对儿童的任何破坏性及利己的行为严格的限制。所谓儿童的自由，应该是以不违反共同利益为原则，如果出现触犯他人或骚扰他人的行为，甚至一些粗暴的行为都要加以限制。儿童可以随意选择自己喜欢的工作，但是一些不利因素一定要排除，因为这些都会限制儿童的自由。

在形成纪律的过程中，蒙台梭利和卢梭一样，完全排斥了“说理”的作用。她认为，幼儿仍处于潜意识向有意识的过渡阶段，成人的说教不会奏效。此外，采取强制命令去束缚儿童将压抑儿童的个性，这是违反自由原则的。所以老师或家长不能武断地规定工作，同时幼儿在遇到困难时，不应过早的去干涉，而是仔细观察孩子们自己的解决办法。

另外，蒙台梭利提出要尊重孩子成长的步调：对孩子各种感觉训练和智力潜能的开发，最重要的就是要尊重孩子成长的步调，根据不同年龄段的关键期和敏感期挖掘潜能的任务，进行不同的训练，作为教师和家长，要懂得和了解这些具体的问题，根据离子的年龄段，对孩子进行系统的、分段的、有侧重地智力培训和潜能开发。这就要教育者抓住孩子的“敏感期”，即是指这样的一段时期，当孩子在内心会有一股无法抑制的动力时，会驱使孩子对他所感兴趣的特定事物，产生尝试或学习的狂热，直到满足需求或敏感力减弱时，这股力量才会消逝。

而敏感期的教育要注意以下几点：

1. 孩子是个有能力的个体，我们应该充分地尊重他。蒙台梭利认为，孩子是具有能力的天生的学习者。他们会循着自然的成长法则，不断使自己成长为“更有能力”的个体。

2. 每个孩子都是独一无二的，他们的成长速度不同，敏感期出现的时间也不一样。因此，我们应该细心观察敏感期的出现。

3. 布置丰富的自由的环境。我们应该在孩子的某项敏感期出现时，就已经为孩子准备好了一个能满足他成长需求的环境。

4. 在自由中发现儿童。蒙台梭利认为，我们不应该过多地干涉孩子的活动，当然，这并不是丢下孩子完全不管，而是应该把我们的引导变为隐性的。让孩子在自由的环境中自由探索、尝试。

蒙台梭利还主张要根据儿童自身天然的特点及成长要求，在自由与快乐的学习环境中，达到教育的目的。她说：“在探索儿童心灵世界这件事上，成人切记不要用自己的角度，或以自我为中心。如果成人以自我为中心去观察与儿童心灵有关的所有因素，只会增加对儿童的误解。”

蒙台梭利强调儿童是和成人截然不同的独立个体，成人必须重新看待孩子，发现孩子存在的价值，而不随意将自我意识强加在孩子身上，从而磨灭了儿童的人格意识。

蒙台梭利以科学观察验证的精神，发现了儿童成长的自然法则——儿童具有自我学习，使自己趋于完善的潜能，也就是说孩子致力于改善他自己。

斯托夫人：自然教育法

斯托夫人有个女儿，名叫维尼夫雷特。在得到《卡尔·威特的教育》一书之后，她一边按照老威特的教育方法来培养自己的女儿，一边研究自己的育儿方法，取得了非凡的成功。在母亲的训练下，女儿从 3 岁起就会写诗歌和散文，4 岁时便能用世界语写剧本。她的诗歌和散文，从 5 岁起被刊载在各种报刊上并汇集成书，博得了广泛的好评。

在女儿 12 岁那年，斯托夫人将自己的教育经验写成《斯托夫人的自然教育法》，阐述了早期教育的重要性。凝结斯托心血的自然教育，与卡尔·威特的教育方法互相印证，但是添加了更多新的元素；与赛德尔兹的教育理念有异曲同工之妙，但是斯托的方法有更鲜明的女性特征。

斯托夫人也不满足于仅将自己的女儿培养成才，她也渴望让世人了解早期教育对孩子成长的重要性，她的“伟大始于家庭”的观念已经深入美国的千家万户，并使越来越多的美国家庭从中获益。她的教育观点主要有以下几个方面：

第一，孩子能否成为杰出人物，完全取决于母亲施行了什么样的教育。因此，最早对孩子进行教育的应该是家里的母亲，而不是学校的老师；而且家庭教育必须伴随孩子们的一生，而不以某个年龄段为限。

斯托认为，母亲在孩子的教育中有着不可替代的作用，可以说，孩子的未来命运有时就操纵在母亲手中。那些没有准备好承担困难、或者准备将困难教给保姆的人，最好不要做母亲。

在现实生活中，许多母亲并不是真正知道胎教的重要，在孩子还只是一个胎儿时，他们认为自己对孩子的健康和幸福没什么责任。没有任何一个母亲会给婴儿吃咸菜、虾和喝酒，但却有许多母亲给胎儿吃这些有害的东西。也就是说，有许多母亲在妊娠期间吃这些东西。根据医生和生理学家的建议，母亲所吃的食物对胎儿的健康会产生非常大的影响。所以，做母亲的为了生出一个健康的孩子，应当加强对食物的研究，多多听取专家的意见和建议。

母亲不仅要考虑胎儿的健康，同时也应为胎儿的品德形成和智力的发展负责。所以，妊娠的母亲应使自己的生活过得快活，不应经常哭泣。因为哭泣易使未来的婴儿发育不良，而发育不良是形成社会上软弱无能者的重要原因之一。人生在世，会不断地遇到困难，为了使下一代有克服困难的能力，我们必须生育出健康的孩子。此外，应使孩子具有爱美、爱正义、爱真理、爱善行的精神。为此，在怀孕期间，应看好书、想好事情、听好的音乐、欣赏大自然的美和艺术作品，并且要做好事。

希腊有个习惯，妇女在怀孕期间要观看美丽的事物，这是为了使孩子也能成为美丽的人。因为美能使人精神愉快、感到幸福，而愉快和幸福能使人变得更加美丽。斯托夫人也建议给孩子营造一个优美、舒适的室内环境。孩子的房间应选择家中最好的屋子，空气新鲜、阳光充足。墙壁最好是暗绿色的，有利于孩子的眼睛。床是洁白的，被子要软而轻，毛毯也应是轻的，重的易使孩子疲劳。墙壁上要挂有各种名画的复制品，最好在壁炉和桌子上陈列一些著名的雕刻仿制品。当然，这些物品可以买便宜的。

根据生理学家的理论；恐怖会阻碍心脏的活动、抑制腺体的分泌、毒化乳汁、使头发变白、使人老化。因此，恐怖是恶魔，应尽量杜绝它。而要铲除它，就应当具有勇敢和快活的精神。

女性不生孩子就不能体会到生活的幸福。但要记住，做母亲必然会遇到许多困难。因此，凡是没有决心战胜这些困难的女性，最好不要生孩子。母亲在埋头于教育孩子的同时，还要照顾好丈夫。如果对丈夫照料不好，丈夫可能会另有所欢，从而破坏家庭，这样对孩子的影响更大。所以，母亲的工作并不轻巧。

母亲并不是一个简单的称谓，也不再是传统意义上的喂孩子，洗衣服，打扫卫生……而是一种伟大而神圣的职业。母亲的教育很重要，母亲的工作不能由旁人代替，孩子的教育必须由母亲承担。把自己的孩子委托给他人，只有人类这样做，其他的动物决不会这样。

斯托夫人曾经说过，中国是最早开设学校的国家，尽管如此，他们的文明落后了。这是由于他们没有认识到妇女教育的必要。过去，中国人认为妇女不应受教育，因此，中国大多数妇女是文盲，也不进行家庭教育。受不到母亲教育的国民决不能成为伟大的国民。

有种说法是罗马之所以灭亡，就是由于罗马的母亲们把教育孩子的工作委托给了别人。

这种说法虽然夸张了些，可是就像福禄培尔曾经说过的：国民的命运，与其说是操纵在掌权者手中，倒不如说是握在母亲的手中。

看看我们生活的周围，孩子基本上没有时间和自己的妈妈待在一起，因为我们的年轻妈妈正在为生活的富裕努力奔波赚钱。以工作忙为借口，把孩子委托给孩子或是由爷爷、奶奶、姥姥、姥爷们看护，或是根本就没有自己的亲人照顾，只是由花钱雇来的保姆看护。在斯托夫人看来，这样的妇女是不能称为母亲的。

大多数的家庭不可能由母亲全职在家里教育孩子，只要采取正确的方式，对孩子的照料虽然不一定样样都动手，但对孩子的教育和平时的管教，母亲一定要承担起责任。正是出于这样的考虑，奉劝天下父母在孩子出生以后要慎用保姆。我们骑马，甚至也不雇用不称职的马夫，但是有的母亲却把孩子交给无任何学识的保姆。这样的保姆整天对孩子说，不许做这个，不许做那个，因为她这样最省事。但这样一来，非但不能发展孩子的能力，反而会使之更加萎缩。并且，孩子在这样的保姆抚养下成长，会形成各种不良习惯。当然，生活较富裕的母亲，对孩子的照料不一定全要自己动手，可以把部分并不重要的任务交给保姆。并且，要尽可能地多花些钱，雇一位有教养、有学识的妇女做保姆。即使如此，除了孩子的教育，吃饭、洗澡和穿脱衣服等，也都应由母亲自己承担。母亲和保姆的性格非常重要，甚至她们的表情对孩子都有影响。所以，保姆应选择性格开朗的妇女，母亲也尽可能使自己表现得快活。

第二，斯托夫人认为，没有比大自然更好的老师了，孩子在大自然中能够不知不觉的学到很多东西。以大自然为主题，可以向孩子讲述的有趣故事是无穷无尽的。

同时，让孩子接触大自然，不仅可使他们的身体健壮，而且精神也会旺盛起来。

从小生活在农村的人都会有一种感觉，那就是从小就能亲密接触大自然，很小就能叫得出许多植物和动物的名称，知道它们的特性和用途。因为长期接触、观察大自然中的动物和植物，作文写起来形象、生动。可生活在城市高楼中的孩子则不同，他们每天的生活几乎被学习填满了，好不容易有个假期，也要被各种各样的兴趣班代替，他们接触自然的时间少，对动物、植物缺乏了解和观察，如果老师布置这类作文，往往无话可说，即使写出几句，也很干瘪，缺乏准确性和生动性。

斯托夫人在当时就建议，应当从改造不良少年的经费中拿出一部分钱把城市的孩子经常带到郊外去接触大自然，这样就可以在一定程度上预防不良少年的产生。这个建议对于当今大都市孩子的教育也是有借鉴意义的。

斯托夫人尽可能带着女儿到郊外去，利用实物向她讲述各种有趣的故事，内容涉及到动物学、植物学、矿物学、物理学、化学、地质学、天文学等几乎所有的科学领域。且看看她在书中的记载：

我们经常到郊外去，摘下一朵花，拔下一棵草进行剖析，砸碎一块岩石进行观察，窥视小鸟的窝，观察小虫的生活状况等。维尼夫雷特喜欢用显微镜观察各种东西，同时，还写出了有关各种事物的极其有趣的散文。维尼夫雷特非常喜欢植物，采集的标本堆积如山。她还运用世界语，搜集世界各地的植物标本。还有压花册，这也是通过懂世界语的小朋友采集的生长在各地伟大人物和诗人墓地上的花以及古代战场上的花，经过压制而成的。其中最珍贵的是《奥雕邦花册》。众所周知，奥雕邦先生从事研究的地区是肯塔基州汉德森的附近树林。这个压花册就是维尼夫雷特亲自采集制成的，她在这个树林中获得了有关大自然的各种知识。

开始时她非常害怕青虫，自从告诉她青虫会变成美丽的蝴蝶之后，就不害怕了。我还向她讲述蚂蚁和蜜蜂的生活规律，她对它们的集体生活很感兴趣。她还研究黄蜂和雄蜂的生活，写出了许多散文。

维尼夫雷特现在正在研究甲虫，据她说甲虫有15万多种。而且她自己也要发现新的种类。她博览过有关甲虫的许多书。冬天在野外看不到甲虫时，就到卡内基研究所看着标本进行研究。

斯托夫人认为，让孩子搞园艺确实是一种很好的教育方法。她让女儿从小就开始搞园艺，栽培花草和马铃薯等。孩子非常喜欢做这些事，每天给它们浇水、除草，观察它们的生长情况，感到非常高兴和有趣。

每年夏天她还带女儿到山中过几天野营生活，让她在那里研究自然。并且经常带她到原野去，在草丛中观察野花和小虫。草丛中有歌德所说的《草中小世界》，即各种小虫组成的世界。

维尼夫雷特还养过小鸟。她有两个金丝雀，一个叫菊花，一个叫尼尼达。菊花是许多日本少女喜欢的美名，尼尼达是西班牙语，是婴儿的意思。小维尼教给金丝雀各种玩意儿，它们能随着小提琴歌唱，又能站在手掌上跳舞。维尼夫雷特弹钢琴，小鸟就站在她的肩上，叫它们闭上眼睛，就闭上双眼，读书时叫它们翻开下一页，它们就用小嘴翻到下一页。

此外，她还饲养着小狗和小猫。饲养这些动物时，为了调食、喂水，孩子得高度注意，以培养她专注的精神，它还可以培养孩子的慈爱之心。有人认为饲养动物是危险的，因为动物是传染病的媒介，而斯托夫人则认为，只要让孩子注意，是没有什么危险的。

由于饲养了金丝雀和狗，维尼对其他的鸟兽也发生了兴趣。她经常去动物园，研究各种鸟兽的生活状况。结果她首先写出了《我在动物园里的朋友》这本书，后来又写出了《和我在动物园里的朋友聊天》一书。

为了使女儿对鱼类感兴趣，妈妈还在她的房间里养有金鱼和鲫鱼。美国国内的大水族馆，差不多都让她去看过。对于矿物学、物理学、化学、地质学等，也采用同样的方法去教。

为使她对天文学有兴趣，斯托夫人让她看神话书。同时带她去过许多天文台，并用望远镜观看天体。为此，她同许多天文学者交上了朋友。马温特·罗天文台的拉肯博士说，由于和维尼夫雷特交谈受到了鼓励，才写出了《在头脑混乱之中》一书。

维尼夫雷特能取得后来的成绩是和母亲的这种教育分不开的。我们现在的家长应该认真向斯托夫人学习，相信这样教育孩子的效果会事半功倍。

第三，斯托夫人指出，游戏是开发孩子智力的一个重要途径。通过游戏教学可以达到事半功倍的效果。孩子都喜欢做“模仿游戏”。这种游戏能有效地发展孩子的智力，应经常让她玩。尽管人们对电影有种种看法，但斯托夫人却认为，只要选好影片，电影对孩子还是很有教育价值的。为此，她经常带女儿去看好的儿童剧和电影。她们不光看，回去以后二人还模仿电影中的情景进行表演。角色不够时，就用玩偶和其他物品顶替。不仅对电影情节如此，对于读过的书中的故事，她们差不多也都表演过。

做发展孩子在爱好方面的能力游戏，也十分必要，也容易开展，因为这是孩子的本能。她和女儿就常常做蒙眼睛的游戏。事实上，几乎所有孩子都喜好这一游戏。具体的玩法是把孩子的眼睛蒙上，给她各种物品让她猜是什么东西。另一种玩法是蒙上眼睛，在屋子里摸索，碰到一件东西让她猜是什么。这类游戏能有效地发展孩子的触觉。

在维尼夫雷特很小时，母亲就带她到各处走走。为了训练女儿的判断力，以后再去那里时，就让女儿在前头领着走。经过这种训练，小维尼从18个月时起，就能带着妈妈和保姆到各处去了。

训练视觉的游戏很多。例如，当妈妈的心里想着室内的某一件东西时，告诉她这个物品是红色的，让她猜妈妈想的是什么。维尼夫雷特就猜是字典、吸墨纸、花瓶的花，等等，猜上3次或5次，必须在规定的次数内猜对。若猜不着，就轮到她说妈妈猜了。

此外，孩子必须学会控制自己的身体。换言之，孩子必须学会控制自己的肌肉。在这方面，做“模仿铜像”的游戏是有效的。玩法是这样：某人摆出某种姿势，对方数数，如50，100，在规定的数字内不许动。这是希腊人经常做的游戏。据说他们的动作之所以那样优美，原因就在于此。

用纸、布等材料制作物品等运用手指的游戏，也对发展孩子的能力十分有效。只要肯动脑筋，可做的东西种类是很多的，孩子们在任何时候都可以高兴地玩。妈妈和维尼夫雷特用纸做蝴蝶、船等，用剪好的布做娃娃，用卷烟盒做小马车和火车，用厚纸建造房屋和城市，建造桥梁和宝塔等。还用花生做娃娃，用香蕉做马，这些游戏，不仅使孩子高兴，而且能发展他们的创造能力。

从维尼夫雷特小时起，斯托夫人就教她做玩偶的衣服和简单的刺绣。在她4岁时，就已能把首次做成的刺绣成品赠送给婶母了。这是一个在白布上用各种颜色的丝线绣成的头戴遮阳帽的少女。此外，斯托夫人还教女儿各种针织方法。女儿的手工艺品种类很多，都是从小逐渐积累的。下雨天不能在室外玩时，她总是十分高兴地把这些物品拿出来欣赏。

斯托夫人认为，孩子的游戏、食物和游戏的伙伴等，以有变化为好。她不让维尼夫雷特总是和某一个小朋友玩。爱默生曾说："如果世界上只出现两个人，不到一天工夫，其中必有一个成为主人，另一个成为奴仆。"孩子的游戏也是这样，只要是有两个人玩，不久，就会产生这样的关系，结果并不愉快。

而斯托夫人鼓励男孩和女孩一起玩游戏，她认为男孩子和女孩子一块做游戏，可以取长补短。男孩可以从女孩身上学习亲切柔和等品德，女孩可以从男孩身上学习勇敢果断等品德。男孩富于理解力，而女孩则敏捷并富于想象力。他们一起玩，不仅对双方都有益，而且能热心地玩，对孩子们来说各个方面会提高得很快。

第四，父母在开发幼儿智力的同时不能忽视孩子道德品质的培养。

斯托夫人认为，人生在世，自己的所作所为必然会得到相应的报答。而自尊、自信等自身品质的培养则是生存的立足之本。自尊者自信，凡事失去做事的信心，终将一事无成。同样，失去自尊，也就等同于失去了自信。因此，家长在教育孩子的过程中，一定要注意维护孩子的自尊心，并积极地给予他行动的自信。

在培养孩子自尊和自信方面，斯托夫人做出了许多有益的尝试：

1. 让孩子穿自己的衣服：在孩子穿着方面，斯托夫人建议不应让孩子穿姐姐或哥哥穿过的衣服。即使家境不佳，最好也不要这样做，因为这样会严重地损害孩子的自尊心。

斯托夫人非常注意保护女儿的自尊心：

让女儿和我们一起吃饭，把她和大人同样对待。吃饭时我们说的也是她能听懂的话题，平等地与她谈话。有的家庭，吃饭时不让孩子说话，有的甚至不吃饭时，孩子也必须畏畏缩缩，这样做，孩子就不会有任何自尊心。

2. 信任你的孩子：为了使孩子能自重，必须信任他们。无论是大人还是小孩，受到别人的信任就能自我尊重。管束孩子不许干这个，不许干那个，还不如信任他们，耐心地说服他们更为有效。我们如果把孩子当坏人对待，他就可能成为坏人。

3. 不要给孩子讲有损他们心灵的故事：在美国有一种坏习惯，为了使孩子做好事就往他们的头脑里灌输各种的惩罚、地狱之火等故事。斯托夫人认为这种方法是非常错误的。

4. 不要试图让孩子怕自己：社会上还有这样的父母，为了使孩子容易管教，故意让孩子怕自己，这也会使孩子变成懦夫。这样的父母，会把孩子造就成一个失败者。一个怯懦者想在这个社会里获得成功是非常困难的。

5. 不要让孩子常说一些懦夫用语：还有一点要注意：不可让孩子说懦夫们常常用的词汇，如“不能作”。常说这句话的孩子决不会成为有出息的人。为了对孩子灌输进取、勇敢的精神，最好给他们讲述伟大人物善忍耐的故事。

6. 不要包办孩子的事情：多数母亲把孩子视为玩物。认为这也不能做，那也不能干，一切都包办代替。结果使多数孩子对自己的能力缺乏信心。维尼夫雷特从婴儿时期起，妈妈就耐心地站着让她给妈妈扣衣服上的纽扣。尽管她不会扣，很费时间，但是妈妈认为这是在对孩子进行教育，所以还是耐心地让她扣。

在斯托夫人内心，让女儿从小时给她扣衣服扣，除了练习手的动作外，还是为了培养女儿帮助他人的观念。为此，她还教孩子自己穿鞋、穿衣服。即便很忙，也要花点时间让女儿自己穿脱衣服，因为这是对孩子的教育。

还有一种母亲，把孩子视为宝贝，怕跌倒摔伤不让孩子滑冰，怕溺水不让划船和游泳。这简直是把孩子用玻璃罩子罩了起来，这是非常错误的。这种教育方法只能使孩子成为废人。

7. 乐于回答孩子的问题：孩子是有好奇心的，对他们经常提出的许多问题，应予以回答。孩子提出各种问题，是令人不耐烦的，并且解答是很费事的。然而，做父母的绝不可拒绝或者逃避孩子的质问。

由于是孩子，所问的内容必定有不合逻辑的东西。但是我们仔细想一想，大人的知识其实也不外乎是些可笑的东西，所以不论孩子提出什么问题，决不应嘲笑。不但不嘲笑，而且应该亲切地予以回答。你一嘲笑他，他就会因害羞而不再提问了。

提问是孩子获取知识的向导，应充分地利用它向孩子传授知识。若遇到自己不懂的问题，可以问问别人，也可以经过研究之后再解答。

8. 绝对不应欺骗孩子：欺骗孩子，被他们知道了，他们就不会再相信父母了。父母失掉了孩子的信任，其后果是不堪设想的。而且欺骗了孩子，孩子也学会欺骗他人。斯托夫人为此还举了一个例子：有个小孩的父亲曾自豪地说：“我的儿子将来一定会成为一个大政治家。”当问他为什么时，他说：“前天，我儿子把他母亲放在碗橱里的菜吃了，把剩下的抹到猫的嘴巴上。”这样的父亲是不可救药的，他儿子的欺骗行为肯定都是从他那里学来的。

9. 不可戏弄孩子：孩子受到戏弄，就容易变成不知羞耻的人，变得粗暴、或是用心不良，甚至不把人当人看待。社会上由于小时候受到父母的戏弄，以后成为罪犯而入狱者大有人在。

塞德兹：天才教育法

1905 年，6 岁的小塞德兹跟别的孩子一样上小学了，上午 9 时他去学校时被编为 1 年级，可是中午母亲去接他的时候，他已经是 3 年级的学生了。就在这一年内，小塞德兹小学毕业了。小塞德兹 11 岁进入了哈佛大学，大学的第二年他只有 12 岁，但却非常擅长往往使硕士研究生们感到头痛的高等数学和天文学，还能用希腊语背诵《伊利亚特》和《奥德赛》等原著作品，15 岁时他作为哈佛大学的优等生毕业了。

这样的孩子，真的不是天生的神童吗？塞德兹在不朽之作《俗物与天才》中给予了解释，他告诉大家，这只是一种先进的教育方法的必然结果。

塞德兹博士认为，孩子的发展与成功，不仅与先天的遗传，禀赋等因素有关，更与后天的环境和教育有关，后者甚至起决定性的作用。这种环境和教育就是给孩子自由。他认为，按照一定规格培养起来的、行为受到限制的、循规蹈矩的、内心压抑的儿童，长大后必然成为庸才。

在塞德兹看来，人就如同瓷器一样，在小的时候就会形成一生的雏形，因此，应该在特定的时期给予孩子恰当的教育；教育最重要的课题是要为孩子打开智慧的天窗，使孩子看清楚社会上的矛盾和缺陷，而决不能让孩子成为精神上的盲目乐观主义者；习惯固定化是庸才成长的温床，错误对天才来说只是一个过程，他要做的是把将来的事做得正确和完美。

很多父母都明白“样样精通，等于样样稀松”的道理，所以许多人认为让孩子学得太多反而达不到良好的效果，因此只让自己的孩子学习一门知识，以求专而精，然而，在孩子最初的成长道路上，这种想法是错误的。片面的教育只能培养出庸才。

在塞德兹看来，各种知识存在着某种相互影响的关系。仅学一门，只能使孩子的视野局限在狭小的范围之中。

片面的教育只能让孩子拼命地学一样东西，将全部的宝贵童年都一门心思地集中一处。这样做的结果当然是能够在某一领域取得突出的成绩，但在其他方面却犹如白痴。

难道，这样的孩子能够称得上“天才”吗？如果是那样的话，只能说明这是人们对天才一词的误解。

塞德兹以“神童”里斯米尔的例子说明这一问题。

报纸上曾报道了“神童”里斯米尔的事迹。这个只有 6 岁的孩子在绘画方面有超人的天赋，能准确地描绘人体，并对人体结构以及光影都有极准确地把握，人们都在沸沸扬扬地谈论着这个伟大的天才，几乎都异口同声地断定这个孩子将会是一名艺术大师，因为他只对绘画有很高的天赋，在其他方面却很平庸，这足以说明他的天赋是先天性的。

这件事引起了塞德兹的注意，因为如果是那样的话，他的教育思想将会面临一次打击，因为他的教育思想的核心就是后天的培养，如果这个孩子的才能真是来源于所谓的天赋的话，那么这将是他教育思想的一个反证。

一天，塞德兹以心理学家的身份访问了这个孩子以及他的父亲。

孩子的父亲对塞德兹的到来感到很高兴，一再诚恳地要求塞德兹指导他的儿子。

里斯米尔的“画室”墙壁上挂满了各种画作和装饰品，房间的地板上摆放着各种各样的石膏模型，一幅巨大的人体解剖图高挂在最主要的一面墙上。有一个身材矮小的男孩在画架前坐着，他便是里斯米尔。

孩子的父亲拿出许多参展证书和获奖证书说：“这些都是里斯米尔的。”

这些全是儿童美术大赛的参展证明，有区域性的，也有全国性的。

但塞德兹却发现里斯米尔始终坐在那儿一动不动，两眼无神而茫然地盯着前面的墙壁。

塞德兹奇怪地问这位父亲：“里斯米尔在干什么？”

这位父亲说：“他一定是在思考。”

“思考？为什么一定要以这种方式思考？”

“恕我直言，报纸上的那些报道并不完全真实。他们说我儿子的才能来自于天赋，我可不这样认为。正如您所说的那样，孩子的才能来源于后天的教育．我对此是深信不疑的。所以，我为了让儿子成为一名伟大的画家，一直对他要求很严。你也看见了，他无时不在考虑绘画的事。可以这样说，他的那些成绩完全来自于努力和勤奋。”他解释道。

“那么，除了绘画以外，里斯米尔还在学习什么？”

“绘画已经占用了他所有的时间，不可能再学其他的东西。何况，我认为只有用心一处才能有所成就。既然想成为画家，那么就应该有所牺牲。”

他这样一说，塞德兹才明白了为什么里斯米尔会有那么一种古怪的表情。可以毫不客气地说，他的那种表情完全是白痴的表情。

事实上，这个孩子在父亲长期的“强行教育”下，已经变成了只会画画的机器，几乎对其他的事一窍不通。他既不会认字也不会书写，更谈不上有其他的爱好。里斯米尔所受到的教育完全是舍本逐末。塞德兹判定，他不可能成为一个真正的艺术家。

果然，几年后里斯米尔的“天才”便不复存在了，人们也没有见到他们所期望的这位“天才”有任何的成就，里斯米尔后来真成了一个白痴，一个大脑发育不良的白痴。

现行的教育重纪律甚于重素质，把纪律看得高于一切。凡是遵守纪律的孩子，就被看成是好孩子，享受各种优待；人们常常不自觉地要用纪律去约束孩子，尽力使他们合乎规范。一旦孩子违犯了什么纪律，不管是有心还是无意，一律被视为大敌，非得严惩不可。

有多少年轻的父母看见孩子穿着干净崭新的衣服兴高采烈地玩泥巴而不生气的呢？又有多少母亲发现时却好像发现了世界末日，急忙上前去扫了他一巴掌，一边数落一边把他带进屋呢？

大人们想当然地认为，应当教会孩子处处为大人着想，让大人尽可能过安静的生活。因此，培养服从、礼貌和恭顺是十分重要的。儿童的自由天性就被这种愚蠢的力量所扼杀。他们在摇篮时期就被弄得毫无生气，他们受到的教育就是拒绝生活。

可悲的是，现实生活中当孩子显露出某方面的天才时，我们的教育不但不加以引导和启发，反而首先是用纪律的条框去规整它，使它符合我们的习惯。

塞德兹指出，学习不应该是件枯燥的事情，可是对于很多孩子来说，却是谈“学”色变。我们都知道，人一旦对某件事情产生排斥情绪，就会进而发生抵触心理，要想学好就难了。只有让孩子感受到学习中的乐趣，他才会主动要求学习更多的知识，因此，我们家长要做的一点就是：努力帮助孩子寻找出学习知识的乐趣所在。俗话说：“兴趣是最好的老师。”但兴趣这东西不是天生的，需要后天的培养。小塞德兹从小接受的都是自愿的学习，如果他不想学，塞德兹肯定不会强行要求他学。况且，每学一样知识，小塞德兹总会觉得快乐，并主动要求学更多的知识。

他还指出，“孩子的问题根本没有意义”这样的想法和做法真的很愚蠢，因为你已经不知不觉地压抑了孩子的好奇心以及求知欲，更为严重的是抹杀了孩子最可贵的求知精神。塞德兹总是认真而耐心地回答儿子提出的问题，并加以引导，决不会像很多父母那样嫌麻烦，应付了事。

一天，小塞德兹手里拿了一本达尔文的进化论的少儿读本，书中用生动的笔调描述了生物进化的过程，并且配有极为有趣的插图。

“爸爸，进化论中说人是由猴子变来的，这是对的吗？”儿子问道。

“我不知道是否完全对，但达尔文的理论是有道理的。”

“可是既然人是由猴子变的，那么为什么现在人是人，猴子仍然是猴子？”儿子问。

“你没有看见书是这样写的吗？猴子之中的一群进化成了人类，而另一群却没有得到进化，所以它们仍然是猴子。”塞德兹说道。

“这恐怕有问题。”儿子怀疑地说。

“什么问题？”

“既然是进化论，那么猴子们都应该进化，而不光是只有一群进化。”

“为什么这样说？”

“我觉得另一群猴子也应该得到进化，变成一群能够上树的人。”

“那是不可能的，因为事实上是猴子当中的一部分没有得到进化。”塞德兹说。

“为什么？”儿子仍然不放过这个问题。

就这样，儿子的问题一个又一个地如潮水般涌来。他的很多问题在成年人看来非常可笑而毫无根据，但即使这样，塞德兹也尽力不让他失望。

用塞德兹自己的话说：其实也并非他的耐心比其他人好，只不过他认识到认真回答孩子问题的重要性。因为只有这样才能够培养起他的探究精神，而不是将这宝贵的品质抹杀掉。

看到小塞德兹的例子，我们家长是不是也应该反省一下自己平时对待孩子问问题的做法呢？想想你的孩子最近是不是不再问你问题了？又曾经怎样的拒绝过他呢？

孩子到底应该具备怎样的心理素质？其实孩子的心理素质教育主要包括人们所有

的心理活动过程和心理活动结果。一个真正的天才，除了身体健康、学识丰富，最重要的还要有良好的心理素质，能在激烈的社会竞争中立足。因此，加强孩子的科学世界观和理想教育，提高孩子承受挫折的能力、培养孩子良好的修改是天才培养的一个重要方面。塞德兹对孩子心理素质的培养方法值得我们学习。

小塞德兹不到7岁就完成了小学教育，这当然是值得骄傲的事。然而，他在学校的经历并非人们想象的那样尽善尽美，这其中也存在着许多不尽如人意的地方。

在一次由学校组织的体育比赛中，小塞德兹倒数第一名。

那一次的比赛，是同年级中的比赛，也就是说1年级的孩子们就仅限于1年级，比赛在不同的班之间进行。2、3、4、5年级也是相同的比赛办法。这样一来，小塞德兹首先就在年龄上吃了亏。小塞德兹报名参加了50米短跑，他当然不是别人的对手。

事后，小塞德兹难过极了。他把这件事看得很重很重。

大约过了一个星期，儿子仍然闷闷不乐。见他这样，塞德兹认为有必要帮助他摆脱那种失意情绪。

“儿子，你还在为那件事难过吗?”塞德兹问他。

“我真是太笨了，竟然得了倒数第一名，太丢脸了。”儿子难过地说。

“是啊！得最后一名是不怎么光彩，可是你想到过其中的原因没有?”我问。

“是什么原因呢?”儿子问。

“因为年龄。你想想看，你的对手都是比你大的孩子，这个很正常……”

“可是我不能因为年龄小就比他们差呀。”儿子不服气地说，“虽然我比他们小，可我的功课比他们都好，只有体育一样不行，这多丢脸呀。”

“不，你这样说并不正确。智力是能通过教育和勤奋得到发展的，但年龄却是任何人也不能改变的。他们跑得比你快完全是因为他们年龄大，个子高。他们的腿都比你的长许多，如果跑得还没有你快，那不是太糟糕了吗?”塞德兹说。

“这也有道理，可是我毕竟是最后一名。同学们都在嘲笑我。”儿子还是很难过。

塞德兹知道儿子的性格，他是一个对自己要求极其严格而且从不服输的人。正因为如此，他固执得往往去钻牛角尖。于是塞德兹进一步对他进行开导：“虽然你现在是最后一名，我想这并不能表明你的体育不行，因为这完全是年龄造成的。我敢肯定，等你长到十一二岁时一定会比那些孩子跑得快。”

“真的吗?”儿子问。

“当然是真的。因为那天我问过你们的体育老师。他说你的失败完全是因为那场比赛对你不公平。他还说你的体育成绩在同龄的孩子中是最好的。他还专门给我看了成绩单，年龄与你相仿的同学无论在哪一方面都比你差。”

小塞德兹似乎在眨眼间得到了一个真理，顿时从失意之中走了出来。

其实，只要你留心，我们的孩子也有失意的时候，可能学习出现了问题，可能和朋友交往出现了什么不如意，总之，我们不能以孩子还小为借口，就对他的失意情绪视而不见。

斯宾塞：快乐教育法

斯宾塞是19世纪后期英国著名的教育家，也是近代西方科学教育思想的倡导者，被很多人称之为人类“历史上的第二个牛顿”。他的快乐教育理念来自对孩子天性的透彻分析和妥善驾驭。他指出：“长期以来的教育误区，把教育仅仅看做是在严肃教室中的苦行僧的生活，而忽视了对孩子来说更有意义的自然教育和自助教育。”并提出了“逃走教育，快乐教育”的教育理念，强调“对儿童的教育应当遵循心理规律，符合儿童心智发展的自然顺序”，揭示了科学教育最本质的特征，对西方科学教育理论的开展起到了里程碑的作用。

斯宾塞强调对儿童的教育应当符合儿童心智发展的自然顺序，即从简单到复杂、从不准确到准确、从具体到抽象。他反对简单的照本宣科，死记硬背。斯宾塞的教育核心理念主要包括以下几个方面：

1. 提倡科学教育，推崇“实用”的知识，斯宾塞提出“科学知识最有价值”的卓越见解，他制定了以科学知识为核心的课程体系，为争取科学被承认为教育的一个必不可少的组成部分而努力斗争。

2. 提倡自主教育，反对灌输式教育。

3. 提倡快乐和兴趣教育，反对无视学生身心发展规律的教育方式。

斯宾塞认为，兴趣是孩子学习的动力，天才都对他们从事的领域怀有强烈的兴趣引导，而且很多看上去都是毫无意义的兴趣。所以，兴趣没有好坏之分，错误并不在于孩子的兴趣，而在于家长能否正确的引导。引导他从中去获得新的知识、方法和对孩子有益的习惯。家长们可以从小斯宾塞的身上学习如何引导孩子。古往今来，不少有成就的科学家、文学家、思想家的成功都是在小时候的兴趣爱好之中开始的。就像爱因斯坦所说：“兴趣是最好的老师。”沿着这位“老师”指引的途径走去，也许可以寻找到自己独特的生命的乐园和事业的归宿；兴趣是位风趣的老师，因为它把“学”与“玩”统一起来。寓学于玩，“玩”中求“乐”；兴趣又是一位热情的老师。它能诱发孩子更加喜欢学习，热爱学习。对自己感兴趣的东西，人们总认为是最美好、最富于诗情画意的。

当斯宾塞发现小斯宾塞开始在花园里对蚂蚁产生兴趣时，便也加入了他的“兴趣小组”。第一天，仅仅是看，是玩。看它们怎样把一粒面包屑搬回来，怎样跑回去报信，带来更多的蚂蚁……第二天，斯宾塞拟出了一份关于蚂蚁的“研究”计划：

在“自然笔记”里开设蚂蚁的专页。

从书本上更多地了解蚂蚁，并作上笔记。

蚂蚁的生理特点：吃什么？用什么走路？用什么工作？

蚂蚁群的生存特点：蚂蚁群有没有王？怎样分工？怎样培育小蚂蚁？

有了目标，小斯宾塞的兴趣更浓了。如果说开始他只是觉得好玩，那么现在他还觉得有意义了。这项研究持续了几乎一个夏天。实际上，在这份计划里，已溶入了系统获取知识的方法，还能培养孩子专注达到目标的意志。

类似这样的事一件又一件地“必然地”发生在小斯宾塞的身上。蚂蚁之后是鱼，鱼之后是鸟类，鸟类之后是蜜蜂。有趣的是，小斯宾塞不仅仅学习这些动物的一般知识，而且开始发现它们的一些“群类特点”。

斯宾塞提醒到，父母在这种事上“所表现出来”的兴趣会使孩子获得肯定，而有目的的引导不知不觉地让孩子学会了求知的方法。

有人说：“兴趣是学习的促进剂，不管是什么，最终还是要转化为动力推动自己的学习前进。”可令人遗憾的是，现在虽然有很多父母知道培养孩子兴趣的重要性，但却常常会指责孩子的一些“没有用”的兴趣。他们企图按照既定的模式去设计孩子的未来，保留一些“有用”的兴趣同时删掉一些“没用”的兴趣。

在斯宾塞看来，这种想法和做法可以用荒唐来形容，因为对于孩子的心智发展来说，兴趣无所谓“有用”或“没用”。每一个孩子都会对不同的事物产生不同的兴趣，每一种兴趣都会引导孩子培养某种特长。发明大王爱迪生聪明吗？不聪明，小学都没毕业学校就不要了，但他有一个了不起的妈妈，爱迪生的妈妈懂得教育的秘诀，知道学习是培养孩子的兴趣，可以说没有妈妈就没有发明大王爱迪生；诗人郭沫若小学语文也考了 56 分，不及格，说明他小时候也是一个很普通的孩子，就因为他对诗文感兴趣才成了大文学家。所以说，兴趣是最好的老师，只要能培养孩子学习的兴趣，让孩子喜欢学习，主动学习，你的孩子就一定是未来的爱迪生，或者是未来的郭沫若。

那么父母该怎样利用孩子的兴趣，通过引导的方式来开启和培养孩子的智力呢？斯宾塞给家长们提出了以下建议：

1. 当孩子对某件事物表现出兴趣时，不能简单地因为自己认为“没用”而指责、否定他。

2. 利用这种兴趣可能给他带来的快乐专注，从而使他获得与这一兴趣相关的知识。

3. 引导孩子通过自己查阅和请教别人的方式来获得知识。

4. 记录是使知识存留下来，并训练使用文字、图画、书籍的好办法。

5. 对于还不具备文字记录能力的孩子，父母也要给他准备一个笔记本，把题目写下来，让他口述。

6. 尽量不使用“任务”、“作业”这类词，而代之以有趣的开头。

斯宾塞一生都在提倡快乐教育，他提醒，要实现快乐教育，就必须避免走入下列教育的误区。

1. 粗暴尖刻的言语

小斯宾塞有一个同学莎拉，他胆子很小，从小生活在爷爷奶奶身边，爷爷奶奶对他精心呵护，日常生活几乎大包大揽地代办，慢慢地，莎拉养成了内向、胆怯的性格。

后来，莎拉开始到父母身边生活，爸爸脾气比较暴躁，莎拉在他面前经常吓得什么都不敢说，不敢做。一天，家里来了客人，爸爸让莎拉给客人倒水，一不小心，茶杯摔在了地上，爸爸当着客人的面劈头盖脸地就骂道：“你真是个笨猪!”生性敏感的莎拉羞愧得无地自容。

当天晚上，莎拉做了一个噩梦，看见爸爸恶狠狠地指着他的鼻子，用手指着他的脸。从今以后，莎拉看到爸爸就紧张，越紧张越是出错，每当这时，爸爸都毫不留情地加以训斥。莎拉最后患了恐惧症，每天晚上做噩梦，一点风吹草动都紧张得不行。

莎拉的父母是爱他的，这一点毋庸置疑，但是由于他们无法控制自己的情绪，常常会以粗暴的打骂来发泄情绪。

现实生活中，很多父母常常不注意就挫伤了孩子的自尊，如："你看看人家邻居的孩子，学习多好啊，你怎么就这么笨呢?""你和你爸爸一样，都是没出息的东西。""你真笨，连这样简单的问题都不会。"

这些语言会严重挫伤孩子的自尊、自信、自爱。最可怕的是它还将影响孩子的一生，使他们长大了以后心里始终有缺陷。

2. 冷漠和麻木

所有的孩子都希望自己能够引起别人的注意，孩子既愿意得到父母的表扬，也愿意忍受父母的批评，而最不希望自己被父母忽视。

冷漠，对孩子来说是极具杀伤力的行为，冷漠留给孩子的心理阴影将会终身不散。在斯宾塞看来，冷漠地对待孩子比打骂孩子更加恐怖。在冷漠的环境中成长的孩子会很容易产生心理异常、心理变态。

3. 伤害孩子的自尊心

斯宾塞指出：每一个孩子的心灵世界，是要靠自尊来支撑的。尊严可以带给人自信，也可以改变一个人的命运。

每个人都有自尊，尤其是还未成年的孩子。他们往往因为年龄阅历的关系更为在意别人的话语，尤其是自己的父母。父母无意间说出的许多话，都可以潜入孩子意识当中，而且在孩子的成长过程和成年生活中不断地支配他们的行为。

孩子的自尊心像幼苗，一旦受到伤害，会留下难以愈合的伤口，甚至会影响他的一生。所以父母除了保护孩子的自尊心外，还应该注意培养孩子正常的自尊心。

斯宾塞认为：当父母已经意识到这种不快乐的境遇对孩子的影响时，虽然不是每个人都能完全改变孩子的境遇，但是，几乎每个父母都可以改变自己的家庭。

家庭环境对于孩子的心智和才能的发挥至关重要，孩子不管遇到什么不快乐的事情，只要回到家中，家庭就应该给予孩子快乐的力量。所以，父母应该为孩子营造一种快乐的家庭氛围：

1. 保持家庭生活的美满与和谐：家庭和睦是培养孩子快乐性格的一个主要因素。根据有关资料统计，幸福的家庭中成长起来的孩子，成年后能幸福生活的比在不幸家庭中成长起来的孩子要多得多。家庭和睦的一个重要表现首先应该是父母真诚相爱，而且要公开地让孩子们看到这种爱情。如果一个孩子了解他的父母是相亲相爱的话，就无须更多地向他解释什么是友爱和美善了。

2. 人格独立平等：在良好的家庭环境中，家长和孩子的人格应保持平等，父母不应该因子女年纪小，而漠视他在家中的地位，平等是营造良好的家庭氛围的前提。父母、子女任何一方的优越感都会对其他家庭成员造成心理压力，使双方产生心理隔阂。

一个甜蜜的家庭，父母与子女间应该有最好的沟通之道，而且彼此体谅与尊重。父母给孩子自由，同时教孩子对自己的行为结果负责任，使子女能明白权利与义务的关系。

3. 给孩子提供决策的机会和权利：快乐性格的养成与指导和控制孩子的行为有着密切的联系，父母要给孩子提供机会，使孩子从小就知道怎样使用自己的决定权。

4. 父母要教孩子调整心理状态：父母应使孩子明白，有些人一生快乐，其秘诀在于他们有很强的心理素质，这使他们能很快从失望中振作起来，当孩子受到某种挫折时，要让他知道前途总是光明的，并帮孩子调整心理状态，使其恢复快乐的心情。

要让孩子快乐成长，除了有快乐的环境，还要父母多花一些时间陪伴孩子。斯宾塞建议，如果孩子年龄比较小，那么，父母应该坚持每周几天有规律地与孩子一起玩耍，并保证遵守时间规定，持之以恒。对于大一些的孩子，如果再规定玩耍时间则是比较笨拙的做法，应该随时寻找机会参加适合他们的活动。

斯宾塞认为，不管在什么样的情况下，我们能够倾听孩子说话都是令人高兴的事。你可以想一想，当孩子兴致勃勃说话的时候，父母不但不愿意听，而且还打断他的话，那多让孩子扫兴啊，即使是大人，如果受到这样的对待，也会感到自己不受重视。现在的孩子大多数是些独生子女，加上同学们的接触有限，都有一种以自我为中心的倾向。父母实际上是与他们交往时间最长的人。如果你的孩子没有和你谈过心，那你就该检讨自身的问题了。如果想让孩子敢跟你谈，你就应该学会认真倾听。

小斯宾塞喜欢在吃晚饭时和爸爸说他们学校同学以及周边发生的事情：哪个同学被老师表扬了，哪个同学被老师惩罚了；他在田野里发现蝴蝶开始飞舞了；同桌乔治在女同学的书桌里放蟾蜍……小斯宾塞总是滔滔不绝地说着，尽管斯宾塞有时候很忙需要静下心来想些事情，但对于孩子的话，他还是会饶有兴致地倾听。

最好每周召开一次“家庭会议”，让孩子就一个星期以来发生的事情，说说自己的看法和感想。孩子的情绪得到宣泄的渠道，心理就会比较健康，以后孩子会在自己遇到困难时主动与父母交流，也由此可以避免一些不必要的事情发生。

井深大：早期潜能教育法

毕业于早稻田大学的井深大是索尼公司的创办人之一，他是一位雄心勃勃并富有才华的发明家和企业家，在学生时代，井深大就以“动态霓虹灯”获得巴黎万国博览会优秀发明奖。但随着女儿的出世和成长，井深大开始致力于儿童早期潜能教育的研究，成为世界上声誉卓著的早期潜能教育权威。

井深大指出，早期教育是人类的重要问题，研究它是每个人都应该做的。他说：“当我想到这种‘应该做的事’被世上很多为人父母者忽略的时候，我就坐立不安。”

他的零岁教育理念在教育界产生了很大影响，井深大也成为了早期素质教育和潜能教育方面的权威。

井深大认为，教育孩子的最好时机，应该是无限接近零岁的时候。过去的教育都是从孩子能够听懂话的时候开始，但是这种教育已经晚了，因为在孩子会讲话之前，他就已经获得了比利用语言传授的知识更多的东西，因此，井深大认为，如果存在着培育精神、性格或气质的时期，那么，就是在懂语言前的这一段时期。井深大强调，人的潜能是无限的，开发越早，开发的程度就越高。父母应该好好利用孩子的黄金时期以做好潜能开发，这样才有可能成为合格的父母。同时在孩子成长的过程中，母亲的作用超过父亲，因而母亲要树立正确的育儿观念，决不可只是关注对孩子体能的培养。

所以，井深大零岁教育的主要观点可以总结为以下几个方面：

第一，人的潜能是无限的。开发越早，开发的程度就越高；初生的幼儿如一张白纸，具有无限的可塑性。

第二，孩子的某些能力的发展是有实践性的，抓住特定时期进行教育可以使孩子受益终生。

第三，人的性格和习惯在 3 岁之前就成型了，井深大说：“3 岁以前幼儿大脑吸收能力比大人强得多……幼儿的大脑如同海绵，吸水饱和之后就会自动停止吸收。我们现在最应该担心的不是灌输得太多，而是灌输得太少。”

第四，母亲的作用超过父亲，母亲要树立正确的育儿观念，但父亲的作用也同样不能忽视。

第五，要尊重孩子的自主性，不能把父母的思想一直强加给孩子。

第六，教育的本质是“青出于蓝”，教育孩子的最高目标是把孩子培养成超越自己的人。

井深大强调，父母应该善加利用孩子的黄金时期做好潜能开发，这样才有可能成为合格的父母。

为了让人们最本质地重新把握“早期教育”，井深大认真分析了传统早期教育的误区，他围绕早期教育和天才教育的问题，把人品和人性的培养与能力和智能的培养放在同一水平上考虑。同时，考虑体育的问题。井深大指出：“如果将这些因素割裂开来，我们就会犯错误。同时，还会让人产生“零岁教育”有偏重的印象。”为了说明这个问题，井深大举了一系列错误的“天才教育”的例子。他首先以贝多芬为例说明世上的确存在能够取得非凡成就的天才教育，那就是早期教育。

贝多芬的父亲约翰，是宫廷乐团的男高音。在贝多芬小时候，人们在传颂着神童莫扎特的故事。他父亲为了把儿子培养成莫扎特那样的神童，开始从小对他进行音乐教育。然而，贝多芬的音乐才华并不像莫扎特那样从小就非同凡响，因此他接受了一个个近似残酷的严格教育。

最后，贝多芬给世界留下了美妙的音乐。如果当初他没有得到父亲非同寻常的教育，恐怕也不可能创作出如此众多音乐精品。井深大通过这个事例表明：早期教育在才能的发挥当中，起到了相当巨大的作用。尽管井深大对早期教育的作用深信不疑，但他同时也提醒到："从小就接受特别教育的孩子，会因为他们在成长过程中表现出的惊人成绩，而产生其他'并发症'"。

为了说明这个问题，井深大专门引用了写才能教育论的黑田实朗著作中，对许多天才的成长过程和晚年的详细记述。"艺术和学问的天才，根据父母的愿望，接受极端的英才教育而成为伟大的人。但是，这却成了他们的祸害，不少人的身心健康受损，在不幸中度过自己的一生"。这些天才因为父母特异的教育方法，成了杰出人物，但是他们的一生却很不幸。

例如，英国的文豪约翰·拉斯金，他是由母亲精心培养长大的。他母亲是一位虔诚的清教徒。她把所有的玩乐都看成是罪恶，所以从来没给幼小的拉斯买过玩具。

母亲每天早上花几个小时和儿子一起读圣经，父亲给儿子念诗并让儿子自己朗读。当时，小学还不是义务教育，所以拉斯金只上了几个月的学。而大部分教育则是在家中进行的。

他 18 岁考入牛津大学。母亲硬是在大学附近租了一间房，密切注视儿子的生活。

据说，这位母亲 3 年多来一直把丈夫留在伦敦，自己住在牛津街。他的婚姻生活并不美满，妻子离他而去。在晚年，他说道："我所受的教育，一般说来是错误的，而且也是不幸的。"据说，他在长大以后曾经多次发疯。尤其在临死前的一年，他因精神极度错乱而痛苦不已。

哲学家尼采也有一个特异的童年。父亲在他 4 岁时就去世，他哥哥也在他父亲去世的 7 个月后死去。母亲体弱多病，和父亲的两个姐姐住在一起，过着寄人篱下的生活。

另外，祖母也和他们同住。尼采作为女家族中唯一的男性。他的成长倾注了女性太多的爱。母亲希望尼采绝对爱她，要求尼采按照她的意志行事。

结果，尼采变成了一个认真、深沉、懂礼貌的孩子。另外他不同于别的孩子，做事刻板，绝对遵守学校的规章制度。因此，周围的坏小孩都取笑他，母亲也担心他。

他不太爱玩，喜欢孤独，喜欢一个人静静地思考。他从青年时代开始怀疑宗教，后来否定神，写下了关于虚无主义的哲学书籍。他 45 岁时发疯，由母亲和妹妹照看他，第二年死去。

也许正是因为这样，长期以来，人们对早期教育和英才教育的是是非非，一直争论不休。有很多人认为，早期教育和英才教育会妨碍孩子的身心发育。

井深大对此有自己的见解，他认为，尽管早期教育在社会上被争论得沸沸扬扬，却一直没有关于早期教育应该做什么，怎么做以及从什么时候开始做的具体研究。正因为早期教育效果明显，能使孩子在智能或某方面的技术上取得优异的成绩，所以才会出现两种不同的意见的争论。一种意见主张追求效果；而另一种意见表示反对，认为早期教育和英才教育会带来负面影响。

他说："我们要更多地相信人所具有的潜能，并在此基础上去做各种各样的尝试。为此，我们必须认真考虑，把"什么时候，做什么以及怎样做"的问题和人类的真正幸福结合起来。”

如果要考虑新的教育，我们就必须考虑这样的问题，否则，我们将永远不能从现有的教育当中摆脱出来。这种对现有教育的重新思考必将会引起教育上的革新。

而现如今，越来越多的家长开始重视儿童的早期教育，她们在孩子还没有出生时，就想方设法给孩子进行各类早期教育，期望孩子不输在起跑线上。

大多数家长希望把孩子培养成神童、天才，一些教育机构也打出类似“培养天才”的口号，对家长们最有吸引力，很多家长不顾孩子的实际情况给孩子盲目定一个超常的标准，那结果只能等于揠苗助长。

很多家长认为早期教育就是智力开发或者特长教育，因而忽略了孩子全面素质的教育。其实，早教的含义包括感知、动作、语言、认知的训练，也包括生活习惯、自理能力、性格、品德的培养。不能顾此失彼，非智力因素的培养同样重要。

还有的家长认为早期教育越早越好。家长们望子成龙、望女成凤心切，恨不得孩子一夜之间成名成才。盲目超前往往使幼儿学得快忘得也快，使孩子对学习产生厌倦。

在井深大看来，这些都是错误的早教观点，是需要改变的。

井深大曾经主持幼儿开发协会进行了一个尝试性的实验，实验以俳句作材料，以调查婴儿能否听到声音，并对声音进行记忆。

首先让播音员录制一首俳句“小猫之扑竟是树叶”，然后把录音磁带交给怀孕的母亲，让她每天听。一天两次，一次 3 分钟。就这样，同一首俳句每天能重复好几遍，同一种刺激每天能让腹中的婴儿听到好几遍。由于俳句具有日常话语和音乐所没有的独特旋律，所以选俳句作为实验的素材有助于今后了解婴儿的记忆情况。

婴儿出生后，井深大选定第二天到第六天的时间段做测试。测试分两组，一组是出生前听过俳句的婴儿，一组是出生前没有听过俳句的婴儿，以进行比较。要让婴儿听的磁带内容有 3 种：一种是实验磁带，录有“小猫之扑竟是树叶”的俳句，一种是录有其他俳句的磁带，再有一种是录有普通说话声的磁带，为了了解婴儿对这些声音的反应情况，井深大通过记录婴儿的心跳变化来进行实验。

实验结果耐人寻味，在出生前没听过俳句的婴儿，听到 3 种内容不同的磁带后反应一致，而出生前听过俳句的婴儿，当他听到在出生前重复播放的俳句时，也许是因为听惯了的缘故，他显得十分平静。而当播放他没有听过的俳句时，他反应强烈，脉搏和心跳都发生了变化。但当他听到普通的说话声时，他的反应则是平静的。

从上述结果可以看出：婴儿是能够区分该句自己听没听过的。因此，井深大认为：婴儿能够对出生前听过的俳句进行记忆。当他在听韵律相同的不同俳句时，也许也想：“这是什么啊?”从而作出反应。

通过这样的例子我们常常地感觉到：婴儿所吸收和学习的东西远比我们的想象要多得多，我们必须站在结合认识胎儿高超能力的立场上，从妊娠、生产、育儿和教育的角度出发，重新看待什么是可能的、什么是必要的以及什么在失去和什么不足等问题。

如果婴幼儿在不断吸收的话，我们就应该教给他尽可能多的知识，而不应该考虑这些知识他需不需要。不管这些知识是什么，汉字、音乐、美术……只要婴幼儿感兴趣，他就会不断吸收。井深大告诉家长，如果孩子不喜欢，他就会拒绝接受那样的“教育”。只要孩子没有腻烦的情绪，就没有必要担心教得太多。

婴幼儿掌握的这些知识将成为他们日后接触新事物的基础，所以井深大希望大家不要想着这些知识会在什么时候派上多大的用场。

井深大虽然也不能肯定趁孩子幼小时教给他更多的东西会在将来什么时候派上用场。但这并不表示教幼儿这些是白费力气，他认为，现在就断言：这事情对婴儿徒劳，那事情对婴儿没用的说法未免操之过急。

但是，早期教育到底应该教哪些内容才是最理想的呢？对此，井深大认为有两个方面要着力去培养。

一个方面是，人们常常谈到的对孩子进行语言、音乐、文字、图形，等等的训练，为孩子的未来奠定智能活动的基础；另一个方面是，要在这一时期把做人应有的基本规范或态度灌输给孩子，这一方面人们往往强调得不够。

谈到做人的态度，有人也许会觉得，它就是指一个人的人生观或价值观，但很难捕捉到它具体的意味。还有人甚至怀疑，由于幼儿还不具备批判能力，如果将父母主观的人生观硬往他脑里灌输，是否恰当？但事实上，我们只要回归现实，就会发现它并不只是人生观等高深莫测的东西。

客观上，作为一个人，就有人人都认同的起码规范。无论思想、见解多么与众不同的人，也都有自认为“这是做人的最基本原则”。

例如，生命是可贵的，必须珍惜；不要只顾自己，同时要多为他人考虑；凡事不要依赖别人，要用自己的脑筋思考，等等，这些都是极为自然的做人原则。

或许有人说，这些都是一些近乎无聊的约束。但仔细推敲一下，你也会同意，在这个复杂的社会，如果人人都能确实以身作则，按照这些规范行事，相信所有人都会过得更加安详，更为顺心。

井深大看来，父母对幼儿所能做的最大贡献即在于此。实际上，做到这一点并不难，它根本无须你向孩子说明这个规矩为什么必须具有，那个规矩为何重要，只需要做父母的从孩子呱呱坠地时起，就以身作则，就能不失时机地把做人的最起码原则灌输给他们。当孩子长大之后，也就自然能够了解父母教导的意义，甚至可以说，当那个孩子已经完全吸收了那些做人的原则，将它当做理所当然的事之后，或早已习以为常，不再有所怀疑时，便能自然而然循规蹈矩地做人了，这才是最标准的所谓的“教养”。

幼时培养起来的生活模式，的确能成为一个人不可磨灭的、与众不同的“教养”，并使他的人生更丰富、更完美。

井深大还指出，在人们的传统思想里面坚信“心灵自然产生”，“一个人的人格是在不知不觉中形成的”的认识是不重视心灵教育的重要表现。

井深大提醒家长，在培养孩子智力之前，必须首先考虑培养孩子的心灵。知识性的问题可以通过以后的努力去弥补，但是，心灵的问题却不能弥补，他会因为时机的错失而永远错失。“婴儿和母亲之间有一条纽带在维系着”，这条纽带不是语言，而是母爱。尤其是在培养人品的时候，这种不用语言也能进行意思传递的“纽带”更是必不可少的条件之一。

井深大指出，小时候缺乏爱的孩子，长大后多数也不懂得如何去爱，这并不能说他们自私，而应该说：这些孩子是因为在某一时期之前没有被爱过，所以不能接受爱。也就是说，在这些孩子的身上没有养成知足的心理和被爱的心理。

井深大在自己的著作中举了伊扎贝尔的故事。

伊扎贝尔的母亲是一个口不能说、耳不能听的聋哑人。在伊扎贝尔出生后，家人为了让她们母女躲避世人的目光，在一间形同牢房的漆黑房间里，整整对他们进行了 6 年半的监禁。伊扎贝尔出生时，是一个没有任何异常的正常婴儿，但是在经过 6 年半的监禁之后，被人发现时，她却变成狼少女的模样：嘴巴不能说话，对陌生人充满敌意，一副穷凶极恶的样子。她的行为据说，只相当于出生 6 个月的婴儿水平。但是经过梅逊和戴维斯两位大夫的共同教育，这位不幸少女的词汇量逐渐增加，数年之后，她达到了能够进行日常生活的水平。出生后到 6 岁半的时间里，没有人跟她说过话，陪伴她的只有黑暗和寂静。可是，伊扎贝尔却融进人的生活，这是为什么？

这是因为伊扎贝尔和母亲的肌肤之亲十分丰富。既不能听也不能说的母亲不可能听得见伊扎贝尔的哭声，也不可能对伊扎贝尔说出温柔的话语。但是，她可以通过搂抱婴儿，和婴儿进行心灵的交流。正是这种心灵的交流刺激了伊扎贝尔的大脑和心灵，并培养她作为一个人的心灵。

说到心灵教育，似乎让人觉得很难很难，其实，它并不难。对新生婴儿的初次爱抚，喝奶时，婴儿和母亲之间的视线交流、母亲对婴儿的逗笑以及母亲对婴儿出声时的应答……这种母婴之间的交流是母亲和孩子之间联系的纽带，它是这个时期最重要的东西。

井深大把母亲和婴儿之间的相互感觉以及母亲和孩子之间的联系纽带，表达为：“不用语言的交流”和“语言之前的交流”，婴儿所感受到的首先是“语言之前的交流”，然后婴儿的心灵和能力才会成长。

另外，井深大还提醒家长，其实婴儿早在还不会说话之前就开始具备了认识汉字的能力。

能够区分汉字的时期、能念的时期、懂得意义的时期和会写的时期，这 4 种时期各不相同。而且，既然孩子具有类型认识的能力，孩子不会读、不会写也不要紧，那么为什么不开展汉字教育呢？

汉字作为类型教育的材料之一，它适合培养孩子的类型认识能力。

在井深大的著作中，他介绍了用汉字进行类型教育的方法，可以使用写有汉字的卡片。具体做法是由大人给婴儿看卡片和读卡片。例如，大人给婴儿看写有“象”字的卡片（开始以 2～4 张为度）并读给他听。全部读完后，再从第一张开始重复。当婴儿看熟后，就给他做游戏。如，给儿童同时看两张卡片并念“象”，让婴儿猜哪一张是写有“象”的卡片。通过这种方式，婴儿能够识别的卡片就会渐渐地多起来。

准备卡片不见得非要局限于具体事物的名称，也可以准备一些如“爱情”和“诚实”的抽象概念。开始的时候，母亲不妨选择一些自己感兴趣和喜欢的汉字来制作卡片。

井深大提醒母亲们，在使用卡片的时候，一定要始终抱着做游戏的心态，绝不能强求。而且，给婴儿看完卡片后，也一定要特别陪婴儿玩一玩。这是因为婴儿十分敏感，一旦发现母亲在摆出我来教你的架势时，就会显得十分紧张。

类型教育，说白了，就是利用婴儿的非凡“感受能力”进行教育。因此，最重要的是给婴儿创造出一种让他感到愉快的氛围，给婴儿以愉快的类型，正是类型教育的第一步。

从开始做汉字卡片游戏的时候起，即使母亲不是特别强调：“你说说看!”，孩子在模仿母亲的读音过程中也能自然明白：汉字有不同的读音，而且读音与汉字有着密切的关系。

让小孩看汉字，然后由大人读给她听。这种事情十分简单，而正是因为这种简单的刺激，使孩子能通过自身的力量发现许许多多的事情。

任何事情，只要重复婴儿就能吸收，这一点已得到证实。井深大指出：对于婴儿来说，事物本身并没有难易之分。“这对幼儿太难啦，还没有必要让他去记”，这完全是大人的感觉。关于这一点，井深大很支持铃木镇一的教育思想，一个打从娘胎开始就反复听本国语的人，对本国语言具有非凡的记忆能力，每天反复听优美的音乐，任何一个孩子在此环境之下都会熟练地弹奏优美的巴赫和莫扎特的曲子。

同样，对婴儿来说，也没有好坏之分。

孩子不会知道，记住这些东西有用没用，或者因为这个不好赶紧把它忘掉。因此，如果光给婴儿坏的事物，他就会不断地记住坏的事物。

井深大还指出，我们应该把通过理解去记忆的东西和通过死记硬背去记忆的东西区别开来。他指出，理解性教育“只有在孩子进入小学后才能显示出它的效果来”，也就是说，6岁前后是左脑和右脑进行优势转换的时期，即使孩子不能理解，经幼儿阶段灌输到他的脑子里的东西也会随着他的年龄的增长而得到理解。

拿学习汉字卡片为例，井深大告诫父母们，在给孩子看卡片的时候，不要作任何“解释”，如说“这个字是爱，那个字是情，两者结合起来就是爱情”，等等。井深大认为如果人长大了才学习汉字，他就要对汉字进行理解。这样一来，要掌握汉字，他就必须付出比小的时候多出好几倍的努力。

井深大并不认同以往的教育观认为的“不讲明意思就让人死记硬背”的方式最不可取。他认为如果我们拘泥于以往的教育观，把“理解”看做金科玉律，那么等到孩子有了理解能力的时候，我们恐怕已经把孩子重要的时期给耽误了。

因为孩子不需要理解和说明，所以，类型教育的类型可以是任何事物，既可以是具体事物的名称，也可以是抽象的单词。因为孩子不需要理解，所以无所谓困难和容易。

最后，井深大提出早期潜能教育不能急于求成，实际上是告诫家长千万不要急于谋求教育的成效。

例如，当我们给婴儿读画册并让他去听的时候，我们不能指望婴儿能给我们谈什么感想。对婴儿的教育可能会进行很长时间后才能看到效果。这样一来，可能会使家长产生误解，他们认为：教给小孩子知识是白白浪费工夫，井深大提醒家长们，正是因为他们的这种看法才造成了以往教育的重大过失。

我们经常能看到母亲问孩子的情形。当一个母亲在教孩子读音的时候，她会这样问孩子："那个字，你知道怎么读吗？"如果通过考问能增加孩子的兴趣固然是一件好事，但是这种想知道是否真正记住的心思是不可取的。因为，如果大人急于求成，孩子好不容易萌发的好奇心就会受到打击。

等孩子有了理解能力，他就自然而然地理解了以前所记住的"材料"。而且，这种理解不能强求，而只能靠孩子自身的能力去实现。井深大提醒家长们，在和婴儿接触时，应该注重婴儿具有的旺盛的吸收能力，而不应该只图眼前的效果。

铃木镇一：才能教育法

1955年的一个晚上，日本松本音乐学院迎来了一群尊贵的客人——著名的维也纳艺术学院合唱团。为了迎接客人的到来，音乐学院的孩子们——30名幼儿和小学生拉起了巴赫的《罗迪协奏曲》。

合唱团的成员赞叹不已。他们想不到一群孩子能把这么难奏的曲子诠释得这么精彩。"奇迹！真是让人难以想象。"合唱团指挥者说，"我可以听听小孩子的独奏吗？"被点到的是一名1年级小学生。他拉了巴赫的《协奏曲第一号E短调》，拉得非常出色。下一个被点到的是最年幼的孩子，她拉了维瓦特的《G・莫尔协奏曲》，同样非常精彩。合唱团员们震惊了，继而被深深感动。是谁创造了这样的奇迹？

他就是日本著名的音乐家和教育家铃木镇一先生。

时年30岁的铃木镇一与其他3个兄弟组建了一支铃木四重奏乐队，这个过程中他欣喜地发现年龄幼小的儿童通常具有很大的学习潜力。于是铃木随后创办了世界著名的"才能教育研究会"，他主张通过儿童早年良好的音乐教育，培养个性优雅、才能卓越、全面发展的新一代青年，这一教育理念迅速引发了世界范围的教育革命。作为世界著名的音乐教育家和家庭教育家，铃木镇一每年都能够培养出上百个莫扎特式的小提琴神童，这一成果令人瞠目。

铃木镇一主张从小开始，对儿童进行良好的教育，而音乐才能教育法是取得良好教育效果的一条通道。铃木才能教育的方针是："为培养孩子美好的心灵、敏锐的感觉、优良的能力，而让孩子们学拉小提琴即通过小提琴来塑造人。"

铃木认为，能力和智商二者之间存在某种相关性。他说："能力就是本身所具备的才能，不论通过什么方法获得的，只要是实际的能力，不管做什么它都会作为生命的机能在起作用。"

他还说，能力得不到培养的原因有两条：存在着抑制旺盛生命力的环境条件；没有促进旺盛生命力得以训练和提高的环境。

为了进一步发扬光大才能教育法，铃木先生写成了一本书——《早期教育与能力培养》，对才能教育进行了理论总结。概括起来包括以下几个要点：

1. 采用灵活的培养方法，任何孩子的能力都会提高。

2. 为所有孩子提供受最高水平教育的可能性。

3. 若在幼儿时期培养能力失败，那就无法挽救了。

4. 生命力是培养一切能力的原动力。

5. 教育越早实施，其效果就越好。

6. 在反复训练过程中能培养优越的能力。

7. 培养能力的好坏与大小是由教育工作者的素质优劣决定的。

8. 教育培养能力，光教不能培养能力。

9. 创造更加优越的环境条件。

铃木对“龙生龙，凤生凤”的说法表示怀疑，并不断开展实验性的教育，从而增强了信心，由此得出如下结论：遗传有遗传法则，能力有能力法则。能力与遗传法则无关，能力是在不断适应生存环境的过程中获得的。

京都大学灵长类研究所久保田竞先生支持这种说法，他指出人不存在能力基因遗传的问题。也就是说，遗传因素对人的能力和性格不构成决定性的影响。

很多人对此产生疑问，他们列举莫扎特、居里夫人母女等例子来说明遗传对能力的发展有多么重要。

铃木并不否认这一点，的确，所有孩子由于遗传造成了生理上的千差万别。但不管怎样，各种能力都是根据出生后的环境条件获得的。与遗传有关的只不过是像哭声有大有小那样对环境条件的感受程度和适应速度的不同而已。也就是说，假如遗传对能力产生影响，遗传能力也只不过是装入能力的容器。遗传能力不是指能力本身，而是指容器的大小。因此，不管它是多大的容器（遗传性能力），如果它没装进多少东西，那么它就比不上装满东西的小容器。而这个容器到底能装进多少东西，要取决于后天环境的影响。

这就是能力法则，该法则对所有孩子都是适用的。

老鼠的儿子一生下来就会打洞吗？未必！因为老鼠打洞的能力是在不断适应生存环境的过程中慢慢获得的。其实人的能力也是如此，总是在生活环境中慢慢积累，从而渐次获得！

没有一个人一出生就懂得语言，这是事实。例如，生于大阪府的孩子们，由于每天受父母大阪口音的熏陶，他们都掌握了大阪语的抑扬顿挫和速度，能流利地说出大阪语。他们的大阪语言之所以运用到如此地步，是因为他们是在最好的环境条件下培养的。在大阪的孩子们都具有掌握大阪语言的能力，但在自由运用的能力上是有差异的。这种能力上的差异与遗传毫无关系。这一点，我们应该注意。遗传这种观念会严重束缚孩子们能力的培养和发展。

与其这么说，倒不如说孩子的能力和性格与遗传无关。我相信，遗传不会对孩子的能力和性格产生任何实际性损害。至少，如果想让孩子具备发展的可能性，哪怕有百分之几的因素属于遗传或者先天的，我们也要把孩子的成长看做是环境的产物。这样一来，它不仅对孩子，对父母，甚至对社会都是一件幸运的事情。

每个孩子除了身体条件有所不同外，他们所处的环境：家庭结构、父母与孩子的关系、兄弟姐妹的关系、家族的阶层关系以及气候、风土、文化等也不同，因而对孩子的影响也绝不是一样的。在这种错综复杂的环境中，孩子们的能力也是千差万别的。

对此，铃木很是担忧，在他看来，心灵、感觉和性格都是能力。这些能力是可以用一种教育方法去培养的。为了让人们明白这个道理，铃木几乎花了毕生的精力去探讨它，并且用音乐教育的实践向社会表明："任何一个孩子都有通过音乐达到高水平演奏能力的可能。"因此，他希望人们不要脱离本质东西，而只忙于探索那些根本不存在的所谓"特定素质"。

才能教育要早期实施，铃木先生认为，可能的话，最好从零岁开始。因为处于软弱状态的婴儿，反而具有更强大的生命力。

当妈妈一时忘记喂奶，婴儿就急得哭叫着要奶吃。仅就这一点可知，婴儿是想以旺盛的生命力活在这个世界上的。婴儿越是幼小，其生命力就越强。

幼儿顺应环境的能力强得惊人，顺应环境而产生的生理反应、生命机能反应乃是一切生物所具有的本能。因此，趁幼儿适应环境的能力强大时，让他接受良好的教育，其教育内容将会深深地铭刻在他的脑海中，终生难忘。

随着孩子不断长大，直接的生命力相应地就发挥不出来了，而只能靠适应社会环境的能力求得生存。与此同时，应该被开发出来的能力也不断受到社会环境的种种限制。因此，铃木认为，幼年时期的旺盛生命力决不能抑制，要通过锻炼不断提高能力，这一点显得越来越重要。但不能简单地说因身体虚弱而严格锻炼，若是这样，生命力就会受到抑制，只能产生"健壮"的机体。

铃木自认为自己开发能力较晚。由于培养方法不当，在自己的能力提高上确实蒙受了重大损失。但他没有因此而失望，而是认为：不管年龄大小，无论什么样的孩子都是可以接受才能教育的。重要的是要从幼苗开始精心培养，以良好的方法进行训练，经过努力必然会开花结果。

音乐教育不只是教音乐这么简单。铃木镇一对如何通过拉小提琴去开发和提高孩子的能力充满了坚定的信心，并培养出了大批的"天才"儿童。在铃木看来，实施才能教育的目标就是努力培养孩子的纯洁心灵。只有促进纯洁心灵的发展，才是提高孩子能力的最佳途径。他认为："要十分重视孩子旺盛的生命力及其活动，从小开始就要不断努力把这种生命力转化为能力。这样，人的生活道路才不会中断。"

从这个意义上说，教音乐不是铃木镇一音乐才能教育方法的主要目的。如果让一个儿童从降生之日起就听美好的音乐并自己学着演奏，就可以培养他的敏感、遵守纪律和忍耐性格，使他获得一颗美好的心。因此铃木的音乐才能教育的意义，不仅局限于音乐教育，而是涵盖了孩子成长的各个方面。

"你的孩子不是要变成了不起的人物，而是应该成为高尚的人、心灵美的人。作为父母应在这方面多关心孩子就行了，若这样精心培养，就会使孩子前途无量。不然，就会使孩子误入歧途。”所以说，一心一意培养孩子的能力，正是父母和老师实施才能教育的基本态度。期望急功近利的教育绝不是才能教育。我们丝毫不应该有通过培养使孩子成名成家的那种思想。

因此，当提到才能教育时，并不是打算把孩子送进英才教育机构。英才教育机构只不过是使跟不上学习的孩子纷纷掉队，只选出易教的孩子加以训练。英才教育的想法是“只培养特定的孩子”，而不是“让所有孩子都得到培养”。作为家长应尽量避免把孩子送到英才教育机构中去培养。

在铃木所教育的学生中，有一个双目失明的男孩子，父母希望通过音乐给这孩子带来一点光明。当时，铃木想尽量满足他的要求，但不知怎么指导才好，所以没有立即表示同意。到了晚上，铃木突然觉得有了头绪：“对呀！不妨先使自己处于盲人一样的状态。”想到这里，他不由得从久坐的椅子上站起来，关上了电灯。

顿时，屋里一片漆黑，伸手不见五指。在这黑暗中，孩子应以什么作为行动目标呢？怎样才能给他提供行动的线索呢？铃木边想边摸索着从箱子里取出小提琴和弓，轻轻地试拉起来。在拉琴过程中，他并不感到有什么不自由，在黑暗中，弓和弦及间隔位置都清楚“可见”。于是铃木确信，不用眼睛，只要把小提琴和身体融为一体，黑暗中的弓柄就会“看得见”，这就是孩子学会拉小提琴的重要条件。

训练拉小提琴的计划开始了。孩子用手拿起弓柄，用弓顶住手指，使弓上下左右移动……仅“掌握”弓的训练就进行了好几十次。他在这十分艰苦的磨炼中，增强了对弓的感觉，终于“看见”了弓和弓柄。在此基础上，孩子开始学拉小提琴，一年之后，经过令人十分感动的努力，这个孩子与普通孩子一样，能拉各种各样的曲子了。

在铃木看来，才能教育既是对生命进行的教育，也是对旺盛的生命实施的教育法。

多湖辉：实践教育法

作为一名杰出的教育家，多湖辉教授对儿童心理和脑力开发研究造诣颇深。与许多以理论见长的学者不一样，多湖辉的教育思想更具实践性，直指儿童教育的具体实际问题，并提出了许多具有建设性的意见。他认为，增强孩子能力最好的办法，就是使父母成为“教育的实践者”。父母不仅要了解孩子独特的心理动态，还应该针对不同孩子的个性特征，不断地在生活和学习实践中摸索教育孩子的方法。

曾经担任过小学校长、做客广播节目《育儿问答》的经历，使多湖辉有机会接触到许多小学生，并开始考察围绕现代儿童的社会环境及家庭环境问题。通过他与父母和孩子进行了广泛的沟通，他了解到了许多在日常生活和现实社会中，孤立孩子、扼杀其应有才能的父母们的种种表现。他了解到，尽管每一个做父母的对子女的培养和教育都十分用心，为了把孩子培养成才，他们甘愿不辞辛劳，费尽心血。但是往往并没有取得相应的成效，其根本原因就在于孩子的父母没有以一个实践者的心态来教育孩子，他们既缺乏教育的具体行动，又缺乏教育的艺术和技巧。

在实践教育中，多湖辉发现玩耍的另一方面，“玩得发疯”，在大人的世界就很可能受到谴责，可是在孩子们的世界中则与“拼命地学习”是一致的，其实玩耍之中存在唯有当事人才能知晓的喜悦和快乐。而且，玩耍的意义并不仅在于此，可以说，玩耍是门深奥的学问。因为孩子们在玩耍的过程中，会不知不觉地学到方向感、空间时间的掌握、沟通技巧、如何与他人相处、如何解决问题等知识，并把这种知识训练成自己的技能。

如果孩子被过早地剥夺了这种玩耍的均等机会，就会因此缺少掌握这些有用技能的均等机会，其实是剥夺了孩子的天性学习时间。

除此之外，多湖辉认为孩子能在玩耍之中获得不受仪式或习惯所影响的精神上的自由。这虽然称不上是创造性活动，但是也可以看做是与其相酷似的一种体验。

总之，孩子所有的学习都来自于玩耍之中，将学习与玩耍明确地区别开，将其加以限制，这是大人的想法，而对于孩子来说，学习和玩耍是没有区别的，甚至从玩耍中可以学到很多书本上没有的知识。

多湖辉认为，开发孩子的智力，首先要使孩子感兴趣，并采用使他们快乐的形式进行。从这种观点出发，我们就要重新探讨今天的孩子所喜欢的游戏了。

多湖辉曾教育过一个孩子，虽然还是幼儿，却已经知道了车的各种型号，令周围的人非常吃惊。当然，这并不是父母强迫其学习的。父母带他驾车去旅行时，孩子在车里感到无聊而哭闹，于是，母亲就与其一起进行“押宝”游戏，让他猜遇到的车的种类和颜色等，使其不知不觉地掌握了“专业”知识。

孩子们能在娱乐中做事，从另一个角度来看，这也是孩子主动性得到充分发挥的表现。多湖辉认为这种学习的主动性尤为重要。我们在学习中真正学到的东西，都是从自己主动地想学开始的。

为了进一步说明游戏对孩子成长的意义，多湖辉对玩耍与学习是如何使孩子的头脑变聪明的问题进行了深入的探讨。他认为，耗能的机器越使用越受磨损，性能越变得落后，人的头脑却完全相反。通过对大脑生理学和心理学的研究可知，人的大脑是可以无限制地延长使用的。

只要母亲在孩子娱乐的时候，稍微动脑想办法，做一些努力，把理论基础知识融入娱乐之中，单纯地玩耍马上成为使大脑变聪明的工具，可以说父母的任务就是掌握这种方法。

平时大家常说“好好学习，好好玩。”多湖辉则认为，从对孩子大脑的发育来说，不如改说成“好好玩，好好学习”，因为玩的比重正在扩大。孩子们实际上是通过玩来学习各种各样的知识的。

多湖辉建议教育者要随时把教学与实际生活联系起来，在日常生活中到处都有学习的机会，生活中随处都有最好的教具，他认为，只要把学习渗入日常生活中，不论多少都会有效果。通过这些无意识之中提供的学习机会，无论多么讨厌学习的孩子，都会逐渐对学习产生兴趣的。所以，父母要为孩子创造生活课堂：

1. 家庭旅行计划：多湖辉举了几个创造这种生活课堂的方法，比如通过让孩子制订家庭旅行计划，引导其对地理感兴趣，在做暑假家庭旅行计划时，可以简单一些，让其根据旅行目的地做一个旅行导游介绍。为了完成这一任务，必定要翻地图、查找教科书，在不知不觉中学习了地理知识，而且通过这项工作或许会使孩子逐渐喜欢上地理科目，在这个过程中同时给他一个策划者的职务，拥有职权，也会使其产生积极性，这是一种很好的教育孩子的方式。

2. 纠正孩子的厌学情绪：多湖辉指出，孩子是望着父母的背影长大的。如果要让孩子“好好学习”，父母在日常生活中也必须以实际行动做给孩子看，让孩子觉得，父母也同样喜欢学习，以此纠正孩子厌学的毛病的方法是非常重要的。

对此，多湖辉对很多父母提出了批评，因为有许多父母过于注重“教育目的”，带孩子到博物馆好像是尽义务陪孩子的，孩子也感到没有兴趣。带孩子到天文馆去本来是件好事，但有的父亲却对孩子说：“你自己看吧”，然后打起了呼噜。相反，父亲如果一边对孩子说：“喂，快看，多厉害。”一边与孩子一样感兴趣，孩子的兴趣也自然会放在学习上。

因为当孩子一个人学习的时候，很可能产生“认知只有我必须学习”的心理，这种心理会使孩子厌学。因此，反过来用这种只能自己做的心理，也是纠正孩子厌学的方法之一。例如，如果每天规定让家庭所有成员一起学习 10 分钟，只要大家都做，孩子就不会有不满的情绪了。

3. 要求孩子做家务：多湖辉指出，要求孩子帮忙做家务，对于孩子来说，会起到比课堂更有效的学习效果。以往，孩子帮助家人做家务，是极为正常的事，但由于现在的孩子都是独生子女，家人都会十分宠爱，就会越来越缺少这种锻炼。实际上，这种帮忙与其说是为了父母，倒不如说也会给孩子带来锻炼的机会，提高他们动手实践的能力。

在家务劳动中，孩子自然而然就会了安排计划，而且，还可以促使孩子将家务活与学习时间调剂好，在做不同家务的同时，也培养了孩子的耐性和身体素质。

不仅如此，从心理学的角度来讲，家务劳动对孩子的心理成长也有很大帮助，孩子在劳动过程中担当一定的角色，当家长充分授权给孩子后，可以使孩子找到一种主人翁的感觉，在做家务的过程中，可以受到大人们的常识，从而使孩子在心中找到自我存在价值，以形成一种做其他事的自信。

曾有一个孩子，父母很长时间一直认为这个孩子什么也不会，凡事都代替孩子来完成，一天，家里来了客人，需要买些招待客人的东西，由于家长忙于应酬没时间出去，就给这个孩子写了一个纸条，让他拿磁卡去买东西，结果他很顺利地就把东西买回来了，本来很简单的事情，但对于孩子的父母来说却喜出望外，不仅夸奖了孩子，而且从那以后，家长转变观念，放手让孩子去做。买东西、做家务，由开始的不会到样样干得很好，孩子逐渐从小事中找到了自我存在的价值．这种喜悦超过了大人的想象，并且也增加了孩子的上进心。

孩子有自己的标准，多湖辉认为，大人应该遵守孩子的标准。有一次多湖辉在美国街头看见一个约四五岁的男孩子，抓住一位留着乱蓬蓬胡须的嬉皮士问：“对不起，你为什么赤着脚走路呢？脚不痛吗？”那位男子注视着孩子的脸慢慢地、像对大人一样地说：“这是我的哲学，不想隔着鞋，想直接与地球接触。”这个孩子像是终于理解了，于是小声地说：“好，是哲学。”这个时候，这个孩子必定是切身理解了“哲学”这句话。所以，这位男子像对待普通大人一样认真地回答问题，使孩子感受到了自己的提问得到了回答的价值。相反，如果大人采取不认真的态度，孩子的问题最终也得不到回答，很可能会导致孩子缩手缩脚。

有时候，父母经常以为如果不能完整地回答孩子的问题有失身价，就容易把回答问题想得很复杂。因此，当孩子问自己不知道的问题时，大人就含混地回答说：“以后再告诉你吧”、“大概是这么回事吧”；相反，对于自己会的问题就想全部告诉孩子。多湖辉则认为，大人即便是知道的事情也不能全部告诉孩子，因为这样做会完全使孩子失去自我思考的余地，对于孩子的提问只作逻辑性和科学性回答，这才是最佳回答。

多湖辉认为，反抗是孩子精神成熟的重要标志。从根本上讲，孩子自立、有主见就意味着要脱离父母并且开始具有与父母相异的想法，当然，其中有些想法可能会与父母近似。然而，即使这样，他们也不会囫囵吞枣地听信父母，而是将其纳入自己的思维框架中进行选择接受自己认为可以接受的部分。

不服从父母，甚至与父母发生争执顶撞，都是伴随着孩子的独立性增强而自然发生的现象。孩子在真正长大之前，做事情总是欠考虑，往往采取较为激进地做法，比如激烈地反驳家长。有一段时期孩子总是感情用事，这时做父母的也不要与他计较，而要在孩子面前保持冷静克制的头脑。这一点对于孩子的成长极为重要。

在多湖辉的著作中，讲了这样一个故事：在东京的普通民众居住区，邻里交往密切，互相都像对待自己的孩子一样关照别人家的孩子。其中有一位善于对年轻人提意见的老人，这个人类似现代式的“大杂院长者”。对教育孩子感到头痛的父母都想去讨教这位老人。这样一来，刚才还与父母顶嘴的孩子马上都老实了。人们都想知道这种魔法般地说教的秘诀，便问道：“为什么您的意见大家都老老实实地听呢？”这位老人回答说：“就是因为讲得使人容易接受，所以就听进去了呀。”这位老人讲得十分谦虚。实际上，有没有这种极为正常的气氛，这关系到孩子能否认真听取父母指出的问题。

与责备相比，因为夸奖是肯定孩子做的事，许多父母认为不需要许多技巧。实际上同样具有一定艺术性。日本的家长在鼓励孩子时往往只是说：“加油啊！好好干！”具体如何去做，却只字不提。

多湖辉并不认可这种做法，他认为这种鼓励方法并不能起到什么实际的作用。他们听后定会茫然不知所措。

这时候，如果能提出具体问题，那么孩子听后就会清楚自己应如何去做，当天开始就可以努力工作。

如果孩子失败了，那我们也应该采取鼓励而不是批评的态度。

对于平时成绩不错的孩子，在一次考试中没及格，失利了，他本人肯定相当难过，这时如果再对孩子提出批评，结果只能是适得其反。这时较好的做法应当是要耐心地去鼓励孩子，在鼓励的过程中寻找问题，“这次为什么没有考好？咱们来分析一下。到底错在什么地方？搞清楚了，下次就一定能考好。你准没问题。”让他自己对所出现的错误进行反省。经过这样的分析，找到并解决了以往不明白的以及出差错的地方以后，那么下次考试取得好成绩就轻而易举了。

多湖辉就时常会对这样的孩子以朋友的口气说：“谁都会有失败。不要泄气，下次努力就行，你肯定能考好的！”听到这样的鼓励后，孩子也会暗下决心：“放心吧，下次我一定考好！”

此外，还要注意对孩子的意外鼓励。古代有一个常胜将军，打胜仗对他来说已成为家常便饭。当有人奉承他：“你将作为战略家而载入史册。”他不以为然，一点也不感到高兴。可是有一次，有人夸奖他的胡须非常漂亮时，他却高兴得喜笑颜开。将军自己肯定没有注意到自己还有这种优点，因此当有人称赞他的胡子时，他才会高兴万分。同样，这种鼓励的方法用在孩子身上，还可以帮助孩子发现他在其他方面的优势。

同时，不要只在孩子考了100分时才说上一句：“考得不错。”那么，孩子认为这时受表扬是理所当然的，丝毫不感到意外。如此一来，即使以后总得100分，那么孩子的上进心也会慢慢消失。不过我们可以换个方法去表扬孩子，要抓住要点或者“投其所好”地进行表扬。比如：“今天确实不错，你学习了两个半小时。”这样的话，孩子听了会从心底感到高兴和激动，他们会觉得爸爸妈妈真是无微不至，连这些方面都注意到了。

当孩子因成绩不好而感到沮丧时，千万不要再责怪他们，这是相信孩子的才能并且能使之增加的一个原则。总之，不要一味地乱鼓励或者逼迫孩子，最理想的做法应该是坐下来同孩子一起讨论问题的所在，鼓励他们不要灰心，告诉他们怎样做才能取得好成绩。同时，在夸奖孩子时要注意细致入微，不能不切实际。如果只是口头上随便夸奖几句，反而易于造成对孩子心理的负担或伤害，让孩子觉得家长只是随口说说，并不是真的在意自己的表现。为此，多湖辉建议家长应该恳切地对孩子进行具体的评价。比如夸奖孩子画画不错，不能只是说：“不错，像毕加索一样。”而是要说：“这个天空的颜色很有意思”或“这个脸画得很像爸爸……”

多湖辉希望父母在对孩子讲话时，思考一下“办事靠会说话”这一问题。要想一想除了一再劝说“你要用功呀”之外是否还有别的办法；除了“不要光看电视”之外，是否还有更好的说法。父母应找到比这几句未加认真思考的话更尊重孩子心理的表达方式。

多湖辉以本田宗一郎为例，劝诫家长们，不要怕孩子失败，要多想想失败所带来的好处。

本田宗一郎先生是以生产汽车、摩托车而闻名于世的大型企业本田技研公司的创办人。

上小学时，他在班里却是“后进生”。无论让他做什么，都总是失败，学习成绩也不理想。然而，对这段经历，本田先生本人是这样认为的：“正是因为当时的失败，才培养了我能进行独立思考、具有灵活性和创造性的大脑。”

他说：“从别人那里学到的东西与自己经过深思苦想得来的东西相比较，其价值和应用的广泛性是大不一样的。”

“不能怕失败，之所以不能怕失败，是因为一旦怕失败就什么也做不成了。”孩子想做某种新的事情时，大人比孩子更了解失败的可能性，便在事前经常说“弄错了可不行”、“别弄错了”。但是，这样不但没有起到鼓励的作用，反而给孩子增加了压力，使其畏缩不前。而且，孩子会从父母的话中得到“恐怕会失败”的暗示，反而易于出现失败。进而，孩子由于过于担心失败，认为什么也不做就不会失败，因此便失去了做事情的积极性，甚至会陷入对一切都无能为力的心理状态。

多湖辉举了一个故事来说明担心孩子失败会对其造成很大的负面影响：

有一个孩子拒绝上学，就算在父母的要求下不得不去学校，也一句话不讲，家长怀疑这个孩子精神方面出了问题，就带他去医院进行治疗。可让医生意想不到的是，这个一句话不说的孩子突然说话了，他的话却值得我们每个人深思。这个本来很沉默的孩子说：“本来我什么都会，脑子也不笨。可是我在学校一有差错同学们就嘲笑我。因此，我现在什么也不干，什么也不说。”

一个健康的孩子仅仅是过于担心大家嘲笑自己的失败，而变得一句话不说。这可能是一个极特殊的例子。但这个例子恰恰告诉我们，总是担心失败，成了一个什么也不会的孩子，也就不可能指望其有更好地成长。

我们都有这样的体会，我们要摔倒时，本能地会伸出双手支撑身体，保护头部、脸部。但是，有些孩子摔倒时，一摔就是一个嘴啃泥，为什么？因为我们不忍心看着孩子在自己眼前摔倒？所以一遇到坑坑洼洼的时候，我们就告诉他绕过去的方法，甚至干脆抱过去。可是，孩子总有离开我们自己走路的时候，那时候就再没有人会告诉他该怎么面对坑坑洼洼了。

人生如同走路。小时候不让他磕磕绊绊，我们怎么能放心地让他独自出行，独自面对生活？所以，请家长们听从多湖辉的劝告：允许孩子失败。

多湖辉认为，如果家长从小就不培养孩子的持久力，就会影响孩子以后学习和的专注度注意力，对孩子的发展是非常不利的。

儿童的持久力是指在一件事情上持续的时间长短。具体主要表现在孩子的注意力和专注度上。多湖辉把持久力不强的孩子分为两种情况：一种是无论做什么马上就会厌倦，比如学习，不到 5 分钟他就开始厌烦。另一种是三天打渔、两天晒网，比如长跑，最多坚持 3 天，他就想要放弃。

显然，不管哪种情况，都不利于孩子的发展。对此，多湖辉建议家长，给孩子规定一件事情，要求孩子每天都要完成。原则是这件事情不能让孩子觉得有负担，如小时候可要求孩子饭后撤碗筷，或每天早晨取报纸，上学后就要求写日记等。关键是要求孩子每天必须完成。对于第一种类型的孩子，做父母的应该去鼓励他们，循序渐进地增加他们做一件事情的时间。比如学习，昨天学了 5 分钟，今天就可以设法给他延长至 7 分钟，进而明天延长至 8 分钟，关键是不能一味求快。

对于第二种类型的孩子，我们要让他们清醒地认识到自己也具有能坚持到底的优良素质。每天让他坚持做固定的几件事。

具体来说，家长可以从以下几个方面着手：

1. 提供一个安静、干净、有秩序的环境，因为嘈杂、紊乱、刺激物过多的环境容易分散孩子的注意力。当孩子在专心做事、学习时，我们不要让他受到打扰。

2. 和孩子共同制订合理的生活规则，要求孩子严格按照作息表活动，比如：每次玩完玩具后一定要放回原处，每天固定时间上床休息，固定时间运动，不允许边玩边看电视等，这样使孩子久而久之就会在有秩序的环境中培养稳定的情绪和安全感，分心现象会逐渐减少。

3. 以身作则，我们都知道这是教育儿童最基本的原则，但我们真正做到的人却很少，在培养儿童持久力上，成人的模范作用更重要。因此我们平时要避免边看电视边吃饭或者边看书边聊天。与孩子沟通时要专心地听和说。

4. 让孩子做力所能及的事：我们前面已经说过，在培养孩子持久力的时候，一定不能让孩子觉得负担过重。孩子能专注地完成一件事情时，会获得成功的经验，享受专注工作所带来的乐趣，如果孩子觉得负担过重，不能完成家长交代的任务，他的自信心就会受到更大的打击，不利于他们的持久力的培养。

最后，在一系列著作中，多湖辉还强调了，胎教是新事物，胎儿的灵性与母体息息相通。母亲的生活习惯、饮食、健康、情绪对胎儿的健康成长有着直接的影响，母亲切不可掉以轻心。胎动是胎儿向母亲发出的各种信号，母亲不可不知。

遗传对人的智力有很大影响，但后天的环境和教育对人的影响更大，即使先天不足，只要教育及时得法，本人不懈努力，同样可以使智力得以不断的提高。母亲是婴、幼儿的启蒙老师和引路人，责任十分重大。一般的母亲对“育”能尽到责任，但对“教”的认识却往往不足。常言道“人看从小”、“3岁看大，7岁看老”，说明幼儿期的教育极其重要。幼儿的可塑性很大，问题在于怎样去塑造。对3岁前的教育等闲视之，是父母的一大失误。

夏洛特·梅森：家庭教育法

夏洛特·梅森，英国著名教育家，“教育之家”创始人，被誉为“家庭教育之母”，教育界的“斯波克博士”。她的核心观点是：儿童是一个具备所有发展可能性和能力的“人”，教育的目的是尽可能多地把儿童置于与自然生活和思想的活生生接触当中；要把孩子当成独立的个人来教育，而不是一个只会衣来伸手、饭来张口的“低能儿”。

她强调“教育是一种氛围，教育是一种训练，教育是一种生活”。她针对家庭教育中的一些实际问题，结合自己教育孩子的经验，提供了富有创造性的思想，向人们传授了应该怎样给孩子实施广博的、激励的、快乐的教育的方法和途径。

另外，梅森强调，幼年时期是孩子生命中最重要的阶段，家长的主要职责是让孩子养成良好的性格。她告诫为人父母者，为了养成孩子良好的习惯，做父母的不可以专制，不可以对孩子漫不经心，不可以枯燥地说教，而应是民主的、温和的、公正的、宽大和善的，父母应更多地给予孩子表扬，而不是批评。

梅森指出，对于社会而言，最重要的工作就是抚养和指导儿童。家庭是教育孩子的第一站，也是最重要的一站。为人父母是一件很重要的事情，任何事业上的提升和尊严都不能替代家庭教育的地位。因此，父母要与孩子一起长大，要引导他一点点走向独立和成功，首先要创造健全的家庭环境。

家庭虽然人数较少，空间有限，但它却是个大课堂。孩子们在宽松的生活环境中，优缺点极易充分表露。因此，能从实际出发，更具有针对性地对子女进行教育，能收到较好的效果。但是，必须保证父母自己能做到言行一致，否则，将影响家教的效果。父母的一举一动，一言一行对孩子起着潜移默化的作用，是一本无言的教科书。因此，有人说，孩子是父母的影子，不是没有道理的。

现代教育在飞速发展，作为家长，不但要提高自身素质，注意自己的行为和习惯，以自己优良的言行感染、熏陶孩子，还应注重通过日常生活，如饮食起居、穿着、聊天、散步、乘车、旅游、购物、娱乐、探亲访友、待人接物、为人处世等随时、随地、随机地对子女进行面对面的个别指导、教育和训练。想成为一名优秀的家长，首先要不断提高自身素质，切实做到身教重于言教，以达到润物细无声的目的；其次，要了解孩子在各年龄段的生理和心理特征。特别是个性特征，学会尊重孩子，选择有效的教育方式、方法，高瞻远瞩，不断激发孩子成功的动力；除此之外，家长还要努力创建和谐的家庭氛围，让孩子幸福、愉快地成长。

家庭的存在，确定了父母子女间的血缘关系、抚养关系、情感关系，子女在伦理道德和物质生活的需求方面对父母长辈有很大的依赖性，家庭成员的根本利益的一致性，都决定了父母对子女有较大的制约作用。

夏洛特·梅森认为，在家庭内部，家长是治理家庭的，能维护家庭利益的有一定权威的人。孩子一般都有一种服从权威的心理。所谓服从，就是按照他人的命令作出行动。可是，有时候，家长的权威在孩子面前消失了，“这种权威的丧失对社会非常有害。”梅森提醒家长，一定要维护自己在家庭中的权威，这样才会使家庭教育更有效。

梅森反对人们的一种普遍看法：“家长的权威是造物主赐予的，是家庭关系不可分割的一部分，因此从孩子一出生，就只允许他们去做自己认为对的事情。”他以李尔王的故事为例进行分析。李尔王只是一味地溺爱说甜言蜜语的女儿们，对她们有求必应；而对诚实善良的小女儿，李尔王却认为她大逆不道。梅森指出：李尔王醉心听取甜言蜜语，却没有很好地履行作为父亲的责任，与此同时，孩子们也同样忘记了自己的责任。结果，由于家长的溺爱，出现不少家庭问题。

梅森认为，父母应该履行自己的职责，否则其权威就会“像手套一样被别人捡走”。作为父母，一定要分出点时间来顾及孩子，不要因为忙碌而忽视了这一点。“很多家长总是终日奔波，从来无暇顾及孩子。当他们终于有一天想好好关心孩子的时候，却发现竟然无法与孩子沟通，父母对他们来讲，已经变得无足轻重。

还有，父母也不应该因为自己对人性的认识而影响了自己对孩子的教育。在人性善恶问题上，人们有不同的见解，有的人认为人本性善，有的人则认为人本性恶。有的家长由于信奉人性善的观点，而不愿意在孩子身上花太多的心思。要知道，不管孩子天性多好，家长都有义务使他们好上加好，梅森认为，有善良的天性当然好，更重要的，父母要教育孩子有为社会作贡献的伟大理想和强烈愿望。

梅森反对那些为了一己私利而忽视对子女教育的家长。她认为，这样的家长由于太热衷于追逐名望，忙于工作，而导致其丧失了在家中的权威。“这种权威的丧失对社会非常有害。”

梅森提醒家长，一定要维护自己在家庭中的权威，这样才会使家庭教育更有效。

家长应该如何维护自己的权威呢？我们可以从以下几个方面入手：

1. 坚持原则。对于孩子的一些错误行为，父母不能无原则地让步，要让孩子知道：你这样做是不对的。家长要让孩子明白，规则一旦制定，就要不折不扣地去遵照执行。否则，家长经常迁就孩子，就失去了原则性。

2. 使用肯定句。很多孩子的口头禅是说“不”，所以家长在下达命令时要尽量用肯定句，不给他说“不”的机会，比如我们要说“该睡觉了”，而不是“睡觉好吗”。

3. 避免情绪化教育。有些家长高兴时，孩子提什么要求都满足，可当自己情绪不好时，即使孩子没有错也要批评一番。权威需要稳定，如果家长对孩子的态度经常是情绪化的，那家长在孩子面前就会失去权威。

4. 要保持权威的一致性。在教育孩子时，父母的教育意见一致是至关重要的。别看孩子还小，可他们最会“察言观色”，钻空子了，如果父母一方批评孩子时，另一方即使有不同意见，在此时也不要当着孩子说出来。

5. 言而有信。家长在孩子面前不要轻易许诺，一旦答应孩子的事，就必须兑现。即使是因为客观因素无法兑现，也要向孩子说明情况，取得孩子的理解，并寻找机会予以补偿。

当然，我们还要注意一点，那就是维护父母权威必须建立在尊重孩子人格的基础上，而不是封建的家长制上，我们应该明白家长权威不是靠压制。强求、主观臆断的办法就能树立起来的，而是应该努力在孩子面前树立起一个慈祥而威严的形象。

梅森还提出了改革学校教育的原则和具体方案，她指出，在家庭内外，教育的前景模糊不清，为了使教育更符合孩子的天性，所有的儿童都有权接受基于文学和艺术之上的人文教育。科学应作为学校教育的主要学科，现代语言、数学等学科必须改革，自然和手工须用于训练学生的手眼能力，儿童还必须了解历史。另一方面，教育手段必须更加技术化和实用化。

夏洛特·梅森说，孩子们的大部分时间还可以更进一步地更有效地运用起来。他们应该始终保持快乐的心情，否则他们就会失去快乐的气氛在他们身体中保持的一些力量和新鲜感。

应该不去管孩子们，让他们独处很长时间，让他们从泥土和天空之美中吸收他们获得的东西。童年是人生最快乐最美好的时期，但同时也是最脆弱最天真的时期。我们要小心谨慎不去削弱儿童的生活感受，而是按照他们的接受能力让他们适量地接触生活。

“玩”是孩子与生俱来的天分，透过玩，可以启发孩子的观察力、想象力与创造力，而大人还可以借此了解孩子的想法，和其他幼童的互动模式是否正确、游戏的安全等，更进一步导引和启发孩子更多的思考点。与生俱来，每个孩子都爱玩，也几乎曾经都因为玩耍而闯下大祸、小祸，遭到大人的呵斥与责罚。“我家孩子太爱玩了！真头痛！”当您因为孩子与生俱来的“本事”而大伤脑筋或感到麻烦，甚至担忧他因此耽误学习、跟不上别人时，其实，您极有可能弄错方向了。

上天既然赋予每个孩子玩耍的本能，自然有其用意。看看那些生来有缺陷的特殊儿童，如脑性麻痹、自闭儿、智障儿及其他疾病的儿童等，即使老天剥夺了他们部分的能力，仍然仁慈智慧地保留了他们“玩耍”的权利。“玩耍”是每个孩子的天赋特权，我们不仅不应该抱怨或剥夺，还要感恩而且善加利用。

爱玩耍，更要懂得会玩耍。“什么？还要鼓励孩子努力玩？真是疯了……”也许您也会这样质疑。但是，请您回想一下，过去当孩子生病躺在床上四肢无力、气息奄奄，无法起来调皮捣蛋的时候，您是不是也曾经这样在心里默默祈求着：“老天，让我的孩子赶快好起来吧！像过去一样，生龙活虎的自在玩耍游戏吧！”失去玩耍能力的孩子，令所有大人心疼与忧虑。

因为，玩耍是孩子探索世界、学习成长的最佳管道。孩子借由玩耍，碰触对他而言是陌生且充满各种可能的人、事、物；也借由玩耍，反复尝试和练习，对他来说，熟悉的世界运作模式，即使那个游戏的小世界，在大人看起来真的很小，但是对孩子来说，小世界里却可以在每次的游戏中，拥有许多不同的大发现和大挑战。

“妈妈，我今天用新武器打败甲虫王者喔！”如果这时大人表现得漠不在乎或嗤之以鼻，伤害的不仅是亲子感情，甚至可能是孩子的自信心与创造力。不如抽点时间，蹲下来，用跟孩子一样认真的眼神，问他：“真的吗？那可不可以告诉我，你发明的新武器是什么呢？用的是什么方法啊？”当孩子兴致勃勃的继续述说时，大人可以借此了解孩子的想法，以及和其他孩子的互动模式是否正确、游戏的安全等，更进一步导引和启发孩子更多思考点。让孩子除了“爱”玩，还要“会想”、“会玩”。然后，大人便会发现，游戏不再只是游戏，而是探索、思考和学习的一种途径。

陪孩子玩耍是父母责无旁贷的功课。大人陪孩子一起玩耍的基本守则，应该要建立在与儿童的“对等平视关系”上，而并非传统的上对下的观点，孩子才是游戏互动关系中的主角。

当然，户外活动对孩子来说，也是必不可少的。除了家人之外，多让孩子和其他幼童及大人接触互动，等于创造了更多玩耍学习的机会与空间。

现代社会由于繁忙以及双薪家庭居多，虽然并非每位父母都能熟稔于和幼儿的互动对答技巧和游戏方式，但是其实“每个大人都曾经是孩子”，也都隐藏有一颗童心，只是你我常常会忘了如何启动那颗童心的“魔法咒语”罢了。

音乐、语言，是启动大人童心“神奇魔法”的两大法宝，也是陪孩子玩耍的重要媒介。这两者是连初生婴儿都懂的沟通管道，我们听婴儿常常咿咿呀呀的说个不停，就可知其实孩子是一来到世上就开始学说话，学沟通了。许多父母在孩子还小的时候，就急着教孩子学说外语，或送孩子去双语、甚至全美语的幼稚园，而忽略了母语才是孩子原生的语言。许多孩子长大后，会说流利的外语，却连完全听懂自己原生家庭母语的能力都付之阙如。其实，我们仔细观察，21世纪的社会，会说外语不稀奇，能善加运用例如闽南、客家、原住民等各种原生母语的人，反而占尽人际沟通与工作职场等大环境的优势。

最后，还要鼓励每位父母，趁孩子学龄前的“黄金时光”，多陪陪孩子，不仅要陪他尽情玩耍，还要玩得有方法、有技巧。多陪他听音乐、学说话、学沟通，而且要学原生母语。当我们找到开启童心的魔法钥匙，每个大人都可以再变回孩子，重新陪你的孩子再享受一次美好幸福的童年。

约翰·洛克：绅士教育法

约翰·洛克，是17世纪英国著名的政治思想家、哲学家和教育思想家。洛克以前人的思想资料为基石，建立了绅士教育理论体系。

洛克指出道德教育是绅士教育的灵魂，拥有理想的德行，可以使个人获得幸福，也有助于他的事业成功。在一个人、一个绅士的各项品性之中，德行是第一位的，最不可或缺的。一个人要得到别人的尊重和欢迎，要使自己对自己也感到满意，或至少过得去，德行是至关重要的。

洛克希望教育培养的人具有良好的体魄，吃苦耐劳的精神，久经磨炼的意志品质，富于理智，善于应酬，举止得体，彬彬有礼，风度翩翩，精明强干，是“能去处理他的事务的”。这就是一个“绅士”应具备的全部品质，即健康的身体加上“德行、智慧、礼仪和学问”而这些道德品质应该及早形成，那可是影响孩子一生的。

洛克提醒家长在孩子年幼的时候，切记要保持他心灵的单纯，不可使他具有任何关于神灵鬼怪的印象或观念，不可使他对于黑暗存有任何畏惧心理。

儿童如果不受外界影响，他们处在黑暗中决不会比在光天化日之下更害怕。他们欢迎黑暗的到来可以睡眠，就像欢迎白天到来可以游戏一样。要避免孩子从别人那里听到某些说法，例如说黑夜里比白天有更多危险或可怕的东西。万一他们周围有人愚蠢地用这种说法伤害了他，让他们在黑暗中睡眠时感到不安，你就应该立刻想办法为他们消除这种心理，并且越快越好。

第二件要注意的事就是要使他说话绝对真实，同时还要尽一切办法使他成为一个善良的人。你要让他知道，有许多过失如果触犯了都比较容易得到原谅，唯独歪曲事实、用谎言来遮掩过失不可饶恕。你还要尽早教他爱别人，善待他人，使他待人诚实无欺。因为世界上一切不公平通常都是因为我们太爱自己，太不知道爱别人的缘故。

勤恳是孩子必须从小养成的一种好习惯。因为勤恳是一个人最重要的品德，是幸福的源泉，而懒惰则是万恶之源。一个孩子的精力不用到有益的方向，就会成为一种破坏力量，那是很不幸的。

孩子一个重要的品德就是自制能力。一个不能驾驭自己的欲望，不知道听从理智的指导而果断地摆脱眼下的欢乐或痛苦纠缠的人，他就缺乏一种规范自己所有努力的原则，有可能会一事无成。自制的品质与人无拘无束的天性是相反的，所以必须及早培养。

洛克认为勇敢和坚忍是绅士必备的美德，是一个真正有价值的人的品性，为此需要从小锻炼孩子的胆量，使之能忍受痛苦，克服怯懦、脆弱的本性，能够做到刚毅、果断、勇敢。有的母亲看到孩子受了一点儿伤就过分地安慰他，反而加重了孩子的痛苦，这是一种错误的作法。正确的做法是不过早地谈这件事情，把孩子的注意力迅速移到其他方面去，以便使他忘记痛苦。

父母在孩子的教育中，应该将孩子自制力的培养置于首要地位。凡是对自己的教育方式负责任的父母都应该尽力设法教孩子运用理智去驾驭和支配自己，克制自己的欲望，顺从理性的指导。

在家庭中，说话不要粗鲁。为了教育孩子，这点应特别注意。要想让孩子说话有礼貌，父母对孩子也要使用“请”、“谢谢”这些字眼。孩子总是学父母的样子，所以孩子的父母，即使对家畜等，也不要使用粗野的语言。

自尊心是一个人品德的基础。若失去了自尊心，一个人的品德就会瓦解。人之所以变成醉汉、赌徒、乞丐和盗贼，都是由于失去了自尊心的结果。父母经常唠叨孩子的过失，就有损孩子的自尊心，这是不正确的。在他人面前揭露孩子短处的父母，不配做父母。

作为一个经验唯物论者，洛克反对天赋观，坚持“白板说”。他认为对于绝大多数儿童来说，其“天性应当像没有痕迹的白板或柔软的蜡块，教育者可以随心所欲地涂写和塑造。”洛克认为，人的好坏，是否成才，十之八九都是由他们接受的教育所决定的。他指出：“因为教育上的错误比别的错误更不可轻犯。教育上的错误正和错配了药一样，第一次弄错了，决不能借第二次、第三次去补救，它们的影响是终身洗刷不掉的。”

洛克还强调以人为本，尊重孩子的个性差异，因材施教。我们常看到父母抱着孩子向别人展示，自己满面笑容，孩子却不高兴，因为他可能想睡觉或者想自己去玩，而我们成人却往往凭自己的兴趣任意安排他的生活。

父母认为应该出去散步了，即使这时孩子正在高兴地玩耍，父母也不顾及孩子的感受，硬是打断他的活动，把孩子打扮一番就带他出去了；孩子正在从事一项工作，例如把小石子装到桶里去，这时，母亲的一位朋友前来拜访她，于是，母亲要求孩子立即把散乱一地的石子收拾起来，然后孩子被带到客厅见客人。

人与人之间应该存在起码的尊重，这种尊重表现出来就是双方是一个平等的关系，哪怕是在家庭内部，父母与孩子中间也应该存在平等。

洛克认为，对孩子尊重的一个最起码的表现就是与孩子说话当然要蹲下来，因为他们年龄太小，还没有长高，只能是大人蹲下来，才能平视着说话，我们从小父母都是这样同我们说话，否则怎样能平等地交流呢？小孩也同我们一样是独立的人，应当得到尊重与平等对待。

孩子是一个独立的权利主体，应当受到尊重。

父母不断地突然闯进孩子的环境之中，去打搅他们，并且不跟他们商量就操纵他们的生活。这从根本上来说，就是对孩子的不尊重。父母过分看重自己的权利而忽视了孩子的权利。

要克服这种现象，就必须考虑到这些因素：不要因为自己的关心而过度频繁地打断孩子玩耍的兴趣，置孩子自身的需要于不顾。这是父母自私的一种表现。在孩子反对时仍坚持成人的立场，完全无视孩子的权利，这样必然会导致与孩子之间的矛盾。

父母和孩子是可以建立起朋友式的平等关系的，这种与未成年的、尚未独立生活的，但却几乎成熟了的孩子们的亲密融洽关系，是共同生活的理想方式，而它的形成，要靠双方的努力。

如果我们要做出一项与孩子有关的决定时，持公平公正态度的父母会尽量遵循或者至少要考虑到孩子的意见，他们会充分与孩子进行讨论和交流，听取孩子的想法，然后谨慎地作出决定。

一个孩子的话值得我们记取："我时常能感觉到父母尊重我们的想法和感受。尽管很清楚最后到底谁说了算数——他们说的算数，但他们仍然让我们感觉到我们的意见是有价值的。"

洛克指出，虽然并不是所有的事情都需要讨论的，但是有一点应该注意，那就是对孩子提出要求时必须说明理由。我们常听见一些父母在叱责孩子时说："难道连父母的话你都敢不听了?"或者是"你敢不听?"这当然也是父母对不肯听话的孩子，气得没有别的办法时才说出的气话。而且它也似乎成了父母对付不听话的孩子最后的一张王牌。

这是一句逼迫的话，而且还带有威胁性。如果孩子很小，听了可能会真有些惧怕，因而也会屈从。但是，这种王牌、这种强迫加威胁长久了，对孩子的头脑、思想的发展却都会造成一些消极的影响。

"连父母说的话你都敢不听!"这话的背后就是父母所说的话具有绝对权威，而且也是绝对正确的，你必须服从，不容讨价还价。这是显示父母权威的一种恐吓行为，这是父母要求孩子们绝对服从的态度。平日我们所常说的"听话"，实质上就是服从，是强者对弱者的威逼的结果，因而是不平等，不公正的。

这种话会妨碍孩子完整人格的发展，影响他们思考力的发育和成长。他们可以成为父母眼中的乖孩子，但同时也可能变成毫无判断能力和无法独立生活的人。

在和逐渐长大的孩子的交往中，父母必须学会宽容，容忍孩子在这一发展阶段的某些幼稚，将一种与我们的视角完全不同的、追求平等的视角置于和我们同样的地位，像对待一个跟我们一样的个体那样对待孩子，努力公平公正的对待他们。

父母要建立这样的意识：孩子年幼无知，毫无经验，体小力弱，需要自己的保护。家长对孩子的一切负有责任，并不表示有权利指挥孩子。尊重孩子，也是尊重你做父母的权利。

为了培养具有真才实学的绅士，洛克为儿童选择了包含大量实用知识在内的科目，如自然、地理、天文、算术、舞蹈、音乐，等等。

洛克认为开始应该先学地理，因为去了解地球的形状、世界几大洲的位置和分界，以及某些国家的位置和国界，是一种视觉和记忆相结合的训练，孩子肯定会高高兴兴地去学、去记住的。他还认为孩子应该同时学习历史和地理。

在记住了地球仪上的各个自然部分之后，就应该开始学算术了。洛克所说的地球仪上的各个自然部分，是指在各种国别规定下的海陆的部位，不包括那些人为想象的，为方便地理科学研究而设置的界线。

算术能力是心理自然具有的、最容易的、最初的抽象推理能力。生活和工作的各方面都用得着它，几乎没有什么事情可以丝毫不用算术。算术对一个人来说，是不怕懂得太多太深的。孩子有了数数的能力，就应该叫他每天练习数数；他会了加法和减法以后，他就可以利用它进一步去研究地理。先把两极、气候带都让他弄清楚，然后就可以教他经纬度，让他学会用地图，从地图上经纬度的标记去了解每个国家在地球上的位置，学会到地球仪上去找出那些国家。会做这些事情后，他就可以自由地研究地球仪了。

下一步就可以教他认识各种星座的形状和位置，先在天球仪上教，然后再指着星空教他认。

等到他能把半个天球的星座弄清楚后，就可以给他解释各大行星在太阳系中的位置之类等天文学知识。这些知识有利于开发孩子的悟性，提高孩子的思维能力。当然，这些知识相对较复杂，所以要想让孩子牢记这些知识，就要鼓励他不断进步，最好的办法就是让他去教别人。

在按照上面的方法熟悉了地球仪和天球仪之后，他就可以学几何了。教他学几何，有欧几里得的前 6 本书就够用了，学得太多未必有用。如果他有研究几何的天赋和兴趣，学了段时间后，也就足以打好基础，日后可以离开老师自己去独立研究了。

洛克认为修辞学和逻辑学没有必要深入研究，他不推崇诡辩论。他还有一套自己独特的锻炼孩子口才的方法：让孩子给别人讲他们知道的故事。然后家长纠正他们叙述结构上显著的错误，等他们按照修正后的结构讲故事后，再把细小的错误给他指出来，这样逐步改正。当孩子学会了讲故事，家长可以让他们把故事写出来。

除了学习书本上的知识，家长还要培养孩子的艺术修养。

让孩子学习舞蹈，是获得优雅仪态的最好实践。学习舞蹈可以使一个人的举止终生都有一种优雅的气质，它还能够使儿童自小就具有一种男子汉气概和一种自信的态度。洛克认为他们一旦到了年龄和体力都合适的时候，就应该尽早学习跳舞。孩子的舞蹈动作本身倒无关紧要，主要是流露出来的优雅的气质。

洛克提倡培养孩子去欣赏音乐，他认为，能懂得欣赏音乐的人是幸福的。不可能每个人都会成为音乐家，也没有这个必要。但是，即使孩子不是音乐家，起码也要会欣赏。因此，应设法教给孩子一些音乐。

另外，洛克还主张让孩子学习一种手工技能，最好学两三种，不过要精通一种。他认为，手工技艺有益孩子的身心健康，让孩子去学一两种手工艺有两样好处：第一个好处是学到的这种技艺本身就是有用的；第二个好处是练习手艺的过程本身，无须多用脑筋，有益于身心健康。

采用奖励或是惩罚的关键是运用得当。洛克说："我承认，奖励与惩罚是应该采用的。我觉得错误之处是：通常所用的奖惩的方法都是选择得不得当的"。运用奖励，他指出要让儿童明白他们"获得种种快乐，只是因为得到父母导师的重视与嘉许的结果"，即要真值得奖励之时才可以用物质的或精神的嘉许，这才可以达到奖励的目的与效果。而一味地"用儿童心爱的事物去奖励儿童，去讨取儿童的欢心，也应该同样小心地避免"。

至于惩罚，很多家长把身体上的痛苦与快乐当做奖惩手段支配孩子，这种方法是不恰当的，当然也不会收到好的效果。

洛克反对体罚。他认为现时家庭教育中动不动就用惩罚，惩罚被如此轻率地使用，是偷懒的做法，并把这种教育方式称为"奴隶性的"。

洛克认为惩罚有许多弊端，简单粗暴地责备和训斥他们，会伤害儿童脆弱幼嫩的心灵和正在成长中的自尊心。常是产生一切邪恶的根源，因为用得不好就会适得其反。因而他说："惩罚应该尽量避免"，"用鞭挞以及别的奴隶性的体罚去管教他们是不合适的"，而"只有万不得已的时候，和到了极端的情形之下，才能偶尔用用"。而要体罚的话，"第一次应该受到鞭笞的痛苦的时候，非等完全达到目的之后，不可中止"。

儿童对于赞扬是极其敏感的。他们在比我们想象的更早的幼年时期就具有这一敏感。他们觉得，自己能被别人看得起，尤其是被父母或者自己所依赖的人看得起，是一种莫大的快乐。所以，假如做父母的看见孩子的行为得体或表现良好，就应该适时地给他们几句赞扬；看到孩子表现不好或者做了错事，除了父母，孩子身边其他的人，也都用冷淡的态度对待他们，这样，用不了多久，孩子就能感觉到这两种不同的态度。这种办法如果能坚持下去，收到的效果要比贸然地吓唬或者打骂他们要好得多。威吓或者打骂用多了，孩子就会对它失去恐惧。如果孩子的羞耻感没有被培养起来，使用暴力是没有什么用处的。所以，不到万不得已，家长不该用暴力的方式教训孩子。

洛克认为，有两种截然不同的感觉会在心灵上约束孩子的行为。受到尊敬是值得喜悦的，而遭到羞辱是应该感到耻辱的，当孩子不同的行为和表现值得受人尊重或者应该遭到羞辱的时候，各种使孩子感到可爱的或者讨厌的事物，应该紧紧跟随其后到来。

这样做，并不是因为孩子的表现或好或坏，所以特意地去加以奖励或惩罚。而是家长或孩子周围的人对孩子的举止，表现自然而然的一种反应，是因为孩子的行为本身值得尊重或只能遭到奚落，伴随着不同的行为必然会到来的结果。用这种自然得体的办法去教育儿童，就能使他们明白：凡是行为良好，值得人尊重的人，他们必然会被每个人所喜爱，自然而然地得到各种可爱的东西。相反，如果有人表现不得体、被人瞧不起，自己不爱惜自己的名誉，他就无法避免遭受别人的轻视和冷淡。结果他喜欢的能使他获得满足的一切东西，他都不可能得到。用这种方法，可以使孩子从一开始就坚定不移地相信这样一条规律：惹人喜爱的事物只有品德优秀的人才可以得到，才可以享受。这样一来，我们就可以利用儿童自然的欲望，达到一种积极的效果，借助合理的方式去满足他们的欲望，从而培养他们优秀的品行。如果父母懂得利用这种方法，使孩子闻过而知耻，使孩子乐于被人尊重，爱惜自己的名誉，他们就会顺理成章地成为有德行的人。

洛克提醒家长，正确运用奖惩方法，要排除的一大困难就是对儿童的溺爱和无原则的让步。儿童犯了过失，遭受到父母故意冷漠之后，不应该让他们从别人无知的、无原则的抚慰中找到安慰。当孩子确实犯了过错，父母给他冷淡的脸色的时候，其他人都应该一致地对他表示冷淡，不能够给他同情。直到儿童自己真心实意地承认过错，请求原谅，并真正地改正了过失，才恢复原样。假如能够把这种访求坚持执行下去，根本就用不着去对孩子呵斥或打骂。孩子出于寻求自己内心的平静和满足的本能，自然而然地很快就能学会用正确的言行去博得大家的称赞。这种方法的关键就在于，让孩子养成谦虚知耻和从善如流的心理，他们对于那些做了会被人瞧不起的事情，自然就会避之唯恐不及。

第十一章　妈妈私家育儿图书室不可缺的经典书

育儿是博大精深的知识，因为孩子是一本内涵丰富的书，要读懂孩子这本书，需要妈妈不断地学习，相信这些书目对妈妈的学习会大有用处。

《窗边的小豆豆》：将问题孩子变为世界名人的经典

《窗边的小豆豆》是日本女作家黑柳彻子的作品。本书讲述了作者上小学时的一段真实的故事。作者在书中化身为那个在一般人眼中“怪怪”的小豆豆。小豆豆因淘气被原学校退学后，来到巴学园。在小林校长的爱护和引导下，原本不被人喜欢的小豆豆逐渐成了一个大家都能接受的女孩子，并奠定了她一生的基础。

作者黑柳彻子，日本著名作家、著名电视节目主持人、联合国儿童基金会亲善大使。1984 年，联合国的官员在读完英文版的《窗边的小豆豆》后，认为“这个人这么了解孩子的心理，再也没有比她更合适的人选了”，因而任命她为联合国儿童基金会继著名国际影星奥黛莉·赫本之后第七位、亚洲历史上第一位亲善大使。

这本书不仅带给世界几千万读者无数的笑声和感动，而且为现代教育的发展注入了新的活力，成为 20 世纪全球最有影响的作品之一。1981 年出版后，不仅在日本，而且在全球都引起了极大的反响，截至 2001 年，日文版累计销量达 938 万册，成为日本历史上销量最大的一本书。该书已被译成了 33 种文字，介绍到世界各地，英文版在美国出版时，《纽约时报》发表了两个整版的书评文章，这一“殊荣”，不仅在她之前没有人获得过，在此之后也再无第二人。该书的英文版仅日本国内销量就达 70 多万册，至今无人超越。

中国青少年研究中心副主任、研究员，著名教育专家孙云晓这样评价本书：“日本女作家黑柳彻子之所以取得非凡的成功，就在于她永远有一颗童心，并以博大的人文情怀审视和再现了童年的经历。她于 1981 年出版的《窗边的小豆豆》一书，成为人类历史上描写童年生活的经典作品。此书令人惊讶地证明了童年是永恒的，是超越时空的，是有独特价值的。实际上，黑柳彻子对童年的发现与证明，不亚于爱因斯坦发现相对论。”

小豆豆是一个幸运的孩子，有理解她的妈妈，后来又碰到那么尊重她的校长，孩子的天性才能那样的淋漓尽致的发展！这样的环境注定了她的茁壮成长。

每一个孩子的童年都会做一些让父母老师不理解的事情，甚至是讨厌的事情，这时请不要认为孩子是个坏孩子，每个孩子都是个上帝派来的天使，都是无邪善良的，也许他们自己并没有觉得自己做错了事情，他们天生的好奇心，会有一些的机灵古怪念头，请父母们站在童心的一面想一想。书中的主人公小豆豆淘气，顽劣，被原来的学校退了学，如果不是巴学园的小林校长对孩子的爱护与引导，小豆豆这个聪明机灵的孩子的成长就成了另一个结果，也许从此荒废了……作为妈妈，要像巴学园的校长那样，给予孩子及时且正确的引导，那么你的孩子一定会像小豆豆那样，健康快乐地成长。

翻开此书，会唤起我们作为孩童时看世界的眼光和想法，充满了想象、天真和童趣，仿佛又回到童年，很甜蜜，在书中，你会找到诚实，找到善良，找到宽容，找到那些与爱有关的种种。开卷有益，让妈妈们在纷繁的社会中，和孩子一起，将童心的乐趣发挥得淋漓尽致！

《孩子，把你的手给我》：与孩子沟通的圣经

《孩子，把你的手给我》一书在美国畅销 500 多万册，以 31 种语言畅销全世界，是一部彻底改变父母与孩子沟通方式的巨著。在作者吉诺特去世前的几周，他看着他写的这本《孩子，把你的手给我》，就预言道，这本书将成为经典。果真，他的预言成真了。

作者海姆·G·吉诺特，心理学博士、临床心理家、儿童心理学家、儿科医生，纽约大学研究生院兼职心理学教授、艾德尔菲大学博士后。

吉诺特博士的一生并不长，他将其短短的一生致力于儿童心理研究以及对父母和教师的教育。他依靠他的聪明才智做了很多创造性的工作，取得了巨大的成就。他在他的书中、演讲中、专栏中宣传的如何跟孩子沟通的创新思想不仅在美国，甚至在全世界都获得巨大反响。

在一次演讲中，吉诺特这样说道：“我是一名儿童心理治疗医师，我给那些有心理障碍的孩子提供治疗。假如我给孩子每周治疗 1 个小时，持续 1 年之后，他们的症状消失了，他们感觉好多了，并且开始和他人相处，甚至在学校里也不再感到烦躁，那么我做了什么产生效果了呢？我用一种关心的方式与他们交流。我利用每一种机会帮助他们建立自信。如果这种沟通方式能让有病的孩子恢复心智健康，那么其原则和实施也应该属于父母和老师。尽管心理治疗师也许能够治愈孩子的心理疾病，但是，只有那些和孩子们朝夕相处的人才能帮助孩子成为心理健康的人。”

如果说在父母与孩子的教育方面有什么经典著作的话，那么，首屈一指的就是吉诺特博士的《孩子，把你的手给我》——它彻底改变了父母与孩子的沟通方式，在这个领域，这是一本革命性的著作。父母可以帮助孩子成为一个品质高洁的人，一个有着怜悯心，敢于承担责任和义务的人，一个有勇气、充满活力、正直的人。这本书的内容让父母们明确了这样一个道理：光有爱是不够的，洞察力也不足以胜任，好的父

母需要技巧。而从本书中，父母就能找到爱的技巧。

多年来，吉诺特一直在跟父母和孩子打交道，有时是以个人的形式，有时是以治疗小组的形式，有时以养育讲习班的形式。这本书就是这些经验的结晶。这是一个实用的指南，给所有面临日常状况和精神难题的父母提供具体的建议和可取的解决方法。它还给出一些从基本交流原则生发出来的具体建议，指导父母在跟孩子相处时要彼此尊重。

这本书文字简练有力，案例丰富，虽然都是外国孩子的案例，读过以及实践过后，妈妈们会发现天下孩子和天下父母有很多相似之处。当然，我们和西方的教育方法还是有差别的，但是博采众长总还是有好处的。

相信妈妈们一定会被本书独特的叙述方式和直达心灵的语言所吸引，这种沟通方式，也许是中国很多母亲都没有尝试过的，当你用心去体会，用爱去理解时，用慈爱的眼睛对孩子说："把你的手给我。"你会发现你与孩子之间是多么融洽！

《发现母亲》：推动世界的手是摇摇篮的手

有人说没有当过母亲的女人是不完整的。母亲是世界上最伟大的，《发现母亲》一书就是引导你怎么去成为伟大的母亲，不是仅仅生下孩子就伟大了，书中向您展示的是怎样在养育孩子长大成人的过程中释放母亲的魅力，发挥母亲的强大潜能。为了孩子，让自己的生活为了做好母亲而改变的方法。

本书作者王东华，男，1963年6月25日生，安徽省芜湖市人。华东交通大学母亲教育研究所所长，副教授。1984年毕业于华东交通大学，1987年毕业于上海交通大学马列理论第二学士学位班。先后任职于华东交通大学、武汉交通科技大学、湖北省青年心理研究所。其研究当代大学生的教育专著《新大学人》（40万字），为1993深圳（中国）优秀文稿公开竞价首部成交著作。其致力人类文化启蒙的另一教育专著《发现母亲》（80万字），1999年一经推出即在社会产生广泛影响。由他精心编选的新作《我们是这样教育孩子的——9位中国杰出父母的成功经验》，一经出版，就进入全国畅销书榜。后来该书又被全国妇联"世纪父母读书计划"选中，作为3本优秀家教读物之一向全国父母推荐。由于其在母亲教育研究及普及方面的突出成绩，2000年被全国妇联授予"助西爱心大使"称号，2001年入选《中国青年》杂志"可能影响21世纪中国的100青年人物"。

《发现母亲》是作者殚精竭虑历练十年而成的一部母亲教育专著。作者从母亲的角度对人类社会的一些本质问题进行了严肃而深入地思考，提出了一系列关乎整个人类命运的重大命题。其研究的体系化、前瞻性、深刻内蕴以及对世纪更迭人类文化的建设，都会使本书在百年人文浪潮中具有卓越的启蒙地位。这是一个我们不得不需要静心倾听的独特声音。

《发现母亲》一书可谓是当地中国最具有影响力的原创著作之一。这本书是每个做母亲的和准备做母亲的人都应该读的一本书。我们身边有很多母亲虽然生了孩子，但是并不准备为孩子付出时间和精力，她们中许多人认为事业比孩子重要，岂不知养育孩子才是做母亲的第一要务，工作要做，但是决不能以牺牲对孩子的养育为代价。“一位女性把孩子培养成才，其意义远远超过到工厂去拧几颗螺丝钉。因为孩子不是某个人的，孩子将要成为社会的公民，孩子是全社会的财富，关心孩子和母亲就是关心未来，就是关心我们自己。”

养育孩子不但不是一件简单的、无意义的事，而是一项复杂的，关乎家庭，甚至祖国和民族未来的大事。世界上许多国家对此都有清晰的认识，所以有许多为母亲养育孩子特别制定的法律法规。我们国家这方面的意识太差，而这本书正是一本可以帮助许多人改变观念的书。

这本书虽然厚又是一本理论性的书籍，但读来并不枯燥，而是被作者大量的举例所吸引，不得不说，作者写这本书是用心良苦，读完整本书，做家长的一定会感到身上的责任重大。

请所有的妈妈们记住一句话：推动世界的手是摇摇篮的手！

《爱与自由》：一本关于爱孩子而不是教孩子的书

《爱与自由》是一本能够改变孩子一生的书，这是一本关于“爱”孩子，而不是“教”孩子的书，它的畅销绝不是因为炒作或是跟随潮流，只是因为那字里行间透露出来的无穷魅力能让你的思想和灵魂进行一次曼妙的舞蹈，它的魅力，在于思想的吸引力。

本书的作者孙瑞雪女士生于1962年，毕业于宁夏大学中文系，是蒙台梭利教育研究专家。孙瑞雪女士自上世纪80年代初期开始进行心理学、教育学的研究工作，1995年同一群知识分子创立了中国第一个省级蒙台梭利教育研究会及全国唯一一所蒙台梭利国际学校。从此，这个团队把传播科学的教育作为他们的理想和目标。她是中国系统引进、实施国际蒙台梭利教育第一人；成功实践了科学教育法的本土化，取得了显著的教育效果。

孙瑞雪的这本《爱与自由》更浅显易懂，比起蒙氏早教系列丛书更适合入门级别的阅读者，并且具有中国特色。《爱和自由》已经走进中国的几十万个家庭。无数个父母因此书而彻底改变，她们“心灵受到震撼，感动而愧疚”，并从中学会真正的爱，真正的教育。千万个孩子因此书而健康、愉悦地成长，成长为心理有力量、有强大自我、有创造品质的一代新人！

正如作者所说：“我爱孩子们，始终小心翼翼地仰视他们。”这本书不是教你具体的方法和技巧，而是告诉妈妈们蒙台梭利教育的核心和理念：对孩子的爱和尊重。让孩子生长在一个被爱包围、相对自由的环境里，更有利于他的成长。这本书能使您更爱您的孩子，在爱的环境中长大成人，他们肯定会快乐、坚强、充满创造力和勇气。拥有这样一个孩子，幸福会像空气一样包围着我们。

在此书的阅读过程中，妈妈们会看到一些具有伟大爱心、科学精神、洞察力和敏锐感受的人们，奉献出他们的爱心、耐心、智慧，倾尽全力的帮助妈妈们教育孩子、帮助孩子们拥有一个更灿烂的童年和更美好的未来，让他们在人生起步的时候，能够在完整的人格、爱的能力、自由、独立、专注、意志力等方面打下坚实的基础，他们在致力于人的完善！妈妈们在阅读与学习中应该不断地修正自己，审视身边的教育现象背后的教育观念，让孩子拥有更加开阔的成长环境，享受更优质的教育。

《育儿百科》：一册在手，育儿无忧

《育儿百科》的作者是日本人松田道雄。松田道雄 1908 年生于日本茨城县，1932 年毕业于京都大学医学部。他是一位著名的儿科医生和儿童教育家及文学家。此书是松田道雄集终身行医经验和研究之大成而写的。作者穷其毕生经历，不断吸收现代医学科学知识及几代母亲的育儿经验，一遍又一遍地修改和充实《育儿百科》，初版发表于 1967 年，到 1979 年已经发行了 26 版，该书在日本是一部家喻户晓的宝典，是日本家庭的必备书籍之一。此外此书在泰国、韩国、中国等东方国家广为流传，据不完全统计，自它面世以来，拥有的读者已逾千万。可见此书在日本乃至世界范围内都有着广泛的影响和极高的声誉。

全书以时间为序，采用问答的形式，从“诞生之前”一直写到“孩子上小学”时为止，涵盖了家长在此阶段中遇到的各种育儿问题。结构方面采用专题的形式，内容丰富，实践性强，体系新颖，手法独特，语言通俗易懂，侧重于育儿方法和育儿技巧，涉猎各个方面，全面的提供了宝宝日常护理方面的内容。并且配有趣味插图，可谓图文并茂！

作为一本育儿类的科普书籍，此书可以供新婚夫妻、父母、托儿所保育员以及儿科医护人员、卫生保健人员、师范院校学前专业的师生们阅读。

本书在写作理念上，以孩子为中心，不以家长为本位；从孩子的立场指导父母科学育儿，尊重孩子个性，尊重孩子的选择，立志于培养出身体健康、思想积极、创造性强的孩子。

以母亲为中心，不以医生为中心。养孩子，特别是孩子小的时候父母最担心的就是生病了如何处理，送到医院当然简单，无非就是耗费时间、精力还有金钱，但负责任的父母不应该如此草率。本书以年龄段为标准，各部分相对独立，并且以母亲育儿时常遇到的问题为题目及顺序编写，简单明了，父母只需阅读与孩子年龄相同部分的内容即可，实用性强。这本书很好地指导妈妈，让妈妈们明白宝宝出现什么状况是正常的，出现什么状况是不正常的，让妈妈们不再因为宝宝出现的一些不适现象而惊慌。

对于那些刚做母亲的人而言，育儿最大的问题是来自心理上的：宝宝刚出生三四天就会发生黄疸这是怎么回事？宝宝吐奶怎么办？拉大便有小颗粒是不是病了，等等，这些问题困扰着我们，生怕孩子有什么闪失。而这些问题都能在《育儿百科》中找到相应的答案。可谓一册在手，育儿无忧。

妈妈们会在松田道雄先生这本书中体会到日本人教育下一代的努力和严谨，也会发现，相比于西方的教育经典来说，这本《育儿百科》更适合于中国家长。相信妈妈们一定会在这本书中受益匪浅的！

《如何说孩子才会听，怎么听孩子才肯说》：亲子交流指引宝典

《如何说孩子才会听，怎么听孩子才肯说》一书是美国家庭教育十大畅销书之一，销售300多万册，被译为30多种文字风靡全球。长居美国畅销书排行榜，出版20多年长销不衰。

本书的作者阿黛尔·法伯和伊莱恩·玛兹丽施，是国际著名亲子沟通专家，且为美国最畅销亲子教育书系作者。阿黛尔·法伯，本科毕业于美国皇后学院的戏剧专业，获学士学位，又在纽约大学获教育学硕士学位。她曾在纽约市的高中任教8年。伊莱恩·玛兹丽施，本科毕业于纽约大学，获舞台美术的学士学位，毕业后创建并指导了格罗斯维诺尔和雷诺克斯·希尔社区活动中心的儿童节目。她同时也是一位专业的画家和作曲家。她们是纽约市社会研究新校和长岛大学家庭生活研究所的创建者。本书是她们在创办的学校和研究所长期与父母们一起进行实验的研究总结。

妈妈们是不是觉得，随着孩子的逐渐成长，和他的沟通越来越成为让你棘手的问题。虽然妈妈们很爱自己的孩子，但是就是无法和他愉快的交流，自己说的话在孩子心里越来越没有分量，孩子似乎也不愿意把内心的想法说出来。

《如何说孩子才肯听，怎么听孩子才肯说》一书致力于解决孩子和家长之间的沟通问题，为了建立这个快乐沟通的平台，围绕“如何说”“怎么听”，作者从6个方面进行了探讨和实践：①帮助孩子面对他们的感受；②鼓励孩子与我们合作；③代替惩罚的方法；④鼓励孩子自立；⑤恰当地赞赏孩子；⑥让孩子从角色中释放。更加难得的是作者清晰简洁地创造了一套操作方法，给出了实现这6个方面的30种技巧，辅以大量的常见场景和问题加以说明，并配有相应的练习题，让父母可以把这些技巧烂熟于心，灵活运用，随时应付各种情况，做到游刃有余。

这本书会让成人俯下身和孩子一样，然后把孩子上升到成人的水平，一旦成功，这种快乐的交流平台就能真正创造家庭的和睦。阅读本书的经历，将是一次学习爱的技巧与接受爱的训练的过程，它给了你走进孩子内心世界的钥匙，指引你切身体会孩子内心的感受。

《如何说孩子才肯听，怎么听孩子才肯说》是一本非常优秀的书，它所传达出的理念不仅适用于家长与孩子之间的沟通，并且适用于各种关系的相处。但是他绝对不是一本单纯的理念书，只讲述那些空中楼阁一样的道理，这本书不仅告诉我们正确的理念，还有切实的事例，可以帮助我们更好地实践。他是完完全全基于作者和父母一起做出来的实验结果。并且这些父母用自身的实践经验证明它是有效的，里面的方法能让妈妈们即学即用，效果十分明显。读罢此书，妈妈们一定会发现，教育孩子原来是如此有趣的事情。

第十二章 妈妈不可不推荐给孩子的书

书是人类进步的阶梯，终生的伴侣，最诚挚的朋友。相信爱孩子的妈妈都会把书这位朋友介绍给孩子，而有些“朋友”是妈妈不可不推荐给孩子的。

《安徒生童话选集》：童话滋养出的孩子心灵美好

童话，其实不仅仅是童年的一大礼物，更是值得每个人一生去体味的故事，尤其是安徒生童话。

安徒生（1805～1875），丹麦作家。1805 年，安徒生诞生在丹麦奥登塞镇的一座破旧阁楼上。他的父亲用棺材为他做了一个摇篮，他的父亲是个鞋匠，很早就去世了，全家靠母亲给人洗衣服维持生活。安徒生虽然过着十分贫穷的生活，但他却有自己远大的理想。他很小就一人到首都去了，同村的一个巫婆预言他能成为一个著名的人物。开始，他决心当一名演员，起初，他想学习舞蹈和演戏，却遭到了拒绝，后来被一位音乐学校的教授收留，学习唱歌。因为他没有钱只好离开了音乐学校。经过十几年的奋斗，终于踏进了文坛。从 30 岁开始，专心从事儿童文学创作，一生中共写了 168 篇童话故事。

有人这样说过：“让 5 岁的孩子倾听安徒生；让 15 岁的少年阅读安徒生；让 25 岁的青年人品味安徒生；让 35 岁的成年人理解安徒生；让 45～99 岁的人思索和回味安徒生。因为在人的童年、少年、青年至老年，安徒生带给我们的不仅仅是温馨、欢乐、启迪，更多的是思考和悠远的人生体味。”

也许那些童话里的人生真谛不是童年能够读懂和体味的，要读懂它们，需要时间的沉淀。然而妈妈一定要为孩子推荐安徒生童话，因为成长的过程中，怎么可以不去见一见皇帝的那身新装，怎么可以不和“丑小鸭”交个朋友，怎么可以没有拇指姑娘做伴，又怎么可以不体会一下卖火柴的小姑娘的经历呢?

童话这个文学品种，在安徒生的笔下，被提升到与成人文学同等的高度，甚至有所超越。他充分利用童话的特点，增加了成人文学所欠缺的东西——朴素的幽默感、天马行空的幻想、天真烂漫的构思。安徒生童话中闪耀着的人性光辉，超越了国家、种族与文化的界线，是世界各地一代又一代读者的挚爱。

在孩子的阅读过程中，他会感觉到童话的温暖，一种娓娓道来的温馨感觉，也会开发孩子的形象力和创造性思维，让童年多一些天马行空的想象。同时，让孩子在童话中对现实世界有所了解，《安徒生童话选集》是孩子的童年不可错过的好书。

《伊索寓言》：寓言对孩子往往很管用

冬天，农夫发现一条蛇冻僵了，他很可怜它，便把蛇放在自己怀里。蛇温暖后，苏醒了过来，恢复了它的本性，咬了它的恩人一口，使他受到了致命的伤害。农夫临死前说："我该死，我怜悯恶人，应该受恶报。"

相信上面这则《农夫和蛇》的故事人尽皆知，这故事说明，即使对恶人仁至义尽，他们的邪恶本性也是不会改变的。它的出处就是《伊索寓言》。

《伊索寓言》原书名为《埃索波斯故事集成》，从作品来看，时间跨度大，各篇的倾向也不完全一样，据推测，它不是一人一时之作，可以看做是古希腊人在相当长的历史时期内的集体创作。伊索，可能是其中的一位重要作者。相传伊索是公元前6世纪古希腊人，奴隶，善于讲动物故事。现存的《伊索寓言》，是古希腊、古罗马时代流传下来的故事，经后人汇集，统归在伊索名下。

《伊索寓言》这本世界上最古老的寓言集，文字凝练，故事生动，篇幅短小，形式不拘，想象丰富，饱含哲理，融思想性和艺术性于一体。浅显的小故事中常常闪耀着智慧的光芒，爆发出机智的火花，蕴含着深刻的寓意。社会的思想追求进步，而思想的本源无非是真善美，当很多人大谈思想的时候，其实他们忽略了很多人生真谛都是寄予在一些小故事当中，都是很简单的道理。《伊索寓言》中《农夫和蛇》《狐狸和葡萄》《狼和小羊》《龟兔赛跑》《牧童和狼》《农夫和他的孩子们》《蚊子和狮子》等已成为全世界家喻户晓的故事。《伊索寓言》不仅是向少年儿童灌输善恶美丑观念的启蒙教材，而且是一本生活的教科书，对后世产生了很大的影响。

《伊索寓言》中的角色大多是拟人化的动物，它们的行为举止都是人的方式，作者借以形象化地说出某种思想、道德意识或生活经验，使读者得到相应的教训。这些故事有的教导人们要正直、勤勉；有的劝人不要骄傲、不要说谎；也有的说明办事要按照规律，量力而行；还有不少反映了强者虽凶残但却常被弱者战胜的，等等。

如果妈妈给小孩子读这本书，建议可以通过讲故事的形式，不要告诉他故事要讲的道理，而是让孩子参与到思维的过程中来，让孩子讲出他自己的感觉，以这样的形式，不仅听故事、读故事，还学会了独立的思考，那么获得的收获会更大一些。

总的来说，伊索寓言对孩子的成长和进一步融入社会、了解社会具有很大的帮助。

《十万个为什么》：开启孩子的好奇心之旅

《十万个为什么》可以说是一本伴随一代少儿成长的健康读物，许多年来一版再版，备受专家、学者、教师、家长和学生等广泛称赞。

高尔基说过："书是人类进步的阶梯。"从出版的那天起，《十万个为什么》就影响着一代又一代的中国人，引导我们去思考、去探索自然与科学，让我们一步步地进步。可以说这无论对孩子来讲还是对成年人来讲，都是一本让我们受益匪浅的好书，读者能从中增长不少知识，是我们的良师益友。

《十万个为什么》内容非常丰富，包含了地球大观、神秘宇宙、海洋气象、动物王国、植物园地、科技发明、科学知识、军事航天、交通博览、历史回眸、旅游观光、艺术世界、体坛聚焦、人体奥秘、生活百味、未解之谜等内容，本书图文并茂，生动有趣，集科学性、知识性、趣味性和实用性于一体，既能帮助孩子们增长知识，开阔视野，又有助于他们文化素质的提高和阅读能力的培养，更重要的是引起了孩子们对科学的兴趣，是少年儿童最佳的课外读物。

“为什么”这是孩子最爱问的问题，也是孩子天真纯洁一个特点，这个世界对于孩子们来说，充满了奇奇怪怪的事物想让他们一探究竟，因此孩子们总会提出很多问题。他们忍不住地去问大人们“为什么”，就像为什么花儿会变红，为什么小鸟会飞翔，为什么小狗会数数，为什么蚌里能产珍珠，为什么乌贼会喷“墨汁”，为什么蜜蜂会蜇人、为什么蜻蜓会点水、为什么萤火虫会发光……这么多的为什么，不知作为父母的你们是不是都能一一地回答出来了呢，这些问题看似简单幼稚，但却涉及自然界各个门类的知识，正确回答则需要讲明其中的科学道理。

孩子们的求知欲是非常强烈的，他们极力地想解决心中的疑问，家长不是万能的，何不给孩子买一本《十万个为什么》，让他们在书中那一个个新奇的知识中探索自然的秘密；让他们体会大千世界的五彩缤纷和自然界中的千变万化；让他们在书中自己找寻他们想要知道的，自己来回答他们的问题！

相信你的孩子在拿到《十万个为什么》之后，一定会爱不释手的，说不定他会立志要超越前辈的聪明才智，创造更美好的未来呢！不要怀疑，你的孩子就是下一个爱因斯坦！

《三字经》《百家姓》《千家诗》：给孩子补充点古典文化的营养

一个人在成长的过程中，尽管会逐渐习得关于基本伦理、处世原则、善恶判断等方面的知识，但是“人之初”时的印象却是最深刻的。因此，好的启蒙教育对一个人来说是至关重要的。

到目前为止，最能让孩子接受，并且能够对孩子起到良好启迪作用的启蒙读物，莫过于中华民族的传统经典，《三字经》《百家姓》《千家诗》是千百年来广为流传的传世典籍，里面蕴涵着丰富的文化内涵。书中的每个字、每句话，都是历经千百年沉淀的中华民族智慧。许许多多的名人、大家就是读着这样的书长大的。一个中国人，不论在何时何地，不管他接受了多么高的教育，也不管他是领导还是普通老百姓，永远都会记得“人之初，性本善。性相近，习相远……”

读圣贤书，立君子品，做厚德人，一直都是每一个龙的传人始终如一的追求，而《三字经》《百家姓》《千家诗》能够帮助孩子们迈出走向辉煌明天的第一步。

那些充满智慧的文字告诉我们一个个做人的道理，它向我们展示了人类的美好品德，在给我们以智慧启迪的同时，又给我们以心灵的享受。在《三字经》《百家姓》《千家诗》中，我们可以发现那些人类的普世价值，可以发现真、善、美。他们的光芒不会因为时间的流逝而黯淡，相反，越是经过岁月的淘洗，它们的光辉越是耀眼。

《三字经》是一本自然、历史、社会、人生的百科全书。语言上采用简明易记的三三一句押韵短文形式，易读易记，奠定了后世启蒙读物的基调。其书虽然短小，但内容丰富，包罗万象，几乎概括了中国传统文化内涵各个方面。三字经以生动的口诀，传播“人之初，性本善”等积极人生理念，使青少年拥有良好的人生价值观、具备高尚的道德情操、形成完整明确的人生信念，是中国古代成功的教育典籍。

《百家姓》集中国常用姓氏之大全，认祖归宗追根溯源，为人人必读，家家必备的常用书籍。对姓氏起源作了简明准确的注释，能使读者感受到中华民族源远流长，繁衍至今的持久生命力。

《千家诗》是明清两朝流传极广、影响深远的儿童普及读物。《千家诗》是由宋代谢枋得《重定千家诗》（皆七言律诗）和明代王相所选《五言千家诗》合并而成。它是我国旧时带有启蒙性质的诗歌选本。因为它所选的诗歌大多是唐宋时期的名家名篇，易学好懂，题材多样：山水田园、赠友送别、思乡怀人、吊古伤今、咏物题画、侍宴应制，较为广泛地反映了唐宋时代的社会现实，所以在民间流传非常广泛，影响也非常深远。

孩子们将会感受到中华民族传统文化的价值与魅力。在醇厚的文化熏陶下，孩子必将继承优秀的民族气质，健康迅速地成长起来。

《我的野生动物朋友》：善良美好从爱护小动物开始

一个小女孩，她把大象视为哥哥，在大象的鼻子上自由的嬉戏，赤身在河边以象鼻子喷出的水洗浴，她骑在温暖柔软的鸵鸟背上与鸵鸟共舞，她让小狮子吮吸着她的拇指午睡，她趴在地上，被猎豹从身后护拥着散步……这些完全在你的“城市定式”思维之外的画面不是童话，这是全球畅销书《我的野生动物朋友》为我们讲述的法国小姑娘蒂皮和非洲野生动物交朋友的真实故事，这是12岁的法国女孩蒂皮所选择的惊险生活。

法国小女孩蒂皮，1990年出生于非洲纳米比亚。她从小跟拍摄野生动物的父母在丛林长大，与野象相亲，同鸵鸟共舞，变色龙、牛蛙、豹子、狮子、狒狒……一个个给她带来奇趣、欢乐、惊险、幻想，以至皮肉之苦，最终都成为她最好的朋友。为她选择这种生活方式的是法国摄影家、12岁女孩的父亲阿兰·德格雷先生。他并没有疯，他永远记得1955年一位美洲印第安酋长的话：“让人成为动物吧！也许以后某一天，在动物身上发生过的所有的事，也会在人身上发生。但无论发生什么，我们都是地球的儿子。”

这个崇尚自然的理念在摄影师心中强烈作用着，这使他的女儿蒂皮在非洲纳米比亚一出生，就被放在野生动物群里。很佩服蒂皮的父亲能有这样的勇气，把孩子放入这样一个自然的环境中，让她与自然交流。蒂皮婴孩时期，坐在一只叫琳达的鸵鸟的背上，在以后的回忆中她说“琳达很善良，它老怕把我掀翻，常常不愿动一动身子”。她三四岁时赤身裸体走进沙漠，那堆小小的柔弱的肉，在大漠夕阳中泛出的光芒，让人怦然心动。

《我的野生动物朋友》一书是小蒂皮10岁回到巴黎后所写的她与非洲各种野生动物生活在一起的动人故事和亲身感受，同时编入她父母——著名野生动物摄影师现场拍下的130多幅极为难得的图片，不仅可亲可赏，而且能唤起人们保护自然保护野生动物的意识。出版后立即在小读者中风行，并为大人们所喜爱，很快译成德、日、英等文字流传，成为全球畅销书，有的译本销售过百万。

《我的野生动物朋友》是一本很及时的书，在“人与自然”成为全球化的主题之后，我们有必要检讨一下在大自然的交往中，我们做了什么，又遗忘了些什么。

也许蒂皮的生活方式是每个孩子所向往的，但是毕竟现实社会不允许我们每个人都选择一种如此具有传奇色彩的生活方式，不过还好孩子们能从这本书中体会到自然的神奇与亲近。

这本图片精彩，内容神秘的书，一定会让您的孩子爱不释手，给他的童年增加一抹神奇的色彩。已经告别童年的妈妈们翻开此书也会有别样的惊喜，书中那些包含浓郁非洲色彩和孩子无畏天真的照片，会带给您深深的震动，它有着净化心灵的奇效，让人从烦躁中沉静下来，享受一段恬静的时光。

《爱的教育》：孩子会受到人类美好品德的熏陶

在这一个急功近利的年代里，有些妈妈对孩子的教育往往只停留在功课、成绩这些方面，妈妈们在计算着孩子要学多少特长才够优秀，孩子要考多少分才能进去理想的学校，然而却是忽视了品格教育。至于爱的教育，更是妈妈鲜少能够顾及到的。

《爱的教育》这本书正是弥补了这一方面的空白。《爱的教育》被公认为人生成长的必读书，此书是作者20年心血的结晶，是30年理智的内心独白。凡是读这部书的人都将无法抗拒它的魅力，是无可争议的经典之作，它所饱含的慰藉和激荡的情趣无不使所有的人流下动情的眼泪。1886年出版后畅销不衰，现已有100多种译本，是一部孩子和大人都值得一读的爱的经典。

《爱的教育》(原文是Cuore，翻译为心)原名《一名意大利小学生的日记》，是通过埃·德亚米契斯的儿子的日记改编的。《爱的教育》由3部分组成：一部分是主人公恩里科的日记；一部分是主人公的爸爸、妈妈、姐姐写给主人公的信；还有一部分是老师交给学生抄写的“每月故事”。

日记部分记述了主人公在学校、家庭和社会上的所见所闻，时间从头一年10月开学到次年7月放假，共10个月。日记刻画了学校的男女老师、同学以及同学的家长。他们属于不同的社会阶层，具有不同的性格。几位同学的性格具有象征意义，如班里学习最好的德罗西象征善良，加罗内象征慷慨，斯塔尔迪象征执著，沃蒂尼象征嫉妒，诺比斯象征傲慢。父亲、母亲和姐姐写给主人公的“信”，都是直接的道德说教，有劝导，也有责备，但都娓娓道来，动之以情。“每月故事”这部分，是书中最具有文学性的部分，以故事的形式传达作者的理想道德。每篇故事的主人公都是孩子，分别来自意大利不同的地区，以自己的行为表现出热爱祖国、热爱家庭、自我牺牲等优良品质。

作者以浅显的语言描写出生活琐事，却能带给人无穷的感动。作品中融入了种种人世间最伟大的爱：老师之爱、学生之爱、父母之爱、儿女之爱、同学之爱……每一种爱都不是惊天动地的，但却感人肺腑。

书中通过有趣的描写让孩子们从中读出爱、感恩、付出、积极向上、善良等健康的品质，让孩子从书中得知这些，比起家长单纯的说教来讲，更能让孩子体会到这些品格的可贵。对于孩子来说，读这本书，可以使他学会关心别人、关心自己的家、关心集体，多些爱心，做个善良的人。

你的孩子会觉得它像一个好朋友，跟你开玩笑呢。笑着笑着，他就会明白什么才是生命中最可贵的最有意义的。孩子看了这本书以后，你会感觉他像是一夜之间长大了，懂事了。

也许他会和你说：“妈妈，感谢你疼我、爱我!”不要惊讶，这就是文字的巨大力量。

《小王子》：每个人心中都应该有个小王子和他的星球

《小王子》是作家安东尼·德·圣埃克苏佩里于1942写成的著名法国儿童文学短篇小说。本书的主人公是来自外星球的小王子。书中以一位飞行员作为故事叙述者，讲述了小王子从自己星球出发前往地球的过程中，所经历的各种历险。作者以小王子的孩子式的眼光，透视出成人的空虚、盲目和愚妄，用浅显天真的语言写出了人类的孤独寂寞、没有根基随风流浪的命运。同时，也表达出作者对金钱关系的批判，对真善美的讴歌。

小王子在每个星球的机遇，都是那么波折那么离奇，每个人在生活中常常会遇到不同的人，他们就像小王子经历的那些星球一样，炯然不同。他们都给了我不一样的世界，不一样的看法，然后影响着我，而我又用自己的行为影响着他们。在这个过程中，我们学会爱与责任。当读者翻看《小王子》的时候，就好像是在翻阅我们的心灵，与心灵中至纯至美的自己对话，此时的我们，就如同新生儿那样，纯真、干净。

《小王子》，曾是法国最著名的书，也是全世界最令人喜爱的书之一，现在依然如此！尽管这本法国人写的童话于1943年在美国首次出版，而法国人却只愿意记得它的法国出版日——1946年4月。2006年4月，法国人高调为它过了60岁大寿，他们用法语向全球宣布：《小王子》刚满60周岁！如今小王子已经快到了他的65岁高寿，而无论时代如何变迁，小王子永远是法国人民的骄傲，同样，小王子也是世界上每个人心中的传奇。

根据《小王子》官方网站公布的最新数据，此书在全世界已经销售8000万册，仅在法国的销量就达1100万册。它被译成160余种语言，中文版本估计有上百种之多。几年前，法国人毫不吝啬地将“20世纪最佳图书”的桂冠授予了《小王子》，《追忆似水年华》等一连串伟大的现代文学经典也只能排名其后。

《小王子》一书是孩子能用1个小时的时间就能读完的一本小册子，然而这本书却是值得用一生的时间细细体味的经典。正如一位读者在读罢此书后的感受所言：“如果你看书和我一样快，那么这本书会占用你20～30分钟；如果你也喜欢看日落，那么也许读完书后，你还会用上1～2个小时看西面的天空；如果你有一朵想要“驯服”、或者被她“驯服”的花，那么也许你还会用一个上午的时间来为它做一个漂亮的屏风或者玻璃罩子，然后陪她整整一个夏天；如果你灵魂里还有一部分始终不愿意变成一个“大人”，那么这本书可以陪你一生。

父母们应该告诉孩子，爱是这个世界上最伟大的感情，而每一份爱都需要用责任守护，让孩子读《小王子》，就是教给他爱与责任。

《假如给我三天光明》：给孩子一剂精神鼓励

著名作家马克·吐温这样说：“海伦·凯勒和拿破仑是19世纪两个最杰出的人。拿破仑试图用武力征服世界，他失败了；海伦·凯勒用笔征服世界，她成功了。”

梅特林克夫人这样说：“海伦·凯勒是一个让我们自豪与羞愧的名字，她应该得到永世流传，以对我们的生命给予最必要的提醒。”

查理·卓别林这样说：“海伦·凯勒的身体不是自由的，但她的心灵却是无比自由的。”

美国时代周刊这样评价：“海伦·凯勒被评为20世纪美国的十大偶像之一是当之无愧的，这本书《假如给我三天光明》是伟大的经历和平凡的故事完美相结合。海伦·凯勒堪称人类意志力的伟大偶像。”

从这些评价之中，我们不难看出海伦·凯勒的伟大。这个20世纪的传奇女子，仅仅拥有19个月的光明。一场猩红热让还在婴儿期的她失去了视力和听力，不久，她又丧失了语言能力。然而，心灵的力量永远能让一个心存大爱的人坚强起来！在黑暗寂静的世界里，海伦·凯勒凭借自己的内心力量和在导师安妮的巨大帮助下，一步一步挑战生理的缺陷，创造生命的奇迹！

努力的付出终将得到回报。海伦·凯勒以优异的成绩毕业于美国拉德克利夫学院，成为一个学识渊博的人，掌握英、法、德、拉丁、希腊5种文字的著名作家和教育家。她走遍美国和世界各地，为盲人学校募集资金，把自己的一生献给了盲人福利和教育事业。她赢得了世界各国人民的赞扬，并得到许多国家政府的嘉奖，被美国《时代周刊》评选为20世纪美国十大英雄偶像，被授予“总统自由奖章”。

《假如给我三天光明》是海伦·凯勒的自传。作为一个功能齐全的人，很难体会到一个生活在寂静黑暗中的人的感受，更难以体会她承受着怎样的肉体上和精神上痛苦。但是她仍然挺了过来，克服重重困难，她不抱怨上帝的不公，与其抱怨不如改变，把自己的命运牢牢地握在自己的手中！她感恩于生命，感恩于天地容纳了自己，感恩于父母给予生命，感恩于老师的巨大帮助。比起健全的我们来说，她更知道幸福的含义。

让你的孩子读到此书是一种幸运，能让孩子学会坚强与感恩，学会珍视生命与回馈生命。与孩子一起品读此书的时候，你会发现，时光似乎回到了 100 年前，你仿佛经历了又一次的成长，感悟到了未曾体验到的幸福，领悟出生命的非凡意义。

第十三章　值得学习的好妈妈典范

每一个妈妈都可以成为好妈妈，每一个妈妈身上都有好的品质，如果能够互相交流，互相学习，妈妈们就能更加完美和优质了。所以，向好妈妈典范们学习吧，让自己也变成一个更好的妈妈！

杨澜——爱学习的妈妈才是好妈妈

柴米油盐酱醋茶的生活看似平淡简单，但过起来不一定人人得心应手；生儿育女是女人的本能，但成为好妈妈并不是顺理成章的事情。当妈妈之前，女人一定要做好心理准备，认识到当妈妈是一项挑战，就算是智商情商都极高的女人，也需要不断学习做个好妈妈。

著名的主持人杨澜在未做妈妈之前，已经是一个非常成功的女性，主持事业如日中天。谁都认为，凭借她的智慧和美丽，一定可以做一个好妻子，好妈妈，但当她真的做了妈妈，却同样要重新开始。面对各种教育的迷惑，她自已慢慢去摸索："今天的孩子都娇贵得不得了，现在的社会变化大，社会和家庭的矛盾集中在怎么带一个孩子上，因此做妈妈的压力也是前所未有的，她们既要应付来自职场的考验，又不能忽视家庭和孩子，而带好孩子又会面临许多新的课题，过去老一代的育儿方法在今天已经不再适用了……"

杨澜的工作非常忙，她想要在事业上有更多的进展。她和丈夫投资了阳光卫视，这是中国电视业中的一次大胆尝试，最终以杨澜转让所有权收场，他们在其中投入的精力和作出的挣扎是可以想见的。但这并不能成为她不做好妈妈的借口。为了让儿子安心，她决定辞职一年，完全在家里照顾儿子。

"做母亲也是需要学习的。"杨澜说自己现在特别庆幸自己为孩子休假了一年。

因为工作的原因，儿子从上海转学到了北京，刚开始时他很不开心，总抱怨说到了北京就见不到上海的老师和同学了。杨澜告诉孩子，他很快就可以交到新的朋友了。但是不久，杨澜就从一本教育心理学方面的书上读到，大人往往觉得搬家是小事情，但是在孩子的头脑中却是件大事。因为他到了一个全新的环境，需要花很长的时间和勇气才能适应。杨澜发现自己用新的朋友圈来宽慰孩子的做法是不对的，这会让他有一种背叛、负罪的感觉。孩子会觉得妈妈的意思是交了新朋友就可以忘了老朋友，所以杨澜主动帮他搜集整理上海同学和老师的联系方式，还建议他隔段时间就电话问候这些老朋友，约时间聚会。

心理学上这样一个很善意的提醒，让杨澜懂得了孩子在面对新环境中的想法和心理，然后根据孩子的需要为孩子提供了适当的爱，赢得了孩子的喜欢，也让孩子很快适应了变迁后的生活。

学习是妈妈应该长期进修的一门功课，在养育孩子的过程中会遇到很多的问题，凭着感觉我们也可能会做好，但是用更科学、更符合孩子成长规律的方法来进行教育，妈妈无疑会做得更好。此外，做妈妈的还要知道，妈妈是孩子的影子，对孩子的影响是润物细无声的，在与孩子朝夕相处的日子里，妈妈的品行、情绪、价值观、心态都会潜移默化地传达给自己的孩子。妈妈们在这些方面要有意识地提升自己的素质。

一个懂得尊重别人的妈妈，才会教出懂得自尊的孩子；妈妈爱读书，孩子才能爱学习；妈妈热爱生活，孩子才会善待生命；在人际交往中，孩子与人相处自如的心态来自妈妈，妈妈的风度，将会决定孩子未来的高度……

所以，作为一个妈妈，需要全面地学习，在生活中注意自己的言行，培养自己的信心，控制好自己的情绪，做一个优雅而富有魅力的妈妈。只有做个不断完善自己的妈妈，才能成为一个孩子喜欢、自己喜欢的好妈妈。

李振霞——创造家庭博士群的好妈妈

“妈妈”是这个世界上最美丽的称谓，她不但给予孩子生命，还教育孩子成才。在经历了十月怀胎之苦后，孩子一朝分娩，作为妈妈就会露出欣慰的笑容。同时也会暗暗告诉自己要把孩子抚育成人，这是每一个做妈妈的夙愿。李振霞也是千千万万妈妈中的一员，她也有望子成龙，望女成凤的期望。

李振霞是 20 世纪 50 年代中国人民大学的研究生，毕业后从事哲学教学工作。她是中国现代哲学研究开拓者之一，发表了 50 多篇学术论文，出版过 500 多万字的个人专著。如此繁忙的工作并没有影响了她教育子女的工作。她没有被“生子容易，教子难”的经验所吓倒，不辞辛苦，把自己的 4 个孩子都培养成了出类拔萃的精英人才。

当亲朋好友得知李振霞把 4 个孩子都培养成了各行各业的顶尖人才后，送给了他们家一个“家庭博士群”的称号，这个特殊的称呼是对李振霞家庭教育的一种肯定，是一种发自大家内心的赞美。一个家庭中出现了 4 个博士，让天下的父母对他们投去了羡慕的目光。

这个家庭中的长女金萤，毕业于首都医科大学，后来到美国约翰霍浦·金斯大学医学院做了博士后，主要从事基因工程的研究；长子金煜毕业于青岛海洋大学，后来在麻省理工学院取得博士学位，在构造地理物理学领域研究岩石圈动力学方面做出了卓越的贡献；次子金侠，在中国协和医科大学本、硕连读后，前往英国伦敦大学再次攻读学士学位，之后在剑桥大学攻读医学博士学位，在艾滋病研究方面颇有建树；小儿子金延毕业于清华大学，之后在中国航空研究院取得了博士学位，又考取了国际研究员，现在为美国匹兹堡卡耐基·梅隆大学研究员。

在孩子成功的背后大多有一位伟大的妈妈。“家庭博士群”背后伟大的妈妈就是李振霞，科学的教育观、强烈的责任感以及顽强不屈的精神正是她成功教育子女的关键。妈妈李振霞的科学教育把家中的 4 个孩子领向了不凡的人生道路。

在孩子的成长教育过程中，中国人民大学毕业的李振霞深深懂得学习的重要性，她知道只有知识才能改变命运，只有知识才能让孩子在人生的道路上走得更远。于是在孩子很小的时候，就注重对他们的学习教育。多年的求学经历，让她深深懂得学习过程中的苦与乐，在引导孩子学习的过程中尽量让孩子发掘学习的乐趣，让兴趣带动孩子去学习。

跟丈夫商量后，她给孩子看《十万个为什么》《鲁迅全集》等书籍，让孩子从书中培养对学习的兴趣。有时候在游玩的过程中她也会把很多知识传达给孩子。当时他们住的地方离颐和园很近，每次全家游园的时候，她会跟孩子讲长廊中各种彩绘的内容，这也是孩子们比较感兴趣的。就这样孩子们的知识就在课堂、家教、参观和游玩的过程中逐渐的丰富起来了。

在养育孩子的时候，李振霞认为对待孩子要有一个平等、民主的心态。她给自己定一个原则：不在客人面前说孩子，以免伤害孩子的自尊心；不在家人面前说孩子，以免影响到姐弟之间相爱和好感；也不在饭桌上说孩子，以免影响到孩子的食欲；更不在气头上说孩子，在自己情绪激动的时候不适合教育孩子。李振霞总是以温和去感染孩子，而不是用霸气去征服孩子。在这潜移默化中影响孩子养成了良好的做人做事的习惯。在金煜出国的时候，他对父母说："到了国外，爸妈不必惦念，你们平日里为人处世的言行，我都记在心里，足够用了。做学问先做人，好人才能做出好学问。"

李振霞的学识、科学的养育观、对孩子平等的态度、温和的品性都在潜移默化地影响着孩子。妈妈较高的品质、素养为他们的成功开了一扇天窗，把他们一个个带入了成功的领域。李振霞只是世界上千千万万妈妈中的一位，古今中外，许多为国家和人类作出贡献的爱国者、民族英雄、政治家、军事家、文学家、科学家，随手翻阅一下他们的成长史，我们都会发现是妈妈在他们迈向成功的道路上起到了重要作用。

妈妈"精忠报国"的刺字让岳飞名垂千古；坚强的克林顿之母教会他永不放弃；贫困年代妈妈正直的培养让李明博坐上了韩国总统的位置；奥巴马的妈妈也把孩子推向了一个广阔的平台……

这些了不起的妈妈让我们明白：妈妈不仅仅是孩子生命的缔造者，还是孩子成功未来的影响者。妈妈自身的涵养、学识、修养、德行时时刻刻在影响着孩子。倘若每个妈妈能够将自身的优秀品质渗透到孩子的骨子里，孩子未来、人生必然不同凡响。

居里夫人——优质的妈妈培养出优质的孩子

作为"镭"的发现者、两次诺贝尔奖的获得者，居里夫人是一个伟大的科学家，同时，作为一个妈妈，她的表现绝不逊于在科学实验上的表现。有人为了称赞她在教育上的贡献，称她是"20 世纪送给人类的最宝贵的礼物，是上帝对人类重视母亲的不断诚恳暗示里的一次重要的提醒！"马克·吐温说："19 世纪诞生了两位伟大的人物，一位是拿破仑，一位是海伦·凯勒。”那么20世纪也有两位伟人，一位是爱因斯坦，另外的一位就是居里夫人。她不仅是20世纪最伟大的科学家，还是最伟大的教育实践者。居里夫人最终使大女儿伊蕾娜·居里因“新放射性元素的合成”于1993年荣获诺贝尔化学奖，也使小女儿艾芙·居里成为一位优秀的音乐教育家和人物传记作家。

居里夫人从整个科学生涯和人生道路上体会出一个道理：人之智力的成就，在很大程度上依赖于品格之高尚。因此，她把一生追求事业和高尚品德的精神，影响和延伸到自己的子女和学生身上，利用各种机会培养孩子形成良好的道德品格。

当伊蕾娜和艾芙还在幼年时期，居里夫人为了锻炼女儿勇敢的品质，她就不许女儿怕黑，不许雷声轰隆时把头藏在枕头下，不许怕贼与流行病。在第一次世界大战战火纷飞的恐怖日子里，居里夫人强迫她的女儿暑假到国内外旅行，并让她俩给战士织毛衣。她俩还加入收获队，代替男子冒着危险去抢收麦子，从小培养她们勇敢而有主见的独立人格。

居里夫人通过自己坚强的意志和乐观勇敢的生活态度，将生命的热忱传递给女儿，感染她们，影响她们，在教育女儿的过程中将母亲的天性发挥到了极致。

做母亲是一门艺术，我们要把自身的优点发挥出来，这样孩子才能站在我们的肩膀上走得更远。有着良好素质的妈妈才会在教育实践中，扬长避短教育出优秀的孩子来。素质低的妈妈对孩子的教育则会产生不良的影响。

北京市教育工作者曾对家庭教育问题做过一次专门的调查，结果表明70%以上的妈妈不知道如何正确教育孩子，20%以上的妈妈综合素质不能承担起教育子女的责任。妈妈素质不高，会直接或者间接地影响孩子的素质。

因此，在日常的生活和教育实践中，妈妈要及时提高自身的素质，只有自身素质提高了，才能教育出优秀的孩子。正如当代教育家卢勤说的那样，教育孩子先要教育自己。用自身的优秀去影响孩子，把自己爱学习的习惯传达给孩子，用自己积极乐观的态度给孩子创造一个温暖的成长环境，把自己正确的人生价值观及时传递给孩子，这样才能给孩子一个美好的人生。

米切尔夫人——妈妈是产生希望的希望

“妈妈是产生希望的希望”，民族的希望也寄托在妈妈的身上。目前世界各国以妈妈素质和品质为焦点的竞争正日益明显，哪个民族拥有了高素质的妈妈群体，哪个民族就能更好地培养出下一代，哪一个民族就会在未来世界中拥有辉煌的地位，并且始终处于不败之地。

一个民族是这样，一个家庭更是如此。高品质和高素质的妈妈会给家庭带来希望，也会给孩子带来希望。

有一个小女孩从小就不喜欢学习数学，一天放学回家对妈妈说：“算术真的太难了，从明天开始我不去学校了。”妈妈用温和的眼光注视着女儿：“真的吗？你是如此讨厌学习数学啊！我带你去一个地方，也许你会改变自己的想法。”

于是妈妈带着这个小女孩驱车奔向附近的一个农场，跑了一段时间后，马车开始停下来。妈妈指着道路一侧的废墟和工人住的简易房对这个小女孩说："孩子，你看到那些房子了吗?"

"为什么会变成这样呢?"

"以前这里住的都是有地位的人，但是战争爆发之后，这里就变成了废墟。而住在里边的人也变得穷困潦倒。战争之前那些风光的人，那些雄伟、壮观的房子，都在战争中消逝了，成了这个样子。"

然后妈妈又指着道路另外一侧的略显壮观的房子对女儿说："孩子，你再看这边。"

"妈妈，这边的房子怎么没有被战争破坏呢?"

"因为这里边住的都是有力量的人，他们在战后凭借自己的力量建立了这样的房子并坚持下来，屹立不倒。"

"那我也要成为有力量的人!"

"很好。做一个有力量的人才能在遭遇困难和挫折的时候，拥有战胜困难的武器，这样你就不会在困难中变得跟那些废墟一样了。所以你要好好学习。如果不认真学习的话，就得不到任何人的重视，尤其是女孩子。"

"拥有了知识，任何困难我们都不会害怕。"小女孩对妈妈说道。

很多年之后，这个小女孩把妈妈展示给她的景象用文字记录了下来，妈妈给她展现出来的坚强也真实地在她的人生中反映了出来。她把这些都写进了一本叫做《飘》的小说而流传于世，给很多试图从失败和挫折中重新站起来的人送去了希望。

这个小女孩就是著名的作家玛格丽特·米切尔。玛格丽特的妈妈——米切尔夫人就是用这样简单的方式让女儿对自己的人生充满了希望，妈妈的教育培养了她热情、执著和不屈不挠的精神。

玛格丽特在她26岁的时候，曾担任《亚历山大日报》的记者，后来一次意外导致了她腿部残疾。在她花样年华的时候遭遇如此大的挫折时，因为承受不了曾一度绝望，但是想起妈妈的教导，便重新站起来了。她想："尽管我变成了瘸子，但是我的双手还是健康的，头脑还是健全的，我还可以继续写作。"

这种念头成为支撑起她生存下去的唯一希望。接下来她便拼命进行创作，10年中完成了她逾千页的长篇巨著。但是因为不知名而多次被多家出版社否定，在遭遇了一次次的冷笑和拒绝后，她仍然没有放弃。当人生的希望已随风飘逝的时候，她顽强地站立着，她的诚恳和坚强终于打动了一个出版界人士，经过了一场紧锣密鼓的宣传和筹划后，《飘》终于问世了，后来还被改编成了电影，著名影星费雯丽就因饰演其中的女主角而夺得了第十二届奥斯卡金像奖（1939）最佳女主角，闻名于世。

是妈妈教会了玛格丽特要坚强、要靠自己活着，她才找到了自己的人生舞台。

妈妈在日常生活中一个不经意的言行，也会影响孩子的成长，或许就是一次无意地旅行，让孩子懂得要在艰难困苦中走出，找到属于自己的光明未来。孩子的成长过程中难免会遇到困难和挫折，这个时候做妈妈的更不能袖手旁观，要给孩子一个积极引导，让他们看到方向，看到希望。

妈妈要想做好子女的灯塔，首先要懂得给予自己希望。只有看到希望的妈妈，才能在家教的过程中给予子女希望。幸福不是回忆过去，而是憧憬未来，在遇到困难的时候往好的方面想的人，这样才能真正走出困境，而妈妈们的责任，就是让孩子拥有一颗充满希望的心灵。

不管什么时候，妈妈都应该感觉到希望的存在。比如，孩子偶然在一次考试中失败，这个时候妈妈要理解孩子的感受，把他从失落的痛苦中拯救出来。你也可以让孩子知道："塞翁失马，焉知祸福。"用你温暖的言语让孩子懂得，一次的失败也许并不是什么坏的事情，考试的目的就是为了查漏补缺，好好总结失败的教训，这样就为以后的中高考增加了获胜的几率。

能够给予孩子希望的妈妈不悲观。悲观不是天生的，就像人类的其他态度一样，悲观不但可以减轻，而且通过努力还能转变成一种新的态度——乐观。当你在生活中养成积极乐观的态度后，你就会微笑着面对每一天，面对周围的每一个人。如此一来，孩子看到微笑的妈妈，自然就看到了生活的希望，看到了美好的明天。

张炳惠——营造温暖的家，让孩子飞得更高

给孩子一个温暖的家，让孩子在这个家中感觉到温暖，让他们在家庭中感到满足和自信，是每个妈妈应尽的义务。在营造温暖的家庭氛围中，妈妈以她特有的身份占有得天独厚的优势。她的细心和认真，懂得怎样让孩子理解家庭的爱，感受家庭中的温暖。

韩国第一妈妈张炳惠在营造家庭温暖的港湾上是每一个妈妈学习的模范。张炳惠是已故韩国政府总理张泽相的女儿，她获得匹兹堡大学历史学硕士学位和乔治敦大学历史学博士学位。她被美国和日本称为有着 40 多年教授生涯的韩国"第一妈妈"。这个称呼的来历主要在于她将 3 个继子都送进了美国哈佛和耶鲁大学。长女毕业于美国哈佛大学，后来成为了一名国际律师，次女 16 岁的时候以第一名的成绩进入耶鲁大学，毕业后也成了一名国际律师，长子毕业于耶鲁大学后来在哈佛大学进修经济学管理，以第一名的好成绩成为卓越的商业人士。

孩子们的成功跟这个继母张炳惠的教育信念有很大的关系，她坚信优秀的妈妈就会教育出优秀的子女。在教育过程中张炳惠有自己的原则，妈妈除了要做孩子的榜样和对他们因材施教外，更重要的一个原则就是要为孩子的成长营造一个温暖的家。她接手的这 3 个孩子从小就遭遇妈妈的离异，在别人的抚养下生活，根本没有什么家的观念，更别说感受家庭的温暖了。这样的经历让他们缺乏安全感，也不懂得人与人之间要相互的谦让、友爱和帮助。

妈妈张炳惠深深理解孩子的这种缺失，于是她总会绞尽脑汁想尽一切办法让孩子理解家的概念，想尽办法让他们感受到家的温暖。在这方面她发挥了妈妈最大的影响力，让 3 个孩子在家中找了他们的安全感和自信心。

自从张炳惠来到这个家后，家里的一切都在悄悄起着变化，以前的脏乱状态也一

去不复返了。在家里每一个人都有自己的责任，轮流做卫生也成了一个不成文的规定，在妈妈的影响下，做家务也成了孩子们生活习惯的一部分。

有一天长女爱丽丝不舒服，那天正好赶上她做值日。于是张炳惠就把握住了这个很好的机会，对经常和爱丽丝吵架的长子彼得说："姐姐今天不舒服，你帮她做卫生好吗?"

彼得表现出了为难的表情，因为他们兄弟姐妹之间从来没有互相帮助的习惯，因此他显得很犹豫。张炳惠站在犹豫不决的彼得面前，对他大声地喊："我们的彼得今天替生病的爱丽丝打扫房间，爱丽丝听见了吗?"

彼得在替爱丽丝做卫生的时候，似乎是为了让姐姐看到他的表现，他又扫又擦，格外卖力。自从彼得替爱丽丝打扫卫生后，爱丽丝对彼得的态度发生了很大的转变。之后的生活中，当遇到困难的时候，爱丽丝还会请彼得帮忙，并总是向彼得表达谢意。听到姐姐感谢的话，彼得非常开心，他们俩的关系越来越好了。

渐渐地，在妈妈的引导下，他们家出现相互帮助、相互关爱的氛围。她的努力缓解了姐妹和姐弟之间的冷漠，孩子们也知道了当自己遇到困难的时候，自己再也不是一个人去承担了，关键时候还有家人的帮助，他们的不安全感也渐渐消失了。

后来，每当妈妈下班回家，孩子们都会上前问候。就这样家庭中的温暖就像温泉一样在汩汩流出。这样的家庭氛围成了他们勇往直前的动力和源泉，成就了他们不凡和华美的人生。

在闲暇的时候，你是否问过自己，有没有辜负"妈妈"这个温暖的称呼？是否珍惜自己身为妈妈的影响力，是否竭尽所能地给孩子带去阳光和自信？孩子在反省中成长，妈妈也要在反省中升华。只有这样，才能给孩子营造一个温馨、和谐与宽容的家，才能让孩子在这样的家庭环境中受到良好的熏陶，才能给孩子提供一个高的起点，让孩子飞得更高，走得更远……

撒切尔夫人——是非观关乎孩子的未来

撒切尔夫人就是一个是非观念很强的人，正确的是非观念引领着她步入政坛，成为历史上有名的"铁娘子"，并且让她成了 20 世纪执政时间最长的政府首脑。她得益于正确是非观的影响，所以在教育孩子的过程中，也很注重对孩子是非价值观的教育和培养。

孩子尚处于一个蒙昧的时期，最容易受到周遭世界的影响，这些影响使得他们逐渐形成自己最初的是非价值观。这些观念一旦形成就很难改变，并且将会影响其一生。撒切尔夫人懂得这一点，她不但重视是非观对自己人生的影响，还重视对孩子是非观的教育。

在培养孩子树立正确是非观上，撒切尔夫人很重视交流对孩子的影响。很多父母总是抱怨自己没有时间跟孩子说话，这是让她感觉到非常遗憾的一件事情。撒切尔夫人不管多么忙，不管工作上的压力是多么大，她总是会想办法挤出时间跟孩子说话。

把孩子问的问题说清楚。父母和孩子关系的远近不在于她与孩子在一起的时候长短，而在于你在特定的时间里对他们的关怀。所以撒切尔一有时间就和孩子在一起闲聊，从孩子每天的趣闻中，分享他们的心情，同时还告诉孩子事情的是非曲直，告诉他们如何去判断一件事情或者一个人物。

撒切尔夫人最喜欢的儿子马克喜欢模仿父亲。一次，撒切尔夫人打电话过来，想告诉自己的丈夫她有宴会不能回家共进晚餐。电话铃响起后，马克对着电话嚷道："我是撒切尔!"撒切尔夫人当时很生气，认为即使是大人，在自己的家中这样接电话也是不礼貌的，而小小的年纪更不应该这样。撒切尔夫人不想放任儿子这样做，她专程赶回家里。耐心地对马克说明这样做是不礼貌的，同时严厉指出这样做的严重后果，及时制止了马克这种不良的行为。

撒切尔夫人的教子观与我们传统的"授之以鱼不如授之以渔"很相似，她说："教育子女最重要的不是告诉他们什么是正确的，什么是不正确的，而是要培养他们明辨是非的能力，让他们自己能独立作出判断。"怎样才能让孩子养成独立判断的能力呢?一方面要让他们多读书，在读书的过程中认真思考，形成自己的是非观念。另外一方面就是要孩子们多经历，能够自己去处理一些事情，比如和同学们之间闹了矛盾之后，要引导孩子自己去化解矛盾。渐渐地就会形成适合他们自己的为人处世的方式，在这个过程中孩子还能学会尊重他人，尊重他们的人格和生活方式。为他们将来走向社会，为他们的人际交往奠定一个良好的基础。

所以，作为对孩子影响力极大的母亲，不但要有自己做事的原则，有自己的是非观念，把自己的是非观传达给孩子的同时，还有培养孩子辨别是非的能力，这样才能引导孩子走向一个光明的人生。

那么，什么是是非观念呢?所谓的是非观，也就是对日常中行为和事件正确和错误的看法和认识。这就是说作为一个教育孩子的妈妈，自己首先对事物要有一个认识，这就需要我们丰富自己的知识，开阔自己的视野，要有足够的能力和认知对事物的发生和发展有一个客观的评价。

比如，当金融危机到来的时候，面对飞涨的物价，在孩子面前我们不能一味地抱怨，这时候你首先要对金融危机有一个正确的认识，才能让孩子理解，让他们知道金融危机是一种难避免的经济学现象，这是经济发展的一个不健康状态的，所以给社会带来了很大的危害，比如失业人数增多，物价上涨。让更多的人生活更加的拮据，还让股市处于一个动荡不安的状态。

只有这样才能消除孩子心中的困惑和畏惧，让他们对经济有一个很感性而正确的认识。因此，妈妈要在生活中做一个有心人，对生活中和周围的事情要留心，并且能够独立思考，形成自己的认识，指导着自己的生活。当你的是非观形成之后，不但会指引你的行为方式，还会给自己的生活指引方向。

有人说："世界上最高的道德是要坚守自己的原则。"这样的人才能将自己的影响最大化。在生活中坚持自己的原则的人才能赢得朋友，在工作中坚持自己原则的人才能将事情做得更好。

当一个人的外在行动和内在思想相称时，他是诚实的。当一个人抛弃他的真理去取悦他人时，他就放弃了诚实。没有什么比作真正的自己更重要，而坚持自我的支柱莫过于一个人的尊严与操守，自尊、自信、正直。放弃那些迎合别人的无谓牺牲，你才能拥有别人最真诚的敬意，才能成为一个光明磊落的大格局者。

在家庭教育中也是如此，一个坚持自己原则的妈妈才有影响力。这里我们所说的原则就是一个人的是非价值取向。一个有是非观念的妈妈才能把孩子引向正确的发展道路，所以一个女性在成为妈妈之前一定要树立正确的是非观念。

卡耐基之母——母亲的自信成就了孩子的勇敢

现代社会不欢迎怯懦的人，怯懦的孩子在社会中没有立足之地。妈妈在教育孩子的过程中要改变孩子怯懦畏惧的心理，让孩子端正心态，鼓足勇气去生活，去谱写自己美好的未来。

妈妈应该如何做才能让孩子勇敢起来呢？卡耐基的母亲给了我们最好的答案。那就是用自己的自信去影响孩子。

戴尔·卡耐基是世界著名的成功学家，他的著作和教育机构成就了千千万万的人。《人性的弱点》《人性的优点》《语言的突破》等几部著作，在全世界都非常畅销。世界传媒大王默多克说："戴尔·卡耐基的这些原则如魔术般地令人震惊，它改变了几亿人的生活。"

就这样一位熠熠生辉的大师，却有一个悲苦的童年。但是幸运的是在他最困难的日子里，他的母亲——一位虔诚的女教徒，始终以自己坚定的信念支撑着他，可以说，是母亲坚定的信念，成就了举世闻名的励志大师。

幼年的卡耐基由于营养不良，头发不是人们喜爱的金黄色而是淡黄略显灰色，加上一对与自己头部不相称的大耳朵，显得很平庸。再加上父亲悲观思想的影响，让他终日郁郁寡欢。

但是她的母亲却给他的生活注入了阳光。她的母亲是一个很乐观自信的女性。她总是以自己的乐观来鼓励丈夫和儿子。

卡耐基后来在他的《摆脱忧郁》中写道："我常听见母亲忆起，每当父亲去谷仓喂马及乳牛，没有在她预计的时间归来时，她总要赶去谷仓看看，她时常害怕会突然发现他的身体吊在绳端晃来晃去。"

有一次卡耐基跟着父亲去银行申请延期还贷款的事情，银行家很凶狠地告诉他们："如果不能按时还贷款，就要没收你们家的财产。"父亲无可奈何，带着卡耐基沮丧地往回走。

当他走到曾给他们带来灾难的河边时，他停下来，望着静静流淌的河水发愣。跟在后边的卡耐基以为父亲在等他呢，谁知父亲看着河水喃喃自语道："运河水可以滚滚向前，畅通无阻，而我却走投无路，四处碰壁，这是为什么呢？为什么呢？"

成年后的卡耐基再回忆起这件事情，就想起了父亲对他说的话："要不是因为你母亲坚定的信仰和乐观的支持，我是绝对没有勇气在那些琐碎的日子里生存下去。"

卡耐基父亲的辛苦劳作，再加上长期的抑郁，积劳成疾，身体健康状况极度恶化，变得十分憔悴。当医生告诉卡耐基的母亲，她的丈夫詹姆斯的寿命将不会超过 6 个月的时候，卡耐基呆呆地看着母亲，他看到母亲的眼中有一种亮晶晶的东西在闪动，终于，两行眼泪顺着她的面颊滚了下来。但是他母亲并没放弃，在她圣歌的呼唤中，父亲活了下来。

戴尔·卡耐基对这些经历仍记忆犹新。他后来回忆说，在灾难面前，母亲这位坚定的基督教徒，总是一边操劳一边坚定地唱着圣歌。而父亲詹姆斯沮丧的愁容也逐渐换成一副顽强不屈的样子。

这些情景在卡耐基幼小的心灵中也深深地扎下根，使得他以后能有极大的勇气，一次又一次坚强地面对挫折与失败。母亲的自信和乐观影响了卡耐基的一生，她相信所有的困境都是暂时的。每当卡耐基极度沮丧的时候，总能听到母亲在他身边唱圣歌。

卡耐基就这样在母亲乐观和自信的圣歌中找到了生活下去的勇气，改变了自己怯懦、郁郁寡欢的心理特征。这是值得每一位母亲学习的。

我们知道，怯懦的人总是会害怕自己处于有压力的状态，因而他们也害怕竞争。在对手或困难面前，他们往往不善于坚持，而选择回避或屈服。怯懦的孩子对于自尊并不忽视，但他们常常愿意用屈辱来换回安宁。

据心理专家称，胆怯心理大多数是后天形成的。造成孩子胆小的源头在家庭、在父母、在他们不恰当的教育。家长在日常生活中对孩子限制过多，如到公园玩耍时，不让孩子去爬山恐怕摔下来，不让孩子去湖边玩怕掉下去，等等。造成孩子不敢从尝试与实践中获得知识，取得经验，这也造成胆小怯懦。从家教的角度来说，过分保护是儿童形成怯懦心理的主要原因。

面对怯懦的孩子妈妈除了鼓励他们，让他们学会坚强外，还要注意自己在生活中的言行。不能经常去恐吓孩子。有的母亲为了让孩子听话，老是用吓唬孩子的办法。孩子哭了，妈妈会说："你再哭，就不要你了"。孩子不听话，有的妈妈说："你再不听话，让老虎把你吃掉。"孩子什么都怕就会变成非常胆小的人，这样渐渐地就把孩子勇气给抹杀了。

想让孩子摆脱怯懦、勇敢地生活。妈妈就不能总是呵斥孩子。有些妈妈非常严厉，对孩子的要求过于苛刻，稍有差错或稍有不顺眼的地方，动辄大声训斥，严厉批评，不允许孩子有半点自由，一举一动都要经过家长的许可。久而久之，孩子就会变得胆小怕事，唯唯诺诺。

此外，妈妈为了纠正孩子怯懦的心理，还要鼓励他们去跟别人交往，给他们输入一种强者的姿态，当孩子失败的时候，不要嘲笑他们，相反要给他们以积极战胜失败的勇气和信心。

基辛格之母——时刻保持一颗宠辱不惊的心

妈妈是孩子最大的影响者之一，教育孩子保持一颗平常心，给孩子一个轻松的环境，是非常必要的。在这方面亨利·基辛格的妈妈做得特别出色。

1923年亨利·基辛格出生在德国菲尔市，犹太人的后裔。1938年随父母移居美国。到了美国，亨利·基辛格一家要变成美国人那样，也并不是一件容易的事，语言、工作、学校，一切都是新的，不好办。亨利·基辛格的父亲发现自己原来在德国的学历到纽约后并不怎么吃香，只好凑合着当了一名办事员，这使他灰心丧气。

然而，妈妈葆拉却能保持一颗平常心，尽管遭受如此大的打击和不幸。她仍能像往常一样保持着积极的心态。她总是对亨利·基辛格说："孩子，这些不幸没什么，这是上帝的安排，我们不能因此而失去生活的信念。当然我们也不能祈求上帝给我们莫大的幸福。"这一点对亨利·基辛格的影响很大，以至于他在面对大多数失败和成功都能保持从容。

"平常心"这个词，我们知道很久了。可是，真正又有几个人懂得平常心的真正含义呢？又有多少人能够真正做到宠辱不惊呢？我们常常把心思放在别人的评价上，放在别人的言行上，又如何能言行自在、悲喜从容呢？

所谓平常之心，就是不能只要成功，而拒绝失败，害怕失败。平常之心就是要把成功、失败看得平平常常。简单讲，就是要正确对待成功与失败。成功了，不要骄傲，不要狂妄自大。失败了，也应该平静地接受。但是妈妈应该让孩子明白：一颗平常之心，并不是不要进取之心、成功之心，而是以平常之心，去进取、去成功，得到更充分的发展。

失败也是生活必需的内容，没有失败的生活是不可能的。有失败，才说明生活是有奋斗的，人生才是有意义的。接受失败应该成为人们生活中一项必不可少的内容。如果不接受生活中的失败，那么，就歪曲了生活的本来面目，个人将会受到生活的"惩罚"。世上没有常胜将军，每个人都得平静地接受生活所给予的各种困难、挫折和失败。

有位对佛学研究颇深的作家说佛教的经典与禅师的体悟，常常把心的状态称为"心水"。水是包容的，无论它被何种状态的容器盛放，它都会与容器处于和谐统一的状态，它永远不损伤自己的本质又永远可以回归到无碍的状态。所以，水可以包容一切又能被一切包容，而能包容的心不正如柔软的水吗？

拥有平常心，你也就拥有了人格魅力，也就能"去留无意，任云卷云舒"。不管是在生活中还是在养育孩子的事情上，妈妈都要有一颗平常心，让孩子在一种"自然"的环境中成长，此外还要对孩子进行平常心的培养，这是孩子心理健康的一种标志。保持平常心的孩子不会嫉妒，他们能更清楚地知道什么东西更适合自己，就不会犯故事中的桃树的错误。

在果园的核桃树旁边，长着一棵桃树，它的嫉妒心很重，一看到核桃树上挂满的果实，心里就觉得很不是滋味儿。

"为什么核桃树结的果子要比我多呢？"桃树愤愤不平地抱怨着，"我有哪一点不如它呢？老天爷真是太不公平了！不行，明年我一定要和它比个高低，结出比它还要多的桃子！让它看看我的本事！"

"你不要无端嫉妒别人啦，"长在桃树附近的老李子树劝诫道，"难道你没有发现，核桃树有着多么粗壮的树干、多么坚韧的枝条吗？你也不动动脑想一想，如果你也结出那么多的果实，你那瘦弱的枝干能承受得了吗？我劝你还是安分守己，老老实实地过日子吧！”

自傲的桃树可听不进李子树的忠告，嫉妒心蒙住了它的耳朵和眼睛，不管多么有理的规劝，对它都起不到任何作用。桃树命令它的树根尽力钻得深些、再深些，要紧紧地咬住大地，

把土壤中能够汲取的营养和水分统统都吸收上来。它还命令树枝要使出全部的力气，拼命地开花，开得越多越好，而且要保证让所有的花朵都结出果实。

它的命令生效了，第二年花期一过，这棵桃树浑身上下密密麻麻地挂满了桃子。桃树高兴极了，它认为今年可以和核桃树好好比个高低了。

充盈的果汁使得桃子一天天加重了分量，渐渐地，桃树的树枝、树杈都被压弯了腰，连气都喘不过来了。它们纷纷向桃树发出请求，赶快抖掉一部分桃子，否则就要承受不住了。可是桃树不肯放弃即将到来的荣耀，它下令树枝与树杈要坚持住，不能半途而废。

这一天，不堪重负的桃树发出一阵哀鸣，紧接着就听到“咔嚓”一声，树干齐腰折断了。尚未完全成熟的桃子滚满了一地，在核桃树脚下渐渐地腐烂了。

桃树的教训是深刻的，它的诱因在于嫉妒，其根源在于缺少平常心。

果木生长的道理如此，人的成长规律也是如此。培养孩子的平常心，这样孩子才能正确看待比自己优秀的人，养成一种宽容心态，对待周围的人和物。这样不仅给人留下好印象，更重要的是对自己而言更舒适、自然。拥有平常心的孩子不会盲目追求，他们在失去的时候不会懊悔，懂得失去并不可怕，珍惜才是最重要的。

妈妈将平常心植入孩子的思想，他们就会正确看待人生，也就不会提前预支自己的烦恼。在生活中有些孩子企图将人生的烦恼提前解决，以便将来过得更好、更自在。但实际上，人生中很多事情只能循序渐进，绝不可能提前完成。过早地为将来担忧，非但于事无补，而且会让自己眼下活得束手缚脚。

无论是妈妈还是孩子，都要懂得知足常乐，不要预支明天的烦恼，不要想着早一步解决将来的痛苦，踏实着眼于现在，用一颗宠辱不惊的平常心看待一切，才能让生活过得轻松，并更有意义。

张世君——积极培养孩子观察力的好妈妈

张蒙蒙是一个人人羡慕的小作家，1989 年生，从 7 岁开始写日记，9 岁出版第一本书，先后出版了《告诉你，我不笨》《告诉你，我不是丑小鸭》《童年，只有一次》《快乐伴我成长》《边玩边长大》《我的天空有彩虹》以及《长不大的嘴巴和长得太大的嘴巴》7 本书，共 140 万字，主要是以日记形式写的成长经历，里面穿插有童话、书评、故事等。

她从小时候就做得很优秀，这与她妈妈张世君的教养分不开。张蒙蒙的成长凝聚

了妈妈巨大的心血，张世君认为观察力和思考的能力是打开知识库的金钥匙，于是从小的时候就很注意对张蒙蒙进行有意识的观察力训练。她总是引导孩子平时留心观察身边的事物，学着对它们进行思考，这样训练的结果是：张蒙蒙对周围的人和事经常会产生比较新奇的看法。

张世君说："小孩子的观察往往是不经意的，如果能及时培养孩子养成写日记的习惯，当他们把观察到的事情用自己的笔记下来的过程，就是一个很好的思考的过程。这样就会很自然留住孩子脑子中很多思考的成果。"你是不是经常有这样的经历，经常会看到某个熟悉的场景，也会经常想起某句话似曾耳熟。但是就是想不起来，生活中我们总是会经历很多事情，但是能记住的又会有多少呢？把宝贵的经历浪费掉是多么可惜的一件事情啊，所以做妈妈的一定要让孩子知道写日记的重要性。当孩子养成观察和思考的习惯时，生活中的一点一滴都会呈现在孩子的笔下。

有一次，张世君带女儿蒙蒙到街上玩，沿途经过一条老街，蒙蒙对妈妈说："妈妈，你看这条街楼房的门很特别，有三层门。外面一层是半截的雕花木门，中间一层是横栏杆门，里边一层是大木门。"

张世君说："我也注意到了，是很特别，这些都是广州的老建筑了。"

蒙蒙对此感到很好奇，就拉着妈妈要仔细地去参观。过了一会儿蒙蒙又说："虽然这些房子现在看来很旧了，但是它的窗户、阳台都很别致，有的还雕了花，旁边的高楼大厦虽然很雄伟，但是窗户阳台都很简单，不雕花。"

张世君问："那说明了什么呢？"

蒙蒙说："说明时代不同了，房子也建得不一样了。还说明了，以前住这种房子的人，起码都是有钱人，比妈妈小时候有钱，也比我们没有搬新房子前有钱，我们住的老房子连阳台都没有。"

张世君笑了，说："那当然。"她感到很欣慰，因为，女儿蒙蒙观察得很仔细，思考得也很深入。孩子这种习惯是随着时间的积累和年龄的增长而逐渐完善的，有一次张蒙蒙跟妈妈去一个电视台参加"女性时空"节目的录制，到了她才发现演播室的主持人、编辑和工作人员都是男的。回来的路上，妈妈问起张蒙蒙的感受，她说："刚进演播室的时候，只见天花板上有无数的像烟囱一样的灯，把场地照得亮堂堂的，还真有点紧张。但是后来看到演播室里全是男的工作人员，一思考这个问题，紧张感就消失了。"

妈妈听到蒙蒙这样的回答欣慰地笑了，心想这个问题我都没注意到，鬼丫头观察得却是如此的仔细，还有这么惊人的发现：既然是"女性时空"节目，为何从主持到工作人员都是男的呢？确实是一个不小的漏洞。

就这样张蒙蒙在妈妈的精心养育下，养成了认真观察深入思考的好习惯，也成了她成功的一条途径。所以，作为现代社会中的知性妈妈，要重视对孩子观察力和思考力的培养。

王开敏——孩子成长的每个阶段都生活在幸福中

王开敏是武汉大学的教授，是中国母亲文化研究的第一人，也是阳光教育的开拓者。她也是一个成功的母亲，以自己 18 年的教子经历验证了“母亲文化”的成功。

在养育孩子方面主张“无为而治”，就是尊重孩子的成长规律，这个过程不是放任自流，而是母亲对孩子加以正确的引导，让孩子成长的每一个阶段都生活得幸福，只有在幸福中成长的孩子才能获得持久的幸福。她觉得，自己在育子方面最骄傲的一点，就是她的儿子从出生一直到现在，都在快乐幸福中成长。虽然，孩子从小到大，王开敏没有刻意要求他考前 3 名，但是他的成绩一直都很优秀，这和王开敏开放的教育态度不无关系。

她把孩子的成长分为 3 个阶段：婴儿阶段、幼儿阶段、求学阶段。每个阶段都让孩子生活在阳光当中。

王开敏为了保证孩子 3 个阶段都能享受到快乐和幸福，做了一个 3 阶段养育计划。

婴儿阶段：创设阳光氛围。每个孩子从降临到这个世界上，就在感受着这个世界，而孩子生下来就会在父母身边，感受到的是父母尤其是来自母亲营造的氛围。如果在孩子的婴儿阶段能感受到安全、和谐、友善和阳光，孩子就会感觉这个世界是美好的，他就会享受到这个世界带给他的快乐和幸福。在幸福阳光中长大的孩子，首先学会的是微笑，之后就会形成开朗的性格。所以妈妈在孩子的婴儿阶段让孩子感觉到幸福是十分重要的，这是孩子走好人生的第一步。

幼儿阶段：传递阳光的语言。随着孩子渐渐长大，妈妈就会把孩子送进幼儿园，让老师来照看，对于孩子来说，这意味着将要离开妈妈的呵护，第一次走出家门开始融入另外的一个环境。这个阶段的孩子基本上具备了语言和交流的能力，以及基本的生活技能。母亲不要忽视这个时期的任务，要时刻用说服和鼓励的语言，时刻给孩子注入克服新环境的信心，让孩子逾越心理上的障碍，与老师保持沟通，时刻注意孩子的变化，提醒孩子时刻是生活在爱的环境中。

求学阶段：主要是小学阶段和中学阶段，这个阶段就应该让孩子能从学习中得到快乐。妈妈想要让孩子感受到幸福，就要引导孩子爱上学习，不能将学习当做负担。

妈妈要采取适当的方法来激发孩子对学习的兴趣和快乐，这样当孩子在学习的过程中不感到枯燥的时候，就不会再厌恶学习，而会爱上学习，在快乐中去寻找答案。只有爱上学习，孩子才能真正感觉到求学阶段的快乐和幸福。

王开敏就是这样培养出一个出色的孩子的。王开敏曾自信地说：“我对儿子的培养模式，无异于金刚石的形成，坚韧而有力度。”大海是由水滴、溪流汇成的，成功的模式也是在日积月累中形成的。大海浩瀚无边，模式一旦形成也会坚不可摧。

所以，当下的妈妈们也要学习王开敏的“幸福”培养模式，让孩子成长的每一个阶段都能感受到幸福和快乐，孩子将会持久地生活在幸福当中，这样我们就达到了养育孩子的最高境界：培养出有幸福感的孩子。